WESTERN, FRANCE

ENCRAGE
dirigé par ALFU

Dans la même collection :

35.
Patrice Allart
Guide du mythe de Cthulhu

36.
Claude Mesplède
Les Années "Série Noire" — 5

37.
Michel Lemoine
Paris chez Simenon

38.
Francis Saint-Martin
Les Pulps

39.
Jean-Claude Alizet
L'Année de la fiction — 10

40.
Jean-Louis Touchant
L'Apothéose du roman d'aventures

41.
Jacques Derouard
Dictionnaire Arsène Lupin

Si vous souhaitez être tenu au courant de nos publications,
veuillez adresser vos coordonnées à :
Encrage Edition, B.P. 0451, 80004 Amiens cedex 1.

TRAVAUX
collection dirigée
par Alfu

Paul Bleton

Western, France

*La place de l'Ouest
dans l'imaginaire français*

encrage
— 2002 —

OUVRAGE PROPOSÉ PAR ALFU

Sources des illustrations : collections privées

Crédit des illustrations : droits réservés.

© 2002, Société d'Edition Les Belles Lettres
95 boulevard Raspail 75006 Paris

I.S.S.N. 1159-7763
I.S.B.N. 2-911576-32-2 (Encrage)
I.S.B.N. 2-251-74114-3 (Les Belles Lettres)

Sommaire

Avertissement	9
Introduction : Aventure à l'Ouest	11
1. Six-coups et littérature, ou la valeur est-elle au bout du canon ?	19
2. Où est l'ouest ? L'histoire de sa conquête racontée aux Français	35
3. Imaginaire western et industries culturelles aux Etats-Unis	84
4. La conquête du western	131
5. Relativement à l'ouest...	164
6. L'ouest fait signe : ambiguïtés	205

Annexes :

Listes, séries et collection	248
Bibliographie	271
Filmographie	299
Index des noms	312

C'est à Irène que je voudrais dédier ce livre, et à John G. Cawelti : à la première pour sa patience amusée et ses impatiences désarmées ; au second pour poursuivre une conversation en pointillé (Montréal, San Antonio, Louisville, courriel...).

REMERCIEMENTS

Cet essai ne serait pas né sans l'amitié de plusieurs. Je salue d'entrée celle de Norbert Spehner dont la passion immodérée pour le western a déclenché l'idée même de cet essai. Ce n'est toutefois pas sa seule contribution. Puisque « de la Mirandole is his middle name », ses connaissances encyclopédiques ont été souvent sollicitées, son humour aussi. En outre, il a constitué un dossier impressionnant sur le western en Allemagne, que je reprends ici en substance. Enfin, je lui suis redevable d'avoir pu puiser à son texte sur la collection « Western » du Masque et à son bulletin *Marginalia*.

La problématique de l'ouvrage aurait été tout autre sans la convergence une nouvelle fois constatée de mes réflexions avec celles de deux autres amis de longue date : Christian-Marie Pons et son idée de prendre Buffalo Bill comme emblème de la culture médiatique émergente ; et Michel Rolland et son idée de prendre Eddy Constantine et Eddy Mitchell comme emblèmes d'une masculinité culturellement hybride, française et américaine, qui a marqué l'imaginaire populaire français depuis les années cinquante.

Parmi mes autres amitiés érudites, figurent celle de Serge Chazal, qui a notamment préparé pour cet essai un dossier sur Pierre Pelot, et celle de Luis Carlos Fernandez, qui m'a fait partager ses souvenirs de lecture (Marcial Lafuente Estefanía, Francisco Batet...). Figure aussi la complicité amicale et généreuse de Denis Saint-Jacques et de Julia Bettinotti : ils m'ont permis de parler devant les étudiants de leurs séminaires, respectivement au Centre de recherche en littérature québécoise de l'Université Laval et à l'Université du Québec à Montréal, et m'ont fait profiter de leurs réactions. De surcroît, Denis Saint-Jacques a accepté de lire une première version de ce livre : on ne peut rêver de plus sévère, encourageant et perspicace lecteur.

Je remercie pour la préparation de divers dossiers Marie-Linda Turner, Gaëlle Jeannesson, Colette Pasquis, Jean-Sébastien Dubé, Maryse Barbance, Ghayas Hachem et Lyne Mondor. C'est une subvention du Conseil de recherches en sciences humaines (CRSH) du Canada qui a permis de mener sur plusieurs années la recherche dont ce texte est issu.

Paola Galli-Mastrodonato a donné la première impulsion à la rédaction, en me demandant un texte (qui depuis est devenu le premier chapitre de ce livre) pour le collectif *Geo-grafie : Percorsi di frontiera attraverso le letterature* (sous sa direction et celle de Maria Gabriella Dionisi et Maria Luisa Longo). Quant à David Wellingham, il m'a encouragé dans la direction que prenait cet essai en publiant dans sa revue

Para•doxa une première mouture, brève et américaine, du chapitre 2. En m'invitant à coorganiser leur colloque « Littératures populaires : mutations génériques, mutations médiatiques », à l'Université de Limoges, en 1998, Ellen Constans et Jacques Migozzi m'ont permis d'y présenter pour la première fois l'idée des trois interprétants proposés par la culture médiatique américaine pour ses œuvres western.

Linda Fortin a effectué une relecture attentive et empathique du manuscrit.

Que tous trouvent ici l'expression de ma gratitude.

AVERTISSEMENT

Ce livre permet deux types de lecture : une lecture plus fluide, plus théorique, dans laquelle les passages accueillant une information factuelle ou des exemples concrets peuvent être sautés (ces passages sont en corps de texte plus petit) ; et une lecture plus lente, plus encyclopédique, dans laquelle les mêmes passages peuvent être intégrés dans le fil de la discussion, de la réflexion.

Toujours selon cet objectif double — et largement contradictoire — de renseigner et de faciliter la lecture, certaines des notes font des suggestions, comme en une invisible rubrique « Pour en savoir plus... ». Il s'agit de textes qui, sans avoir été cités dans le développement, n'en recèlent pas moins des richesses informatives ou d'intrigants points de vue. Ils touchent les aspects les plus divers de l'imaginaire western : le Sauvage (le bon et les autres), James Fenimore Cooper, Gabriel Ferry, Gustave Aimard, Thomas Mayne Reid, Louis Boussenard, Buffalo Bill, *Catamount* d'Albert Bonneau, les westerns de la « Série Noire », « Le Masque Western », Pierre Pelot, la thèse turnerienne de la *frontier*, l'assise régionale de l'histoire et de l'imaginaire américains, l'histoire du *dude ranching* et du rodéo, l'histoire des Wild West Shows, l'histoire du spectacle scénique dans l'Ouest, la musique country, l'histoire des *dime novels*, *pulps* et magazines, le roman western, quelques grands auteurs, les femmes et la construction fictionnelle de l'opposition des sexes dans le western, le film western et l'histoire de Hollywood, les séries western à la radio et à la télévision, l'Ouest et la culture médiatique américaine, la « superculture » américaine, l'Ouest et la publicité, le western en Espagne, le western en Grande-Bretagne, le western en Allemagne, le western-spaghetti, la peinture américaine de l'Ouest, la BD western en France et en Belgique, la BD western dans le reste de l'Europe, les regards venus d'ailleurs pour examiner le western, l'indifférenciation pathogène des Dalton, la SF française, le roman d'espionnage français, le polar français, le caractère urbain et fédérateur de la culture médiatique, l'Indien dans le discours social américain, Maximilien au Mexique, la fictionnalisation québécoise de l'Amérique française, le rôle des sociétés « secrètes » dans l'histoire américaine...

En outre, on trouvera sept annexes, qui sont autant de tentatives bibliographiques, liées à des points examinés dans le cours de l'essai. Elles sont moins là pour leur mérite propre (elles ne sauraient par exemple prétendre à l'exhaustivité) que parce que je trouvais que le lecteur pouvait profiter de ce qui avait été amassé dans le cours de ce travail. La première est constituée de la liste des romans disponibles au lectorat français (romans d'aventures américaines ou romans western) d'auteurs comme Gustave Aimard, Thomas Mayne Reid, Albert Bonneau, Pierre Pelot, Louis L'Amour, Angus Wells et Louis Masterson. La seconde, des titres publiés par les collections « Arizona » des Editions Laffont, « Western » du Fleuve Noir, « Galop » de Dupuis, « Le Masque Western » de la Librairie des Champs-Elysées et dans la « Série Noire ». La troisième, de la liste de quelques lauréats du Spur Award décerné par la Western Writers Association. La quatrième, d'un rappel de l'évolution de la littérature western en Allemagne — point de départ : Karl May et ses émules ; étapes : les séries de *Groschenhefte*, les *Romanhefte* et le roman western. La cinquième, d'un bref résumé des trois types d'intrigue du western-spaghetti selon Christopher Frayling. La sixième, d'une « BDgraphie », mettant surtout l'accent sur des séries, et même des séries accessibles à un lectorat français. La septième, d'une liste commentée des séries télévisées western dans les années soixante-dix aux Etats-Unis.

La classique bibliographie des essais, études et documents est donc enrichie de ces suggestions de lectures complémentaires. Quant à la bibliographie des romans, pièces de théâtre et récits, elle a tenté de tenir compte en priorité d'un lectorat francophone ; par contre, la filmographie ne retient que des originaux (pour les westerns hollywoodiens, la limite qui s'est imposée a été celle des films disponibles en vidéocassettes en Amérique du Nord). Le lecteur soucieux de connaître en français le titre d'un film cité dans le corps de l'ouvrage, se reportera à cette filmographie où les films sont classés par ordre alphabétique du titre original, mais avec mention pour chacun de leur éventuel titre français.

Une dernière précision. Alors même qu'Alfu a depuis longtemps monté un argumentaire contre le mot *paralittérature*, l'essai recourt à son emploi, par commodité. Je suis reconnaissant à mon éditeur de ne pas avoir manifesté le moindre agacement devant cet entêtement coupable, et peux assurer qu'il n'a pas changé d'idée à propos du mot.

Introduction

Aventure à l'Ouest

Des plumes rouges, une ceinture en similicuir pour porter des colts à pétards ; les séances dans les cinémas de quartier et l'affiche de *La Flèche brisée*, ineffaçable, oubliée au-dessus de l'entrée du cinéma depuis longtemps fermé en face de la gare ; l'apparition magique du *buffalo* blanc dans un *RinTinTin* à la télévision du jeudi après-midi ; des BD western dans les illustrés pour la jeunesse aussi bien cocos que cathos, *Vaillant* que *Cœurs vaillants*, « Teddy Ted » que « Frédéri et Ulysse », aussi bien en petits formats qu'en albums, *Kit Carson* que *Lucky Luke*... Pour chacun, les souvenirs sans doute diffèrent, l'intensité de la fixation également — un amoureux des années 50 comme Eddy Mitchell en a tiré une chanson nostalgique[1], — mais alors même qu'elle ne cherche pas vraiment à s'en souvenir, la génération du *baby-boom* a longtemps été hantée par l'imaginaire western. Oublieuse ? Indifférente ?

Si 1976, année du bicentenaire des Etats-Unis, n'a pas été mémorable pour mon propos, 1977 — vingt ans avant que cette enquête sur les destins français de l'imaginaire western ne soit entreprise, — dans une France encore mal remise du double impact culturel et politique de Mai 68 et de l'impact économique de la première crise pétrolière, causa une surprise, du moins aux lecteurs de *Tel Quel*, quintessence de l'intelligentsia gauchiste, qui publia un gros numéro spécial sur les Etats-Unis (n°71/73, daté du printemps) : la redécouverte de l'Amérique par les maos après l'éblouissement provoqué par les révélations de Soljenitsyne.

Rien ne pouvait être plus étranger à la culture du public visé par la collection le « Masque Western » que cette bouleversante invention de l'Amérique. Pour ce public l'Amérique n'était pas une postmodernité à découvrir, mais une prémodernité épique à invoquer, avec nostalgie. Cette collection populaire célébrait alors son dixième anniversaire ; après avoir connu son apogée en 1974 avec 24 titres, elle continuait en 1977 à perpétuer le mythe de l'Ouest, en proposant une petite vingtaine de titres.

A la fois sa programmation habituelle de traductions américaines[2], mais aussi trois

---

[1] *La Dernière séance* : « Mon père venait me chercher/ On voyait Gary Coopère/ qui défendait l'opprimé » (Polygram, 1977).

[2] Plus les premières rééditions de titres publiés dix ans plus tôt, aux débuts de la collection, qui avaient rapidement été épuisés. Voici les titres nouveaux, dans l'ordre de parution : *Lynchage à Beaver Hole* de Ste-

« premières », sans doute pour retenir un lectorat qu'elle sentait s'effriter : la première réédition de titres qui avaient bien marché ; le lancement d'une nouvelle série « Spécial Western », insérée dans la numérotation régulière de la collection, avec des ouvrages à la présentation différente, proposant des textes intégraux généralement plus longs que le format standard habituel ; et la réédition d'un ancêtre français du genre, Gustave Aimard, justement dans cette série — série débutant avec *La Piste de l'Irlandais* de Kelly P. Gast, *Le Chariot à voile* de P.A. Bechko et *Les Trappeurs de l'Arkansas* d'Aimard lui-même. La littérature jeunesse de cette année-là connaît une invocation nostalgique similaire[3].

Entre l'américanophilie nouvelle de *Tel Quel*[4] et l'ancienne du « Masque Western », se situe celle du mensuel *Actuel,* né en 1970 dans la mouvance de la contre-culture américaine, des *comix* et du rock, qui devait lui aussi, à peu près à la même époque, et jusqu'à sa disparition en 1984, se convertir à un *positive thinking* de plus en plus éloigné des positions contre-culturelles, de plus en plus aligné sur une modernité branchée mais *mainstream*, surtout définie outre-Atlantique. Même si devraient être plus cruciales encore pour ces relations entre la culture française contemporaine et les Etats-Unis des questions sur les investissements américains en France, l'importation du *management* ou celui de l'informatique, le pari est ici que le western peut révéler quelque chose de singulier dans le registre culturel.

1977. Sur le marché des biens symboliques, auquel n'échappent pas les genres paralittéraires, au moment où la valeur de la SF était en pleine ascension, où le roman policier se préparait au revampage médiatique véhiculé par l'étiquette « néo-polar », le western avait l'air franchement ringard.

Pas très inventive, une collection pour la jeunesse, des Editions G.P., ressortait Thomas Mayne Reid du placard aux accessoires — *Les Deux Filles du squatter* ; dans la même veine de retour aux classiques, James L. Conway proposait la nième adaptation du *Dernier des Mohicans* (celle avec Steve Forrest, en 1977). Le western-spaghetti avaient incarné la conscience de la conventionnalisation et du déclin du genre. Certes, son illustration par Claude Lelouch était insolite (*Un autre homme, une autre chance* (1977), avec James Caan et Geneviève Bujold en veuve de photographe refaisant sa vie avec un vétérinaire) ; mais le *Kid Vengeance* (1977) de Joe Manduke n'étonnait pas vraiment avec sa rustique histoire de jeune homme cherchant à venger le meurtre de ses parents et à secourir sa sœur enlevée, avec en prime la mine pati-

---

ven C. Lawrence, *Regan le Texan* de J.L. Bouma, *La Piste de l'Irlandais* de Kelly P. Gast, *Le Massacre de Rialto Creek* de Lewis B. Patten, *L'Homme de l'Ohio* de Ray Hogan, *Le Cowboy ne plaisante pas* de Louis L'Amour, *Le Justicier fantôme* de Clifton Adams, *Une Fille indomptable* de Tom West, *Le Saloon de la dernière chance* de Lee Floren, *La Potence de Graneros* de Lewis Patten, *Le Filon de l'homme mort* de Giles A. Lutz, *Le Déserteur de Santa Fé* de Gene Thompson, *Les Muletières* de Lee Floren, *Le Troisième Cheval* de Sebastian Morales, *Le Magot du vieux Sam* de Tom West.

[3] Avec une autobiographie ailleurs à la Librairie des Champs-Elysées, *Long Lance ou l'éducation d'un jeune indien*, *Davy Crockett*, d'André Berelowitch (illustré par J. Marcellin, chez Nathan) ; *Les Hommes du Far-West* de Pablo Ramirez et *Histoire véridique de la conquête de l'Ouest* de Royal B. Hassrick (aux Deux coqs d'or, dans la collection « Grand livre d'or ») ; *La Vie d'un cow-boy dans l'Ouest américain vers 1870* (aux Editions du Chat Perché Flammarion, dans la collection « Histoire vécue ») ; sans compter la réédition de *La Fantastique épopée de l'Ouest* (illustrée par J. Marcellin et Guy Michel) chez Dargaud, en hommage à George Fronval.

[4] Pas seulement tactique, circonscrite, si l'on en juge par la construction du type romanesque du passeur culturel entre les Etats-Unis et la France à laquelle les fictions ultérieures de Philippe Sollers et de Julia Kristeva tenteront, avec des bonheurs inégaux, de parvenir.

bulaire de Lee Van Cleef. En fait, le western-spaghetti avait déjà lui-même manifestement brûlé sa chandelle par les deux bouts. La déterritorialisation de l'Ouest avec ses réalisateurs italiens à noms américains allait un cran plus loin avec *God's Gun* de Frank Kramer (c'est-à-dire Gianfranco Parolini) : une ville terrorisée par un groupe de truands, les visages de Lee Van Cleef et Jack Palance, tout indiquait le western-spaghetti, mais cette fois-ci tourné en Israël ; paraissaient la première étude consacré spécifiquement à ce sous-genre (Laurence Staig, 1977) et une consécration empoisonnée, « Spaghetti-Western » de Gotlib (1977), sorte de parodie au carré, etc.

Rencontre bien improbable de *Tel Quel* et de la ringardise, c'est toutefois elle qui délimite un point du chiasme : l'intelligentsia de gauche, qui avait bouffé de l'Américain pendant la longue période précédente, devenait américanophile et y croisait un partiel déclin de l'américanolâtrie de la culture populaire mise en place à la Libération. Dans le cas des élites, on peut parler d'un spectaculaire virage, dans celui de la culture populaire d'une longue ambiguïté dont justement l'histoire du western, ce genre américain par excellence, peut montrer combien elle est enracinée.

Le projet initial de cette étude était circonscrit ; il s'agissait d'abord de faire l'histoire de ce genre populaire dans la paralittérature française. La collection du « Masque Western » semblait d'ailleurs elle-même y inviter, puisqu'elle rappelait avec Gustave Aimard une sorte de précurseur français du western ; l'imaginaire de la *Frontier* dans le roman populaire en France, de Napoléon III à Giscard, en quelque sorte.

Le genre, avec son univers de référence obligé (l'Ouest américain de la fin du XIXe siècle), propose une variation spécifique sur l'une des quatre grandes familles de récits de la littérature populaire, l'aventure — par opposition aux histoires impliquant un univers aux lois différant de celles du lecteur (SF, fantastique), à celles impliquant une énigme, un mystère, une tromperie à résoudre (roman de détection, *thriller*, suspense, roman d'espionnage, etc.) et à celles impliquant la vie intérieure sous la forme de la crise amoureuse. Considérés du point de vue du type de succès qu'ils recherchent, c'est-à-dire des types d'effets sur les trois âmes aristotéliciennes du lecteur, les genres romanesques populaires relèvent de l'une des trois catégories suivantes : ils visent à titiller l'âme sensitive — dans ce cas, ils y parviennent par l'instanciation de l'amour ou de la mort : littérature sentimentale ou littérature horripilante, — l'âme pensante — comme le roman de détection ou les fictions spéculatives, — ou l'âme végétative, comme le roman d'aventures, avec ses déplacements et ses rebondissements.

Si Vladimir Jankélévitch tente de retrouver le socle phénoménologique de l'aventure (« les évasions de l'aventure nous servent à pathétiser, à dramatiser, à passionner une existence trop bien réglée par les fatalités économiques et sociales » — 1963 : 43), Mikhaïl Bakhtine (1978a) caractérise le roman d'aventures dans une tradition narrative, dans l'histoire du roman dans la culture occidentale.

Différent du roman biographique sans intimité[5], différent aussi du roman d'aventures et de mœurs[6], le roman d'aventures et d'épreuves (comme *Les Ethiopiques* d'Héliodore ou *Daphnis et Chloé* de Longus), ultérieurement devenu roman baroque,

---

[5] Platonicien ou rhétorique, hérité de la métamorphose mythologique ou de l'éloge funèbre, vie de celui qui cherche la vérité ou de celui qui mérite de passer dans la mémoire.

[6] Comme *Le Satiricon* de Pétrone, *L'Ane d'or* d'Apulée, les hagiographies chrétiennes, la tradition picaresque, *Le Neveu de Rameau* de Diderot, c'est-à-dire des histoires de métamorphoses affectant intimement le héros, centrées sur des moments de crise dans sa vie, apparemment livrées au hasard mais secrètement commandées par une logique plus fondamentale.

a pour moteur le hasard ; le thème de la rencontre y est un motif de prédilection, son chronotope est la route (à partir de la terre natale du héros), l'espace y est abstrait ou conventionnel et étranger ; il décrit des traits singuliers, isolés, exceptionnels, les choses arrivent au héros mis à l'épreuve, homme privé faisant parfois l'homme public, qui se déplace sans pour autant évoluer. Si le western sériel relève uniment du roman d'aventures et d'épreuves, le western plus littérairement ambitieux, surtout dans l'abondante production américaine, a emprunté de plus en plus de traits du roman d'aventures et de mœurs : insistance sur les affaires privées de l'individu, sur le déplacement mais dans un monde familier tenant l'exotique à distance, dans un monde quotidien mais morcelé, valorisation de secrets à épier et à percer, recours aux types du fripon aventurier, du serviteur de plusieurs maîtres, de la courtisane — ainsi, sans en avoir tous les traits, les *Mémoires d'un visage pâle* ([1965] 1974) de Thomas Berger[7] prennent en écharpe le récit de captivité ou de métissage avec un picaresque en forme de tourniquet.

Toutefois, malgré l'intérêt de telles réflexions sur un soubassement générique et historique de l'aventure, c'est de la surface que nous partirons, en l'occurrence des couvertures, du système des genres immanents que propose une industrie paralittéraire nationale à son lectorat. De genre fondamental du roman européen pour Bakhtine, voici l'aventure paralittéraire réduite aujourd'hui, et depuis les années 50, à la portion congrue. Ainsi, en France, dans les collections-genres du Fleuve Noir, l'aventure était pour ses auteurs et ses lecteurs, d'une part, une catégorie transversale, manifeste dans des romans étiquetés aussi bien « science-fiction », « fantastique » qu'« espionnage » et, d'autre part, ce qu'extensionnellement la collection « L'Aventurier » définissait. Western... Aventure... : tel sera donc le balancement. Pour ne pas s'empêtrer dans des définitions préalables, on se contentera d'une certitude de départ minimale : du roman western, c'est ce qu'a publié la collection du genre la plus durable en France, le « Masque Western », de 1967 à 1981 — sorte de définition par l'exemple de la mention générique apparaissant sur toutes les couvertures. Comme un double commentaire sur ce mot répété, « western », ces couvertures exhibent des mots et des images — titres, prière d'insérer et illustrations — qui viennent circulairement l'illustrer et confirmer ce que le lecteur sait déjà de l'Ouest (chapitre 4), promesses d'aventure, instantanés d'action, métonymies d'un univers connaissable par des *Gestalten*, par d'autres fictions issues de la culture médiatique, par un savoir géographique ou historique, etc. Un univers donc, l'Ouest ; et une manière de le pénétrer, l'aventure.

Méthodologiquement, tel a été le point, la *Gestalt*, le schéma de départ, le fil rouge permettant de remonter de proche en proche dans la paralittérature française, par une rétrochronologie, jusqu'à l'émergence du genre, avant même qu'il ait acquis son nom, par emprunt (chapitre 2). La précaution est nécessaire, puisque les études françaises utilisant le mot sont en fait consacrées au cinéma ; puisque celles, rares, portant sur le roman d'aventures ignorent le western (voire presque toujours la paralittérature) ; et puisque la plupart des nombreuses études américaines sur le genre paralittéraire n'éprouvent pas le besoin de recadrer le western dans le roman d'aventures. Sauf celle de Martin Green (1991), qui aura justement été l'un des déclencheurs de ma propre enquête : sans se préoccuper des classifications génériques héritées, Green offre un

---

[7] Dont Arthur Penn tirera un film à succès en 1971, sous le même titre.

modèle général pour comprendre le roman d'aventures dans lequel les histoires de *Frontier* occupent une place spécifique.

Il retient d'abord quelques traits pour caractériser le roman d'aventures : le genre explore les faiblesses des lois et des garanties sociales et la violence interdite, il tend à immerger le lecteur dans l'expérience et il valorise un langage de l'action. En cela, il s'oppose aux belles-lettres dont les fictions tendent à porter un jugement critique sur la dureté de la vie en société, à explorer l'amour, les relations interpersonnelles, les états de la conscience, à valoriser la mise en forme esthétique de l'expérience et le langage qui formule la pensée critique, et permet le jeu sur les mots. Puis, dans le droit fil des *cultural studies* britanniques dont le mouvement général est une traversée des formes pour parvenir aux forces, et notamment à la suite des analyses de Benedict Anderson ([1983] 1996) sur les fondements imaginaires des communautés nationales, Green propose une typologie, assez crue, des romans d'aventures réunis en sept classes autour de héros types : le vengeur à la Monte-Cristo (*Avenger*), le voyageur à la Michel Strogoff (*Wanderer*), l'homme de la saga à la *Nibelungenlied* (*Sagaman*), et l'homme pourchassé à la *Thirty Nine Steps* (*Hunted man*) ; à quoi s'ajoutent trois héros types directement issus de grands impérialismes nationaux, respectivement britannique, français et américain : *Robinson Crusoé*, les *Trois mousquetaires* et l'homme de la Frontière à la Natty Bumppo (*Frontiersman*). Dignité épique, stoïcisme teinté d'une touche de nostalgie, omniprésence de la question de la virilité, équilibre instable entre civilisation et sauvagerie qui commande à la fois les développements sentimentaux (ici les clichés ne sont pas les mêmes chez des auteurs français comme Aimard), aventuriers (la lutte contre les Sauvages n'empêche pas l'amitié avec l'Indien — Chingachgook chez Fenimore Cooper) et nationaux (au lieu d'une éducation sentimentale, le couple du jeune aristocrate et du guide adulte connaissant la vie à la dure sur la Frontière permet de développer le thème de l'éducation à l'esprit de la nation) : tels seraient les éléments constitutifs de ce type, des histoires de l'homme de la Frontière.

Une telle typologie empirique permet de rapprocher des romans relevant de genres différents : ce ne sont pas tous les romans western qui entreraient dans cette classe ; par contre, les histoires des multiples frontières de l'empire britannique, celles des marches tchétchènes de l'empire russe de Pouchkine, Lermontov, Tolstoï, Dumas, Aimard ou W.H.G. Kingston[8], ou bien des romans américains de la Guerre du Viêt-nam y appartiennent... Peut-être plus intéressant par les questions qu'il soulève que par celles qu'il résout, le modèle de Green, dans sa sobriété, amène par exemple à trouver un cadre de discussion pour la bizarrerie que constituent les destins européens d'un genre américain en son essence ; à redoubler les questions d'imagologie (com-

---

[8] Et, pour dépasser les seuls exemples de Green, qu'on pense au cinéma soviétique et à ses « easterns » en Ouzbékistan, au Tadjikistan ou au Turkménistan où la résistance à la Révolution et au pouvoir soviétique par les peuples traditionnels (et les « femmes silencieuses ») et les nombreuses bandes locales de *basmachis* était féroce. Entourage exotique naturel, sables, déserts, montagnes... Mais ici, c'est de l'Ouest révolutionnaire et progressiste que vient s'imposer la nouvelle justice à l'Est « sauvage ». Qu'on pense à *Trinadcat'* [*Les Treize*], réalisé par Mikhail Romm en 1937, histoire d'un détachement de 13 cavaliers soviétiques de l'Armée rouge qui rencontre dans les sables du Kara-Korum une bande de *basmachis* ; à la fin de l'affrontement, il ne reste qu'un seul soldat à la mitrailleuse, qui tue les derniers ennemis. Qu'on pense encore à *Beloje solnce pustini* [*Le Soleil blanc du désert*], réalisé par Vladimir Motil'en 1970 ; *Sed'maja pulja* [*La Septième Balle*], réalisé par Ali Khamraev en 1973 ; *Svoj sredi chujikh, chujoj sredi svoikh* [*Amis parmi les ennemis*], réalisé par Nikita Mihalkov en 1974 ; *Transsibirskij ekspress* [*Le Rapide transsibérien*], réalisé par Eldor Urazbaev en 1978 ; *Telokhranitel'* [*Le Garde du corps*], réalisé par Ali Khamraev en 1980, etc. Je dois à Elena Ozerski la découverte de cette veine du cinéma soviétique, ce dont je la remercie.

ment le western représentent-ils les Mexicains, les Espagnols, les Anglais, les Français, etc. ?) par celles de la consommation, voire de la réappropriation de ces fictions western au Mexique, en Espagne, en Angleterre, en France. Mais aussi, à quadriller le western avec ces nouvelles classes. Ainsi, outre le type du *Frontiersman*, le genre recourt à celui du Vengeur, à celui de l'homme traqué ou à la forme de la saga.

Dans *Le Fermier de Cloverville* (1978) de J.-L. Bouma, Dan Martin, fermier et ex-shérif voit sa famille massacrée par des bandits ; parti en chasse, il les retrouve un par un et en tire une cruelle vengeance. Comme dans ses romans policiers, Brian Garfield accule le héros des *Lingots sont pipés* (1974), un ex-sergent de cavalerie noir, lui fait tout perdre fors la vie avant qu'il ne puisse récupérer le chargement d'or dont il avait la responsabilité.

La saga est notablement moins représentée. Dans le « Masque Western », on ne trouve que trois volumes de l'immense fresque familiale des Sackett de Louis L'Amour sur les dix-sept de l'original : *La Route du Colorado* (1968), *Les Implacables* (1971) et *Sackett et son mustang* (1976). En revanche, aux Etats-Unis, après le succès des « Kent Family Chronicles » de John Jakes, outre des sagas dues à la plume d'un seul auteur, comme Don Coldsmith, « The Spanish Bit Saga » ou « Taming of the West » de Donald Clayton Porter, on trouve aussi des sérialisations d'éditeurs comme « The Making of America » plaçant chaque roman historique, d'un auteur différent, aux moments-clés de l'Histoire américaine.

Si le type *Robinson Crusoé* n'apparaît que subordonné dans d'autres formes de récits, celui des *Trois mousquetaires*, bien attesté dans de vieux romans comme *Le Trouveur de sentiers* d'Aimard, se retrouve surtout pendant les années 30 et 40 dans quelques westerns polycéphales de série B à Hollywood, chez Republic ou Monogram.

Dans des séries comme « Three Mesquiteers », d'après les personnages de William Colt McDonald (plus de 20 films entre 1936 et 1943, dont 7 en 1938[9]), ou celle des « Ranger Busters » (plus de 20 entre 1940 et 1943[10]) — mais aussi la série de huit films des « Rough Riders », celle des « Trail Blazers » ou celle, moins ancienne, des « Magnificent Seven », puis, à la télévision, le modèle d'une longuissime série comme « Bonanza », etc.

Enfin, le type du voyageur, du nomade en mission à travers l'immensité d'un *imperium* ou du monde sauvage se retrouve plutôt chez Gabriel Ferry, Gustave Aimard... Voilà qui était à la fois prometteur et stimulant : de la variété plutôt que le « toujours la même chose... » qui vient spontanément à l'esprit lorsqu'on évoque le western, et de l'insolite plutôt que le ressassement sur la théorie des genres.

En fait, il n'est pas nécessaire de connaître le western pour avoir une opinion à son propos, semble-t-il ; inévitablement, une couche de jugements préalables s'interpose entre les yeux de l'observateur et le genre, notamment s'il suit la tendance spontanée à survaloriser l'opposition entre la paralittérature et les belles-lettres. Même si l'enquête est partie de lui, ici l'on en viendra plutôt à ne tenir le roman que pour le véhicule qui aura eu la plus grande longévité en France en matière de western, sortant

---

[9] Surtout avec Robert Livingstone, Ray Corrigan et Max Terhune.
[10] Avec Ray Corrigan, Max Terhune et John King.

donc le genre de ce face-à-face avec les belles-lettres pour le replacer dans sa vraie culture d'appartenance : la culture médiatique (chapitre 1).

Toutefois, née en France avec la « révolution culturelle silencieuse » du tournant du XXe siècle, cette culture médiatique avait hérité d'une construction discursive de la conquête de l'Ouest bien antérieure, commencée depuis Christophe Colomb et relayée dans la littérature populaire française depuis le Second Empire. Aussi, le chapitre 2 insistera-t-il sur la continuité et les mutations de ce discours, en venant à retracer la curieuse histoire à éclipses du roman western en un siècle et demi de littérature populaire française.

Sans perdre de vue pour autant le cadre de la culture médiatique. Le chapitre 3 montrera d'ailleurs la coextensivité de cette dernière et de l'imaginaire western dans la culture de ses origines historique et géographique, celle des Etats-Unis ; contenu et programme, homogénéisation culturelle nationale et constitution du mythe en marchandise : le genre, narrant l'effort pour repousser la *Frontier*, dit justement ce que comptait faire cette culture médiatique qui devait le plus marquer la seconde moitié du siècle. Insensiblement, on le voit, les études littéraires auront conduit aux études culturelles. Une fois conventionnalisée, la conquête de l'Ouest peut céder la place à la conquête du western ; le chapitre 4 la décrira dans une double perspective : certaines industries culturelles européennes tentent, parfois avec succès, de s'introduire sur ce marché de l'Ouest, ce qui veut parfois dire que des créateurs voient dans les conventions du genre un code adéquat pour permettre une communication pertinente et fonctionnelle à l'intérieur de leur propre culture, en particulier en Allemagne et en Italie.

Après ces considérations sur le genre et sur son marché, sur la conquête de l'Ouest et la conquête du western, les chapitres 5 et 6 mettront en lumière pour les mettre en cause les deux modèles concentriques sous-jacents qui auront informé jusque-là notre compréhension de la place du genre dans la culture française, le modèle diffusionniste (du centre américain à la périphérie européenne) et le modèle massmédiatique (avec son émetteur-roi et ses récepteurs-réceptacles). Après un survol des lois du genre, de l'horizon d'attente propre à l'univers western et ses signes typiques, c'est l'expression reçue « conquête de l'Ouest » qu'on se donnera comme fil conducteur afin d'entrer dans l'intimité non pas du genre mais de son appréhension par un récepteur ; effort à quoi correspondent des stratégies d'ajustement communicationnel rendues nécessaires par le simple fait que culture de l'univers décrit et culture des récepteurs diffèrent par principe dans ce genre américain importé en France (chapitre 5). Ce qui devrait amener à conclure à la spécificité du cas français : le western comme symptôme de l'ambiguïté des relations culturelles entre la France et les Etats-Unis et de l'assimilation de la modernité par la culture populaire française (chapitre 6).

Illustration dans le *Journal des Voyages* n°685, août 1890

1.
Six-coups et littérature ou la valeur est-elle au bout du canon ?

Le western occupe une place singulière dans la paralittérature française ; assez régulièrement attestée depuis le Second Empire, sous forme de récits originaux ou de traductions, sa présence n'en est pas moins clignotante, son histoire affaire de disparitions et de résurgences. En outre, son concept n'est pas toujours très clairement défini : faut-il l'entendre strictement comme un univers historique et géographique ? ou faut-il l'entendre lâchement comme un ensemble de conventions ? « Western », le mot servant à désigner le concept, un xénisme lui-même, c'est-à-dire un mot d'origine étrangère accepté tel quel dans la langue, tend à être compris par les locuteurs français comme la désignation du seul genre cinématographique. Si son sens est flou, une préconception décidant de sa valeur s'interpose spontanément entre le western et nous : il est précédé d'une triple dévaluation, comme roman d'aventures, comme littérature pour la jeunesse et comme littérature ersatz.

J'adopterai la stratégie paradoxale de tester le pouvoir descriptif de ce jugement de valeur. Je considérerai en effet la question du canon littéraire et de ses éventuelles remises en question dans la perspective d'une continuité : celle fondée sur un même acte cognitif, universel, l'évaluation accompagnant l'acte de lecture. C'est en déclinant les agents possibles pour cet acte d'attribution de la valeur (lecteur d'occasion, lecteur sériel, institutions propres à tel ou tel genre paralittéraire, institution littéraire d'une culture nationale) que je montrerai la faible pertinence de cette dernière, justement constitutrice et gardienne du canon — et, complémentairement, que je tenterai de faire sortir le western de la seule opposition entre paralittérature et belles-lettres, opposition héritée de l'institution littéraire, pour lui rendre son espace propre : la culture médiatique.

Le western comme romans d'aventures

Ni l'école et ses manuels, ni les concours comme ceux de l'agrégation, ni les magazines culturels : aucune des instances de l'institution littéraire française ne parle de western. En fait, le genre est préalablement exclu, sans distinction, paralittéraire.

Outre les griefs quant à la littérarité, les belles-lettres tiennent à distance les grandes familles de l'inspiration paralittéraire, chacune pour des raisons spécifiques : le roman d'amour parce qu'il est roman de femmes, le roman de mystère parce qu'il est roman de trucs, le roman d'aventures parce qu'il est roman de primitif. Ce dernier traîne une triple gamelle dans les études littéraires de ce début de siècle : il raconte des histoires d'hommes psychologiquement bien rustiques, notamment des épreuves de passage et une narrativisation du courage ; il les encadre dans les valeurs d'une caste dont le caractère élitaire ne serait pas facilement reconnu par les littéraires — caste des gens d'action, voire des militaires ; une pensée critique minimale distingue, expose et dénonce à travers la chamarrure des costumes et l'exotisme des lieux le reflet narratif de l'impérialisme occidental.

Y aurait-il du roman western « littéraire » d'ailleurs ? Même si l'Ouest avait pu offrir à l'invention romanesque une sorte d'alternative à la civilisation, aux Etats-Unis jusque vers 1850, la colonisation avait désenchanté cet espace pour la littérature américaine. En France, alors que depuis plusieurs décennies déjà les belles-lettres, voire la littérature d'avant-garde s'accommodent aisément de genres comme le policier, l'espionnage ou la SF, la moisson risque de ne pas être très abondante en matière de western.

Il y a bien sûr *L'Or. La Merveilleuse histoire de Général Johann August Suter* (1926) de Blaise Cendrars ; un roman pour la jeunesse couronné par l'Académie française, *La Conquête d'une patrie. Le Pensativo* (1895) de Lucien Biart ; « La confession d'un cow-boy » (1885) insolite sous la plume de l'immortel Paul Bourget ; la traduction du roman d'un ministre de l'intérieur, Brésilien il est vrai (il faudrait accepter d'étirer les frontières bien loin), mais roman quasi fondateur de la littérature brésilienne, canonisé par l'institution littéraire de son pays, objet de transmédiatisations chic : récemment devenu film (de Norma Bingao), il avait d'abord connu les honneurs de l'opéra, (de Carlos Gomes) : *Le Fils du soleil. Les Aventuriers ou Le Guarani* (1902) de José de Alencar ; *Le Bar de la Fourche* (1909) du comte Auguste Gilbert de Voisins — romancier aujourd'hui méconnu mais qui obtint le Grand Prix de littérature de l'Académie française en 1926, pas pour une histoire de chercheurs d'or et d'aventuriers minables, il est vrai.

Avec une distinction sans doute moins mondaine pourraient s'y adjoindre une poignée de titres : ceux des romans de Maurice Constantin-Weyer ; *La Route est longue, Jessica* (1968) de Charles Exbrayat ; *La Garde meurt à French Creek* (1973) de François Borel ; avec ses grenadiers napoléoniens subissant un nouveau Waterloo aux mains des Indiens ; le *best seller Fou d'Amérique* (1976) d'Yves Berger ; *La Ballade de Sacramento Slim* (1971) et *Captain Smith* (1980) — une variation sur l'histoire de l'aventurier John Smith qui rencontra Pocahontas et fonda Jamestown — de Georges Walter ; *Red Boy* (1982) (un « hussard » de La Table Ronde) de Willy de Spens ; *Je suis de la nation du loup* (1985) de Jacques Serguine...

La question de la valeur littéraire du western pourrait être représentée par deux anecdotes. Voici la première. Prenant prétexte de soutenir un acteur américain, Edwin Forrest, au jeu vigoureux, véhément, cru, chez lui au Broadway Theatre, en mai 1849, les xénophobes United Sons of America et Patriotic Order of Sons of America organisent d'abord un chahut, une manifestation contre l'acteur shakespearien William Macready, angulaire, aristocratique, qui devait jouer *Macbeth* à la très distinguée Astor Place Opera House à New York. Dégoûté et prêt à repartir le lendemain pour l'Angleterre, Macready est encouragé à faire front par les notables et la bonne société newyorkaise, dont Hermann Melville et Washington Irving. Le lendemain soir, des milliers d'ouvriers, d'artisans, de *B'hoys* sont réunis, la manifestation tourne à l'émeute, et l'affrontement avec la police de New York City et la milice de l'Etat fait 22 morts, 30 blessés, 60 arrestations. Il s'agissait d'un affrontement de classe incarné en un affrontement culturel (type populaire/type aristocratique), à quoi se superposait un affrontement national (culture américaine/culture européenne). C'était la première fois dans l'histoire américaine que la troupe tirait sur des citoyens. Cette émeute avait été organisée et poussée à ébullition par un aventurier, Ned Buntline, fondateur des United Sons of America et du Patriotic Order of Sons of America ; or, c'est lui qui devait faire passer dans la légende son propre nom[1] et, mieux encore, le nom de Buffalo Bill[2].

De son vrai nom Edward Zane Carroll Judson, Buntline avait survécu à sept duels et réchappé à un lynchage à Nashville pour une histoire de femme ; en 1856 il était organisateur du parti xénophobe Know-Nothing (initialement, en 1849, société secrète surtout anti-irlandaise) ; il a passé presque toute la Guerre de Sécession en prison pour avoir mené des émeutes anti-conscription. Il rendit célèbres, en brodant largement, les Buffalo Bill, Wyatt Earp, Wild Bill Hickock (qui avait joué son propre rôle sur scène) et autres *westerners* des années 1870 et 1880. Il écrivit une pièce de théâtre et cinq romans sur Buffalo Bill dont *The King of the Border Men. The Wildest and Truest Story I Ever Wrote*, publié dans le *Street & Smith New York Weekly*, en 1869 ; le colonel Prentiss Ingraham devait ensuite rédiger 73 livraisons, puis John H. Wilson, William Wallace Cook, Julius Warren Lewis, Robert Russel, Henry St. George Rathborne, W. Bert Forster, etc.[3].

Quant à la seconde anecdote, elle porte sur les destins croisés du même Buffalo Bill et de Sarah Bernhardt, de la première *star* médiatique dont le signe s'étoile dans tous les médias, signe de lui-même, passant de la piste du Poney Express à celle de son cirque toujours au galop et de la grande actrice mourant tous les soirs sur scène pour servir la grande tradition du théâtre français, et ce en français même aux Etats-Unis[4]. Ce contraste entre Buffalo Bill et la Divine, aggravé par le populisme furieux de Buntline, annonce que le western lui-même revendique sa non-appartenance à la culture légitime.

Et si l'on préfère des critères plus intrinsèques, c'est le recours aux intrigues (*fabulæ*) préfabriquées ou à des techniques narratives rudimentaires qui signera l'appartenance du genre à la paralittérature. Ainsi, pour ne prendre qu'un seul indicateur de littérarité, sur les 247 romans de la collection du « Masque Western » publiés entre 1967 et 1981[5], seule une douzaine utilise la technique de point de vue unique, au « je », avec un narrateur-personnage[6].

Dans le premier volume de la collection, *L'Etoile ternie* (1967) de Lewis B. Patten, le récit à la première personne est celui du héros, Martin Kelson ; dans *Ne tirez pas sur le toubib* (MW207, 1979) de Wade Everett[7], c'est l'un des deux médecins dont c'est l'histoire qui fait la chronique de vingt ans de séjour dans une ville de l'Ouest au siècle dernier ; dans *La Poursuite inutile* (MW223, 1979) de Wayne D. Overholser, l'histoire est racontée par un témoin, le reporter ; dans *Le Justicier fantôme* (MW175, 1977) de Clifton Adams, c'est le shérif qui témoigne de la vie tumultueuse du légendaire Lonnie Hall. Ce procédé narratif est fréquent chez le best seller Louis L'Amour, dont les histoires de *La Vengeance de Kate Lundy* (MW215, 1979), *Sackett et son mustang* (MW147) ou *Le Ranch de Clive Chantry* (MW164, 1976) sont racontées par le per-

---

[1] Avec le modèle spécial du « Six-Shooter Frontier », au canon de 30 cm, à la crosse amovible et à la hausse mobile, malheureux hybride entre le revolver et la carabine dont il allait commander à Colt quatre exemplaires pour offrir à ses héros Bill Tilghman, Bat Masterson, Neal Brown et Wyatt Earp.

[2] Sur l'émeute de 1849, voir Michael Kimmel (1996) ; sur le colt de Buntline, voir Michel Lespart (1973) ; sur Buntline lui-même, voir Jay Monahan (1953).

[3] A ce sujet, voir Philippe Mellot (1997 : 28 notamment).

[4] Sur ces destins croisés, voir Christian-Marie Pons (2000).

[5] Sur cette collection, voir Jacques Baudou et Jean-Jacques Schleret (1984) et Norbert Spehner (1998).

[6] « Intradiégétique », dit la narratologie de Gérard Genette.

[7] Situation curieuse, puisqu'il s'agissait d'une signature maison chez Ballantine, ce qui, généralement, n'annonce pas ce genre de compétence littéraire. Sur Wade Everett, voir Jacques Baudou et Jean-Jacques Schleret (1984).

sonnage principal. Dans ces cas, le regard est généralement rétrospectif comme dans *La Métisse blanche* (MW61, 1972) de Lee Leighton, ou les mémoires d'un méchant ; toutefois, dans *Un Révérend chez les cow-boys* (MW100, 1974) de Jack Ehrlich, c'est dans l'instantanéité que le mauvais garçon héroïque, déguisé en prêtre, raconte ses mésaventures avec ses ouailles, ses supérieurs hiérarchiques, les bandits, et met le lecteur dans l'intimité de sa conversion.

Parfois, conscient de cette question du point de vue, l'auteur recourt au vieux truc romanesque du manuscrit retrouvé qui relate sous forme de chronique les événements de l'intrigue : c'est dans le prologue de *L'Indien blanc* (MW226, 1980) de Will Henry que le lecteur apprend qu'un coureur des bois canadien a trouvé un journal enveloppé dans du papier huilé sur un soldat américain réduit à l'état de squelette ; journal personnel du héros John Buell Clayton/Cetan Mani qui a vécu chez les Blancs puis chez les Oglalas, et qui enfin a combattu du côté de Custer à Little Big Horn ; dans l'épilogue, un autre « je » non identifié (l'auteur ?) s'adresse au lecteur... Le héros de *Hombre* (MW9, 1967) d'Elmore Leonard étant tué dans l'affrontement final, c'est à l'un des passagers de la diligence de raconter ; le prologue lui avait servi à situer les événements et son propre rôle de témoin. De même, c'est dans le prologue du *Renégat de Fort Bliss* (MW205, 1978) de Clay Fisher qu'est présenté le document sur quoi se fonde le récit, le journal du « Père Panfilo Alvarez Nunez de l'ordre de Saint-François d'Assise »[8] ; mais c'est aussi un épilogue sous forme de discours savant, d'historien qui, à la fin du récit principal encadré (l'enlèvement de Henry Buckles par les Chiricahuas du chef Juh entre 1868 et 1873), lui offre un recadrage visant à « rectifier les insuffisances et mêmes les erreurs » (p. 181) — comme si le récit encadré était le document historiographique d'un témoin direct.

Déjà pas très nombreuses, ces subtilités de narration tournent parfois court. Ainsi, dans *Le Ranch de Clive Chantry*, trop mal en point pour raconter son histoire à partir de l'avant-dernier chapitre, Doby perd soudain son statut de narrateur, et le roman se termine à la troisième personne. Dans *Les Fourrures du diable* (1965) de Cliff Farrell, paru dans la collection plus éphémère de Dupuis, « Galop », alors que le prologue avait multiplié les encadrements au récit (un éditeur qui s'adresse au lecteur, lui présente des « mémoires » retrouvés, lesquels comportent des coupures de presse entremêlées de commentaires au « je » de la tante Séraphine Clymène Fitzhugh — accompagnatrice de son énergique et séduisante nièce Jeanne de New York à Fort Jeanne dans le Missouri supérieur), le lecteur ne sait plus rien sur le statut narratologique de tout le reste du récit.

Paradoxalement, c'est dans le scénario d'une série BD, plus précisément de l'insolite « Chariot de Thespis » de Christian Rossi (Glénat, à partir de 1981), que l'on trouverait la complexité de récits tressés. Toutefois, mettons un bémol. Même si cette constatation désabusée n'est pas fausse, elle est partielle, et donc partiale. Ainsi, dans *Prends garde aux cactus !* de Bob Barrett (SN119, 1978), le narrateur-héros interventionniste provoque un délicieux effet de distanciation en interposant entre le lecteur et le récit la médiation du *genteel style* des magazines et romans américains du début du siècle.

Cela dit, aurait-on réussi à dénicher un cousin présentable dans la famille, l'amateur de belles-lettres n'aurait qu'à apercevoir les couvertures des romans des collections « Masque Western » ou « Galop » ou, pire encore, les fascicules Belle Epoque de Eichler, pour voir l'image même de la série explicite, de la série emphatisée, l'image avec quoi il confirme ses pires appréhensions sur la paralittérature. Le roman sériel s'affiche tel sous une couverture donnant une pure impression de série, comme un signe réduit à une pure qualité déterminant en l'occurrence une réaction défavorable et prévisible. Si frontière il y a pour l'aventure, c'est celle entre les belles-lettres et la paralittérature. En fait, ce sont surtout des collections sérielles qui ont accueilli le roman western, depuis Gustave Aimard jusqu'au « Masque Western », en passant par les fascicules importées par Eichler, les « Catamount » d'Albert Bonneau, les séries bas de gamme des années 50 ou les « Dylan Stark » de Pierre Pelot — et ce sont

---

[8] Egalement héros d'un autre récit, *Black Apache* (1976), qui n'a pas été traduit.

les ruses de la distinction qui auront incité la publication en format club d'un roman comme *La Guerrilla fantôme* d'Aimard (1972)...

Et comme si cela ne suffisait pas, des analyses, pourtant sans préconception défavorable, ne peuvent s'empêcher à cause de leur approche contrastive de reproduire la dévaluation de l'institution littéraire, voire d'être commandées par elle. Pour Daniel Couégnas, l'ensemble des récits romanesques subirait la polarisation entre les modèles paralittéraire et littéraire, les œuvres empiriques ne réalisant que tendanciellement les potentialités de l'un ou l'autre des modèles opposés. Ainsi, ce modèle paralittéraire est optimalement réalisé par la présence simultanée de six critères :

1. Un péritexte éditorial établissant sans équivoque, par le biais d'un certain nombre de signaux matériels (présentation, couverture illustrée, appartenance à une collection, etc.) et textuels (titres), un véritable contrat de lecture dans le cadre d'un sous-genre romanesque immédiatement repérable (roman d'aventures, « polar », roman sentimental, etc.).

2. Une tendance à la reprise inlassable des mêmes procédés (types de lieux, de décors, de milieux, de situations dramatiques, de personnages...) sans aucune mise à distance ironique ou parodique susceptible d'amorcer la réflexion critique du lecteur.

3. Un maximum de procédés textuels tendant à produire l'illusion référentielle, donc à abolir la conscience de l'acte de lecture, à gommer la perception de la médiation langagière, notamment l'espace accordé au discours des personnages et le recours systématique aux clichés.

4. Le refus du dialogisme (Bakhtine). Un système « pansémique », redondant, marqué par la polarisation idéologique. Le lecteur est confiné dans un rôle de « reconnaissance » du sens.

5. La domination du narratif dans l'espace textuel, l'importance du code herméneutique et des effets de suspense qui induisent une « lecture tendue » (Jean-Yves Tadié, [1982]) vers l'aval du récit.

6. Des personnages procédant d'une mimésis sommaire et réduits à des rôles allégoriques facilitant la lecture identificatoire et les effets de pathétique (p. 181-2).

Aventure rime donc avec paralittérature ? En fait, elle a un bien curieux statut dans l'institution littéraire française, mais aussi bien au sein même de la paralittérature. On n'imagine plus guère aujourd'hui la condamnation morale que lui infligeait aux débuts de la culture médiatique la critique bien-pensante. Dans *Romans-Revue*, de l'abbé Louis Bethléem, sous la plume scandalisée de François Laurentie et le titre inquiétant « La Littérature sanguinaire », on pouvait lire, le 15 juin 1910 : « Ce qui les [les romans d'aventure] rend parfois plus dangereux que les publications nettement immorales ou ordurières, c'est que précisément leur immoralité ne saute pas d'abord aux yeux[9]. » On le voit, la mise en garde en forme de « Qu'on se le dise ! » ne date pas

---

[9] Voici le contexte argumentatif : « Ce n'est ni d'aujourd'hui ni d'hier que les sociologues et les criminalistes signalent le danger d'une certaine littérature, dont la sauvagerie et le crime constituent le fond. Les grands romans policiers, les feuilletons ultra-sensationnels qui fournissent un assassinat par colonne, répandent plus ou moins consciemment un idéal barbare de vie libertaire, et prennent le lecteur dans l'inextricable réseau des ruses d'apaches, des supercheries heureuses, des vols audacieux, des enlèvements, meurtres et captures à main armée, toute cette littérature « populaire » exerce certainement sur l'imagination de la jeunesse la plus désastreuse influence. A une époque où les anormaux surabondent, où les fils d'alcooliques, les dégénérés, les tarés héréditaires sont déterminés au crime par la plus légère impulsion, il n'y a même aucune exagération à dire que l'accroissement continuel des crimes de sang et, en général, le progrès effrayant de la criminalité juvénile sont dus en partie aux ravages de ces atroces romans d'aventures. Ce qui les rend parfois plus dangereux que les publications nettement immorales ou ordurières, c'est que précisément leur immoralité ne saute pas d'abord aux yeux. Les familles ne voient pas toujours le danger de laisser lire aux enfants

d'hier et, *mutatis mutandis*, elle a régulièrement été resservie quels qu'aient été les supports médiatiques. Et les bonnes volontés se sont parfois montrées tout aussi assassines.

Ainsi, sur le mode réticent, à Jacques Rivière ([1913]-1947) qui aspirait à un roman d'aventures à la française, Albert Thibaudet (1919) ne devait pas tarder à rétorquer : roman de l'action, britannique, destiné à la jeunesse, le genre ne saurait espérer s'anoblir à la française en empruntant au roman d'analyse psychologique (voie suivie par Pierre Benoît, immédiatement déclarée un cul-de-sac). Et en prime, Thibaudet assénait un paradoxe final prouvant la supériorité définitive du roman d'analyse psychologique : pas besoin de voyage, de mondes exotiques et inconnus, puisque l'aventure est dans le regard que l'on jette sur le monde et non pas dans le monde lui-même, que l'enchantement aventurier peut donc se saisir de la vie la plus ordinaire. Argument qu'aggravait le paradoxe fondé sur un *distinguo* de Mac Orlan, pourtant voyageur et auteur de romans d'aventures lui-même, dans son *Petit manuel du parfait aventurier* (1920). Pour lui l'aventure n'existe pas ; pour l'aventurier actif, professionnel, l'action est au seul service du but poursuivi, le plus souvent commercial, alors que pour l'aventurier passif, l'aventure n'est qu'un récit, vivant en parasite sur l'action d'un autre, l'aventurier actif.

Sur un mode plus sympathique à la cause du roman d'aventures, Jean-Yves Tadié[10] (1982), pour justifier le choix apriorique de son corpus (des auteurs exemplaires, réputés plus proches de l'« essence » du genre et de ses quatre avatars « classique, moderne, poétique, métaphysique » : Dumas, Verne, Conrad, Stevenson[11]), ne se sent pas moins contraint d'expliquer ses exclusions, dont celle, bien entendu, de toute paralittérature. Il lui faut préciser les frontières, distinguer (en un paragraphe, *romance* et roman d'aventures, distinction qui est d'ailleurs loin d'avoir la clarté de celle de Mikhaïl Bakhtine), tenir à distance (par quelque hautain propos sur l'espionnage de Gérard de Villiers, par des propos bien approximatifs, bien généralisants et tout aussi dédaigneux sur le roman-feuilleton ou le *best-seller*). En fait, pas besoin d'argumenter cette exclusion préjudicielle, elle s'adresse au bon entendeur, se fonde sur du familier : un commode et aristocratique je-ne-sais-quoi. « Si nous avons choisi, dans cet essai, Dumas, Verne, Conrad, Stevenson, c'est que tout le monde s'accorde à les considérer comme des écrivains [...]. Le roman d'aventures littéraires commence au style [...]. L'immense cimetière des romans à succès et des auteurs trop heureux [...] » (p. 23-26). La distinction même !

Le survol d'un demi-siècle de manuels de littérature et d'un siècle de dictionnaires opéré par Sylvie Milliard (1997) montre que, l'aristocratisme en moins mais avec la même condescendance, la vulgate de ces médiateurs n'accorde au mieux qu'un statut culturel ambigu au roman populaire et, notamment, au roman d'aventures. Situation parfaitement intériorisée par les romanciers populaires eux-mêmes avec une haine de soi et une autodévalorisation que montre bien Isabelle Casta-Husson[12] (1997).

Buffalo-Bill, *Nick Carter*, *Texas-Jack* ou *Max Jordan*. Lutter contre la pornographie, soit ! Mais contre la « panourgographie ! » Allons donc ! La jeunesse n'est-elle pas exposée à de bien plus fâcheuses lectures ? Peut-elle croire, d'ailleurs, à des fictions aussi grossières, à d'aussi énormes sornettes ? Qu'on se détrompe. Le dernier *Bulletin des Ligues sociales d'acheteurs* (France et Suisse) publie sur la littérature sanguinaire, sur ses effets et sur ce qu'on tente, en Suisse, pour la réprimer ou l'interdire, les renseignements les plus instructifs. « L'affreux crime de Jully, commis par deux enfants de nationalité suisse, lit-on dans cet article, a vivement ému l'opinion publique de ce pays. Une enquête faite sur les lieux où les jeunes criminels Jacquiard et Vienny ont été élevés et sur leurs antécédents a prouvé que la lecture de ces romans d'aventuriers, de détectives et de Peaux-Rouges a exercé la plus funeste influence sur leurs jeunes cerveaux et les a déterminés au crime. Il était grand temps qu'un fait palpable vînt faire la démonstration expérimentale de cette suggestion criminelle par le livre, où d'aucuns ne voulaient voir qu'une hypothèse arbitraire ». »

[10] C'est lui qui rappelait le fil Copeau/Rivière/Thibaudet/Mac Orlan...

[11] Argumentation défensive, essentiellement tournée contre les approches plus systématiques du fait littéraire.

[12] C'est peut-être son propos, une description cognitive de l'acte de lecture, qui aura incité Bertrand Gervais (1990) à une plus grande désinvolture à l'endroit de la valeur littéraire, à échapper au mouvement général à cette critique prenant bien soin de dire ne viser *que* l'aventure la plus respectable.

A l'intérieur même de la paralittérature, l'ambiguïté du statut de l'aventure est d'une autre nature. Elle tient à la tendance à la spécification de ses grandes familles génériques (aventure, amour, mystère, mondes alternatifs) en de multiples genres paralittéraires dotés d'un réel pouvoir classificateur, d'une réalité cognitive et commerciale, aussi bien pour l'industrie culturelle (auteurs, éditeurs) que pour les lecteurs. L'aventure y désigne d'abord le tronc d'où partent de multiples branches : dans des genres comme la SF, le roman policier, le roman d'espionnage, etc., les intrigues combinent en proportions diverses de l'aventure et de la spéculation ou du sentiment — dans le roman policier, le cocktail comportant le plus d'aventure a même son propre nom, roman noir ou polar, version française du *thriller* américain[13]. D'autre part, au cours de son histoire, l'aventure paralittéraire tend à se spécialiser selon l'univers dans lequel elle se déroule (péplum, cape et épée, flibuste, western, etc.) ; la pente naturelle de l'industrie étant de tirer le maximum d'une différence spécifique, elle tentera de transformer chacun de ces univers en une collection se distinguant de ses voisines, ce qui conduit à telle ou telle situation paradoxale — les collections du Fleuve Noir des années 50 et 60, SF, fantastique, espionnage, policière, et (brièvement) western[14], délimitaient un espace résiduel qui devint une collection à part entière, intitulée « L'Aventurier »[15]. Tout autant que de la décision méthodologique d'élaborer le concept d'aventure à partir de quatre œuvres réputées exemplaires (Tadié), on peut apprendre de celle préservant le va-et-vient entre une définition du genre, spontanée ou intentionnelle, et la définition extensionnelle que les titres d'une collection offrent au nom de cette collection (l'aventurier, c'est le type de héros des histoires de la collection « L'Aventurier » ; l'aventure, c'est le type d'événements racontés dans la série fasciculaire « La Vie d'aventure »[16] ; etc.). En ce dernier sens, si l'on fait relever le western de l'aventure, ce n'est plus pour le dévaloriser mais pour le problématiser.

Le western comme littérature pour la jeunesse

Des *Aventures d'un gamin de Paris au pays des bisons* (1886[17]) de Louis Boussenard à l'autobiographie *Long Lance ou L'Education d'un jeune indien* (1977), publiée en grand format hors collection à la Librairie des Champs-Elysées, des fascicules Eichler aux « Dylan Stark », le western s'est adressé à un public jeune. Généralement, les études paralittéraires pas plus que l'institution littéraire ne préservent l'organicité d'un genre s'adressant autant à un lectorat adulte qu'à un lectorat jeune ; cela ne semble guère raisonnable, dans la mesure où c'est justement son inspiration infantile que l'on reproche au western. Souvenir sans doute que, souvent, des œuvres qui n'étaient pas originellement destinées à la jeunesse en devinrent les classiques, du *Robinson Crusoé* de Daniel Defoe à l'œuvre d'Alexandre Dumas, en passant justement par *Le Dernier des Mohicans*. Sans pertinence pour des romans comme les westerns publiés dans la

---

[13] J'y reviendrai dans le dernier chapitre.

[14] Avec « Aventures et bagarres de Johny Sopper ».

[15] Constituée successivement de deux inspirations : le héros à la Lupin assumant une adolescence légèreté de l'être, puis l'exotisme désenchanté. Sur cette collection, voir Paul Bleton (1995).

[16] Supplément au *Journal des voyages*. Partir du mot pour déterminer le concept : cette approche, sémasiologique, des nominations des genres avait justement été tentée par René Guise (1985) sur « La Vie d'aventure ».

[17] Publié d'abord en feuilleton dans le *Journal des Voyages,* en 1885.

« Série Noire », sans pertinence pour ceux destinés aux enfants, le reproche pose sous un autre angle la question de la valeur, à quoi les institutions spécifiques du roman pour la jeunesse et de la BD ont chacune leur réponse.

Mais tout d'abord, soulignons que le western est présent dans les collections pour la jeunesse, de plus en plus modestement d'ailleurs, sous deux formes principalement : les titres dispersés dans des collections générales[18] et ceux relevant d'une série identifiée.

Mais ce sont aussi les romans d'un même signataire — certains *northerns* de J.O. Curwood et Jack London[19], des romans de Sid Fleischmann[20], les Buffalo Bill de David Hamilton[21] ; un cran de plus dans la systématicité, chez Nathan, c'est toute une petite série, destinée à la jeunesse, de vulgarisation consacrée à l'histoire de l'Ouest qui est confiée à George Fronval[22]. Autre principe de sérialité, les westerns fasciculaires de Eichler proposaient de très longues séries éponymes — généralement anonymes aussi. Enfin, héros éponyme et signature répétée constituaient la dernière formule de sérialisation, surtout avec les « Catamount » de Bonneau au début des années 50 puis, à la fin des années 60, « Dylan Stark » de Pelot. Est-ce un signe de valeur que la longueur de ces séries éponymes ? Un signe ambivalent, à la fois déterminé par le goût du public (ce serait la forme propre du jugement de valeur dans la littérature sérielle), mais aussi par certaines caractéristiques de ce mode de production (possibilité pour les éditeurs d'acheter des séries déjà toutes faites, originales ou traduites). Cela dit, à l'intérieur même de la production sérielle ou de la littérature pour la jeunesse se forme une pyramide des valeurs.

Le succès de la série « Dylan Stark » de Pelot était largement dû aux quatre éléments qui le distinguaient de la dernière grande série western française précédente, les « Catamount » de Bonneau. Complexité psychologique du héros, évolution au fil des volumes de la série, encyclopédie de l'univers américain, écriture : de tous ces points de vue, « Dylan Stark » démontrait au jeune lectorat de la fin des années 60 qu'un autre type de western était possible.

Si Catamount vieillissait d'un volume à l'autre, il n'en restait pas moins homogène — héroïsme de la solitude (orphelin et célibataire), rôle de justicier redresseur de torts ; par contre, c'est son statut de Métis (père indien et mère française) qui donnait son dynamisme pétri de contradictions à Dylan Stark.

Sur le plan de l'intégration macro-narrative des volumes de chaque série, à une évolution de longue durée et bien conventionnelle de Catamount dans la succession des romans de la série éponyme (de l'épreuve de passage de jeunesse à l'âge adulte) répondait une évolution plus courte (deux ans seulement) mais plus organique de Dylan Stark.

A un Ouest de convention et une information livresque, souvent approximative chez Bonneau,

---

[18] Dans la collection « Junior Aventures » d'ODEJ, éditeur en 1968, 3 titres seulement sur les 32 annoncés étaient des westerns ; dans la « Bibliothèque verte » de Hachette, ce sont des titres comme *L'Orégon était au bout de la piste* (1975) d'Ann Rutgers Van der Loeff, *Burk Murdig, le trappeur* (1979) d'Antoine Reboul, *Carlotta, l'héroïne de Californie* de Scott O'Dell, *Davy Crockett, cow Boy* (1979) de Tom Hill, etc.

[19] *Les Chasseurs d'or* (1926), *Le Grizzly* (1922), etc. ; *La Fièvre de l'or* (1976), *Croc-Blanc*, etc.

[20] *Django, le Gitan du Texas*, *Le Grand coquin du Missouri*, *Jack chercheur d'or*, parus dans les années 70.

[21] *Buffalo Bill contre les hors-la-loi* (1977), *Buffalo Bill contre Nuage Rouge* (1976), *Mille dollars pour Buffalo Bill* (1976), *Buffalo Bill sur la piste du Montana* (1978), *Buffalo Bill à Dodge City* (1977), *Un colt pour Buffalo Bill* (1978), etc. (originellement publiés par la Casa Editrice Capitol dans les années 60).

[22] *Kit Carson, l'ami des indiens* (1970), *Crazy Horse, héros de la Prairie* (1972), *La Véritable histoire des Peaux-rouges* (1973), *Jim Bridger, le roi des mountain men* (1974), *Les Signes mystérieux des Peaux-rouges* (1976), *Sitting Bull* (1984), *Wild Bill Hickok, le shérif de l'Ouest* (1984), *Buffalo Bill le roi des éclaireurs* (1984), *Cochise, l'Apache au cœur fidèle* (1984), *Gérómino, l'Apache indomptable* (1984).

répondait un univers beaucoup plus « habité » chez Pelot, une autre géographie (un insolite trajet Nord-Sud puis Sud-Est), une autre intertextualité western (certes, les classiques solitude du héros, déracinement, vengeance, amitiés viriles, grands espaces et vie rude, etc., mais aussi le « western-crépusculaire » plus pessimiste de réalisateurs comme Sam Peckinpah, ou de films comme *Misfits* de John Huston (1961), *Lonely Are the Braves* de David Miller (1962), *Cheyenne Autumn* de John Ford (1964)), attestant que les grands mythes de l'Ouest sont mortels.

Enfin, à l'écriture routinière de Bonneau répondait le style plus marqué, parfois lyrique de Pelot[23].

Pyramide des valeurs encore parfaitement à l'œuvre dans cet autre média privilégié du western pour la jeunesse, la bande dessinée. Celle-ci était déjà fortement marquée de disparités selon les classes d'âge.

Comment comparer des séries à l'humour charmant pour les tout-petits comme « Moky et Poupy »[24], « Yakari »[25] ou « Petit-Renard »[26] avec les « Jerry Spring »[27] pour des lecteurs plus âgés ou, *a fortiori*, avec toute une veine de westerns sans angélisme issus des « Blueberry »[28], « Comanche », « Jonathan Cartland », « Alexis McCoy »[29], etc. ? Disparité de distinction symbolique aussi ; lecteurs et amateurs ne confondaient pas les petits formats fasciculaires avec les albums, les dessinateurs de talent avec les tâcherons, les scénarios inventifs avec les resucées[30].

Disparités encore selon les modes illustratif et narratif, mode humoristique ou mode réaliste.

---

[23] Petit florilège. Lyrisme des topographies : « Le soleil était tout proche de la colline, et il était devenu tout rose. Le bois de pins était sombre, d'un vert opaque et frais. On avait l'impression que la rivière roucoulait avec plus de conviction, perdue dans les arbres et l'ombre » (*La Couleur de Dieu*, 1967) ; « A la limite des terres du ranch Elliott, au bord de la rivière, il y avait une case. Une case de rien, construite en planches mauvaises et en tôles. Les chênes chantaient au dessus du logis » (*La Couleur de Dieu*).
Portraits lourds de sens : « Il avait un visage lourd, rougeaud, avec une bouche déjetée sur un côté, mince et avare. Il transpirait. Ses petits yeux incolores, dans l'ombre du chapeau, ne regardaient rien » (*La Couleur de Dieu*) ; « Il paraissait grand, maigre. Epaules un peu voûtées. Bien que l'air fût frais, il allait en chemise — tachée de sueur elle aussi par la faute de la grande descente, — une chemise sans couleur, peut-être bleue, peut-être brune, enfouie n'importe comment dans la ceinture du pantalon blue-jeans, râpé, et largement déboutonnée sur un torse brun emperlé de sueur. Ceignant sa taille étroite, une ceinture d'armes salie de poussière laissait tomber sur la cuisse la gaine du revolver. Un fouet était enroulé au pommeau de la selle, comme un lasso » (*Les Loups dans la ville*, 1967). Style musclé, ressenti de l'intérieur, pour les scènes d'action : « Il rencontra un front, reçut un coup ridicule dans le bas de la poitrine. Empoigna à pleines mains le revers d'un gros habit de drap. Il ouvrit un œil, un dixième de seconde, afin de s'assurer qu'il ne faisait pas erreur, vit la bouche grande ouverte du policier, puis, dents serrées, cogna. Quelque chose craqua. Ce n'était pas de son côté : un coup de tête bien appliqué, franchement, ne fait jamais mal à celui qui le donne. Il rouvrit les yeux et vit encore la bouche ouverte du policier, mais quelque peu transformée cette fois. Il desserra les poings et le pandore en grande fatigue dégoulina jusqu'au sol » (*Un jour, un ouragan*, 1968).

[24] De Roger Bussemey, dans *Ames vaillantes* et *Fripounet et Marisette*, de 1957 à 1987.

[25] D'André Jobin (sc.) et Derib (ill.), depuis 1970, dans *Le Crapaud à lunettes*, *France-jeux*, *Tintin* ; puis en albums. J'y reviendrai.

[26] De Régine Pascale (sc.) et Nadine Brass (ill.), dans *Astrapi* depuis 1983, puis en albums.

[27] De Jijé, alias Joseph Gillain ; série à succès, publiée dans *Tintin* puis en albums, commencée en 1954, elle a eu de nombreux scénaristes (Rosy, Philip, Lob) ; sera reprise par Franz et Festin.

[28] A partir de 1963 dans *Pilote*, puis en albums.

[29] Respectivement de Charlier (sc.) et Giraud (ill.) ; de Greg (sc.) et Hermann (ill.) 1969-1983, puis Greg et Michel Rouge à partir de 1989 ; de Laurence Harlé (sc.) et Michel Blanc-Dumont (ill.) à partir de 1974 et en albums ; de Jean-Pierre Gourmelen (sc.) et Antonio Hernandes Palacios (ill.), depuis 1974, etc.

[30] Dans les petits formats eux-mêmes, le bas de l'échelle de la distinction bédéistique, souvent utilisés comme substitut à la lecture de livre (on a longtemps utilisé l'appellation de « journaux de poche » pour le format), si la règle était plutôt les BD mal payées, souvent pas signées, mal composées, mal dessinées, bavardes (comme « Indians » chez Impéria), il y avait aussi parfois des éléments faisant saillance (les couvertures plus léchées, certains « Kit Carson » visuellement plus intéressants, etc.).

« Lucky Luke » de Morris, « Chick Bill » de Tibet, « Oumpah-Pah » de Goscinny et Uderzo, « Les Tuniques bleues » de Cauvin et Salverius (puis Lambil)[31] pour le premier, contre les westerns des Éditions Artima comme « Tex-Bill », « Bill Tornade », « Red Canyon », « Les foulards noirs », « Jim Ouragan »[32], etc.

Disparité enfin selon les postures adoptées par rapport aux clichés du genre : depuis le pur assujettissement jusqu'à une réflexion formelle sur la BD, en passant par le retournement parodique.

Dans la BD western coexistent des BD assujetties (fortes pressions de l'industrie culturelle sur les créateurs, approvisionnement bon marché de BD étrangères dans le cas des petits formats, adaptation pure et simple de séries télévisées comme celle de « Bonanza » par Fernando Fusco, chez Sagédition), des jeux sur les codes narratifs (par exemple, l'émergence de RanTanPlan le chien stupide comme complémentaire opposé du cheval savant Jolly Jumper dans « Lucky Luke »), sur les codes culturels[33] ou une réflexion en acte sur la nature de la BD (en l'occurrence, l'encre, avec le gag visuel de Lucky Luke qui sort tout encré de la rivière polluée, juste avant de battre une fois encore son ombre, tout aussi noire, au tir sur crotale[34]).

Or, en plus des évaluations que chaque lecteur porte sur l'œuvre qu'il a devant les yeux, et complètement en dehors de ce que l'institution littéraire peut penser ou ne pas penser du western, ce dernier trouve dans la littérature pour la jeunesse et la BD un processus spécifique de consécration, extrêmement différencié. La valeur y est en effet mesurée par de nombreux critères : la consécration, voire la canonisation y sont notamment incarnées par la réédition, la reconnaissance d'institutions spécifiques, l'émulation ; la littérature pour la jeunesse et la BD ont elles aussi leurs classiques.

En ce qui a trait à la réédition comme signe de canonisation, pensons aux romans de Fenimore Cooper ou à *L'Homme des vallées perdues* de Jack Schaefer dans la « Bibliothèque verte » de Hachette[35] ; ou à la collection « Aventures et actions » chez Fernand Nathan (autour de 1947) : sur un ensemble de 22 titres annoncés, il y avait 5 romans de Cooper, 2 de Gabriel Ferry, un de Gustave Aimard, un de Friedrich Gerstäcker. En BD, que l'on se remémore les rééditions au début des années 80 chez Slatkine BD de « Cisco Kid », de José Luis Salinas et Rod Reed, la réédition de 1982 chez Futuropolis du « Red Ryder » de Fred Harman, voire de l'assez médiocre « Le roi de la Police Montée » de Zane Grey et Allen Dean ; ou, dans le « Curiosity Magazine » des éditions belges Michel Deligne, en 1979, l'œuvre de Warren Tuft, notamment sa série « Casey Ruggles », en huit volumes, datant du début des années 50[36]. Que l'on se souvienne aussi de la tentative, finalement malheureuse, de Dargaud qui, voulant capitaliser sur le succès du « Lucky Luke » de Morris, avait lancé un magazine western portant ce nom — signe de consécration du marché[37]. Que l'on se souvienne enfin du cas de la série « Sergent Kirk » de Hector Oesterheld et Hugo Pratt : publiée en Argentine en 1953, elle est reprise par l'éditeur italien de Pratt devenu alors plus connu, pour son magazine *Kirk* ; les éditions françaises se font d'abord dans *Rintintin*, en petits albums de Sagédition, puis, en 1983 et en 1987, en beau format aux Humanoïdes Associés.

En ce qui a trait à la reconnaissance d'institutions spécifiques, mentionnons que le *Guide de*

---

[31] Respectivement depuis 1946 ; depuis 1953 (plusieurs scénaristes dont Greg et Duchateau) ; de 1958 à 1962 ; depuis 1968.

[32] Respectivement de René Mellies dans *Aventures films* ; de Bob Dan dans *Audax* ; d'André Gosselin ; de Le Rallic ; d'E. Gire.

[33] J'y reviendrai au chapitre 6.

[34] Dans *Le Daily Star* de Morris (sc. de Xavier Fauche et Jean Léturgie), chez Dargaud, en 1984.

[35] Initialement paru chez Robert Laffont, en 1953.

[36] Et originellement publiée par le truchement du United Feature Syndicate sous forme de *strips* (dessins « réalistes » mais d'inspiration souvent comique).

[37] Devaient y paraître les premiers « Alexis MacCoy » de Palacios et Gourmelen, « Jonathan Cartland » de Blanc-Dumont et Harlé : en vain, le magazine n'aura que 12 numéros, de 1974 à 1975.

littérature pour la jeunesse (1975) de Marc Soriano cite, et dès lors transforme en classiques, *L'Appel de la forêt et autres contes* (1908) de Jack London, *Nomades du Nord* (1925) de James Oliver Curwood et *Le Héros du Far-West* de Stuart N. Lake[38] (1937). Mentionnons qu'en BD « Blueberry » a non seulement été primé (à Angoulême, en 1981), mais qu'il apparaît aussi dans toutes les histoires et encyclopédies de la BD, avec son statut d'œuvre-pivot vers une BD adulte ; ou que certaines séries connaissent des versions de luxe et autres produits dérivés : coffrets pour « Buddy Longway », « Comanche », « La Sueur du soleil » ; coûteux tirages de tête[39] ; calendriers, portfolio de posters, cartes postales[40].

En ce qui a trait à l'émulation, rappelons le cas de « Lucky Luke » : outre l'éphémère magazine déjà mentionné, outre ses nombreuses traductions (en anglais, en allemand, en espagnol, en italien...), il a suscité « Jim et Heppy », « Lucky Bold », une parodie, l'irrévérencieux « Maurice le cow-boy », un produit dérivé, la série de « RanTanPlan », devenu improbable héros[41].

C'est en fait sans doute parce qu'il avait sa propre « niche » institutionnelle, qu'il ne relevait aucunement de l'institution littéraire que le western pour la jeunesse a, mieux que les collections pour adultes, servi de refuge à l'Indien, permis de thématiser et de sérialiser la sympathie qu'il s'était mis à inspirer. Alors que la littérature pour la jeunesse a plutôt une propension à l'édulcoration historique[42], dans le cas du western, ce sont les versions adultes qui ont plutôt été historiquement mystificatrices, la littérature pour la jeunesse jouant souvent le rôle de rappel de l'histoire de l'Amérique vue par les premières nations[43]. Et un Derib aura réussi à faire entendre la sagesse amérindienne aussi bien dans le succès remarquable mais sans fanfare de son petit Sioux malicieux Yakari, depuis 1970[44].

Son journal suisse d'origine, *Le Crapaud à lunettes,* en prendra rapidement le nom, et la bande sera publié dans *France-jeux* et *Tintin* avant de sortir en albums (23 titres) plusieurs fois primés, et de générer un dessin animé de 52 épisodes. C'est une même originalité que l'on retrouve dans sa série « Buddy Longway », trappeur écolo avant la lettre, marié à une Indienne[45], et dans sa « Grande saga indienne » en deux époques : « Celui qui est né deux fois » et « Red Road » (qui se déroule aujourd'hui, cent cinquante ans plus tard — 1981)[46].

Le western comme littérature ersatz

Prenant prétexte de la littérature pour la jeunesse, je viens d'évoquer la BD ; du point de vue des belles-lettres et du canon littéraire, la situation ne semble pas s'amé-

---

[38] Alias Wyatt Earp, traduit à la NRF en 1937.

[39] Pour *Les Repères du diable* de la série « Cartland », par exemple.

[40] Pour *Un été indien,* par exemple.

[41] Respectivement de Guy Hempay (sc.) et Pierre Chéry (1957-1981) ; dans *Cœurs vaillants* et ses avatars (*J2 Jeunes* et *Formule 1*) ; de Marcel Radenen (1953-1968), dans le magazine *Zorro* ; de Herr Seele (sc.) et Kamagurka (à partir de 1985), dans *Hara-kiri,* puis *L'Echo des savanes*, et en album chez Albin Michel (1986) ; avec les scénarios de Jean Léturgie et Xavier Fauche et des dessins de Frédéric Garcia et Michel Janvier, à partir de 1987.

[42] Voir l'angélisme de *Laura l'Indienne blanche* (1971) de la romancière allemande Marie-Louise Fischer.

[43] Voir les encyclopédies de R.-H. Guerrand, *Indiens et coureurs des bois* (1960), *Indiens et pionniers* (1961) et *Peaux-Rouges et pionniers du Nouveau Monde* (1960) ; Sat Okh, *Les Fils du Grand Aigle* (1967) ; William Camus, *Lorsque vinrent les Visages pâles* (1969) ou *Mes ancêtres les Peaux-Rouges* (1973) ; J.-L. Rieupeyrout, *L'Oiseau Tonnerre* (1972), etc.

[44] Avec le scénariste André Jobin.

[45] Depuis 1972, d'abord dans *Tintin*, puis en albums au Lombard.

[46] Avec les titres *Pluie-d'Orage, La Danse du soleil, L'Arbre de vie* ; puis *American Buffalos, Business Rodeo, Bad Lands, Wakan.*

liorer : voici le western sur la pente savonneuse du passage d'un média à l'autre. Ignoré parce qu'il n'est que paralittéraire, éventuellement apprécié mais dans les seules réserves de la littérature pour la jeunesse ou de la BD, le genre doit encore faire face à un sourd et double reproche, rédhibitoire en matière de valeur : dans le roman western, le livre n'est qu'un pis-aller médiatique et, dans la culture nationale, le genre n'est qu'un pis-aller culturel.

Tout d'abord, aux antipodes de la conception du Livre mallarméen, dès la fin du siècle dernier, pour le western, le livre n'occupe qu'une place relative parmi les véhicules de la culture médiatique ; et, imprimé à destination populaire ou enfantine, il tend à beaucoup s'acoquiner avec l'image — du roman illustré à la BD, en passant par les séries fasciculaires aux couvertures quadrichromiques[47] ou par les adaptations cinématographiques[48]. En second lieu, on l'a vu, le vocable western en français désigne spontanément un film, renvoie au seul cinéma ; du coup, déjà ignoré par l'institution, le voilà transformé en sous-produit de l'audiovisuel, et d'au moins deux manières. Du côté de la réception, les lecteurs de romans western qui acceptent de parler de leur acte de lecture évoquent un hybride cognitif : la lecture leur amènent à l'esprit des images de films. Du côté de la production, la pratique de la novélisation représente bien le livre assujetti, accroché au succès de l'original issu de la production médiatique américaine[49].

Bien entendu, la transmédiatisation des récits, c'est-à-dire le passage d'un média à un autre, ne se contente pas de cette formule de la novélisation. Parfois, elle n'implique même plus le livre — ainsi, ces fascicules de romans-photos des années 70 portés par la vague du western-spaghetti[50], obéissant eux aussi à la logique des produits dérivés, des marchés exploités dans tous leurs recoins, et exhibant cette obédience. Parfois, les séries constituées par l'adaptation peuvent être plus complexes[51].

Pis-aller médiatique, mais aussi pis-aller culturel. Sans même évoquer le cinéma, les séries télévisées ou les romans hors collection, en n'examinant que les collections spécialisées, on constate aisément que l'histoire du genre en France est largement déterminée par celle des importations et des traductions d'œuvres américaines : le succès des aventures de Bas-de-cuir, le héros de Fenimore Cooper, aura ouvert l'espace américain à l'aventure romanesque pour le lectorat français, relayé à partir de 1854 par la curieuse carrière française de l'œuvre de Thomas Mayne Reid, cet aventurier irlandais qui avait vécu huit ans aux Etats-Unis.

Puis, porté par le succès du Buffalo Bill's Wild West (ses tournées européennes auront eu lieu de 1889 à 1905), l'éditeur allemand Eichler traduit et diffuse en France

---

[47] Pour une étude de l'effet d'entrelacs de l'image et du récit dans les « Buffalo Bill » de Eichler, voir Christian-Marie Pons (1995).

[48] Dans la seule collection du « Masque Western », 27 romans sur 247 ont été adaptés au cinéma, environ 11 %.

[49] Romans issus de films comme *Une salve pour le shérif* (SN 561, 1960) de Gordon D. Shirreffs, *Les Chasseurs de scalps* (SN 1318, 1970) d'Ed Friend, à partir du film de Sidney Pollack (1968), ou *Il était une fois... la révolution* (SN 1529, 1972) de James Lewis, à partir du célèbre film de Sergio Leone (1972). Moins inspirées encore, les novélisations d'épisodes tirées de séries télévisées, comme celles originellement publiées sous la signature de Alan Holmes en Angleterre, puis traduites dans la collection d'aventures « Point rouge » de Hachette au début des années 70, et tirées de « Bonanza » de NBC.

[50] Comme « Western » ou ceux de Ciné-Périodiques, « Star Ciné Colt », « Star Ciné Winchester », « Star Ciné Bravoure », « Star Ciné Aventures ».

[51] Je reviendrai plus en détail sur la transmédiatisation au chapitre 3.

des *dime novels*. Plus tard, ce seront les collections de livres de poche (« Arizona », « Galop », le « Masque Western »...).

S'inscrivant plus dans cette tradition américaine que dans celle des romans d'aventures américaines à la Gustave Aimard, les années 50 allaient voir l'émergence d'un western français de seconde main : auteurs ayant une expérience de l'Ouest (ce qui n'était pas forcément une garantie d'inspiration), comme Fronval[52], ou fausses signatures américaines[53].

Cette importance de la traduction, de l'importation donc, appelle spontanément un modèle culturel diffusionniste. Corollairement, elle suscite une question sur l'évaluation : la source de la valeur est-elle indigène ou importée ? Depuis 1953, le roman western a en effet une instance de consécration propre, le Spur Award décerné par l'association des Western Writers of America[54], mais aussi la consécration du marché (Louis L'Amour restant sans doute le *best seller* américain du genre), voire celle du *fandom* (les amateurs nostalgiques transforment certaines œuvres en classiques fétichisés, comme la longuissime série télévisée « Gunsmoke », 1955-1975). Or, on constate plutôt une absence de transfert des jugements de l'institution et du public américain, le caractère limité de consommation de l'univers western (le peu de succès de la BD western américaine, la relativement modeste pénétration de la musique country américaine), la petite quantité d'œuvres primées traduites[55], le succès tardif et relatif des traductions de Louis L'Amour[56]...

Comparée à la critique du film western qui a depuis longtemps ses thuriféraires érudits et intellectuels en France — pensons à Jean-Louis Rieupeyrout et André Bazin (1953), Henri Agel (1963), Jean-Louis Rieupeyrout (1964), Raymond Bellour et Patrick Brion (1966), Georges-Albert Astre et Albert-Patrick Hoarau (1973), Charles Ford (1976)[57], pour n'en nommer que quelques-uns, — la critique du roman western n'en a eu ni le retentissement ni la longévité — réduite à la chronique de Jean-Baptiste Dubos dans *Mystère Magazine,* du n°274 (décembre 1970) au n°304 (juin 1973), ou à l'éphémère *Western Revue* (17 numéros entre 1972 et 1974). Pourtant, c'est l'existence même de cette critique cinématographique qui venait singulièrement compliquer les deux idées spontanées selon lesquelles à une diffusion des œuvres se su-

---

[52] Entre 1945 et 1948, il allait publier une série fasciculaire d'une cinquantaine de numéros, « Les merveilleux exploits de Buffalo Bill » (Duclos) ; puis en 1953-1954, contribuer à la collection « Westerners » (PIC), à partir de personnages forts ou d'épisodes connus de l'histoire de l'Ouest ; aller du côté de la littérature pour la jeunesse, on l'a vu (aussi G. Fronval & Daniel Dubois. *Les Signes mystérieux des indiens peaux-rouges*, ill. J. Marcellin, 1976) ; servir d'informateur à de nombreux scénaristes de BD ; devenir enfin une figure mythique du western français — un volume illustré a même été réédité par Dargaud en son hommage, *La Fantastique épopée de l'Ouest* (ill. J. Marcellin et Guy Michel, 1977).

[53] Le chapitre suivant tentera de replacer à la fois dans la chronologie et dans la production globale de titres la part revenant à la traduction.

[54] Voir en annexe la liste des lauréats dans la catégorie « Meilleurs romans westerns ».

[55] Ainsi, sur les 247 titres du « Masque Western », seulement trois lauréats du Spur Award : *Le Ranch de Millie Vaughan* de Giles A. Lutz (MW105, 1974), meilleur roman western paru en 1961, *La Belle du saloon* de Lewis B. Patten (MW98, 1973), meilleur roman paru en 1972, et *Le Maître de Blind Mule* de Nelson Nye (MW145, 1976), meilleur roman publié en 1959.

[56] Après un premier départ dans la collection « Galop » de Dupuis (cinq titres), tôt avortée, retour dans « Masque Western ». Les résidus sont écoulés chez Edito-Service, enfin par le groupe Garancière (23 titres entre 1974 et 1993).

[57] Voici une citation caractéristique de leur position générale : « Apprécié par les êtres simples, qui en retiennent surtout l'aspect spectaculaire, apprécié aussi par de larges couches d'intellectuels qui y décèlent une signification plus profonde, le western n'est dédaigné que par les médiocres » (Ford, 1976 : 298).

perposerait simplement une évaluation elle aussi centrifuge et aux élites reviendraient le goût pour la culture légitime et un certain réflexe de défense contre la culture médiatique américaine — par contre, au public populaire reviendrait un goût immodéré pour cette dernière ou son émulation par la culture populaire française.

En somme, pour ce qui est de cette idée du western comme ersatz culturel, l'industrie française du western romanesque fait surtout fonction de relais à l'industrie culturelle américaine ; le lectorat français est placé sur les marges de cette dernière, doublement éloigné de l'histoire du genre — d'une part, par le filtrage opéré par les éditeurs français (la politique éditoriale d'une longue collection comme le « Masque Western » a moins suivi une logique de la représentativité pour le choix des œuvres traduites qu'une logique commerciale) ; d'autre part, par de minuscules habitudes de consommation, de goût.

Que faire de la culture médiatique américaine ?

Jusqu'ici, partis de la matrice argumentative préconcevant le déclassement du western (roman d'aventures, le western n'est que paralittérature ; littérature pour la jeunesse et BD, le western n'est qu'un genre ghettoïsé ; ersatz médiatique, le roman western n'a même pas la noblesse que les thuriféraires du genre ont construit au western hollywoodien ; ersatz culturel, il n'a ni l'attrait du produit autochtone ni celui du prestige de l'Amérique moderne, incarnée dans le polar ou la SF), en serions-nous arrivés à nous demander : « Pourquoi s'intéresser encore au western ? » En fait, quelques informations glanées en cours de route auront indiqué comment reformuler autrement la question, non plus de la valeur mais de l'attribution de la valeur.

De nos jours, à l'intérieur de l'institution littéraire, l'actuelle crise du canon, la remise en cause de son universalité, se fait autour de la question politique : « Qui évalue ? » La réponse est courte en matière de western : « Personne », puisque l'institution littéraire ignore superbement le genre. La réponse est plus complexe si l'on examine les pratiques évaluatives réelles et les différents agents d'attribution de la valeur : « Tout le monde », puisque l'acte d'évaluation est coextensif à l'acte de lecture, ce qui inclut tous les lecteurs occasionnels ; « Tout lecteur sériel », puisque, spécialisé, il acquiert non seulement une encyclopédie substantielle et procédurale sur son genre de prédilection, mais il accumule aussi matière à comparaison, il s'invente des critères d'évaluation ; « l'éventuel *fandom* » avec sa sociabilité spécifique, ses modes de consécration, ses organes de communication, fanzines et magazines spécialisés, d'où émane un type de critique, organique, non professionnel, proche des autres lecteurs, en qui ces derniers se reconnaissent — et des modes différenciés de circulation du jugement expert[58]... Que ces agents d'attribution de la valeur ne soient pas « autorisés » par l'institution littéraire n'invalide en rien leur pertinence.

Les études paralittéraires assument depuis longtemps le face-à-face de la paralittérature avec les belles-lettres. Toutefois, lorsque commence à se poser la question de la spécificité de la paralittérature, la pente comparative (appelée double circuit, pratique culturelle ou modèle paralittéraire, etc.) se montre limitative ; au-delà de la comparaison apparaissent trois traits fondamentaux : la propension à la production et à la consommation sérielles, la propension au vagabondage du récit d'un média à l'autre, la propension à l'hybridation du mot et de l'image. Et voilà que cela nous

---

[58] Augmentés depuis peu par l'usage d'Internet.

amène à prendre conscience que c'est parce que le livre était un objet culturellement ambigu qu'il est devenu l'enjeu de l'affrontement surdéterminant les études paralittéraires ; les belles-lettres voyaient la paralittérature s'approprier ce format qu'elle croyait réservé (d'où l'importance de se distinguer, puisque le support pouvait être trompeur). Or, aujourd'hui, l'espace de la paralittérature est incertain dans le discours sur la culture, incertitude qui n'avait pas cours à l'époque où, clairement, puissance et territoire respectifs de la culture lettrée et de la littérature populaire étaient définis par la première. C'est un renversement du rapport de force et une complexification de la situation que l'on observe : montée en puissance de la culture médiatique sur laquelle la culture lettrée ne peut plus simplement faire l'impasse ; remise en question du canon (du palmarès des œuvres littéraires consacrées, immortelles) ; ampleur de la culture moyenne et de ses productions, ni vraiment légitimes, ni sérielles (comme les *best-sellers*[59]) ; métissage de plus en plus fréquent des pratiques de lecture (à côté des lecteurs exclusifs maintenant une stricte ségrégation belles-lettres/paralittérature se développe une lecture plus plastique, trouvant aussi bien son plaisir — tout en sachant parfaitement en différencier les nuances spécifiques — dans un polar que dans un Zinoviev, un Calvino ou un Rio, dans un Harlequin que dans un essai en anthropologie)...

Conséquence méthodologique immédiate pour la pratique de l'histoire d'un genre paralittéraire comme le western : on doit traiter ensemble le véhicule romanesque et les autres véhicules massmédiatiques, et non seulement comprendre les rapports qu'entretiennent films, romans, séries et mini-séries télévisées, BD, voire formes non narratives (musique country, rodéos, etc.), mais aussi ceux que la stricte consommation de produits massmédiatiques entretient avec des pratiques culturelles dérivées (musique country, équitation western, vêtements...).

Seconde conséquence : plutôt que de se désoler de l'importation de la culture médiatique américaine, on doit s'intéresser au western pour deux raisons liées, à savoir pour ce qu'il peut nous apprendre sur la culture médiatique et pour ce qu'il peut nous apprendre sur les relations entre la France et les Etats-Unis en matière culturelle. Raisons liées par la notion de primat de l'émetteur. Nommons « modèle du fil », comme dans fil de téléphone, la première génération des théories de la communication — par opposition aux modèles de la boucle et du réseau, c'est-à-dire ceux du primat de l'interactivité. Issus de l'étude des massmédias, ils pouvaient être crus relativement bien adaptés à leur cas. La communication y était vue comme le déplacement linéaire du message de l'émetteur vers le récepteur, comme un acte à sens unique, une causalité unidirectionnelle mécaniste et systématique favorisant donc la source, initiatrice et régulatrice de l'opération, subordonnant le reste (message, récepteur, effets) dans une relation de dépendance. La fonction principale de la communication y était la persuasion, et son contenu était réduit au « message » (le contenu explicite), privilégié aux dépens de la complexité perçue. En outre, méthodologiquement, on y traitait chaque élément de communication comme un simple objet facilement isolable de son contexte, et on tendait à considérer les effets psychologiques de la communication sur des indi-

---

[59] Sur les *best-sellers,* la première proposition méthodologique significative est tout à fait récente (voir Denis Saint-Jacques *et al.,* 1994). En outre, pour chaque genre et dans chaque appareil éditorial national, la relation de la production sérielle et de la production moyenne se pose en termes différents, du point de vue de la production et du point de vue de la consommation.

vidus isolés plus que le contexte social intégrateur[60]. Dans ce contexte de primat de l'émetteur, de diffusion massmédiatique, on en est spontanément venu à identifier l'émetteur à la culture médiatique américaine et, plus encore, à proposer que cette culture, s'éloignant du contexte spécifique qui lui avait servi de base, la société américaine, était devenue une *superculture*, un réservoir de formes, de contenus et de valeurs dans quoi puisent les cultures médiatiques nationales pour leur propre bénéfice[61]. Le modèle n'est pas sans mérite (il confirme d'ailleurs certains jugements préconçus), mais, aussi simplificateur que celui de l'évaluation par l'institution littéraire, il ne permet pas de comprendre les manières spécifiques et diverses dont le western a été assimilé à la fois par les cultures médiatiques italienne, allemande et française, et par des pratiques culturelles obéissant non plus au modèle communicationnel du fil, mais à celui de la boucle.

Imposition d'un canon ou hégémonie de la culture médiatique américaine ? Malgré les différences, dans les deux cas on a affaire à une problématique de domination et à un processus d'homogénéisation, à une tentative de créer un lieu culturel commun. Et, aussi déterminant que soit le hiatus entre littérature et culture médiatique, la fiction de la conquête de l'Ouest oblige à tenir compte de celle-là à travers celle-ci.

---

[60] Voir Rogers, Everett. M. et D.M. Kincaid (1981). C'est par la réévaluation et la réorganisation de tous ces éléments que les théories subséquentes se sont distinguées du modèle du fil.

[61] Voir le chapitre 5.

2.
Où est l'ouest ?
L'histoire de sa conquête racontée aux Français

Un Nouveau Monde de haute époque

Cette fiction de la conquête de l'Ouest a un double statut : elle relève à la fois de la culture médiatique et d'une tradition bien plus ancienne. Il s'agira ici d'en retracer l'histoire, de remettre en perspective le western spontanément réduit à ses seules conventions et à l'intemporalité de son univers (attaque indienne et vociférante du convoi de chariots serrés en cercle, duel aux colts dans la *Main Street* poussiéreuse et désertée d'une bourgade de la *Frontier*, héroïsme modeste et taciturne des bouviers, stoïcisme de l'Indien impassible, grand cœur de la *schoolmarm* et de la danseuse de saloon, etc.), de borner l'aire de ces notions corrélées, interposées — aventure, paralittérature, littérature pour la jeunesse, ersatz médiatique et ersatz culturel... A contre-courant du sens essentiellement filmique mais récent du mot western[1], je dois retracer l'histoire d'une tradition d'abord discursive, et d'une tradition non seulement définie par son contenu (et sa réputation d'universalité), mais aussi par la culture nationale de son public, en l'occurrence celle des Français.

C'est moins l'existence de peuples inconnus que l'idée d'inimaginables richesses confirmant l'existence des îles de Cryse et Argyre, fabulées par les géographes du Moyen Age, qui fit le retentissement européen de la première lettre de Christophe Colomb, publiée à Barcelone en 1493, et immédiatement traduite en latin pour le reste de l'Europe lettrée. La vitesse et l'étendue de la diffusion devait notablement s'accroître dès les lettres d'Amerigo Vespucci (1502). Et c'est en 1515 que devait paraître en français, adaptée de l'italien, une première compilation de récits de voyages vers l'Amérique (de Colomb, Vespucci, Cortès, Cadamosto, etc.)[2]. Un genre littéraire

---

[1] Les dictionnaires français ne l'attestent qu'au début des années 50, dans sa seule acception cinématographique d'ailleurs. Non pas que les dictionnaires plus anciens aient ignoré le mot ; mais il renvoyait alors à une des îles Hébrides !

[2] Mathurin du Redouer, d'après Fracanzano da Montalboddo, *Sensuyt le nouveau monde et navigations*

s'imposait à la curiosité ébahie ou intéressée du lectorat européen. Ces premiers Indiens discursifs, vivant sans propriété, ni armes, ni religion, ni interdit sexuel ou anthropophagique, devaient longtemps titiller l'imaginaire européen ; autant que la valeur informative des récits de voyageurs, c'est la construction en parallèle d'un univers de sens, hybride cognitif, informé et rêvé, qui sera déterminante dans cette phase d'instauration de l'Amérique comme référent de discours.

Pour s'en tenir aux seuls marins naviguant pour la France, il faut dire que, fascinantes sans doute, et anciennes elles aussi, les relations de voyages américains souffraient de deux maux : peu diffusées, elles étaient en outre teintées par l'adage « a beau mentir qui vient de loin ».

La « Relation authentique » de Paulmier de Gonneville au Brésil (1503-1505) est tout ce qui reste du premier contact de Français avec des Indiens brésiliens, les marchandises acquises et les observations faites là-bas ayant disparu lors du naufrage de l'*Espoir* à la suite de l'attaque d'un pirate breton au retour, arrivé presque au but, derrière Guernesey ; ce qui nous vaut telle frustrante lecture : « [...] le pays est fertile, pourvu de force bêtes, oiseaux, poissons, arbres, et autres choses singulières inconnues en Chrétienté, dont feu monsieur Nicolle le Febvre d'Honfleur qui était volontaire du voyage, curieux, et personne de savoir, avait dépeint les façons ; ce qui a été perdu avec les journaux du voyage lors du pillage du navire [...] » (p. 50-51[3]).

Frustrante lecture, mais pas pour de nombreux lecteurs. La plus remarquable « Relation du voyage de la *Dauphine* à François Ier, Roi de France » (1524) du toscan Giovanni da Verrazano qui, cherchant la route de la Chine pour des banquiers florentins établis à Lyon, venait d'explorer les côtes américaines, de la Caroline à Terre-neuve, ni les relations des trois voyages de Jacques Cartier au Canada de 1534, 1535-1536 et 1541, pourtant officiellement commandités par le roi François Ier, n'eurent elles aussi que de bien petits lectorats.

Tous ces voyageurs ne sombraient pourtant pas dans l'oubli. La tentative d'implantation du vice-amiral Nicolas Durand de Villegaignon devait susciter un réel engouement pour le Brésil, notamment à travers les récits d'André Thevet, *Les Singularités de la France Antarctique* (1557), et de Jean de Léry, *Histoire d'un voyage* (1578) ; ou celle de René de Goulaine de Laudonnière, racontée entre autres par le chef d'expédition lui-même dans *L'Histoire notable de la Floride*[4] (1586).

Comme ces textes étaient accompagnés de gravures, commença alors à se développer aussi un imaginaire graphique européen de l'Indien — depuis les lettres de Colomb illustrées de rencontres entre Européens et Amérindiens thématisant troc et cannibalisme, jusqu'à ce compagnon de Goulaine de Laudonnière, Jacques Le Moyne de Morgues, qui était revenu avec des portraits de Tymangouas floridiens[5], des scènes de bataille — les Français ayant en effet été entraînés à choisir un camp lors de guerres intestines timucuanes.

Hybride cognitif d'après la recette du pâté d'alouette : en amont, à la fidélité de la description ethnographique, voire à l'intérêt de sa constitution et de sa diffusion, les intérêts politiques et économiques des découvreurs et des conquérants préféraient

---

faictes par Emeric Vespuce Florentin. Des pays et isles nouvellement trouvez auparavant a nous inconneuz tant en l'Ethiope que Arrabie, Calichut et aultres plusieurs reggions estranges. Translaté de italien en langue françoise par Mathurin du Redouer, licencie es loix, cité par Olive P. Dickason ([1984] 1993).

[3] La « Relation authentique » de Paulmier de Gonneville a été rééditée dans Jacques Cartier, *Voyages au Canada. Avec les relations des voyages en Amérique de Gonneville, Verrazano et Roberval* (1992).

[4] Rappelons à propos de cette tentative floridienne sans lendemain qu'elle avait été précédée par les expéditions des Espagnols de Juan Ponce de León, Diego Miruelo et Hernandes de Cordoba qui avaient eu lieu entre 1513 et 1521 ; Hernando de Escalante Fontaneda était même resté chez les Calusas, contre son gré il est vrai, de 1551 à 1552.

[5] Ou Timucuas, l'une des cultures des Tumulus.

trouver dans un savoir préalable la légitimation de leurs actions ; en aval, plus que les Amérindiens réels, c'est leur place en tant qu'argument dans des débats idéologiques intra-européens qui fut déterminante pour longtemps.

L'ouverture d'esprit, l'honnêteté, la curiosité d'un de Léry s'avèrent fortement minoritaires. Pour des considérations religieuses ou scientifiques : de l'Amérique comme pure impossibilité jusqu'aux débats théologiques sur l'origine des Amérindiens (Des Scythes ? De quel fils de Noé ? D'autres survivants du Déluge ? D'un second Adam ?...), l'interprétant religieux servit longtemps à comprendre ce Nouveau Monde ; et bien longtemps après que les voyageurs eurent démontré l'inadéquation de modèles descriptifs tirés de Pline, d'Hérodote, d'Aristote, ceux-ci devaient survivre sous forme de préconstruits, de schématismes immédiatement disponibles, où coexistaient pensée des Anciens et goût de l'imaginaire médiéval pour les monstres et les chimères — et encore, les relations des voyageurs eux-mêmes contribuèrent-elles longtemps à mystifier le public. Il s'agit de comprendre à partir de ce qu'on sait plutôt que de ce qu'on voit. Aussi, le penchant à comprendre les civilisations amérindiennes à travers celles de l'Antiquité classique est-il aussi ancien que ces premiers textes[6], et il continuera à structurer aussi bien l'inspiration ethnologique d'un jésuite comme le père Joseph-François Lafitau[7] que celle, épique, des *Natchez* (1826) de François-René de Chateaubriand. En littérature, c'est leur adéquation ou leur flexibilité pour s'approprier les récits de voyages qui assurera la fortune de certaines formes, comme l'innovation structurale du Sauvage philosophe ou l'utopie — fonctionnellement apparentées, permettant toutes deux de prendre la doxa à rebrousse-poil, de présenter la critique de la culture par un renversement de perspective.

Calés sur l'autorité que donnait une connaissance du Canada de première main à leur auteur, Louis-Armand de Lom d'Arce, baron de La Hontan[8], les *Dialogues curieux entre l'auteur et un sauvage de bon sens* (1703-1705) eurent une double fortune, substantielle et procédurale en quelque sorte. Fortune de la formule du mélange d'observations sur le vif et de racontars confortant les croyances préalables des lecteurs ; fortune d'une forme stimulant l'interprétation, le changement de perspective sur la civilisation offert par le Sauvage philosophe[9], forme qui ne devait pas tarder à se voir promue en procédé littéraire — les *Lettres persanes* (1721) de Charles-Louis Secondat, baron de Montesquieu, en deviendront le parangon, Voltaire le reprendra dans *Le Huron* (1767), mais aussi Chateaubriand avec le Chactas d'*Atala* (1801) et dans l'une des parties des *Natchez*...

Quant au vieux genre de l'utopie[10], c'est informé par les descriptions de civilisations amérindiennes ayant inventé l'Etat — comme les *Comentarios reales que tratan del origin de los Incas* (1609 et 1617, traduits en français en 1633) de Gacilaso de la

---

[6] Notamment le *De Orbe Novo* (1511) de Pierre Martyr d'Anghiera, commentant immédiatement la lettre de Colomb (Dickason, [1984] 1993 : 305).

[7] François-Marc Gagnon (1981) rappelait qu'un Joseph-François Lafitau agrémentait encore en 1724 ses *Mœurs des sauvages américains comparés aux mœurs des premiers temps* d'illustrations d'Indiens acéphales, illustrations correspondant plus aux fantastiques *blemmyes* lybiens de Pline ou Augustin qu'à quelque observation faite sur place : quasi-hommes puisque la tête n'avait pas réussi à se distinguer du cœur, le siège du *logos* de celui du *mythos*.

[8] Avec ses *Voyages de M. le baron de Lahontan dans l'Amérique septentrionale* (1703).

[9] Empruntée au *De Orbe Novo* de Pierre Martyr d'Anghiera. Pour tempérer cette impression qu'il ne s'agirait là que d'un truc littéraire, voir *Le Mythe du sauvage* ([1984] 1993), où Olive P. Dickason consacre un passionnant chapitre à l'Europe vue à travers les yeux de réels Indiens.

[10] L'*Utopie* de Thomas More date de 1550.

Vega — qu'il est réinvesti alors[11], dans de grands témoignages du XVIIe siècle[12]. Ne cherchant d'ailleurs pas à brouiller leur statut de fiction, ces descriptions choisissent de naturaliser par la narration leur position par rapport au référent et au destinataire, aux cultures visitées et à celle que l'auteur partage avec son lecteur.

Ainsi, par un procédé littéraire qui justement se met en place à son époque, Denis Veiras met en scène la distance entre le témoignage qui constitue le cœur de son texte et le lecteur par un jeu de récits enchâssés. Le capitaine Siden, chef du groupe de naufragés européens et donc témoin privilégié, fait des confidences à un médecin, passager lui aussi lors de son retour ; blessé à mort au cours d'une attaque anglaise contre leur flottille hollandaise, il lui communique des documents ; ceux-ci, rédigés « en latin, en français, en italien, et en provençal », sont remis à l'éditeur signataire de l'avertissement au lecteur. Le témoignage lui-même se fait à la première personne, mais il comprend à l'occasion des témoignages rapportés, eux-mêmes enchâssés dans celui de Siden — comme celui de la première rencontre de Maurice et de sa petite troupe avec les Sévarambes de Sporounde[13].

Parfaitement intériorisable par la littérature, le Nouveau Monde ne devait plus se voir aussi intimement lié à la relation de voyage et allait se couler dans de nombreuses formes génériques[14]. Toutes ces médiations culturelles et littéraires prises en compte, il n'en reste pas moins que ce sont deux notions, distinctes et articulées, qui auront le plus façonné la construction discursive française de l'habitant de ce Nouveau Monde : le bon sauvage et l'Indien victime. Le bon sauvage de Jean-Jacques Rousseau était en fait le produit d'un radical renversement de la figure de l'homme sauvage issue de la mythologie indo-européenne et du folklore médiéval, des *choromandæ* de Pline et du Caliban de Shakespeare. Vie dans les bois, sexualité débridée, cannibalisme, poils et plumes... : c'est par deux voies que ce renversement s'est opéré, l'édulcoration de l'Homme sauvage interne à la culture européenne dont on peut suivre le processus avec le personnage d'Arlequin et la prise en compte de la valeur des cultures amérindiennes — *L'Arlequin sauvage* (1721), de Louis-François Delisle de Drevetière, serait la synthèse de cette double évolution. Quant à l'articulation du bon sauvage et de sa victimisation au nom de la civilisation et de la religion, elle est déjà formulée dans le célèbre chapitre les « Cannibales » des *Essais* (livre I, ch. XXXI, 1562) de Michel de Montaigne ; sa filiation, accentuant plus ou moins tolérance ou ironie, le reliera à Léry, Lahontan, Rousseau, Marmontel...

Toutefois, alors que les deux discours de Rousseau n'étaient pas un naïf appel à la régression[15], c'est ainsi que son siècle les a surtout compris, encouragé par les railleries d'un Voltaire notamment[16]. Malgré tout, les leçons de l'Indien (de l'Amérique du

---

[11] Sur l'Amérique des utopies et des voyages imaginaires de la Renaissance au XIXe siècle, voir Raymond Trousson (1980).

[12] Ceux de Gabriel de Foigny, *Terre australe connue* (1676), de Denis Veiras, *Histoire des Sévarambes* (1677) et de Simon Tyssot de Patot, *Voyages et aventures de Jacques Massé* (1710).

[13] Voir la réédition préparée par Michel Rolland (Veiras, [1677] 1994).

[14] Comme *L'Arlequin sauvage* (1721), une pièce de Louis-François Delisle de Drevetière ; *Le Philosophe anglois ou Histoire de Monsieur Cleveland, fils naturel de Cromwell* (1731-1739) de l'abbé Prévost ; *Lettres d'une Péruvienne* (1747) de Mme de Graffigny ; *Manco-Capac premier ynca du Pérou* (1763) de Le Blanc de Guillet ; voire *Les Indes galantes* (1735) de Jean-Baptiste Rameau...

[15] *Discours sur les sciences et les arts* (1750) et *Discours sur l'origine de l'inégalité* (1755). Claude Lévi-Strauss allait même voir en Rousseau un précurseur posant les fondements d'une connaissances réelle de l'Autre, de l'Indien.

[16] « Vous plairez aux hommes à qui vous dites leurs vérités, mais vous ne les changerez pas. [...] On n'a jamais employé tant d'esprit à vouloir nous rendre bêtes [...] », puis *Le Huron ou l'Ingénu* (1767), juste après le traité de Paris qui justement mettait fin aux ambitions françaises en Amérique du Nord.

Nord, du Huron, de l'Iroquois) auront été nombreuses[17]. D'après les commentaires qu'elles ont suscités, les leçons, politiques, de la liberté individuelle, de l'heureuse inexistence de lois favorisant la chicane et de l'égalitarisme ignorant les classes liées à la propriété auront sans doute ultérieurement marqué la démocratie, voire l'anarchisme et le communisme — système fédéral américain inspiré de la Ligue des Iroquois[18], mutuellisme proudhonnien, collectivisme anarchiste de Bakounine, communisme primitif de Marx et Engels[19]...

Dès 1542, le public européen avait pu apprendre par la *Brevissima Relacion de la destruycion de las Indias*[20], de Bartholomé de Las Casas, le triste sort des Indiens dans les terres espagnoles. Et Jean-François Marmontel (1723-1799), même s'il est au purgatoire depuis deux siècles, était un auteur qui comptait[21] du temps de l'*Encyclopédie*.

Plus encore que ses *Trois Contes moraux* (1770), ses *Mémoires d'un père,* inachevés, ou *Bélisaire* (1767), son premier roman idéologique, sur la tolérance, *Les Incas ou la destruction de l'empire du Pérou* (1777) eut un grand retentissement en Europe et fit la fortune de son auteur (c'est en 1777 justement que fut votée la loi du droit d'auteur en France). Torrents de sang, éclatantes et meurtrières injustices, hypocrite travestissement de l'avidité, de l'envie et de la cruauté en vertus religieuses : détaillant cette œuvre de mort de la conquête espagnole, l'étayant sur des témoignages et un savoir convoqués en notes, l'auteur s'est employé à révulser le lecteur, à le convaincre en émouvant.

Au-delà du pathétique rhétorique, *Les Incas ou la destruction de l'empire du Pérou* offre une disposition spontanément complexe. Ainsi, chacun des trois groupes, l'Espagne, les Indes occidentales et le corps expéditionnaire, est travaillé par une contradiction. Dans la première, l'implacable machine de la rapacité est mise en branle par la cour qui ne peut plus librement exploiter le peuple ; dans l'empire inca, ce sont les luttes intestines entre les deux frères, Huascar, le jaloux, roi de Cusco, et Ataliba, le bienveillant roi de Quito, qui précipiteront le destin funeste de leurs peuples ; et chez les conquérants, c'est l'homogénéité du fanatisme mortifère, de la cruauté et de la concupiscence (incarnés dans le prêtre Valverde) qui aura raison des contradictoires positions de Pizarre (tout à son rêve de gloire, il ne voit que des défauts personnels et ne veut pas trop savoir que l'iniquité est au principe même de son expédition) et des justes — le sage Las Casas qui, Espagnol, se fait le défenseur des Indiens, et le jeune Alvaro, conquistador au cœur tendre qui aime Cora, la vierge indienne consacrée au Soleil. Il reste bien sûr du bon sauvage chez Marmontel. Ainsi, sur l'île de Mendoce[22],

> Le goût, le désir le formait ; le caprice pouvait le rompre ; sans rougir on cessait d'aimer, sans se plaindre on cessait de plaire : dans les cœurs la haine cruelle ne succédait point à l'amour ; tous les amants étaient rivaux ; tous les rivaux étaient amis ; chacune de leurs compagnes voyait en eux, sans nul ombrage, autant d'heureux qu'elle avait faits ou qu'elle ferait à son tour. Ainsi, la qualité de mère était la seule qui fût

---

[17] Pour en savoir plus sur le Sauvage, le bon et les autres, on pourra consulter Gilbert Chinard ([1913] 1970), François-Marc Gagnon (1986), René Gonnard (1946) et Tzvetan Todorov (1982).

[18] C'est à la fin du XVIe siècle (peut-être un siècle plus tôt, selon des légendes iroquoises) que Dekanahouideh et Hiaouatha auraient fondé cette ligue.

[19] A ce sujet, voir Jack Weatherford (1993).

[20] Traduit en français en 1582, *Histoire admirable des horribles insolences, cruautez & tyrannies exercées par les Espagnols ès Indes Occidentales,* et plusieurs fois réédité, sous des titres différents.

[21] Protégé de Voltaire, il allait rédiger plus de 200 articles de l'*Encyclopédie* ; longtemps directeur du *Mercure de France,* il fut élu à l'Académie française en 1763, et en fut même le secrétaire perpétuel. Autre titre à la pérennité, il fut l'un des premiers à utiliser le mot *littérature* dans son acception moderne, dans un essai qui réunissait ses articles de l'*Encyclopédie* (*Eléments de littérature*, 1867-1879). Il est vrai que ses quelques pièces ne sont pas, elles, vraiment immortelles — même *Le Huron,* une brève comédie en deux actes (« et en vers meslés d'ariettes », 1768).

[22] Typique *locus amœnus* (site charmant), topos recommandé par les manuels de rhétorique.

personnelle et distincte : l'amour paternel embrassait toute la race naissante ; et par là les liens du sang, moins étroits et plus étendus, ne faisait de ce peuple entier qu'une seule et même famille (1777 : 112).

Inutile de dire que, conviés à « l'enchantement [de] cette fête voluptueuse », les Castillans prétendent bientôt remplacer le caprice léger par la force et les armes. Ce n'est pourtant là qu'un épisode mineur, animé par une antithèse trop grossière ; car la grande affaire de Marmontel, c'est moins la civilisation comme un donné (et l'arbitraire de la hiérarchisation que ce fixisme permet) que la civilisation comme un processus. Vestale ayant trahi, Cora doit être emmurée vivante, de par la loi inca ; or, après le conventionnel assaut de générosité entre elle et Alvaro, c'est ce dernier qui se fait le porte-parole de la Nature : « Est-ce assez d'une loi pour étouffer en nous les sentiments de la nature, pour en vaincre les tourments ? Vous exigez de la jeunesse la froideur d'un âge avancé ! [...] Ah ! c'est la superstition qui vous commande, au nom d'un dieu, d'être cruels [...]. Quoi ! le Soleil, la source de la fécondité, lui, par qui tout se régénère, ferait un crime de l'amour ! » (p. 183).

L'Inca Ataliba, éclairé par l'argumentation d'Alvaro, en un débat public, replace en perspective loi de la Nature et loi religieuse, Raison et erreur, et ce faisant remanie sa culture : « Il a raison, dit-il ; et la raison est au-dessus de la loi. Non, peuple, il faut que je l'avoue, cette loi cruelle ne vient point du sage Manco : ses successeurs l'ont faite [...] ; ils se sont trompés. L'erreur cesse ; la vérité reprend ses droits » (p. 184).

Tout comme l'esprit des Lumières et le passage de l'homme sauvage à l'Indien argumentatif, l'exotisme des *Incas* avait non seulement beaucoup vieilli au moment de l'immense succès de celui qui devait colorer les deux premières décennies du XIXe siècle, mais ses signes se trouvaient pourvus de valeurs diamétralement opposées. A la Nature et à la Raison succédait une religion habitée par une nouvelle ferveur. En 1805, Chateaubriand (1768-1848) publie *René* conjointement avec *Atala* ; le principe joignant les deux est l'échange de confessions : dans celui-ci, le vieux Chactas raconte son histoire avec Atala à René, dans celui-là René dit la triste histoire de son inceste insu avec sa sœur Amélie.

Or, on constate un déséquilibre entre ces deux confessions en miroir. *René* reprend bien la figure d'une sagesse, celle de Chactas, une déclinaison du bon sauvage, qui a souffert de passion lui aussi et qui représente à la fois Œdipe et Ossian (« Une jeune fille l'accompagnait sur les coteaux du Meschacebé, comme Antigone suivait les pas d'Œdipe sur le Cythéron, ou comme Malvina conduisait Ossian sur les rochers de Morven », p. 74[23]), mais il faut à Chateaubriand matérialiser une autre forme de la sagesse, redoubler le vieillard destinataire de la confession de René. Redoublement structural, adjonction à cette variation sur figure du bon sauvage de celle du génie du christianisme, la sagesse chrétienne du père Aubry.

Atala (1801) avait paru pendant la brève période où, à la suite de la rétrocession faite par l'Espagne en 1800, le territoire de la Louisiane française s'étendait du Mississippi aux Rocheuses, du Golfe du Mexique au Canada — Napoléon Ier devait le vendre, à l'Union, pour 15 millions de dollars en 1803 — : sorte de brève remémoration de la grande période française d'avant le traité de 1763. C'est d'ailleurs cette nostalgie qu'établit le fameux prologue (« La France possédait autrefois, dans l'Amérique septentrionale, un vaste empire [...] ») ; c'est elle qui recadre la formule des narrations emboîtées, ses empilements d'époques et ses articulations de niveaux narratifs (1725, le temps du prologue, de la narration de Chactas au jeune René ; précédé de celui du séjour malheureux de Chactas en France et aux galères ; puis le « je » de l'épilogue au moment du voyage du signataire en Amérique, destinataire de deux récits ayant Chactas et René pour référents : celui du Siminole et celui de la petite-fille en deuil de René). C'est cet interprétant aussi qui redouble le deuil pour la civilisation détruite : non seulement celle des Indiens, comme chez Las Casas ou Marmontel, mais aussi celle que la Révolution fit disparaître pour Chateaubriand : « Indiens infortunés que j'ai vus errer dans les déserts du Nouveau-Monde, avec les cendres de vos aïeux, vous qui m'aviez donné l'hospitalité malgré votre misère, je ne pourrais vous la rendre

---

[23] Je cite l'édition Garnier-Flammarion, préparée par Pierre Reboul (1964).

aujourd'hui, car j'erre, ainsi que vous, à la merci des hommes ; et moins heureux dans mon exil, je n'ai point emporté les os de mes pères » (p. 144).

Le romantisme commençant aura donc récompensé Chateaubriand de n'avoir guère retenu dans *Atala* que la réfraction personnelle d'une mélancolie de fin de race ; brefs récits au style somptueux, fragments de ce qui devait paraître sous le titre *Les Natchez* (1826), *Atala* et *René* mettaient dans l'ombre l'histoire réelle des Natchez que Chateaubriand connaissait par érudition. Ces représentants de la culture des Tumulus du sud du Mississippi avaient fasciné les Français, louis-quatorziens, par leur culte solaire et leur rigide système de quatre classes.

En 1729, à Fort Rosalie, provoqués par l'arrogance du Sieur Chepart, gouverneur de la Louisiane, qui voulait établir sa plantation à la place du Grand Village, les Natchez se révoltent, font tuer Chepart à coups de bâton par un membre d'une classe inférieure et leurs alliés Yazoos tuent un missionnaire français. La réaction sera terrible, les Français alliés aux Choctaws extermineront les Natchez, enverront certains des survivants en esclavage à Saint Domingue, et les autres, dispersés chez les Chickasaws, les Creeks et les Cherokees, y seront intégrés avec une réputation de mysticisme[24].

Mais plus encore, la brièveté même d'*Atala* et de *René* faisait disparaître complètement l'intenable projet esthétique des *Natchez* fondé sur l'idée, elle-même ancienne à ce moment-là (Lafitau, Lahontan), que les Indiens seraient les équivalents américains des Grecs de la haute époque, leurs doubles vivants, et que la forme la plus adaptée à dire leur geste serait une épopée calquée sur les chants homériques. Encore héritier avoué du discours sur l'Amérique dans la superbe et impossible entreprise des *Natchez*, Chateaubriand le recodifie complètement par sa fragmentation et sa réduction à un récit bref de l'épanchement romantique où l'amour impossible, et qui le reste, régit thématiquement la perte du territoire — réduction qui a en outre l'avantage de laisser dans l'ombre pour le lectorat français le malencontreux épisode de l'extermination des Natchez[25].

Le succès des *Incas* au XVIIIe siècle ou celui d'*Atala* au début du XIXe siècle ne devaient pas s'avérer suffisants pour valoir à leurs auteurs l'exclusivité ou la paternité symbolique du roman indien, de l'inspiration américaine dans la forme romanesque. Il faut d'abord rappeler que les *Natchez*, *Les Incas* et *Atala* diffèrent notablement du roman tel que la littérature populaire et la tradition balzacienne allaient le constituer ; dès la seconde moitié du XIXe siècle, cette prose poétique n'était plus de mise dans le genre.

Qu'on compare, par exemple, le traitement que Chateaubriand fit subir à cet épisode de la fin des Natchez et la façon dont un feuilletoniste comme Gustave Aimard devait en faire un roman d'aventures, *L'Esprit blanc* (1866[26]), à travers le destin de la jeune Marguerite venue à Fort-Natchez pour retrouver son amoureux Maurice, enlevée par Rattlesnake, un chef de la révolte indienne, personnage-charnière faisant communiquer l'histoire privée où s'affrontent des désirs contradictoires et l'Histoire où s'affrontent des pouvoirs incompatibles, le massacre subi par les Français, Marguerite finalement délivrée par Tree-la-lu, la belle Indienne ignorée par le ravisseur, et sauvée par un Maurice qui, bien sûr, l'épousera.

---

[24] Histoire doublement malheureuse, puisque les massacres d'Amérindiens furent relativement peu caractéristiques de la colonisation française de l'Amérique du Nord.
[25] Le premier juste évoqué (« Quand un Siminole me raconta cette histoire [...] », p. 137), la seconde constituant l'essentiel de la matière de l'épilogue près des chutes du Niagara.
[26] Je ne connais de ce roman que sa réédition franco-belge de 1948, par La Concorde.

Plus proche du western devait se trouver l'œuvre de James Fenimore Cooper (1789-1851). Ses histoires de *Leatherstockings* devaient inventer la *Frontier* romanesque et, du coup, connaître une immense et durable fortune[27].

Si l'on ne pense qu'au cinéma, *Le Lac Ontario* était adapté dès 1909, *Le Dernier des Mohicans* en 1911, *Le Tueur de daims* en 1912, *Les Pionniers* en 1941, et *La Prairie* en 1947. *Le Dernier des Mohicans* allait connaître 10 adaptations[28]. Succès aussi en France — *Le Dernier des Mohicans*, traduit dès 1823, devint aussitôt un *best-seller*[29] ; pour l'Europe, c'était là la vraie littérature américaine, l'Amérique vraie dans sa simplicité, à l'époque de Balzac et Dumas, mais aussi bien plus tard — ainsi, il devait y avoir en France un insolite *Bas-de-Cuir* (1868) pour la scène, commis par Xavier de Montépin et Jules Dornay, au théâtre de la Gaieté, avec un cheval savant, « un sacrifice humain, une idole qui explose, des canoës qui tombent dans une cataracte entre des rochers à pic, le "ballet des Ottawa" [...] » (Jeune, 1963 : 201) ; à Hollywood, Maurice Tourneur devait en réaliser l'adaptation de 1920 et Harald Reinl, le réalisateur de deux « Winnetou » inspirés de Karl May, celle, allemande, de 1965.

Œil-de-faucon (Nathaniel Bumppo) représente un modèle de virilité, se tenant loin des femmes, *backwoodsman*, puritain, illettré, honnête, bavard, un peu bravache, amateur de carnage. Déjà il incarne une dignité stoïque, épique, colorée par la mélancolie pour un monde en voie de disparition, héros d'une inspiration sublime. Son *alter ego* sauvage, tout de passion et de dignité, est plus près du tragique, de la disparition de la race. A la place d'un devenir américain qui aurait impliqué le mélange de sangs (ce que Cooper mais aussi la culture WASP considéraient avec horreur, contrairement aux coureurs de bois canadiens), la série propose une solution narrative qui deviendra un cliché de la culture populaire américaine : le dédoublement du héros, l'irrigation de la sagesse du vieux guide, indianisé, par l'énergie du jeune noble, ingrédients du vrai Américain — *Les Pionniers* (1823), c'est le roman de la refondation de la légitimité selon l'Amérique, l'invention de la *Frontier* en littérature.

Rappelons que l'ordre de publication des romans de Cooper bouleverse celui de la vie de son héros ; si *Les Pionniers*, *Le Dernier des Mohicans*, *La Prairie*, *Le Lac Ontario* et *Le Tueur de daims* datent respectivement de 1823, 1823, 1827, 1840 et 1841, Bas-de-cuir a 20 ans en 1740 dans *Le Tueur de daims*, 37 en 1757 dans *Le Dernier des Mohicans*, 45 en 1765-1767 dans *Le Lac Ontario*, 73 en 1793 dans *Les Pionniers*, et il meurt presque nonagénaire en 1806 dans *La Prairie*, seul roman qui se passe dans l'Ouest proprement dit.

Après les premiers modes d'appropriation du Nouveau Monde imaginé, le choc provoqué par l'histoire de Bas-de-cuir émanait à la fois de l'américanité de son auteur et de l'invention d'un type, de la possibilité d'un agent médiateur, le Blanc sauvage, par lequel l'étrangeté absolue de l'Indien se trouve atténuée, la grandeur du Sauvage est maintenue tout en devenant appropriable. Avec Œil-de-faucon, Cooper a obtenu la quintessence de l'Américain qui a oublié son héritage britannique et est parfaitement en phase avec le continent à conquérir.

Ecrivain marquant aussi bien dans l'histoire littéraire américaine qu'en France, Cooper a essentiellement légué au genre l'idée d'un contact, d'un type faisant le pont

---

[27] Sur James Fenimore Cooper, on pourra consulter James Beard (1954), Georgette Bosset (1928), George Dekker (1967), Daniel Peck (1992) et Stephen Railton (1978).

[28] Dont celles de George B. Seitz en 1936 (avec Randolph Scott), James L. Conway en 1977 (avec Steve Forrest) ou, récemment, de Daniel Mann en 1992 (avec Daniel D. Lewis).

[29] On peut mesurer l'incroyable succès de ce *long seller* de l'édition française en considérant la liste donnée par Margaret Murray Gibb (1927) des différentes éditions (traduction complète de A.J.B. Defauconpret, adaptations publiées chez Mame, Ardant, Gautier, Téqui), entre 1823 et la fin du siècle.

entre civilisation et vie sauvage, entre Est et Ouest. Œil-de-faucon, le solitaire-à-la-carabine, allait servir de modèle intertextuel dans la littérature populaire américaine aux histoires utilisant pourtant des personnages historiques : Davy Crockett (dans les années 1830), puis Kit Carson (dans les années 1840), Billy the Kid (dans les années 1880), Buffalo Bill (dans les années 1890), cela pour ne rien dire des multiples cowboys fictionnels du XXe siècle... Toutefois, du côté de l'usage social de ses récits, sans remettre en cause son immédiat et persistant statut de *best-seller,* ni ses nombreux admirateurs européens — malgré l'accueil froid de la critique américaine de son temps, qui l'avait beaucoup irrité, — aux Etats-Unis, déjà à l'époque des *dime novels,* lui-même s'était retrouvé dans une pénombre qui n'était pourtant pas tout à fait celle de l'oubli. Son livre était un *best-seller,* et même un classique, mais en tant que livre pour la jeunesse, ce qui n'était certes pas l'intention de l'auteur.

En outre, contrairement à la mise en texte de Chateaubriand, pour le lectorat français, ce modèle possible aurait pu avoir un inconvénient rédhibitoire : Œil-de-faucon lui faisait voir la Guerre de Sept Ans à travers d'explicites lunettes britanniques — *French and Indian War,* disent encore les historiens américains. Dans sa possible postérité, c'est l'agacement chauvin à l'endroit des Anglo-Saxons en général, et de la Guerre de Sept Ans selon Cooper en particulier, qui poussera Aimard à délaisser un temps ses histoires quasi contemporaines pour le roman historique, pour réécrire l'Histoire, pour contrer son interprétation par un décidément trop partial Cooper, et ce sur le même terrain narratif de l'aventure américaine.

En fait, ainsi que l'avait démontré Régis Messac (1929), si elle fut codante pour la littérature populaire française, l'histoire de Bas-de-cuir le fut surtout pour le roman de mystère, l'un des ancêtres du roman policier[30]. Eugène Sue ne prévenait-il pas son lecteur dès l'entrée des *Mystères de Paris* ?

> Tout le monde a lu ces admirables pages dans lesquelles Cooper, le Walter Scott américain, a retracé les mœurs féroces des sauvages, leur langue pittoresque, poétique, les mille ruses à l'aide desquelles ils fuient ou poursuivent leurs ennemis... Nous allons essayer de mettre sous les yeux du lecteur quelques épisodes de la vie d'autres barbares aussi en dehors de la civilisation que les sauvages peuplades si bien peintes par Cooper.

Le trait devait être fixé pour longtemps, répété par *Les Misérables*, *Les Habits noirs*, *Les Mohicans de Paris* — ce dernier allait au-delà de la métaphore, dévitalisant l'exotisme au profit de la lecture d'indices, préfigurant très directement la détection à la Monsieur Lecoq. Toutefois, les lecteurs de pistes ratiocinateurs, issus d'auteurs français ou lus en traduction, allaient longtemps encore hanter le roman western. Qu'on se souvienne, par exemple, des dix premières pages de *Shalako* (MW20, 1962) de Louis L'Amour, avant que le héros chevauchant dans le désert de la Sonora ne rencontre Irina Carnavon :

> Il tourna autour [du cadavre], méfiant comme un loup, l'étudiant sous toutes les coutures et lorsqu'il s'arrêta finalement à une dizaine de mètres du mort, il connaissait déjà une bonne partie de l'histoire (p. 11).

> Etudiant le crottin des chevaux qu'il écarta de la pointe de sa botte, il reconnut les graines d'une plante qui pousse au pied de la Sierra Madre, mais jamais plus au nord. Il ne s'agissait donc pas d'Indiens de la réserve de San Carlos mais de quelques membres de la bande de Chato venus du Mexique (p. 12).

---

[30] Avec, probablement, la médiation de Balzac dont on sait tout ce que le premier roman signé de son nom, *Le Dernier Chouan, ou la Bretagne en 1800*, paru en 1829, doit au *Dernier des Mohicans* qui venait d'être traduit (1826).

Appropriation et déterritorialisation

Le modelage des Etats-Unis et de sa *Frontier* en tant qu'êtres de discours relèvent de deux logiques différentes, l'une mise en place à partir de 1830, la seconde à partir de 1848 : la logique de l'appropriation et la logique de la déterritorialisation. La fiction western en verra longtemps les effets. De la première relèvent enquêtes officielles et témoignages, cadrage pittoresque et mise en spectacle de l'exotisme, recours au roman historique (pour parler de l'ancien pouvoir français en Amérique) et à l'histoire immédiate des autres (comme les révolutions mexicaines), voyages touristiques et sportifs...

C'est la curiosité des libéraux de la Monarchie de Juillet pour une expérience démocratique réelle qui déterminent les enquêtes sur les Etats-Unis : celle de Gustave de Beaumont et d'Alexis de Tocqueville sur le système pénitentiaire américain comme éventuel modèle pour la France (en 1833), puis celle d'un ingénieur, saint-simonien, Michel Chevalier, sur les voies de communication (en 1840-1841). Ces enquêtes auront d'importantes retombées : le séminal *De la Démocratie en Amérique* (1835-1840) de Tocqueville, les *Lettres sur l'Amérique du Nord* (1836) de Chevalier et le roman *Marie ou De l'esclavage en Amérique* (1835) de Beaumont. Cas singulier que celui de Tocqueville, jeune aristocrate dont la carrière est tuée dans l'œuf par la révolution de 1830 et qui, après une période de sympathie pour la monarchie constitutionnelle britannique, recherche plutôt une solution à l'américaine à la question du vivre-ensemble que ni le légitimisme rétrograde ni l'égoïsme sordide de la bourgeoisie au pouvoir ne pouvaient régler.

Tout dans sa classe aurait dû l'éloigner de l'Amérique du rustaud tennessien qui la présidait, Andrew Jackson. Pourtant, il y va, de mai 1831 à mars 1832, pour apprendre et comprendre à la fois les institutions et les mœurs, les principes d'une démocratie en action. Pour mon propos, nonobstant la clairvoyance et la stature de Tocqueville, je retiens trois points : d'une part, le projet de revenir en France avec une leçon américaine sur « ce qu'il faudrait espérer et craindre de la liberté » ; d'autre part, le statut finalement ambigu de *De la Démocratie en Amérique* dans la culture lettrée française, venant redoubler ses successifs rattachements à des idéologies contradictoires et, enfin, la spontanéité et la quasi-universalité du rejet de ses commentateurs français à l'endroit de l'« individualisme » américain et de la « divergence féconde des intérêts » : comme si, en France, le Bien était au-dessus des intérêts particuliers et que, aux Etats-Unis, il devait être le résultat du débat démocratique[31].

Relèvent aussi de la logique de l'appropriation les témoignages d'enthousiastes[32], des récits de missionnaires[33] ou l'utilisation de son expérience américaine par l'avocat, journaliste et homme de plume Théodore-Frédéric Gaillardet (1808-1882).

En 1832, il s'était chicané avec Alexandre Dumas au sujet de la paternité d'une pièce de

---

[31] Sur la diffusion de *De la Démocratie en Amérique*, les échos politiques qu'il a suscités et son statut ambigu, voir l'indispensable *Tocqueville et les Français*, de Françoise Mélonio (1993). Sur le voyage de Tocqueville aux Etats-Unis et la construction de son essai, voir le classique *Tocqueville in America*, de George Wilson Pierson ([1938] 1996).

[32] Comme l'avocat floridien Achille Murat, fils du général napoléonien roi de Rome, dans ses *Lettres sur les Etats-Unis à un de ses amis d'Europe* (1830).

[33] Comme ceux du père Pierre Jean de Smet, s.j., dans *Voyage aux Montagnes Rocheuses, et une année de séjour chez les tribus indiennes du vaste territoire de l'Oregon dépendant des Etats-Unis d'Amérique* (1844).

théâtre, *La Tour de Nesle*[34]. En 1836 il fonde à New York le *Courrier des Etats-Unis,* puis la *Semaine littéraire du Courrier des Etats-Unis,* rédigés en français jusqu'en 1848. En 1839, il publie dans *Les Débats* des « Lettres sur la Louisiane et la vallée du Mississipi » et des « Lettres sur le Texas » qu'il venait de visiter avec Alphonse de Saligny[35]. Il devait être en outre l'introducteur d'Edgar Allan Poe en France[36].

Moment bien creux dans la fiction dont on retiendra le type de l'Indien victime dans « Antoine Pinchon, conte américain », de Jules Janin (1832)[37].

Les choses allaient brusquement s'accélérer : les Etats-Unis connurent une nouvelle poussée de leur accroissement territorial par la Floride en 1845, le Texas en 1846, l'Iowa[38] et son voisin oriental le Wisconsin en 1848 ; mais surtout, à la suite du traité de Guadalupe Hidalgo de 1848 mettant fin au conflit avec le Mexique, la Californie venait de tomber dans l'orbe américaine lorsque s'y fit la découverte de l'or[39]. Outre les immenses déplacements de populations, européennes notamment, qu'elle occasionna, la ruée vers l'or devait réveiller la curiosité des Français pour cette partie du monde, l'une des plus sauvages encore. Coup de chance historique de Gabriel Ferry[40].

Grenoblois, de son vrai nom Louis de Bellemare (1809-1852), tôt orphelin de mère, dont le père après avoir été fonctionnaire de l'Empire (conservateur des Eaux et Forêt du département du Simplon) s'était mis dans les affaires et même installé au Mexique. Après des études au collège à Versailles, appelé par son père au Mexique pour apprendre le commerce, il y vécut de 1830 à 1837 ; séjour marqué par un voyage de 14 mois et de 1 400 lieues (presque 6 500 km) à cheval, à travers la Sonora et le Mexique. Devenu courtier d'assurances maritimes pour l'Espérance, il donne à l'*Illustration* un court premier texte d'impressions de voyage, « Révolutions du Mexique », puis à la *Revue des Deux-Mondes* un second, « Le pêcheur de perles »[41] ; en 1846, *Scènes de la vie sauvage au Mexique* (chez Charpentier) recueille sept petits récits tirés de ce voyage[42].

---

[34] Tirée du roman de Roger de Beauvoir, *L'Ecolier de Cluny*.

[35] A propos d'Alphonse de Saligny et de la logique de l'appropriation, rappelons que, même si ce dernier ne s'est pas fait un nom dans la littérature, dans l'histoire du Texas il est resté le héros ridicule d'une affaire de mauvais voisinage qu'il voulut faire escalader (épisode que l'histoire texane brocarde sous le nom de Pig War). Il devait en 1840 recommander la reconnaissance du Texas par la France, premier pays à le faire (le Traité franco-texien date de 1840) ; en 1841, il fut même question d'aller plus loin : les Français proposaient au président Sam Houston de construire vingt forts pour faire pièce aux Indiens, en échange de droits de prospection minière, de concessions commerciales à Chihuahua et Santa Fe ; le projet de loi devait toutefois être battu par les anti-houstonniens ; en 1844 Saligny devait tenter d'empêcher l'annexion du Texas par l'Union (qui se fera néanmoins en 1846).

[36] A ce sujet, voir la notice que lui consacrait Yves-Olivier Martin dans *Encrage* (1985). Quant à l'œuvre américaine de Gaillardet, elle semble avoir été mieux conservée au Texas qu'en France avec la parution d'une traduction : *Sketches of Early Texas and Louisiana* (de James L. Shepard III, 1966). Aborder le journalisme publié en français conduit à mentionner un quarante-huitard, Charles Bleton (1822-1883), d'abord professeur privé et journaliste à la Nouvelle Orléans pour *Le Journal de tout le Monde,* puis *La Revue louisianaise,* avant de terminer comme *assistant editor* à *L'Abeille*, après avoir publié plusieurs essais : *De la poésie dans l'histoire et de quelques problèmes sociaux* (1877), *Des origines du progrès moderne et de la révolution américaine* (1878), *La presse libérale* (1878), *Une prophétie de M. Renan* (1881).

[37] Simon Jeune (1963) cite aussi le grand chef Narraghansetts et son indigestion dans la nouvelle de Philarète Chasles « L'œil sans paupière », dans les *Contes bruns par une tête à l'envers* ([1832] 1979), de Philarète Chasles, Honoré de Balzac et Charles-Félix-Henri Rabou.

[38] Année aussi de l'annexion du grand territoire de l'Oregon ; les états d'Oregon et de Washington entreront officiellement dans l'Union en 1859 et en 1889.

[39] Avec le Nouveau Mexique et le Texas, pomme de discorde initiale, dont la souveraineté cessait d'être contestée.

[40] Sur Gabriel Ferry, on consultera Daniel-Henri Pageaux (1982) et Mark Wolff (1996 et 1998).

[41] Voir la « Notice sur la vie et les œuvres de Gabriel Ferry », signée Flavius Gérard, servant de préface à la réédition des *Scènes de la vie sauvage au Mexique* (1914).

[42] « Le pêcheur de perles », « Une guerre en Sonora », « Cayetano le contrebandier », « Les gambusinos », « Le dompteur de chevaux », « Bermudes-el-Matasiete », « Le salteador ».

Retour à la relation de voyage ? Ainsi que le remarque Mark Wolff (1996), s'articulent en fait dans ces « scènes » trois points de vue différents, celui d'un « je » narrateur et acteur immergé dans une culture hispano-mexicaine qui le surprend, celui d'un « il » rapportant l'histoire du coureur des bois rencontré, et celui d'un « je » distanciant encore pour son lectorat l'Autre amérindien déjà médiatisé par le récit du coureur des bois. C'est par une simple extension fictionnelle du personnage du coureur des bois normand et une simplification de cette complexité narrative que Ferry allait effectuer le passage du travelogue au roman d'aventures.

Le Coureur des bois ou Les aventuriers du Val d'or devait être un *best-seller,* rapidement et devait être souvent réédité, aussi rapidement traduit (en allemand, en espagnol, en danois, en anglais plusieurs fois). Campant entre les belles-lettres et la littérature populaire, typique d'une culture moyenne en train de s'inventer, il allait d'abord paraître en feuilleton (1850-1851 ; 95 livraisons à 10 centimes ou 19 séries à 50 centimes), puis en 7 volumes (A. Cadot, 1853). Esthétiquement et symboliquement plastique, ce *best-seller* bourgeois allait aussi bien accommoder le format du livre de prix qu'asseoir une expérience de lecture nouvelle pour les passagers du chemin de fer en cours d'implantation (comme si leur propre désœuvrement itinérant de Paris à Limoges trouvait une amplification imaginaire dans ces romans d'aventures dans les lointaines prairies — à partir de 1855, en effet, Hachette publie Ferry dans sa « Bibliothèque des Chemins de fer ») et se prêter aux contraintes de l'édition populaire (c'est sous les titres *Le Coureur des bois*, *L'Oiseau noir* et *Les Chercheurs d'or* que Tallandier devait ultérieurement redécouper ce roman). Ferry devait reprendre le principe de cette articulation des faits et de la fiction en tirant de ses *Scènes de la vie militaire au Mexique,* sur la Guerre d'Indépendance de 1810-1821, un roman historique, *Le Dragon de la reine ou Costal l'Indien* (en 4 volumes, chez L. de Potter, en 1855[43]). Tels seront d'ailleurs les deux grands pans de l'aventure américaine que d'immédiats successeurs comme Thomas Mayne Reid et Gustave Aimard continueront à développer : l'aventure dans le monde encore sauvage et l'aventure politico-militaire dans un ordre remis en cause.

Transposition exotique du flâneur baudelairien, le coureur des bois de Ferry permet un roman d'aventures qui réduit la complexité narratologique des travelogues qui l'avaient précédé ; l'éloignement d'un « je » absenté du récit, ne subsistant plus que sous forme de rémanence dans l'esprit des lecteurs, permet la fabulation de l'Ouest sauvage sous les espèces du « pittoresque », ce mode bourgeois d'appropriation de la Nature — pittoresque qui valorise le paysage, une nature idéalisée et informée par des paradigmes imaginaires *intéressants* mais conventionnels, plutôt que la rencontre avec une culture réelle[44]. Cela correspond d'ailleurs à une tradition paysagiste typiquement américaine, développée dans la peinture des années 1820 à 1840, et dont les tableaux de Thomas Cole seraient les plus représentatifs. « Dans l'esprit des lecteurs », lieu pratique et structural de la complémentarité entre fiction et carnets de voyage publiés, de la constitution de la figure du lettré aventurier, bien avant Malraux... En fait, le succès de Ferry aura sans doute été plus déterminant, plus codant que celui de Cooper.

Un dernier coup du destin devait assurer à Ferry une place au panthéon de l'aventure. Courtier puis directeur d'une compagnie d'assurances maritimes, il accepta du gouvernement la mission de le représenter à San Francisco où s'entassaient les immigrants poussés là par la fièvre de l'or. Il ne devait jamais y parvenir : son bateau, l'*Amazone,* parti deux jours avant de Southampton, brûla en mer le 4 janvier 1852. Cette catastrophe devait fortement s'imprimer dans l'imaginaire des contemporains.

Air du temps ? Influence du succès de Ferry auprès des éditeurs ? Toujours est-il que les récits pittoresques de l'Ouest, violents, se multiplient dans la littérature bourgeoise. Comme ceux

---

[43] Roman le plus souvent réédité sous le titre abrégé de *Costal l'Indien*.
[44] Sur cette idée, voir Mark Wolff (1996).

de J. Tolmer (pseudonyme de Philarète Chasles) dans les *Débats* en 1849-1850, réunis en volume sous le titre *Mœurs et voyages ou récits du monde nouveau* (1855) ; ou ce « Drame au Mexique » du jeune Jules Verne dans le *Musée des familles* (juillet 1851) ; ou ces *Scènes de la vie aux Etats-Unis* (1858) d'Alfred Assolant, dont trois nouvelles avaient d'abord paru dans la *Revue des Deux Mondes*. Breton monarchiste, Paul Duplessis (ou du Plessis, 1815-1865) avait séjourné quelques mois au Mexique avant 1850. Il devait donner une suite, pas très inspirée d'ailleurs, à l'œuvre de son oncle, Ferry, avec *Les Dernières Aventures de Bois-Rosé* (1899) — ce qui ne l'avait pas empêché d'être lui-même auteur à succès avec des récits sympathiques aux Indiens ou à ces *gambusinos* vivant libres sur les marges de la civilisation (*Les Chercheurs d'or* [1848], recueilli dans *Aventures mexicaines* (1860) ; *La Sonora*, récit de voyage en 4 volumes (1855) ; *Les Mormons*, en 8 volumes (1859) ; et *Les Peaux-Rouges* (1864)). Si Xavier Eyma (1816-1876), né à la Martinique, a bien eu une expérience américaine de première main — il a étudié l'organisation de l'école primaire aux Etats-Unis en 1846-1847 et dirigé la section française de *L'Abeille* de la Nouvelle-Orléans en 1858-1859, — il fut davantage inspiré par le pittoresque dans *Peaux-rouges, scènes de la vie des Indiens* (1854), *Scènes de mœurs et des voyages dans le Nouveau Monde* (1862), *La Chasse à l'esclave* (1866)...

Seconde veine en quelque sorte du roman d'aventures, le roman historique permettait le réinvestissement d'une Amérique à la fois sauvage et française. Seconde veine illustrée par les histoires canadiennes d'un Henri-Emile Chevalier (1828-1879).

Républicain en exil aux Etats-Unis, puis au Canada en 1850, bibliothécaire et journaliste à Montréal, Henri-Emile Chevalier devait retourner en France en 1859 pour y publier des romans : il avait visiblement fait du Canada son fonds de commerce. Il avait d'abord publié au Québec « La Huronne de Lorette », dans *La Ruche littéraire* (1854), et *L'Héroïne de Châteauguay, épisode de la guerre de 1813* suivi de *L'Iroquoise de Caughnawaga* (1858) — l'une des rares fictions en français à prendre cette curieuse et méconnue guerre anglo-américaine comme cadre.

Cherchant à varier la formule de ses aventures américaines contemporaines du temps de leur lecture, Gustave Aimard, tout en maintenant ses paysages narratifs favoris — ceux du désertique sud-ouest du Mexique, de l'Amérique espagnole, —allait placer l'action de *La Forêt vierge* (1870-1872) en 1805 ; avec *Les Outlaws du Missouri* (1868), l'action se déroulerait en 1801, mais dans un paysage bien différent ; avec les deux volumes de *La Belle-Rivière* (1874) et les deux volumes du *Souriquet, 1756-1760. Légende de la perte du Canada* (1874), sorte de réponse au *Dernier des Mohicans*, le temps des récits serait celui du régime français[45].

Autre forme d'appropriation, tous les éditeurs veulent des histoires du Far West. Ainsi, dans le sillage de quelques best-sellers, un Chevalier de retour en France place ses « Drames de l'Amérique du Nord »[46]... Enfin, *Les Couteaux d'or* (1856) de Paul Féval représenterait une dernière forme d'appropriation puisque, autant que dans la Californie de la ruée vers l'or, c'est dans Paris et sa banlieue que s'exercent les talents de scalpeur de Towah le Panie[47].

---

[45] A leur sujet, voir Hélène Lebeau (1986).

[46] *Les Pieds-noirs* (1861 — traduit et adapté de J.H. Robinson), *L'Ile de sable, Episode de la colonisation du Canada* (1862), *Les Nez-percés* (1862), *Les Derniers Iroquois* (1863), *Poignet d'acier, ou les Chippiouais* (1863) [les Chippewas, peuple du nord (Saskatchewan, Ontario, Minnesota, Wisconsin...) se nomment Ojibways au Canada], *Peaux rouges et peaux blanches, ou Les Douze Apôtres et leurs femmes* (1864), *La Fille des Indiens rouges* (1866), mais aussi *Le Gibet* (1879), *Le Chasseur noir* (1877), *La Tête plate* (1862), *Le Pirate du Saint Laurent* (1862)...

[47] Féval avait déjà eu recours à un personnage indien « transplanté », personnage secondaire et narrativement moins développé que Towah — dans son feuilleton *Les Amours de Paris* (1845).

A cette logique de l'appropriation s'oppose une seconde logique, fondée sur le besoin de disposer d'un ailleurs, d'un espace déterritorialisé où canaliser toute la force de négativité mise en évidence lors des révolutions de 1848 en Europe : soit sous la variante inviable de l'utopie, soit sous celle de l'aventure et de la violence déplacée. Parmi les projets utopiques nés en France, je mentionne pour mémoire celui finalement malheureux de l'Icarie d'Etienne Cabet dont très tôt, sinon très largement, on put suivre en France les étapes de réalisation[48]. C'est toutefois le roman d'aventures et la littérature populaire qui furent les véhicules privilégiés de cette logique de la déterritorialisation, notamment avec Gustave Aimard et Thomas Mayne Reid — ils ont sans doute le plus étroitement associé le roman d'aventures américaines à la littérature populaire, restant longtemps influents grâce à de nombreuses rééditions, pendant un siècle.

A l'occasion de l'anniversaire de la mort de Gustave Aimard[49], le 20 juin 1883, Jean Bastaire publiait un article dans *Le Monde Dimanche* (18 septembre 1983), rappelant le vieux paradoxe que le succès populaire n'est pas garant de la pérennité de l'œuvre à qui il a une fois souri. En effet, alors que dès 1858 ses récits d'aventures connurent un succès qui ne devait pas se démentir, au moins jusqu'à la Seconde Guerre mondiale, Aimard est aujourd'hui un fantôme relégué dans quelques encyclopédies, et son nom n'est plus guère connu du public — ses livres sont inaccessibles, l'institution littéraire l'a boudé, aucune synthèse ne lui a été consacrée[50]. Brouillée par le temps, sa mémoire devait tout d'abord être rafraîchie.

Il est né le 13 septembre 1818 ; a été enregistré sous le nom d'Aimard et le prénom d'Olivier, à Paris (2e arrondissement), sans mention de parents — son acte de décès en 1883, sera un peu plus loquace : « fils de Sébastiani et d'Aimard ». Naissance irrégulière donc, comme l'on disait à l'époque (l'un de ses romans maritimes sera même intitulé *Le Bâtard*), ouvrant une fissure entre l'homme et son nom, par laquelle la rêverie sur les origines passera — celle de descendre du maréchal napoléonien Horace Sébastiani, par exemple[51], — entre la vie et l'invention autobiographique[52]. Immédiatement abandonné aux Enfants-Trouvés, il est adopté à l'âge de quatre ans par un jeune ménage, les Gloux, qui venait de perdre un fils. Quatre ans plus tard, sa mère adoptive trouve un riche protecteur, qui loge le couple, trouve un emploi au mari ; Olivier est de trop : d'une pension à l'autre, son caractère rétif le fait finalement embarquer comme mousse en 1827 sur un navire de pêche au hareng. Abandonné encore, il est recueilli par un capitaine écossais qui le traite en mousse puis en fils ; outre la navigation, il apprend l'anglais et l'espagnol. Puis bourlingue jusqu'en 1835, du Pacifique sud aux continents américains (trafic d'armes, de « bois d'ébène »...), passant plusieurs mois captifs des Patagons. De retour en France, il s'engage dans la Marine Royale[53] puis, toujours aussi rebelle, déserte (à Veracruz, comme le croit André

---

[48] J'y reviendrai brièvement au chapitre 6.

[49] Sur Gustave Aimard, on consultera Jacques Baudou et Jean-Jacques Schleret (1984), Ray Allen Billington (1980), Jacques Chouleur (1982), V.J. Jones (1930), Roger Mathé (1985), F. Monaghan (1932), George Allyn Newton (1979), D.-H. Pageaux (1986) et A. Pinguet (1975). Un dossier — préparé par Paul Bleton et Robert Bonaccorsi — lui a été consacré dans *Les Cahiers pour la littérature populaire*, n°7, 1986. Toutefois, le plus complet et le mieux informé a été proposé par le n°13 du *Rocambole* (hiver 2000) : c'est lui qui est suivi ici.

[50] Toutefois, au moment où sont rédigées ces lignes, le manuscrit longtemps attendu de la biographie conçue par Bastaire est sur le point d'être publié.

[51] Dans *Le Rocambole*, Bastaire (2000) détaille la manière dont l'invention romanesque d'Aimard s'est nourrie de cette rêverie.

[52] C'est d'ailleurs surtout en suivant les notations autobiographiques saupoudrées dans l'œuvre d'Aimard que Bastaire en reconstruit la biographie.

[53] Sur cette période, cf. James Cartier et Thierry Chevrier (2000).

Pinguet[54] ? à Buenos-Ayres, comme le croit Bastaire[55] ?) Chili, îles du Pacifique, Australie, Equateur, Mexique... : le bourlingueur, à vingt-cinq ans se convertit alors en coureur des bois américain, jusqu'en 1847. Retour en Europe, Espagne, Italie, Suisse, Turquie (pour participer à la guerre d'indépendance menée par les Tchétchènes et les Tcherkesses dirigés par l'imam Chamil contre l'empire russe entre 1834 et 1859 ?). De retour à Paris, en juin 1848, il est officier de la Garde nationale mobile. En 1849, il part pour San Francisco, attiré lui aussi par l'or californien récemment découvert — cependant pas pour se transformer en chercheur d'or. En 1852, il participe à la première expédition de Raousset-Boulbon en Sonora.

Rentré à Paris, en 1854, il y épousa Adèle Moreau, une cantatrice, qui l'incita à écrire. Sans doute inspiré par le succès de Gabriel Ferry, Olivier Gloux, reprenant pour écrire le nom de sa véritable mère, donne ses premiers romans en feuilletons — à *La Presse*, au *Moniteur*, à *La France* ou à *La Liberté*. Romans qui sortiront en volumes chez Amyot à partir de 1858. Son inspiration était en phase avec l'époque, il put en vivre largement.

A 52 ans, alors que son étoile de romancier a beaucoup pâli, pendant la Guerre de 1870, il fonde le corps des Francs-tireurs de la presse qui se bat au Bourget, vraisemblablement sans Aimard, malade. Très appauvri par la guerre, malgré la pension viagère que lui verse Dentu, toujours en quête de subsides gouvernementales, il se tourne vers l'autobiographie ; puis, après un dernier voyage au Brésil et au Paraguay (entre 1879 et 1881) où il contracte un érysipèle qui dégénère, il est hospitalisé à Sainte-Anne et y meurt fou, en 1883 — doublement enfermé dans l'asile et dans une peau malade et persécutrice.

Toute une partie de son inspiration intercalait entre Aimard et ses récits la distanciation du roman historique à la Dumas, on l'a vu ; selon les lois du genre, l'invention consistait à remplir des portions obscures de l'Histoire.

Ainsi, par réversion, l'épilogue de *Balle-franche* (1861) donne-t-il à l'histoire que le lecteur vient de lire son ancrage dans l'Histoire :

> Maintenant, afin de satisfaire certains lecteurs curieux qui veulent tout savoir, nous ajouterons ceci en forme de parenthèse.
> Quelques mois après le 9 Thermidor, plusieurs conventionnels, malgré le rôle qu'ils avaient joué dans cette journée, n'en furent pas moins déportés à la Guyane ; deux d'entre eux, Collot d'Herbois et Billaud-Varenne, s'échappèrent de Sinnamari, et s'enfoncèrent dans les déserts où ils eurent à subir des souffrances horribles ; Collot d'Herbois succomba. Nous venons de raconter l'histoire de son compagnon (p. 411-412).

Distanciation redoublée lorsque Aimard fait explicitement référence à des documents médiateurs qui lui avaient servi pour son « repérage », à une littérature de témoignage[56]. Mais là où Ferry avait eu recours à deux genres pour discriminer faits et

---

[54] En 1838, ne pouvant obtenir les 600 000 pesos de réparation aux dommages qu'avaient dû subir des étrangers, dont des Français, au marché de Parian en 1828, la flotte française du prince de Joinville bombarde San Juan de Uloa et Veracruz en représailles ; le matelot Olivier Gloux aurait déserté à cette occasion. *Guerre de la pâtisserie* pour les Mexicains (les plaignants étaient des pâtissier français dont des officiers mexicains en goguette avaient dévasté l'établissement), cette affaire eut des effets inattendus sur l'histoire mexicaine : la jambe enlevée par un boulet français devait permettre à Antonio Lopez de Santa Anna de redevenir un héros (plus tard, dictateur de nouveau, il fera donner à cette jambe une sépulture dans la cathédrale de Mexico !)

[55] A l'occasion de l'intervention, en 1838, de la flotte de l'amiral Leblanc contre le dictateur Juan Manuel de Rosas qui avait conscrit de force des ressortissants français d'Argentine. Aimard participe à l'une des révoltes contre le dictateur. Français et Anglais devaient réintervenir en 1843 lorsque Rosas s'en prit à l'Uruguay où se réfugiaient ses opposants.

[56] Ainsi le dernier volume du *Souriquet* s'achève-t-il sur les phrases suivantes : « Charles Lebeau fit plusieurs voyages à Paris, il y séjourna même pendant plusieurs années ; ce fut alors qu'il écrivit ses mémoires qui sont dédiées, si je me souviens bien, au grand-duc de Courlande. Ces mémoires forment deux petits volumes avec gravures, qui sont aujourd'hui presque introuvables » (1874 : 457). Cela dit, comme pour Ferry, le paratexte publicitaire insistait sur la composante autobiographique de l'inspiration d'Aimard — qu'on pense à la préface de son premier volume : « Tour à tour squatter, chasseur, trappeur, partisan, gambusino ou

fiction, la relation de voyage et le roman, Aimard insérait une incertitude entre les deux dans la lecture du récit romanesque[57]. Parfois c'est en proposant un cadrage insistant sur le référent que le texte exhibe le savoir supposément intime du signataire ; typique de la prose de Aimard, voici un de ces passages encyclopédiques — tiré de la première page des *Coupeurs de routes* (1879) — qui, évoquant un univers à l'exotisme absolu, pouvaient faire rêver le lecteur devant un atlas, le bercer par la poésie de noms d'autant plus enchanteurs qu'ils désignaient des choses inconnues ou, pour le lecteur d'habitude, le lecteur sériel, lui faire reconnaître le monde propre à l'auteur :

> Comme chacun le sait, le Rio Conchos prend sa source dans la Sierra de Patos, descend en plaine par une suite de cascades furieuses, et, après s'être grossi de plusieurs affluents, va déverser ses eaux jaunâtres et bourbeuses et se perdre dans le Rio Grande del Norte, frontière actuelle des Etats-Unis, au Presidio del Norte, dernière ville mexicaine de ces parages : précisément en face de la nouvelle ville de Franklin. Pendant un cours assez restreint de quatre ou cinq cent kilomètres au plus, le Rio Conchos coule entre deux rives pittoresquement accidentées, bordées de cotonniers sauvages, de lentisques, de cactus, de buissons de limoniers, de goyviers et de chyrimoyas, dont les fruits savoureux et rafraîchissants sont d'un grand avantage pour les rares voyageurs tourmentés par la chaleur et la soif, que le hasard conduit dans cette contrée désolée, et qui, sans leur secours, seraient exposés au supplice de l'antique Tantale : les eaux de la rivière étant trop chargées de détritus de toutes sortes pour être potables, à moins d'être soigneusement filtrées. (p. 5-6)

Parfois, en maintenant l'accent sur le référent du récit, l'insertion du signataire se fait plus directe, comme dans ces nombreuses conclusions soulignant le caractère véridique de l'histoire narrée[58]. Ce qui conduit au fréquent « je » testimonial comme celui du prologue du *Grand chef des Aucas* (1858), où le narrateur, après qu'il eut enterré une famille victime des Apaches, devient le dépositaire de l'histoire que justement la série contera au lecteur : de la bouche du coureur des bois qui, pendant cette inhumation s'était chargé de venger cette malheureuse famille. Un pas encore, et le témoin devient cet acteur annoncé par la préface des *Trappeurs de l'Arkansas* (1858) en un caractéristique et inévitable *topos* : « Ce ne sont pas des romans que Gustave Aimard a écrits ; c'est sa vie qu'il raconte, ses espoirs déçus, ses courses aventureuses [...]. » Brève mention, comme dans l'épilogue nostalgique de la nouvelle « Le Tambò de la Guadalupe » :

> Bien des années se sont écoulées depuis cette rencontre ; don Luis est mort depuis plus de vingt ans déjà ! Son souvenir est toujours pieusement conservé dans le cœur de son ami de quelques jours, qui, peut-être dans un temps prochain, sera appelé à la rejoindre, et cette fois pour jamais.
> Toute cette histoire est vraie ; aussi, comme nous n'avons voulu rien y ajouter, n'est-ce, en réalité, qu'une

---

mineur, il a parcouru l'Amérique, depuis les sommets les plus élevés des Cordillères jusqu'aux rives de l'Océan, vivant au jour le jour, heureux du présent, sans souci du lendemain, enfant perdu de la civilisation » (*Les Trappeurs de l'Arkansas,* 1958 : 11).

[57] N'évoquons pas le cas où la fiction et l'Histoire partagent une même intrigue. Ainsi, le lecteur des *Rôdeurs de frontières* (1861) — la *conducta* que commande le capitaine mexicain pour le compte du général don José Maria Rubio contient une forte somme d'argent destiné à financer l'armée mexicaine en lutte contre les révolutionnaires texans, trésor dont veut s'emparer son implacable ennemi, le Jaguar, — ce lecteur a-t-il besoin de recourir à l'interprétant historique, sinon sous la forme d'un vague sentiment de familiarité, même si l'histoire d'Elizondo lui est connue ? Ce dernier, après la défaite de Miguel Hidalgo y Costillo lors de la Guerre d'indépendance du Mexique, avait pris en embuscade sur la route du Texas le reste de l'armée d'Allende, l'ancien chef dont il voulait se venger, Hidalgo et le magot enlevé au trésor royal (voir Henry Bamford Parkes, 1939).

[58] Ainsi, très typique aussi, celle d'*Une vengeance de Peau-rouge*, deuxième volume de *Coupeurs de routes* : « Un mot maintenant pour finir : cette histoire est vraie, si étrange et si incroyable quelle paraisse au premier abord ; la plupart des personnages mis en scène par nous existent encore. C'est un singulier pays, on en conviendra, que celui où de pareilles choses sont possibles ; c'est cette singularité même qui nous a engagé à en faire ce récit si extraordinairement excentrique ; seulement nous avons changé les noms et les dates, tout le reste est d'une irréprochable authenticité » (p. 349-350).

aventure de voyage qui, aux yeux de certains lecteurs, n'aura que peu d'intérêt, mais qui, pour celui qui après tant d'années la retrace, en a un immense : c'est un de ses plus chers souvenirs de jeunesse ! (1884 : 318) ;

ou récit plus prolifiquement développé comme celui ouvrant *Le Guaranis* (1864), sur la capture du « je »[59], harponneur de baleines français, par les Patagons du Cap Horn, et sa fuite.

Plus transparente que sa vie, sa bibliographie n'en est pas moins grevée d'incertitudes. Arthème Fayard, dernier détenteur des droits[60], a réédité dans « Le Livre populaire », puis dans « Aventures, explorations, voyages », 52 titres, sans indication de date, alors qu'en 1883, juste avant son décès, Edouard Dentu, éditeur légitimiste et libraire officiel de la Société des Gens de Lettres depuis 1859[61], qui détenait le fonds d'Amyot, premier éditeur d'Aimard, et de Cadot (Amyot-Cadot, Degorge-Cadot), Dentu donc avait sous le titre « Œuvres de Gustave Aimard » un catalogue de 68 titres, « format grand in-18 à 3 Francs le volume »[62]. Si depuis Fayard l'œuvre d'Aimard a connu plusieurs rééditions, elle n'a guère été servie par elles. En fait, son œuvre complète n'a jamais été réunie. Déjà un certain nombre de textes n'avait pas été publié chez Dentu, pourtant le plus dévoué ; Fayard allait supprimer les mentions explicites de séries ; plus tard, l'œuvre ne devait plus connaître que des rééditions très partielles, sans principe éditorial[63].

Enfin, signe du complet manque de respect des éditeurs pour l'auteur, en totale contradiction avec la reconnaissance du caractère déterminant du paratexte sur l'acte de lecture, les illustrations de couvertures sont parfois complètement étrangères aux récits qu'elles sont censées annoncer ; ainsi, l'horrible illustration western du *Roi des ténèbres* des Editions La Bruyère n'a-t-elle qu'un lointain rapport avec une histoire de guerre indienne au Chili, et des titres comme *Les Apaches* ou *Dans le Cahildo* doivent plus au découpage inventif du directeur de collection qu'à la plume d'Aimard ! De même, La Concorde publiait deux nouvelles extraites de *Cardenio*, l'une donnant son titre au volume, « Frédérique Milher », la seconde, non mentionnée sur la couverture ou la page de titre, passant de l'original « Un profil de bandit mexicain » à « Don Juan Palacios » ; et encore, je n'évoque même pas la fantaisie orthographique affligeant le titre sur la couverture — Milher devenant subrepticement Miller. La palme de l'infidélité éditoriale, chaudement contestée, pourrait revenir aux Editions France-Riviera. Sous le titre *Le Rancho* et une illustration évoquant un feu de prairie, parfaitement adéquate pour la pampa argentine ou les prairies américaines du XIX° siècle, les Editions France-Riviera trompaient doublement leur lectorat : jusqu'au chapitre VII, il s'agissait d'une histoire de flibustiers à la reconquête de l'île de la Tortue au XVII° siècle, en fait, un digest des *Bohèmes de la mer*, alors que le prétendu chapitre suivant est un récit de la Sonora, « Le Tambò de la Guadalupe » !

Surtout remémorée pour l'aventure américaine, l'inspiration d'Aimard ne s'en était pas moins montrée diversifiée. On a vu un premier curseur différenciant ses fictions d'aventure entre deux polarités, récits quasi autobiographiques et romans historiques ;

---

[59] Bientôt don Gustavo.

[60] Cette entreprise familiale devait à son tour être absorbée par le groupe Hachette dans les années 1950.

[61] Voir Jean-Yves Mollier (1988).

[62] La différence entre ces deux catalogues tenait peut-être à ce que certains volumes de Fayard comprenaient les deux ou trois tomes d'un même roman. Avec un peu de chance, le lecteur peut tomber sur la première édition, ce qui permet de dater correctement le roman : ainsi, je crois savoir que *Sacramenta* et *Les Gambucinos* datent de 1866, pour avoir eu l'édition Amyot entre les mains. Le plus souvent, comme pour les romans de la série flibustière « Les Rois de l'Océan », rééditée entre 1882 et 1893 par Dentu, on n'a que l'année de la réédition : par exemple : *Les Titans de la mer*, 6° édition, 1883 ; or, chez Amyot, j'en ai trouvé une édition de 1873, et, cinquième roman d'une série de huit, il devrait précéder *Ourson Tête-de-Fer*, dernier de la série, pourtant publié par Dentu en 1868 ! Vous y retrouvez-vous ?

[63] De la petite collection « Gustave Aimard », des Editions La Bruyère, aux opérations ponctuelles ou bouche-trou de Gründ, des Editions de la Tour ou de F. Nathan (dans la collection « Aventures et actions »), des Editions France-Riviera et, au Québec, de la collection « Format de poche » ou, en Belgique, des Editions La Concorde..., toutes de la fin des années 40 et du début des années 50. Plus tardive, la réédition de cinq titres dans le « Masque Western » n'allait toutefois pas améliorer la situation.

un second curseur serait celui différenciant ses fictions entre deux polarités spatiales, récits exotiques (comme ses romans de flibuste) et endotiques, c'est-à-dire dans le même univers que celui du lectorat (comme son roman de mystère) ; un troisième curseur serait celui différenciant ses fictions entre deux polarités temporelles, roman historique (comme son roman de cape et d'épée) et roman d'histoire immédiate (comme son roman de francs-tireurs)[64].

Ce goût pour l'aventure sur ces confins de la civilisation fit le succès d'une œuvre comparable à celle d'Aimard, celle de son strict contemporain Thomas Mayne Reid (1818-1883)[65], dont les premières traductions datent de 1854[66]. A l'instar de ce qui est arrivé à Aimard, et même si des auteurs comme Edgar Allan Poe, Ambrose Bierce, Robert Louis Stevenson, Alexandre Dumas ou Jules Verne confessaient leur admiration pour cet écrivain[67], entre le lectorat français et cette œuvre abondante et largement diffusée se sont interposés de curieux bancs de brume. Lui aussi disposait d'une aura d'aventurier ; lui aussi a beaucoup été réédité, quoique en désordre ; lui aussi a été ramené à la seule littérature pour la jeunesse, ce qui simplifiait abusivement la nature de sa production[68].

Ainsi que le rappelle Charles-Noël Martin (1992), si les 42 romans traduits (sur 48) ont connu 329 éditions françaises distinctes, cela ne rendait pas l'accès à l'œuvre plus transparent pour autant ; abondamment traduits, mais le plus souvent assez infidèlement, voire malhonnêtement[69], les romans sont souvent affublés d'une quantité record de titres différents[70],

---

[64] Un roman de francs-tireurs directement issu de l'histoire immédiate, de la guerre franco-prussienne, *Aventures de Michel Hartman* (1873) ; deux romans de mystère, genre obligé pour le feuilletoniste de base sous le Second Empire, sous l'influence d'Alexandre Dumas : *Les Invisibles de Paris* (1867), justement cosigné avec Henry Crisafulli — coauteur avec Dumas des *Mohicans de Paris*, — et *Les Peaux-rouges de Paris* (1888) ; un roman de cape et d'épée prenant pour cadre la fin du XVIe siècle, *Les Vauriens du Pont-Neuf* (1878) ; une série de romans de flibuste fortement surdéterminé par l'univers dont Œxmelin avait témoigné : « Les Rois de l'Océan » (*Les Aventuriers*, *Les Bohêmes de la Mer* — suivi de *Le Tambò de la Guadalupe*, — *La Castille-d'or*, *Le Forestier*, *Les Titans de la Mer*, *L'Olonnais*, *Vent-en-Panne*, *Ourson Tête-de-Fer*, parus entre 1863 et 1876), mais aussi *Par mer et par terre* (1879). « Le Saut du Sabô », tragique histoire d'amour transmise dans la tradition orale d'Albi, reste très insolite dans son œuvre.

[65] Succès bien supérieur en France à celui des romanciers allemands de cette génération, Karl May et Friedrich Gerstäcker. C'est en 1848 que paraissent en Allemagne *Die Flusspiraten des Mississippi*, *Die Moderatoren* et *Die Regulatoren in Arkansans* de Gerstäcker, sans doute rapidement traduits ; on trouve aussi à Genève une traduction française (*Scènes de la vie californienne*, 1858) ; la traduction *Pionniers du Far West*, publiée chez Michel Lévy en 1874, était due à Bénédict-Henry Révoil, mais à partir de la traduction anglaise ! Il faut néanmoins mentionner que Gerstäcker eut une influence directe sur *Les Emigrants* (1860) d'Elie Berthet (1815-1891) qui, par ailleurs, fut l'auteur d'une centaine de romans. En annexe, ou trouvera des informations complémentaires sur cette tradition allemande de l'aventure américaine.

[66] *Le Corps franc des Rifles* et *Les Chasseurs de chevelures*, respectivement chez Cadot et Hetzel. Sur l'histoire des éditions françaises successives, voir Thierry Chevrier, « Profil et influence d'une œuvre méconnue » (1992 : 73-74).

[67] Toujours Chevrier (1992 : 84-89).

[68] Sur Thomas Mayne Reid, on consultera Roy W. Meyer (1968) et Joan D. Steele (1971). Un dossier — sous la direction de Thierry Chevrier — lui a été consacré dans *Les Cahiers de l'imaginaire*, n°31/32, mars 1992.

[69] L'article de Charles-Noël Martin, lui-même traducteur, analyse en détail certaines des trahisons, parfois scandaleuses, dont Reid a été victime. Le « Fil d'Ariane bibliographique », que propose Thierry Chevrier (1992), fait une liste des erreurs et des tours de passe-passe éditoriaux dont est grevée la publication française des romans de Reid : de « n'existe pas à la BN » à « faussement attribué », de « cet ouvrage rassemble les traductions parues dans le *Journal des Voyages* entre 1894 et 1900, d'après A. Moureaux » à « série en 4 parties intitulée *Mes aventures au Mexique* concoctée en 1901 pour la collection A.L. Guyot par Guy Brand. Celui-ci a fondu les intrigues, vaguement voisines [...] de deux romans de Mayne Reid pour en faire un seul [...] ».

[70] Le seul *Rifle Rangers* devenant, par exemple, *Anahuac, terre des aventures*, *A travers les abîmes*, *Les*

A cheval sur les deux logiques de l'appropriation et de la déterritorialisation, l'œuvre conserve un certain charme en raison de ses contradictions. Du côté de la première, ce sont des histoires d'aventures militaires (*Le Corps franc des Rifles* (1850), *Les Partisans* ([1879] 1888)), de chasse (*Autour du bivouac* ([1855])), mais aussi d'aventures de famille ou de jeunes héros (*Aventures d'une famille perdue dans le désert*, *A la recherche du buffalo blanc* (1857)) — ce qui n'empêche pas certaines histoires comme *La Montagne perdue* (s.d.) d'ajouter à l'intrigue principale avec un héros adulte une intrigue secondaire avec un jeune héros, respectivement Pedro, le *gambucino*, et Henry Tresillian, le jeune Anglais. Récits parfois commandés par un original à émuler — comme *Le Cavalier sans tête* (1865) ou *Les Pirates du Mississippi* (1867), inspirés respectivement d'un conte texan et d'un roman de Friedrich Gerstäcker.

Du côté de la seconde, notons les différences entre *La Montagne perdue* (s.d.), *Sur la piste des Tovas*[71] (1879) et d'*Océola le grand chef des Séminoles* (1858). Dans *La Montagne perdue*, qui se déroule en Sonora, les Apaches jouent le rôle d'univoques et surexplicites méchants — contrebalancés il est vrai par les Indiens Opatas et les Métis qui accompagnent l'expédition des mineurs chercheurs d'or. Par contre, l'histoire argentine d'une poursuite dans *Sur la piste des Tovas* — Gaspardo le fidèle serviteur gaucho, Louis le frère et Cypriano le cousin amoureux partent sur la trace des Indiens Tovas qui, jusqu'ici amis de la famille Halberger, viennent d'en tuer le père et d'enlever Francesca, la fille — introduit une ambivalence dans le groupe des Indiens ; certes, ils ont bien kidnappé la jeune fille mais, d'une part, le meurtre du naturaliste américain est le fait d'un sbire du dictateur paraguayen José Francia qui n'avait pu accepter que l'Américain se soit enfui dans le Gran chaco argentin pour mettre sa jolie épouse à l'abri de sa concupiscence et, d'autre part, c'est un Tova, le frère de Nacéna, la promise indienne du kidnappeur qui, pour venger sa sœur et rétablir la paix avec la famille Halberger tue les deux coupables.

Un cran plus loin (puisque les mariages conclusifs de Cypriano et Louis restent intraraciaux — dans le cas du premier, on peut même dire que cela se passe en famille), et le récit rend explicite le jeu de contradictions posant et complexifiant immédiatement les relations entre races ; cela constitue même le dynamisme déterritorialisant propre à son roman historique, *Océola le grand chef des Séminoles* prenant pour cadre la seconde guerre séminole de 1835-1842[72]. Le narrateur annonce d'emblée :

> J'ai du sang indien dans les veines, car mon père était un des Randolph de Roanoke[73] qui descendent de la princesse Pocahontas [...] Un Européen trouvera peut-être cela étrange, mais cependant il est vrai que les Blancs d'Amérique, qui comptent des Indiens parmi leurs aïeux, loin de paraître honteux d'être de sang-mêlé, s'en glorifient, et quel meilleur témoignage pourrait-on donner de la noblesse et de la grandeur de ces vieilles races ? (1858 : 3).

Sa position contradictoire de sang-mêlé est mise au jour à West Point où il devient officier au moment du déclenchement de la guerre séminole : peut-on être patriote et avoir du sang indien ? Noble cœur, et même engagé contre les Indiens, il reste fidèle à son ami d'enfance, Powell, un sang-mêlé lui aussi qui s'avère l'âme de la résistance séminole, tant par sa grandeur que par ses qualités de stratège. Le roman se conclut sur le mariage du narrateur et de Maümée, la sœur d'Océola[74]. Cette complexité de personnages incarnant le mélange racial fait voir deux autres re-

---

Aventures du Capitaine Haller, *La Compagnie des francs-rôdeurs*, *Le Corps franc des rifles*, *Les Francs-tireurs*, *Histoire du Cuyas-Cutis*, *Les Rangers*, *Les Tirailleurs au Mexique* et *Volontaires et guerilleros au pays d'Anahuac*.

[71] Roman aussi connu sous les titres *A la poursuite des Tovas*, *Gaspard le Gaucho*, *Peaux-rouges et visages pâles* et *La Sœur perdue* !

[72] Il y en eut trois. Pendant la guerre de 1817-1819, les troupes de Jackson ne purent pas vraiment se battre contre un ennemi éludant le combat, mais elles se rattrapèrent en prenant Pensacola aux Espagnols et en forçant ces derniers à leur vendre la Floride orientale. La guerre de 1835-1842, qui avait pour but de chasser les Séminoles vers l'*Indian Territory* : coûteuse en argent et en soldats (pour deux Indiens déportés un soldat américain était tué), n'atteint jamais son but. Celle de 1855-1858 s'acheva par une négociation dans laquelle des Séminoles de l'Ouest, parlant pour les Blancs, ne réussirent à convaincre qu'une partie de ceux restés en Floride d'accepter un règlement en argent et en terres à l'Ouest.

[73] La première tentative de colonisation (1585-1590), malheureuse, d'une île en face de la Caroline du Nord.

[74] Il est vrai que cette histoire d'amour n'est pas développée.

gistres de complexité : le nombre de camps en présence et le fait que chacun ait ses bons et ses méchants. Loin du manichéisme d'un affrontement entre visages pâles et peaux-rouges, la perspective ambivalente du narrateur (à la fois officier de l'Armée américaine plein de mépris pour les manœuvres des agents gouvernementaux qui cherchaient le conflit, lui-même propriétaire foncier, mais dégoûté par l'avidité sournoise et meurtrière des autres propriétaires américains) montre la proximité qui existe plus grandement entre nobles ennemis qu'entre bons et méchants d'un même camp. D'autre part, ce ne sont plus deux mais trois groupes raciaux que la Floride met en présence : les Séminoles, les Blancs maintenant Américains mais dont Mayne Reid rappelle qu'ils avaient autrefois été Espagnols, et les Noirs, esclaves sur les propriétés américaines, esclaves réfugiés chez les Indiens formant leur propre groupe, esclaves noirs légalement propriété des Séminoles. Tout comme dans le groupe des Blancs s'opposent le narrateur et le méchant Kinggold, chez les Séminoles s'opposent Océola et les traîtres de Lusta Hajo et Omatta, et chez les Noirs le fidèle Jacques le Noir et le terrible Jacques le Jaune. Enfin, le récit actualise non seulement les mélanges (on l'a déjà vu présenter les Métis, il n'oubliera pas non plus les mulâtres ou la bande composée d'esclaves fugitifs et de Yamassées[75]), mais aussi les alliances (comme celle, diabolique, de l'agent du gouvernement, du général, du propriétaire Kinggold et du bandit noir Jacques le Jaune) et les renversements structuraux (à la ruse et la violence pour s'emparer de la propriété des Powell répond la duplicité de Virginie, la sœur du narrateur, qui obtient d'un Kinggold qui veut l'épouser la rétrocession des titres de la propriété volée).

Outre *Océola*, deux autres des romans de Mayne Reid sont des histoires à héros indien ou métis : *Les Chasseurs de chevelures* ([1851] 1854) et *La Vengeance des Séminoles* (1868), lequel, avec *La Quarteronne* ([1856] 1879), une histoire d'amour et d'aventures, vont plus loin : jusqu'à thématiser la fondation d'un couple inter-racial.

Mettant souvent en récit une histoire immédiate, Ferry, Aimard et Mayne Reid rejoignent un temps qui tend à ne plus être tout à fait historique pour leur lectorat : celui des légendes. Mutation de l'effet Cooper : là où tout était affaire de temps pour ce dernier, de nostalgie pour un monde sauvage en voie d'extinction, Ferry, Aimard et Reid inventent une solution plus spatiale. Leurs romans construisent une sorte de réserve, non pas à l'image de celle où l'on parque les Indiens, mais à l'image de celle où l'on protège les espèces menacées — hybride de nature et de spectacle, d'histoire et d'invention. Ces romans tiennent sans doute compte du temps qui passe, mais ils le font moins pour pleurer sur ce qui est révolu que pour faire croire que l'aventure est encore possible sur quelque bord éloigné de la civilisation.

En guise de synthèse exemplaire de l'appropriation et de la déterritorialisation, la noblesse décavée sous la République devait réinventer le seigneur brigand, le *conquistador* sans mandat, l'aventurier qui s'approprie.

C'est l'époque d'aventuriers comme Antoine Manca de Vallombrosa, marquis de Morès (1858-1896), d'abord officier de hussard, qui allait ensuite décliner toutes les formes de l'aventure exotique fin de siècle. Après l'échec d'une expérience de *rancher* aux Etats-Unis où il était parti en 1882, puis celui d'une autre colonisation au Tonkin, il tente sa chance en politique sous la bannière boulangiste. Un duel où cet antisémite tue le capitaine Meyer sonne le glas de cette quatrième carrière. C'est finalement en tentant de retrouver une voie commerciale entre la Tunisie et Ghadamès qu'il sera tué dans le désert par son escorte touareg. Un autre prince combattant, engagé du côté des Confédérés lors de la Guerre de Sécession, Ludovic de Polignac, devait lui consacrer un livre de souvenirs (1896) et un écrivain populaire, Louis Noir, narrer sa dernière expédition[76].

C'est aussi l'époque de Gaston Raoux, comte de Raousset-Boulbon. A propos d'une taxe que

---

[75] Nation amérindienne de Virginie que les Américains avaient presque exterminée en 1715, et dont les survivants s'étaient réfugiés en Floride.

[76] *Le Massacre de l'expédition du Marquis de Morès,* 1896.

le nouvel Etat de Californie prétendait imposer, les chercheurs d'or français de la vallée du San Joaquin avaient déjà résisté par les armes en 1850, lorsque Raousset-Boulbon réunit une petite expédition en 1852. Pour le gouvernement mexicain, il y avait là malentendu : ils attendaient des colons et se trouvait face à 250 hommes armés. Après la défaite des Mexicains à Hermosillo, Raousset-Boulbon et sa troupe étaient maîtres de la Sonora ; seule une maladie le contraignit à se replier à San Francisco. Entre-temps, le président Arista avait été renvoyé et remplacé par le dictateur Antonio Lopez de Santa Anna qui aurait bien voulu une colonie française pour lutter contre les Indiens, mais qui ne voulait pas accorder le gouvernement militaire de la Sonora à l'aventurier ; Raousset-Boulbon profita de la contre-manœuvre de Santa Anna (qui, voulant couper l'herbe sous le pied du comte, enrôlait directement les Français de San Francisco pour cette colonisation) pour faire voyager gratuitement son futur corps expéditionnaire. Echappant à la surveillance des Américains qui ne voyaient pas cette expédition d'un bon œil (il avait été question que le Mexique leur vende la Sonora), après une traversée mouvementée, la petite troupe débarque à Guayamas en juin 1854. Assez médiocrement encadrée, elle fut battue par le général Yanès, et Raousset-Boulbon fut jugé et fusillé le 12 août.

Si le personnage de l'aventurier, plutôt péjoratif des débuts du feuilleton à la fin des années 1840, est devenu plus ambivalent sous le Second Empire, c'est sans doute sous l'influence du succès des romans d'Aimard (*La Fièvre d'or*, *Curumilla*, etc.) qui, avec le *pathos* du témoignage[77] évoquaient sous le nom de comte de Prébois-Crancé, la figure de ce nouveau modèle d'aventurier. La figure sera évoquée à de nombreuses reprises dans l'histoire du genre. Plus curieux encore : alors que la série « Le grand Chef des Aucas » avait paru chez Amyot en 1858, c'est de 1861 que date la confondante expédition d'Antoine de Tounens qui, pour un an, devint roi d'Araucanie-Patagonie, sous le nom d'Orélie-Antoine Ier, avant que le bras armé du Chili n'y mette bon ordre[78].

Roman de l'énergie contre esprit fin de siècle

Des tensions de l'expédition du Mexique (1845-1848) et de la Guerre de Sécession (1861-1865) jusqu'à l'arrivée des troupes américaines en 1917, l'opinion française ne semble guère se soucier des Etats-Unis. L'indifférence est colorée d'abord par une sorte de froideur suscitée par les félicitations du président Ulysses S. Grant adressées au nouveau kaiser Guillaume Ier dès février 1871, puis par une plus franche cordialité à l'arrivée au pouvoir de Theodore Roosevelt en 1900. L'indifférence est fondée sur le peu d'intérêt des Français de l'époque pour les pays étrangers en général, redoublée par la faiblesse de l'émigration française vers les Etats-Unis en pleine expansion démographique (alors que chacun des deux pays comportait environ 40 millions d'habitants en 1870, les Etats-Unis avaient plus que doublé en 1914 mais la France n'avait presque pas progressé). Cela dit, diagnostiquant cette indifférence, Jacques Portes (1990) ne lui associe aucune méconnaissance ; au contraire, dans la période qu'il étudie (1870-1914), il répertorie 500 livres sur les Etats-Unis (du manuel scolaire à l'essai, en passant par le récit de voyage), 600 articles de revue, plus des articles de quotidiens, qui portent surtout autour des grandes expositions universelles de 1876 et de

---

[77] « Toute cette histoire est vraie ; aussi, comme nous n'avons voulu rien y ajouter, n'est-ce, en réalité, qu'une aventure de voyage qui, aux yeux de certains lecteurs, n'aura que peu d'intérêt, mais qui, pour celui qui après tant d'années la retrace, en a un immense : c'est un de ses plus chers souvenirs de jeunesse ! » Mémoire longue ? Longue jeunesse ? On reconnaît une formulation moult fois utilisée par Aimard.

[78] Son histoire a depuis inspiré le roman de Jean Raspail, *Moi, Antoine de Tounens, roi de Patagonie* (1981).

1893. Si une substitution de l'exotisme de la *Frontier* par celui du modernisme, de l'américanisation, de la constitution d'un modèle américain y est constatée, la situation des Amérindiens n'y est pas pour autant oubliée par les observateurs, rappelant le prix que ces derniers devaient payer pour l'instauration de ce modèle de société et d'Etat (les populations amérindiennes avaient été réduite à moins de 250 000 personnes à la fin des guerres indiennes[79]). Pensons à ces encyclopédistes, travailleurs de seconde main, pourtant très critiques à l'endroit du génocide indien : Auguste Carlier lui consacre une centaine de pages dans sa somme en quatre volumes *La République américaine* (1890) ; Elisée Reclus une dizaine dans la *Nouvelle Géographie universelle : la terre et les hommes* (1892)[80].

Henri Gaullieur présente un cas à part, plus étonnant, puisque le quart de ses *Etudes américaines* (1891) consacré aux Indiens avait été préparé par son expédition en 1881 : il avait alors refait le trajet de la fuite des Nez-percés du chef Joseph (Hinmaton-Yalakit), survenue quatre ans plus tôt. 700 Nez-percés dont seulement 150 guerriers, chassés de la vallée de la Wallowa en Oregon, poursuivis par la cavalerie à travers l'Idaho, le Wyoming et le Montana, avaient parcouru à pied, de juin à octobre, plus de 2 700 km en terrain montagneux, en livrant sept batailles à des troupes supérieurement armées.

Quant à la conservation érudite du récit de voyage ancien, elle est une tradition bien implantée, et depuis longtemps.

Ainsi, pour ce qui est des Indiens de l'Amérique latine et du lectorat français du XIXe siècle, l'anthologie de Luis Mizon (1992) rappelle que, outre les témoignages bien connus de Bartholomé de Las Casas, Garsilaso de la Vega ou Francisco de Jerez, les lecteurs français pouvaient accéder à ceux de conquistadores de moindre renommée — quoique parfois acteurs de tout premier plan comme Hernan Cortés ou Alvar Nunez Cabeza de Vaca, — et ce dès la Monarchie de Juillet. Dans des éditions érudites bien peu largement diffusées, il est vrai, chez des éditeurs comme Arthus Bertrand, Delagrave ou Rémi Siméon...

Distanciatrice elle aussi, la veine historique pouvait néanmoins se voir insuffler la secousse de l'histoire immédiate, du témoignage direct[81]. Dans la veine ethnographique, Mathilde Shaw signe quelques articles dans la *Nouvelle Revue* (1893-1894)[82], faisant preuve d'une connaissance de première main, assez variée, teintée de sympathie pour les Amérindiens visités. Adoptant une position entre l'historiographie et le roman d'aventures, Jean Delalande traduit et présente un journal intitulé *Aventures au Mexique et au Texas du colonel Ellis Peter Bean* (1952), à la Librairie Honoré Champion.

Toutefois, dans la lecture bourgeoise, ce sont les voyageurs contemporains, aux propos et aux motivations disparates, mais tous animés par le goût du pittoresque, qui réfracteront la dernière grande poussée vers l'Ouest après la Guerre de Sécession, après 1865 donc.

---

[79] Il faut attendre 1917 pour que le nombre de naissances dépasse le nombre de décès chez les Amérindiens (voir Carl Waldman, 1985 : 219).

[80] Mais aussi dans les ouvrages de Claudio Jannet, *Les Etats-Unis contemporains* (1876), d'Ambroise Saint-André de Lignereux, *L'Amérique au XXe siècle* (1909), ou du baron P. Estournelles de Constant, *Les Etats-Unis* (1913).

[81] Dans une étude comme *L'Union américaine après la guerre* (1866). En effet, l'auteur, le colonel prince Ludovic de Polignac, avait participé à la Guerre de Sécession comme général d'une brigade texane, vainqueur à Shreveport et Mansfield.

[82] « Chez les Indiens de l'Oklahoma », juillet-août et septembre-octobre 1893 ; « Au pays des Moquis pueblos », mars-avril 1894 ; « Avec mes amis Iroquois », septembre-octobre 1894.

Rappelons que si le Missouri constituait encore la *Frontier* en 1860, le Kansas est admis dans l'Union en 1861, son voisin le Nebraska en 1867, le Colorado en 1876, les Dakotas, le Montana et Washington en 1889, l'Idaho en 1890, l'Utah en 1896, l'Oklahoma en 1907, l'Arizona et le Nouveau-Mexique en 1912 (c'est par un autre dynamisme que le Nevada en 1864 s'était joint à l'Union : à partir de la Californie, Etat américain depuis 1850). Pensons aux voyages cynégétiques des frères Louis et Georges Verbrugghe, *Promenades et chasses dans l'Amérique du Nord* (1879) ou d'Arnold de Wœlmont, *Ma vie nomade aux Montagnes Rocheuses* (1876) ; ou aux voyages plus consacrés aux gens qu'au gibier de Paul Toutain, *Un Français en Amérique, Yankees, Indiens, Mormons* (1876), ou de Jules Leclercq, *Un été en Amérique (de l'Atlantique aux Montagnes rocheuses)* (1877) ; de Joseph Bournichon, *Sitting Bull, le héros du désert. Scènes de la guerre indienne aux Etats-Unis* (1879 — la bataille de Little Big Horn avait eu lieu en 1876).

Coloration singulière de cet Ouest de travelogues français à cette époque : le fait qu'il se soit agi de visiteurs de passage, en quête de pittoresque — plus que d'immigrants — a servi d'écrin à un paradoxal emblème, celui du trio chic qui a le premier introduit le cow-boy dans la littérature française, composé du duc Raymond Auzias-Turenne, du baron Edmond de Mandat-Grancey et du tout nouveau membre de l'Académie française, Paul Bourget[83].

Mandat-Grancey, ancien officier de marine savoyard, mandaté par une société qui voulait élever des chevaux demi-sang, il fait un voyage d'information, au cours duquel il rencontre un aristocrate monarchiste français (Auzias-Turenne, désespéré après 1877 de l'irrécusable permanence de la « Gueuse ») et séjourne dans son ranch dans les Blackhills, pays des Sioux, de Deadwood et de sa diligence mensuellement attaquée que devait populariser le *Buffalo Bill's Wild West*, ce qu'il raconte dans *Dans les Montagnes rocheuses* (1884)[84]. On y trouve sans doute le premier portrait littéraire du cow-boy en France — guère flatteur, il faut bien l'avouer. En fait, ce portrait généralisant est brossé à l'occasion de la toute première rencontre du voyageur et de deux cow-boys dans le train qui les conduits au Dakota, c'est-à-dire avant même que Mandat-Grancey se soit forgé une opinion par lui-même — voix de la doxa de l'Est donc, s'efforçant elle-même de se distinguer du discours dominant d'alors sur le cow-boy, celui « des journaux et des romans » :

> Les cow-boys sont une plaie de l'Ouest. Recrutés généralement parmi les hommes trop paresseux pour travailler aux mines ou dans les fermes, passant leur vie dans la prairie, à cheval nuit et jour pour surveiller leurs troupeaux, ils ne paraissent dans les villes que les jours de paye, s'y enivrent invariablement et deviennent la terreur des habitants, qui, du reste, les exploitent de leur mieux. Les journaux et les romans sont pleins de leurs exploits (p. 16).

En outre, voyageur mais informé, Mandat-Grancey peut profiter de ce qu'il comprend des relations entre Blancs et Amérindiens pour gagner sur deux tableaux : préserver sa condescendance raciste et faire la leçon (tocquevillienne) aux Américains : « La politique des Américains vis-à-vis des Indiens en général est abominable. Son but est leur extermination. Les hommes politiques ne s'en cachent guère et s'excusent en disant que c'est la seule manière de venir à bout de la question indienne. Or c'est absolument faux » (p. 27). A quoi succède une comparaison avec le bienveillant traitement des Indiens amorcé par les Français au Canada et poursuivi par les Anglais plus tard, aboutissant à un unanimisme métis — la question indienne réglée par la fusion matrimoniale en quelque sorte. Non sans quelque cocasserie, comme cette « suprême ironie du sort » ! : « [...] le grand chef héréditaire de la tribu des Tortues, le descendant du fameux Chingachgook dont Fenimore Cooper a chanté les exploits, exerce à Québec la profession de notaire » (p. 28).

Publié chez Plon lui aussi, Bourget lit Mandat-Grancey[85] et rencontre Auzias-Turenne à l'Exposition universelle de Chicago — lequel lui raconte l'épisode manqué de l'attaque du train qu'il avait menée avec ses cow-boys pour enlever Sarah Bernhardt en tournée dans l'Ouest. Intrigué,

---

[83] Effectivement élu en 1894, l'année précédant la parution de ses notes de voyage aux Etats-Unis.

[84] Paru d'abord en feuilleton dans *Le Correspondant*, il fut suivi par *La Brèche aux buffles* que devait lire Bourget.

[85] Voir sa note à la p. 23 du second tome d'*Outre-Mer* (Bourget, 1895).

Bourget en demande plus et reçoit un bref texte, « Confession d'un cowboy », qu'il insère dans le second volume d'*Outre-mer. Notes sur l'Amérique* (1885[86]). Visiblement mis en verve, Auzias-Turenne publiera une version plus complète de ses mémoires sous son propre nom, ouvrage bien sûr dédié à Bourget (*Cow-boy*, 1896 ; puis *Le Roi du Klondike*, 1901). Sous la forme de la « confession », qui donne le cadrage singularisant de l'histoire d'une conversion du « *tenderfoot* Raymond » en « cowboy Sheffield — ainsi dénommé à cause de son visage en lame de couteau », le lecteur y retrouve en vrac, avec frissons d'inquiétude et de délice à la clé, quelques-unes des situations, des anecdotes qui feront pendant un siècle les beaux jours du western le moins distingué : la rixe de bar ; le pénible voyage en chemin de fer ; la balle perdue reçue dans la mâchoire et l'opération subséquente sur la table de billard du saloon ; les démêlés avec l'ancien propriétaire du ranch (intimidation et contre-intimidation) ; la triste et violente fin de ce Yorkey Bob ; les talents de tireuse de la maîtresse dudit — propriétaire de l'hôtel du coin, capable à la carabine de « percer une gourde à cent mètres en envoyant sa balle par le trou déjà préparé pour le bouchon, sans effleurer seulement le rebord » (p. 43) ; la complicité des Sioux dont la réserve jouxte le ranch pour dissimuler les têtes de bétail au moment de payer les taxes du comté ; la rencontre avec Sitting Bull ; le *stampede* déclenché par l'orage ; la coexistence des *miners*, des *ranchers* et des *grangers* et les frictions de leurs intérêts divergents ; la galerie de portraits des cow-boys de son ranch dont l'équipe « ressemble à celle d'un bataillon dans la Légion étrangère de France » — « rebut du monde civilisé » : le cuisinier allemand, le cowboy italien, Billy le fils d'un pasteur de Chicago, le Français à qui un cheval indompté casse les deux bras, le Hollandais ivre qui jette dehors tous les clients de l'hôtel et soutient seul le siège de la place ainsi vidée ; etc.

Plus qu'à une manifestation de l'industrie du *ranching* en train de se mettre en place[87], le lectorat du duc et de l'immortel est sans doute plus sensible au fait que derrière le chatoiement de cet exotisme nouveau du cowboy se retrouvent paradoxalement le rouge et le noir, le sabre et le goupillon. Pour Auzias-Turenne, un tel univers est bien propre à satisfaire un idéal aristocratique refondé dans le fief et le courage physique — déterritorialisation à l'Ouest, nostalgique abandon certes du « petit château du Dauphiné, avec sa tour en équerre et son donjon carré », mais aussi d'une France devenue définitivement républicaine, suivie d'une reterritorialisation dans une sorte de Moyen Age retrouvé. Dans cette page, dans ce même mouvement de dessaisissement et de recodification, pour le lectorat français du spiritualiste Bourget se conjuguent la nouveauté, l'insolite de la Prairie et le fond plus familier d'une ascèse mystique :

> [...] je ne pouvais même plus reprendre les romans de Maupassant et les vers de Musset, adorés autrefois. Ces pages me paraissaient décrire des façons de vivre et de souffrir, invraisemblables et inconcevables. Je sentais en revanche grandir chez moi, au cours de mes chevauchées solitaires, une espèce de poésie intérieure, faite d'une communion profonde avec la nature, et intraduisible par des mots. Je m'animalisais avec les bêtes, ou elles s'humanisaient avec moi, comme vous voudrez. Je comprenais maintenant le langage des chevaux, qui parlent avec les oreilles et les naseaux, des vaches qui parlent avec les yeux, le front, la queue surtout, des chiens qui parlent avec tout le corps et dont la pensée change si vite qu'on a peine à la suivre. J'engageais avec ces êtres, jadis muets pour moi, de véritables dialogues de signes. C'était un dialogue plus sublime et plus intime que j'engageais aussi avec l'Être immense, auteur de toutes choses et de toute créature. Lorsque au lever du soleil, assis en selle et prêt à repartir, je contemplais la Prairie onduleuse à perte de vue, — telle une mer immobilisée par un jour de faible brise, — j'éprouvais une ivresse sacrée, un ravissement extatique de vivre, de me sentir fort, d'avoir à moi cet horizon de lumière et de solitude. Presque involontairement cet appel me jaillissait des lèvres : « Notre Père, qui êtes aux cieux... » Je remerciais Dieu pour le don béni de la vie, pour la beauté de son œuvre visible, pour les faveurs de ma destinée, avec un frémissement de toute mon âme, que je n'avais jamais connu auparavant, que je n'ai jamais connu depuis (p. 50-51).

Par ailleurs, au-delà de ce trio chic, la thématique de l'Ouest sauvage tend à se créer une niche éditoriale, à s'institutionnaliser, notamment grâce à sa récurrence

---

[86] Par discrétion, Bourget jette un fin voilage sur l'identité d'Auzias-Turenne qu'il nomme, à sa demande et pour les bons entendeurs, Barrin-Condé, tout en signalant qu'il retouche pour dissimuler. Dans une note sur la fertilité des chevaux, Bourget s'arrange pour glisser le nom caché : « Chiffres communiqués par M. Auzias-Turenne, directeur du haras national à Montréal » (p. 2).

[87] On commence à opérer les abattoirs de Chicago en 1865.

dans une revue comme *Le Journal des Voyages*, où on peut lire d'harmonieux mélanges de relations de voyage et de fictions[88], ce qui ne tarde pas à susciter chez les éditeurs des collections spécialisées, comme « Voyages » ou « Les drames du Nouveau-Monde » — collections modestes toutefois, puisqu'elles ne s'inscrivent pas dans de la littérature sérielle. Chez Charpentier la collection « Voyages » propose des textes d'Edmond Cotteau, de Jules Huret, de Louis Simonin, de Maurice de Waleffe... A partir de 1863, chez Brunet, la collection « Les drames du Nouveau-Monde » propose 6 titres de Bénédict-Henry Révoil et 12 autres de Jules Berlioz d'Auriac.

Le premier, Bénédict-Henry Révoil (1816-1882), bibliothécaire et chasseur sportif, qui avait traduit Thomas Mayne Reid (comme *Chasse à l'obusier* (1882), *Le Roi des Séminoles* (1873)) et Friedrich Gerstäcker (*Les Pionniers du Far West*, 1874) avait voyagé plusieurs années aux Etats-Unis à partir de 1842[89].

Expérience plus douteuse dans le cas de Jules Berlioz d'Auriac, magistrat né à Grenoble en 1820, qui prend la suite des « Drames du Nouveau-Monde » après Révoil. S'il avait bien publié sous son seul nom des souvenirs de chasse et de voyage, mais aussi *La Guerre noire : souvenirs de Saint-Domingue* (1886) et un in-8° à Montréal, en 1892 (*Aux Etats-Unis et dans l'Ontario, par un étudiant en médecine*), il est surtout passé à la postérité par cette collection comme le seul auteur de *L'Aigle noir des Dacotahs* (1878) et *Les Pieds-fourchus* (1866) pourtant initialement parus cosignés avec Aimard[90] : variante du processus de reterritorialisation entr'aperçu plus haut, l'appropriation de la signature d'autrui — en fait paradoxalement retournée puisque c'est bien Aimard qui avait servi de prête-nom, contre rémunération[91].

Mais c'est plutôt dans la littérature destinée à la jeunesse ou dans la variété bien-

---

[88] Voici quelques exemples. Pour les premières : « Aventures périlleuses chez les Peaux-rouges » de Jean Robert (27 chapitres sur 30 numéros, du n°12 au n°41, du 30 septembre 1877 au 21 avril 1878), relation d'un voyage du Missouri vers l'Ouest (1848), conclue par « Je revis enfin ma France bien-aimée ! J'étais guéri à jamais du goût des aventures et j'avais appris à connaître que nul pays, si beau qu'il parût de loin, ne valait ma patrie » ; ou « Curieuse relation d'un voyage chez les Têtes-plates » de F. de Mays (5 chapitres sur 6 numéros, du n°107 au n°112, du 27 juillet 1879 au 31 août 1879, en Oregon). Pour les seconds : « Les mystères des pêcheurs de baleine dans le Nord-Amérique » de Jules Gros (5 chapitres sur 5 numéros, du n°96 au n°100, du 11 mai 1879 au 8 juin 1879), fiction se passant chez les Indiens et les Eskimos du nord-ouest canadien ; plusieurs feuilletons de Louis Boussenard (j'y reviendrai) ; « Le dernier des Bois-brûlés » de Pierre Maël, fiction anglophobe se déroulant en Saskatchewan et opposant Métis et Indiens à l'armée canadienne au moment de la révolte de Louis Riel (8 numéros, du n°422 au n°429, du 9 août 1885 au 27 septembre 1885) ; « La ferme des Montagnes bleues » d'Emile Moreau, fiction ayant pour cadre les débuts de la colonisation américaine, à Jamestown en 1621 (23 numéros, du n°526 au n°548, du 7 août 1887 au 8 janvier 1888) ; « Aventures d'un chercheur d'or » de Jules Gros (3 numéros, du n°548 au n°550, du 8 janvier 1888 au 22 janvier 1888), fiction se déroulant pendant la ruée vers l'or de Californie (1848-1849) ; « L'Indien blanc, aventures extraordinaires d'un marin français aux Pampas » de Henry Leturque (à partir du n°902, le 21 octobre 1894...) ; etc.

[89] Il a déjà publié *Le Bivouac des trappeurs* (1864), *La Sirène de l'enfer* (1864), *L'Ange des prairies* (1864), *Les Parias du Mexique* (1865), *Les Fils de l'oncle Tom* (1865), *La Tribu du Faucon noir* (1865), *Les Peaux-rouges de l'Amérique du Nord* (1876), *Scènes de la vie américaine* (1876), *Au milieu des bois...* A partir de l'année de sa mort, une dizaine de ses ouvrages sortent ensemble, second effet de collection, chez Ardant ou, surtout, Barbou, des éditeurs de Limoges : *A travers le Nouveau Monde* (1882), *Une caravane d'émigrants* (1882), *Les Drames de l'Amérique* (1881), *Mœurs des Etats d'Amérique* (1884), *Le Pont maudit du Nicaragua* (1882), *Les Bergers du Colorado* (1886). Mais aussi effet d'authenticité des fictions légitimées par l'expérience américaine de l'auteur.

[90] En tout, 18 romans depuis 1866 : *L'Esprit blanc* (1866), *Le Mangeur de poudre* (1866), *Les Pieds-fourchus* (1866), *Rayon-de-Soleil* (1866), *Le Scalpeur des Ottawas* (1866), *La Caravane des sombreros* (1867), *Œil-de-feu* (1867), *Jim l'Indien* (1867), *Les Forestiers du Michigan* (1867), *Les Terres d'or* (1867), *Un duel au désert* (1878), *L'Aigle noir des Dacotahs* (1878), *L'Œuvre infernale* (1879), *L'Ami des blancs* (1879), *L'Héroïne du désert* (1879), *Une passion indienne* (1879), *Cœur-de-panthère* (1879) et *Mariami l'Indienne* (1884).

[91] Sur les tours de passe-passe éditoriaux dont Aimard a été l'instigateur ou le complice, cf. Thierry Chevrier, Jean Bastaire, André Pinguet et James Cartier (2000).

pensante de la littérature populaire que ce processus allait être le plus fécond, en s'inspirant de formes codantes, comme *Le Robinson américain* (1860) d'Emma Faucon, ou en hybridant des formes disponibles. Chez Louis Boussenard (1847-1910), le pittoresque se fait intertextuel et nostalgique[92].

— Quoiqu'il en soit, nous voici avec une meute de Peaux-Rouges collés à notre piste...
— Ni plus ni moins que les héros des livres de Cooper, du capitaine Mayne-Reid et de notre compatriote Gustave Aimard...
— Avec la poésie et la couleur en moins.
Je ne trouve rien de banal comme ces Indiens fagotés de haillons civilisés, affublés de chapeaux défoncés et de pantalons sans fond (p. 7-8).

Pour le désenchantement de son héros et de son jeune lectorat, il réduit le roman d'aventures américaines de la génération antérieure à son seul romanesque ; à son époque et pour l'information de ce lectorat, il lui faut dire que l'Ouest n'est déjà plus ce qu'il était. Inutile de préciser que ses *Aventures d'un gamin de Paris au pays des bisons* (1886), originellement publiées en feuilleton dans le *Journal des Voyages*[93] étaient tout aussi romanesques ; que si elles se voulaient explicitement détachées des aventures du trop inventif trio Cooper-Mayne Reid-Aimard, elles n'en recyclaient pas moins la matière de prédécesseurs censés être plus informatifs : du baron de Grancey à l'habillage du roman d'aventures sous les oripeaux du voyage de chasse à la de Woelmont.

La série dont ce récit était le cinquième volume se fondait non seulement sur son héros récurrent, le jeune Friquet[94], mais aussi sur un prétexte cynégétique qui permettait de lui faire visiter tous les continents[95]. Chroniqueur scientifique, journaliste (*Le Corsaire, Le Peuple, Le Petit Journal*...), grand voyageur lui-même, Boussenard devait contribuer régulièrement, à partir de 1878, à cette véritable institution de la lecture pour la jeunesse qu'était devenu le *Journal des voyages*. Il pouvait bien être libre-penseur — à l'inverse d'un Aimard que ses romans montraient plus respectueux des gens d'Eglise, — il n'en ressemblait pas moins beaucoup à son prédécesseur : la même énergie hypomaniaque, un même penchant pour le spectacle de la cruauté, une même esthétique marquée par le mélodrame, plus cocardier encore. Cela dit, à la fois par le cahier des charges idéologique du *Journal des voyages* et par l'homogénéité psychique de son personnage (une énergie pleine de jubilation et de dévouement), son inspiration offre une version reterritorialisée à celle d'Aimard.

Comment d'ailleurs ne pas penser à lui avec le héros de *Fiancée mexicaine* (originellement paru dans le *Journal des voyages,* du n°415 au n°442, de novembre 1904 à mai 1905[96]), enfant volé, échappé, devenu matelot puis cow-boy ? Une histoire de Bois-Brûlés (Métis francophones) du Manitoba, tentant de délivrer leur chef Louis Riel à l'époque de la révolte contre le pouvoir

---

[92] Sur Louis Boussenard, on consultera le dossier préparé par Thierry Chevrier dans les *Cahiers pour la littérature populaire,* hors-série, n°3, 1997.

[93] Sur 18 numéros, du n°442 au n°459, de décembre 1885 à avril 1886. Il a connu de nombreuses rééditions depuis : Librairie illustrée, 1886 ; Librairie illustrée, Montgrédien, sans mention de date [1892] ; Tallandier, « Le Livre national », coll. bleue, sans mention de date [1909] (édition citée ici) ; Tallandier, « Le Livre national », « Bibliothèque des Grandes aventures », 1924.

[94] La formule avait été expérimentée par Alfred de Bréhat (1823-1866) avec ses *Aventures d'un petit parisien* (1862) et ses *Aventures de Charlot* (1880). L'un de ses romans, *Bras-d'Acier* (1890), devait même être un roman d'aventures américaines.

[95] Cette formule devait aussi être exploitée par le baron de Wogan (un autre habitué du *Journal des voyages*) dans ses *Aventuriers et pirates, ou les drames de l'Océan indien* (1878) ; les six volumes avaient des titres révélateurs de son tour du monde sous les auspices de l'aventure : *Aventuriers et pirates, Samdamlon l'écumeur, Six mois dans le Far West, Dolorita, ou une tombe dans les forêts vierges, Du Far West à Bornéo, Le Pirate malais*. Sur le *Journal des voyages*, voir Marie Palewska (1998).

[96] Puis réédité sous les titres de *Juana, la fiancée mexicaine* (1903) et *La Fiancée mexicaine* (Tallandier, « Voyages lointains », 1929).

britannique, qui devait trouver sa malheureuse conclusion à la bataille de Batoche (« Le Défilé d'enfer », 1891) ; un clone de Friquet concoctant une satire des cow-boys et des mineurs, *Sans le sou* (originellement paru dans le *Journal des voyages* à partir du n°953, en octobre 1895[97]) ; une histoire de mine d'or au Klondyke, *L'Enfer de glace* (*Journal des voyages*, du n°154 au n°180, de novembre 1899 à mai 1900[98]) ; et un écrit posthume, *Capitaine Vif-Argent (Episode de la Guerre du Mexique, 1862-1867)*, (*Journal des voyages*, du n°779 au n°800, de novembre 1911 à mars 1912[99]) complètent le pan américain de l'abondante production de Boussenard.

Ce créneau de l'aventure policée par sa destination, la jeunesse, et d'éventuelles intentions didactiques devait s'avérer assez productif[100].

Dans cette production, Lucien Biart (1828-1897) occupe une place privilégiée ; il y a un air de famille aussi frappant entre Biart et Ferry qu'entre Aimard et Boussenard. Comme lui, il a vécu et travaillé au Mexique, à partir de l'âge de 18 ans — naturaliste, il avait même enseigné à l'Académie de médecine de Puebla. Son roman *La Conquête d'une patrie. Le Pensativo* (1895) se déroule dans le même contexte historique que *Costal l'Indien* de Ferry, celui de la révolution mexicaine, et tous ses romans d'aventures prennent ce pays pour cadre[101]. Ils reprennent les deux pans complémentaires de l'inspiration de Ferry : l'aventure dans le monde encore sauvage et l'aventure politico-militaire dans un ordre remis en cause, comme, respectivement, sa série « Voyages et aventures » ou *La Conquête d'une patrie. Le Pensativo* (1895). Mais plutôt que par la *Revue des Deux-Mondes*, il percera dans le domaine spécialisé de la littérature pour la jeunesse dans le chic *Magasin d'Education et de Récréation,* de P.-J. Stahl. Légitimé à la fois par des livres de « choses vues » et de vulgarisation scientifique (*Le Mexique d'hier et le Mexique d'aujourd'hui* (1865), *Benito Vasquez : étude de mœurs mexicaines* ([1869]), *La Terre chaude : scènes de mœurs mexicaines* (1862) ou *Les Aztèques, histoire, mœurs, coutumes* (1885), dans la « Bibliothèque ethnologique » du même Hennuyer), et une reconnaissance officielle (*A travers l'Amérique, nouvelles et récits* (1876) était ainsi couronné par l'Académie française), il devait donc surtout écrire pour la jeunesse, démontrant aux plus petits (et aux plus pusillanimes) que l'aventure peut s'apprivoiser, tout étant une question de perspective adéquate, puisque le format du livre, lui, ne change pas, quelle que soit la dimension de l'aventure (*Voyages et aventures de deux enfants dans un parc* (1885) ou *Mes promenades à travers l'Exposition : souvenir de 1889* (1890).

Pour les plus grands, la série « Voyages et aventures » — publiée chez A. Hennuyer, elle comportait trois romans, *Entre deux océans*, *Le Roi des Prairies* et *Le Fleuve d'or* (1863)[102] — proposait un projet technologique, celui de la conception d'un canal permettant de relier le golfe de Campêche du côté Atlantique au golfe de Tehuantepec du côté Pacifique, sous la forme d'une

---

[97] Réédité chez Flammarion, en 1896 ; à la Librairie Illustrée Montgrédien, en 1897 ; chez Tallandier, dans Le livre national, collection bleue, d'abord sans mention d'année, puis en 1926 ; chez Tallandier, dans le « Livre d'aventures », en 1951.

[98] Réédité chez Flammarion, en 1900 ; chez Tallandier, en 1902 ; chez Tallandier, dans Le livre national, collection bleue, d'abord sans mention d'année, puis en 1911 ; chez Tallandier, dans Le livre national, bibliothèque des grandes aventures, en 1925.

[99] Réédité chez Tallandier, dans Le livre national, « Bibliothèque des grandes aventures », en 1926 et chez Tallandier, dans « Voyages lointains », en 1932.

[100] Je me contenterai de mentionner *Les Emigrants en Amérique, Aventures d'une famille allemande émigrée en Amérique* et *Les Deux chasseurs noirs* (sans doute entre 1861 et 1865, selon Simon Jeune (1963)). Auteur aussi de *La Famille de Martel le planteur : épisode de la révolution de Saint-Domingue* (1884). *Voyage et aventures de trois jeunes Français en Californie* (1879), de L.V. Denancé, et *Voyage à travers l'Amérique du Nord* (1889), d'Eugène Parès ; *Mocandah ou le jeune chef indien*, ([1886]), de Louis Bailleul ; *Les Coureurs des frontières* (1889), de Fernand Hue (1846-1895, autre plume très féconde) ; *Plume d'aigle* (1895), de Hannedouche et Ch. Simond ; *Les Derniers hommes rouges* (1895), de Pierre Maël ; *La Vallée fumante* (1900) et *Le Héros de Yellowstone* (1908), de Léo Claretie.

[101] Mentionnons *La Capitana* (1880), *Le Fleuve d'or* (1885), *Le Bizco* (1890) ou, dans la série « Les voyages involontaires » de Hetzel, *La Frontière indienne* (1880) et *Le Secret de José* (1881).

[102] Rééditée chez le même éditeur, en 1885, dans « Bibliothèque nouvelle de la jeunesse », puis chez Les Arts et le Livre, en 1927.

aventure. Celle-ci met tour à tour en scène la passion de leurs concepteurs malheureusement brusquement éteinte par l'attaque des Mistèques, le flambeau repris par leurs enfants, le couple de Raoul et Valentine qui, malgré un naufrage et une captivité chez le redoutable Roi de la prairie, pensent pouvoir poursuivre la tâche avec l'aide totalement inattendue du chef indien, et la fin du projet devenu narrativement secondaire par rapport à l'histoire, apprise après qu'il eut été tué, de ce Français conduit par le destin à devenir le Roi de la prairie ! — on le voit, malgré le propos didactique et édifiant, ce dernier cliché qu'on dirait tiré d'Aimard exhibe une des limites de l'imaginaire conquérant de la foi au progrès scientifique à penser l'Autre amérindien.

La veine bien-pensante était illustrée par des romans mélodramatiques comme ceux d'A. de Lamothe[103], de Raoul d'Ennerye[104] et de Léon Berthaut[105], président de la Société des Sauveteurs.

C'est un christianisme de résignation qui colore l'intrigue de martyre féminin constituant la première partie des *Deux orphelines*, où l'on assiste, impuissant, aux rafales de malheurs qui s'abattent sur Henriette, fille de pauvres, et Louise, fille illégitime et abandonnée d'une aristocrate, recueillie par les parents d'Henriette. Rapidement, elles se retrouvent orphelines, Louise est devenue aveugle, Henriette enlevée par le jouisseur marquis de Presles qui voudrait prolonger la scandaleuse époque de la Régence ; heureusement, elle est défendue par le chevalier Roger de Vaudrey. Louise seule, enlevée par une mégère qui veut la forcer à mendier pour elle, veuve du meurtrier Frochard roué en Grève, veuve démoniaque qui d'ailleurs plus tard mourra consumée à la lettre par l'alcool imbibant ses tissus ; leur petit Pierre boiteux, honnête rémouleur et amoureux de l'aveugle ; son chant charme une noble femme, sa mère bien entendu et justement l'épouse de M. de Linières, le ministre qui doit sévir contre le défenseur d'Henriette, son propre neveu ! Roger, que le ministre prend pour un rebelle, est envoyé à la Bastille, et Henriette prise pour une dévergondée à la Salpêtrière, puis exilée avec les filles perdues à la Nouvelle-Orléans — avec l'aide son fidèle valet, Roger s'évade, et Marianne, la voleuse par amour, consumée de regrets, à qui les deux orphelines avaient autrefois montré de la compassion, prend sa place au moment de la déportation. Les deux sœurs se retrouvent. Non seulement Marianne combat-elle l'incendie du bateau par la prière, mais finalement parvenue à destination elle capture avec sang-froid et une jatte de lait un terrible serpent, touche le cœur du lieutenant Charles d'Ouvelles, justement le père illégitime de l'enfant à qui était destiné l'argent initialement volé par Marianne ! M. de Linières accorde son pardon à sa femme, qui peut récupérer sa fille aveugle, à son neveu et à Henriette, pendant que le corps et l'esprit de Pierre sont refaçonnés par le bon docteur Hébert.

Si l'on excepte ce passage par la Nouvelle-Orléans, l'affaire se structurait entre le haut et le bas, des plafonds dorés des hôtels des cabinets ministériels aux bas-fonds de Paris ; or, avec la vague cheville de l'obligation pour le chevalier de Vaudrey de se parer d'un nouvel héroïsme, et celle pour l'auteur de rallonger la sauce, voici que le mélo tourne au roman d'aventures : attaque à l'abordage pendant la traversée de l'Atlantique, colonne de volontaires de Lafayette remontant vers le Vermont, Delawares alliés aux Français contre les Sioux[106]... L'on se trouve dans une autre symbolique, plane, du chemin, du territoire — lorsque le haut et le bas y sont convoqués, c'est sérieusement remaniés : Indiens dissimulés comme des bêtes immondes sous l'eau des ma-

---

[103] Pseudonyme de Pierre-Alexandre Bessot : « La Fiancée du vautour blanc », paru en feuilleton dans *Les Veillées de chaumières,* à partir de novembre 1884.

[104] *Les Deux Orphelines* et *Seule ! ou Le Secret de l'indien* ([1911]).

[105] Sous le pseudonyme de Jean de la Hève, il publia de nombreux romans maritimes comme *Phares et bateaux*, *Le Fantôme de Terre-Neuve*, *Le Pilote n°10*, *L'Absente*, *Les Grands Sauveteurs* et un roman patriotique, *Le Réveil*. Simon Jeune (1963) mentionne aussi des titres comme *Un drame en Amérique* (1879) de G. Barrillon ou *Les Exploits du capitaine Roland* (1879) de Th. Labourieu et Saint-Vrin, une histoire de rapts et poursuites en 1834.

[106] L'exotisme de ces guerres lointaines est plein de pièges encyclopédiques ; ainsi, sur le chemin du Vermont, après une silencieuse bataille dans les herbes, leur allié annonce : « Le Grand Aigle a laissé leurs corps pour nourrir les *caïmans* et les oiseaux de proie » (je souligne).

rais, ancien soldat, Rabusson[107] devenu homme des bois trouvant quelque passage secret dans la forêt...

Franchement minoritaire, l'inspiration déterritorialisante à cette époque se retrouve surtout chez un romancier populaire pourtant militaire et cocardier : Louis Noir, alias le lieutenant-colonel Louis Salmon, frère du journaliste Victor Noir assassiné par le prince Pierre Bonaparte en 1870. D'Aimard il avait hérité le mépris pour les valeurs yankees, et il met en scène dans *Le Secret du trappeur* (1874, cosigné Louis Noir et Pierre Ferragut) celles de nobles français, coureurs des bois, contre celles des pirates de la Prairie de John Huggs honorant le seul dieu-dollar (« In Gold We Trust »). Sa série d'aventures américaines comprenant *Une guerre de géants* et *Les Mystères de la savane* (1879[108]) devait donner un insolite développement narratif à la fois à sa vie militaire antérieure et au nom de plume qu'il s'était choisi : il raconte en effet l'histoire de la lutte titanesque entre Pierre, mulâtre à la peau noire et général nordiste, et Bedfort « un génie pour le mal ».

Après la Guerre de Sécession narrée dans le premier roman, Pierre monte une véritable expédition militaire avec son armée nègre en territoire apache, depuis Guaymas dans la Sonora, pour accomplir un vieux rêve de *conquistador*, une chasse au trésor, pendant romanesque à l'expédition, alors contemporaine, de Napoléon III. Après le premier hommage qu'Aimard lui avait rendu, s'agissait-il d'une nouvelle incarnation du désir de donner une suite au projet de Raousset-Boulbon ? C'était un projet de conquête singulier en tout cas, résumé par les questions sur lesquelles s'achève le dernier volume de la série : « Pierre a-t-il renoncé à créer un royaume nègre vers l'Apacheria ? Juge-t-il mieux de faire libres, dans un pays libre, ceux de sa race ? » (*Les Mystères de la savane*, p. 317[109]).

Thème idéologique déconcertant — même dans la littérature populaire : qu'on s'en convainque en lisant la façon peu amène dont un Aimard traite le thème de l'émancipation des Noirs de la Guadeloupe dont la révolte montre pourtant les contradictions des valeurs de la Révolution, dans *Le Chasseur de rats* (1876). Thème rappelant celui des armées de la Révolution, puis de Bonaparte qui prétendaient amener la liberté dans leurs fourgons ; voilà que ce trésor d'anciennes civilisations indiennes, arraché au désert et à ses gardiens apaches, permet à Pierre de se dévouer « à la grande idée de toute sa vie » : « A la tête d'une immense fortune, il pousse à la régénération des nègres avec une puissante activité. Partout on voit, aux Etats-Unis, le niveau de la race s'élever, son horizon s'élargir, son influence s'accroître » (p. 316).

Seconde surprise, par rapport à Aimard cette fois-ci : son évaluation des valeurs américaines évolue sensiblement. Sans doute est-ce par la bouche du vieux sage noir Taho-Margal et pas par celle du héros, mais Noir trouve aux Américains des qualités que, moins mesuré dans son jugement, Aimard ne leur aurait pas accordées, notamment en comparant le succès de leur empire à celui des Espagnols (p. 196-197).

Enfin, troisième surprise, même si Aimard a quelques figures d'héroïnes, Noir se distingue par cette scène de combat singulier sous les yeux des Indiens dans laquelle c'est la jeune femme de Pierre, Fanny, plutôt que le héros, qui finalement tue leur redoutable ennemi Bedfort, non pas par quelque coup de chance, mais en devenant elle aussi une guerrière sauvage — « Fanny, elle, farouche, les narines frémissantes, contemplait l'agonie de son diabolique ennemi avec une étrange et terrible joie » — qui, après avoir demandé à Taho-Margal de scalper le vaincu prend le sanglant trophée et conclut : « Voilà [...] pour moi, les plus beaux cheveux du monde » (p. 279). Que l'on compare avec cette scène des *Trappeurs de l'Arkansas* d'Aimard où, dans le camp du général mexicain, sa belle nièce dona Luz surprend en pleine trahison deux bandits à la solde de Ouaktehno, fait feu sur eux, tue l'un sur le champ, blesse grièvement le second. Enchaînement d'Aimard sur la « vraie nature » de la femme : « Le premier moment d'effervescence

---

[107] Phonétique allusion au Radisson historique ?
[108] Rééditée par Fayard, en 1918.
[109] J'utilise la réédition Fayard.

passé, dona Luz, qui n'était plus soutenue par le danger de la situation, sentit qu'elle était femme. Son énergie disparut, ses yeux se voilèrent, un tremblement convulsif agita tout son corps ; elle s'affaissa sur elle-même, et elle serait tombée, si le docteur ne l'avait pas reçue dans ses bras[110] » (p. 204).

La naissance de la culture médiatique

L'Ouest avait très tôt connu des transpositions théâtrales, des pièces à grand spectacle au Théâtre de la Gaieté et au Théâtre de la Porte-Saint-Martin, avec des personnages surtout Français, Espagnols, Indiens, des serpents, des cataractes, des mines d'or...

Simon Jeune (1963) mentionne *Les Chercheurs d'or du Sacramento* (1850) de Marc Fournier et Paul Duplessis, *Les Pirates de la savane* (1859) d'Anicet Bourgeois et Ferdinand Dugué — un grand succès populaire si l'on en croit la millième en 1883 et des reprises au XXe siècle, — *Les Flibustiers de la Sonora* (1864) d'Amédée Rolland et Gustave Aimard...

Rien toutefois qui se compare avec le spectaculaire et inouï *Buffalo Bill's Wild West Show*. C'est qu'on était passé du théâtre, de ses décors, de ses acteurs jouant un rôle, de ses conventions et de son intériorité, au cirque, à ses accessoires testimoniaux (c'était la vraie diligence de Deadwood que voyaient les spectateurs...), à ses acteurs de la conquête de l'Ouest devenus leurs propres personnages (comme Buffalo Bill, ou le Hunkpapa Sitting Bull, les Oglalas Red Cloud et American Horse...) et à la quasi-extériorité du chapiteau. Pour les spectateurs, c'est l'Ouest lui-même, presque pas transposé, à peine médiatisé, qu'il avait directement sous les yeux, sans le truchement d'un récit. Installés sous le signe du paradoxe — rue de la Révolte à Neuilly, éclairage électrique fourni par la *Ball Electric Light* C° à l'éclaireur, — Buffalo Bill et sa troupe composite étonnèrent six mois durant le public parisien en 1889, pour l'exposition universelle, avant de poursuivre leur longue tournée dans plusieurs pays européens jusqu'en 1892, puis de nouveau en 1905-1906 (j'aurai l'occasion d'en signaler quelques effets).

Nouvel emblème de la proximité d'une culture médiatique en émergence et du western, l'évolution de la carrière d'un homme qui avait été l'agent de Buffalo Bill lors de sa première tournée : ce journaliste, Fernand Xau, l'année du départ du *Buffalo Bill's Wild West Show* (1892), fonde *Le Journal*, justement le quatrième des « grands » de la presse à grand tirage du tournant du siècle — né après *Le Petit Journal* (1863), *Le Petit Parisien* (1876) et *Le Matin* (1885).

Entre la littérature destinée à la jeunesse et la littérature populaire, les livres de prix scolaires[111] et l'émergence de collections ou d'éditeurs spécialisés occupant le créneau des livres à prix modique[112], la Belle Epoque devait certes avoir son lot d'aventures américaines. Chez Arthème Fayard, elles dépendaient surtout de l'ex-

---

[110] Dans *Les Rôdeurs de frontières* et dans une situation similaire, Aimard revient sur cette affaire de nature féminine modifiée par les circonstances et le milieu : « Que le lecteur ne s'étonne pas de l'héroïsme viril déployé en cette circonstance par dona Carmela, écrit Aimard, sur les frontières, où l'on est sans cesse exposé aux incursions des Indiens et des maraudeurs de toutes sortes, les femmes combattent à côté des hommes, et, oubliant la faiblesse de leur sexe, elles savent, dans l'occasion, se montrer aussi braves que leurs frères et leurs maris » (1861).

[111] Comme *L'Indien blanc. Aventures extraordinaires d'un marin français aux pampas* de Henry Leturque (1908).

[112] Comme la série de Lucien Dellys dans « Le livre populaire », chez Fayard, en 1914 : *Le Maître des Peaux-rouges*, *Fleur Blonde*, *Le Bracelet d'onyx*, *Fumée-sanglante*, *Le Serpent emplumé*.

ploitation de romans anciens issus de fonds rachetés[113] ; chez A. Eichler, elles émanaient plutôt de la traduction[114]. Sans doute l'une des premières multinationales du récit paralittéraire, Eichler avait son siège social à Dresde, des filiales à Paris, à Londres, en Espagne et au Canada[115]. La politique éditoriale y régnant était simple et efficace, calquée sur celle des éditeurs de *dime novels* américains : afin d'avoir le prix de vente le plus bas possible, il faut abaisser les coûts de conception et de production au maximum et faire des bénéfices grâce à une diffusion la plus large possible. Par conséquent, plutôt que le roman, c'est le format du fascicule qu'Eichler allait investir, notamment avec des séries western commencées par « La Nouvelle Populaire », de Fernand Laven. En amont, le format fasciculaire conserve du livre le récit complet ; en aval, la reliure en volumes cartonnés (15 fascicules à la fois). Du magazine, il acquiert le mode de diffusion (« en vente dans toutes les papeteries, librairies, kiosques, gares et à La Nouvelle Populaire »), le prix (15 centimes), la taille et l'aspect (32 pages, brochées sous une couverture illustrée en quadrichromie, à l'occasion non seulement sur la première de couverture mais aussi sur la quatrième).

Ainsi, le n°81 de « Texas Jack », *Rupture de la digue au Colorado-River,* illustre-t-il les effets dévastateurs de cette rupture de digue et le combat, sur un fragile canoë entraîné par le flot, de Texas Jack contre un Indien emplumé et plein de mauvaises intentions — il tient un couteau à la lame rougie de sang, — mais aussi une scène de « L'enterrement d'un Grand Chef Indien » avec sacrifice de victimes humaines et d'un cheval, illustrant un texte d'une page encyclopédique, formule souvent utilisée depuis, notamment dans la littérature pour la jeunesse.

En outre, le circuit de communication avec le lectorat est représenté, exhibé : des recommandations relatives au règlement pour les achats par correspondance, aux réponses publicitaires, sévères ou sibyllines, de la « Petite boîte aux lettres de notre cow-boy »[116], des annonces publicitaires pour d'autres séries aux concours avec questions, solutions et listes de gagnants...

Le format fasciculaire n'est pas une version naine du roman, il est la massification par l'industrie culturelle d'une nouvelle façon de lire, de rendre la lecture disponible. A propos des « Buffalo Bill », comparant le format du roman à celui du fascicule, Christian-Marie Pons soulignait certaines retombées cognitives pour le type de lecture suscité par les illustrations de couverture :

> L'importance de la mise en pages comme organisation de la page, la présence dominante de l'image appellent une « lecture de surface ». Balayage du regard d'un espace à reconnaître, puisque celui-ci n'est plus convenu une fois pour toutes par le principe régulateur de la lecture alphabétique (linéarité réglée de gauche à droite et de haut en bas) ; puisque les discontinuités nécessaires (notions d'espaces diacritiques) sont à repérer, à chaque fois différentes ; puisque l'idée même de représentation introduit une profondeur à la page et qu'il faudra isoler en strates successives les différents plans formels de lecture (comme le fusil de l'enseigne et le revolver brandi par Buffalo Bill). Lecture de surface encore dans la mesure où la multiplicité sémiotique modère l'exploitation en profondeur de l'un ou l'autre code convoqué ; la dyna-

---

[113] Voyez les rééditions dans « Le Livre populaire », puis dans « Aventures, explorations, voyages », de 52 titres de Gustave Aimard, mais aussi de 4 titres de Louis Noir.

[114] Comme les 80 fascicules du roman par livraisons de l'Allemand Robert Kraft, *Atalanta la femme énigmatique,* de 1912-1913, traduit par Jean Petithuguenin.

[115] Sur la production française de A. Eichler, voir G. Dufournet (1985), mais aussi Francis Lacassin (1994), notamment le chapitre « De Eichler à Eclair, l'âge d'or du cinéma imprimé ».

[116] Comme « Dugert, fils, rue de Boston, Cognac : Le cow-boy vous salue et vous renvoie aux n°s 14, 15, 17, 19, 31, de Texas Jack » ; « Gérault Reynet, Lyon : Cher ami, si vous aviez lu attentivement nos publications, vous ne nous poseriez pas des questions auxquelles il a été répondu maintes fois » ; « Emile Castellet, Paris : Cher ami, c'est une affaire privée. Nous ne pouvons agir autrement que nous ne l'avons fait jusqu'à présent. »

mique du sens n'est plus dans l'interne d'un code particulier mais dans l'échange de codes pluriels et relayés.

Solution en outre au problème d'un lectorat qui n'en sait pas plus et dont le bagage linguistique est réputé léger, voire rudimentaire : s'assurer au moins, en ne s'aventurant pas trop loin dans l'univers des mots, qu'on ne perdra pas trop ces lecteurs qu'on aimerait fidèles. Handicap d'une faiblesse linguistique compensé par l'agilité cognitive à « sauter » d'un motif à l'autre, à circuler avec la souplesse nécessaire aux variations sémiotiques. D'une « littérature pour illettrés » se dégage du paradoxe la performance d'un « illecteur », peut-être peu alphabétisé mais expert en agrégations sémiotiques, « buffalo-billologue » (1995 : 162-163).

La plus curieuse de ces séries fasciculaires, « Rouges et blancs », était d'origine allemande[117] ; non seulement était-ce une histoire centrée sur un héros blanc à la conquête de l'Ouest sur les Indiens, assisté par le chef Tungas et un jeune orphelin, selon le modèle de Cooper, Aimard, Reid et May, mais ce héros était un vieux trappeur français, Pierre Briscard : improbable choix si l'on considère la date de départ de la série, en pleine poussée de fièvre nationaliste[118].

Toutefois, par Eichler ce sont plutôt les importations venues des Etats-Unis qui allaient définitivement marquer le genre, avec une première innovation, les héros indiens, tirés de l'histoire américaine : « Sitting Bull, le dernier des Sioux[119] »,· « Les chefs indiens célèbres[120] », illustrés par Roloff. Puis, en guise de contrepoids, quelques personnages anglo-saxons de la conquête de l'Ouest, déjà mythifiés par la littérature fasciculaire américaine : « Texas Jack, la terreur des indiens »[121] et, le plus marquant, « Buffalo Bill », avec 394 numéros, parus à partir de janvier 1907 ; la série ne s'interrompait qu'en août 1914 — Eichler, Allemand, ennemi donc, devait en effet être saisi sitôt la guerre déclarée. Les originaux américains avaient paru vingt ans plus tôt chez Street & Smith[122].

Même s'il fut le héros de quelques volumes, le personnage de Buffalo Bill semble avoir convenu tout particulièrement à la série fasciculaire[123].

Outre celle de la série Eichler, voici un bref et incomplet rappel de la fortune fasciculaire en France de ce personnage qui, plus que d'autres, emblématise le western dans la culture médiatique voire la culture médiatique, elle-même : Jean Bourdeaux à partir de 1925 fit paraître un « Buffalo Bill », et même un *Buffalo Bill, le roi des scouts* aux Belles éditions françaises ; dans les années 30, un éditeur belge, Sobeli, devait rééditer la série Eichler ; Férenczi un « nouveau Buffalo Bill illustré » ; après la guerre, George Fronval « Les merveilleux exploits de Buffalo Bill » (1954, Duclos), John W. Mistrust « Buffalo Bill le prestigieux héros du Texas » (à partir de 1952, Montrouge, Editions familiales et féminines), etc. Comment se surprendre dès lors de sa fortune parallèle dans les petits formats BD comme le « Buffalo Bill » de René Giffey et M. Limat dans *L'Intrépide* des années 50, les « Duk Hurricane » et autre « Buffalo Boule », versions françaises de Buffalo Bills italiens (de Carlo Cossio, dans le magazine *Pépito*) ?

Jean-Yves Mollier n'hésite pas à voir dans la production massive d'imprimés qui a marqué la Belle Epoque (des dernières années de la Dépression à la Grande Guerre), une véritable révolution culturelle qui « a bouleversé les structures mentales en don-

---

[117] Quatre-vingts fascicules ont paru en France en 1913-1914, alors que la série originale « Der neue Lederstrumpf » devait paraître en 587 fascicules de 1912 à 1925.

[118] C'est Jean Petithuguenin qui signait la traduction (et vraisemblablement l'adaptation).

[119] Cinquante fascicules, entre 1908 et 1909, illustrés par Alfred Roloff — qu'un texte publicitaire enthousiaste affublera du titre de « Napoléon rouge » !

[120] Cent dix fascicules, de 1909 à 1921. Il s'agit de la suite de la précédente, constituée de manière un peu désordonnée : *Wennonga, chef des Mohicans* (fascicules 1 à 15), *Bloody Hand et Santana, chefs des Apaches* (fascicules 16 à 30 et 104), *Black Horse, chef des Pahnis* (fascicules 31 à 45 et 91 à 95), *Mah-Topa, chef des Comanches* (fascicules 61 à 70, 109 et 110), *Tecumseh, chef des Shawnies* (fascicules 71 à 80 et 107 à 108).

[121] Deux cent soixante-dix fascicules, entre 1907 et 1912, illustrés par Curt Shultz.

[122] Voir le chapitre 3.

[123] Une abondante littérature a été consacrée à Buffalo Bill. On lira notamment René d'Hubert (1905), le catalogue *Buffalo Bill and the Wild West* (1981), Frederick William Cody (1984, 1994), Christian-Marie Pons (1995, 1997, à paraître).

nant naissance à un individu plus homogène, davantage socialisé, partageant avec ses contemporains, même très éloignés dans l'espace, un horizon d'attente relativement comparable » (1997 : 22). D'autant plus facilement que les signes des fictions créant le liant imaginaire semblaient échapper à la culture lettrée, intimidante ; le processus, entamé avec Ferry — le romancier se confond avec le voyageur, voire se transforme, le temps d'un fait divers, en héros tragique, — culmine avec Buffalo Bill et les deux strates de confusion qu'il introduit dans l'esprit du lecteur : héros d'aventures qu'il narre et illustre peut-être dans les fascicules, puis, preuve vivante de sa compétence, c'est son corps que met directement en scène le cirque, en un spectacle à la fois sauvage et apprivoisé. Le western de cette culture médiatique émergente comme icône de l'énergie dans la culture populaire, icône immédiate, et plus pertinente que les réponses lettrées à l'épuisement fin-de-siècle[124].

Le roman d'aventures de l'entre-deux-guerres

Lorsque Bernadette Galloux-Fournier (1990) répertorie les textes de voyageurs français aux Etats-Unis entre 1919 et 1939[125], elle n'y observe guère de traces de l'Ouest, mais bien plutôt du machinisme et de ses scions culturels : jazz et cinéma — à partir de 1929 jusqu'à l'arrivée de la Crise en France en 1933, elle note un reflux de la crainte de l'américanisation ; puis une fascination pour le New Deal. Pour ces gens sérieux, l'*Ole West* n'a pas de consistance.

Dans l'histoire du genre, cette période correspond à un creux si l'on considère sa productivité et son inventivité : dilution du genre dans des collections paralittéraires faisant coexister toutes les formes de l'aventure, dans les exotismes les plus divers, et déplacement des formes moins populaires vers un avant et un ailleurs — regards rétrospectifs et paysages nordiques — symptomatiques de ce que l'Ouest n'est plus alors perçu comme l'alternative américaine au machinisme américain.

Le regard rétrospectif prend des tournures assez variées, du *Souvenirs d'un chef sioux* (1931), de Luther Ours Debout à *Vieille Amérique* (1931), de Georges Oudard, en passant par un important ouvrage de vulgarisation ethnologique chez Payot, *Mœurs et histoire des Indiens Peaux-Rouges* (1928), de René Thévenin et Paul Coze, ouvrage de réévaluation, tentant de décaper les clichés qui engluaient alors la représentation de l'Indien.

A la suite de cette publication, Coze, l'illustrateur, devait effectuer plusieurs voyages pour visiter des premières nations ; trois devaient faire l'objet d'un récit — *Wakanda* (1929), qui rapporte son voyage chez les Crees canadiens, est préfacé par le maréchal Lyautey, Coze étant lui-même très actif dans le scoutisme chrétien ; *Cinq scouts chez les Peaux-Rouges* (1932) ; et, dans la *Revue Camping*, « Quatre feux » (1935), qui relate un voyage de 1931[126].

L'Or de Blaise Cendrars est sans conteste le roman le plus intéressant de la période, rapidement et nerveusement écrit ; le regard rétrospectif y est investi par l'énergie suscitée par une crise préalable, crise bénéfique provoquée par la tempête essuyée lors de la traversée de l'Atlantique, crise qui avait occasionné une découverte,

---

[124] Qu'on pense par exemple à une réponse comme celle de Paul Bourget, « La maladie de la volonté — une guérison » (*Œuvres complètes*, 1899-1911, p. 497-499).

[125] L'inventaire comprend 127 récits de voyage et 67 essais dont 64 % sont le fait d'intellectuels (universitaires, journalistes et écrivains), 13 % de politiques et diplomates, 11 % d'industriels, d'ingénieurs et de techniciens.

[126] On peut aussi mentionner le livre de Coze entre la vulgarisation et le guide pratique, *Les rodéos de cow-boys et les jeux du lasso* (1934). Sur Paul Coze, voir Serge Holtz (1994).

une invention : celle de Blaise Cendrars par Freddy Sauser. Roman historique, *L'Or* excède toutefois les lois du genre, sans doute à cause de l'ombilic familial, du cordon liant le romancier et son modèle (histoire du grand-père)[127]. Tel n'est pas le cas du plus conventionnel *Nélida. Episodes des guerres canadiennes, 1812-1814* (s.d.) de Thill-Lorrain, reprenant cette guerre jadis mise en récit par Henri-Emile Chevalier.

Par contre, Maurice Constantin-Weyer, qui, plus jeune, avait vécu au Manitoba, et y avait même possédé un ranch, avant de se distinguer comme volontaire en 1916-1917 à Verdun puis à Salonique, faisait paraître quelques ouvrages irrigués par sa connaissance de l'histoire canadienne-française et son expérience de l'Ouest canadien[128]. Avec son roman le plus célèbre, plusieurs fois réédité, qui lui fit obtenir le Prix Goncourt, *Un homme se penche sur son passé* (1928), et le plus mélodramatique *Telle qu'elle était de son vivant*[129] (1936), Constantin-Weyer s'éloigne du roman historique et fait prendre conscience d'une redéfinition du roman de l'énergie dans l'Ouest. Déplacement géographique de l'aventure ? Changement de cap pour des territoires américains moins conventionnalisés ? Le western allait-il se faire *northern* ? Surtout, les lecteurs français allaient découvrir les œuvres de Jack London (1876-1916) et de James Olivier Curwood (1878-1927).

De London, trop connu pour que j'y insiste, je dirai seulement qu'au-delà de la simple exploitation rhétorique de topographies conventionnelles héritées des paysages glacés du *Arthur Gordon Pym* d'Edgar Allan Poe ou du *Sphynx des glaces* de Jules Verne, il a rendu plus familier et plus touchant le nord enneigé, et ses nouvelles[130] et ses romans[131] en ont tiré leur succès[132].

Plus proche de l'inspiration du roman populaire, avec un sentimentalisme parfois un tantinet mélo, avec un Nord traité plus en paysage qu'en personnage, Curwood n'en devait pas moins rencontrer d'importants succès auprès du jeune public avec son trio d'histoires animalières sur fond nordique, trio souvent réédité — *Le Grizzly* (1922), *Bari, chien-loup* (1925) et *Kazan* (1925)[133].

L'entre-deux-guerres a vu une importante recrudescence du roman d'aventures, ce qui, paradoxalement, devait plutôt desservir le western. Son exotisme semblait-il vieillot ? L'exploitation médiatique de la veine avait-elle déjà dévitalisé le genre ?

---

[127] Histoire à la progression toute dramatique : instauration d'une quasi-utopie agricole dans la Californie sauvage, découverte de l'or sur les terres de cette Nouvelle-Helvétie, ruine de Sutter dont le projet se trouvait en travers de l'irrésistible poussée de la ruée vers l'or.

[128] *Vers l'Ouest* (1921) sur un conflit entre Sioux et Métis ; *Manitoba* (1924) ; *La Bourrasque* (1925), sur la révolte des Métis canadiens de Louis Riel ; *Cavelier de La Salle* (1927), une autre biographie romancée.

[129] Devenu *La Loi du Nord*, film de Jacques Feyder, avec Pierre-Richard-Willm, Charles Vanel et Michèle Morgan, réalisé en 1939, mais montré en 1942 seulement. Tourné en Laponie, il avait bénéficié des conseils techniques de Paul-Emile Victor.

[130] « Le Fils du loup », « Histoires du pays de l'or », « L'Amour de la vie », « Souvenirs et aventures du pays de l'or », « En pays lointain », « Belliou la fumée », « Les Enfants du froid », « La Face perdue » (1926).

[131] *Croc-Blanc* (1923), *Fille des neiges* (1933), *Radieuse aurore* ([1932]), *L'Appel de la forêt et autres contes* (1980), etc.

[132] Une curiosité : c'est à partir d'une nouvelle de Jack London que Claude Autant-Lara a tourné le court métrage *Construire un feu* (1928), premier film réalisé avec l'Hypergonar, ancêtre français du Cinemascope.

[133] Devaient paraître une trentaine de titres dont, pour les deux tiers (mis à part *Melissa*, 1912), la publication a commencé dans l'entre-deux-guerres chez Crès, puis Hachette : *Le Piège d'or* (1924), *L'Aventure du capitaine Plum* (1925), *Le Bout du fleuve* (1926), *Nomades du Nord* (1925), *Les Chasseurs d'or* (1926), *Les Cœurs les plus farouches* (1926), *Au cœur de la nature* (1927), *La Vallée du silence* (1928), *Un gentleman courageux* (1931), *Philippe Steele de la Police montée* (1932), *L'Homme de l'Alaska* (Hachette, 1933), *Rapide-Eclair* (1934), *La Fugitive* (1935 ; je n'ai pu vérifier si c'était une reprise de *La Voyageuse traquée*, 1931), *Fleur du Nord* (1936), *La Forêt en flammes* (1936), *Carla* (1936), *Fleur du Nord* (1936), *La Piste du bonheur* (1937), *La Vieille route de Québec* (1938).

Toujours est-il que la production sérielle de cette période se montrait bien peu inventive, avec sa propension à recycler les mêmes vieux personnages, les mêmes vieilles formules narratives.

Après quelques tentatives pour lui trouver des substituts dans les séries fasciculaires[134], on retient en effet le personnage de Buffalo Bill[135]. Des vedettes de la période précédente, on garde aussi Sitting Bull[136] et le prévisible « Buffalo Bill contre Sitting Bull[137] ». Plus conservatrices encore sont les rééditions comme celles de *Costal l'Indien* (1925) de Ferry chez Férenczi (« Les romans d'aventures »), des « Buffalo Bill » fasciculaires d'Eichler pour Sobeli, ou celle, partielle, des Aimard chez Fayard, reprenant la réédition elle aussi partielle de 1906...

En fait, pour le western paralittéraire, la période était à la dispersion. Des westerns se glissaient au hasard dans d'autres collections consacrées à l'aventure, telles que « Les romans d'aventures », « Aventures et voyages » de Férenczi (avec les « Bill Fellow » ou les « Bob Tempête » avec des titres comme *Le Serment de l'Aigle bleu*), « Les grandes aventures » qui traduisaient certains titres des « Mystères du Far-West » de Suton Caryl : la paralittérature d'alors n'en manquait pas avec la « Bibliothèque des Grandes aventures » et « Grandes aventures et Voyages excentriques », « Les Chevaliers de l'aventure », « Les Meilleurs romans d'aventures », « Voyages lointains. Aventures étranges » de Tallandier, « Le Risque, aventures extraordinaires » de Rieder, voire « Le Petit roman d'aventures » une collection du Férenczi aryanisé en Livre moderne durant l'Occupation... Dans les années de l'entre-deux-guerres, on y trouvait ainsi des romans de Maurice de Moulins, *Le Pendu du ranch 27* (1934) ; d'Albert Bonneau, *Le Vol de la Fédéral Bank*, de J. Chambon, *L'Hacienda sans nom* (1934) dans « Les Chevaliers de l'aventure » ; je reviendrai plus loin sur ces signatures ; de G. Stocco, *Les Aventuriers de la pampa* (1926), dans la deuxième série « Les Romans d'aventures » de Férenczi ; de Harry de Massane, *Les Ecumeurs des placers* ; ou de Christian Brulls [Georges Simenon], *Les Pirates du Texas* dans « Le Livre de l'aventure », *A travers le Far-West* (1924) une autre tentative pour la jeunesse de l'inspecteur d'académie polygraphe Charles Guyon ou *Dick-le-Diable, la Terreur de l'Arizona* (1930) de Léon Sazie, bien loin du merveilleux inquiétant de ses « Zigomars » d'avant-guerre.

Mentionnons aussi la réédition en 1935 d'un livre de 1895, *Les Derniers des hommes rouges* de Pierre Maël, et les noms de Raoul Le Jeune (*Mantela l'Indienne* (1938), *La Révolte au pays de l'or* (1926), *Le Trésor des Chibchas* (1931)), ou de Gustave Gailhard, pour son très insolite *Lluya la fille des lacs* (s.d.[138]) qui renouvelait le thème du deuil pour un monde qui disparaît, thème hérité de Cooper.

Bien qu'il fût publié dans une collection de paralittérature, il ne relevait pas du classique roman d'aventures et d'épreuves, mais du roman d'aventures et de mœurs bakhtinien : l'histoire fait assister à la lente déchéance de Joë William Huigi, jeune médecin plein de promesses, très lancé dans la bonne société de San Francisco, prêt néanmoins à assumer ses racines indiennes (il descend d'une famille royale mohave). Si, en héros aventurier, il entreprend bien un dangereux voyage à travers le désert pour récupérer le trésor de ses ancêtres, devoir que lui trace la Grande Louve, son aïeule, sa quête va bientôt s'altérer et communiquer avec celle, folle, de Cœur de Loup. Dernier avatar de ses nombreuses vies — don Roderigo d'Aljuarez d'Avalar y Lova, dom Benedict sous la bure monacale, Tom Sarador en batteur d'estrade, — ce dernier a une réputation

---

[134] « Jim Button Bull, la terreur des Indiens », aux Editions modernes, débute en 1919 ; « Les Grandes Aventures de Jim Kannah, le roi du Far-West » de Suton Caryl, aux Editions Polmoss, débute en 1919 (c'est une adaptation des « Buffalo Bill » de Eichler).

[135] « Le nouveau Buffalo », du colonel G. Wells, chez Férenczy ; « Buffalo Bill », chez Prima, sans mention de date ; « Buffalo Bill, le roi des scouts », dans *L'Esprit parisien*, à partir de 1926 ; « Buffalos et Peaux-rouges, nouveaux exploits du roi du Far-West », de Philippe Saint-Gilles, aux Editions modernes). Son influence s'étend d'ailleurs en dehors de son seul univers : par exemple, « A la manière de Buffalo Bill. Exploits de 9 éclaireurs de France », dans *Lectures populaires,* à partir de 1920.

[136] « Sitting Bull », chez Prima, dans les années 20 ; « Sitting Bull, grand chef des Sioux », de Jean Bourdeaux, débute en 1926, dans une série publiée à Nevers ; sous le nom de Jacques Chambon, Bonneau publie un *Sachem rouge* (1933).

[137] Captain Browning [Jean-Charles Lagaillarde], à partir de 1923, à La librairie des romans choisis.

[138] Probablement écrit (et peut-être publié une première fois) avant 1914.

de gardien du désert, de tueur des hommes qui s'aventurent dans le territoire de Lluya, la « vierge de la prairie, l'âme même du désert mohave ».

Traversant le désert avec Athanase, un vieux Mohave blessé, soutenu par son désir de vengeance, et Cœur de Loup à la quête de la mystérieuse Lluya, Huigi en oublie sa fiancée, fille de millionnaire, et se met à partager la passion exaltée, exclusive, de Cœur de Loup pour l'élusive vierge aux cheveux d'or vert. Tous trois mourront, Athanase dans l'affrontement avec son ennemi (il sera vengé ultérieurement par un substitut, un vieux batteur d'estrade blanc), Cœur de Loup avant d'avoir pu revoir Lluya et Huigi, le malheureux, de son propre choix et dans le désenchantement, après justement avoir pu la voir : « D'autres, plus heureux que moi sont tombés sur la route, sont morts pour elle, l'ont emportée avec eux dans l'éternité. Moi, on m'a sauvé, ouvert brutalement les yeux devant une idole grossière dont la seule vue a souillé la vision qui m'emplissait l'âme » (p. 313).

Variation sur le regard rétrospectif, mais pas roman historique : sur fond de paysage stupéfiant, à la lettre, l'objet de la quête s'avère trompeur, la désirable déesse comblant complètement le désir s'avère n'être qu'un décevant morceau de bois ; désillusion préfaçant la mort que l'on se donne. Roman très fin de siècle, bien éloigné de la vie sauvage en voie d'extinction de la légende de Bas-de-cuir de Cooper, monde bien plus ancien que celui du Suter de Cendrars — le schéma narratif n'est plus ici la gloire et le déclin du héros, mais une quête mystique mortifère, — il tempérait par un contrepoint étonnamment mélancolique la veine populaire d'un genre plutôt porté sur l'activisme maniaque.

L'indigence et le disparate régnaient aussi sur les traductions — lesquelles ne venaient même pas souvent de l'américain : pour deux maigres Zane Grey[139], on recevait aussi *Une idylle dans le ranch* de Hornung (s.d.), *Les Vautours de la savane* (1933) de Karl May... En prime, une innovation allait avoir un certain succès dans les années 50 : les pseudo-traductions[140].

Maurice de Moulins devait amorcer son moulinage paralittéraire à la fin des années 20 — sous son propre nom et sous différents pseudonymes dont le plus célèbre, Albert Bonneau.

A Maurice de Moulins on doit des romans comme *Le Squatter de la forêt morte* (1933), *Les Condors de l'Equateur* (1930), *Les Dompteurs de broncos* (1935), *La Femme au lasso* (1938), *Kid le ranger* (1930), *Maisie et son cow-boy* (1934), *Le Ranch maudit* (1938), *Slim le défricheur* (1928), *Le Spectre des prairies tremblantes* (1929), *Le Tambour de guerre des Apaches* (1930), *Les Vautours de la frontière* (1941) ; à Albert Bonneau, *La Bande des cougars* (1937), *L'Egorgeur du Colorado* (1931), *L'Outlaw du cañon perdu* (1953), *Le Shérif de nulle part* (1932), *Les Centaures du Grand Chaco* (1928), *Tom Cyclone, cow-boy* (1929), *Le Totem aux yeux verts* (1930), *La Piste argentée* (1931), *Le Rebelle de la Sonora* (1934), *Le Mystère du ranch 33* (1936), *La Pampa tragique* (1929), *Catamount contre Catamount* (1941), *La Revanche de Catamount* (1941),..., les uns et les autres parus à la « Bibliothèque des Grandes aventures, Voyages excentriques » de Tallandier[141].

Période de transition donc. L'aventure comme mode d'appropriation de l'Ouest sauvage n'invente plus guère ; les récits se contentent souvent de formules routinières. Ce qui ne devrait pas faire oublier certaines innovations, dans les supports médiatiques et dans la conception de l'histoire de la conquête. Du côté des supports, mentionnons ce format hybride, accompagnant le succès croissant du cinéma : le fascicule cinégraphique — un récit complet illustré de photographies tirées d'un film (réel

---

[139] *L'Alezan sauvage* (1931) et *Nevada* (1932), dans « Aventures » de Plon.

[140] Comme *Aventures périlleuses chez les peaux-rouges* (1926) ou *Un Blanc chez les Peaux-Rouges* (s.d.), respectivement dans la « Bibliothèque des Grandes aventures » chez Tallandier et chez Dreyfous. Ces romans sont signés Norman Kingston, nom de plume de l'inépuisable Albert Bonneau.

[141] Sur les « Catamount », on consultera les essais de bibliographie de Robert Bonaccorsi (1996) et de Raymond Chabert (1996), parus dans un dossier des *Cahiers pour la littérature populaire*, n°16, hiver 1996, consacré à Albert Bonneau.

ou virtuel), — comme *Le Pirate de la prairie* (s.d.) de Guy de la Vernière. Du côté de l'histoire, rappelons ce grand ancêtre de la réévaluation de la place historique des Amérindiens, *Mœurs et histoire des Indiens Peaux-Rouges*, de René Thévenin et Paul Coze. Il allait toutefois rester bien isolé pour de nombreuses années encore. Romans historiques et nordicité enregistraient en creux le désenchantement de l'Ouest ; formats et personnages du western paralittéraire importé d'avant 1914 coexistaient avec la production balbutiante d'Albert Bonneau, qui allait devenir abondante sous plusieurs signatures, avec quoi le western des années 50 allait s'identifier.

L'Amérique de pacotille des années 50

Après la guerre, ce ne fut que lentement que les traductions réalimentèrent le genre. Dans les années 50, il ne devait en fait y avoir qu'une série traduite, « Hopalong Cassidy ». Sans doute attentives au succès du personnage dans la culture médiatique américaine où il avait débordé les *paperbacks* pour se sérialiser au cinéma, puis à la télévision (avec le visage de William Boyd), les Editions Laffont, visant un lectorat adolescent, lancèrent la collection « Arizona » surtout mais pas exclusivement alimentée par cette série de Clarence E. Mulford. La série ne devait toutefois pas connaître le succès que sa transmédiatisation lui avait donné outre-Atlantique ; sa collection porteuse ne durerait que de 1951 à 1953.

A l'occasion, des isolés paraissaient ; des sans-grade comme *Shandys-City, petite histoire du grand-Ouest* (1944) d'A. Frank ou *Pocomoto, apprenti cow-boy* (1955) de R. Dixon, traduction de tel ou tel classique — comme, dans une collection pour la jeunesse, *Le Cavalier de Virginie* ([1902] 1953), ou *The Virginian* dans sa version originale, d'Owen Wister, dans « Marabout », — ou, à la suite de la sortie d'un film à succès comme *La Prisonnière du désert* de John Ford en 1955, la traduction du roman original d'Alan Le May, *The Searchers*, publiée chez France-Empire en 1957. Et justement, après le grand classique, le refondateur du genre, Le May devait être le premier représentant du nouveau western en train de s'écrire alors aux Etats-Unis.

Immédiatement après la guerre, Flammarion ressortit pour la jeunesse des Karl May (que le souvenir trop proche de l'Occupation transforme d'ailleurs en Charles May) ; une décennie plus tard, Magnard dans sa collection « Le Livre des jeunes », une réédition en 1958 de *Sur la piste des Tovas* de T. Mayne Reid. Mais aussi parution de quelques romans historiques traduits comme *Le Fils du Kansas* (1947) de W.O. Steele, *La Flèche des Incas* (1947) de Richard C. Gill, et *Kean l'éclaireur du Yellowstone* (1947) de William R. Rush ou *Paradise* (1956) d'Esther Forbes.

Cela dit, la période de l'après-guerre était plutôt celle d'une américanité de pacotille : au roman noir pseudo-américain allait correspondre un western de la même farine, le roman n'étant plus culturellement que la prolongation faible du western B hollywoodien.

Le Fleuve Noir à l'époque de la mise en place de l'une des plus importantes machines paralittéraires de l'après-guerre se devait de tenter sa chance dans le genre. Avec 20 titres entre 1952 et 1954, sa collection « Western » allait s'avérer sans doute la plus manquée de toutes ses tentatives ; vraisemblablement à cause de la médiocrité de la série éponyme constituant le gros de la collection, « Aventures et bagarres de Johny Sopper », signée Johny Sopper, pseudonyme de Jacques-André Lacour[142].

Insolite car plus sexy et souvent incongrûment argotique, l'inspiration de la collection « Wes-

---

[142] Qui signait Benoît Becker dans d'autres collections du Fleuve Noir, sans doute avec Jean-Claude Carrière.

tern noir », des Editions Le Condor de Roubaix, n'était pas meilleure pour autant, quelles que fussent les signatures : Bernie Whitley ou C.E. Smith[143]...

Ni traduction, ni pseudo-traduction, une dernière veine se mettait en place, celle d'un western français, notamment sous les signatures de George Fronval et d'Albert Bonneau. En 1953-1954, sous la bannière de la collection « Westerners », Fronval publiait à la Compagnie Parisienne d'Edition quelques romans inspirés de personnages forts, d'univers marquants ou d'épisodes connus de l'histoire de l'Ouest[144].

Sans que son auteur, Bonneau, contrairement à Fronval, pût se prévaloir d'une expérience directe de l'Ouest (l'époque est décidément à l'Ouest de pacotille), Catamount allait incarner le western pour toute une génération d'adolescents avec ses deux séries paralittéraires : « Catamount » et « Nouvelles aventures de Catamount », totalisant plus d'une cinquantaine de romans publiés chez Tallandier, à partir de 1947, impressionnante résurgence d'une production déjà abondante de l'entre-deux-guerres — le héros était lui-même apparu pour la première fois dès 1941. Sans doute pour faire le joint entre les deux séries, l'éditeur devait en plus rééditer une petite vingtaine de romans parus avant la guerre dans une autre série qui n'avait plus de personnage sériel comme facteur d'homogénéisation : « Les aventures du Far-West ».

Le roman d'aventures et d'épreuves a besoin d'un type de héros, un personnage lisse, sans passé ni futur, pleinement dans le présent — dans l'immédiateté du présent où sa force d'âme presque seule le constitue : l'aventurier. Ou plutôt, personnage lisse pour qui le récit doit dévitaliser par convention son passé et son futur. Pour le passé, Catamount, c'est le double orphelin (enfant adopté, qui n'a jamais connu ses vrais parents, et perd ensuite tous les membres de sa famille adoptive) ; à cet être seul au monde, cette perte initiale est régulièrement répétée, rejouée, les romans lui reprenant cruellement ses fidèles alliés — comme dans *L'Arrestation de Catamount* (1947) celui où la convention à la teinte de deuil est la plus marquée : « L'équipe était anéantie !... Pad et ses fidèles auxiliaires avaient succombé jusqu'au dernier !... [...] Une poignante amertume étreignit le cœur de Catamount. [...] Justice était faite, mais à quel prix ! Il demeurait seul, tout seul au monde !... » (p. 216) ; roman sur fond de révolte puisque, se sentant exclu (justicier hors-la-loi, il doit vivre caché après avoir été injustement accusé de meurtre), le héros s'y rebelle contre l'ordre social et agit pour venger son père assassiné : « Nous ne pouvons plus revenir au ranch, mon vieux Snake !... [il s'agit de son cheval] Nous sommes deux outlaws !... deux parias !... désormais une existence nouvelle va commencer pour nous, une existence au cours de laquelle nous serons implacables et sans merci, comme ceux qui nous ont honteusement chassés !... » (p. 219).

Après cette brève mise en place, le motif de la recherche d'identité[145] trouve rapidement sa résolution ; dès les romans suivants, son statut de Ranger et sa réputation sont déjà bien établis. Presque immédiatement, le voici pourvu des traits survitaminés de l'âme végétative (*threptikè psuchè*) aristotélicienne, de ces traits qui immanquablement annoncent le héros au public, lui font

---

[143] Avec par exemple *Le Gang de Chickstead* (1952), *L'Inconnu du saloon* (1953), *L'Espionne du Texas* (1953) pour le premier, ou *Alors cow-boy, on se marie ?* (1956) pour le second.

[144] *Le Shérif de Dodge City*, (1953), *Jerry Morton du « Pony Express »* (1953), *Alerte au Pacific Railway* (1953), *Le Match imprévu* (1953), *La Révolte de Sitting Bull* (1953), *Le Troupeau déchaîné* (1953), *Les Prospecteurs de la Sonora* (1954).

[145] « Pourtant Catamount ne se laissa pas envahir par le désespoir... Il se redressa, se raidissant contre les pensées déconcertantes qui l'accaparaient... [...]. Après tout, ne suis-je pas l'enfant sans nom ? Mon destin n'est-il point de vivre dans l'incertitude et le mystère !... [...] bien souvent le problème avait obsédé l'esprit du jeune homme : qui était-il ? Connaîtrait-il jamais son identité ? En présence de cette énigme jamais résolue, le fugitif mesurait toute son impuissance [...] il ne pouvait s'empêcher de se révolter contre la situation qui lui était ainsi faite et qui le mettait au rang des parias ! Dans une telle situation, que pouvait-il espérer de la vie ? Que pouvait-il attendre également de cette société qui l'avait si injustement persécuté et qui, sans doute, le traquerait encore si elle apprenait qu'il avait pu échapper victorieusement à toutes les poursuites ? » (p. 216-217).

reconnaître le justicier. Sachant commander, il s'impose par ses qualités de tireur, de fin stratège, d'homme non seulement courageux, mais aussi habile et plein de ressources. Et l'*ethos* noble[146] est à l'avenant : honnête et juste, un tel aventurier au grand cœur est facilement ému par la détresse des autres et toujours disposé à voler au secours de la veuve et de l'orphelin. Bien qu'il vive en solitaire, il croit en un idéal de solidarité humaine. Cette noblesse est évidemment apparente dans son air franc, reconnaissable d'emblée par le lecteur, même lorsqu'il revêt une identité d'emprunt (voir *Catamount et Myra la joueuse*, 1958). Désintéressé, il refuse les récompenses parfois énormes qui lui sont offertes pour avoir capturé des bandits (voir *Catamount chez les mormons*, 1959). A quoi il joint des qualités d'âme pensante (*dianoetikè psuchè*), sans doute moins explicitement détaillées par la narration mais redoutablement efficaces. Dans les intrigues, les difficultés à surmonter prennent parfois l'aspect d'énigmes à résoudre ; persévérant et intuitif, le héros réussit finalement à débloquer les situations les plus grippées, à démasquer les coupables les plus dissimulateurs — comme dans *Catamount à la rescousse* (1948) ou *Catamount chez les mormons* (1959).

Très tôt, il se trouve à la tête de l'équipe de son ranch et suscite l'admiration ; rapidement, le voilà même agrégé à un ordre, à une institution légitimant son statut de redresseur de torts, les Texas Rangers. Si la longueur de la série impose à Catamount de vieillir au fil des volumes, ses traits n'en restent pas moins fixés : solitude, célibat, désir de liberté, noblesse de caractère, nobles idéaux. Afin de pérenniser ce présent, la série doit désamorcer un possible futur, conventionnaliser la possibilité d'un changement, notamment au chapitre des attachements du cœur. Possibles amitiés, envisageables amours, celles-ci sont entièrement surdéterminées par l'action. Du côté des premières, ce sont le bon garçon, ordinaire-mais-doté-d'un-réel-courage, qui aide Catamount à accomplir sa mission et épouse la jeune fille à la fin[147], les alliés divers et amis fidèles[148] ; aucun pourtant n'acquiert le statut d'alter ego, oubliés qu'ils sont dans les volumes suivants ou explicitement éliminés par le récit[149]. Du côté des secondes, la série fait de la femme jeune, jolie, courageuse, loyale, généreuse, pleine d'initiatives, un type récurrent ; toutefois, elle est soumise à un trait prévalent : le récit la bouscule invariablement dans une situation difficile. Ses qualités de cœur seules ne sauraient tirer cette femme orpheline ou mal protégée des mauvais pas où le récit s'évertue de l'entraver ; voici, à l'occasion d'une première rencontre, dans *Catamount à la rescousse,* comme le portrait engage la complémentarité de la demoiselle en détresse et du preux : « Dès le premier coup d'œil, Catamount se sentit impressionné par la radieuse beauté de la visiteuse. Son visage à l'ovale très pur, encadré de cheveux blonds, Sylvia Dangerson attardait ses yeux bleus sur le shérif [...]. De grosses larmes coulaient sur ses joues d'une blancheur de lait où se détachaient quelques taches de rousseur » (p. 52). Mais surtout, ce double caractère, victime-mais-pas-sans-ressources, informe tout le programme d'actions des personnages féminins de la série : l'Angela de *Catamount et la digue infernale* (1949) — « ravissante », délicate, au caractère « indépendant et aventureux », — la Pearl de *Catamount chez les mormons* (1959) — qui résiste aux manigances de son père et aux intimidations de ses ravisseurs, — la Rosalind du *Prisonnier de Catamount* (1955) — riche, elle accorde plus d'importance aux senti-

---

[146] On ne sera ainsi pas surpris de cette mention : « [...] la tante Sarah, une vieille demoiselle sèche et maigre qui considérait le ranger comme un véritable héros et prenait grand plaisir à lui raconter des histoires des Chevaliers de la Table Ronde » (Bonneau, 1949 : 215).

[147] Comme Nick Maubart, Bug Dauntless, James Stone, Guy Sanders et Richard Drécourt respectivement dans *Catamount à la rescousse* (1948), *Le Prisonnier de Catamount* (1955), *Catamount chez les mormons* (1959), *Le Sacrifice de Catamount* (1958) et *Le Carnaval de Catamount* (1953), pour s'en tenir aux quelques romans cités.

[148] Des occasionnels (petit négrillon sauvé de la noyade dans *Catamount et la digue infernale* (1949), malfaiteur repenti dans *Le Prisonnier de Catamount* (1955), belle Créole trompée dans *Le Carnaval de Catamount* (1953)...) aux quelques représentants de la loi, voire de l'Ordre — celui du groupe quasi mystique des modernes chevaliers de la Table ronde westernienne, les Texas Rangers : le shérif Alexander Storm du *Sacrifice de Catamount* (1958 — même si souvent les shérifs sont lâches, incompétents ou corrompus), le Jaguar Bill de *Catamount chez les mormons* (1959), vieux Texas Ranger, compagnon de route de Catamount, à qui il voue une admiration bien méritée, le major Morley de *Catamount chez les mormons*, leur chef...

[149] Comme le shérif Alexander Storm, assassiné dans l'exercice de ses fonctions...

ments qu'à l'argent ; sauvée de la noyade par Catamount, elle jure de ne pas ébruiter sa mésaventure même si elle craint que son sauveur ne soit en fait quelque dangereux bandit, — la Geneviève du *Carnaval de Catamount* (1953) — de vieille souche française, dans sa noble abnégation, elle est prête à sacrifier son amour pour le beau Richard afin de sauver sa famille de la ruine...

Si la série improvise principalement des variations sur ce thème des complémentaires forces et faiblesses féminines, thème dérivé du statut de redresseur de torts du héros, elle n'en explore pas moins deux tentations du futur, minoritaires, deux possibles altérations de l'éternel présent du héros lisse. Dans le premier cas, s'agit-il même d'une tentation ? voire d'une tentation que le lecteur prêterait à Catamount ? A la suite d'un vol meurtrier à la banque de Richland Spring dans *Catamount et Myra la joueuse*, les soupçons se portent d'emblée sur deux nouveaux venus dans la région, un certain Bug Carson, que l'on a aperçu rôdant peu avant autour de la banque, et Myra Crawford, une étrangère qui adore le jeu et passe le plus clair de son temps au saloon, où elle gagne des sommes vertigineuses. L'inspecteur de la compagnie d'assurances, le sec Adrian Cold, voit Myra lui filer entre les doigts lorsqu'il tente de l'interroger. S'ensuit une poursuite à multiples rebondissements qui révèle finalement que les bandits étaient conduits par un dangereux criminel qui se faisait passer pour Adrian Cold préalablement assassiné, que Myra était une agente de la compagnie d'assurances, et que Bug Carson n'était autre que Catamount. Structuralement, Myra est donc un alter ego de Catamount : appartenant au même camp, faisant preuve de qualités semblables, menant des actions comparables, tous les deux sous la protection d'identités trompeuses. Or, à la fin de l'intrigue, alors que tombée amoureuse de Catamount, Myra lui avoue ses sentiments, le cavalier solitaire reste froid, lui fait comprendre que toute liaison est impossible et repart vers de nouvelles aventures. Dans le second cas, c'est lui qui tombe amoureux de la jeune et belle Elsa (*Le Sacrifice de Catamount*, 1958) ; il se prend même à rêver aux charmes de la vie de famille. Toutefois, la conversation de deux enfants, surprise par hasard, lui fait comprendre le ridicule de ce genre de rêverie à son âge. Le justicier se sacrifie pour le bonheur de celle qu'il aime, lui faussant compagnie pour la laisser à un jeune et beau parti.

Dans l'un et l'autre cas, c'est l'éventualité de la constitution d'un couple qui altérerait l'intouchable statut de justicier. C'est par une conclusion postiche que *Le Sacrifice de Catamount* le préserve de la conjugalité — alors qu'Elsa, que rien ne distingue des héroïnes précédentes, ne menace aucunement la nature du type victime-mais-pas-sans-ressources. Par contre, dans la logique sublimante du roman de chevalerie, c'est par la dénégation qu'il faut traiter l'autre tentation, celle de Myra la joueuse, la femme d'action à l'aise dans un milieu d'hommes ; dans un tel roman de chevalerie, Myra la sexualisée — son aura de sensualité est figurée par son fort parfum d'héliotrope, — remet radicalement en cause par son excès le type féminin favori de la série... Et, du coup, risque de corrompre la nature du héros dont il émanait. Conclusion, pour Catamount (et Bonneau), un alter ego de l'autre sexe ne saurait être qu'un *altère* ego (« Plus que jamais il préférait opérer seul [...] » — Bonneau, 1958 : 192).

Même si la série « Les aventures du Far-West »[150] n'a plus la contrainte du héros récurrent, les ressemblances avec les « Catamount » l'emportent sur les différences. Justicier professionnel comme l'agent travaillant secrètement pour la Compagnie de la Baie d'Hudson dans *Le Spectre des prairies tremblantes* (1929), ou héros occasionnel comme le jeune gaucho injustement accusé de *La Pampa tragique* (1929), ils se répartissent les qualités et attributs de Catamount. Ainsi Bastien Lormeau, l'agent qui travaille dans l'ombre, assume avec fortitude de jouer le rôle de suspect, même aux yeux de celle qu'il aime, lui pardonnant chevaleresquement de l'avoir soupçonné. Les antagonistes de l'une et l'autre séries se répartissent dans les deux cercles de la méchanceté, la malignité pure ou celle accompagnée de tromperie. Dans le premier cas, l'accent peut être mis sur le chef de bande, tel que le Morales Sangre de *La Femme au lasso* (1936), sanguinaire, massacreur d'innocents, tortionnaire, se retournant parfois contre ses propres alliés, arrogant aux heures de triomphe et lâche dans l'adversité ; sur le second violon également, tel que Yago le cupide tueur à gages indien de *La Pampa tragique*, publicisant sa méchanceté[151] et sa bê-

---

[150] Qui, outre de nouveaux romans d'Albert Bonneau, devait servir à recycler sous cette signature à succès des romans publiés avant guerre sous la signature de Maurice de Moulins.

[151] Battant cruellement un cheval, il s'attire immanquablement les foudres de tous les gauchos.

tise[152] ; ou sur la communauté hors-la-loi et meurtrière, telle que celle des Danites de *Catamount chez les mormons*. Dans le second cas, la tromperie qui masque l'ordre corrompu implique une sorte de spécialisation, de professionnalisation du retour à la justice ; aussi, une telle intrigue s'avère-t-elle plus productive dans la série qui porte le nom du héros, que ce soit avec le notable se révélant une crapule (comme le riche et puissant Navarro du *Prisonnier de Catamount*) ou le trouble marshall de Natchez dans *Catamount et la digue infernale*, motivé par le seul appât du gain, et qui ne recule devant rien pour parvenir à ses fins. Toutefois, elle s'incarne aussi dans d'autres types d'intrigue plus également productifs, avec le sympathique-personnage-s'avérant-une-sinistre-crapule (notamment, le Barnabé Laroque du *Spectre des prairies tremblantes*, machiavélique, sans scrupules, qui terrorise la population en se faisant passer pour le surnaturel spectre afin de faire main basse sur de précieuses fourrures) et le criminel à transformation, manipulateur et froidement psychopathe (notamment, le Capitaine Dynamite du *Démon des Mauvaises terres*, ancien acteur de Broadway reconverti en *outlaw* depuis qu'il s'est fait accuser de tricher au poker, résolu à se venger de la société qui l'avait rejeté).

La panoplie d'intrigues s'enrichit relativement peu, même si on y trouve plus fréquemment des histoires de vengeance — dans *La Femme au lasso,* la vengeance est redoublée : celle de Dolorès pour la perte de son mari et celle de Juanita pour la perte de son grand-père aux dépens du bandit mexicain Morales Sangre et de son complice américain Ben Starter. C'est justement ce redoublement qui peut nous mettre sur la piste de la principale différence entre les « Catamount » et « Les aventures du Far-West ». Selon le cliché, chez Catamount l'âme aristotélicienne faible était la sensitive (*aisthétikè psuchè*) ; fidèle aux lois du roman d'aventures et d'épreuves, du coup, la série éponyme opérait un déplacement de la psychologie vers une sentimentalité en tenant lieu : *pathos* et sollicitation de la compassion du lecteur des « Catamount » sont relatives à ses parents, à ses amis, à son chien... Alors que, du fait que les personnages ne reviennent plus une fois leur histoire terminée, cette solution d'une sentimentalité pauvrement rhétorisée n'est plus la seule option ; soit l'âme sensitive peut s'incarner en une histoire d'amitié dans les interstices d'une aventure menée alternativement mais complémentairement par deux héros, soit elle peut se développer en une intrigue amoureuse seconde, tressée à l'histoire d'aventures.

Dans le premier cas, Bonneau peut camper deux justiciers agissant en parallèle, comme dans *Le Démon des Mauvaises terres* : Cactus Den le chasseur de bisons aux allures de don Quichotte, descendant direct de Bas-de-cuir, ami des Sioux, surnommé le Cœur Franc par son ami le chef indien, et Lean Ribbed Jack le mystérieux justicier qui se cache derrière le masque du cavalier noir pour voler au secours d'innocentes victimes. Dans le second cas, Bonneau opère un tressage d'intrigues, plus ou moins complexe. Tressage classique, comme dans *La Pampa tragique* où le *domator* Perez Mariposo a le coup de foudre pour la jolie danseuse Conchita, qu'il sauve des avances du trop entreprenant Ribeira. Tenant en respect le vieil *estanciado* qui voulait tirer vengeance de se voir ainsi défié, le héros commet l'erreur de le menacer publiquement ; c'est l'occasion qu'attendaient Palavez et Yago pour exécuter le meurtre de l'*estanciado*, en faisant porter les soupçons sur le fougueux jeune homme. Capturé, ce dernier réussit à s'enfuir avec l'aide de Conchita. Après de multiples péripéties, les criminels seront démasqués et condamnés, et le héros épousera sa belle danseuse avec laquelle il filera vers la pampa dès la fin de la cérémonie. Tressage double comme dans *Le Démon des Mauvaises terres* où l'histoire d'amitié s'entrelace à celle, secondaire, de la constitution d'un couple (formé de Molly, la fille du commandant O'Sullivan protégée par les deux justiciers, et du lieutenant Jackson). Ou tressage de cette double vengeance de femmes de *La Femme au lasso* les faisant passer de la sphère privée à l'intervention publique, figure d'une intrusion du féminin dans l'aventure que Bonneau s'empressera de réduire. Action et sentiment sont-ils exclusifs ? Oui, si l'on en croit la fragilité soudaine de la mystérieuse femme au lasso lorsque les bandits peuvent enlever son fils. Non, si l'on s'en tient à l'histoire d'amour qui se développe dans l'action entre Juanita et le beau pilote, le lieutenant Ramon Vinces. En tous les cas, la vengeance et l'action n'auront été qu'un intermède dans la vie de la veuve et de la jeune fille. C'est donc la loi de la solitude dont cette collection retouche légèrement la généralité, mettant en vedette un trait du héros parfaitement congruent avec le désir

---

[152] Ivre, il ne se méfie pas des manœuvres de Conchita qui réussira à lui subtiliser des documents prouvant sa culpabilité.

d'acceptation par les pairs : peut-être farouchement solitaire, le héros n'est pas moins capable de se faire partout des alliés ; peut-être irriguées par l'universel présent de l'aventure, les histoires de cette série ne sont pas moins, fût-ce modérément, polarisées par un futur sentimental.

Contrairement aux séries pour adultes ou adolescents (parmi lesquelles « Western noir » ou celles de Bonneau), des collections pour la jeunesse ne reprenaient que très occasionnellement la publication d'histoires western, comme cette collection « Jeunes de France » que Dumas, dans l'immédiat après-guerre tenta de lancer à Saint-Etienne, avec des titres comme *Le Secret de l'or noir* (1945) de Robert Gaillard. Et ce furent les inévitables retours aux classiques.

Notamment des traductions de Zane Grey (chez Tallandier, dans différentes collections, *L'Alezan sauvage* (1950) et *Nevada* (1950), *Cœurs d'Amérique* (1947), *L'héritage du désert* (1950), *Le Berger de Guadaloupe* (1949-1950)) et de Karl May (*La Main qui frappe* et *Winnetou* (1962), *Le Trésor du lac d'argent* (1963) et *Main-sûre l'infaillible* (1964)).

Lorsque la machine éditoriale paralittéraire se remit en route après la guerre, à côté de Paris survécurent quelques titres publiés en province (comme le *Sitting Bull*, 1953, de Pierre-Valentin Berthier, à Givors chez A. Martel) ; à côté du format poche qui devait rapidement s'imposer, survécurent encore quelques temps les fascicules.

Ceux-ci se présentaient comme des séries éponymes, comme les minces « Pistol Peter » d'Austin Gridley aux Editions Colbert en 1948-1949, ou les 51 fascicules de « Jim Button Bill, la terreur des indiens » des Editions modernes ; formule peut-être inspirée du succès des 54 titres des « Merveilleux exploits de Buffalo-Bill » de George Fronval, aux Editions Duclos, en 1945-1946.

Une seconde formule, le magazine, inspiré des *pulps* américains, a brièvement été représentée par « Far-West Sélection » en 1949 — 82 pages comprenant plusieurs courts textes de fiction, nouvelles et contes, et des jeux. A l'occasion, dans des collections de « petits romans », on trouvait quelques titres isolés[153].

De « Western » et de quelques autres avant l'estompage du genre

A partir de 1958 et du roman d'Arthur Gordon *Le Sang crie* (n°447), la « Série Noire » devait irrégulièrement saupoudrer sa production policière de westerns en traduction[154]. Avec de grands creux et des périodes plus abondantes, le western n'y sera jamais aussi prolifique que l'espionnage, autre genre incorporé dans la « Série Noire » — en fait, il n'a jamais représenté que 0,03 % des titres de la collection[155]. Comme au Masque, le début des années 80 y sera fatal au genre, les derniers westerns datant de 1982[156].

---

[153] Comme *Enlevé par les Indiens* (1950) ou *Les Démons de la prairie* (1950) de P. Darcy dans les « Romans pour la jeunesse » des Editions Rouff ; *Les Ravageurs des placers* (1937) de J. Normand, *Le Roi du colt* (1953) de P. Olasso [!], dans « Mon roman d'aventures » des Editions Férenczi. Sans même parler des westerns que la guerre incita à voir le jour hors de Paris — par exemple, *Le Ranch* (1945) dans une telle collection, « Le Livre d'aventures » chez Tallandier ou « Les Aventures extraordinaires de Texas Bill » chez Nicea ; ou de romans comme *Panache l'indien* de Serge, publié à Monaco, chez Heracleia, en 1946.

[154] Sur les westerns de la « Série Noire », on consultera C. Mesplède et J.-J. Schleret (1982 et 1985).

[155] Aucun de 1961 à 1964, en 1967, en 1976-1977, en 1979 ou en 1981 ; quatre en 1968, 1969, 1970, 1972, 1974, six en 1971 et huit en 1973.

[156] *Retour en flèches* (n°1876, 1982) de Robert J. Steelman et, ironie ?, *Les Cow-boys dehors* (n°1878, 1982) d'Edmund Naughton.

Généralement, la fameuse couverture noire signalait l'appartenance du récit au genre par la mention explicite « western » en première. Et lorsque ce n'était pas le cas, même un lecteur inattentif n'aurait pas manqué les nombreux indices paratextuels offerts par un volume comme *Le Cheyenne à l'étal* (n°1448, 1971) de Lewis B. Patten : en supposant que le Cheyenne du titre n'y ait pas suffi, la signature très apparentée au western, la liste des titres du même auteur dans la collection[157] et le très explicite prière d'insérer en quatrième de couverture l'auraient convaincu d'avoir affaire à un western[158]. Quelques titres ont paru dans la « Super Noire »[159], une collection surgeon de la « Série Noire ».

S'agit-il de l'effet de la compétition entre le « Masque Western » et la « Série Noire » ? Toujours est-il que plusieurs des auteurs se retrouvaient dans les deux collections : Clifton Adams avec 9 titres dans chacune des collections, Lewis B. Patten l'une des vedettes du « Masque Western » avec 9 à la « Série Noire », Jeff Clinton 4, W.T. Ballard 3 (qui avait connu une prolifique carrière d'abord dans les *pulps*), Gordon Shirreffs 3 (une autre vedette de la collection concurrente), John Benteen 2 (le roman paru au Masque était en fait signé Richard Meade, et les deux noms étaient des pseudonymes de Benjamin Leopold Haas), Brian Garfield 2 (qui fut président de la WWA), Robert J. Steelman 2 (le plus littéraire), Wade Everett 1, W.D. Overholser 1. Certains par contre ne devaient être traduits que dans la « Série Noire » (3 titres pour Edmund Naughton et John Reese, 1 pour Bob Barrett, Ed Friend, Arthur Gordon, James Lewis).

En fait, c'est de 16 auteurs seulement que la « Série Noire » aura tiré la petite cinquantaine de ses romans western, dont 5 dans la série « Super Noire ». La moitié d'entre ces romanciers était née autour de la Première Guerre mondiale ou avant, Cook, Barrett, Benteen et Clinton dans les années 20, le plus jeune, Brian Garfield, en 1939. Les originaux américains de deux de ces romans avaient reçu un Spur Award, *Du Rif pour le shérif* (n°1330, 1970) en 1969 et *Les Derniers jours du loup* (n°1424, 1971) de Clifton Adams, respectivement en 1969 et en 1970. Deux étaient des novélisations de films, *Les Chasseurs de scalps* (n°1318, 1970) d'Ed Friend et *Il était une fois... la révolution* (n°1529, 1972) de James Lewis, respectivement du film de Sidney Pollack et de celui de Sergio Leone.

Plus tardivement que la « Série Noire », et contrairement à sa stratégie de saupoudrage dans une collection policière, trois éditeurs comprenant que le western était dans l'air du temps, vraisemblablement à cause de la montée en puissance du western-spaghetti, décidaient de lui accorder une collection spécialisée : Bel-Air, Dupuis et la Librairie des Champs-Elysées.

Avec un niveau d'exigence éditorial un peu plus grand que les défuntes tentatives du Fleuve Noir ou du Condor dans les années 50, les Editions Bel-Air lancent une collection, « Western pocket » en 1965-1966 ; elle n'aura pourtant guère plus de succès[160].

Mieux pensée, « Galop » de Dupuis, dirigée par Willy Courteaux, devait, faute d'une distribution efficace, disparaître au bout de trois ans (1965-1968) ; en une tren-

---

[157] *Rouge était la Prairie* (n°1237, 1968), *Terreur dans l'Arkansas* (n°1354, 1970), *L'Etoile et le calibre* (n°1378, 1970) et *Le Fleuve écarlate* (n°1412, 1971).

[158] « Un jeune Indien qu'on avait abattu comme un coyote, puis qu'on avait exposé, enchaîné, dans la vitrine d'une boutique. Et les badauds s'étaient réjouis de ce spectacle hautement civilisé. Mais à présent, il allait falloir payer. La tribu de l'Indien accourait vers le bourg. Pour elle, le plat de la vengeance se mangeait chaud, dans le sang et les flammes. »

[159] *On ne tue pas les lâches* (n°12, 1975) et *Un shérif pour tout le monde* (n°56, 1976) de John Reese ; *La Belle Dame chez les Sioux* (n°107, 1978) de Robert J. Steelman. Trois titres western sur les 134 que comptait la collection.

[160] Une quinzaine de titres dont *Le Vengeur* (1965) de R. Jones, *L'Homme à abattre* (1965) de E. Brown, *Une balle pour Billy Réo* (1965) de L. Cashyan, *La Piste de la vengeance* (1965) de W. Mac Leod Raine, *Justice sera faite* (1966) de G.F. Unger, *Malheur au shérif* (1966) de G. Stirling...

taine de titres seulement, tous des traductions, et 13 auteurs, c'est-à-dire presque autant que le bassin dans lequel puisait la « Série Noire », elle avait toutefois réussi à proposer un panorama intéressant de l'état du western américain à cette époque — certains de ses auteurs se retrouveront d'ailleurs dans le « Masque Western »[161].

C'est toutefois la Librairie des Champs-Elysées qui réussira là où ses prédécesseurs n'avaient pas pu s'imposer, avec la formule de la collection spécialisée consacrée (quasi exclusivement) aux traductions. En octobre 1966, Albert Pigasse tente sa chance, en publiant dans sa célèbre collection policière le roman de Gordon D. Shirreffs intitulé *La Loi du sang* avec la mention « western » sur la première de couverture ; il en appelle aux lecteurs en quatrième, en invoquant en guise d'arguments principaux que les westerns sélectionnés « s'apparentent au roman policier » et sont « vendus à des millions d'exemplaires en Amérique » ; puis, en décembre, dans les mêmes conditions, c'est *Le Raid de la pleine lune* de William R. Cox. La réponse a dû être satisfaisante, puisque allait paraître en 1967 le premier volume d'une nouvelle collection, *L'Etoile ternie* de Lewis B. Patten, suivi de 10 autres au cours de l'année, avec des tirages de 24 000 exemplaires par titres[162].

Après une enquête auprès du lectorat menée à l'aide d'un questionnaire dans quatre volumes de 1976, la collection se fait un tantinet plus didactique — répétition d'une carte historique des Etats-Unis, en anglais, avec quelques villes, les pistes de pionniers, les *trails* des grands troupeaux, les principales liaisons ferroviaires, la localisation de quelques tribus indiennes ; répétition d'annonces promettant « des textes complets, une cartographie d'époque [...], les aspects insolites de l'Ouest américain, une documentation exceptionnelle, des textes d'une rare qualité », quelques prologues ou postfaces, voire le portrait d'un auteur (un seul sera reproduit : Aimard). La collection ne publiera toutefois que très peu de titres non romanesques (3). De 1977 à 1980, pour accommoder des textes plus longs que le format standardisé (188 pages) s'intercalent dans la collection les titres d'une série « Spécial Western » — le n°171, *La Piste de l'Irlandais*, de Kelly P. Gast, est le premier titre de cette série qui en comprendra 25. Dans sa tentative pour enrayer le déclin, à partir du n°227 (*Le Convoi du Rio Grande* (1980) de Lewis B. Patten), la collection adopte un nouveau format (11×18), une nouvelle présentation et l'éditeur supprime la mention « Spécial Western » ; sous une même présentation, les romans ne seront plus aussi rigidement calibrés. Toutefois, le tirage continue à baisser (19 000 exemplaires pour ce Patten, 14 000 pour le dernier volume de la collection) ; 20 titres paraîtront encore, avant que l'éditeur juge que l'opération n'est plus rentable. Le n°247, *Les Cavaliers du désert* de Louis L'Amour, y met un terme en 1981[163].

Cinq auteurs ont signé 119 titres, soit près de 50% de l'ensemble de la collection : un grand ancien né en 1895, Tom West — qui avait eu la malencontreuse idée pour un *westerner* de naître sous le nom de Fred East, — avec 18 titres originellement publiés entre 1948 et 1974, et quatre romanciers de la génération suivante : Lewis B. Patten, né en 1915, auteur de 36 titres originellement publiés entre 1955 et 1975 ; Gordon D. Shirreffs, né en 1914, auteur de 26 titres originellement publiés entre 1956 et 1977 ; Louis L'Amour, né en 1908, sans doute le *best-seller* absolu du genre aux Etats-Unis, auteur de 22 titres originellement publiés entre 1953 et 1979 ; et Ray Hogan, né en 1908, auteur de 17 titres publiés originellement entre 1959 et 1974. Nombre de leurs romans étaient donc contemporains de la collection, et c'est en quelque sorte naturellement que le Masque acquit les droits sur ceux qui avaient été publiés avant.

---

[161] Will Cook (et James Keene), Cliff Farrell, Ray Hogan, William Hopson, Paul E. Lehman, et l'inévitable Louis L'Amour ; voire, dans la « Série Noire » et le « Masque Western » ; Clifton Adams.

[162] Sur « Le Masque Western », on consultera Jacques Baudou et Jean-Jacques Schleret (1984) et Norbert Spehner (1998).

[163] Voici la répartition des titres parus : 1966 = 2 (hors collection) ; 1967 = 10 ; 1968 = 12 ; 1969 = 14 ; 1970 = 10 ; 1971 = 13 ; 1972 = 19 ; 1973 = 21 ; 1974 = 24 ; 1975 = 21 ; 1976 = 22 ; 1977 = 20 ; 1978 = 20 ; 1979 = 19 ; 1980 = 11 ; 1981 = 11.

Même chose pour la plupart des romanciers de l'âge d'or du western comme Clay Fisher, ou Will Henry, son autre signature (né en 1912, 10 titres originellement publiés entre 1951 et 1974) ; Clifton Adams ou Clay Randall, son autre signature (né en 1919, 9 titres publiés entre 1951 et 1973), Cliff Farrell (né en 1899, 4 titres publiés entre 1958 et 1976). Seuls le roman de Leslie Scott (né en 1898), de Todhunter Ballard (né en 1903), de Steve Frazee (né en 1909), de Norman A. Fox (né en 1911), de James Woodruf Smith, de Nelson Nye (né en 1907), de Dwight Bennett (né en 1916), de Merle Constiner, de Marvin H. Albert (né en 1924), de Hal G. Evarts Jr. (né en 1915), et les 6 titres de Paul Evan Lehman, les 4 de Will Cook ou, James Keene, son autre signature (né en 1922), les 2 des Ray Gaulden (né en 1914) n'étaient pas accompagnés d'autres de leurs romans, contemporains de la collection.

On l'aura compris, la collection n'avait pas une forte propension à faire l'éducation de son public en matière d'histoire du genre. Apparaissaient bien un titre de 1927 d'Ernst Haycox (né en 1899), deux titres de Zane Grey (né en 1872), et deux de Charles Seltzer (né en 1875), mais pour le premier il s'agissait d'étiques recueils de nouvelles, publiés, en 1975 et en 1979 par son fils, longtemps après sa mort, ce qui ne donnait guère l'idée de l'abondance de la production de Grey ni de son inspiration très romanesque. En outre, la collection n'offrait aucun titre du roi des *pulps*, Max Brand. Et quelques grands noms de l'âge d'or comme Luke Short, A.B. Guthrie, Jack Schaefer, Dorothy Johnson, ou de la période moderne comme Elmer Kelton ou Matt Braun brillaient par leur absence.

Ce n'était pas avec les signatures de D.B. Olsen, Michael Bonner ou P.A. Bechko que les lecteurs pouvaient se douter qu'à ce genre pour hommes avaient contribué des femmes, respectivement Julia Clara Catherine Maria Dolorès Norton Birke Robbins (née en 1908), Anne Glasscock (née en 1924) et Peggy Ann Bechko (née en 1950) ; ni avec celles de Forrest Carter ou de Kelly P. Gast[164] que des Amérindiens pouvaient être des romanciers western ; ni avec celle de Leonard London Foreman (né en 1901) ou de Chuck Mason (pseudonyme de Donald Sydney Rowland, né en 1928) que des britanniques pouvaient s'y adonner aussi.

Par contre, dès la couverture les lecteurs pouvaient reconnaître Aimard (5 titres repris) et, immédiatement à la lecture, ils savaient que les textes de Walter Lord sur *Alamo* (1978), de Raymond W. Thorp sur *Le Tueur d'Indiens* ([1858] 1980) et de Homer Mackienzie sur les maisons closes de l'Ouest, *La Lanterne rouge d'Abilène* (1979), révélaient leur statut non fictionnel. Et c'est peut-être à la lecture également que les signatures de Wade Everett, Jackson Cole, mais surtout de Tabor Evans, J.D. Hardin ou David King révélaient leur inspiration d'auteurs maison — les deux derniers pour Playboy Press.

Affaire de goût de l'éditeur ou effet du marché des droits d'auteur, la collection aura privilégié l'aventure assez conventionnalisée alimentant les collections de *paperbacks* américains — pour le Masque, la conjoncture de la série était celle de l'émergence du western-spaghetti et de la concurrence de la « Série Noire » pour l'approvisionnement en *thrillers* américains. Quelles qu'aient été ses limites, elle aura vécu 15 ans, de 1967 à 1981[165], et présenté 247 titres de 61 auteurs différents (si l'on ne tient compte ni des pseudonymes, ni des signatures maison), faisant office de référence, de modèle du genre.

En 1979-1980, tentant sans doute d'enrayer l'inévitable, la Librairie des Champs-Elysées devait publier en dehors de sa célèbre collection une série, moins curieuse par son inspiration que par l'origine de son auteur : les 12 titres de « Morgan Kane, Texas Ranger », tirés d'une série originale de 80 romans étaient certes signés Louis Masterson, alors que derrière ce pseudonyme se cachait Kjell Hallbing, un *best-seller* du western... norvégien !

Destiné à un lectorat adolescent, après son démarrage en 1949, Marabout Junior, tout en maintenant une formule bien rodée[166], outre les biographies, les reportages des

---

[164] Pseudonyme de José Maria G.O. Edmonson, alias Edmonson G.C.

[165] En 1982-1983, les Editions Edito-Service de Genève ont repris une série de titres du « Masque Western », notamment sous une nouvelle présentation (avec une page frontispice signée par Georgeta Pusztai) : 16 romans de Louis L'Amour.

[166] Un cahier informatif supplémentaire par volume traitant d'un thème particulier, des concours, le tout sous les couvertures de Pierre Joubert.

histoires d'aviation, les romans historiques, la déclinaison de l'aventure dans autant d'univers différents (ceux de l'aventure maritime, de l'aventure scientifique, de la guerre secrète, etc.), devait multiplier des séries sur le modèle de sa série vedette, celle de Bob Morane, aviateur de Henri Vernes depuis 1953, autour de nouveaux héros éponymes[167]. En 1958, suivant en cela un penchant naturel des collections d'aventures, Marabout devait recourir au western[168].

Mais, à partir de 1966, c'est à la signature de Pierre Pelot[169] que le western devait s'identifier chez Marabout ; allaient en effet commencer à paraître six romans en deux ans[170] dans Marabout Junior, — plus un autre dans un format un peu différent[171], et surtout une série en 14 volumes, « Histoire de Dylan Stark », dans Pocket Marabout[172]. Sortie elle aussi en deux ans, cette série avait un caractère éruptif, parfaitement accordé au bouillonnement socioculturel d'alors, ressenti dans toute la paralittérature. Le succès ne devait d'ailleurs pas se faire attendre. Reconnaissance dans son institution spécifique : lauréat du Prix des Treize 1967 pour le second de la série, *La Couleur de Dieu* (1967) ; Sélection 1000 jeunes lecteurs ; Sélection Jeunes Lecture Promotion pour *Les Epaules du diable* (1972) ; préface très élogieuse de Hergé pour *Le Tombeau de Satan* (1969) ; multiples rééditions[173] ; parutions en hebdomadaire[174] ; adaptation en BD[175] ; continuation de la série chez d'autres éditeurs, après le n°14...

Bien sûr, tous les « Dylan Stark » n'avaient pas la même qualité — entre le plus intense et le mieux construit de la série, *Les Irréductibles* (1967), et le moins inspiré *Le Hibou sur la porte* (1967), en passant par l'émouvante *Marche des bannis* (1968) et le très politique *Un Jour un ouragan* (1968). Toutefois, c'est l'homogénéité de la série qui en fait le trait marquant. Outre l'ho-

---

[167] Le capitaine au long cours Jo Gaillard de Jean-Paul Vivier ; l'homme de science aventurier Doc Savage de Kenneth Robeson et le spéléogogue Gil Terrail de Jean-Pierre Max ; le maître-espion Nick Jordan d'André Fernez et le Kim Carnot de Jacques Legray...

[168] D'abord comme *La Nuit de la dernière chance* (1957), de Norman A. Fox, qui venait cette année-là de faire l'objet d'une adaptation cinématographique de James Neilson (1957) ; ou certains romans d'une série de Bradford Scott, « Les aventures de Walt Slade », un Texas Ranger surnommé « le Faucon », avec des titres comme *La Mort en selle* (1966), *Le Troupeau fantôme* (1966), *Le Mystérieux chariot* (1958) ; ou encore *La Conquête de l'Ouest* de Louis L'Amour. Devaient s'y adjoindre quelques romans originaux comme *La Vengeance de Black-Bird* de Jean-Pierre Jernander (1965).

[169] Ce fut le début d'une carrière extrêmement prolifique, sous la double signature de Pierre Pelot et Pierre Suragne (à partir de 1972), d'un romancier souvent récompensé à la fois en littérature pour la jeunesse et en SF.

[170] *La Piste du Dakota* (n°319, 1966), *Black Panache* (n°323, 1966), *Comme se meurt un soleil* (n°329, 1966), *La Longue chasse* (n°333, 1966), *La Tourmente* (n°341, 1966), *Les Croix de feu* (n°347, 1966) et *La Nuit du diable* (n°349, 1967).

[171] *De Soleil et de sang* (Marabout Géant, n°276, 1967).

[172] Sur Pierre Pelot, on consultera le dossier que lui ont consacré deux livraisons des *Cahiers de l'imaginaire* (n°15/16 et n°17).

[173] Dix dans la collection « L'Ami de Poche » chez Casterman au début des années 80, deux dans la collection « Bibliothèque de l'Amitié » des Editions de l'Amitié (1974 et 1975), deux dans la collection « Livre de Poche Jeunesse » chez Hachette (1983 et 1987), deux dans la collection « Castor Poche » (1992 et 1993), une dans la collection « Je bouquine » de Bayard-Presse (1984), une dans la collection « Folio Junior » de Gallimard (1980), une aux Editions G.P. (1980), une chez CNELBLA (1989) ; éditions en braille et en gros caractères).

[174] *Tintin* avait déjà donné « Deux Hommes sont venus » en prépublication, du n°1010 au n°1022 (du 29 février au 23 mai 1968) et allait se poursuivre après la fin des Marabout avec *L'Homme des Monts déchirés* (du n°1095 au n°1107, 23 octobre 1969-15 janvier 1970) et *L'Erreur* (du n°1173 au n°1179, 22 avril 1971-03 juin 1971).

[175] De *Black Panache*, sous le titre *Black Lightning*, par Michel Blanc-Dumont, en 1988 — lui-même auteur de BD western, avait illustré les couvertures des rééditions des « Dylan Stark » chez Casterman.

mogénéisation de l'illustration de couverture (chacune était due à l'illustrateur maison de Marabout), la longueur du texte était calibrée (160 pages[176]), chaque volume répétait deux citations en exergue : « Le couard, c'est celui qui, dans une situation périlleuse, pense avec ses jambes » (Ambrose Bierce) et « Le timide a peur avant le danger, le lâche au milieu du danger, le courageux après le danger » (J.-P. Richter). Suivant la politique de la collection, pour renforcer le caractère documentaire de chaque récit, Pelot rajoutait à la fin des romans (au moins des sept premiers), un court texte informatif en rapport avec l'histoire racontée — sur la Guerre de Sécession ; les *carpet-baggers* et l'esclavage ; les affrontements sanglants entre milices nordistes (*Jayhawkers, Red Legs*) et sudistes (*guerilleros*) pendant et après la Guerre de Sécession au Missouri et au Kansas ; l'Ordre du jour n°11 (le Kansas déchiré entre le nord et le sud pendant la guerre civile) ; les Cherokees petit à petit dépossédés de leurs terres au moment de la colonisation, course aux terres de l'Oklahoma ; les camps de prisonniers nordistes ; le cheval...

Homogénéisation de l'inspiration de l'auteur aussi, puisque plusieurs des aventures de Dylan Stark recyclaient des thèmes abordés dans ses romans précédents : ainsi, *Black Panache* et *Le Hibou sur la porte* partageaient celui de l'étalon indomptable ; *Comme se meurt au soleil* et *La Marche des bannis* celui de la déportation d'Indiens vers une nouvelle réserve, *Les Croix de feu, La Couleur de Dieu, La Peau du nègre* et *Un Jour un ouragan* celui du racisme et de la ségrégation raciale, *La Tourmente* (1966), *Le Tombeau de Satan* (1969) et *La Loi des fauves* (1969) celui du génocide des Séminoles en Floride, dans les années 1830.

Mais c'est surtout l'intégration de l'ensemble des « Dylan Stark » qui allait fournir sa plus forte cohérence à la série. Intégration par le personnage et par son itinéraire. Le héros suit un trajet linéaire (commencé à l'été 1864, sur les bords de la Snake River, dans le tumulte des dernières batailles de la Guerre de Sécession qui se termine dans les marécages de Floride deux ans plus tard, en été 1866), un itinéraire original contrebalançant celui de la conquête de l'Ouest, et permettant de présenter une grande variété de paysages et de types (ranchers, *farmers*, planteurs, draveurs, militaires, tenanciers de saloon...), dont la valeur documentaire était indéniable. Par sa longueur, la série permet à la narration d'enrichir la personnalité de Dylan Stark de facettes nouvelles ; son noyau est cependant sa nature contradictoire : métis, force qui va, sans cesse interpellée par la voix de sa conscience entre ses deux races, entre le Bien et le Mal...

L'itinéraire du héros enchaîne deux cycles narratifs distincts, deux quêtes, qui se terminent d'ailleurs toutes deux sous le signe de l'échec : le cycle de la vengeance et le cycle de la recherche du trésor[177].

A ces collections on peut adjoindre l'inspiration plus didactique de quelques volumes western chez Nathan[178]. Tendance de l'époque, le désir d'en savoir plus sur l'Ouest historique s'incarne ailleurs dans la littérature pour la jeunesse, sous forme encyclopédique[179] ou sous forme de récits plus ou moins fictionnalisés[180]. A côté de

---

[176] Sauf pour deux romans plus courts, *La Peau du nègre* (n°47, 1968), *Deux hommes sont venus* (n°52, 1958) et suivis chacun d'une nouvelle : *L'Homme-qui-marche* et *Sept heures vingt pour Opelousas*.

[177] On trouvera en annexe un bref rappel des quatorze premières aventures de Dylan Stark.

[178] Souvent illustrés par J. Marcellin, comme *Les Signes mystérieux des indiens peaux-rouges* de Georges Fronval et Daniel Dubois (1976) ; *Les Cheyennes* de Daniel Dubois (1976) — histoire de la fuite de 278 exilés cheyennes, des vieux chefs Little Wolf et Dull Knife, du territoire indien où ils avaient été parqués (aujourd'hui en Oklahoma) pour retourner à la Tongue River au Montana, leur terre, poursuivis et attaqués par 10 000 soldats et 3 000 civils, de septembre 1878 à janvier 1879 ; *Davy Crockett* d'André Berelowitch (1977) ; *La Longue Marche des Nez Percés* de Jean Ollivier (1978).

[179] Voir les volumes de R.-H. Guerrand aux Editions du Temps, *Indiens et coureurs des bois* (1960), *Indiens et pionniers* (1961), *Peaux-Rouges et pionniers du Nouveau Monde* (1960)...

[180] *Les Fils du Grand Aigle* (1967) de Sat Okh, *Lorsque vinrent les Visages pâles* (1969) ou *Mes ancêtres les Peaux-Rouges* (1973) de William Camus, *L'Oiseau Tonnerre* (1972) ou *Shérifs et hors-la-loi* (1973) de J.-L. Rieupeyrout, *Les Hommes du Far-West* (1977) de Pablo Ramirez et *Histoire véridique de la conquête de l'Ouest* de Royal B. Hassrick (1977), *La Vie d'un cow-boy dans l'Ouest américain vers 1870* (1977) de Kenneth Ulyatt. Outre l'hommage à Fronval de Dargaud, Duculot réédite en 1977 un livre singulier, paru en 1897 et alors tiré à 100 exemplaires : *Chercheur d'or. Vie et aventures d'un enfant de l'Ardenne* de Jean-Nicolas Perlot.

quelques isolés en traduction[181], ou originaux[182], le western se retrouvait parfois dans des collections consacrées à un autre genre, comme l'aventure dans les « Grands romans » reliés du Fleuve Noir[183]. Hors collections, on trouvait aussi des traductions[184] et quelques rééditions[185].

Contrairement à l'édition américaine, la française n'a guère recours à l'anthologie de nouvelles ; celle dirigée par Reine Kruh, *Western : les plus belles nouvelles du Far-West* (1968) est peut-être la seule destinée à un lectorat d'adultes[186]. Elle avait été précédée par une anthologie destinée à la jeunesse, dirigée par R. et J. Poirier, *Soixante récits du Nouveau Monde* (1962).

Depuis le début des années 80, à la fois signe et effet de la désaffection de son public, du déclin des productions romanesque et filmique américaines, l'Ouest discursif ne paraît guère plus qu'à l'état de survivance — et moins dans la paralittérature que dans la culture moyenne.

Qu'on se souvienne du roman de George Blond, *Le Jour se lève à l'Ouest* (1980), ou de quelques traductions isolées comme les romans historiques de Dee Brown, *Creek Mary la magnifique* (1981), ou d'Anna Lee Waldo. Dans le cas de cette dernière, illustration d'une forte tendance de l'édition américaine — histoire de femme amérindienne, héroïne nationale, racontée par une femme, — c'est la biographie romancée de Sacajewa, la guide shoshone qui, après l'acquisition de l'immense Louisiane française, avait permis à l'expédition de Lewis et Clark en 1804, en remontant le Missouri, en traversant les Rocheuses et en descendant la Columbia de trouver le fameux passage vers le Pacifique ; une biographie parue chez Avon en 1978 et que les Editions Pygmalion publient dans une collection d'aventures, en deux tomes (*Sacajewa* et *La Dernière piste de Sacajewa*, 1981[187]).

A l'occasion, ce sont des rééditions d'Edgar Rice Burroughs, *Démon apache* (1986) ; les deux recueils de nouvelles de Dorothy M. Johnson, *Contrée indienne* (1986), dont trois textes avaient été adaptés par Hollywood, et *La Colline des potences* (1989), dont le court roman éponyme a aussi été adapté ; les increvables Cooper et Reid dont, respectivement, *Le Roman de Bas-de-cuir* (1989) et *L'Ouest retrouvé* (1993) sont repris en « Omnibus », par les Presses de la Cité. Ce sont leurs adaptations (télévisuelle et filmique) qui ouvrent une carrière éditoriale à *Lonesome Dove* (1990) de Larry McMurtry et *Danse avec les loups* (1991) de Michael Blake ; et c'est très occasionnellement que le roman policier Gallimard renoue avec le western (*Méridien de sang* (1992) de Cormac McCarthy) ou que sont publiés des récits non fictionnels (comme Mary Rowlandson, *Captive des Indiens. Récit d'une puritaine de la Nouvelle Angleterre enlevée en 1675*, 1995).

---

[181] Comme *Les Vautours* (1968) de Brian Garfield.

[182] Comme... *Et les Coyotes hurleront* (1974) d'Arthur Conte.

[183] Dont *Etrange pluie* (1966) de J.-L. Cooper, *L'Homme aux mains de cuir* (1963) de Robert Gaillard, *Le Long voyage vers Santa-Fe* (1965) de Janice Holt Giles, *La Capitale de l'or* (1966) d'E. Lambert, *Le Vagabond ensorcelé* (1967) de P. Winn..., ou le génériquement composite « Miroir obscur » de NéO — avec les *13 cow-boys dramatiques* de Marc Villard.

[184] Parmi lesquelles le classique *La Caravane de l'Ouest* (1960) d'Emerson Hough, *L'Homme qui a tué le cerf* (1964) de Frank Waters, *Sacré Far-West* (1967) de Richard Condon, *La Diligence de l'Ouest* (1973) de Janice Holt Giles, *Le Massacre de Fall Creek* ([1975] 1976) de Jessamyn West (à partir d'une affaire réelle dans laquelle quatre Blancs avaient été accusés, condamnés et exécutés pour le meurtre de neuf Indiens, en 1824 en Indiana), les trois romans de Forrest Carter chez Stock : *Petit Arbre* ([1976] 1979), *Pleure Geronimo* ([1978] 1980), *Les Hors-la-loi du Texas* ([1976] 1981), *La Prisonnière du désert* (1996) d'Alan Le May, *Automne cheyenne* (1996), de Mari Sandoz, etc.

[185] Notamment *Voyages chez les différentes nations sauvages de l'Amérique septentrionale (1768-1787)* (1980) de John Long, trafiquant et interprète.

[186] Comprenant la fameuse « Diligence de Lordsburg » de Ernst Haycox et des textes de Robert Patrick Wilmot, Stephen Crane, Bill Gulick, Dorothy M. Johnson, O. Henry, Cliff Farrell, Conrad Richter, H.L. Davis, Bret Harte, Zane Grey et John Steinbeck.

[187] Ils seront réédités en format de poche par J'ai Lu, en 1982 et en 1983.

Des collections spécialisées ne restent plus que deux collections amérindianistes mêlant fictions et études, rééditant souvent des classiques publiés par Stock et Payot, dans les années 70 (comme le *Pleure Geronimo* ([1978] 1980), de Forrest Carter) : depuis 1991, « Nuage rouge » des Editions du Rocher, qui se dit « la première collection consacrée aux Indiens d'Amérique », et depuis 1992, « Terres indiennes » chez Albin Michel.

Ce qui n'empêche pas de vieilles affections ; on ne peut qu'admirer la longévité d'un Sitting Bull par exemple, qui continue à faire parler de lui (Stanley Vestal, 1992 ; Michel Piquemal, 1995 ; Hortense Dufour et Marc Daniau, 1996...)

Nonobstant sa propension à faire le phénix dans la culture médiatique américaine, le western semble bien n'être plus que l'ombre de lui-même dans la paralittérature française ; aujourd'hui, c'est en fait avec un certain étonnement que le regard rétrospectif, sans pouvoir prétendre à l'exhaustivité, constate l'existence d'une tradition écrite dont seule une partie, relativement récente, semble liée au western hollywoodien ; qu'il discerne une continuité lâche dans le discours sur la conquête de l'Ouest telle qu'ont pu le lire les Français ; qu'il note l'entremêlement de la narration, de l'argumentation et du savoir encyclopédique, la superposition approximative du récit de voyage et du roman d'aventures, du fait et de la fiction ; qu'il entrevoit la parenté des manifestations de ce discours, originaux et traductions, belles-lettres, littérature populaire et littérature destinée à la jeunesse... A la figure élémentaire de la rencontre d'une tradition discursive française et de la culture médiatique à quoi la première se serait agrégée en grande partie, cette première enquête permet d'ajouter un double registre de complexité : le caractère composite de cette tradition discursive, et les différentes phases d'une culture médiatique décidément bien plus ancienne que le macluhanisme à base de télévision le laissait croire (la conquête de l'Ouest à l'ère du feuilleton roi, à celle du fascicule et du *Buffalo Bill's Wild West*, à celle de l'abaissement de la fiction imprimée au profit du western hollywoodien). Ce qui suggère le thème de la nature américaine à la fois du western et de la culture médiatique.

3.
Imaginaire western et industries culturelles aux Etats-Unis

Entre épopée, littérature régionale et roman historique

Bien qu'elle soit devenue universelle, la *pop culture* américaine n'en a pas moins une origine et une base locales. Le western serait même un exemple typique du passage d'un imaginaire historiquement et géographiquement circonscrit à un complexe thématique prétendant à une nouvelle forme d'universalité ; il a correspondu à la montée en puissance de la culture populaire américaine, principal moteur de l'avènement d'un XXe siècle massmédiatique. Toutefois, les mots mêmes ne doivent pas nous leurrer, ni le singulier de « western » ou de « *pop culture* » : si le plus souvent la culture médiatique tend à homogénéiser un genre lui-même ambigument débiteur du mythe et de l'Histoire, elle ne le fait pas toujours — en ce cas, ses productions ajoutent aux récits un mode d'emploi à l'usage des récepteurs valorisant l'interprétation historique ou l'esprit critique face au Grand Récit[1].

En fait, très précocement, avant même les massmédias, la culture américaine avait montré sa propension à lier indissociablement fiction et Histoire, à brouiller leurs frontières dans les histoires de *Frontier*. Ainsi la figure marquante de Daniel Boone (1734-1820) est-elle issue du chapitre « The Adventures of Col. Daniel Boone », chapitre d'un livre de John Filson intitulé *The Discovery, Settlement and Present State of Kentucke,* paru en 1784, qui n'est autre qu'un document publicitaire, incitatif, destiné à vendre la région à des colons à la recherche de terres[2]. La confusion de l'Ouest historique et de sa narration romanesque, forte constante du genre, serait concentrée dans la pregnance d'emplois (comme on dit au théâtre), de types ou de modèles tirés de l'Histoire. Qu'on pense à l'emploi composite du *backwood man*, du *mountain man* — trappeur solitaire, trouveur de route[3], — dont la présence, intermittente certes,

---

[1] Sur cette notion, voir Jean-François Lyotard (1983).

[2] Voir Richard Slotkin (1973). Figure qui ne devait pas se contenter de hanter la culture médiatique ; avant même sa mort, Boone devait se voir rimé par Daniel Bryan, dans un poème de 1813.

[3] Sur ce type, voir Don D. Walker (1966).

dure des *dime novels* aux séries télévisées ; il est alimenté à Boone et à Bas-de-cuir, avec des variantes (le Davy Crockett historique mais tôt passé à la légende ; le Nathan Todd d'Edward S. Ellis, hybride de l'homme de l'Est et de l'homme du Sud-Ouest ; l'*ugly white man* tueur d'Indiens, autour de 1840 — à partir d'un modèle historique, Lew Metzel le grêlé, et de sa vendetta meurtrière). Longtemps après la disparition des *dime novels*, on le retrouve dans le western, revisité, adapté, voire recontextualisé. Boone et Bas-de-cuir peuvent bien avoir des natures différentes, historique pour l'un, romanesque pour l'autre, pour l'industrie culturelle et les récepteurs, ils n'en relèvent pas moins d'un même type, et sont donc de statuts comparables.

Dans *Daniel Boone* de David Howard (1936), en 1775, Boone emmène des colons de l'autre côté des Cumberland Mountains, dans le futur Kentucky, et affronte des Indiens hostiles ; ou dans *Daniel Boone, Trail Blazer* d'Albert C. Gannaway (1956), ou la série télévisée *Daniel Boone* (1964-1970)... ou dans *The Deerslayer* de Lew Landers (1943), Natty Bumpo secourt une tribu dont la princesse a été enlevée par un Huron qui non seulement brûle pour elle mais aussi brûle leur village ; dans *The Deerslayer* de Kurt Neumann (1957), tentant de prévenir une guerre entre Blancs et Indiens, Natty et son frère de sang indien découvrent que le Blanc qui vit dans un fort sur une île avec ses deux filles est un chasseur de scalps...

C'est ce même type que le lecteur ou le spectateur reconnaît dans *Wolf Song*[4] de Harvey Ferguson (1927) ; dans *Allegheny Uprising*, de William A. Seiter (1939), où un trappeur, ne tenant pas compte des ordres de l'officier de la colonie, s'en prend à un trafiquant qui vend des armes aux Indiens ; dans *The Iroquois Trail* de Phil Karlson (1950), où un éclaireur aide les Anglais pour le contrôle du Saint-Laurent et des rivières de la baie d'Hudson ; ou en Boone Caudill et Dick Summers, les deux personnages du fameux roman d'Alfred B. Guthrie *The Big Sky*[5] (1947), ou en *Jeremiah Johnson*[6] de Sidney Pollack (1972)... Et lorsque la complexité de la vie du personnage historique ne convient pas à un emploi, en brouille les traits, le genre l'adapte — ce qu'il doit faire par exemple avec Christopher « Kit » Carson (1809-1868), individualiste et solitaire homme des bois, marié à une Arapaho, devenu colonel afflicteur d'Indiens[7].

En ce qui a trait au hors-la-loi, même si la culture médiatique avait l'embarras du choix, c'est Billy the Kid qui allait constituer le type.

Dans la pléthore de récits s'en inspirant, choisissons quelques variations hollywoodiennes : depuis le *Billy the Kid* de King Vidor (1930) — pour avoir tué un riche propriétaire qui avait lui-même assassiné son ami, le Kid est poursuivi, avec sa jeune épouse, par son ancien ami Pat Garrett et son *posse*, — de quoi David Miller fera un *remake* en 1941 — *Billy the Kid (Le Réfractaire)*, où Garrett est remplacé par Jim Sherwood, — au pitoyable *Billy the Kid vs Dracula* de William Beaudine (1966), aussi mauvais que ce que promet le titre ; de l'interminable série de Peter Stewart/Sherman Scott/Sam Newfield[8] (1940-1943) jusqu'à l'assez moyen *Pat Garret et Billy le Kid* de Sam Peckinpah (1973)...

---

[4] Roman adapté par Victor Fleming (1929).

[5] Roman traduit sous le titre *La Captive aux yeux clairs* chez Denoël (1947) et adapté à l'écran par Howard Hawks (1952). Alfred Bertram Guthrie (né en 1901), longtemps journaliste, a publié une dizaine de romans et des nouvelles mais est devenu célèbre avec ses cinq romans racontant l'histoire de l'Ouest de 1830 à 1946 : *The Big Sky* donc, *The Way West* (1949), *These Thousand Hills* (1956), *Arfive Hills* (1971) et *The Last Valley* (1975).

[6] J'en reparlerai plus loin.

[7] En effet, trappeur dans les Rocheuses, il est devenu guide de John Charles Frémont dans la première expédition de celui-ci par la South Pass du Great Continental Divide (1842), la seconde vallée de la Snake et de la Columbia (1843) ; puis, en 1846, guide de la cavalerie du colonel Stephen Watts Kearny, commandant de l'« Armée de l'Ouest » pendant la guerre contre le Mexique ; enfin en tant que colonel, en 1863-1864, il a combattu les Mescaleros avec des volontaires du Nouveau-Mexique et dirigé l'indigne déportation de 3 000 Navajos vers la réserve de Bosque Redondo sur le Pecos...

[8] *Billy the Kid Outlawed* (1940), où le Kid et ses amis sont mis hors-la-loi par un shérif corrompu. *Billy*

En réponse à la question « Quelle utilisation du mythe faire pour comprendre l'Histoire ? », équivoquement proches, fiction et histoire de l'Ouest se sont distribuées selon deux grandes configurations dans l'historiographie américaine : la mythification de l'interprétation historique et la dialectique du mythe et de l'histoire, Frederick Jackson Turner et Richard Slotkin.

Dans l'histoire américaine, 1893 est à la fois l'année de la crise économique[9], celle de la World Columbian Exposition de Chicago (où d'ailleurs Thomas Edison présente le kinétoscope) et celle du discours de Turner à l'American Historical Association, *The Significance of the Frontier in American History* — alors même que cette *Frontier* vient de se dissiper[10]. Mince opuscule, l'ouvrage a pourtant marqué le plus profondément l'historiographie de l'ouest américain. On se souvient de sa double thèse : la *Frontier* a permis la mobilité et la fluidité de la vie américaine, et la vie individualiste qu'elle imposait a revitalisé l'esprit démocratique aux Etats-Unis. La *Frontier* ne s'y conçoit pas comme limites d'un empire, comme ligne de séparation, comme *limes*, et peu comme point de contact[11] ; mais bien plutôt comme facteur socio-économique déterminant de l'histoire du pays. Si la pensée historique de Turner ne s'y réduit pas, elle offre toutefois dans son optimisme conquérant, impérial, une version savante à toute la tradition de la représentation populaire de l'Ouest que le succès de Cody devait codifier ; compréhension bien superficielle de l'Ouest et de la complexité de son histoire, laissant par exemple dans l'ombre le rôle des minorités, des femmes, du gouvernement fédéral, l'importance de l'exploitation de la Nature, etc.[12]

Grand Récit, le mythe de l'Ouest a une double valence : d'une part, somme de récits et de connaissances encyclopédiques et, d'autre part, notion se disant issue des précédents, à la fois exportable et centrée sur elle-même, permettant de tenir un discours savant sur les récits de l'Ouest et sur le monde en général. Le mythe de l'Ouest se construit aussi bien dans le discours du faire politique, le discours de la reconstruction historique que le discours de l'invention littéraire. Dans *Regeneration Through*

---

the Kid's Gun Justice (1940), où un escroc accapare l'eau et assèche les fermes avoisinantes ; *Billy the Kid Wanted* (1941) où le héros est encore faussement accusé ; *The Kid from Santa Fé* (1941) où, toujours faussement accusé par un escroc, il s'allie avec une autre victime ; *Billy the Kid's Fighting Pals* (1941) où Billy se sert du sosie d'un shérif assassiné pour capturer le tueur ; *Billy the Kid's Range War* (1941), où le propriétaire d'une ligne de bateaux à vapeur voyant d'un mauvais œil l'établissement d'une ligne de diligences accuse faussement le Kid de meurtres ; *Billy the Kid's Roundup* (1941), où, après le meurtre du shérif, le Kid veut que la journaliste locale l'aide à punir les assassins ; *Billy the Kid Trapped* (1942)... avec de faux Kids ; *Billy the Kid's Smoking Guns* (1942), où le Kid secourt des fermiers exploités et terrorisés par une bande de truands.

[9] Chute de la Bourse : 600 banques et 15 000 entreprises en faillite ; autre crise largement due à la surproduction.

[10] La résistance indienne à coloration mystique de la *Ghost Dance* s'est terminée dans un bain de sang à Wounded Knee, en 1890.

[11] Singularité sémantique qui m'aura incité à maintenir dans cet essai le terme américain de *Frontier*.

[12] Evidemment, les critiques de la thèse de Turner n'ont pas manqué chez les historiens américains. Le livre de G.D. Mash (1991) offre une passionnante histoire de ces générations de critiques, et le collectif dirigé par R.W. Etulain (1991) brosse un portrait intéressant de ces historiens qui, depuis les années 30, ont proposé une histoire de l'Ouest américain en dehors ou contre la thèse turnerienne. On lira avec profit chez John T. Juricek (1966) une histoire des usages américains du mot « Frontier » et chez Roderick Nash (1973) une étude de la place de la *wilderness* dans la culture américaine. Enfin, pourquoi ne pas retourner aux sources (Frederick Jackson Turner, 1994) et ne pas replacer cette idée particulière de la frontière dans le cadre d'une réflexion plus générale comme celle conduite dans son ouvrage fondamental par Michel Foucher (1991) ? Pour s'en tenir à la réévaluation de la place des femmes et à la construction fictionnelle de l'opposition des sexes dans le western, on consultera Ron Lackman (1997), L.L. Lee et Merill Lewis (1979), Lee Clark Mitchell (1996), Jane Tompkins (1992) et Norris W. Yates (1995).

Violence ; the Mythology of the American Frontier, 1600-1800 (1973), Richard Slotkin passe en revue les tout premiers textes de la littérature américaine et la genèse du roman d'aventures américain : comment en sont venues à se lier indissolublement ces trois notions de *Frontier*, de régénération et de violence ? Comment la régénération par l'incontournable violence de la *Frontier* a-t-elle servi de « métaphore structurante pour l'expérience américaine » ? La jeune littérature américaine exploite une première série de motifs ; des histoires de guerres indiennes aux récits de captivité, de chasses épiques, puis de coureurs des bois, ce cycle trouvera son apothéose dans les œuvres marquantes que sont restées la série des « Bas-de-cuir » de Fenimore Cooper, le *Walden* de Henry David Thoreau ou le *Moby Dick* de Herman Melville. Les premiers récits des puritains reflètent à quel point ces derniers perçoivent leur terre d'adoption comme hostile. Teintés d'esprit missionnaire, ces textes exacerbent les différences entre Amérindiens et colons, démonisant les uns et martyrisant les autres. Les sermons de la période de la tentation théocratique (ceux des pasteurs Increase, Cotton Mather père[13] et fils, et de leurs émules) peignent le colon comme une victime qui est torturée, qui souffre et bien souvent qui meurt aux mains des Amérindiens. Le récit de la captivité d'une victime puritaine (c'est le plus souvent une jeune fille aux mains des autochtones) devient ainsi celui d'un chemin de croix, un supplice tant physique que spirituel par lequel Dieu éprouve ses fidèles.

Toutefois, avec les premières guerres indiennes[14] et les récits qu'on en tire, l'axe du mythe se déplace sensiblement. En effet, les héros des récits de guerre survivent, eux, et sont même parfois tentés d'émuler leurs adversaires. Sorte de rapprochement, celui-ci est loin d'être nécessairement pacifique pourtant. Les personnages blancs des récits de guerres indiennes combattent impitoyablement le sauvage. Cependant, contrairement aux puritains incapables d'humaniser l'ennemi, les héros militaires admirent sa ruse et son adresse ; sans aller jusqu'à considérer l'Indien comme un humain ou un égal, on souhaite néanmoins apprendre de lui. La translation que subit le mythe s'effectue d'ailleurs probablement davantage dans les relations qu'entretiennent les colons avec leur territoire qu'avec celles qu'ils partagent avec leurs voisins immédiats. Si la terre sauvage d'Amérique a d'abord été vue comme le creuset infernal par lequel le puritain pécheur doit pouvoir se réformer et bâtir la nouvelle Sion, elle sera peu à peu domestiquée par des colons de seconde génération. Au grand dam des autorités religieuses, cette nouvelle vague pénètre de plus en plus loin dans les terres, affranchie de la civilisation puritaine. Pour cette dernière, les Indiens, toujours associés au Mal, inspirent encore un profond dégoût ; aussi les colons, qui à force de côtoyer les Indiens sur la *Frontier* pactisent avec eux de près ou de loin, deviennent-ils objets de réprobation. Ainsi, devant contrebattre la notion de traître à sa race, la figure mythique du coureur des bois sera-t-elle longue à apparaître dans le paysage fictionnel américain[15].

---

[13] Passé à l'histoire surtout pour son rôle dans l'affaire des sorcières de Salem.

[14] Dans l'historiographie américaine : guerres de Powhatan autour de la colonie de Jamestown, de 1622 à 1646, rebellion de Nathaniel Bacon en 1675, guerre des Pequots en 1636-1637 sur la côte de la Nouvelle-Angleterre, guerre du roi Philippe — en fait, le chef Wampanoag Metacom — en 1675-1676, au Massachusetts, et guerres entre puissances européennes entraînant leurs alliés indiens : guerre du roi William (1689-1697), guerre de la reine Anne (1702-1713), guerre du roi George (1744-1748)...

[15] Contrairement aux Canadiens de cette même époque, aux conceptions plus libérales que celle des puritains : leurs missionnaires et leurs hommes d'armes vivent auprès des Indiens, font des alliances religieuses et militaires avec eux — le jésuite Sébastien Ralé fait montre d'ouverture envers les croyances amérindiennes, François Hertel est accueilli en héros et ennobli malgré sa captivité chez les Iroquois...

Vu d'Europe, l'Américain est le « bon Quaker » (selon le mot de Voltaire), complément par proximité du « bon sauvage », se rapprochant de l'état de Nature à son contact. Cet archétype s'incarne le mieux en Benjamin Franklin dont les voyages en France en 1767 et en 1769 renforcent cette idée. Pour la jeune nation américaine qui cherche à se distinguer de la mère patrie, cette image que les Français lui renvoient d'elle-même catalyse une identité encore floue ; en 1773-1800, l'attitude coloniale démonise moins l'Indien, le prend en fait comme une sorte de contre-modèle à imiter, à adapter afin de s'affranchir culturellement de l'Europe. D'où la nécessité idéologique de héros médiateurs, à l'Ouest pour combattre les Indiens, commercer avec eux, mais aussi à l'Est pour s'affirmer face à une surmoïque mère patrie. Le premier qui incarne cette médiation en une figure mythique, c'est le Daniel Boone de John Filson.

Au cours d'un voyage, ce dernier avait rencontré ce Boone, chasseur, éclaireur, amant de la nature, véritable coureur des bois donc ; mais aussi redoutable spéculateur foncier, devenu une sorte de patriarche de sa communauté. Filson en a romancé la vie et le caractère jusqu'à en faire une sorte de philosophe transformé par son contact avec la nature. Chasseur, le Boone de Filson combat les Indiens, est capturé, vit parmi eux en sachant résister aux tentations de la vie sauvage, retourne chez les siens pour devenir héros et meneur d'hommes. Lors d'un dernier combat, son fils meurt, mais le héros, plus grand que nature, en tire une force nouvelle par laquelle sa communauté grandira.

Outre le fait que le récit jouisse d'une meilleure distribution que ses prédécesseurs, Slotkin en attribue le succès à trois facteurs : d'abord, le héros est un contemporain des lecteurs d'alors, toujours actif au moment de la publication, ce qui le rend crédible malgré ses exploits ; ensuite, les aventures de Boone sont autant d'instances où se débattent des questions métaphysiques, morales et historiques, rassurant le lecteur pieux sur la portée philosophique et l'importance sociale de l'œuvre ; enfin, le récit emprunte à deux niveaux de mythologie — un plus local et culturel, fondé sur les acquis de la jeune littérature américaine, et l'autre archétypal, fait d'universaux inconsciemment convoqués. Le personnage de Boone incarne une prescription culturelle : être Américain, c'est accepter la Nature sauvage, s'y immerger, la maîtriser, devenir Indien peut-être pour y parvenir... Jusqu'ici, à en croire la fiction américaine, c'est ce rapport de violence avec l'Amérindien et le territoire qui fait la spécificité américaine (victime enlevée et torturée par les autochtones, militaire qui leur fait la guerre, chasseur qui cherche à leur ressembler pour ensuite mieux dominer le territoire).

> Ambivalente conception du mythe chez Slotkin, à la fois antérieur et postérieur à l'œuvre littéraire, ombiliqué à l'expérience historique d'un peuple et dernière étape de la consécration de cette œuvre par la communauté qu'elle représente ; de l'expérience historique du peuple, l'expérience particulière de l'artiste tire la matière de son œuvre puis, par l'œuvre, présente à la collectivité une image qui la réunit et lui offre des modèles. Si cette construction de l'esprit d'un individu part de la mémoire collective, elle doit rejoindre sa collectivité dans le concret et donner lieu à des prescriptions culturelles plus « temporelles »[16].

C'est une forte constante du genre que cette confusion de l'Ouest historique et de sa narration romanesque qui n'empêche pas une prévisible mais minoritaire tendance

---

[16] Le mythe a clairement une fonction fédératrice et sociale : « Myth-making by this definition is simultaneously a psychological and social activity. The myth is articulated by individual artists and has its effect on the mind of each individual participant, but its function is to reconcile and unite these individualities to a collective identity » (1973 : 8) ; « Myth, as we have defined it, is a narrative formulation of a culture's world view and self-concept which can be shown to function in that culture as a prescription for historical action and for value judgement » (p. 294).

inverse : la séparation de l'Histoire et de la fiction. Plutôt qu'une discussion sur la nature des œuvres, on parlera ici d'une conception transactionnelle de la vérité historique, comme un argument nominaliste qui n'oblige pas le récepteur à décider préalablement de ce statut. Depuis l'historicité surexplicite du référent du récit (cas du récit historique dans le moule des formes fictionnelles) jusqu'aux initiatives interprétatives du récepteur, tel serait l'empan des contrats de réception.

Ainsi, avec les biographies filmées de personnages historiques, Hollywood se fait à l'occasion plus ou moins ouvertement didactique.

Pour s'en tenir aux deux seules décennies 40 et 50, qu'on pense au classique de John Ford, *Young Mr. Lincoln* (1939), avec Henry Fonda en Lincoln avocat de la défense, dans un obscur procès en Illinois ; à *Man of Conquest* de George Nichols (1939), la vie de Houston, gouverneur du Tennessee, puis père fondateur du Texas ; à *Tennessee Johnson* de William Dieterle (1942), la vie d'Andrew Johnson, qui succéda à Lincoln ; à *Lone Star* de Vincent Sherman (1952) ; et à *The First Texan* de Byron Haskin (1956), sur le même épisode historique : le changement de résolution de Sam Houston après que le président Andrew Jackson lui eut demandé de faire sécession d'avec le Mexique ; à *The Man behind the Gun* de Felix Feist (1952), relecture très « Guerre froide » de l'histoire de ce cofondateur de Los Angeles qui, en 1850, tente d'éviter le partage du territoire entre esclavagistes et anti-esclavagistes ; à *Seven Angry Man* de Charles M. Warren (1958), l'histoire de l'abolitionniste John Brown...

Au lecteur, avant même la lecture, nombres d'indices auront signalé le statut du texte : type d'éditeur, mentions explicites (titre, sous-titre, mention de genre ou de statut en couverture, prière d'insérer...). Il reçoit même parfois des confirmations critiques (journaux, magazines, revues spécialisées...). Chez les professionnels de l'écriture que sont les membres de la Western Writers Association, la certitude pratique de la différence entre Histoire et fiction conduit à l'attribution de différents Spur Awards, distincts de ceux pour les « romans » et les « romans historiques »[17] — confirmant du coup pour le public (et les auteurs eux-mêmes, d'ailleurs) l'existence d'un cloisonnement entre fiction, fiction historique et *non-fiction*[18]. Face à des textes documentaires comme les autobiographies de personnages célèbres de l'histoire de l'Ouest[19], Histoire et fiction sont redistribuées, par l'auteur, le lecteur ou les deux — souvent, dans le registre grand public, à l'aide de la maxime sapientielle « La vérité dépasse la fiction ».

Cela dit, le récepteur peut parfaitement rester indifférent aux « modes d'emploi » accompagnant les récits, rétif dans son acte de réception, ne se laissant pas modeler par le récepteur implicite prévu par la narration, et décider par lui-même, avec son encyclopédie propre, de considérer le récit comme historique ou fictionnel. Par exemple, pour des spectateurs ou des lecteurs français, voire américains des états de

---

[17] On trouvera en annexe la liste des lauréats dans ces catégories.

[18] Ce n'est pas au lecteur à décider préalablement du statut ontologique des œuvres retenues dans ces catégories : ainsi primées, elles sont *ipso facto* du côté de l'Histoire et non de la fiction.

[19] Signées par des bandits, bien sûr : un membre, resté anonyme, de la bande de Jesse James (*Jesse James : The Life and Daring Adventures of This Bold Highwayman and Bank Robber and His No Less Celebrated Brother, Frank James : Together with the Thrilling Exploits of the Younger Boys*, [1896] 1951), Pat Floyd Garrett (*The Authentic Life of Billy the Kid*, 1882), John Wesley Harding (*The Life of John Wesley Harding — By Himself*, 1893), Cole Younger après sa sortie de prison (*The Story of Cole Younger—By Himself*, 1903), Jim Cummin (*The Jim Cummin's Book—By Himself*, 1903). Mais aussi par des trappeurs : Osborne Russell (*Journal of a Trapper : Or Nine Years in the Rocky Mountains*, [1834 -1843] 1997), Texas Rangers (Sgt W. Sullivan, *Twelve Years in the Saddle for Law and Order*, 1909) ; et chercheurs d'or (Daniel Woods, *Sixteen Months at the Gold Diggings*), etc.

l'Est, la première pente spontanée tend plutôt à reproduire la tendance dominante dans l'industrie culturelle : une grande indifférence pour la ségrégation entre Histoire et fiction. Cette indifférence n'empêche toutefois pas l'existence d'une forme de certitude non savante, anti-savante même, rêve d'une communication sans médiation : le recours à l'authenticité comme catégorie esthétique, non pas l'authenticité historique relevant d'un discours de savoir, mais l'authenticité émotionnelle, la justesse de ton, l'adéquation à la coloration d'un univers imaginaire — l'authenticité comme signe du sublime...

C'est sans doute dans le format bref de la chanson *country* que s'observe le plus purement la nature médiumnique de la communication sans médiation, la communion de l'auditeur au chanteur dupliquant la communion du chanteur-compositeur avec une chanson toujours déjà là — chaîne très justement décrite par Michel Ratté (1997) :

> La musique country est non seulement une représentation mythique, mais celui qui est dans l'activité de représentation du mythe, c'est-à-dire le chanteur et auteur, veut lui-même disparaître derrière le mythe. Il est remarquable de voir à quel point les chanteurs country revendiquent l'état médiumnique en tant que compositeur : chacun ne fait que chanter les mélodies « naturelles » qui, furtivement, traversent leur esprit : le légendaire Roy Acuff dit que « personne n'écrit vraiment de la musique. Quand on écrit une chanson, on écrit ce que l'on sent ». Ils présentent toujours leur musique comme techniquement innocente. Quantité de chanteurs, notamment les Hank Williams ou Merle Haggard, n'ont pas peur de dire qu'une chanson s'écrit en quelques minutes, qu'en fait, elle existe avant d'être écrite (1997 : 146).

Déclenchant ce sentiment intime d'authenticité, une œuvre peut en plus s'avérer historiquement adéquate à son objet — authenticité globale d'une œuvre qui d'ailleurs, dans certains cas, peut cristalliser dans l'Histoire de la nation.

Le photographe William Henry Jackson (1843-1942) a le premier photographié une grande partie de l'*Ole West*. Authenticité de la beauté de la Nature qui eut valeur argumentative : ce sont ses photos (sur plaques de collodion humide de 20 po × 24 po, transportées à dos de mulets à travers les Rocheuses), prises lors des expéditions Harvey en 1871, en 1872 et en 1878, qui ont convaincu le Congrès[20]. L'expédition avait en effet été chargée de faire rapport sur les merveilles naturelles de ce qui est devenu depuis le Parc national de Yellowstone. Grâce aux photographies de Jackson, en 1872, a été inventée cette idée de parc national, c'est-à-dire de transformer la Nature en spectacle pour tous les Américains. Grâce à elles, Jackson est devenu célèbre ; au point où le pays lui fit des funérailles nationales[21].

Après la confusion floue de l'Histoire et de la fiction ou leur séparation, le western allait opérer deux nouvelles donnes : la critique de l'Histoire américaine dans la forme du western et le ludique passage au second degré, montrant du doigt la nature intrinsèquement massmédiatique du genre. Le premier cas correspond à toute une veine du cinéma hollywoodien des années 60 et 70, le second à quelques œuvres singulières.

« Western crépusculaire », a-t-on dit ; la Guerre du Viêt-nam avait soulevé des interrogations sur les valeurs américaines que le western était censé incarner justement. Moment de désenchantement qui fait évoluer le genre, symptôme de la crise du rêve américain qui s'incarne dans le décalage humoristique ou parodique, ou dans la dénonciation.

Avec plus ou moins de légèreté, des films s'essaient au décalage : *Four for Texas* de Robert Aldrich (1963), une comédie transposant une collaboration commencée à Las Vegas pour Frank

---

[20] Avec les dessins de Thomas Moran.

[21] On pourrait aussi rappeler le rôle argumentatif qu'eut le récit, romancé, moins spectaculaire, de son expédition de la découverte du Colorado pour un John Wesley Powell auprès des autorités de Washington en 1874.

Sinatra et Dean Martin ; le bouffon *Cat Ballou* d'Elliott Silverstein (1965), où la *schoolmarm* de l'Est qui, timide, voit rapidement sa tête mise à prix, s'associe avec un ivrogne et défie une gâchette redoutée, le frère de l'ivrogne[22] ; *Support Your Local Sheriff* de Burt Kennedy (1969), dans lequel une gâchette est engagée par la petite ville contre une famille qui impose un péage abusif pour l'usage de la route depuis qu'on a découvert de l'or dans la région ; *Butch Cassidy and the Sundance Kid* de George Roy (1969), sur fond d'attaques à main armée, de poursuites, à New York, en Bolivie, avec l'habituelle fusillade finale...

Violence, Indiens, Noirs... : John Ford avait déjà mis le doigt sur des dysfonctionnements de la société américaine. *The Man Who Shot Liberty Valance* (1962) est un classique dans lequel l'Ouest de la *Frontier* passe la main à la civilisation et à la loi, le farouche individualiste à la communauté et John Wayne à James Stewart. Dans *Cheyenne Autumn* (1964), son dernier western, la Cavalerie tente d'intercepter 300 Cheyennes qui se sont enfuis de leur réserve en Oklahoma pour retourner dans leurs anciennes terres, au Dakota. Dans *Sergeant Rutledge* (1960), c'est visiblement la couleur de sa peau qui fait faussement accuser le sergent éponyme de viol et de meurtre.

On retrouve cette dimension critique par exemple dans *Hombre* de Martin Ritt (1967[23]) : un Blanc élevé par les Apaches, ce pelé, ce galeux, rejeté par les Blancs avec qui il voyage, méprisé et insulté, les protégera des bandits (au prix de sa vie) grâce à ses talents de tireur et ses ruses d'Indien ; dans *Tell Them Willie Boy Is Here* d'Abraham Polonski (1969) : cette histoire d'un jeune Paiute qui a tué accidentellement le père de celle qu'il aime et qui est pourchassé avec elle par un jeune shérif établit un parallèle avec le sort des Vietnamiens de l'époque du tournage et des Indiens de l'époque du récit...

Dans une nouvelle redistribution du mythe et de l'Histoire, un film comme *From Noon till Three* de Frank D. Gilroy (1976) applique au genre un ludisme nouveau, postmoderne ; le genre et ses conventions y sont montrés dans leur épaisseur comme ce qui fait justement tenir ensemble Histoire et mythe.

Le bandit poursuivi fait irruption chez la belle veuve bourgeoise ; ils y ont une aventure passionnée pendant trois heures. Ses poursuivants sur les talons, il doit s'enfuir de nouveau. Le croyant mort, elle écrit un roman à succès sur ce moment fort de son existence. Or, même s'il s'avère que le bandit n'est pas mort, jamais il ne pourra réintégrer le signe romanesque qu'il est maintenant devenu.

Plus que le western-spaghetti qui lui aussi récapitulera les conventions du western hollywoodien, ce film m'apparaît emblématique du destin de l'appariement du mythe et de l'Histoire dans la médiatisation de la conquête de l'Ouest[24], médiatisation dont il me faut maintenant retracer brièvement l'histoire et les formes.

Certes, le western relève aussi d'une littérature régionale (et l'idée même de régions est cruciale dans la dynamique historique américaine — Nord contre Sud, Est contre Ouest). Certes, il est surdéterminé par l'histoire politique et idéologique du pays. Fondateur du genre, le conflit entre l'Est et l'Ouest intériorisé par ses héros de la *Frontier* ne doit-il rien à la paradoxale sympathie de Cooper, propriétaire terrien, marié dans la même caste (à une De Lancey), pour la politique démocrate d'Andrew Jackson (1767-1845) ?

D'une famille d'immigrants, ce dernier, de pionnier dans l'Ouest était devenu représentant puis sénateur de Tennessee, tardivement mais glorieusement victorieux à la Nouvelle-Orléans contre les Anglais en 1815 avec l'aide du contrebandier Lafitte, gouverneur et sénateur de la Flo-

---

[22] Destiné à mettre Jane Fonda en vedette, et guère satisfaisant, ce film ne devait prendre sa tournure bouffonne que tardivement dans sa réalisation.

[23] D'après un roman d'Elmore Leonard, traduit dans le « Masque Western », en 1967.

[24] Surprenante confirmation : cette intrigue remonte aux débuts du cinéma, comme le rappelle Francis Lacassin (1994 : 143) à propos d'un film de Louis Feuillade datant de 1913, *L'Illustre Mâchefer*.

ride, président du *common man* — il aura fait abandonner à l'Etat la pompe du classicisme romain, arches et aigles, qui avaient donné du lustre à la république des débuts, de George Washington jusqu'à John Quincy Adams, — président de l'énergique colonisation de la Nature sauvage, président du déplacement des Indiens[25], porte-parole du rêve américain à base de démocratie et de droits individuels, de nouveau départ, de *Frontier*...

Ce même conflit entre l'Est et l'Ouest dynamise une autre œuvre codante du genre, *Le Cavalier de Virginie* ([1902] 1953) d'Owen Wister. Le narrateur venu de l'Est s'apprivoise lentement à l'Ouest et devient l'ami du héros qui, par son énergie, sa violence, ses compétences d'homme de la *Frontier,* gagne sur deux tableaux : il épouse Molly la femme de l'Est, tout en gravissant les échelons de la hiérarchie de l'élevage.

Plus sensible à la contradiction que les *dime novels* ou que l'essai au volontarisme univoque d'un Theodor Roosevelt[26], le roman place bien son cow-boy dans l'immensité de l'espace, sorte de présent mythique sur quoi le temps n'aurait pas prise, quoique l'auteur anticipe sans peine les effets sur cet Ouest encore réel de l'urbanisation et l'industrialisation, inéluctables (Bold, 1987). Au thème de l'Ouest comme ressourcement, selon la thèse de Turner[27], trois hommes importants dans l'histoire de l'Ouest, trois hommes qui se connaissaient[28] — Wister le romancier, avocat philadelphien, ancien de Harvard, Roosevelt le président et Frederic Remington le peintre — devaient donner une variation prophylactique et convalescente : ressourcement comme renaissance pour le jeune homme souffreteux qui cherche à se refaire une santé et, plus encore, une personnalité au contact de l'Ouest et de ses vertus (santé, virilité, individualisme...).

Dans le petit rappel historique ci-dessous, qu'on remarque bien les dates après que la *Frontier* eut vécu, que l'occupation territoriale du continent vient de s'achever. 1893 : Turner énonce le rôle qu'elle a joué jusque-là dans la vie américaine. 1898 : à Cuba, lors de la guerre contre l'Espagne, le colonel Roosevelt et ses Rough Riders (expression tirée du spectacle de Buffalo Bill) incarnent la première expression armée du nouvel impérialisme[29]. 1901 : Roosevelt devient président[30] — à l'extérieur, défensive, la doctrine Monroe se complète maintenant d'un volet impérialiste, menace du *big stick* pour les républiques centre-américaines[31], fermeture des frontières à l'Europe ; à l'intérieur, l'anglo-saxonisme réactif de Roosevelt parle de « suicide de la race », de « hyphened Americans[32] »...

---

[25] Il n'avait peut-être pas réussi avec les Séminoles, mais il devait se rattraper en signant l'Indian Removal Act, en 1830.

[26] Auteur de *The Winning of the West* dont les deux premiers volumes datent de 1889, les deux suivants de 1896.

[27] Voir ci-dessus, note 12.

[28] Le premier devait écrire une biographie du second dont les livres, illustrés par le dernier, avaient rendu le peintre populaire — dès *Ranch Life and Hunting Trails* (1888), juste avant les premiers volumes de *The Winning of the West* (1889).

[29] Plus tôt, à l'occasion d'une affaire de frontière entre le Vénézuéla et la Guyanne britannique, en 1895, Cleveland avait déjà donné sa pleine extension impériale à la doctrine de Monroe ; les crédits militaires avaient été votés, mais la guerre avait été évitée par la souplesse de Salisbury (qui gagne d'ailleurs, en 1899, devant le tribunal international).

[30] Après l'assassinat de McKinley ; il est réélu en 1904.

[31] Ainsi la Colombie est-elle réticente à signer l'acte qui céderait aux Etats-Unis la concession du canal de Panama. S'y produit une immédiate « révolution » et Bunau-Varilla, nommé ministre de Panama à Washington, impose le traité de cession du canal et une bande de 10 milles de chaque côté.

[32] A une époque où la population américaine compte plus de 2,5 millions d'Allemands et plus de 1,5 million d'Irlandais. Hyphened Americans désignait en effet l'origine non anglo-saxonne de ces immigrants : Irish-Americans par exemple.

Sur un même fond, l'*ethos* de l'âge énergique (*strenuous age*)[33], entre les trois hommes il s'agit de différences d'accent : Roosevelt entraîne sa *Frontier* en dehors des frontières et en vient à lui retirer sa substance originale, la transformant en son contraire : la frontière comme *limes*, alors que Wister et Remington en enregistrent amoureusement le présent qu'ils savent fugace, éphémère.

Toutefois, on l'aura compris, même si la recherche des surdéterminations régionales, historiques, politiques ou idéologiques de l'histoire américaine sur le genre s'est montrée féconde dans l'abondante littérature américaine érudite et critique consacrée au western, mon propos reste ici de dérouler le seul fil de la concomitance du développement du genre et de la culture médiatique[34].

Pop culture : le western dans tous ses états

L'Ouest rêvé et vécu occupe une position cardinale dans la culture et l'histoire américaines, notamment grâce à l'appareil qui a le mieux permis la constitution d'une culture commune : les massmédias. L'Ouest est disponible, même pas contesté par les belles-lettres et la culture lettrée. Au regard rétrospectif de Turner l'historien, la massmédiatisation a imposé un strabisme : regard rétrospectif sur le référent et regard prospectif sur le développement de l'industrie culturelle, ou plutôt, des industries culturelles[35].

Les *Etudes américaines* de Henri Gaullieur évoquaient la poursuite des Nez-percés du chef Joseph, par la Cavalerie, en 1877 ; or leur trajet passait par le premier parc national à Yellowstone qui venait d'être fondé. Ne pourrait-on rêver l'étonnant spectacle que les premiers touristes du parc auraient pu croire monté pour eux : en décor naturel, en couleurs, en 3-D et avec des balles réelles, un western de Cavalerie avant la lettre !?

C'est en 1881 qu'est inaugurée la formule d'un tourisme de proximité dans laquelle le visiteur non seulement s'approche de la source géographique de la culture western, mais en fait l'expérience directe, quoique contrôlée ; à cette date, le premier *dude ranch* au Dakota offre la vie de cow-boy à des touristes riches de l'Est ou d'Europe.

Tout aussi près de l'origine géographique et destiné, au moins au début, à un public de l'Ouest, l'invention anglo-saxonne du rodéo se fait à la même époque — Thomas Mayne Reid, dans une lettre de 1847, parle d'un *roundup* à Santa Fe, le premier ; il y en aura un à Pecos (Texas), pour la Fête nationale de 1883, et le premier trophée sera décerné en 1888, à Prescott dans le territoire d'Arizona, à Juan Leivas[36]. En fait, le mot qui s'est imposé (de l'espagnol *rodear*, encercler) témoigne de l'origine de la

---

[33] A propos de ce *strenuous age,* rappelons que les nouvelles de Jack London, originellement publiées dans l'*Overland Monthly* de San Francisco, sont justement réunies dans deux recueils à cette époque : *The Son of the Wolf : Tales of the Far North* (1900), *White Fang* (1905).

[34] Sur l'assise régionale de l'histoire et de l'imaginaire américains, on consultera Dee Brown (1994), Merill Lewis et L.L. Lee (1977), Michael P. Malone et Richard W. Etulain (1989), Harold Peter Simonson (1989), Richard White (1994) ainsi que Richard White, Patricia Nelson Limerick et James R. Grossman (1994).

[35] La taille de ce chapitre et le propos général de ce livre ne permettent pas de faire ici une histoire de l'imaginaire western dans les médias américains — à la masse de cette production correspond en effet une masse d'études ; aussi me contenterai-je d'un bref survol de quelques-unes de ces industries culturelles. Pour mieux s'y repérer dans cette masse d'études, on utilisera comme guide Norbert Spehner (1998). Pour les tendances récentes dynamisant le genre, on suivra John G. Cawelti (1998).

[36] Voir *The Reader's Encyclopedia of the American West* (1977).

chose, venue de la culture hispanique : la *charriada* (*charreria*) des Mexicains, bien antérieure donc — eux-mêmes avaient hérité des Espagnols à la fois les chevaux et les bovidés. Le rodéo a d'abord été connu sous les noms de *Frontier Day Celebration*, *Stampede*, *Roundup*. Entièrement issu de l'industrie de l'élevage, le rodéo mêle sport et spectacle : dans les concours, comme le *bronc-riding* ou le *bull-riding* (chevaucher un cheval sauvage ou un taureau Brahma), dans la capture du veau, mais aussi dans la séquentialisation de concours et de numéros[37].

Les annales du rodéo se souviennent de grands noms, de Bill Pickett (d'origines noire et indienne) qui inventa le *bulldogging* (en sautant de cheval, il attrapait le *longhorn* par les cornes, lui tordait le cou en lui mordant la lèvre pour le subjuguer) ; de Jake McLure pour la capture du veau ; de Jim Shoulders pour la chevauchée du taureau ; de Pete Knight le *bronc-rider* mort à 33 ans d'un coup de sabot ; de Yakima Canutt qui fit une belle carrière à Hollywood ; puis dans les années 50 de Jim Shoulders, dans les années 60 de Larry Mahan... ; mais aussi des chevaux Midnight et Five Minutes to Midnight (le premier n'a pu être monté que cinq fois en rodéo et le second a fait mordre la poussière à plus de 2 000 cavaliers) ; de Hardy Murphy qui, avec son numéro « La fin de la piste » (il devait achever son cheval dont la patte venait de se casser), arrachait des larmes aux spectateurs ; de John Lindsey, un clown, parodiant ce numéro avec Iron Ore, son taureau ; de Lucille Marshall la *cow-girl*[38]...

Evénement culturel régional, le rodéo se montre certes aux touristes visitant l'Ouest, mais peut aussi se transporter ailleurs, exporté comme dans le cas de ceux organisés sur les bases militaires américaines en Allemagne, ou absorbé dans la culture locale, comme ceux du Québec. Rien de comparable toutefois avec les Wild West Shows, dont le modèle reste le fameux *Buffalo Bill's Wild West* : en effet, c'est par essence qu'ils visent le public des villes de l'Est, voire d'Europe. Les notables de sa ville de North Platte ont chargé William Cody, célébrité locale et nationale, d'organiser les festivités du *4th of July* de 1882 ; il invite donc un millier de cow-boys à participer à des numéros de tir, de lasso, de cavale... Il construit même un numéro autour de la diligence de Deadwood qu'il avait récupérée. Tel devait être le noyau du *Buffalo Bill's Wild West*.

L'affaire se monte avec un ancien dentiste, le Dr. W.F. Carver qui se produisait comme tireur d'élite ; elle comprend un autre tireur, le capitaine A.H. Bogardus, mais aussi Buck Taylor, un ancien trappeur et interprète en territoire indien, Gordon W. Pawnie, Bill Lillie et un autre ex-guide, le Major Frank North... A cause des numéros à balles réelles, on invente un spectacle entre rodéo et cirque : à l'extérieur, pas sous un chapiteau[39], avec les seuls animaux de l'Ouest (chevaux, bisons et non tigres ou lions[40]) et sans clowns.

Joyeuse bande de soiffards dont Cody pressent les limites ; il avait déjà rencontré Nathan Salsbury, auteur de la pièce *The Troubadours*, et organisateur de spectacles de New York et profite d'un passage dans cette ville pour rompre avec Carver (qui s'alliera au capitaine Crawford) et s'associer avec Salsbury à partir de 1884. Malgré la perte de presque tout le matériel et de quelques chevaux sur le Mississippi, la pluie, l'abandon de Bogardus, etc., Salsbury maintient le cirque à flot. On engage Annie Oakley comme tireuse d'élite (elle a inspiré la chanson d'Erving Berlin, *Annie Get Your Gun*) et son partenaire Frank E. Butler ; non seulement un remarquable

---

[37] Numéro de clowns, où le cavalier se tient debout sur deux chevaux, où il doit éviter les flèches indiennes, passer sous le cheval, sauter de part et d'autre du cheval en s'agrippant à la selle ; numéros de lasso ; etc.

[38] Sur l'histoire du *dude ranching* et du rodéo, on consultera Lawrence R. Borne (1983), Kristine Fredriksson (1985), Elizabeth Atwood Lawrence (1982), M.S. Robertson (1961), Kathleen M. Sands (1993).

[39] Ce n'est qu'en 1917 que devait se tenir le premier rodéo en salle.

[40] Dès 1860, James Grizzly Adams avait donné à New York le goût des gros animaux sauvages américains avec sa ménagerie.

fusil, elle avait aussi une réelle délicatesse à l'endroit du public, des femmes et des enfants : elle les habituait au bruit des détonations grâce à des cartouches graduellement chargées.

Passant l'hiver 1886-1887 au Madison Square Garden, dans un hall couvert, Cody fait néanmoins souffler des ventilateurs à vapeur pour reproduire le cyclone qui détruisit Deadwood. En 1887, le *Buffalo Bill's Wild West* participe aux grandes festivités du jubilé de la reine Victoria. Puis en 1889, il passe six mois à Paris. Ce sont ses grandes années, qui dureront jusqu'à l'invalidité de Salsbury ; le *Buffalo Bill's Wild West* contracte alors avec James A. Bailey (déjà propriétaire du Barnum Circus et du Forepaugh-Sells). A sa mort en 1906, tout est vendu au concurrent de toujours, Ringling Bros., qui revend l'équipement à Cody, lequel met sur pied avec Pawnee Bill et Annie Oakley une tournée d'adieu à partir de 1909, qui n'ira pas au-delà de la seconde année. Alcoolique, Cody se survit comme employé d'autres cirques (Sells-Floto Circus, Miller Bros., 101 Ranch Real Wild West...), vieille chose corsetée dans son signe, corps exténué dans un costume immaculé, avec des bottes, un chapeau et une barbiche de théâtre, personne sur le point d'être expulsée de la *persona* qu'elle avait inventée, vieux cabot mais tenaillé par la peur de mourir en selle devant l'auditoire. C'est en fait chez sa sœur, à Denver, que Cody meurt d'urémie le 10 janvier 1917.

Sans encore évoquer son destin dans les médias, disons que le *Buffalo Bill's Wild West* aura influencé des cirques comme Ringling et Barnum & Bailey qui incluront en supplément de programme, dans les années 20, des numéros de tir, de cavalcade, d'Indiens... Le spectacle était censé mettre directement sous les yeux des spectateurs l'Ouest, le vrai, et sa clé, la vie d'aventure ; or, il le faisait à l'aide de trois types de numéros. Les numéros d'adresse démontraient les compétences nécessaires à la survie dans l'Ouest : tir (Annie Oakley, Buffalo Bill et le tir à cheval...), monte indienne (course d'obstacles, monte à cru des cavaliers indiens, chasse au bison par Buffalo Bill et les Indiens), monte et travail du cow-boy (exploits équestres de Johnny Baker, numéro de lassos mexicains, *cowboy fun* — rodéo, lasso, monte de taureau...) et transport du courrier avant le train et le télégraphe (les messagers du Pony Express). Des numéros instituaient la culture du cheval comme dénominateur commun de toutes les nations, comme communication interculturelle hors-mot, hors-récit, comme code du *melting-pot* (la revue avec une charge de plusieurs centaines de cavaliers indiens, cow-boys, Mexicains, gauchos, cosaques, Arabes, guides, soldats des cavaleries américaine, britannique, française, allemande, russe... ; course entre un cow-boy, un Cosaque, un Indien, un gaucho, un Arabe et un Mexicain ; fantasia marocaine ; cavaliers et danseurs cosaques ; détachements de cavalerie militaire : 7ᵉ Cavalerie de Fort Riley, 5ᵉ Royal Irish Lancer, Dragons français, Gardes cuirassiers de Wilhelm II ; dix minutes avec les *rough riders* du monde). Et des numéros modestement narratifs, résiduellement, puisqu'il revenait aux spectateurs d'imaginer les contextes géographique et historique que ne donnaient pas les numéros[41], à l'aide des récits fasciculaires de Street and Smith — et, en Europe, prospectivement, puisque ces récits traduits chez Eichler ne devaient arriver que plus tard, construits autour de ces moments intenses que le *Buffalo Bill's Wild West* avait donné à voir : l'attaque du convoi d'immigrants traversant les plaines par les Indiens (convoi sauvé par des guides, des cow-boys et Buffalo Bill...), les attaques indiennes de la diligence de Deadwood et de la cabane des colons, secourus par devinez qui ? Des guides, des cow-boys et Buffalo Bill...

Le tout précédé par l'interprétant qui tente de harnacher ces idées de conquête, de communication et d'aventure, l'hymne de la nation qui venait de se continentaliser, de clore la *Frontier*, le *Star-Spangled Banner* joué par un orchestre de cow-boys.

Ni le *Buffalo Bill's Wild West* ni Cody ne devaient être les seuls noms des Wild West Shows ; plus de 100 devaient se disputer les faveurs du public de 1883 à 1957[42].

Gordon W. Lillie avait ainsi créé son Pawnee Bill's Wild West en 1887 ; à partir de 1903, les deux anciens truands Cole Younger et Frank James (de la bande du frère de ce dernier, Jesse), rangés maintenant, se reconvertissaient dans le cirque. De 1908 à 1931, le 101 Ranch Real Wild West Show des frères Miller présentait notamment Bill Pickett, l'inventeur du *bulldogging*, et

---

[41] Contrairement à la pièce de théâtre avec ses dialogues et ses décors.
[42] Sur l'histoire des Wild West Shows, on consultera John Culhane (1990), Tom Knowles (1994), Jack Rennert (1976) et Don Russel (1970).

Iron Tail, l'Indien qui se trouve sur toutes les pièces de 5 cents américaines (*buffalo nickel*). George Hamid, le petit acrobate du *Buffalo Bill's Wild West* et protégé d'Annie Oakley depuis 1902, devait se joindre à Robert Morton, spécialiste du cirque d'intérieur pour proposer des spectacles chez les *Shriners* et les fêtes des *police departments*. En 1911, le réalisateur Thomas H. Ince louait le Ranch 101 et la nombreuse troupe des Millers, lançant des passerelles entre cirque et cinéma — ainsi Tom Mix avait performé là, avant de devenir acteur puis propriétaire de cirque ; Will Rogers, un as du lasso, avait eu un numéro dans le *Buffalo Bill's Wild West* à partir de 1905, à quoi il ajoutait des blagues et des commentaires politiques humoristiques (il passera plus tard aux *Ziegfeld Follies*). Dans les années 50, William Boyd (acteur qui incarna Hopalong Cassidy dans une série de films) avait un numéro dans le *Cole Bros. Circus* ; etc.

Le cinéma a utilisé beaucoup de personnages du spectacle pour colorer ses westerns : des *showboats* aux histoires de cow-boys devenus acteurs de cinéma, en passant par les danseuses de saloon... De quoi en oublier les origines religieuses des *chautauquas* des débuts puritains de la colonie, souvent montés sous l'impulsion de sociétés religieuses féminines !

L'Ouest de la conquête connaissait une grande variété de spectacles scéniques[43] : les *freak shows*, les *music halls*, ceux des *minstrels* avec leurs visages charbonnés au bouchon et Master Juba, le *minstrel* au carré qui, en 1845-1850 inventa le *tap-dance* (ce William Henry Lane était effectivement noir !) ; les panoramas de John Banvard — dont sa gigantesque toile peinte représentant le Mississippi, de Saint-Louis à la Nouvelle-Orléans : 440 mètres de long par 4 mètres de haut !... Le théâtre lui-même venait sous de multiples formes. Dans le vaudeville, la partie théâtrale coexistait avec une partie musicale ; y étaient adaptés des récits comme *L'Homme au masque de fer* d'Alexandre Dumas, *La Case de l'Oncle Tom* de Harriet Beecher Stowe, ou le mélo *Ten Nights in a Barroom* de William W. Pratt... Lotta Crabtree et Adah Isaacs Menken avaient un énorme succès dans *Mazeppa*, où l'héroïne, persécutée mais en collants chair, se voyait (et se laissait voir) attachée à un cheval vivant. Dans le registre plus distingué, on passait par degré des *showboats* (inventés par William Chapman et son Floating Theatre qui, dans les années 1830, descendait l'Ohio et le Mississippi pour donner des représentations de tragédies, de farce, de vaudeville[44]) aux jeunes actrices Kate et Ellen Batemen (elles faisaient pleurer Louisville, en 1846, avec la pièce *The Children of the Wood,* dans laquelle un oncle indigne, afin d'hériter des biens de son frère qu'il croit mort, veut tuer les deux supposés orphelins...), aux faux « Meininger »[45] (ils montèrent *Julius Cæsar,* mais aussi une version américaine au fort accent allemand de *Die Hermannsschlacht* de Heinrich von Kleist, sous la direction de Max Schiller[46]), aux adaptations du *Comte de Monte-Cristo* d'Alexandre Dumas, du *Ben Hur* de Lew Wallace, du *Rip van Winkle* de Washington Irving. Le sommet de la distinction était illustré par des acteurs comme Mme Modjeska, Edwin Booth ou Sarah Bernhardt, qui faisait ses tournées en français[47].

---

[43] Sur l'histoire du spectacle scénique dans l'ouest, on consultera William G.B. Carson (1932), Joseph Csida et June Bundy Csida (1978), Douglas Gilbert (1963), Philip Graham (1951), David Grimsted (1968), Henry Holtman (1968), Brooks McNamara (1976), William L. Slout (1972) et Robert Toll (1974).

[44] Au début, on démantelait la barge à la Nouvelle-Orléans pour vendre le bois et rentrer en diligence à Pittsburgh !

[45] Emules de ce curieux théâtre mis sur pied par le duc Georg II de Saxe-Meiningen, qui jouait Shakespeare et Schiller.

[46] Il devait être plus tard le mari d'Yvette Guilbert.

[47] Sur Master Juba, John Banvard, William Chapman, les Batemen, les faux « Meininger », voir John Hanners (1993).

Toutefois, le théâtre n'a pas conservé beaucoup de traces de thématiques western. Tout de même, l'homme de la *Frontier* est apparu pour la première fois sur une scène new-yorkaise (celle du Park Theatre), en 1830 : *The Lion of the West* de James K. Paulding. Avec son étonnant *curriculum vitæ,* Cody était de l'étoffe dont la culture médiatique fait les héros.

Alors qu'il avait déjà popularisé Buffalo Bill dans ses *dime novels*, en 1872, Buntline, pour donner de la vie à sa pièce *The Scouts of the Prairie*[48], demande à Buffalo Bill et à Texas Jack (B. Omohundro) d'y jouer leur propre rôle, avec dix Indiens ; propension au « docu-fiction » qui se confirmera lorsque d'autres monteront sur les planches pour raconter leurs exploits (comme Robert Ford, le meurtrier de Jesse James[49]). Précurseur de son *Wild West show*, la *Buffalo Bill's Combination* naît de cette expérience, sans Buntline, mais avec des Indiens, le Major John M. Burke (un plumitif du nom d'Arizona John, où il n'était jamais allé, comme attaché de presse), et, comme dramaturge, Prentiss Ingraham (un des feuilletonistes qui avaient rédigé certains des 600 *dime novels* consacrés au grand homme)... On pourrait aussi mentionner *Girl of the Golden West* (1905) de David Belasco.

L'Ouest a bien sûr inspiré les musiciens classiques.

Des symphonistes comme Arthur Shepherd avec *Horizons* (1927), Harl McDonald avec *The Santa Fe Trail* (1936), Meredith Wilson avec *The Missions of California* (1940) ; mais bien d'autres genres aussi : Frederick S. Converse, avec *California* (1928), Nicolas Nabokov et Roy Harris qui, respectivement avec *Union Pacific* (1935) et *Cimarron* (1941) s'inspirent de la chanson *country*, ou la *Western Suite* (1945) et *Prairie Legend* (1947) d'Elie Siegmeister... ; voire des opéras : en 1877 un opéra est construit à Central City, Colorado, ville liée à un intense mais bref boom économique assuré par ses mines ; en 1924 est fondée la *San Francisco Opera Company* ; en 1930 Charles S. Skilton présente son opéra en un acte *The Sun Bride* ; en 1931 Ernest Carter soumet son opéra en trois actes *The Blonde Donna* ; en 1937, William F. Hanson, sous le titre *The Bleeding Heart of Timpanoyos,* développe un thème indien en opéra de trois actes ; en 1939 Julia Smith raconte opératiquement l'histoire de l'enlèvement d'une femme par les Indiens au Texas, avec danses et musique « indiennes » dans *Cynthia Parker*... Sans oublier la culture moyenne avec *Oklahoma !* (1943) de Rodgers et Hammerstein, à partir d'une pièce de Lynn Riggs, d'origine cherokee...

Toutefois, pour la culture médiatique, c'est dans la chanson, dans les spectacles du Grand Ole Opry à Nashville, Tennessee, et les retransmissions lors d'émissions radiophoniques[50], dans le son du violon, du banjo, puis du dobro, de la guitare hawaïenne, de l'harmonica, que la musique relève de l'Ouest comme construit culturel[51]. Autre art de la scène, la chanson est en effet depuis longtemps partie prenante dans l'histoire américaine ; qu'on se souvienne de ce *Hunter of Kentucky* qui, chantée par Mary Noah Ludlow en 1824, donnait une dimension épique à Andrew Jackson et à sa victoire à la Nouvelle-Orléans en janvier 1815, lors de la guerre contre les Anglais.

Plus que dans le cas du roman ou du cinéma, le rapprochement de la musique country et western de ses industries culturelles spécifiques semble heurter l'expé-

---

[48] Pièce présentée pour la première fois au Nixon's Amphitheater de Chigago en 1872, dans laquelle il tenait d'ailleurs un rôle... Et le whisky aussi : on dit que Buntline, qui prêchait lors de réunions de sociétés de tempérance, avait écrit cette pièce en quatre heures sous l'effet roboratif de l'alcool.

[49] A qui toutefois le public ne réserva qu'un accueil mitigé.

[50] Quatre heures et demie chaque samedi, à partir de 1925.

[51] Sur la musique country, on consultera Mark Fenster (1990), Aaron A. Fox (1992), George Lipsitz et Richard Leppert (1990), D.J. Vanderlaan (1980), ainsi que deux collectifs — *Singing Cowboys and the Musical Mountaineers* (1993) et *The South Atlantic Quaterly,* vol. 94, n°1, winter 1995 (sous la direction de Cecelia Tichi).

rience de l'authenticité comme signe du sublime à quoi je faisais allusion plus tôt, mais aussi l'idée de tradition.

Pour s'en tenir à cette dernière, remarquons que, d'une part, si la tradition de la musique country est bien réelle, bien antérieure à son industrialisation, à l'origine elle était elle-même culturellement composite (ainsi, la plus blanche des formes musicales américaines a très tôt beaucoup emprunté aux formes noires) ; et, d'autre part, la collation ethnomusicologique peut parfois avoir un caractère trompeur (ainsi, les *folk song collections* des années 1910 effacent le nom de l'auteur-compositeur William Shakespeare Hays, qui avait par exemple composé *Little Log Cabin in the Lane,* pour lui donner un supplément d'authenticité et en faire un *traditional* ! — Malone, 1985 : 63). Le dobro dont Bob Dunn avait appris l'usage par l'intermédiaire d'un groupe hawaïen et que les Roy Acuff's Smoky Mountain Boys avaient popularisé à la fin des années 30, pouvait bien sembler relever de la tradition des Appalaches, elle n'en était pas moins l'invention de luthiers californiens contemporains — les Dopera Brothers (p. 127) ; parfaitement pragmatique d'ailleurs, Dunn allait introduire dans la musique *country* un autre mode d'amplification pour la guitare, qui pendant longtemps a semblé l'antithèse même de la tradition et de l'authenticité, la guitare électrique.

L'incontournable *Country Music, USA* (1985), de Bill C. Malone, rappelle combien la commercialisation de la hillbilly music a directement été fonction de l'émergence de deux médias de masse : la radio (entre 1922 et 1927 le nombre de ventes de récepteurs est multiplié par 14, le tiers des familles américaines possédant alors un appareil (p. 32) ; dès le début, WSB, une radio d'Atlanta, propose de la musique hillbilly) et, secondairement, le disque (c'est en 1923 que Okeh[52] transforme cette tradition musicale en denrée commercialement rentable).

Aux traditions, diverses et locales, radio et disque offraient une extension géographique de l'auditoire[53]. En retour, ces industries culturelles tendent à homogénéiser l'inspiration et façonnent profondément la tradition (ainsi, ce sont les propriétaires de radios et de maisons de disques qui insistaient pour que les groupes sursignalent leur ruralité, puisque c'était elle leur argument de vente auprès de leur public — Malone, 1985 : 51).... C'est dans les années 30 qu'autour du Grand Ole Opry s'organise un double système commercial : mécénat et promotion des artistes — d'autant plus efficace que le spectacle est diffusé en réseau à partir de 1939, sur un territoire très accru donc. Déjà, il partageait la vedette avec d'autres spectacles radiodiffusés comme National Barn Dance de Chicago ou Iowa Barn Dance Frolic de Des Moines, bien loin du Sud. Très tôt en fait, les gens d'affaire avaient vu l'intérêt publicitaire de ce nouveau vecteur, l'intérêt de lier leurs marques de commerce à une musique aussi populaire dans les campagnes. Dans son essai *Country Music, USA*, Bill C. Malone repère même plus d'homogénéité dans ce substrat de l'industrie culturelle que dans les idéologies, nombreuses, contradictoires, que véhiculait cette musique du Sud.

Entre 1927 et 1933, James Charles Rodgers, qui avait été cheminot, membre de *medicine shows*, détective, devait devenir la première star de la musique *country*, grâce à son yodeling[54], sa guitare[55] et sa nonchalance méridionale. Même si Rodgers avait flirté avec une image plus western, la tradition est donc plutôt liée au Sud rural qu'à l'Ouest, mais la diffusion déterritorialise le marché ; processus accéléré par l'appauvrissement accéléré des habitants des Appalaches durant la Dépression, le rêve doit se déplacer vers le « Ramblin Cowboy » et le Texas qui commence à s'enrichir avec l'industrie pétrolière.

---

[52] D'abord propriété de General Phonograph Corp., elle est rachetée par Columbia avant la Dépression.

[53] En 1934, le signal radio de WSM permet de diffuser les spectacles du Grand Ole Opry dans tout le Sud-Est ; les radios installés juste de l'autre côté de la frontière mexicaine n'étant pas assujetties aux lois américaines, elles pouvaient couvrir d'immenses portions du territoire.

[54] Dans la chanson populaire américaine, la technique datait des *minstrels* (de Tom Christian, dès 1847 — Malone, 1985 : 87).

[55] Sur disque, il était accompagné par d'autres instruments (ukulele, guitare hawaïenne, violon, banjo...).

Quatre branches allaient se détacher de ce tronc commun, avec des destins commerciaux distincts : le hillbilly (qui a souffert longtemps de son image rustique, de son conservatisme esthétique et idéologique) et le bluegrass à la Bill Monroe, le *protest song* à la Woody Guthrie (fortement marqué par l'expérience des Okies chassés du *dust bowl* par le vent et la sécheresse) et le western à la Gene Autry[56] — le *protest song* séduisant intellectuels radicaux et jeunesse urbaine ; le *western*, cinéma et culture médiatique[57] (*singing cowboy*, Autry allait apparaître dans plus de 90 films).

C'est avec le boom économique de l'après-guerre que le country devient une industrie florissante, notamment avec l'accroissement du nombre de maisons de disques concentrées à Nashville avec leurs musiciens de studio (comme Chet Atkins), et la carrière de Hank Williams, lancée en 1948 par la radio KWKH de Shreveport. Les ajustements à un surgeon de cette musique (mâtinée de musique noire), le rock d'Elvis Presley, donnent lieu à différentes solutions esthétiques, cherchant avec plus ou moins d'insistance et de succès à plaire à un public moins rural : le country de Johnny Cash (à partir de 1955), le rockabilly...

La télévision devient à son tour un vecteur de *country*, dès les années 40, mais surtout à partir des années 60, avec des personnalités comme Porter Wagoner, sur le réseau ABC ; Cash y a d'ailleurs son propre spectacle télévisé à partir de 1969[58].

Afin de ne pas être en reste, le cinéma — qui avait déjà eu ses *singin'cowboys* dès l'apparition du parlant (Roy Rogers et Tex Ritter n'étant que les plus célèbres), et ses *musicals*[59]... — utilise des chanteurs de variétés comme Dean Martin, Frank Sinatra, Sammy Davis Jr, des chanteurs *country* comme Willie Nelson, Kris Kristofferson, Emmylou Harris ; fait chanter du *country* à ses acteurs, comme Burt Reynolds, et jouer des westerns à Elvis Presley[60]...

Au début des années 70, la presse de grande diffusion commençait à ramener la musique country à la culture commune, la condescendance n'étant plus de mise[61]. Parallèlement, l'intérêt pour le *protest song* et les formes apparentées de musique traditionnelle (comme le blues de Big Bill Broonzy) avait essaimé dans l'industrie, avec les Kingston Trio, puis Bob Dylan. Notons au passage, avec Dylan, mais aussi Nelson ou Tom T. Hall en guise d'illustration, que l'industrie n'impose pas forcément des formules, voire que l'industrie ne cesse de favoriser les hybridations entre « tradition » (quelle qu'elle soit) et musique commerciale. De tous les secteurs de la culture médiatique, la musique country a certainement été dans les années 90 le vecteur le plus dynamique de l'imaginaire western, avec ses superstars comme Garth Brooks (une image plus léchée, plus respectable que celle de hors-la-loi d'un Willie Nelson) et l'émergence du format des vidéoclips et de canaux spécialisés[62].

Par une approche comparable à celle de *Country Music, USA,* le remarquable *Selling The Wild West. Popular Western Fiction, 1860 to 1960* (1987), de Christine Bold,

---

[56] Auteur de plus de 1 000 chansons et d'une autobiographie (*Bound for Glory*, 1943), Guthrie sera suivi par Pete Seeger, Cisco Houston... A cause de son public, dès la fin des années 30, le *protest song* est séparé de ses racines hillbilly.

[57] Pragmatiques, les musiciens hillbilly allaient s'adapter à la logique du marché de la culture médiatique ; ainsi, les Kentucky Rambler, par simple adjonction du stetson texan deviennent les Prairie Ramblers (Malone, 1993 : 94).

[58] Pour répondre à ceux programmés par CBS.

[59] Comme *Riding High* (1944) de George Marshall, avec Dorothy Lamour ; ou *Annie Get Your Gun*, de George Sidney, d'après Irving Berlin.

[60] *Love Me Tender* de Robert D. Webb, en 1956, chez 20th Century-Fox ; *Flaming Star* de Don Siegel, en 1960, chez 20th Century-Fox ; *Tickle Me* de Norma Taurog, en 1965, chez Allied Artists ; *Stay Away, Joe* de Peter Tewkesbury, en 1968, chez MGM ; *Charro !* de Charles Marquis Warren, en 1969, chez National General.

[61] *Nashville* (1975), le film de Robert Altman, était cruellement critique de l'industrie et de ses mœurs, mais reconnaissait aussi à Nashville et à sa musique un statut complexe, représentatif de la complexité de la société américaine qu'il visait.

[62] Qui assurent le succès de Dwight Yoakam, Emmylou Harris, George Strait, Reba McIntire, etc.

retrace l'évolution pendant un siècle du roman western, en le montrant étroitement lié à l'évolution de l'industrie culturelle de la fabrique de fiction populaire, c'est-à-dire aux conditions économiques du marché spécifique de l'édition et de ses supports (*dime novels*, *pulps*, magazines populaires, livres de poche, etc.), et aux œuvres codantes par rapport auxquelles chaque auteur doit se déterminer — suivre les formules gagnantes ou se démarquer par son originalité, imposer son inspiration ou se faire placer une commande par l'éditeur qui garde la haute main sur le processus d'édition[63]...

En 1826, le roman de Fenimore Cooper n'était que l'un de ces livres d'une jeune littérature américaine inspirée par son Histoire, par le Sauvage :

The Frontier Maid, or a Tale of Wyoming : A Poem in Five Cantos (1819) de Joseph McCoy, qui évoquait le massacre de Wyoming Valley en Pennsylvanie en 1778, dans lequel 1 600 Indiens et loyalistes avaient brûlé Fort Kingston et scalpé 200 colons américains ; *Yamoyden, A Tale of the Wars of King Philip : In Six Cantos* (1820) du Révérend James Wallis Easburne (en collaboration avec Robert Sands) ; *Logan, an Indian Tale* (1821) de Samuel Webber ; *Ontywa, Son of the Forest. A Poem* (1822) de Henry Whiting. Inspiration plus poétique que narrative, mais qui ne doit pas faire oublier les deux récits de Timothy Flinch, *Francis Bervain* (1826) — qui racontait l'histoire d'un New Englander pendant l'épisode de l'« empire » mexicain d'Agustin Iturbide en 1822, — ni *Shoshonee Valley* (1830) — qui racontait celle de pionniers. En 1846, c'est par l'entremise des *Mince Pie for the Millions* que sont largement diffusées d'anonymes histoires de l'Ouest ; on y trouvait déjà des personnages comme Davy Crockett, mort dix ans plus tôt.

Aussi est-ce sans surprise que se thématisera le contact de la civilisation et de la vie sauvage dès le premier *dime novel*, dès l'instauration d'une industrie paralittéraire. Chez Beadle Bros.[64], le contenu s'obtenait par un mélange de rééditions (le premier fascicule (juin 1860) reprenait *Malaeska : The Indian Wife of the White Hunter*, d'Ann S. Stephens) et de textes commandés (pendant cinquante ans, une écurie de romanciers devaient travailler pour la maison). Les éditeurs surveillaient étroitement les textes pour sanctionner et censurer l'immoralité, la violence gratuite, le goût douteux... Malgré des succès de vente comme *Seth Jones, or The Captives of the Frontier* d'Edward S. Willis (1860) avec son héros blanc, audacieux et sentimental contre les cruels et sanguinaires Indiens, Beadle a surtout marqué l'industrie en introduisant la standardisation de l'apparence, du format et du prix, en inventant la formule du fascicule vendu 10 cents avec des illustrations gravées.

Standardisation de la formule gagnante, en fait : ainsi l'éditeur tient-il strictement secrète la mort d'Edward L. Wheeler[65], auteur des 33 premiers fascicules d'une série à succès, « Deadwood Dick », et commande 97 autres volumes à différents nègres pour la poursuivre sous la même signature. Standardisation du contrat offert à ses plumes mercenaires (entre 75 $ et 150 $ pour une histoire de 35 000 mots, le double pour une histoire du double) avec un contrôle plus éthique qu'esthétique. Street and Smith va un cran plus loin dans la mise en place des structures de l'usine à fiction : un public adolescent plus ciblé, une politique plus directive à l'endroit de

---

[63] Sur l'histoire des *dime novels,* des *pulps* et des magazines aux Etats-Unis, on consultera Dee Brown (1994), Michael L. Cook (1983), John Dinan (1983), Tony Goodstone (1970), Albert Johannsen (1950), Daryl Jones (1978), Frank Luther Mott (1938) et David Reed (1997). Sur le roman western, l'ouvrage de John G. Cawelti (1984) reste incontournable ; on consultera aussi Robert Murray Davis (1992), William T. Pilkington (1980) ainsi que Jon Tuska, Vicki Pieckarski et Paul J. Blanding (1984). Enfin, sur deux auteurs classiques, Zane Grey et Max Brand, on lira respectivement Frank Gruber (1971) et Robert Easton (1970).

[64] Les frères en question se nommaient Irwin, Erastus et James. Beadle Bros. est devenu plus tard Beadle and Adams.

[65] Il avait commencé en 1878 avec un fascicule intitulé *Bob Woolf, the Border Ruffian ; or, The Girl Dead-Shot.*

ses auteurs et une remarquable longévité (de 1889 aux années 50, après s'être converti aux *pulps*). Et les signatures aujourd'hui oubliées d'Albert W. Aiken, Joseph E. Badger, Bartley Campbell, Mrs Ann S. Stephens...

Problématique point de contact entre la civilisation et son Autre, sauvage ou hors-la-loi, entre l'Est et l'Ouest, les héros des *dime novels* exhibent plus ou moins clairement le conflit entre ces deux forces qui les constituent, les travaillent, parfois les déshomogénéisent — en laissant des traces narratives, comme les actants pris en charge par deux personnages ou les personnages doubles...

Ainsi, derrière le loquace et bon enfant Seth Jones d'Edward S. Ellis, *westerner* pure laine semble-t-il, se révèle un gentleman de l'Est. Dans le roman de Buntline, *Buffalo Bill, the King of Border Men*, paru en feuilleton dans le *New York Weekly* (1869-1870), ce n'est pas Buffalo Bill directement qui prend la vengeance entre ses mains, mais un alter ego plus brutal, Wild Bill Hickock. Edward L. Wheeler fera du masque, du héros double, un type de la paralittérature, de la BD et du cinéma western avec *Deadwood Dick, the Prince of the Road ; or, The Black Rider of the Black Hills*, à partir de 1877 : venu de l'Est, le héros mène une double vie et hésite entre la loi et le crime (thématisant plus souvent la violence).

En fait, la rusticité narrative des héros fasciculaires n'est pas tant donnée qu'acquise. Par exemple, c'est Prentiss Ingraham qui simplifiera et inventera le héros flamboyant, le Buffalo Bill unidimensionnel — déguisé non plus pour masquer mais pour signaler. Ce sont d'autres publications comme *Wild West Weekly* et *Rough Rider Weekly* qui introduiront les héros sans contradiction, les représentants de l'ordre homogènes, soutenus par des acolytes tout aussi unidimensionnels[66]. Alors seulement, la paralittérature aura neutralisé les ambiguïtés héritées de Cooper.

Alors que la conquête de l'Ouest est en cours, par sa taille, la nouvelle s'accommode mieux que le roman du journal et du magazine, formats privilégiés d'une culture médiatique en train de s'inventer.

Francis Bret Harte (1836-1902), éditeur de l'*Overland Monthly* de San Francisco[67] de 1868 à 1971, y a publié ses propres nouvelles, dont « The Luck of Roaring Camp », « The Idyll of Red Gulch », « The Outcasts of Poker Flat »[68]. O. Henry (William S. Porter, 1862-1910), pharmacien, dessinateur pour le General Land Office à Austin, caissier dans une banque, profite de ses cinq ans de détention en Ohio (pour détournement de fonds de cette banque) pour commencer à écrire des nouvelles — il continuera d'en publier après, plus de 300... Hamlin Garland (avec notamment son recueil *Prairie Folks*, 1891) se singularise par un réalisme brutal, sans romantisme. Plus tard, d'autres nouvellistes de fond dont Eugene Manlove Rhodes (1869-1934), une cinquantaine à partir de 1901, dont Jackson Gregory (1882-1943), une vingtaine à partir de 1915, dont Bertha M. Bower (1871-1940), une trentaine à partir de 1916...

Le *best-seller* plus littérairement ambitieux d'Owen Wister, *The Virginian* (1902), aura réactivé et rejoué ambiguïtés et conflits entre l'Est et l'Ouest, marquant la naissance officielle de l'intrigue western pour les *aficionados*, avec son cow-boy-sans-troupeau premier du nom[69], avec sa longue marche du troupeau, conduit du Rio Grande au Montana (tirée d'une expérience directe de l'auteur vingt ans auparavant). L'intérêt du lectorat pour cette vie sur la *Frontier* maintenant en voie de disparition

---

[66] Dans « Diamond Dick » de W.B. Lawson, signature collective, ou Ted Strong, mélange du héros de l'Ouest et du *rough rider* à la Roosevelt...

[67] Propriété du libraire Anton Roman.

[68] Traduites en français dans *La Revue britannique* et *La Revue des Deux Mondes* dès 1871, avant d'être réunies en volume.

[69] Qu'on se souvienne aussi du classique d'Andy Adams passé tout d'abord inaperçu, *The Log of a Cowboy* (1903). Voir aussi ses romans *Cattle Brands* (1906) et *The Outlet* (1905).

encourage l'émergence d'une littérature romanesque, où bien sûr se retrouvent les signatures des nouvellistes.

Guide puis éclaireur pour le gouvernement lors de la révolte de Géronimo, Eugene Manlove Rhodes a plus alimenté ses nouvelles et ses 23 romans de son expérience directe pendant un quart de siècle et de sa remarquable absence de préjugés nationaux ou raciaux que des formules du western populaire. Bertha M. Bower qui, outre ses nouvelles, a publié 70 volumes, a donné au créneau du western très populaire à la Street and Smith, des histoires insolites à la fois par leur humour, leur absence de nostalgie pour l'*Ole West* et par la fréquence du recours aux héroïnes (ceci expliquant peut-être cela) ; son roman le plus connu *Chip of the Flying-U* (1906), raconte l'histoire d'une femme médecin, venue de l'Est, qui épousera le cow-boy du titre[70]. Jackson Gregory, outre ses nouvelles, a mouliné une cinquantaine de volumes (dont certains posthumes) se déroulant surtout sur la frontière entre la Californie et le Mexique... Développement qui ne devait pas faire disparaître la nouvelle pour autant, souvent reprise dans des recueils — par exemple, celui de Hamlin Garland montrant l'injuste traitement des Indiens : *The Book of the American Indian* (1923).

A côté de l'invention romanesque (et du roman historique), se développait aussi d'autres inspirations : autobiographies, contes et légendes...

Inspiration autobiographique incarnée dans des mémoires (comme ceux de James Henry Cook, *Fifty Years on the Old Frontier* (1923)) ou des romans (comme ceux qui firent de Laura Ingalls Wilder un *best-seller, The Little House in the Big Wood* (1932), et *The Little House on the Prairie* (1935)). Contes et légendes comme ceux recueillis par James Stevens ou par le folkloriste texan J. Frank Dobie : histoire du saint patron des bûcherons, Paul Bunyan, pour le premier ; histoires de mines perdues et de trésors oubliés, pour le second, de crotales et de coyotes, de mustangs et de *longhorns*, de figures de l'Ouest — Sam Bass le truand, Ben Lilly le chasseur d'ours de Roosevelt, Jim Bowie et son couteau[71]...

Comment se distinguer dans une tradition ? Comment, tout en trouvant une voie distincte, se singulariser par rapport à la masse de ses compétiteurs ? Cette réinterprétation selon Bold de la problématique à laquelle font face les écrivains sériels, du cocktail d'invention et de convention de tout genre paralittéraire, lui permet au passage de voir les complémentarités et les contradictions des différents vecteurs du récit western. Lors de la récession de 1893, le magazine *McClure's* avait décidé de baisser son prix de 15 à 10 cents, ce qui entraîna une réponse immédiate et favorable du marché — au point que leurs concurrents durent les imiter. En 1896, le propriétaire de *Munsey's* transforma son magazine pour garçons, *Argosy*, inventant au passage la formule du *pulp* : 192 pages d'aventures pour adultes et 60 pages de publicité, imprimées sur du papier journal (très différent des magazines *slick*, plus grands, imprimés sur papier glacé et surtout destinés à un lectorat féminin).

A cause de l'imposition de quotas de papier, des grèves, du pessimisme général et des relations sociales tendues, le contexte de la Première Guerre mondiale s'avéra défavorable à l'édition populaire. La réglementation postale fédérale, tatillonne, a fortement contraint les éditeurs[72], jusqu'à ce que, devant ces restrictions, après 1918, ils

---

[70] Souvent adapté (en 1914 avec Tom Mix, en 1920 avec Bud Osborne, en 1926 et en 1929 avec Hoot Gibson, sous les titres *The Galloping Dude* et *King of the Rodeo* — la palme de l'infidélité revenant au film de Ralph Staub, 1939).

[71] A partir de *Vaquero of the Bush* (1930).

[72] Ainsi que le révèleront les démêlés de Frank Tousey qui publiait des *dime novels* depuis 1878 et qui, de 1883 à 1913, à cause d'histoires de hors-la-loi, pouvant donc inciter au crime, allait perdre son droit au courrier de seconde classe, moins cher. Puis ce seront des persécutions sur le format...

abandonnent le format des *dime novels* au profit d'une nouvelle formule, les *pulp magazines,* expérimentée depuis 1896 par Frank Muskey.

Street and Smith, qui avait d'abord publié 591 fascicules de « Buffalo Bill » entre 1901 et 1912, puis 357 en reprise, allait arriver au *Western Story Magazine* en 1919. Miscellanée de récits de fiction, d'articles, de jeux, les *pulps* devenaient aussi des vecteurs de publicité ; on y mettait moins l'accent sur la supervision éditoriale et plus sur la connaissance des acheteurs et la séduction de commanditaires publicitaires — les auteurs y étaient payés d'abord 2 puis 1 cent du mot pour une nouvelle (5 000 mots), un roman bref (*novellette* de 30 000 mots) ou un *serial* (60 000 mots). *Lariat*, *North-West Story*, *Action Stories*, *West*, *Triple X Western*, *Frontier Stories*, titres exhibant parfois le nom d'un auteur vedette (comme *Walt Coburn's Action Novels*...), ils ne disparaîtront qu'avec l'avènement de la télévision — mais aussi à cause de la fragilisation interne de cette industrie plus préoccupée de techniques de production que de contenu.

Jusqu'à la grande Dépression sont diffusés les magazines féminins, quelques *pulps* d'aventures généralistes, quelques *pulps* spécialisés : *Ace High* de Clayton Magazine, *Lariat Story Magazine* de Fiction House, *Dime Western* et *Western Romances* de Popular Publications, *Western Aces* de Periodical House... Les héros politiques et familiaux qui, à l'évidence, ne peuvent rien contre la Dépression, déclineront ; ce qui correspondra à la montée en puissance des superhéros dans la fiction populaire et à des pratiques commerciales « inventives » — ainsi, George T. Delacorte Jr, le fondateur de Dell, au lieu de dater ses numéros se contentait de les numéroter : après avoir tenté de les vendre d'abord au sud de la frontière canadienne et à l'est des Rocheuses, il récupérait les invendus, massicotait les tranches jaunies et les envoyait à l'ouest des Rocheuses et au Canada !

Une bouffée d'oxygène arrive pendant la Seconde Guerre mondiale : l'Etat doit réviser les quotas de papier pour permettre la publication des Armed Forces Editions. Toutefois, les coûts de production augmentent de 70% entre 1944 et 1947. Coup final, la montée en puissance des *slick magazines* pour hommes et l'arrivée d'un nouveau format pour le livre, le *paperback* : en 1953, un premier distributeur refuse les *pulps* pour diffuser plutôt des magazines.

Alors que la fiction était l'essentiel de ce que vendaient les *pulps*, les récits western n'étaient qu'un autre argument de vente pour les éditeurs de *slick magazines* (imprimés sur un papier chiffon de meilleure qualité que le papier de pulpe de bois des *pulps*) aussi bien adressé aux lecteurs qu'aux commanditaires d'espace publicitaire : à ces derniers, ils vendaient l'accès à un segment de marché, à un profil d'acheteurs potentiels.

Toutefois, les éditeurs de magazines s'en remettaient encore à leur flair plus qu'aux études de marché ; pris en étau entre un public et des commanditaires volages, ils tendaient à être conservateurs, à reproduire indéfiniment les formules à succès. Un créneau avait été découvert dans les années 1890 — une *lower middle class* pas assez fortunée ni assez séduite par les contenus éditoriaux pour lire régulièrement un magazine à 35 cents comme *Harper's Monthly* (un succès, avec 200 000 exemplaires vendus par numéro dans les années 1890), mais qui devait faire le succès de *Munsey's Magazine* (700 000 exemplaires par numéro en 1897), *McCall's*, *Collier's*, *Pictorial Review*, *The Ladies' Home Journal* (jusqu'à 2 millions d'exemplaires chacun dans les années 1920), *The Sunday Evening Post* (jusqu'à 4 millions à la fin des années 1940). Les premières publications de Wister et bien des images de Remington verront ainsi le jour dans des magazines de la classe moyenne de l'Est, à mi-chemin entre les revues littéraires et les *pulps*, comme *Harper's Weekly* et *Harper's Monthly*, mais aussi dans *Century* et *Collier's*, magazines au contenu varié, truffés de publicité, bénéficiant d'une bonne qualité d'illustration (Bold rappelle que Wister et Remington étaient d'ailleurs bien mieux payés que les auteurs et illustrateurs de *pulps* : 10 cents du mot pour le premier, entre 500 et 1 000 $ par reproduction pour le second chez *Collier's*).

Alors que les magazines généralistes actuels ne sont plus depuis longtemps des véhicules à la fiction western, depuis 1987, la tendance à la segmentation des marchés a permis la naissance de magazines spécialisés comme *Wild West. Chronicling the American Frontier*, entièrement consacré à l'Ouest.

Dernière innovation technique marquante pour le genre, les premiers *paperbacks* de Robert DeGraff paraissent en 1939. Ils concurrencent directement les *pulps* (en déboursant 25 cents au lieu de 10 pour un *pulp*, le lecteur obtient un roman complet plutôt que des récits de formats courts). Rapidement, les tirages sont de 100 000 exemplaires ; rapidement, on sollicite le western et ses écrivains phares (Grey, Brand, Haycox...), et les autres...

Tout comme dans les *dime novels*, et en raison de son ambiguïté congénitale, la formule narrative du mariage de l'Est et de l'Ouest proposée par Wister devait subir une adaptation avant de pouvoir être utilisée largement dans l'industrie des *pulps*. La tâche revint au trio de gros producteurs de l'entre-deux-guerres, Zane Grey, Max Brand et Ernst Haycox qui devaient eux aussi s'enrichir largement par la publication en magazine : le premier devint un millionnaire de la plume (59 romans western et 9 fois sur la liste des 10 meilleurs *best-sellers* entre 1915 et 1924), le deuxième écrivit plus de 300 westerns (l'imprécision étant due à la quantité de pseudonymes utilisés, et à la quantité de textes de *pulps* parfois repris en *paperback*, décrits comme « *book length novels* »), le troisième 24 romans et 300 nouvelles.

Si l'on en croit ces chiffres et la façon dont l'industrie culturelle présentait les trois auteurs, on peut conclure qu'ils s'étaient fait un nom — ce qui n'est pas rien comparé à l'armée d'anonymes et d'oubliés qui constitue le gros de la classe des auteurs de *pulps* et de *slicks*. Toutefois, même si l'ambiguïté de la relation entre civilisation et sauvagerie s'émousse, chacun représente une forme de fausse conscience : auteurs à la fois désireux de s'établir dans le panthéon des grands romanciers américains, tout en continuant à tirer profit d'une culture médiatique d'une indifférence plutôt hostile à l'endroit des belles-lettres.

Zane Grey (1872-1939), dentiste new-yorkais qui avait effectué de nombreux voyages dans l'Ouest, acceptait le mieux le cadre du récit à formule — il publia 89 livres entre 1904 et 1919, — cherchant une (très relative) originalité dans la narration, au moins jusqu'à *The Vanishing American*[73]. Ses récits bénéficiaient d'une publication simultanée en *pulps* (comme *Popular Magazine*, *Argosy*, *All-Story*...), en *slicks* (comme *The Country Gentleman*, *McCall's*, *The Ladies'Home Journal*...) et en livre (un par an, chez Harper and Brothers) à partir de 1910. L'intériorisation de la formule est en fait consciemment celle du conte — séparation de son milieu d'origine pour le héros/initiation magique/retour ; son intertexte, la littérature chevaleresque (avec ses dimensions d'amour courtois, de religion, avec héroïne-institutrice et héros salvateur ; avec des *topoï* rhétoriques classiques comme le *locus amœnus*, le mariage...). Univers du conte par exemple que celui de la dernière scène de *Riders of the Purple Sage* où Lassiter et Jane s'enfuient pour leur vallée secrète dans la montagne et provoquent un éboulement qui non seulement arrête leurs poursuivants, mais les isole à tout jamais de la société, de la nouvelle Amérique urbaine de leurs lecteurs, de ses routines, de ses ambiguïtés.

Cynique, le poète d'origine allemande Frederick Schiller Faust (1892-1944[74]) tenait à distance les œuvres paralittéraires de sa signature Max Brand (ou Evan Evans, ou une douzaine d'autres pseudonymes), dans un certain mépris. Ce qui, à partir de *The Untamed*[75] (1919), devait s'accroître : comme Brand allait pondre 4 500 mots par matinée de travail, et autour de 300 romans, en recyclant ses souvenirs de mythologie grecque pour *pulp* et *slicks* (comme *Western Story Magazine* et *This Week Magazine*), le ton de distance ironique à l'intérieur de la narration sera de plus en plus marqué, et plus explicite le projet de mythologiser l'Ouest.

Ernst Haycox (1899-1950) devait tenter d'apporter, assez pusillanimement, quelques variations

---

[73] D'abord en six livraisons dans *The Ladies'Home Journal* en 1922-1923, puis chez Harper en 1925.

[74] Il meurt correspondant de guerre pendant la campagne d'Italie.

[75] Devenu sous la direction d'Alfred Werker, un film de série B de Fox, en 1931.

à la formule héritée. Il écrivit pour les *pulps* de 1924 à 1930 ; son premier roman issu de ce mode de production, *Free Grass*, parut d'abord dans *West* en 1928, puis chez Doubleday, en 1929 ; désenchanté, il passait aux *slicks* en 1931. Le changement est notable pour lui : d'un lectorat traité comme des cow-boys, il passe à un lectorat plus sophistiqué, implicitement mis dans la confidence des conventions du genre. En 1944, dans le plus prestigieux des *slicks*, *The Saturday Evening Post*, il publie *Bugles in the Afternoon*. A partir de la contradiction qu'il y narrativisait (aux codes de l'Ouest et de l'histoire d'amour s'oppose une violence dépourvue de sens — échappant même à la politique éditoriale franchement raciste du magazine), il publie directement des romans relativement émancipés des conventions — dans lesquels le code de référence des comportements humains, pessimiste, devient celui du darwinisme social. Il devait signer une cinquantaine de volumes entre 1929 et 1975 — 24 romans et des anthologies : *Canyon Passage* (1945), *The Earth Breakers* (1952) sur la conquête de l'Oregon, ses deux *best-sellers Bugles in the Afternoon* (1944) et *Rawhide Range* (1952), des *novellas* comme « On the Prod » (1957) ; après sa mort, ses nouvelles seront souvent reprises en recueil depuis *Rough Justice* (1950)...

Un pas plus loin, à cette cruciale question pour les auteurs de l'industrie paralittéraire : « Comment se distinguer dans une tradition ? », trois auteurs apportent trois réponses originales, selon Bold, fables du déchiffreur, de l'historien et du gestionnaire : Alan Le May ou la prise de conscience de la nature sémiotique du western, histoire d'indices, de codes ; Jack Schaefer ou le western comme roman historique ; Louis L'Amour ou la gestion de l'Ouest comme patrimoine.

Alan Le May (1899-1964) a d'abord publié dans des *pulps* comme *Thrilling Western*, puis des *slicks* comme *Collier's*, des intrigues plus fondées sur les enquêtes que sur la contradiction entre l'Est et l'Ouest — représentant parfois dans cette enquête, cette lecture d'indices, l'acte de lecture lui-même. Il devait ensuite connaître une féconde carrière à Hollywood. Autre modalité de l'écriture en régime médiatique, il écrivit ou participa à l'écriture d'une douzaine de scénarios originaux[76], voire produisit et dirigea quelques films[77]. Quatre de ses romans, *Thunder in the Dust* (1934), *Useless Cowboy* (1943), *The Searchers* (1954) et *The Unforgiven* (1957), furent adaptés[78]. Dans un registre comique, Melody, le héros de *Useless Cowboy,* a bien conscience que sa conduite doit obéir à un code, mais il ne le maîtrise pas, et parfois même confond les codes. Dans *The Searchers*, il s'agit pour son oncle Amos et son ami Martin de retrouver la jeune Debbie, enlevée au début du roman par des Indiens et retrouvée à la fin. Quête et enquête, puisqu'ils y parviennent en déchiffrant des signes pendant tout le récit, six ans durant : indices laissés dans la nature, complexe système des noms propres indiens, symboles plus intimes (le faux médaillon, le rêve récurrent de Martin, l'inscription sur la broche de la mère assassinée que Debbie reconnaît mais ne peut pas lire...)

Jack Schaefer (né en 1907), écrit d'abord pour les *slick magazines*, jusqu'à *Shane* (un classique d'abord paru dans *Argosy* en 1946, sous le titre « Rider to Nowhere », puis étendu en roman[79]). Toute l'histoire est vue par les yeux de l'enfant, Shane l'étranger plus grand que nature qui sait à la fois se battre et refuser de le faire : ses relations avec le père courageux mais dévalué, la mère troublée, et Joey fasciné par le tireur — variation sur la formule de base : portrait des colons en sainte famille, du héros en tentateur (de l'Amérique en victime du devoir, comme elle vient d'user de la bombe atomique ?)... Ce succès permet à Schaefer d'abandonner les formules ; en effet, après la guerre, se fait sentir une plus forte demande de réalisme dans la littérature populaire ; et, par ailleurs, comme Alexandre Dumas, il aime à remplir les blancs de

---

[76] Comme *Cheyenne*, de Raoul Walsh (1947), ou *The Gunfighters* de George Waggner (1947).

[77] Comme *High Lonesome* (1950).

[78] Réalisés respectivement par George Templeton, sous le titre *The Sundowners* (1950) ; Stuart Heisler, sous le titre *Along Came Jones* (1945) ; John Ford (1956) et John Huston (1960), ces derniers sous le titre original.

[79] Devenu un classique du cinéma western grâce au film de George Stevens (1953).

l'Histoire — notamment avec sa Company Q, mentionnée dans un livre d'histoire de Bruce Catton mais jamais retrouvée dans les archives, il écrit *Company of Cowards*[80] (1957).

Louis L'Amour (1908-1988) a commencé sa carrière dans les *pulps*, puis il est rapidement passé aux *slicks* et, enfin, aux *paperbacks*. Mais ses romans en format de poche n'y paraissaient plus comme réédition de *hardcovers*, eux-mêmes rééditions de récits sérialisés dans des *pulps* ou des *slicks* ; ils y paraissaient comme des originaux, avec un contrat chez Bantam de trois volumes par an[81]. Lui aussi fut beaucoup adapté par Hollywood. Ses romans étaient vendus comme les magazines : prime à la vente, obsolescence ultra-rapide (quinze jours d'exposition sur les rayons), vente aussi bien en librairie que dans les supermarchés, les pharmacies (*drugstores*), les marchands de journaux... Ce qui se reflète dans ces récits où les héros ont conscience qu'ils représentent un mode de vie en voie de disparition, quoiqu'ils trouvent cela souhaitable, c'est la fin de la contradiction entre civilisation et sauvagerie, remplacée par un didactisme envahissant. L'Amour, balzacien ? ; crée une foule de plus en plus compacte de personnages issus d'autres romans de sa plume — surtout dans la saga des Sacketts[82] ; accumule une œuvre impressionnante ; baigne dans la foule de ses compétiteurs en westernie... D'où la nécessité pour chaque nouveau roman de se distinguer, de ne pas être fondu dans l'indistinction de tous les autres romans qui, sur les présentoirs, rivalisent férocement car éphèmèrement pour accrocher l'œil du chaland, ni dans l'indistinction de ses propres œuvres précédentes, qu'il faut faire oublier au lecteur le temps qu'il devienne acheteur...

L'Amour représentait une nouvelle génération de romanciers, les Will Henry-Clay Fisher[83], Noel M. Loomis[84] (1905-1979), Sam Peeples, etc. En 1958, années de 37 westerns à la télévision, sont vendus 100 millions de copies de westerns en *paperbacks*. Avec des hauts et des bas, des éditeurs comme Doubleday, Pocket, Dell, Jove, Bantam, Belmont Tower, Berkley, Signet, Manor, Playboy, Leisure, Pinnacle, Warner, Popular Library, Fawcett, Ace, Avon, Zia ont régulièrement publié romans originaux et rééditions, favorisant bien sûr plus les histoires à formule que le roman historique[85], jusqu'à un tassement significatif du marché dans les années 80. Même si quelques romans marquants ou quelques œuvres importantes ont été publiés depuis[86], notamment *North of Yesterday* (1967) de Robert Flynn avec son histoire de bétail conduit du Texas au Kansas, vingt ans après la fermeture de la piste traditionnelle ; *All the Pretty Horses* (1992) de Cormac McCarthy ; ou les romans de Larry McMurtry[87], le western en tant que genre amorce un déclin dont il n'est pas encore sorti.

L'âpre loi du marché explique que ces écrivains aient éprouvé le besoin d'humaniser la compétition, d'en dériver une communauté au moins corporative, les Western Writers of America — évoqués à propos de leurs Spur Awards, — et son bulletin, *Round Up*, l'association et les prix ayant été fondés en 1953[88].

---

[80] Devenu une comédie hollywoodienne de George Marshall, sous le titre *Advance to the Rear* (1964).

[81] On trouvera en annexe une liste des traductions françaises de Louis L'Amour.

[82] Saga publiée chez Bantam, commencée avec *The Daybreakers* (1960).

[83] Noms de plume de Henry W. Allen, né en 1912, auteur de biographies romancées, comme *I, Tom Horn*, d'une saga commencée avec *The Tall Men* et son roman historique reprenant l'histoire des Nez-Percés, *Where the Sun Now Stands* — parus respectivement en 1975, 1954 et 1960.

[84] Qui signait aussi Ed Miller et Frank Miller, auteur de 21 romans entre 1952 et 1962, dont *Rim of the Caprock*, *The Twilighters*, *Riffles on the River*, parus respectivement en 1952 et 1955, etc.

[85] Les formules dépendant elles-mêmes de l'éditeur : ainsi, l'érotisme explicite et obligé qui faisait des westerns de Playboy ou Jove une sorte de Kama-Soutra musclé...

[86] Nous avons rencontré quelques-unes de ces signatures dans certaines collections françaises spécialisées : Elmer Kelton, Elmore Leonard, Will Cook, Ray Hogan, Wayne Overholser, Lewis Patten, Gordon Shirreffs...

[87] Dont *Horseman, Pass By* (1961), *Lonesome Dove* (1985), qui obtint le Prix Pulitzer, *Anything for Billy* (1988), *Buffalo Girls* (1990)...

[88] Par Harry S. Drago, Norman A. Fox, D.B. Newton, Nelson C. Nye, Wayne Overholser et Thomas

Les illustrateurs, parfois excellents comme Charles Henckel pour la série fasciculaire *Buffalo Bill and His Wild West,* ont dû attendre 1981 pour se voir décerner un Spur Award spécifique[89] ; clairement ici, l'illustration entretient un rapport ancillaire avec le fascicule, le livre de poche. Elle peut toutefois gagner son autonomie dans la BD western. Tout comme le western écrit, celle-ci est véhiculées par des formats relevant d'industries culturelles distinctes aux Etats-Unis — *comic strips* et *comic books*.

Sous forme de *single strip* (bandes de trois ou quatre vignettes), de *double strip* ou de *Sunday page*, les *comic strips* sont distribués aux journaux par les agences et le système de la *syndication* (c'est-à-dire par des agences de distribution spécialisées)[90].

Même si les paysages de l'Ouest sont apparus très tôt dans la BD américaine[91], notamment dans les fameux *Katzenjammer Kids* de Rudolph Dirk ou *Panhandle Pete* de George McManus ; même si, plus fréquemment, dans les années 20, le désert de l'Arizona revient dans les dessins de *Little Jimmy* de James Swinnerton, dans l'humoristique *Out Our Way* de J.R. Williams, ancien cow-boy et membre de la US Cavalry ; même si dans les années 30 se multiplient les aventures de « Broncho Bill », (d'abord les aventures du « Young Buffalo Bill ») de Harry O'Neil, puis celles de « Little Joe » d'Ed Leffingwell (avec l'aide fréquente de son cousin, Harold Gray, créateur de « Little Orphan Annie ») ou de « White Boy » de Garrett Price ; même si le fameux Zane Grey crée, à partir de 1935, le personnage de « King of the Royal Mounted » (dessiné par Jack Abbott, Allen Dean, puis Charles Flanders et Jim Gary), ce n'est qu'à la fin des années 30 que l'on peut vraiment parler d'une BD western.

A partir de 1938, Ed Kressy adapte le *Lone Ranger* de Fran Striker[92] qui avait débuté à la radio et venait d'être porté pour la première fois à l'écran ; et, après l'échec de son « Bronc Peeler » (1934-1938), dû sans doute à l'hésitation sur l'univers de référence, Fred Harman crée un vrai western « Red Ryder », aussi en 1938[93]. Dans les années 40, ce sont les « Gene Autry Rides ! » à partir du cow-boy chantant (1940) et l'héroïne « Vesta West » de Ray Bailey (1942-1944). Dan Spiegle adapte avec élégance « Hopalong Cassidy[94] » (1950-1954) ; dans la même période (1949-1954), Warren Tuft situe d'abord son remarquable « Casey Ruggles » à l'époque de la ruée vers l'or à San Francisco, avec un sergent de l'armée de Frémont et la fille du pirate Lafitte, puis le bien documenté et très élégant « Lance » — qui raconte l'histoire d'un dragon du Kansas en 1840, sur fond de guerres indiennes : BD très violentes pour l'époque et, de surcroît pour la seconde, pleine d'histoires d'adultères, sans doute trop explicites. Le public suit plutôt le « Cisco Kid » (1951-1968), d'après le personnage de O. Henry (scénarisé par Rod Reed et illustrée par José Luis Salinas).

A la fin des années 50, France E. Herron reprend des personnages historiques : « Bat Masterson » et « Davy Crockett » (illustré par Bob Powell). Ni « Rick O'Shay and Hipshot » de Stan Lynde et leur ville fantôme pleine de truculents personnages[95] tempérant l'aventure d'humour, ni

---

Thompson. La WWA comporte plusieurs centaines de membres, dont certains à l'étranger (Canada, Mexique, Grande-Bretagne, Allemagne, France, Norvège, Portugal), qui se réunissent annuellement dans une ville de l'Ouest. Quant au *Golden Saddleman Award,* destiné à une personne qui « a fait une contribution remarquable à l'Ouest » (John Wayne, par exemple, en a été récipiendaire, en 1970 ; C.L. Sonnichsen, en 1980), il existe depuis 1961.

[89] On trouvera en annexe la liste de tels lauréats.

[90] Les principales agences sont NEA Service, Chicago Tribune-New York News Syndicate, King Features Syndicate, George Matthew Adams Service, Field Newspaper Syndicate, Register and Tribune Syndicate, McNaught, United Feature Syndicate, Chicago Sun-Times Syndicate, AP Newsfeatures, Hall Syndicate, Los Angeles Mirror Syndicate.

[91] Je m'appuie pour ce développement sur Maurice Horn (1977) et William W. Savage (1990).

[92] Œuvre bientôt poursuivie par Charles Flanders, et ce pendant trente ans !

[93] Repris par le faible Bob Mac Leod en 1960.

[94] D'abord écrit par Dan Grayson, puis par Royal King Cole.

[95] Créé en 1958, « Rick O'Shay » devait survivre jusque dans les années 70 au déclin de la BD western, à la disparition du *Lone Ranger*...

quelques *strips* humoristiques n'allaient pouvoir conjurer la désaffection du public pour le genre[96].

Les *comic books* ne dépendent pas des journaux pour leur diffusion, ils relèvent plutôt d'éditeurs spécialisés[97]. Fascicules de BD, ils comportent généralement une histoire principale complétée par quelques autres.

A partir de 1937, chaque éditeur allait tenter sa chance avec des histoires western, en reprenant des *strips* ou en suscitant des créations originales — formule anthologique qui permettait de tester certains héros avant de les sérialiser, de les autonomiser sous leur propre titre[98]. Les *comic books* avaient en effet généralement comme titre le nom du héros sériel de l'histoire principale, sans qu'il soit toujours aisé de s'y retrouver. Ainsi, chez Fawcett, *Six-Gun Heroes* présentait des histoires de « Rocky Lane », « Hopalong Cassidy », etc. — certains ayant par ailleurs leur propre titre. En 1954, *Six-Gun Heroes* est racheté par Charlton Comics, qui en maintient la diffusion jusqu'en 1965 (c'est dans ce *comic book* que devait paraître le dernier *Tom Mix*). Parfois, c'est le destin commercial qui rend les choses compliquées : *Apache Kid*, racontant l'histoire d'un rancher du même nom qui se déguise en Apache pour redresser des torts, paraît d'abord en *comic book,* sous ce titre de 1950 à 1956, puis dans *Western Gunfighters*, *Two-Gun Western* et, entre 1970-1975, avec d'autres reprises dans le nouveau *Western Gunfighters*...

Parfois, c'est l'usage cavalier (sans jeu de mots) du nom du héros sériel qui couvre des personnalités bien différentes : chez Marvel, « Rawhide Kid » de Stan Lee, qui avait commencé comme un brutal manieur de colts et de fouet, devient vite un plus paisible rancher préservant l'ordre à Shotgun City (1955-1957) ; après une éclipse de trois ans, il revient sous le crayon de Jack Kirby, mais aussi de Dick Ayers, de Larry Lieber (le frère de Lee, et ainsi de suite), comme un orphelin qui vengera son père adoptif et redressera des torts, jusqu'en 1973... avant de passer aux seules rééditions.

C'est plus à cause d'un rapprochement de tous les médias autour du genre que de son inventivité que la BD western devait connaître son soi-disant âge d'or, entre 1948 et 1954 — en quoi, elle ne diffère pas beaucoup des autres genres de la figuration narrative américaine de cette période, en pleine panne d'imagination depuis la fin de la guerre[99]. La longévité des *Red Ryder Comics* (152 numéros entre 1940 et 1957, presque entièrement parus chez Dell, signés Harman mais en réalité l'œuvre de tâcherons bien moins inspirés) permettait au récit de donner tour à tour le devant de la scène au jeune Indien Little Beaver et à la tante à poigne, Auntie Duchess. Celle de *Hopalong Cassidy* (135 numéros entre 1943 et 1959[100]) dut beaucoup aux films, puis aux émissions de télévision. *Tom Mix Western*, pas vendus en kiosques mais distribués par un fabricant de céréales, eut 61 numéros (scénarisés par Stan Schendel et Ray Bouvert, illustrés par Fred Meagher) ; la BD survécut de beaucoup à son modèle, puisque le cow-boy réel s'était tué en voiture en 1940, alors que le cow-boy fictif et sa bande, les Strait Shooters, sévirent entre 1948 et 1953. *Gene Autry Comics* eut 129 numéros entre 1940 et 1959[101] ; *Roy Rogers Comics* 158 entre 1944 et 1961 (proches des scénarios des films, pas fameux, par contre bénéficiant souvent de bons dessinateurs, tels Peter Alvarado, Al McKimson, John Buscema et Nat Edson) ; *Dale Evans* (compagne BD de Roy Rogers), 46 entre 1948 et 1959 ; *Gene Autry's Champion* (c'est-à-dire le cheval du cow-boy chantant !), 19 entre 1950 et 1955 ; *Roy Rogers'Trigger* (un autre cheval !), 17 entre 1951 et 1955 ; *Tex Ritter*, 46 entre 1950 et 1959 ; *Rex Allen*, 31 entre 1951 et 1959...

Outre ces surgeons de séries hollywoodiennes, mentionnons *Kid Colt, Outlaw*, une histoire de

---

[96] Seuls quelques-uns de ces *strips* devaient être diffusés en français (voir chapitre 4).

[97] Aux Etats-Unis, ils datent de 1934 (en 1933, Proctor and Gamble en avait déjà distribué un comme cadeau de fidélisation), sur un modèle mis en place au Japon dans les années 20 (Horn, 1976).

[98] Voir « Four-Color », la collection à succès de Dell, 1941-1962.

[99] Si l'on excepte les collections fantastiques d'E.C., « Crypt of Terror », « The Vault of Horror » ou « The Haunt of Fear », rapidement dans le collimateur de la commission sénatoriale Kefauver, d'ailleurs.

[100] Scénarios de Dan Spiegle, dessiné par de nombreux artistes, dont Ralph Carlson, chez Fawcett puis National Periodical, mais aussi en cadeaux de fidélisation.

[101] Chez Fawcett puis chez Dell, mais aussi en cadeaux de fidélisation ; œuvre de nombreux artistes, quoique surtout de Jesse Marsh.

hors-la-loi réformé parue de 1948 à 1968, chez Atlas, devenu Marvel (parfois scénarisée par Stan Lee et illustrée par Jack Kirby, Reed Randall et autres pointures) ; *All-Western Winners*, plus tard intitulé *Black Rider* et *Gunsmoke Western,* parue de 1948 à 1963 (parfois scénarisée par Lee et illustrée par Kirby et Steve Ditko ; *Western Comics,* de 1948 à 1961, chez National Periodicals, avec, parmi d'autres histoires, celle d'un nième justicier masqué, « Nighthawk » ; la carrière plus éphémère de *Wild Bill Pecos the Westerner* de 1948 à 1951 (avec les bons dessins de Mort Meskin et Bernard Krigstein) ; *The Durango Kid*, vaguement développée à partir des films de Charles Starett[102] ; *Wild Bill Hickock* d'E.R. Kinstler et Mort Meskin, chez Avon de 1949 à 1953 ; *Rocky Lane Western,* de 1949 à 1959, histoire d'un agent du gouvernement cherchant à confondre shérifs ou agents des Affaires indiennes corrompus, les vigilants subversifs... exactement le type de héros proposé à la télévision dans la série contemporaine *The Wild Wild West* ; *Ghost Rider*, un redresseur de torts de 1950 à 1957, chez Magazine Entreprises, puis de nouveau en 1967, chez Marvel (dessiné par Dick Ayers) ; *Tomahawk*, qui se déroule pendant la Guerre d'Indépendance, avec en plus du héros, Big Anvil, Wild Cat le tireur d'élite et le jeune Brass Buttons chez Charlton (scénarisé par Ed Herron et Bill Finger, parfois dessiné par Frazetta) ; chez le même, le bref mais intéressant *Old Scout,* de Don Heck, en 1955.

L'innocuité de la violence depuis longtemps ritualisée du western aurait dû lui servir de bouclier lorsque, en 1954, la BD américaine se vit profondément affectée par la croisade anti-violence du sénateur Estes Kefauver déclenchée par la publication de l'essai de Fredric Wertham, *Seduction of the Innocent* (1954), croisade qui aboutit à une autorégulation de l'industrie par l'imposition d'un Comics Code. Moins visé que les BD de crime, d'horreur ou de superhéros, accordant souvent à la classe d'âge de son lectorat le statut de héros positif (« The Ringo Kid », « The Outlaw Kid » — plus tard, « The Kid from Texas », « The Kid from Dodge City », « The Kid from Montana »...), déclinant toute la panoplie conservatrice du maccarthysme et de la Guerre froide (notamment les histoires policières à l'anticommunisme musclé des *Roy Rogers Comics* professant leur admiration pour le FBI de J.E. Hoover), nombre de séries western n'en devaient pas moins tomber, victimes de ce nouveau Comics Code. Et peut-être plus victimes du cahier des charges idéologique : jusqu'à la fin de la Guerre de Corée, la BD western mélangea tous les registres, tous les univers, afin de montrer que les mêmes problèmes affectaient tout le pays, villes et grands espaces — drogue, subversion communiste, etc. Le cow-boy était le complément au soldat de papier faisant son devoir en Corée, en démontrant que le citoyen ordinaire peut participer aussi à la défense du pays. Le déclin fut lent mais irrémédiable.

La BD, cherchant toujours à capitaliser sur les succès de l'écran, à la suite du film de Disney (et du tube associé), fait fréquemment apparaître le héros d'Alamo (dessiné par Jesse Marsh) dans les anthologies « Four-Color » de Dell, outre son propre titre, « Davy Crockett, Frontier Fighter », de 1955 à 1957 ; c'est sur le modèle du film de Vidor de 1937, d'après des cas historiques (au moins selon ce que disait le texte) que se développa *The Texas Rangers in Action* de 1956 à 1970, chez Charlton[103] ; et sur celui de la série télévisée mettant en scène un joueur professionnel plein de ruse et son frère (interprétés par James Garner et Jack Kelly), en en reprenant les intrigues, que Dan Spiegle fit *Maverick,* de 1958 à 1962. Faut-il pour autant se souvenir de *Cheyenne Kid* de 1955 à 1972, chez Charlton (dessinée par John Severin, Al Williamson et Angelo Torres parmi d'autres) ; de *Mighty Marvel Western*, titre parapluie de Marvel essentiellement consacré aux rééditions à partir de 1968 ; de la reprise de cette formule par National Periodicals, améliorée toutefois par l'injection de nouveautés, comme « Jonah Hex », l'ex-officier sudiste dont chaque côté du visage représente le bien et le mal entre lesquels il est déchiré ; du *Red Wolf* de Lee et Gardner Fox, en 1972-1973 ? Sinon pour remarquer que, dans ce dernier, c'est la première fois que le redresseur de torts masqué (ici avec une tête de loup) est un Indien[104] et que, dans le précédent, sur les scénarios de Michael Fletcher, ce sont des Philippins et des Sud-Américains qui dessinent (Tony de Zuniga, Noly Panaligan, George Moliterni et José

---

[102] Surtout remémorée aujourd'hui à cause de l'histoire secondaire dessinée par Fritz Frazetta : « White Indian ».

[103] Sous la même couverture, une assez piètre série, « Bart Frisco », se fondait toutefois sur une curiosité narrative : le récit à la deuxième personne.

[104] Réminiscence des Indiens à tête de sanglier d'un des « Buffalo Bill » de Street and Smith ?

Luis Garcia Lopez) — comme les autres industries occidentales, la BD américaine découvrant un nouvel usage pour le Tiers Monde.

Peut-être davantage que pour tous ces vecteurs du western, on reconnaît facilement la nature industrielle du cinéma, à cause de l'importante mobilisation de capital préalable que chaque film exige. Mobilisation bien plus modeste à l'époque où le cinéma faisait la première partie de spectacles de vaudeville — documentaires, nouvelles, puis modèles théâtraux (drames, comédies...). A partir de 1907 se multiplient les *nickelodeons,* et le nombre de fictions produites dépasse celui des documentaires. Dès 1914, le pays compte 14 000 *nickelodeons,* et 30 millions de billets se vendent par semaine ; ce succès attire une foule d'entrepreneurs qui, inévitablement, se tournent vers le mythe de l'Ouest[105].

Et ils se tournent, pour la naissance du western américain, vers le mélodrame à quoi faisait écho l'actualité criminelle : une pièce de A.H. Wood (1897) et une véritable attaque de train (voir Ford, 1976 : 73). En 1903, une bande de hors-la-loi, dirigée par Kid Curry, le Sundance Kid et Butch Cassidy fait les manchettes ; resté seul, Kid Curry attaque un train dans le Colorado, est poursuivi et échappe à la capture en se suicidant. Pour les journaux, c'est une autre légende. Pour Edwin S. Porter (1869-1941), un ancien mécano et assistant de Thomas Edison, c'est l'actualisation inespérée du sujet de *The Great Train Express Robbery* (1903), premier classique du genre.

Sous le double patronage de la fiction et de l'actualité, ces dix minutes[106] alternaient décors naturels et décors de théâtre, attaque du train par les bandits, poursuite et bataille à coup de revolvers — le bandit moustachu allant même jusqu'à tirer frontalement, directement sur le public. D'où naîtront par émulation, pour l'action, les centaines de « Broncho Billy » de G.M. Anderson (1883-1971) et de « Bison » de Thomas H. Ince et Charles K. French[107] ; et, pour le montage, *The Birth of a Nation* de David W. Griffith[108] (1914) — rappelons que c'est en 1910 qu'est projeté le premier long métrage, un western justement : *The Life of Buffalo Bill,* de Joseph A. Golden — retour de cet emblème de la *Frontier* qui avait d'ailleurs lui-même été filmé pour les kinétoscopes d'Edison (voir Musser, 1996).

Un Edison partiellement responsable de la naissance de Hollywood pour avoir pourchassé les cinéastes afin de leur faire payer des droits sur l'utilisation de caméras ; le reste étant dû à la clémence des cieux californiens et à la qualité de leur lumière[109], mais aussi au succès d'un des premières grandes stars du genre : Tom Mix, un athlétique et photogénique ancien du 101 Ranch Real Wild West, qui fera carrière jusqu'en 1935.

Plus que l'arrivée du parlant, c'est la constitution du système des studios qui allait marquer les débuts d'une nouvelle ère pour le cinéma américain, dès la fin des années 20. Ce système, qui devait durer une vingtaine d'années (1930-1949), comportait plusieurs ingrédients : en amont, le contrôle sur les artisans et les acteurs par la spécialisation des tâches et un *star system* très contraignant ; également, la complémentarité des films A (à la diffusion soutenue par l'effort publicitaire) et des films B (à la dif-

---

[105] Sur le film western et l'histoire de Hollywood, on consultera J.-J. Depuis (1990), Patrick Brion (1992), Michael Coyne (1996), Douglas Gomery (1987), Michael J. Johnson (1996), J.-L. Leutrat (1973 et 1987), Lee O. Miller (1979), Kim Newman (1990), R. Parks (1974) et Jon Tuska (1988).

[106] Jusqu'en 1909, la durée moyenne des films est de quinze minutes. Entre 1910 et 1914, la durée moyenne des projections est d'une heure.

[107] Non pas le nom d'un héros éponyme mais de la maison de production — Bison Life Motion Pictures, partageant cet emblème de l'Ouest sauvage avec le billet de 10 $!

[108] Griffith avait déjà réalisé de nombreuses bandes western pour cette compagnie new-yorkaise (Ford, 1976 : 79-80). Pour le scénario, il s'était inspiré de nouvelles de Thomas Dixon. On sait que cette réhabilitation du Sud raciste déclencha de vives controverses

[109] Premier western hollywoodien, *The Law of the Range* d'Al Christie (1911)

fusion massive) ; en aval, le contrôle de la distribution en gros et de l'exploitation des salles de première exclusivité par les studios — ce qui repose sur une compréhension segmentée du marché : dans des zones géographiques définies, alternance de première, seconde et troisième exclusivités, entrecoupées de relâches, avec des prix d'entrée indexés sur la « fraîcheur » relative du film. La compétition entre les cinq plus grands studios était tempérée par une sorte de complémentarité ; en outre, durant les années 30, ils ne se montrèrent guère empressés à produire des westerns de série A.

Aussi, Paramount, premier des Big Five, se fit une spécialité des westerns à gros budget et à succès (les *epics*[110]) : *The Texas Rangers* de King Vidor (1936), *The Plainsman* (1935) et *Union Pacific* (1938) de Cecil B. DeMille ; il devait poursuivre dans les années 40 avec *Northwest Mounted Police* (1940) et *Unconquered* (1947). Dans la veine comique, Paramount eut du succès avec une histoire de Klondike de la série « Road to... », celle mettant en scène Bob Hope et Bing Crosby, *Road to Utopia* (1945) de Hal Walker.

Dans les années 30, aussi bien pour les autres membres du club des Big Five[111] que pour ceux des Little Three[112], les westerns à gros budget étaient plus l'exception que la règle : *Massacre* (1933) d'Alan Crossland chez Warner Bros ; *The Big Trail* (1930) de Raoul Walsh chez United Artists, le premier grand rôle de John Wayne et une des premières tentatives d'utilisation du *Giant Screen* ; ou le pas très fameux *Sutter's Gold* (1936) de James Cruze chez Universal...

Age d'or du genre (entre le 1er janvier 1940 et le 31 décembre 1949, 1 094 westerns furent tournés), et outre la tendance à transformer les truands de l'Ouest en héros — avec certaines réussites comme *When the Daltons Rode* (1940) de George Marshall, — les années 40 allaient voir les studios délaisser les grandes machines, dont l'utilisation est bien illustrée dans *They Died with Their Boots On* (1941) de Raoul Walsh, au profit de westerns à budget intermédiaire (comme *Saddle Tramp* (1950) de Hugo Fregonese). Le western allait aussi prendre un ton nouveau : classicisme des trois unités et somptueux paysage de Monument Valley du remarquable *Stagecoach* (1939) de John Ford ; un certain cynisme avec *The Westerner* (1940) de William Wyler (Roy Bean, propriétaire de saloon, admirateur de Lily Langtry, juge et unique représentant de la loi, fait exécuter dans la minute des accusés jugés par lui seul) ; érotisme de *The Outlaw* (1943) de Howard Hughes, Howard Hawks, Otho Lovering (avec Jane Russell comme l'enjeu d'une partie de poker entre Billy the Kid et Doc Holliday qui deviennent successivement ses amants — le film sera interdit aux Etats-Unis pendant deux ans)...

Lorsque, dans les années 30, en réponse à la baisse du pouvoir d'achat, est instaurée la pratique des séances doubles, le besoin se fait sentir de produire en grande quantité des films moins coûteux. Ces westerns de série B, héritiers des séries des années 20, allaient mettre à égalité grands studios et indépendants, dont deux petits studios surtout.

Republic débite du western au kilomètre pour le circuit des salles rurales. Quatre cents films avec ses deux grandes vedettes, les cow-boys chantants Gene Autry et Roy Rogers[113] — prenant la suite de Tom Mix, ils occupaient le nouveau créneau technique que le parlant venait d'ouvrir juste avant les débuts du studio (en 1935) ; mais aussi avec ses *Zorros* et, dans l'ordre du nombre

---

[110] C'est aussi Paramount qui, en 1923, avait produit *The Covered Wagon* de James Cruze, tiré du roman d'Emerson Hough, le premier de ces *epics*.
[111] Derrière Paramount, Metro-Goldwyn-Mayer, 20th Century Fox, Warner Bros et Radio-Keith-Orpheum.
[112] En ordre d'importance économique : Universal, Columbia et United Artists.
[113] Qui passeront à la télévision dans les années 50.

d'apparitions, des acteurs comme Allan Lane, Don « Red » Barry, Wild Bill Elliott, Monte Hale, Rex Allen, Bob Steele, Sunset Carson, Johnny Mack Brown... Seul John Wayne, grâce à *Stagecoach* réussira à s'évader de ce type de production, à quoi le destin de Republic était visiblement lié : les westerns (et les autres films) plus artistiquement et économiquement ambitieux, comme *Rio Grande* (1950) de John Ford la conduiront à sa ruine (en 1957).

Monogram[114] fait la même chose, de 1936 à 1947, avec ses *Cisco Kid* et ses *Rough Riders,* un *singing cow-boy,* Jimmy Wakely, et des acteurs (dans le même ordre) comme Bob Steele, Tim McCoy, Tex Ritter, Tom Keene[115], Rex Bell, Jack Randall et Johnny Mack Brown qui sera la star du lot. Parfois, la qualité de ces abondantes séries était meilleure que ce que ce mode de production laissait attendre (par exemple, dans celle de l'acteur Kermit Maynard) ; parfois, c'était cinématographiquement que l'un de ces films se singularisait (par exemple, *When a Man's a Man* (1935) d'Edward F. Kline) ; loin de la tentation psychologique, l'action constituait l'ossature du western de série B. Augmentation des coûts de production, cinématographie devenant miteuse (sauf peut-être les séries des Tim Holt chez RKO Radio ou des Rex Allen chez Republic), mènent, avant l'arrivée de la télévision, vers un fort déclin, que les nombreux amateurs regretteront — et c'est à Allied Artists que reviendra le dernier B : *Two Guns and a Badge* (1954) de Lewis D. Collins.

Au démantèlement du système des studios, troisième phase de l'histoire de Hollywood, correspond une longue crise du western, crise à épisodes. Les artisans des séries B s'adaptent aux règles imposées par ce nouveau média rapidement devenu déterminant qu'est la télévision. Des thèmes inédits et un désenchantement inconnu jusque-là se font jour dans quelques grandes productions du début des années 50 ; le genre en sera affecté pour longtemps.

Remise en question de l'homogénéité de la conquête de l'Ouest par l'aventure : *The Ox-Bow Incident* (1943) de William A. Wellman, avec son histoire de lynch injuste, remet en question la pureté de la communauté, de ses intentions, de sa sagesse, et Henry Fonda incarne même la nouvelle âme tourmentée qui caractérise le héros de cette période (par exemple, dans les films d'Anthony Mann, *Winchester 73* (1950), *The Naked Spur* (1953)...) ; Delmer Daves réalise *Broken Arrow* (1950), importante reconfiguration du contact entre Blancs et Indiens redonnant leur noblesse à ces derniers ; Henry King, *The Gunfighter* (1950), subtil remaniement du cliché du hors-la-loi-héros ; Fred Zinneman, *High Noon* (1952), qui, en pleine fureur maccarthyste, thématise la lâcheté de la communauté[116] ; George Stevens, *Shane* (1953), recadrage de la conventionnalisation de la violence — c'est Jack Palance, le tueur sadique, qui a ses rituels de mort, laquelle a soudain une réalité, poussiéreuse, sordide, désespérante...

L'image du héros se voit rongée, déshomogénéisée. Le voici alcoolique et malade (*Gunfight at the O.K. Corral* (1957) de John Sturges), à moitié invalide (*Rio Bravo* (1959) de Howard Hawks, qui prend systématiquement à contre-pied *Le Train sifflera trois fois* — voir Nogueira, 1972), répugnants et sans héroïsme (*Warlock* (1958) d'Edward Dmyrtyk). Se développe pendant trois décennies toute une veine de films thématisant le vieillissement du héros[117]. Sur le mode humoristique, dans *El Dorado* (1967) de Howard Hawks, une gâchette vieillissante vient assister son ami le shérif engagé dans une bataille avec un propriétaire terrien corrompu ; sur le mode poignant, dans *Ride the High Country* (1962) de Sam Peckinpah (avec des acteurs western eux-mêmes en fin de carrière, Randolph Scott — ce sera son dernier film — et Joel McCrea), deux vieux représentants de la loi engagés pour protéger un chargement d'or se retrouvent avec un jeune bagarreur et une jeune femme qui cherche à échapper à son mari ; puis dans *The Shootist* (1976) de

---

[114] Seconde mouture d'une entreprise de W. Ray Johnston dont la première avait été absorbée par Republic.

[115] Qui tourna aussi sous les noms de George Durya et Richard Powers.

[116] Outre ses qualités, le film dut une partie de son succès à la chanson thème « Si toi aussi tu m'abandonnes... ».

[117] D'autant plus convaincant qu'il accompagne le vieillissement des comédiens obligés du genre.

Don Siegel, une vieille gâchette est obligée par sa réputation de reprendre du service, malgré qu'elle se meure d'un cancer...

La modification de l'inspiration se fait aussi sentir dans d'autres strates de signification : par exemple, sont traités autrement des motifs obligés, comme celui de la violence armée, voire la gestuelle, le style vestimentaire ou discursif, les valeurs... Ainsi, *The Wild Bunch* (1969) de Sam Peckinpah descend peut-être de Stevens, mais plus encore du western-spaghetti.

Conséquence de la grave crise qui sévit à Hollywood en 1970 — rachat de MGM par Kirk Kerkorian, de Warner Bros/7 Arts par Kenny, éviction de Richard Zanuck de la 20th Century-Fox, jeu et mise en scène de Broadway qui colorent le genre[118], coûts de production, — le genre s'étiole. Encore brille-t-il de quelques feux qui, bien sûr, en cette période de profond déchirement politique du pays, ne font pas souvent l'unanimité (que l'on pense à *Little Big Man* (1969), d'Arthur Penn, ou à *A Man Called Horse* (1970) d'Elliott Silverstein). Alors qu'au début de la décennie suivante, le coûteux film de Michael Cimino, *Heaven's Gate* (1980), de 5 heures 25 minutes, est amputé de trois heures, en trois phases[119], et semble bien porter, au moins provisoirement, le peu glorieux titre de dernier western. Outre le retentissant échec commercial (il a coûté 36 millions de dollars), il est symbolique que ce soit justement cette complexe histoire de conflit au Wyoming entre immigrants européens et *land barons*, à quoi va se mêler un riche ex-étudiant de Harvard, qui hérite du titre. Alors que comme Wister dans le premier roman western, Cimino s'est inspiré de la Johnson County War de 1892, cette fois-ci, en massacrant les colons, la milice des propriétaires met trop de plomb dans l'aile de la légende de la conquête de l'Ouest pour le goût du public américain et des producteurs de Hollywood ; le film sent le soufre. Le genre tente de se survivre, anémiquement : il n'y aura que huit westerns entre janvier 1980 et décembre 1989 ; *Pale Rider* (1985) de Clint Eastwood et *Silverado* (1985) de Lawrence Kasdan, malgré toute leur nostalgie respectueuse, ne sortent pas le genre de sa léthargie. Un sursaut, timide, n'aura lieu que dans les années 90, après le succès de *Dances with the Wolves* (1990) de Kevin Costner et *Le Dernier des Mohicans* (1991).

Compétition et complémentarité, tel était l'empan des relations du cinéma et de la télévision[120]. D'une part, celle-ci devait offrir aux films une seconde carrière (ce qu'elle fait encore d'ailleurs, même après l'introduction de la location de vidéos). D'autre part, à la recherche du plus petit dénominateur commun pour le plus grand nombre, pendant ses premières décennies, en dévitalisant le western de série B hollywoodien et en tenant compte de nombreuses contraintes (techniques propres au média, espaces publicitaires, pressions des directeurs de stations et des commanditaires...), la télévision a développé un format à succès, la série télévisée, débauchant techniciens, capitaux et vieux héros qui, sans trop hésiter, se recyclèrent.

Le premier cowboy à faire le saut du cinéma à la télévision est Gene Autry. Vers 1947, il joue dans plusieurs séries dont *Range Rider, The Adventures of the Champion, Buffalo Bill*. En 1948, c'est au tour de William Boyd d'apparaître au petit écran dans le rôle d'Hopalong Cassidy (66

---

[118] Qu'on se souvienne de films comme *The Left-Handed Gun* (1958) d'Arthur Penn ou de son comble, *One Eyed Jacks* (1963) de Marlon Brando.

[119] Ce qui n'aide guère la compréhension du fil narratif. Sur le triste destin de ce film, voir Steven Bach (1999).

[120] Sur les séries western à la radio et à la télévision, on consultera Everett Aaker (1997), Ralph et Donna Brauer (1975), John Dunning (1976), Harris Lentz III (1996), J. Fred MacDonald (1987), Richard West (1987) et Gary A. Yoggy (1995).

épisodes jusqu'en 1954) ; la même année, George W. Trendle tente de sauver sa station de Detroit WXYZ et y parvient en reprenant le personnage radiophonique du *Lone Ranger* pour plus de 200 épisodes. En 1951, les séries western passent sur 62 chaînes (Parks, 1974) : *Alkali Ike* (1950), *The Cisco Kid* (1950, 156 épisodes), *Kit Carson* (1951), *Saturday Roundup* (1951), *Wild Bill Hickock* (1951-1956, 113 épisodes), *Roy Rogers* (1952, même si les téléspectateurs apprécient peut-être mal la brutalité des personnages, il n'en dure pas moins 104 épisodes), *Annie Oakley*[121] (1954, 81 épisodes).

Epoque du héros solitaire d'abord, du *westerner* modèle, du justicier sans peur, sans reproche, galant avec les femmes, pas fréquemment tenté par l'appât du gain, libre de ses mouvements et de ses engagements, indestructible et capable de toutes les prouesses athlétiques, modèle pour les enfants (ainsi, selon Trendle, sa série *Lone Ranger* cherchait à encourager le goût de l'aventure chez les enfants, en leur proposant des valeurs saines — le pays, Dieu, la grammaire, le tir juste et rapide, le respect de la vie humaine, — au lieu de susciter des cauchemars. Mais aussi époque des partenaires, comme dans des séries comme *The Cisco Kid* ou *Broken Arrow* où le héros a un alter ego drôle ou affublé d'un handicap (le Pancho du premier a un accent et un appétit exagérés, le partenaire de Zorro est muet).

A partir de 1955, les publicités Greyhound, Buick et Gulf remplacent celles de Kellog's Sugar Pop et General Mill's Cheerios, car les nouvelles séries visent un public d'adultes.

Parfois dérivées de succès de Hollywood, ces séries auront une longévité variable, de *Gunsmoke,* une série increvable (de 1955 à 1975, commencée en fait à la radio en 1952), aux séries plus modestes : *Brave Eagle* (1955-1956), *Buffalo Bill jr.* (1955), *Wyatt Earp* (1955-1961), *Cheyenne* (1955-1963, avec Clint Eastwood), *Broken Arrow* (1956-1958, du roman d'Elliot Arnold), *Frontier* (1955-1956), *Zane Grey Theater* (1956-1962), *Maverick* (1957, avec James Garner), *The Californians* (1957-1959), *Zorro* (1957-1959), *Have Gun Will Travel* (1957-1963), *Frontier Doctor* (1958), *Buckskin* (1958-1959), *Yancy Derringer* (1958-1959), *Boots and Saddle* (1957-1959), *The Restless Gun* (1957-1959), *Trackdown* (1957-1959), *Wagon Train* (1957-1965), *Bat Masterson* (1958-1961) *Wanted—Dead Or Alive* (1958-1961, avec Steve McQueen), *Cimarron City* (1958-1959), *Rough Riders* (1958-1959), *The Texan* (1958-1960), *The Rifleman* (1958-1963), *Black Saddle* (1959), *Man Without a Gun* (1959), *Bronco* (1959-1960), *Wichita Town* (1959-1960), *The Deputy* (1959-1961), *The Law of The Plainsman* (1959-1960)... A l'automne 1957, 28 nouvelles séries western sont télévisées à travers les Etats-Unis ; à partir de 1959, 32 séries s'y ajoutent.

En 1959 justement, une nouvelle formule fait un malheur : *Bonanza* surpasse toutes les autres séries en cote d'écoute, est exportée dans 90 pays, pour un auditoire évalué à 400 millions de téléspectateurs (Parks, 1974). Dans ces épisodes destinés à une consommation en famille, le clan Cartwright[122] doit son succès (de 1959 à 1973) d'avoir proposé un modèle, un milieu dans lequel le téléspectateur voudrait vivre. Autre mérite, cette formule améliore celle du héros solitaire ou des partenaires, en permettant des personnages moins colorés, moins libres mais plus variés : se multiplieront pères-patriarches (parfois veufs) ; mères fortes (la veuve Barbara Stanwyck qui dirige de main ferme ses quatre enfants adultes dans *The Big Valley*, de 1965 à 1969) ; aînés bras droit du père, moutons noirs ou fils prodigues..., vertueusement agrégés par la loyauté, la confiance, le support mutuel.

Solitaires, partenaires et familles peuvent bien se partager l'inspiration des scénaristes, dès 1961, les séries western doivent réévaluer leur format et refaire leur image après que de nouvelles séries (policières, SF, espionnage, comédies...) eurent accaparé le petit écran.

---

[121] *Annie Oakley* est la première série western dont le principal personnage est une femme. Elle n'est pas l'équivalent du héros masculin, défenseur de la loi et de l'ordre, cependant elle porte un fusil sur sa hanche droite et a un tir précis.

[122] Interprétée par Lorne Green, Pernell Roberts et Michael Landon.

La série *The Westerner* (1960) fait chou blanc, car sa mise en scène est trop réaliste pour le public. Les commanditaires forcent les producteurs à délaisser la série, mais ces derniers ne se découragent pas pour autant puisqu'en 1965 ils *jamesbondisent* le traditionnel héros western — *The Wild Wild West* connaît même une popularité qui semblait à jamais perdue pour ce genre. Même si quelques-unes connaissent un certain succès de 1965 à 1969 — *The Outlaws* (1960-1962), *Overland Trail* (1960), *Whispering Smith* (1961), *Frontier Circus* (1961-1962), *The Dakotas* (1963), *Daniel Boone* (1964-1970), *F Troop* (1965-1967, une parodie), *Laredo* (1965-1967), *The Big Valley* (1965-1969), *Pistols'n Petticoats* (1966-1967, une comédie), *Shane* (1966) *The Road West* (1966-1967), *The Rounders* (1966-1967), *Hondo* (1967), *Custer* (1967), *Cimarron Strip* (1967-1968), *Lancer* (1968-1970)... — les séries western tendent plutôt à perdre encore du terrain, au profit de nouvelles émissions[123]. Seule naît, en 1962, une série increvable, *The Virginian* (1962-1971).

En 1970, autre recul face à de nouvelles séries encore[124] ; le public du western devient moins intéressant pour les publicitaires (qui ne visent plus enfants, vieux, gens à faibles revenus, ruraux...). Comparée à la pléthorique phase antérieure, l'étique production des grands réseaux est en rapide décroissance.

The Young Rebels (1970-1971), *Cade's County* (1971-1972), *The Cowboys* (1974), *Barbary Coast* (1975-1976), *The Oregon Trail* (1977), *Grizzly Adams* (1977-1978), *Young Maverick* (1979-1980)... Déficit que ne parviennent à compenser ni de nouvelles formules comme *McCloud* (44 épisodes, de 1970 à 1972, hybride de western et de série policière à la new-yorkaise) ou *Kung Fu* (72 épisodes, de 1972 à 1975, hybride de western, de film de combat hong-kongais et de relecture communautariste de l'Ouest), ni les mini-séries comme *The Chisholms* de Mel Stuart (par CBS en 1979 : en trois épisodes, l'histoire d'une famille de pionniers se rendant de Virginie au Wyoming, pour finalement s'installer en Californie) ou *How the West Was Won* de Burt Kennedy et Daniel Mann (par ABC en 1978-1979 : après la mort du père, l'oncle trappeur emmène la famille s'installer dans l'Ouest sauvage), ni les films pour la télévision, comme *Nakia* de Leonard Horn (par ABC/Gems/Columbia en 1974, pilote pour une série tôt disparue : un *deputy sherif* indien est pris entre le désir de sa tribu de préserver un lieu historique et les citoyens blancs qui veulent le lotir), *I Will Fight No More Forever* de Richard T. Heffron (par ABC en 1975 : à partir de l'histoire du chef Joseph qui refuse de laisser enfermer les siens dans une réserve et les tente de les conduire au Canada malgré l'Armée) ou *The Mystic Warrior* de Richard T. Heffron (par ABC en 1984, film lent, réaliste : au début du XIXe siècle, un jeune Indien devient un chef...) Ni même le succès pourtant phénoménal de *Lonesome Dove* (1989), d'après le roman de McMurtry — mini-série qui, depuis, a fait des petits (*Lonesome Dove* (1992), *Lonesome Dove : The Series* (1992), *Lonesome Dove : The Outlaw Years* (1995), et autre *Return to Lonesome Dove*...)

Profondeur du mythe et étendue des échanges entre médias

Pourquoi cette insistance, peut-être intempestive, à étroitement lier l'imaginaire western aux industries de la culture médiatique américaine ? Pourquoi ne pas simplement s'en remettre à l'éventuelle séduction de cette hypothèse profonde selon quoi, pour rendre compte de l'efficacité de la séduction du récit paralittéraire, c'est à ses racines mythiques qu'il faudrait recourir ? En effet, on retrouve cet argument sous les plumes très différentes d'un Gary Hoppenstand (1987), d'une Juliette Raabe (1990) ou d'un Alain-Michel Boyer (1994). Chez le premier, le récit paralittéraire prouverait

---

[123] Comme *I Dream of Jeannie, The Monkees, Mission : Impossible, Green Acres, Mannix, Ironside, Adam 12, Hawaï Five-O, Tarzan, Star Trek, Batman, Marcus Welby M.D.*

[124] *The Partridge Family, M*A*S*H*, Columbo, The Streets of San Francisco...*

à l'Homme qu'il peut connaître la vie, déjouer la mort et stabiliser son existence ; chez la seconde, qu'il y aurait un continuum de l'imaginaire occidental de l'impossible rêve d'amour et de son éternelle séquence (que le récit peut prendre à n'importe quelle étape — rencontre, refus de l'amour, aveu et acceptation de l'amour ou manque d'amour). Le dernier, plus prudent, apporte de l'eau au moulin de la thèse du substrat oral de cette littérature : étudiant une centaine de romans western publiés aux Etats-Unis de 1877 à 1945[125], il montre qu'ils obéissent tous aux classiques enchaînements proppiens d'une trentaine de motifs narratifs, propres aux contes.

L'universalité de la séduction du western ne viendrait-elle pas de ce que l'Ouest serait un des universaux de l'imaginaire occidental ? En opposition au Sud civilisé, au Nord barbare et à l'Est mystérieux, l'Ouest ne serait-il pas le point cardinal du possible ? C'est dans un tel univers mental que baignait le Victor Hugo de « Fragment d'histoire[126] », où il prédisait que la civilisation, ayant eu son aurore en Orient, ayant déserté l'Asie pour l'Afrique et l'Afrique pour l'Europe, se dirigerait vers l'Amérique pour se rajeunir en fécondant une terre nouvelle :

> De ce foyer s'épandra sur le monde la lumière nouvelle, qui, loin de dessécher les anciens continents, leur redonnera peut-être chaleur, vie et jeunesse. Les quatre mondes deviendront frères dans un perpétuel embrassement. Aux trois théocraties successives d'Asie, d'Afrique et d'Europe, succédera la famille universelle. Le principe d'autorité fera place au principe de liberté, qui, pour être plus humain, n'est pas moins divin.

L'éventuelle séduction de cette hypothèse profonde ne doit toutefois pas oblitérer le risque de dévaluation des phénomènes de surface qu'elle entraîne ; rééquilibrons donc la profondeur du mythe par l'étendue, la surface, la superficialité (?) des échanges entre médias. En utilisant un fil conducteur : pour le récepteur, la profondeur de l'Ouest mythique est un artefact, une construction parfois induite par le film, le roman, la série télévisée, parfois par sa seule posture interprétative — de la même nature que l'hypothèse de Turner : virtuelle, mesurée à son efficacité interprétative, à son élégance synthétique. Or, l'histoire de l'imaginaire western aux Etats-Unis nous en apprend sur sa diffusion plus encore que sur cet ombilic reliant la culture médiatique au mythe ; si la culture populaire sert bien de ciment social, c'est au moins tout autant parce qu'elle suscite des pratiques culturelles communes, qu'elle fournit des histoires dont tous peuvent parler, dans lesquels tous peuvent se projeter que parce qu'elle renvoie à un passé mythique commun. La profondeur du mythe existe comme fonctionne l'authenticité : en tant que création renouvelée dans l'esprit du récepteur.

Rodéo, cirque, théâtre, *dime novels*, romans, *pulps*, magazines, BD, musique country, film, série et mini-série télévisées... et clubs pour la jeunesse (du style des « Buck Jones Rangers »), jouets et produits dérivés (du style du six-coups à pétard dans sa gaine en plastique) : dans la culture populaire américaine, le western se présente sous forme d'un feuilleté médiatique — qui, à son tour, a des incidences sur l'Ouest réel, depuis l'argumentaire pour vendre des voyages aux touristes jusqu'à celui pour promouvoir la mode vestimentaire (de l'uniforme jeans aux luxueuses bottes en lézard, des rouges à lèvres d'Estée Lauder[127] aux réinterprétations féminines du style macho

---

[125] Par des auteurs aussi différents que John Morrison (série des « Frank James »), Edward Wheeler (série des « Deadwood Dick »), colonel Prentiss Ingraham (série des « Buffalo Bill »), Zane Grey, Max Brand et Nelson Rye.

[126] Texte qui devait initialement faire partie de la préface de *Cromwell* et qui sera en fait publié dans la *Revue de Paris* de juin 1829.

[127] « The colors of the Great American Desert ».

des vêtements de cuir à franges, de Marlboro à Ralph Lauren...)[128]. Effets de surface sans doute, qui obligent pourtant à considérer non plus comme une contingence, comme un accident, le fait que tous ces médias narrent l'Ouest : ils ne le reproduisent pas, mais le produisent dans l'esprit de leurs récepteurs. L'Ouest comme univers tissé serré sorti des métiers des industries culturelles, l'Ouest de la transmédiatisation de ses histoires — également, l'Ouest qui n'a plus la durabilité des mythes des sociétés primitives : industrialisé, il est soumis aussi bien à l'obsolescence programmée et rapide de tous les produits de consommation qu'à la réévaluation idéologique de ce que la mythologisation avait caché (notamment la dépossession et, accessoirement, le génocide derrière la notion de *Manifest Destiny*[129], mais aussi le rôle des femmes, des hispanophones, des Noirs, des asiatiques... dans la conquête).

Dernier survol donc, celui de la fortune transmédiatique de l'imaginaire western aux Etats-Unis — transmédiatisation de la conquête de l'Ouest que l'on suivra dans les jeux de l'adaptation, de la sérialisation...

Adventures in Silverado (1948) de Phil Carlson est l'adaptation d'un récit de Robert Louis Stevenson *Silverado Squatters* dans lequel, après que la diligence où l'auteur a pris place eut été attaquée par un bandit masqué de grand chemin surnommé « le moine », et que le conducteur eut été soupçonné de collusion avec le bandit, le conducteur décide de capturer « le moine ». *Al Jennings of Oklahoma* (1950) de Ray Nazarro est l'adaptation d'une autobiographie, celle d'Al Jennings — histoire de l'avocat devenu hors-la-loi (puis vedette de cinéma et scénariste).

Histoire d'un destin de femme, le *best-seller* d'Edna Ferber (1887-1968), *Cimarron* ([1930] 1981) raconte la vie de Sabra qui, encore jeune fille, épouse un *drifter*, Yancy ; ils auront deux enfants. Au début, ils participent au *Cherokee Strip Land Rush* en Oklahoma. Yancy fonde un journal. Lors d'une attaque de la banque par la bande de Billy the Kid, il tue deux bandits ; puis l'homme responsable de l'assassinat de son prédécesseur ; enfin, malgré sa femme, il défend Dixie, accusée d'être une femme de mauvaise vie. Repris par son goût du vagabondage, il s'en va. Sabra devient éditrice du journal, puis personnalité politique de l'Etat. Malgré la mort accidentelle de son fils, elle poursuit sa trajectoire, devient grand-mère mais aussi matriarche de la ville. Le jour de l'inauguration d'une statue à la mémoire de son mari depuis longtemps disparu, elle se rend sur les lieux d'un accident dans un champ pétrolifère, retrouve Yancy dans l'une des victimes, juste à temps pour qu'il meure dans ses bras. Roman qui a connu deux adaptations : *Cimarron* (1931) de Wesley Ruggles seulement le troisième *epic* de l'ère du parlant — le premier western à avoir gagné un Oscar[130], sans doute parce qu'il n'obéissait guère aux lois du genre, — et *Cimarron* d'Anthony Mann (1960).

Un révérend chez les cow-boys (1974) de Max Ehrlich serait l'exemple d'un roman adapté en téléfilm (pour ABC, en 1974, par Daniel Petrie sous le titre de l'original, paru en 1972, *The Gun and the Pulpit*) : l'histoire classique du fuyard qui, déguisé en pasteur, se voit contraint d'affronter un tyran local — gagnant ainsi sa rédemption.

Plus rarement, c'est une BD qui devient un film. Republic pendant quinze ans s'était fait une spécialité des *serials*, souvent tirés de feuilletons radiophoniques ou de BD. On peut aussi rappeler *King of the Royal Mounted* (1936) de Howard Bretherton, à partir d'une BD qui avait surtout le mérite du point de vue commercial, de devoir ses premiers épisodes à Zane Grey[131] — Republic devait d'ailleurs en faire un *serial* en 1940.

---

[128] Sur l'Ouest et la culture médiatique américaine, on consultera William W. Savage (1979) et Richard Aquila (1996).

[129] Né en 1845 sous la plume de l'éditeur du *United States Magazine and Democratic Review*, John L. O'Sullivan, originellement tourné contre les gouvernements étrangers, s'opposant à l'annexion de la République du Texas.

[130] Beaucoup ont été en nomination depuis, mais il faudra attendre *Danse avec les loups* de Kevin Costner et *Unforgiven* de Clint Eastwood pour que des westerns l'obtiennent de nouveau, respectivement en 1990 et en 1992.

[131] A partir de 1935, dessiné par Jack Abbott, Allen Dean/Charles Flanders/Jim Gary.

La simplicité apparente, et productive, du processus d'adaptation ne devrait pas pour autant cacher des cas introduisant de la complexité, voire de la confusion.

Le film de George Marshall, *The Savage* (1952), est tiré du roman d'un auteur américain mais d'origine britannique, Leonard London Foreman (né en 1901), dont toute la force réside dans l'évocation des dernières années de l'autonomie de la nation sioux, que le scénario transforme en Apaches[132], et dans la thématisation d'un déchirement — celui d'un indien blanc : lors de l'attaque d'un convoi par les Comanches, deux enfants, West et Tally, sont sauvés par le courage d'un troisième, Jim. Arrivée des Sioux, qui à leur tour sauvent Jim. L'un d'eux adopte Jim qui prend le nom de Wapaha. Devenu adulte et guerrier sioux, il est envoyé espionner les projets des Blancs à Fort Lincoln — où se trouvent West, devenu lieutenant, et Tally ; mais les anciens amis ne se reconnaissent pas. Par contre, Jim/Wapaha est reconnu par le capitaine Vaughan qui avait tué sa sœur indienne. Il est jeté en prison d'où il s'enfuit. Bataille de Little Big Horn ; Jim/Wapaha est déchiré entre ses deux cultures ; au risque de sa vie, il sauve le capitaine Vaughan. Blessé, il est soigné par Tally et apprend au fur et à mesure les défaites indiennes. Il rejoint Sitting Bull au Canada d'où, expulsés, les Sioux doivent partir pour se laisser enfermer dans des réserves. West convainc Jim/Wapaha de revenir parmi les Blancs et d'épouser Tally.

Il y a plus compliqué : une histoire de vie, deux livres, un film. Ainsi, derrière le film de Sydney Pollack, *Jeremiah Johnson* (1972), se cachent plusieurs récits : l'histoire de John Johnston, devenue légendaire ; le roman de Vardis Fisher, *Mountain Man : A Novel of Male and Female in the Early American West* (1965) qui avait alors gagné le Prix Wrangler (décerné au meilleur roman historique western) du *National Cowboy Hall of Fame* ; l'histoire de Sam Minard, solitaire vivant retiré dans la montagne ; et la biographie, de John Johnson par Raymond W. Thorp et Robert Bunker, *Crow Killer* (1958).

Puis, le média prend des habitudes : certains romanciers semblent plus « visuels », et l'adaptation a ses chouchoux, chez les auteurs et chez les adaptateurs.

James Oliver Curwood a été adapté 55 fois au cinéma ; le *best-seller* Louis L'Amour a vu 45 de ses 101 titres adaptés au cinéma ou à la télévision (comme *Hondo* par John Farrow, 1953 ; *Catlow*, par Sam Wanamaker, 1971 ; *The Sacketts,* une adaptation pour la télévision par Robert Totten, 1979, NBC ; ou un insolite western-spaghetti réalisé par un Britannique et tiré d'un roman américain, *The Man Called Noon* (1973) de Peter Collinson, etc.) On a choisi 40 des 89 livres de Zane Grey, dont des non-fictions, entre 1904 et 1919, comme *The Border Legion* de Otto Brower et Edwin H. Knopf (1930 ; le roman datait de 1916 et avait déjà été filmé en 1919 et en 1924) ; *Arizona Mahoney*, de James Hogan (1936, d'après *Stairs of Sand*, 1929) ; *The Gunfighters*, George Waggner (1947, d'après *Twin Sombreros*, 1940) — ce qui en fit le premier millionnaire de la plume, avec un agent exclusif des Zane Grey Literary Properties et une Romer Grey Picture Corp. pour exploiter les Zane Grey Adventure Pictures, interprétées par Robert Mitchum. Autre chouchou, Max Brand ; non seulement 27 de ses romans ont-ils été adaptés — *A Holy Terror*, d'Irving Cummings (1931 : le joueur de polo revient dans l'Ouest venger son père) ou *My Outlaw Brother* d'Elliott Nugent (1951) — mais aussi son histoire du shérif jeune, timide et trop gentil pour sa fonction, qui tombe amoureux de la chanteuse de saloon, a connu plusieurs adaptations : *Destry Rides Again*, de Ben Stoloff (1932 ; sous le même titre, le film fameux de George Marshall, 1939) ; en couleurs mais sans égaler son classique, *Destry* du même Marshall (1955) ; *Frenchie* de Louis King (1951).

La pratique hollywoodienne du *remake* a permis à Zane Grey de porter, outre le titre glorieux d'auteur le plus adapté, celui d'auteur du roman le plus fréquemment adapté. Son *Lone Star Ranger* a connu pas moins de sept adaptations, en série B chez Fox, sous le titre *The Last of the Duanes*, en 1919 (avec William Farnum), en 1923, en 1924 (avec Tom Mix), en 1930, (un western chantant, plus une version espagnole *El último de los Vargas*), en 1941 (avec George Montgomery) et en 1942... ! *The Light of the Western Stars* d'Otto Brower et Edwin H. Knopf (1930), qui reprend en version parlante une histoire de Zane Grey filmée une première fois chez Sher-

---

[132] Le roman, *The Renegade* (1942) a été réédité en 1971, sous le titre *Decision at Little Big Horn*, et traduit en 1975, sous le titre *Aigle jaune*.

man/United en 1918, avec Dustin Farnum, et une seconde chez Paramount, avec Jack Holt : un cow-boy tombe amoureux de la sœur de son ami assassiné. Le représentant de la loi, complice du tueur, tente de s'approprier le ranch de la belle pour taxes impayées. Le héros vole à son tour l'or volé à son ami pour payer le ranch... *Sunset Pass* de Henry Hathaway (1933) adapte une histoire de Zane Grey : se faisant passer pour un cow-boy, un agent du gouvernement tente de démasquer une bande de voleurs de bétail et tombe amoureux de la sœur de celui qu'il croit être à la tête de la bande. Histoire déjà adaptée dans un film de 1929 chez Paramount, qui devait l'être encore en 1946 chez RKO. *Wild Horse Mesa* de Henry Hathaway (1933) parle de l'objection d'un entraîneur de chevaux à l'endroit du fil de fer barbelé, préoccupation d'une nouvelle de Zane Grey, dont un film de 1947 chez RKO reprend le titre, sinon le scénario... *Wagon Wheels* de Charles Barton (1934), qui reprend une histoire de caravane à travers les plaines de Zane Grey que Paramount avait déjà produite en 1931, *Fighting Caravans* d'Otto Brower et David Burton, en utilisant même des images du premier film. *Wanderer of the Wasteland* d'Otho Lovering (1935) qui reprend une classique histoire de Zane Grey (croyant à tort avoir tué son frère, un homme s'enfuit dans le désert, et y tombe amoureux) déjà produite par Paramount en 1924.

Le *remake* est parfois fait à partir d'un film étranger comme *The Torch* du Mexicain Emilio Fernandez (1950), *remake* pour le marché *gringo* de son propre film *Enamorada* (1946) : un chef rebelle qui, ayant pris une petite ville avec sa troupe, tombe amoureux de la fille de l'aristocrate espagnol local.

Le *remake* est parfois fait pour la télévision comme *The Still Trumpet*[133] (1957), *remake* de *Two Flags West*, de Robert Wise (1950) : histoire d'un groupe de prisonniers soldats confédérés, qui acceptent de protéger un fort contre une menace indienne malgré un officier nordiste plein de haine à l'endroit des sudistes.

Huit nouvelles et trois romans de Peter Bernard Kyne (1880-1957) devaient être adaptés entre 1908 et 1948. Mais le succès de *Three Godfathers* (1913), son roman qui fit l'objet du plus grand nombre de *remakes* à Hollywood — autour de Noël, les économies d'une petite ville, déposées à la banque locale, sont volées par trois hommes qui s'enfuient dans le désert, où ils trouvent une femme mourante et son bébé, lui promettent de s'en occuper et reviennent en ville pour faire face à leur destin — devait pousser Columbia à relever le prestige de l'affiche de certains de ses films de série B, notamment des films avec Charles Starrett comme *The Gallant Defender* (1935) de David Selmer ou *Code of the Range* (1935) de C.C. Coleman Jr., en attribuant aussi à Kyle des scénarios auxquels il n'avait pas contribué[134] !

Parmi les adaptateurs, je retiens un James Warner Bellah (1899-1976), lui-même romancier adapté, qui devait écrire plusieurs scénarios originaux ou adapter, seul ou avec d'autres, des textes d'autres romanciers. Les histoires de cavalerie de John Ford viennent des nouvelles de Bellah publiées dans le très anti-indien *Saturday Evening Post*[135] : *She Wore a Yellow Ribbon* (1948) de « Command » (1946) et « Big Hunt » (1947), *Fort Apache* (1948) de « Massacre » (1947), *Rio Grande* de « Mission with No Record » (1948) ; et *The Command* de David Butler (1955) de « Command » (1946), *A Thunder of Drums* de Joseph M. Newman, (1961) de « The White Invaders » (1954).

La *novélisation* est une inversion du processus : le film ou la série télévisée devient un roman.

Sept secondes en enfer de Robert W. Krepps est tiré (et traduit en 1966) du film *Hour of the*

---

[133] Par CBS/20th Century-Fox. Ce devait être un des épisodes de la série « The Twentieth Century-Fox Hour » sur CBS, en ondes entre 1955 et 1957.

[134] *Broncho Billy and the Baby* (1908) ; *The Three Godfathers* (1916) ; *Hell's Heroes* (1930) ; *The Three Godfathers* de Richard Boleslawski (1936) ; *The Three Godfathers* de John Ford (1948) ; *The Godchild* de John Badham, nouvelle adaptation pour la télévision (1974).

[135] *Sergeant Rutledge* (1960), de John Ford, est un scénario de Bellah et Willis Goldbeck ; *The Man Who Shot Liberty Valance* (1962), de John Ford, est aussi un scénario de Bellah et Goldbeck ; celui de *The Legend of Nigger Charley* (1972), de Martin Goldman, est du seul Bellah. Outre ces titres, mentionnons aussi *Massacre*, publié sous forme de livre en 1947, *The Apache* (1951), *Ordeal at Blood River* (1960), *A Thunder of Drums* (1961).

Gun (1967) de John Sturges, fait sur un scénario d'Edward Anhalt, d'après le roman de Douglas D. Martin *The Tombstone Epitaph* (1997), dont l'édition originale daterait de 1958, qui est en fait un recueil d'articles et d'anecdotes tirés du journal local *The Tombstone Epitaph,* racontant pour la nième fois le règlement de comptes à OK Corral, Wyatt Earp et Doc Holliday contre le clan Clanton. Alan Holmes a tiré quelques novélisations d'épisodes de la série télévisée « Bonanza » de NBC, originellement publiées en Angleterre, puis traduites dans la collection d'aventures « Point rouge » de Hachette, au début des années 70.

En guise de derniers tours de complexité, mentionnons l'internationalisation de la chaîne de substitutions et d'adaptations.

Rashomon, roman de Ryunosuke Akatugawa, a été adapté à l'écran par Kurosawa en 1951, est devenu à Hollywood *The Outrage* (1964) de Martin Ritt et a été novelisé la même année par Marvin H. Albert, sous le même titre, avant d'être traduit dans la « Série Noire » : *La Glace à quatre faces* (1966). Ou encore : *La Diligence vers l'Ouest* de Robert W. Krepps (1966), tiré du film *Stagecoach* de Gordon Douglas (1966), sur un scénario de Joseph Landon d'après le scénario du classique *Stagecoach* de John Ford que Dudley Nichols avait tiré de la nouvelle d'Ernst Haycox « Stage to Lordsburg », elle-même inspirée par « Boule-de-suif » de Guy de Maupassant !

L'une des caractéristique de la culture médiatique est sa propension à se produire et à se consommer en série(s). L'« œuvre » y serait la sérialisation selon l'auteur : romans présentés par les éditeurs comme du « Zane Grey », du « Max Brand », films connus comme « le dernier John Ford ». L'« œuvre », c'est le statut grand public de grand artiste, ou celui de petit maître, ces favoris des producteurs mais aussi, avec le *topos* du paradoxe, des critiques — comme Lesley Selander et ses 102 films ou Oscar « Budd » Boetticher, un certain succès critique chic, surtout chez les Français, avec les films mettant Randolph Scott en vedette.

Si l'on croise œuvre et adaptation, la signature de l'adapté à moins de chances de servir de signe de reconnaissance ; les 12 adaptations à l'écran, entre 1919 et 1928, de romans de William Mac Leod Raine (1871-1954) font moins série que la grosse centaine de romans de ce Britannique de Denver, publiés à partir de 1908.

L'éditeur est lui aussi source de sérialisation. Ainsi, les quelques anthologies constituées de textes publiés (et oubliés) en *pulps* ou en *slicks* servent-elles de mémoire au genre ; des recueils, comme les célèbres *Indian Country* (1953) et *The Hanging Tree* (1957) de Dorothy Mary Johnson[136] ont la même fonction consécratoire dans le genre, mais pour une seule auteure cette fois.

The Western Hall of Fame (An Anthology of Classic Western Stories Selected by The Western Writers of America), sous la direction de Bill Pronzini et Martin H. Greenberg (1984), comprend des textes de Stephen Crane, Mark Twain, Bret Harte, Zane Grey, Max Brand, Ernst Haycox (deux), Walter Tilburg Clark, Dorothy Mary Johnson (deux), S. Omar Barker, Jack Schaefer, Clay Fisher, Eugene Manlove Rhodes, Thomas Thompson et Lewis B. Patten ; et, la meilleure du genre, des mêmes anthologistes, *The Harbor House Treasury of Great Western Stories* (1982) des textes de Zane Grey, Max Brand, Luke Short, Ernst Haycox, Louis L'Amour, Alfred B. Guthrie, John Jakes, Elmore Leonard, Jack Schaefer, Dorothy Mary Johnson, William R. Cox, Steve Frazee, Brian Garfield, Evan Hunter, Marcia Muller, Bill Pronzini, Wayne D. Overholser, Stephen Overholser et Henry Wilson Allen[137], Mark Twain, Bret Harte, Jack London, Eugene Manlove Rhodes, O. Henry, Stewart Edward White, Stephen Crane, Owen Wister, Gertrude Atherton, Bertha Bower, Clarence E. Mulford, Emerson Hough, William Mac Leod Raine, Rex Beach.

---

[136] D'abord publiés chez Ballantine, à New York, ils ont été traduits en français, sous les titres *Contrée indienne* (1986) et *La Colline des potences* (1989).

[137] Qui signait aussi Clay Fisher et Will Henry.

A propos de collection, je rappelle que la distribution concentrique éditeur/collection/série éponyme habituelle dans l'édition paralittéraire française n'existe pas vraiment dans l'édition américaine du western et que *hard* et *soft cover* sont généralement l'affaire de maisons différentes ; très majoritairement les westerns sont publiés en livres de poche (des plus grandes maisons, telles que Bantam, Signet, Ballantine, etc., aux plus petites). Si en *hard cover* il y a quelques collections spécialisées, avec leurs propres appellations, notamment chez Doubleday et dans les presses universitaires localisées dans l'Ouest, d'habitude l'éditeur se contente de mentionner la « catégorie » générique (« western ») sur la tranche.

La plus connue des sérialisations est celle selon le héros, illustrée par une série à héros éponyme.

Dans le roman, ce sont les « Neal Fargo » de John Benteen ; « Chip of the Flying U » de Bertha M. Bower[138] (1871-1940) ; « Luke Starback, Range Detective » de Matthew Braun ; « Justice » de Frederick H. Christian ; « Wildcat O'Shea » de Jeff Clinton ; « Montana Abbott » d'Al Cody ; « Page Murdoch, US Marshal » de Loren D. Estleman ; « Rogue Bishop and Don Carlos de Risa » de L.L. Foreman ; « Edge », « Adam Steele » de George Gilman ; « Cuchillo Oro », « Apache » de William M. James ; « Wolf Caulder » de Will C. Knott ; « Ruf Justice » de Warren T. Longtree ; « Derby Buckingham » de Gary McCarthy ; « Larry and Streak », « Nevada Jim » de Marshal McCoy ; « Carmody » de Peter McCurtin ; « Stagecoach » de Hank Mitchum ; « Jim Bannister » de D.B. Newton...

Sérialisation qui bien entendu peut croiser la transmédiatisation, que ce soit autour d'un même héros fictif sériel (et de ses émules) ou d'un même personnage historique. Zorro est sorti de l'imagination, courte, de Johnson McCulley et du type du personnage paradoxal à la Mouron rouge[139] dans un feuilleton du *pulp All Story Weekly*, en 1919, « The Curse of Capistrano ». Il aurait sans doute sombré dans l'oubli sans le film de 1920, avec Douglas Fairbank (c'est seulement après le film que Grosset and Dunlap allait publier l'histoire sous forme de livre). A partir de 1936, Republic propose un *serial* en 12 parties, *The Vigilantes Are Coming*, qui croise le personnage de Zorro et celui de l'Aigle (à la suite du succès du film « russe » portant ce titre, avec Rudolph Valentino, en 1925) — ce qui donne l'Aigle (Robert Livingstone), un héros masqué, né de la révolte d'un jeune homme qui trouve, à son retour en Californie en 1844, son ranch pris par un général et ses cosaques. Puis devant le succès, retour de Zorro (Robert Livingstone) chez Republic, *The Bold Caballero* (1936), contre le méchant *Commandante* ; à quoi succède un descendant (John Carroll) contre le méchant qui s'en prend à la famille d'un petit propriétaire de chemin de fer, *Zorro Rides Again* (1937) de William Witney et John English (*serial* de 12 épisodes) ; puis de nouveau le retour de Zorro (Reed Hadley), *Zorro's Fighting Legion* (1939) de William Witney et John English, contre un don del Oro masqué qui effraie les crédules Indiens voyant un dieu en lui, alors que ce n'est qu'une canaille voulant s'approprier l'or destiné au gouvernement. En 1940, c'est un *remake* à la fois chic et plus socialement conscient de *The Mark of Zorro* par Rouben Mamoulian (au moment de la Guerre d'Espagne) ; puis le moulinage des *serials* chez Republic avec des budgets (et une imagination) de plus en plus réduits : *Zorro's Black Whip* (1944) de Gordon Bennet et Wallace Grissell, où le héros au fouet est maintenant une femme ; *The Ghost of Zorro* (1944) de Fred C. Brannon, avec le petit-fils de Zorro — et futur Lone Ranger Clayton Moore. La fin des droits d'utilisation du personnage et la médiocrité grandissante pouvaient laisser penser que *Don Daredevil Rides Again* (1951) de Fred C. Brannon et *The Man with the Steel Whip* (1954) de Franklin Adreon, mettraient un terme à la série. Que nenni : la télévision (Dysney) devait y aller d'une série de 78 épisodes entre 1957 et 1959, plus quatre autres en 1960-1961, et 20th Century-Fox d'un version-bouffe et homosexuelle du bretteur masqué, *Zorro, the Gay Blade* (1981) de Peter Medak, *The Mask of Zorro* (1998) de Martin Campbell[140].

---

[138] Le M. vaut pour Muzzy, son nom de jeune fille.
[139] Sur le modèle de la figure de rhétorique de l'oxymoron (« un silence éloquent »), il s'agit d'un type de personnage qui semble conjoindre des contraires — lâche en apparence, valeureux sous le masque ; efféminé en apparence, redoutable bretteur sous le masque, etc.
[140] Pour l'histoire des Zorros, voir Sandra R. Curtis (1999).

... Par ailleurs, être un personnage historique n'a pas empêché Billy the Kid de devenir sérialisé dans une douzaine de films dont une série avec Bob Steele. Quant à Wyatt Earp, son éventuelle mise en série aura plus été le fait des récepteurs que de l'industrie : *Frontier Marshal* (1934) de Lewis Seiler (première adaptation du roman de Stuart N. Lake *Wyatt Earp, Frontier Marshal*, de 1937[141]), *Frontier Marshal* (1939) d'Allan Dwan, *Tombstone, The Town Too Tough to Die* (1942) de William McCann, *Wichita* (1955) de Jacques Tourneur.

Michel Rolland nomme texte-acteur la sérialisation selon le spectateur, la série par l'acteur, les films western de John Wayne, Gary Cooper, Henry Fonda, Lee Marvin... Bien entendu, l'industrie culturelle s'en est emparée, notamment avec cette sérialisation selon l'acteur-héros qu'illustreraient les *Roy Rogers Comics*.

De 1944 à 1961 paraissent 158 numéros proches des scénarios des films, pas fameux, par contre avec souvent de bons dessinateurs (Peter Alvarado, Al McKimson, John Buscema, Nat Edson) ; les *comic books* ne présentent en outre qu'une seule des facettes de cette sérialisation (voir Robert W. Phillips, 1995).

Le processus d'adaptation et de sérialisation connaît des extensions naturelles. L'adaptation elle-même peut constituer une « série » éponyme après coup, comme la série des films sur Buffalo Bill, héros incarné par différents acteurs[142] — série, il est vrai, pertinente plutôt pour les *aficionados* ou les universitaires buffalobillologues...

Illustrons toutefois cinq cas de figure inventés par l'industrie culturelle : la transmédiatisation multiple d'une œuvre simple, la transmédiatisation simple mais sérialisée d'une œuvre sérielle, la transmédiatisation multiple d'une série éponyme, la transmédiatisation multiple d'un événement simple et la transmédiatisation multiple d'un univers de référence faisant tache d'huile. Sur l'extraordinaire fortune transmédiatique du *Dernier des Mohicans* dans la culture anglo-saxonne, sur l'abondance de ses reprises, de ses adaptations, de ses variations, des films aux assiettes peintes en passant par les BD, je ne rappelerai que la passionnante et définitive étude de Martin Baker et Roger Sabin au titre et au sous-titre éloquents : *The Lasting of the Mohicans (History of an Americain Myth)* (1996),

Devant l'échec de sa BD *Bronc Peeler,* dû sans doute à l'hésitation sur l'univers de référence, Fred Harman crée *Red Ryder,* le premier vrai western BD, en 1938.

Red Ryder Comics : 152 numéros entre 1940 et 1957, presque entièrement chez Dell, signés par Fred F. Harman mais écrits par des tâcherons bien moins inspirés. Le format devait permettre au récit de donner le devant de la scène tour à tour au jeune Indien, Little Beaver, et à la tante à

---

[141] Avec des illustrations de John McCornack. La version française (1956) citée dans la bibliographie est abrégée par rapport à l'original. Je rappelle que Stuart M. Lake était le nom de plume de Wyatt Earp lui-même.

[142] Paul Panzer dans *Life of Buffalo Bill* (1910) de Joseph A. Golden, George Waggner dans *The Iron Horse* (1924) de John Ford, Jack Hoxie dans *The Last Frontier* (1926) de George B. Seitz, Wallace Mac Donald dans *Fighting with Buffalo Bill* (1926) de Ray Taylor, Tom Tyler dans *Battling with Buffalo Bill* (1931) de Ray Taylor, Moroni Olsen dans *Annie Oakley* (1935) de George Stevens, James Ellison dans *The Plainsman* (1936) de Cecil B. DeMille, Ted Adams dans *Custer's Last Stand* (1936) d'Elmer Clifton, Roy Rogers dans *Young Buffalo Bill* (1940) de Joseph Kane, Joel Mac Crea dans *Buffalo Bill* (1944) de William A. Wellman, Richard Arlen dans *Buffalo Bill Rides Again* (1947) de Bernard B. Ray, Louis Calhern dans *Annie Get Your Gun* (1951) de George Sidney, Dickie Moore dans *Cody of the Pony Express* (1951) de Spencer Gordon Bennet, Clayton Moore dans *Buffalo Bill in the Tomahawk Territory* (1952) de Bernard B. Ray, Charlton Heston dans *Pony Express* (1953) de Jerry Hopper, Marshall Reed dans *Riding with Buffalo Bill* (1954) de Spencer Gordon Bennet, Malcolm Atterbury dans *Badman's Country* (1958) de Fred F. Sears, James McMullan dans *The Raiders* (1964) de Herschel Daugherty, Guy Stockwell dans *The Plainsman* (1968) de David Lowell Rich, Paul Newman dans *Buffalo Bill and the Indians* (1975) de Robert Altman...

poigne, Auntie Duchess ; a été repris par le faible Bob Mac Leod en 1960. L'œuvre est donc déjà sérielle.

Or, le cinéma s'en empare avec sept films de série B de Republic — n'ayant d'ailleurs pas le même acteur : transmédiatisation simple mais sérialisée d'une œuvre sérielle[143].

Créé en 1910 par Clarence E. Mulford dans son roman *Hopalong Cassidy*, le personnage éponyme devait être sérialisé. Puis, c'est incarné par William Boyd dans une série de plus de 60 films (Paramount) tournés entre 1935 et 1948, que le personnage allait atteindre un nouveau plateau de célébrité, lui-même élargi par la rediffusion des films très tôt au début de l'histoire de la télévision[144].

Devant ce succès, de 1949 à 1951, William Boyd devait reprendre le personnage dans une série télévisée — des épisodes d'une demi-heure, dont une première série avec Andy Clyde comme faire-valoir, puis une seconde avec Edgar Buchanan. En parallèle, Boyd et Clyde élargissaient encore davantage leur public avec une série radiophonique en 1949 (Mutual Radio Network). Non sans que la BD n'ait été mise à contribution elle aussi. Dès 1942, le numéro 33 de *Master Comics* (Fawcett) proposait six pages en fin de numéro (de Ralph Carlson et Harry Parkhurst) dans lesquelles le héros n'avait d'ailleurs pas le même faire-valoir qu'au cinéma : Mesquite Jenkins. En 1943, Fawcett essaie un numéro entièrement consacré au héros. En 1946, on publie régulièrement le titre. En 1948, Hopalong Cassidy est aussi un personnage dans *Western Hero* dont la publication commence. Après le succès de la série télévisée de 1949, Fawcett sort un deuxième *comic book* intitulé *Bill Boyd* avec un costume différent et un autre cheval. DC Comics prend la relève de 1954 à 1959 (avec Gil Kane comme artiste principal). En 1949, un *strip* apparaît dans les journaux avec Dan Spiegle (choisi par Boyd lui-même) qui durera jusqu'en 1955. On l'aura remarqué, dans cette la transmédiatisation multiple d'une série éponyme, l'auteur Clarence E. Mulford, devient moins déterminant que l'acteur, William Boyd, parallèlement au processus de réduction du mot imprimé — du livre le moins livre possible, au film, à la série télévisée, à la BD, aux costumes... Effacement de l'auteur qui devait connaître un autre tour, encore plus ironique : Louis L'Amour, le futur *best-seller* dont chaque nouvelle série devait s'efforcer de se débarrasser des précédentes, thématiser leur effacement, aura justement débuté par quatre *Hopalong Cassidy* — sous le pseudonyme Tex Burns chez Doubleday[145].

En guise d'illustration de la transmédiatisation multiple d'un événement simple, voici la bataille de Little Big Horn, cet épisode spécifique et emblématique de l'Histoire américaine, événement simple mais toujours déjà saisi par le discours.

Depuis *General Custer at Little Big Horn* (1926) de Harry Fraser, avec la compétition entre l'éclaireur et le méchant capitaine pour le cœur de la belle pionnière — c'est le méchant capitaine qui poussera les Sioux à la révolte, — jusqu'à *Custer of the West* (1967) de Robert Siodmak filmé en Espagne, en passant par *They Died with Their Boots On* (1941) de Raoul Walsh, *Little Big Horn* (1951) de Charles Marquis Warren, *The Great Sioux Massacre* (1965) de Sidney Salkow. Récits de fiction comme *Aigle jaune* de Leonard London Foreman (1942) ou *Bugles in the Af-*

---

[143] *Adventures of Red Ryder* (1940) de William Witney, *Marshal of Reno* (1944) de Wallace Grissell, *Lone Texas Ranger* (1945) de R.G. Springsteen, *Marshal of Laredo* (1945) de R.G. Springsteen, *Homesteader of Paradise Valley* (1947) de R.G. Springsteen, *Oregon Trail Scouts* (1947, pour les plus jeunes spectateurs), *The Fighting Redhead* (1949, un *revival*) de Lewis D. Collins.

[144] Par exemple, *Hopalong Cassidy* (1935) de Howard Bretherton, *Hopalong Cassidy Returns* (1936) de Nat Watt et *Hill Up of Wyoming* de Nat Watt (1937), *Range War* (1939) de Lesley Selander, *Outlaws of the Desert* (1941), *Riders of the Timberline* (1941), *Three Men from Texas* (1941) de Howard Bretherton et *Pirates on Horseback* (1941) de Lesley Selander, *The Leather Burners* (1943) de Harry Sherman, *Hoppy's Holiday* (1947) de George Archainbaud.

[145] *Hopalong Cassidy and The Riders of High Rock* (1951), *Hopalong Cassidy and the Rustlers of West Fork* (1951), *Hopalong Cassidy and the Trail to Seven Pines* (1952) et *Hopalong Cassidy Trouble Shooter* (1953).

ternoon d'Ernst Haycox (1944), le second plus fidèlement adapté par Ray Rowlands (1952), avec son histoire de rivalité amoureuse entre deux officiers ; récit historique comme *Custer's Last Campaign*, de John S. Gray, qui recevait le Spur Award pour la catégorie « Nonfiction » en 1991 ; écriture destinée à se faire oublier comme le scénario de *Last Stand at Little Bighorn* de Paul Stekler and James Welch, honorée par le Spur Award pour la catégorie « Television Documentary Script » en 1992[146].

Mais aussi increvable inspiration pour le cinéma, depuis *Custer's Last Fight* de Thomas H. Ince (1912) — un des tout premiers bons westerns...

Mais aussi adaptations pour la télévision : la série télévisée *Custer* (1967, ABC) n'a duré qu'un an après s'être attirée les foudres d'organisations amérindiennes ; une récente mini-série de deux fois deux heures, *Son of the Morning Star* (1991), était tirée du bon livre d'Evan S. Connell, *Son of the Morning Star* (1984).

Dans la BD, on retrouve « Custer's Massacre » dans *Westerners Comics*[147], ou Wild Bill Pecos à Little Big Horn, « Custer's Last Stand » dans *Cadet Gray*[148] dans laquelle le héros sériel, le cadet Gray de West Point, s'imagine au cœur de la bataille de Little Big Horn ; et, fondées sur la série télévisée de 1967, deux BD, une américaine et une britannique, *The Legend of Custer* et « Custer » dans *Tiger Annual*[149].

Dernier cas de figure : la transmédiatisation multiple d'un univers de référence faisant tache d'huile. Buffalo Bill, en inventant son propre personnage, en devenant son propre signe et en le gérant, s'était déjà mis à parasiter de nombreux médias, à papillonner de l'un à l'autre ; dérive passant de l'imprimé coloré des *dime novels* pour le théâtre avec un peu de texte et donné à l'intérieur, puis au spectacle de cirque le *Buffalo Bill's Wild West* redoublé par sa participation aux grandes expositions internationales et films dans lesquels Cody joue son propre rôle, enfin au personnage émancipé de William Cody infatigablement repris par le film et la BD. Or, on l'a vu, son très typique *Wild West* s'était enrichi en cours de route de beaucoup de numéros issus de cultures du cheval très éloignées de l'Ouest américain...

Après ce survol de cinq configurations de transmédiatisation selon le point de départ, voici maintenant cinq autres configurations selon la relation entre l'original et le dérivé : l'illustration, la transposition, l'emprunt, l'inspiration, la substitution.

Dans le premier cas, l'original est encore présent dans l'œuvre hybride finale. Ainsi, dans le roman illustré, texte et image partagent un espace commun comme dans ces multiples rééditions illustrées du fameux *Dernier des Mohicans*.

Un peu plus éloignée de l'original se trouverait la transposition. J'ai même déjà évoqué le cas d'une transposition libre avec le classique de John Ford, *Stagecoach* (1939), fondé sur une nouvelle d'Ernst Haycox, « Stage to Lordsburg », elle-même inspirée d'une nouvelle de Maupassant. Plus souvent, c'est la logique d'une industrie culturelle en assujettissant une autre à son profit, repérant une recette gagnante — ce qui expliquerait le succès à Hollywood des récits à formule de Luke Short[150] (alias Frederick Dilley Glidden — 1908-1975).

---

[146] On retrouvera en annexe les autres lauréats du Spur Award.

[147] St. Louis, Patches Communications, n°19, March 1949.

[148] New York, Dell, n°1, April 1958.

[149] Respectivement New York, Dell, n°1, January 1968 et London, IPC Magazines, 1970.

[150] *Ride the Man Down* (1939) de Joseph Kane : à la mort de son père, la fille d'un riche rancher doit se battre pour garder ses terres et est protégée par son contremaître. *Gunman's Chance* (1941) et *Blood on the Moon* (1948) de Robert Wise. *Ramrod* (1947) d'Andre de Thot : une bergère rebelle entrée en conflit avec son père engage un homme. *Albuquerque* (1948), parfois intitulé *Silver City*, de Ray Enright (avec Randolph Scott ; de *Dead Freight for Piute*, 1940) — en français : *La Descente infernale* ou *La Descente tragique* (et pour compliquer les choses, il y a plusieurs *Silver City* et au moins deux *Descentes infernales*) ! *Station West*

Et la qualité du traitement de l'original dans sa transmédiatisation trouverait dans le western de quoi s'illustrer abondamment. Généralement et sans surprise, les bons romans ne gagnent pas au change.

Voyez *A Distant Trumpet* (1960), qui a valu le Prix Pulitzer à son auteur, Paul Horgan. Profitant d'un changement de la ligne éditoriale franchement raciste du magazine *The Saturday Evening Post*, son feuilleton (sous le titre « The Captain's Lady ») raconte la carrière militaire d'un officier de bonne volonté, ses amours, sa mutation en Arizona, la menace de guerre et le conflit avec les Apaches, sa mission d'aboutir à leur reddition, ce qu'il obtient grâce à l'éclaireur apache Corne Blanche, puis, au mépris de la parole donnée, la déportation des Apaches par l'Armée, Corne Blanche compris, vers la Floride et la démission de l'officier désenchanté. Bon roman historique que la Warner et un Raoul Walsh vieillissant s'empresseront de transformer en navet en 1964, chapelet de clichés dans lequel par exemple la caricaturisation des Apaches n'est pas assez : il faut aller jusqu'à supprimer le personnage tragique de Corne Blanche pour le remplacer par un éclaireur blanc.

Autre aplatissement, moins catastrophique toutefois : le Sam Minard du roman de Vardis Fisher, *Mountain Man*. Il joue Bach à l'harmonica, chante de l'opéra dans les montagnes et récite de la poésie, mais mène aussi une implacable vendetta contre les Corbeaux qui ont tué sa femme indienne enceinte, coupant une oreille de toutes ses victimes, le tout sur fond de légendes racontées par les coureurs de bois. Héros contradictoire qui devient un Robert Redford romantique et écolo menant une vengeance *esthetically correct* — lorsqu'on compare à l'original — dans une nature qui, quoique effectivement visuellement impressionnante à l'écran, ne saurait se substituer au tressage des voix de légendes du roman.

Un cas paradoxal existe pourtant. L'assez quelconque récit de Max Brand, *Destry Rides Again* (1930), devait d'abord donner un fidèle, et donc assez quelconque film de série B de Ben Stoloff, en 1932, avec Tom Mix, dans son premier parlant et à l'époque de son déclin ; puis un classique du western, de George Marshall, en 1939, avec James Stewart et Marlene Dietrich[151] ; et un quelconque *remake* de Marshall, en 1955, en couleurs, avec Audie Murphy. Il arrive que pour quelques romans, surtout révisionnistes, les adaptations aient égalé la qualité de l'original. *The Ox-Bow Incident* (1943), film de William Wellman, tiré du fameux roman de Walter Van Tilburg Clark ; *Little Big Man* (1969), film d'Arthur Penn, tiré du roman de Thomas Berger ; *The Shootist* (1976), de Don Siegel, tiré du roman de Glendon Swarthout ; ou *Welcome to Hard Times* (1967), film de Burt Kennedy, tiré du roman de E.L. Doctorow (1960)...

Encore plus éloigné de l'original serait l'emprunt plus ou moins respectueux d'intrigues ou de personnages. Le destin du Cisco Kid est de ce point de vue assez spectaculaire.

Héros latino-californien, il apparaît pour la première fois sous les traits d'un bandit-justicier dans « The Caballero's Way » (1907), une nouvelle de O. Henry. Or, la seule chose que les transmédiatisations ultérieures ont emprunté à O. Henry, c'est le nom du personnage ! Il y a eu des

---

(1948) de Sydney Lanfield : un officier en mission secrète tente de découvrir qui se trouve derrière de mystérieux enlèvements. *Coroner Creek* (1948) de Ray Enright : voulant venger la mort de sa fiancée, un cow-boy s'associe avec la belle propriétaire de l'hôtel. *Ambush* (1949) de Sam Wood : conflit de l'éclaireur et de l'officier de cavalerie lors d'une mission où il doit récupérer une Blanche enlevée par des Indiens. *Vengeance Valley* (1951) de Richard Thorpe : le contremaître du ranch essaie de protéger son bon-à-rien de demi-frère jusqu'au jour où ce dernier tente de faire croire que c'est le contremaître et non pas lui, le père d'un enfant illégitime. *Silver City* (1951) de Byron Haskin : un mineur aide une jolie fille et son père à extraire l'or de leur propriété contre l'avidité d'un riche rancher qui voudrait pour lui et l'or et la fille.

[151] Après que les scénaristes Felix Jackson, Gertrude Purcell et Henry Myers eurent complètement refondu le scénario.

adaptations à l'époque du cinéma muet[152], un feuilleton radiophonique dans les années 1943 (Mutual) qui dura un an, avec la voix de Jackson Beck et une série télévisée[153] (Syndicated, 1950-1956). La récolte a été la plus féconde en BD : dès 1944, le justicier play-boy est repris dans un *comic book* éphémère dessiné par Charles A. Voight et édité par Bernard Bailey ; il est présent dans un fascicule homonyme — adapté des *serials* télévisés et illustrés notamment par Bob Jenney et publiés par Dell (41 numéros, entre 1950 et 1958). Le 15 janvier 1951, King Feature Syndicates en propose une version quotidienne, la meilleure, dessinée par l'argentin José Luis Salinas et scénarisée par Rod Reeney. Ce *daily strip* se prolonge jusqu'en 1968 ; puis est réédité aux Etats-Unis par K. Pierce[154].

L'image de Tom Mix ou de William Boyd devenus modèles pour des héros de BD western, c'est une affaire de mise en marché : le premier avec les 61 numéros d'une BD « céréalière », le second avec la série de *comic books* « Hopalong Cassidy » se dupliquant dûment en « Bill Boyd ». Toutefois, là où elle est moins empêtrée dans la question des droits de reproduction, c'est dans l'emprunt des visages d'acteurs : Belmondo pour Blueberry, chez Gir ; dans *Lucky Luke* de Morris, Jean Gabin (*Lucky Luke contre Joss Jamon*), Louis de Funès (*Le Bandit manchot*), Michel Simon (*Ruée sur l'Oklahoma*) ; plus récemment, en 1996, Sean Connery dans *Perle du Désert* de Desberg et Marini, chez Dargaud.

Passons un cran plus haut, et nous avons l'inspiration, non pas celle d'une œuvre précise mais celle d'un univers de référence, comme le rodéo.

Qu'on pense à *The Saddle Buster* de Fred Allen (1932) : un cow-boy du Montana se joint à une troupe de rodéo. Il a beaucoup de succès, ce qui excite bien des jalousies... ; à *Rodeo* de William Beaudine (1952) : une jeune femme sauve le show de son père après que des promoteurs véreux eurent abandonné ce dernier ; ou, pour la télévision, à *Rodeo Girl* (1980) : Jackie Cooper, pour combattre l'ennui propre à la vie d'épouse d'un homme de rodéo, forme une équipe féminine de rodéo qui obtient un grand succès — cette fois-ci, l'inspiration est plus spécifique, puisqu'elle émane de la vie de la championne Sue Pirtle.

Et, pour boucler la boucle, la substitution, l'original n'ayant jamais vu le jour — comme ce scénario avec quoi Raoul Walsh (réalisateur pourtant d'une vingtaine de westerns dont *Silver River*, *The Tall Men*, *The Lawless Breed* ou *The King and Four Queens* (1956), etc.) n'avait pas réussi à convaincre les producteurs de Hollywood et qu'il a transformé en roman : *La Colère des justes* (1972).

---

[152] Notamment dans *The Caballero's Way* (1914), *The Border Terror* (1919) de Harry Harvey. Warner Baxter dans *In Old Arizona* (1929) de Raoul Walsh, *The Cisco Kid* (1931) et *The Return of Cisco Kid* (1933) d'Irving Cummings. Cesar Romero dans *The Cisco Kid and the Lady* (1939) de Herbert I. Leeds, *Lucky Cisco Kid* (1940) de H. Bruce Humberstone, *Viva Cisco Kid* (1940) de Norman Foster. Duncan Renaldo dans *The Cisco Kid Returns* (1945) de John P. McCarthy, *In Old New Mexico* (1945) de Phil Rosen, *South of the Rio Grande* (1945) de Lambert Hillyer, *The Daring Caballero* (1949) de Wallace Fox, *The Girl from San Lorenzo* (1950) de Derwin Abrahams. Gilbert Roland dans *The Gay Cavalier* (1946) de William Nigh, *South of Monterey* (1946) de William Nigh, *Beauty and the Bandit* (1946) de William Nigh, *Riding the California Trail* (1947) de William Nigh, *Robin Hood of Monterey* (1947) de W. Christy Cabanne,...

[153] Avec Duncan Renaldo (alors âgé de 47 ans, originaire du New Jersey mais élevé à Versailles !) et Leo Carrillo dans le rôle de son acolyte, Pancho. Le cheval du héros s'appelle Diablo et celui de Pablo, Loco ! Une des premières séries en couleurs, de 156 épisodes d'une demi-heure chacun, à l'heure de grande écoute.

[154] Park Forest (Illinois), 1983.

Jusqu'ici la pêche a été fructueuse. En observant le seul western américain, on a pu repérer deux grands types de destin médiatique d'une œuvre, l'adaptation et la sérialisation, cinq grandes formes de transmédiatisation (multiple d'une œuvre simple, simple mais sérialisée d'une œuvre sérielle, multiple d'une série éponyme, multiple d'un événement simple et multiple d'un univers de référence faisant tache d'huile) et cinq degrés de présence de l'original dans le dérivé (illustration, transposition, emprunt, inspiration et substitution). Répétés, ils deviennent types, formes et degrés conventionnalisés ; conventionnalisation démultipliée par le cahier des charges idéologique propre à chaque média. Ainsi, le roman western ne sent pas autant que la télévision le poids d'amener la civilisation à tout prix au monde sauvage. Ou encore, comparez le traitement du chasseur de primes : un type relativement secondaire dans le film hollywoodien mais tout à fait primordial dans le western-spaghetti et les séries télévisées : tranquilles variations sur le cliché du bon-méchant dans le feuilleton pour consommation familiale *Wanted — Dead or Alive* contre solitaire entre deux clans, vicaire de toutes les violences dans le baroquisme esthétique parfois délirant du western-spaghetti. A l'inverse, bien plus que tel ou tel film réinventant le mythe de l'Ouest à la lumière de la *political correctness* contemporaine — à la suite du succès inattendu de *Dances with the Wolves* de Kevin Costner — comme *Bad Girls* (1994) de Jonathan Kaplan ou *Posse* (1993) de Mario Van Peebles, c'est la sérialisation fondant les feuilletons télévisés qui enfonce le clou de cette rectitude politique, jamais dans la demi-mesure : par exemple, *Dr Quinn Medecine Woman* ratisse large dans la culture télévisuelle pour son entreprise de récupération — série médicale, action et recours à la violence du western, *Indian romance* de l'inspiration sentimentale, mission civilisatrice de la femme professionnalisée, etc., — et permet de neutraliser l'un des aspects les moins reluisants de la conquête de l'Ouest, l'utilisation de maladies épidémiques comme arme bactériologique contre les Amérindiens — la première fois dans l'Histoire[155] ?

On n'a évoqué jusqu'ici le pôle de la réception dans la transmédiatisation que de manière tangentielle. La conventionnalisation agit-elle aussi là ? Malgré les inévitables effets de redites, l'abondant discours de la critique américaine savante sur le western est marqué par des moments déterminants ; sur le cinéma, l'importante étude de Will Wright, *Sixguns and Society* (1975), a fait époque, sa discussion, parfois vigoureuse, résultant à l'occasion en d'autres passionnants écrits savants — je pense notamment à l'essai de Christopher Frayling, *Spaghetti Western* (1981). Dans ce dernier cas toutefois, si l'on additionne à sa nature savante son sujet — un sous-genre mal reçu aux Etats-Unis, — son paradigme critique alors mal connu là-bas — les études culturelles — et son origine étrangère, on comprend la modestie de son impact sur le grand public américain, ce qui le place clairement à l'extérieur de la culture médiatique.

Or, c'est la réception à l'intérieur de cette culture médiatique justement que je voudrais viser pour conclure ce chapitre. Les postures critiques répétées à satiété ont eu le temps de se sédimenter, de devenir des modes d'appréhension toujours déjà là. En-

---

[155] Ce qui ne veut pas dire que l'histoire de chacun de ces médias soit lisse : la déterritorialisation de l'univers accompagnant l'individualisme américain disparaît de la BD western américaine des années 50, qui devient le véhicule d'une reterritorialisation nationaliste, maccarthyste particulièrement stridente — la déterritorialisation se trouvant alors déplacée du côté de la BD d'horreur (pas pour longtemps d'ailleurs : le pamphlet bien-pensant de Fredric Wertham, *Seduction of the Innocent,* date de 1954 et, plutôt que de se laisser imposer des règles par l'Etat, l'industrie instaure elle-même sa propre police des mœurs : *Comics Code Authority*).

tendons que ces modes d'appréhension n'effacent en rien les autres déterminations de la réception — inconsciente, socio-idéologique ou liée au contexte discursif dans lequel la réaction critique se fait, comme dans une conversation à la sortie d'un film. Mais les modes d'appréhension ont leur spécificité : ils déterminent une sorte de strabisme cognitif qui fait lire ou voir tel ou tel western, tout en gardant un œil sur quelque chose qui le dépasse. Dans les deux premiers modes, ce quelque chose est un référent — univers originel ou passé connaissable ; la réception de tel western se fait en référence au mythe de l'Ouest ou à l'Histoire de sa conquête. Le troisième mode serait celui induit par la transmédiatisation.

Régulièrement, pour rendre compte du succès du récit paralittéraire, refait surface l'hypothèse que, plus directement que les belles-lettres, il serait en prise directe avec un substrat culturel archaïque — mythe, tradition orale, — donnant sa valeur mythique à l'Ouest, l'un des universaux sur la boussole de l'imaginaire occidental incarné mieux qu'ailleurs par le continent américain. De quoi, selon la thèse codante de Turner, l'histoire américaine aurait tiré le concept la définissant, la *Frontier*[156]. En aval, l'analyse littéraire savante confirme ; derrière la bigarrure de toutes les fictions gît une même structure, selon Alain-Michel Boyer[157]. Avec un tel parrainage, on comprend que le récepteur ordinaire prenne plaisir à tel western tout en le jugeant second, dérivé de ce fameux et évidemment insaisissable mythe de l'Ouest[158].

Dans le second mode d'appréhension, en tant que « roman historique », le western se trouve justiciable de l'Histoire. Tout en accordant au créateur sa licence poétique, plus ou moins longtemps selon l'efficacité magique de la *suspension of disbelief* du récit, le récepteur ne l'en rapporte pas moins à un terme de comparaison historique, plus ou moins formellement convoqué comme interprétant dans la fiction elle-même — depuis celle mettant en scène un événement ou un personnage plus ou moins bien connu de l'histoire américaine, jusqu'à celle purement formulaïque qui, toutefois, ne peut totalement s'abstraire d'un espace et d'un temps tangentiellement proches de ceux de l'histoire de l'Ouest.

Adaptation et sérialisation constituent les voies royales de la culture médiatique par quoi s'incarne la tendance à l'extension maximale du processus de transmédiatisation. En fait, le motif du « populaire » dans le sens américain, économique, c'est moins le *topos* vertical, aristocratique de l'institution littéraire qualité *vs* quantité (la noblesse du goût contre le nivellement par le bas imposé par le grand nombre), que le *topos* horizontal de la nécessité cognitive, libidinale et idéologique de la familiarité du référent pour pouvoir s'adresser au plus grand nombre — une reterritorialisation de l'imagination par la répétition. Effort pour atténuer le strabisme cognitif des deux modes précédents qui incitent à garder un œil sur l'au-delà du western, que cet au-delà soit mythique ou historique ; avec l'adaptation et la sérialisation, l'industrie culturelle tente de harnacher l'interprétation, de permettre chez le récepteur l'émergence du sens sans recours à l'extérieur, par la seule série.

---

[156] L'influence de Turner s'est étendue tard au XXe siècle sur les historiens et les intellectuels américains. Que l'on considère par exemple, Henry Nash Smith (1950) ou R.W.B. Lewis (1955).

[157] Voir ci-dessus p. 181.

[158] Je signale qu'avec un autre corpus (les 64 films western ayant rapporté le plus entre 1931 et 1972 en Amérique du Nord, selon le *Motion Picture Herald*) une autre approche tout aussi structurale, et même plus puisque lévi-straussienne, comme celle de Will Wright (1977) repère en fait non plus un grand modèle syntagmatique mais quatre !

Que l'on se remémore l'espace occupé par le « Lone Ranger », surtout pendant ses deux grandes décennies, cette impression de vaste univers autarcique que la transmédiatisation créait[159].

De son vrai nom John Reid, ancien Texas Ranger devenu *free-lance*. Inventé en 1933 par le producteur George W. Trendle et le scénariste Fran Striker pour un feuilleton radiophonique qui devait durer jusqu'en 1954. Ont donné leur voix au Ranger : Jack Deeds, George Seaton, Brace Beemer et Earle W. Graser. Ce fut la plus durable de toutes les émissions de ce genre... La première émission fut diffusée à Detroit sur les ondes de WXYZ, puis par 17 compagnies à travers les Etats-Unis.

Fran Striker a écrit 17 romans entre 1936 et 1957.

Un *pulp magazine,* éphémère il est vrai, était consacré au Ranger en 1937.

Il a aussi fait son apparition dans les Big Little Books durant les années 40 et dans d'innombrables *comics* (*comic strips* et *comic books*). Le premier des Big Little Books est paru en 1935, basé sur les *scripts* de deux émissions de radio, avec des illustrations de Hal Arbo. Une dernière parution en Big Little Books en 1968. Le 11 septembre 1938, King Feature inaugurait un *comic strip* avec comme artistes Ed Kressy, puis sa femme, et Jon L. Blummer. En janvier 1939, Charles Flanders prenait la relève en donnant au Ranger une allure et une touche plus viriles. La bande ressemblait aux émissions de radio, et les *scripts* étaient de Fran Striker. Le *strip* a continué jusqu'en septembre 1971 et, dans les dernières années, il était dessiné par Paul S. Newman.

Le Ranger est entré dans les *comic books* dès 1939. D'abord sous forme d'une histoire complète due à Vallely, et pour appuyer une promotion de cornets de crème glacée ! La même année, la compagnie McKay publiait une version en noir et blanc du *strip* d'Ed Kressy, reprise dans *Magic Comics* et *King Comics*. Ils ont aussi publié quatre numéros de *Future Comics*, avec des rééditions des aventures du Ranger.

Dell a commencé sa propre série de réimpressions au milieu des années 40, la convertissant en publication bimensuelle en 1948, avec des reprises du matériel de Flanders jusqu'au numéro 37. Après quoi ce devait être des aventures originales dessinées par Tom Gill et son équipe. Dans les années 50, le Ranger était tellement populaire à la télévision que Dell sortit un *comic book* consacré à Tonto, *The Lone Ranger's Companion Tonto* (33 numéros, de 1951 à 1959) et un autre à son cheval Silver : *The Lone Ranger's Famous Horse Hi-Yo Silver* (36 numéros, de 1951 à 1960).

Longtemps après l'âge d'or du Ranger, à la suite de la diffusion du film de 1981, le *New York Times* prépara un nouveau *strip*, avec des dessins de Russ Heath et un scénario de Cary Bates, destiné à la diffusion par agence (*syndication*) ; l'échec du film entraîna le faible succès de cette BD : une soixantaine de journaux peu importants le reprirent jusqu'au dimanche 14 avril 1984.

Au cinéma, il a fait carrière dans les *serials* : *The Lone Ranger* (1938) avec Lee Powell (Universal, 15 épisodes) et *The Lone Ranger Rides Again* (1939) avec Robert Livingstone.

Il est passé à la télévision après la Seconde Guerre mondiale, interprété par Clayton Moore dans près de 200 épisodes (ABC, de 1949 à 1957) avec Jay Silverheel (un authentique Indien) dans le rôle de Tonto.

Enfin, il y eut deux films (issus des séries) : *The Lone Ranger* (1956) de Stuart Heisler, et *The Lone Ranger and the Lost City of God* (1958), de Lesley Selander. *The Legend of the Lone Ranger* (1981) devait être un échec filmique et commercial (de William A. Fraker) avec Klinton Spilsbury. Et une série de dessins animés télévisés de 1966 à 1969.

La culture médiatique profite au maximum d'un succès, d'une formule, saute dans le train au moment où il passe ; ce qui implique de tenir pour la plus petite possible l'irréductibilité des différents supports si l'on veut identifier un ensemble multimédiatique par son héros, de préférence récurrent. Cette tendance lourde est à peine contrariée par de petits dysfonctionnements ; tandis que se posait pour les illustrateurs le problème de donner un corps, une allure, une réalité au Lone Ranger radio-

---

[159] Autarcie qui n'invite à comparer ni à l'histoire du corps des Texas Rangers, ni à la légende de Persée (malgré la suggestion de John G. Cawelti).

phonique, à une voix, l'apparence du héros changeait de livre en livre selon l'imagination des illustrateurs[160] ; ce n'est qu'en 1940 que les cinq parutions illustrées par Henry Valley représentèrent un héros graphiquement stabilisé, ressemblant à celui des *serials* — raté esthétique qui n'empêcha pas le dernier Big Little Book de paraître en 1968, plus de trente ans après le premier.

Cette pente vers la familiarité n'est d'ailleurs pas le fait du seul émetteur, ni de la seule industrie culturelle américaine. Ainsi, alors que dans les films originaux les personnages incarnés par un même acteur, William S. Hart, n'avaient rien de commun entre eux, cette dizaine de films western des origines a été présentée par les distributeurs français affublée du faux titre « Rio Jim », créant une sérialisation après-coup.

Et, à l'autre extrémité de l'histoire du genre, la série *Gunsmoke* qui avait déjà une longue carrière, commencée à la radio en 1952, devenue une série télévisée en 1955 (et jusqu'en 1975), connaît une nouvelle vie fétichisée par une communauté de fans avec ses rituels, sa sainte encyclopédie, *Gunsmoke : A Complete History and Analysis of the Legendary Broadcast Series with a Comprehensive Episode-by-Episode Guide to Both the Radio and Television Programs* de Suz-Anne & Gabor Barabas, son église virtuelle sur la Toile[161].

Décidément, avec la conquête de l'Ouest et un tel mode d'emploi, triple, la culture médiatique américaine pouvait bien tenter la conquête du reste.

---

[160] Même sur des récits homogènes de Fran Striker ou de Buck Wilson (nom de plume de Gaylord Dubois).

[161] Publiée à Jefferson (NC), chez McFarland, en 1990. Elle comporte 848 pages, 241 photos, des entrevues, des références, des bibliographies... Sur Internet : http://comp.uark.edu./~tsnyder/gunsmoke/.

4.
La conquête du western

Exportation de la culture médiatique américaine...
mais aussi registre complémentaire
des productions médiatiques nationales ?

Après la conquête de l'Ouest, c'est avec sa fictionnalisation que l'industrie culturelle américaine allait se lancer à la conquête des massmédias qui, à leur tour se jetteraient à la conquête des marchés culturels mondiaux, toujours avec la représentation de la conquête de l'Ouest ; logique de marché en expansion habillée dans les défroques démocratiques de l'accessibilité universelle, du partage sans frontières du rêve américain. Telle serait la représentation exportatrice, la conception diffusionniste qui vient spontanément à la critique culturelle du genre : le western sert d'outil et de forme à l'impérialisme économique américain. La représentation est tellement évidente qu'elle n'est vraisemblablement pas sans pertinence ; aussi faut-il d'abord en pointer deux composantes, deux domaines qui mériteraient investigation : la consommation de westerns hollywoodiens en Europe, notamment dans des pays qui avaient une forte industrie cinématographique propre, et le modèle de diffusion concentrique — à partir de l'Ouest américain géographiquement et historiquement circonscrit jusqu'au mythe universalisable et, partant, exportable.

L'article de Pascal Griset « Fondation et empire : l'hégémonie américaine dans les communications internationales 1919-1980 » (1991) a le mérite de remettre en perspective les stratégies d'occupation du terrain par l'industrie américaine, aussi bien quant au matériel de télécommunication que quant aux contenus d'information et de distraction. Il est ainsi très révélateur de rapprocher la politique de recherche et développement dans les technologies de télécommunication (chez GE, AT & T, Westinghouse, RCA s'alimentant dès 1919 à leurs brevets) de la montée en puissance des agences de presse américaines (sur le terrain laissé vacant par les agences européennes pendant la Guerre de 1914-1918), et de la multiplication par six des importations européennes de films (du début de la guerre à 1919, les recettes de Hollywood en France sont passées en effet de 200 000 à 1 300 000 francs or[1]). Hollywood allait

---

[1] Pour ce qui est des genres représentés, on préférera suivre l'information de Francis Lacassin (1994).

devenir l'usine à rêves, une grosse industrie dès les années 20, employant environ 100 000 personnes en 1929. Hollywood allait partir à la conquête de marchés extérieurs — pour fédérer les efforts de l'industrie cinématographique, un cartel, Motion Picture Producers and Distributors of America (MPPDA), est fondé en 1922[2]. Initialement, l'Etat français fit preuve d'une certaine ambivalence : lorsqu'en 1926, après avoir pris la direction de Gaumont à travers la Gaumont-Metro-Goldwyn, Marcus Loew introduisit un style américain dans son réseau français, il reçut la Légion d'honneur (Segrave, 1997 : 27-28) ; toutefois, puisque les Américains occupaient 85% du marché français et que les Français ne réussissaient à placer sur le marché américain que 8 films[3], le gouvernement édicta un décret protectionniste en 1928 — rapidement édulcoré sous la pression conjuguée de l'industrie et du gouvernement américains et des propriétaires français de salles[4]. Ce qui n'empêcha nullement les pressions américaines de reprendre dès 1929, par exemple par le congédiement par les Majors à Hollywood d'un millier de leurs employés d'origine française, ou par une campagne de presse présentant les demandes de réciprocité françaises comme des menaces d'invasion du marché américain ! Dans les années 30, presque 70% des films projetés annuellement en France étaient américains. C'est que la rapide croissance des coûts de production et la saturation du marché national contraignaient les Majors à lorgner sur les marchés étrangers, avec l'avantage commercial de produits déjà largement amortis sur le marché intérieur, et l'avantage esthétique de la fuite des talents vers Hollywood.

Dans le domaine spécifique du western, on est toutefois bien loin d'une synergie entre industries culturelles américaines. Après la première irruption du western populaire dans le nouveau marché massmédiatique européen avec le Buffalo Bill's Wild West et les importations paralittéraires d'Eichler, un creux dans le western paralittéraire de l'après-guerre correspond à ce premier effort des MPPDA pour conquérir des marchés européens, notamment dans le bas de gamme, avec des produits sérialisés comme les *serials* de « Tom Mix » (270 entre 1910 et 1935) ou les « Bronco Bill », « Arizona Bill », « Rio Jim » : non seulement la BD western ou, plus encore, le roman western américain ne profitent pas de la locomotive hollywoodienne, mais le public du genre semble avoir déserté la lecture pour les salles obscures.

La rapide défaite militaire de la France devait attrister Hollywood, qui trouva à se consoler dans le fait que peu de salles de cinéma avaient été détruites, ce qui effectivement laissait de l'espoir[5] ! A partir de 1945, une politique homogène entre les agences gouvernementales et l'industrie privée américaines est mise en place. Si on connaît bien les efforts de propagande (Voice of America puis Radio Free Europe), on connaît peut-être moins bien les énormes exportations de matériel radio et de téléphonie vers l'Europe ou les effets des accords Blum-Byrnes de 1946 : contre l'effacement de la dette, l'ouverture plus grande encore du marché français aux produits culturels américains — et au premier chef, les 1 400 films américains produits pen-

---

[2] Les MPPDA eurent bien d'autres fonctions, comme celle d'édicter les 11 « Don't » et 26 « Be careful » du fameux *Hays'Code*, sorte d'autocensure de l'industrie.

[3] En 1927 (Segrave, 1997 : 37). Et encore, les films étrangers étaient généralement acquis en tant qu'une sorte de droit d'entrée sur un marché national : souvent ils n'étaient même pas diffusés dans les salles américaines.

[4] Joints dans le réveil de la chicane en 1934, après l'avènement du parlant, par les acteurs doublant les films américains.

[5] « France's Capitulation Means Complete Blackout of Europe for U.S. Pix » (*Variety*, vol. 139, n°12, June 1940, cité dans Segrave, 1997 : 121).

dant la guerre et qui n'avaient pas encore été vus par le public français. Le coup est rude pour le cinéma français qui voit décroître très rapidement la production de ses films, environ dix fois plus coûteux à produire que la somme demandée pour la location d'un film américain. Au premier semestre de 1947, les spectateurs français avaient sur leurs écrans 54 films français contre 338 films américains ! Déséquilibre conjoncturel qui se corrigera certes (en 1956, on passe à 50% de films français contre 33% de films américains et 17% d'autres origines), mais qui montre à la fois l'ampleur de l'impact de l'industrie cinématographique américaine, la stabilisation d'une tendance et l'instauration de rôles pour les partenaires dans ce marché. C'est en 1961 que le gouvernement français lève toutes les restrictions sur les films étrangers ; et c'est en 1986 que les profits du cinéma américain sur le marché français dépassent pour la première fois ceux des films français. Cinématographiquement parlant, à l'instar des autres pays européens, la France vue par Hollywood n'est qu'un marché, un réceptacle.

En 1960, à la fin de la grande époque du western, sur 139 films américains diffusés en France, 17 étaient des westerns.

Le Vent de la plaine [*The Unforgiven*] (1960) de John Huston
Les Sept Mercenaires [*The Magnificent Seven*] (1960) de John Sturges
Le Sergent noir [*Sergeant Rutledge*] (1960) de John Ford
Alamo. [*The Alamo*] (1960) de John Wayne
Le Bourreau du Nevada [*The Hangman*] (1959) de Michel Curtiz
La Chevauchée du retour [*The Ride Back*] (1957) d'Allen H. Miller
Le Diable dans la peau [*Hell Bent for Leather*] (1960) de George Sherman
Escorte pour l'Orégon [*Escort West*] (1958) de Francis D. Lyon
Frontière sauvage [*Frontier Rangers*] (1959) de Jacques Tourneur
Fusillade à Tucson [*Gunsmoke in Tucson*] (1960) de Thomas Carr
L'Homme au bandeau noir [*Black Patch*] (1956) d'Allen H. Miner
Les Hors-la-loi [*One Foot in Hell*] (1960) de James B. Clark
Le Justicier masqué [*The Lone Ranger and the Lost City of Gold*] (1958) de Lesley Selander
Le Repaire de l'Aigle Noir [*Oregon Passage*] (1958) de Paul Landres
La Ruée vers l'Ouest [*Cimarron*] (1960) d'Anthony Mann
Les Sept Chemins du couchant [*Seven Ways from Sundown*] (1960) de Harry Keller
Violence au Kansas [*The Jayhawkers*] (1959) de Melvin Frank

Dix ans plus tard, au faîte de la mode du western-spaghetti pourtant, 18 westerns hollywoodiens étaient distribués.

Barquero (1970) de Gordon Douglas
Butch Cassidy et le Kid [*Butch Cassidy and the Sundance Kid*] (1969) de George Roy Hill
Le Californien [*Guns of Diablo*] (1964) de Boris Sagal
Cent dollars pour un shérif [*True Grit*] (1969) de Henry Hathaway
Charro ! (1969) de Charles Marquis Warren
Chisum (1970) d'Andrew Mc Laglen
El Condor (1970) de John Guillermin
L'Homme de l'Arizona [*Tall T*] (1957) de Budd Boetticher
Marqué au fer rouge [*Ride beyond Vengeance*] (1965) de Bernard McEveety
L'Ouest en feu [*Day of the Landgrabber*] (1969) de Nathan Juran
Plus mort que vif [*More Dead than Alive*] (1969) de Robert Spaar
Sierra torride [*Two Mules for Sister Sara*] (1969) de Don Siegel
Un homme fait la loi [*The Good Guys and the Bad Guys*] (1969) de Burt Kennedy
Un homme nommé cheval [*A Man called Horse*] (1970) d'Elliott Silverstein
Un nommé Cable Hogue [*The Ballad of Cable Hogue*] (1969) de Sam Peckinpah
La Vengeance du shérif [*Young Billy Young*] (1968) de Burt Kennedy
Le Plus grand des hold-up [*Great Bank Robbery*] (1968) de Hy Averback

Le Reptile [*There was a Crooked Man*] (1970) de Joseph L. Mankiewicz

S'y adjoignaient aussi deux westerns érotiques :

L'Eperon brûlant [*Hot Spur*] (1969) de Robert L. Frost
Les Charognards [*Scavengers*] (1970) de Robert L. Frost

Dernier signe de la position hégémonique de Hollywood dans le « marché de l'Ouest » : peut-être plus qu'à l'édition western américaine, c'est à la disparition des films américains que semble correspondre la disparition du roman western en France au début des années 80. Et encore ne discute-t-on pas des relais pris par le reste de la culture médiatique américaine, comme l'incidence de ses séries télévisées western ; ainsi, suite à la diffusion de *Bonanza,* devait paraître le mensuel *Bonanza : vedettes TV,* un produit dérivé de la Société anonyme générale d'édition (48 numéros entre 1965 et 1972).

En fait, l'établissement de la dominance américaine dans la culture médiatique correspondait à la fascination exercée par la culture médiatique américaine ailleurs, notamment en Europe — conjonction qui dans le monde anglo-saxon devait se penser sous le nom de « superculture[6] », notamment dans sa version optimiste chez C.W.E. Bigsby (1975) : « Détachée des réalités matérielles et psychologiques qui l'avaient mise au jour, la culture populaire américaine prend une nouvelle identité. Changeant de forme à chaque rencontre d'une autre culture nationale, elle devient une superculture, un réservoir de valeurs changeantes et d'images éclaboussant la conscience de la fin du XXe siècle de couleurs primaires[7] » (1975 : 27).

Un exemple emblématique où, exhibé, l'univers du western se met clairement au service d'une tentative internationale de conquête de marché ? Le cow-boy Marlboro. Première marque de cigarettes aux Etats-Unis depuis 1976, avec un quart du marché, surtout des jeunes, Marlboro est surtout la marque la mieux vendue dans le monde (peut-être le cinquième du marché). Or, cette performance commerciale se double d'une performance publicitaire[8] : le succès et la longévité de l'invention d'un territoire publicitaire western, intemporel et universel, le Marlboro country. D'une cigarette que Philip Morris avait initialement destinée à un public féminin, dès 1954, le publicitaire Leo Burnett fait un signe de virilité qui, avec son cow-boy en 1964, s'implante définitivement. Le taux de reconnaissance par le public du produit promu est tel — sans doute le plus élevé, pour la campagne de pub la plus longue de l'histoire de cette industrie, — que le message d'explicite qu'il était (« Come to where the flavor is... Come to Marlboro country ») peut se permettre de devenir de plus en plus elliptique, sans cesser pour autant d'être reconnu (« Ma. lb. ro »).

Analysant les ressorts rhétoriques de cette campagne, Philippe Sohet (1997) en souligne les deux composantes : l'homme et la nature. A propos du premier, le cow-boy, il remarque que l'on ne croise presque jamais son regard :

> Le procédé d'interpellation par regard frontal, si fréquent dans le discours publicitaire, a fortiori dans un concept centré sur un personnage aussi typé qu'ici, n'en n'est que plus remarquablement absent. Les regards se partagent au contraire selon une bi-polarisation rigide entre la cigarette à allumer et le décor

---

[6] Sur la « superculture » américaine, on consultera Roger Rollin (1989), Kerry Segrave (1997) et Jeremy Tunstall (1977).

[7] « Detached from the physical and psychic realities which gave it birth, [American popular culture] assumes a new identity. Changing shape at each cultural interface, it becomes, in effect, a Superculture, a reservoir of shifting values and images splashed like primary colours across the consciousness of the late twentieth century. »

[8] Sur l'ouest et la publicité, on consultera T.C. McLuhan (1985).

(regard « par dessus notre épaule »). Ces figures sont loin d'être l'effet du hasard et reconduisent cette bipolarisation entre la cigarette (le proche, l'humain, le produit) et le décor (le lointain, la nature, l'idée) [...] (1997 : 83).

A propos de la seconde, il constate :

La Marlborie se présente davantage comme le lieu d'une confrontation primaire, celle d'une interaction active et laborieuse de l'humain et de la nature. C'est l'univers d'Adam recouvrant sa dignité après l'Eden. Marlboro, c'est l'exposition simple et sobre de cette lutte quotidienne de l'homme contre la nature, une lutte ardue certes, où les véritables opposants sont les aléas naturels, mais où également le Marlboro man peut faire étalage de la maîtrise de la situation où il évolue (p. 84).

Et en une anecdote juridique, il rappelle la remarquable efficacité de cette rhétorique, la solidité du lien entre Cow-boy, Nature de l'Ouest et Cigarette :

[...] un spot télévisé français montrait un homme parcourant à cheval des décors naturels pour, quarante secondes plus tard, nous déclarer simplement « Fumer, c'est pas ma nature ». Cette campagne anti-tabac issue des très officiels Ministère de la Santé et Ministère des Affaires Sociales en France a fait l'objet d'une poursuite judiciaire et s'est vue interdite de diffusion, sur demande de la partie plaignante : Marlboro. Par delà l'enjeu de l'épisode sur les droits d'auteur des marques, cette décision révèle clairement que dans le champ de la doxa, l'adjonction des items cow-boy/nature et de la cigarette entraîne bel et bien l'association d'un troisième élément : Marlboro. Il y a là, de facto, consécration dans la sphère juridique, d'un travail rhétorique intense (p. 85).

Au consommateur décérébré, heureux et passif que semblent présupposer, voire construire, cinéma hollywoodien et publicité de cigarettes, s'opposent deux types mis en scène par le discours culturel : le *récepteur actif* et le *récepteur français*. Le premier type, lecteur ou spectateur exigeant, hors du consumérisme médiatique, voit dans sa pratique culturelle un amendement, un enrichissement de soi-même, une ascèse peut-être[9]. Le second refuse de s'en laisser imposer par la culture américaine, fût-elle dominante ; or, Ien Ang rappelait naguère combien la simplification abusive risque d'empêcher de poser les bonnes questions :

[...] les « européanistes » s'émeuvent devant la menace supposée d'une « américanisation » culturelle provoquée par la transnationalisation du système médiatique. Leur inquiétude néglige cependant une évidence : les symboles culturels américains font maintenant partie intégrante de la façon dont des millions d'Européens construisent leur identité culturelle. Construire une politique officielle sur la base d'un antagonisme total entre l'Europe et l'Amérique, c'est tout ignorer des réalités de la vie quotidienne de l'Europe contemporaine. La culture populaire américaine séduit des publics mondiaux. Mais comment l'incorporent-ils dans leurs activités, leurs fantasmes, leurs valeurs, etc. ? Quelles sont les significations diverses et contradictoires liées aux images de l'« american way of life » et dans quelles circonstances précises ? Ces significations ne sont certainement pas les mêmes ici ou là. Elles varient selon les parties de l'Europe, sans parler des groupes et peuples d'Amérique latine ou d'Asie du sud-est, mais nous ne savons pratiquement rien de ces différences.

En tout état de cause, le discours paneuropéaniste est loin de constituer simplement une réponse anti-hégémonique à l'hégémonie américaine (par ailleurs tout à fait réelle) dans le domaine de la production et de la distribution culturelle. Il relève lui-même d'une stratégie hégémonique qui contraste avec les réactions bien moins tranchées des Européens ordinaires.

Puisque, ainsi que l'histoire du genre le révèle, le western fait partie de la culture populaire française, modestement mais depuis longtemps, l'insuffisance du manichéisme argumentatif dénoncée par Ang et son insistance à comprendre les singularités culturelles incitent à articuler plusieurs problématiques. Quelles ont été, dans leurs singularités culturelles nationales, les fortunes européennes du western ? Jusqu'à quel point la distribution des rôles de producteur et de consommateur de westerns se superpose-t-elle au clivage Etats-Unis/Europe ? Si la situation est plus complexe en Europe même, comment chaque marché national du western est-il affecté par les autres

---

[9] Le chapitre 1 a montré que le western ne risquait guère de le rencontrer.

industries culturelles européennes ? Une fois la France replacée dans ce contexte européen, en quoi l'univers fictionnel du western permet-il de donner forme à des préoccupations sociétales pertinentes en France, et très diverses ? Pourquoi les formes du western qui semblaient un temps être adéquates à cette fonction ont-elles cessé de l'être ? Comment se place le discours français savant sur le western dans les débats culturels ? Etc.

Malgré le séjour manqué du Buffalo Bill's Wild West en décembre 1889, à Barcelone — au milieu de la faim et de la pauvreté d'une population qui avait des soucis bien plus immédiats et pressants que la découverte de l'Ouest médiatisé ; la fièvre typhoïde et la variole frappent la caravane : Annie Oakley tombe gravement malade, l'avocat Frank Richmond, sept indiens et une dizaine de bovins en meurent, — l'inspiration western a toujours été présente dans la paralittérature espagnole, depuis les importations Eichler du début du siècle, et les traductions de romans américains comme ceux de Zane Grey...[10]

Toutefois, après la guerre désastreuse contre les Etats-Unis et la perte de Cuba et des Philippines, après les efforts plutôt vains de la génération de 1898 pour reconstruire une identité nationale, une fois oubliés la fascination pour le modèle allemand d'un Ortega y Gasset, puis le repli en réaction à la politique de l'administration Truman, à compter des pactes de Madrid (1953), l'Espagne devient fanatiquement proaméricaine (de francs-maçons, voilà les Etats-Unis devenus défenseurs du Monde libre dans la rhétorique franquiste[11]). Leur influence se fera sentir dans la société espagnole (cinéma, rock, jeans, etc.), depuis les bases militaires que Franco leur avait accordées ; si une sorte d'équilibre culturel entre cinéma et radio, exotisme du cinéma hollywoodien et présence de la vie quotidienne espagnole s'est maintenu jusqu'en 1957, à l'arrivée de la télévision, la vie quotidienne américaine pouvait à son tour entrer dans les foyers espagnols. Ce devait être le rock qui américaniserait la radio à partir de l'avènement du poste à transistors.

Les amateurs de westerns connaissent surtout l'Espagne par son canyon de Rioja, à côté d'Almeria, qu'elle a prêté pour les westerns-spaghetti, dès la fin des années 60. Si elle n'a pas été la seule à le faire[12], l'Espagne a tenté de capitaliser sur cette situation et à produire ses propres westerns. Films espagnols ou coproductions, tous étaient fortement teintés par la culture de l'industrie du western-spaghetti et ses équipes internationales[13], même lorsque les thèmes se distinguaient plutôt de ceux des westerns hollywoodiens :

Las tres espadas del Zorro (1963) de Riccardo Blasco, avec papa Zorro, son fils et sa fille ; *Gringo* (1963) de Riccardo Blasco, sur une musique d'Ennio Morricone ; *Los pistoleros de Casa Grande* (1965) de Roy Rowland, une histoire de voleurs de bétail ; *Apache Fury* (1965) d'Antonio Roman, une histoire de mauvais voisinage ; *Fuerte perdido* (1963) de Jose Maria Elorrieta : seul survivant du massacre des habitants du fort, ce soldat en civil retrouvé est-il un traître[14] ?

---

[10] Sur le western en Espagne, on consultera Salustiano del Campo et Enrique Gil-Calvo (1994).

[11] Grinçant et isolé, le film *Bienvenudo Mr. Marshall* (1952) de Garcia Berlanga fit dissension à cette nouvelle ligne politique.

[12] Israël est devenu le sud-ouest américain le temps de quelques westerns, américains ou italiens, notamment *Madron* de Jerry Hopper (1971), *Billy Two Hats* de Ted Kotcheff (1974) et *Kid Vengeance* de Joe Manduke (1977).

[13] Dans *Terror of the Black Mask* (1963), le réalisateur et la production sont italiens, l'acteur Pierre Brice est français mais a fait carrière en Allemagne, le héros, l'hispano-californien Zorro, est né d'une plume américaine, vivant une aventure universelle mais aussi grecque, contre le tyrannique mari de sa mère...

[14] L'acteur German Cobos y devenait Jerry Cobb au générique...

Par la culture mais aussi par les thèmes : la typique histoire d'or convoité pendant ou après la Guerre de Sécession donnera à elle seule *Dynamite Jim* (1966) d'Alfonso Balcazar, un convoi d'or excitant bien de la concupiscence lors de la Guerre de Sécession ; *Finger on the Trigger* (1966) de Sidney Pink, aussi une affaire d'or dans laquelle Sudistes et Nordistes doivent s'allier pour se défendre contre les Indiens ; *Deguejo* (1966) de J. Warren, le bandit mexicain et le lieutenant nordiste tentent de s'emparer du trésor du colonel sudiste ; *The Vengeance of Pancho Villa* (1966) de José Elorrieta, où l'or qu'il s'agit de prendre est cette fois-ci propriété du gouvernement mexicain...

Le western espagnol eut même son réalisateur fétiche, Joaquin L. Romero Marchent — auteur de *Camino del sur* (1964) avec une jeune mariée tiraillée entre son mari, un colon, et son ancien amant, un homme d'armes, pendant un dangereux voyage en territoires indiens ; *100 000 Dollars por Lassiter* (1966), avec son méchant *cattle-baron* en fauteuil roulant ; *El sabor de la venganza* (1965), avec la veuve élevant ses trois fils dans un esprit de vengeance, l'un d'eux s'en remettant à la loi (il devient US marshall) ; *Un dollar recompensa* (1973), histoire du jeune romancier de *pulp magazine* qui, pour venger le meurtre de son père, doit s'en prendre au shérif d'une petite ville tranquille — shérif félon bien entendu, et père de sa nouvelle flamme, pour tout compliquer...

Dans le monde hispanophone, la grande vedette western reste certainement Marcial Lafuente Estefanía : avec plus de 2 200 romans western[15] beaucoup lus en Amérique latine, il peut prétendre au titre de « World's Bestselling Western Writer » (juste derrière Louis L'Amour !). Selon Tom R. Sullivan (1990), ses récits opèrent une profonde recodification de l'univers western puisque, loins du personnage de l'aventurier libre, ils narrativisent le système du *caudillaje* à base de *caudillo* dictatorial, de famille dominante, de relations personnalisées — *compadre* — entre suzerain et vassal, entre *caudillo* et *cacique* local. Quelle part de son succès auprès de lecteurs sud-américains directement impliqués dans la politique impériale états-unienne doit-il au fait que justement ce *caudillo* est un *gringo* ?

Plus ancienne qu'en Espagne, l'histoire du western en Grande-Bretagne[16] commence bien sûr avec un ancêtre de poids, sans cesse réédité, le capitaine Thomas Mayne Reid[17], mais aussi avec un auteur pour la jeunesse beaucoup plus modestement traduit en France, dont deux nouvelles furent longtemps des lectures obligatoires dans les écoles américaines et qui, pour les Britanniques victoriens, fut la quintessence de la littérature américaine[18] : Francis Bret Harte (1836-1902)[19]. Avant même l'arrivée à Londres du Buffalo Bill's Wild West en 1887, pour le jubilé de la reine Victoria, et son retour en 1891, les liens privilégiées entre les deux pays avaient encouragé aussi la parution de textes d'information, de relations, de mémoires... — ce qui est sans surprise ; plus tard toutefois, quelques romanciers britanniques, auteurs de westerns, devaient être publiés aux Etats-Unis. Walker, l'un des éditeurs américains de westerns en *hardcover*, reprenait fréquemment des titres de westerns britanniques (Matt Chisholm alias Peter Watts et son ton humoristique, Neil Hunter alias Mike Linaker...).

Parmi ceux traduits en France, que l'on pense notamment à William Mac Leod Raine, *La*

---

[15] Des petits formats (96 pages), il est vrai. A ma connaissance, Lafuente Estefanía n'a pas été traduit en français.

[16] Sur le western en Grande-Bretagne, on consultera Wendy Bradley (1991) et Angus Wells (1991). James K. Folsom (1967) donne un rapide aperçu comparatif de la façon dont les romanciers anglais et américains traitent le Far-West.

[17] Voir le chapitre 1.

[18] Il devait vivre ses dernières années en Angleterre.

[19] Ses nouvelles traduites en français dans *La Revue britannique* et *La Revue des Deux Mondes* dès 1871 devaient être réunies en volume sous le titre *Scènes de la vie californienne* (1873).

Piste de la vengeance[20], Leonard London Foreman, auteur d'*Aigle Jaune*[21] (ils avaient tous deux émigré aux Etats-Unis), ou Chuck Mason, *Le Cavalier de l'enfer* (1971)[22] — ces deux derniers publiés dans le « Masque Western », etc. ? Dans le sillage du succès du western-spaghetti, jusqu'au moment où le genre devait s'éteindre, on remarque le cas de deux romanciers *best-sellers*, le très didactique J.T. Edson et Angus Wells — ainsi, entre 1974 et 1984, ce dernier devait publier 73 westerns, dans 8 séries éponymes différentes et sous 7 pseudonymes.

Par ailleurs, alors que la nostalgie pour l'empire colonial avait constitué un genre dans le cinéma britannique (Landy, 1991), le western ne réussit pas à y avoir une tradition aussi fortement institutionnalisée.

Ce qui n'empêcha pas l'industrie cinématographique de produire quelques westerns comme *Campbell's Kingdom* (1957) de Ralph Thomas, une histoire canadienne à propos d'un propriétaire terrien contre un projet de barrage ; *Robberry under Arms* (1958) de Jack Lee, filmé en Australie ; *The Singer not the Song*, 1961) de Roy Ward Baker avec Dirk Bogarde (le tueur homosexuel), John Mills (le prêtre qu'il tue) et Mylène Demongeot ; le burlesque *Carry On Cowboy* (1966) de Gerald Thomas ; *The Last Warrior* (1970) de Carol Reed, dans lequel Anthony Quinn est l'Indien qui prétend que la ville de Phoenix lui appartient ; *Captain Apache* (1971) d'Alexander Singer, dans le style des westerns-spaghetti, avec Lee Van Cleef en capitaine du titre, à la poursuite du terroriste qui veut assassiner le président Ulysse Grant, alors qu'ils partagent la même maîtresse.

Il devait d'ailleurs y avoir plusieurs coproductions anglo-italiennes, et quelques réalisateurs britanniques ont tourné des westerns-spaghetti. *The Savage Guns* (1961) de Michael Carreras, coproduction anglo-espagnole dont le réalisateur avait fait des séries télévisées américaines ; *Pancho Villa* (1972) d'Eugenio Martin, coproduction anglo-espagnole avec un Telly Savalas en Pancho et en coscénariste ; *Charley-One-Eye* (1973) de Don Chaffey, où le déserteur et l'Indien blessé tentent de survivre au désert et au chasseur de primes ; *A Man Called Noon* (1974) de Peter Collinson, une histoire de vengeance doublée d'une histoire d'amnésie : Noon blessé a non seulement perdu son épouse et son enfant, assassinés, mais aussi la mémoire ; aidé par un hors-la-loi et une femme, il doit retrouver et corriger son passé ; *Eagle's Wing* (1980) d'Anthony Harvey, d'après le roman de Michael Syson, symbolique (et lourde) concurrence entre un Blanc (Martin Sheen) et un Comanche (Sam Waterston) pour capturer l'étalon blanc — avec Harvey Keitel et Stéphane Audran ; *Walker* (1988) d'Alex Cox, sur la tentative malheureuse du flibustier américain William Walker d'établir, en 1853, une république de Basse-Californie qui aurait inclus la Sonora[23] ; etc.

De manière générale, et notamment en comparaison avec la Grande-Bretagne a surtout été importatrice de westerns ; la relation inégale avec les Etats-Unis y est particulièrement visible en BD.

En Norvège, en 1983, on trouvait encore des *pulps* western, sur le modèle des *pulps* américains, qui se vendaient bien, et ce depuis le début des années 50[24] (comme *Western*). Après une période marquée par le modèle Zane Grey, le goût des Norvégiens pour des histoires plus modernes devait trouver à se satisfaire non seulement dans des importations américaines (Thomas Thompson, Bill Gulick, D.B. Newton, Wayne C. Lee, Lewis B. Patten, Elmer Kelton...), des traductions de Britanniques comme Edson, Chisholm, Hunter... mais aussi dans des productions norvégiennes :

---

[20] Mentionné au chapitre 1.

[21] Mentionné au chapitre 3.

[22] Sous son vrai nom, Donald Sydney Rowland, il était une vraie usine à romans : 22 westerns en 1967, 350 romans western sous son nom et 28 pseudos !

[23] Il sera fusillé par le Honduras en 1860.

[24] Selon la lettre de Finn Arnesen, lui-même éditeur d'un *pulp* western, citée par John A. Dinan (1983). Sur la situation en Norvège, voir aussi Ray A. Billington (1976).

Ben Haas et la série « Fargo », ou Louis Masterson connu en France par la traduction d'une partie de son œuvre à la Librairie des Champs-Elysées — les aventures de son grand taciturne Morgan Kane, à la cicatrice en étoile sur la main, au majeur et à l'annulaire soudés, à sa rapidité à dégainer...

Signalons au passage quelques curiosités d'Europe de l'Est[25] : Ferenc Belanyi, un romancier hongrois ; Sat Okh et ses *Fils du Grand Aigle* (1967) traduit du polonais ; Wieslaw Wernic, un Polonais de Montréal, auteur de *Prez Gory Montany* (1995) ; une radio country et un village western avec attaque de la banque et rodéo en Mazurie ; un film est-allemand, coproduit avec l'URSS : *Spur des Falken* (1968) de Gottfried Kölditz (Dakotas contre capitalistes — chercheurs d'or, colons, spéculateurs...) ; un film parodique tchèque, à l'antialcoolisme bouffon, *Lemonade Joe* (1967) d'Oldrich Lipsky : Joe tire sa force de sa limonade, laquelle peut être polluée par du whisky, ce à quoi se risquent deux méchants... ; ou le cecilbdemillesque et néanmoins soviétique *Voorujen i ochen'opasen (Vremia i gueroi Frensissa Bret Harta)* (1978), de Vladimir Vajnchtok[26].

Mais c'est sans doute en Allemagne[27] et en Italie, sous des formes bien différentes, que le western a le plus pénétré la culture médiatique. L'influence de Fenimore Cooper a été déterminante en Allemagne — *Les Pionniers* y est publié dès 1823, puis toutes ses œuvres seront diffusées, constamment rééditées au cours des deux siècles[28]. Le terrain était favorable : *Europamüdigkeit*, romantisme critique de la civilisation, ivre d'évasion, de liberté, d'exotisme, de nature sauvage, désirs flous mais irrépressibles déclenchés par les récits américains de Chateaubriand, puis les relations de voyages, réels ou imaginaires, rapports et comptes rendus de nombreux voyageurs et historiens. Dès les années 1850, le public ne manquait pas d'images de l'Ouest non plus, issues de peintres et illustrateurs allemands de l'école de Düsseldorf (où enseignait Emanuel Leutze, auteur du fameux *Washington Crossing the Delaware*) : Carl Wimar, Albert Bierstadt, Ludlow (voir Britsch, 1980). Contrairement à la France, l'Allemagne connut une forte émigration vers les Etats-Unis, par vagues (1749-1754,

---

[25] On trouvera un (trop) bref survol du western en Europe de l'est dans Bobi Wolf (1977).

[26] *Armé et très dangereux (Le temps et les héros de Francis Bret Harte)*. Vladimir Vajnchtok (1908-1978), scénariste et réalisateur soviétique depuis 1924. Renommé après la mise en scène du film *Deti kapitana Granta* [*Les Enfants du capitaine Grant*] d'après Jules Verne, en 1936, et *Ostrov sokrovich* [*L'Ile au trésor*], en 1938. A partir du milieu des années 60, c'est sous le pseudonyme de V. Vladimirov qu'il signe des scénarios. Parmi ses meilleurs : *Pered sudom istorii* [*Devant le jugement de l'histoire*] (1965), *Mertvij sezon* [*Le Temps mort*] (1968), film consacré aux agents secrets soviétiques et réalisé par Savva Kulich ; avec un autre scénariste Pavel Finn (Finn-Halfin) : *Missija v Kabule* [*Mission à Kabul*] (1971), *Zabludchije* (« *Belij korabl'* ») [*Egarés. Le Navire blanc*] (1971), *Slomannaja podkova* [*Le Fer à cheval cassé*] (1973), d'après *Un drame en Livonie* et d'autres écrits de Jules Verne, mais aussi *Vsadnik bez golovi* [*Le Cavalier sans tête*] (1973), d'après un classique de Thomas Mayne Reid.

[27] Sur le western en Allemagne une littérature abondante a paru. On consultera Hans Ludwig Arnold (1987), Dee L. Ashliman (1968 et 1977), Siegfried Augustin et Axel Mittelstaedt (1981), Preston A. Barba (1913-1914, 1974), Burghard Bartos (1991), Rudolf Beissel (1978), Ray Allen Billington (1981), Volkhard Bode (1997), Richard H. Cracroft (1967 et 1985), Jens-Ulrich Davids (1975), Robert Murray Davis (1992), Klaus Farin (1992), Ludwig Fischer (1976), John B. Jackson (1953), Daryl Jones (1978), Jörg Kastner (1992), Peter Nusser (1976, 1981 et 1991), Dietger Pforte (1976), Herman Peter Piwitt (1964), Hainer Plaul (1983), Veseling Radkov (1994), Jeffrey L. Sammons (1996), Werner G. Schmidkte (1984), Helmut Schmiedt (1996), Joseph P. Strelka (1977), Bernard A. Uhlendorf (1922) ainsi que Armin Wernsing et Wolf Wucherpfenning (1976).

[28] On trouve une liste des traductions allemandes de Fenimore Cooper au siècle dernier chez Preston A. Barba (1914). Pour une présentation de sa réception en Allemagne, voir Harvey W. Hewett-Thayer (1958).

1830-1850...), et certains événements de l'histoire américaine ont eu des résonances particulières en Allemagne : les guerres indiennes, l'établissement des réserves et la destruction des cultures amérindiennes, mais aussi, plus directement, la bataille de Little Big Horn — parmi les 265 victimes, nombre de soldats du 7ᵉ Régiment de cavalerie, d'origine allemande, parlaient à peine l'anglais...

La littérature populaire devait se faire l'écho de cet intérêt pour l'Ouest. Charles Seasfield (1793-1864), de son vrai nom Karl Poste, a mérité la surnom de « Grand Inconnu » à cause du secret le plus total dont sa vie fut entourée.

Moine en Moravie, il avait suivi l'enseignement de Bernard Boltano à l'université de Prague ; il avait plus tard fui son monastère (d'où la nécessité de se faire discret) pour voyager aux Etats-Unis où il n'alla pas moins de cinq fois. Son œuvre comprend 18 volumes (récits de voyages et romans)[29]. Elles ont toutes pour cadre l'Amérique du sud-ouest. Son premier roman, *Tokea ; oder, die Weisse Rose* (*Tokea ou La Rose blanche*) parut en 1829, trois ans après *Le Dernier des Mohicans*. Niant toute influence de Cooper, Seasfield n'en raconte pas moins l'histoire de la fin tragique du dernier des chefs d'une tribu en voie d'extinction.

Son ouvrage le plus connu s'intitule *Das Kajutenbuch* (*Le Livre de la cabane*) (1841), recueil comprenant « La prairie du Jacinto », un épisode de la Guerre d'Indépendance du Texas. Seasfield est un lien importante entre l'œuvre de Cooper et celle de May. Il critique le matérialisme et la rudesse de la culture américaine qu'il compare avec la culture allemande, nettement supérieure à ses yeux. Par contre, il glorifie le mouvement vers l'Ouest, salue les hommes rudes de la *Frontier,* et vante les libertés américaines (particulièrement la liberté de la presse qui fait cruellement défaut en Europe). Les œuvres de Seasfield ont été des *best-sellers* en Allemagne et en Autriche, et ont été traduits en France, en Angleterre, en Hongrie, dans les pays scandinaves, et aux Etats-Unis.

Friedrich Armand Strubberg (1806-1889) a fui l'Allemagne en 1826, à la suite d'un duel illégal, pour se réfugier au Texas, et se mettre au service de princes allemands désireux d'instaurer un état féodal dans le Sud-Ouest. Il y voyagea pendant un quart de siècle, y trouvant une source d'inspiration pour pas moins de 57 romans, écrits sous le pseudonyme d'Armand, et un fameux récit de voyages et d'aventures, *Amerikanische Jagd-und Reiseabenteuer aus meinem Leben in den Westlichen Indianergebieten Amerikas* (*Aventures de chasse et de voyage tirés de ma vie dans les territoires indiens de l'Ouest*) qui date de 1858 ; le lecteur français a eu accès à *Mes aventures en Amérique et chez les Peaux-Rouges. A la frontière indienne* (1880) et à *Mes chasses à la frontière des Indiens* (1902).

Friedrich Gerstäcker (1816-1872), quant à lui, peut être considéré comme le premier écrivain de vrais westerns. Il a résidé une première fois aux Etats-Unis de 1837 à 1842. Au cours de ce séjour où il a été fermier, colporteur, bûcheron, trappeur, aubergiste, il a chassé et voyagé en Ontario, en Arkansas, au Mississippi, au Texas et en Louisiane.

En 1844, il publie son premier livre *Steif-und Jagdzüge durch die Vereinigten Staaten Nord Amerikas* (*Errances et expéditions de chasse à travers les Etats-Unis d'Amérique*). Ses romans les plus populaires sont *Die Flusspiraten des Mississippi* (*Les Pirates du Mississippi*) : intrigue touffue, avec beaucoup de personnages et d'intrigues connexes, sur une île de pirates entre Mississippi et Arkansas, près de Helena, et pour thème des « apparences trompeuses », puisque c'est le squire Dayton, juge à Helena, qui s'avère le chef des pirates) ; *Die Moderatoren* et *Die Regulatoren in Arkansans*, tous parus en 1848. Gerstäcker a su tirer profit de trois séjours aux Etats-Unis (entre 1849 et 1852, puis en Amérique latine en 1860) pour insuffler un certain degré d'authenticité à ses récits, assez sanglants, qui dépeignent la vie des fermiers et des gens de la frontière aux

---

[29] Pour un catalogue de son œuvre, voir Otto Heller et Leon H. Theodore (1939).

prises avec la violence. Dans le dernier des trois romans cités, il prône une justice expéditive, et le récit se termine par le lynchage de pas moins de 64 hors-la-loi ! Gerstäcker reste un écrivain populaire même aujourd'hui[30], dont on trouve encore quelques titres en français.

On dit que les romans de Gerstäcker ont encouragé l'émigration allemande vers l'Ouest américain. *Die Goldsucher von Arkansas* (1964) de Franz J. Gottlieb est un film tiré de *Die Regulatoren in Arkansas*, histoire de vengeance où les jeunes héros reçoivent l'aide du shérif et du noble sauvage pour démasquer des bandits déguisés en Indiens qui veulent profiter de la confusion de la ruée vers l'or.

Balduin Möllhausen (1825-1905) a participé à plusieurs expéditions scientifiques comme dessinateur topographe (notamment dans les Rocheuses et dans la vallée du Colorado), en 1851-1852, en 1853-1854 et en 1858. Ses romans (plus de 40) sont ancrés dans la réalité, avec un souci du détail juste.

Son premier roman, *Der Halbindianer* (*Le Métis*), paraît en 1861. Ce roman sera suivi de 178 autres volumes de récits de voyages, de romans qui firent de Möllhausen, l'écrivain allemand le plus populaire en Europe dans les années 60 et 70. Son roman le plus célèbre reste *Das Mormonenmädchen* (*La Fille du mormon*), de 1864. Souci du détail authentique, aventures palpitantes, rythme haletant du récit, critique en règle du racisme et de la discrimination aveugle dont sont victimes les Indiens... : plus talentueux que Karl May, il sera néanmoins en partie éclipsé par ce rival extrêmement populaire[31].

A ces quatre écrivains majeurs, on pourrait en ajouter des dizaines d'autres aujourd'hui tombés dans l'oubli, dont Otto Ruppius (1819-1864), professeur de musique et journaliste, un féroce critique social, qui publia pas moins de 15 volumes dans la tradition de Gerstäcker et de May, des récits d'aventures en territoire indien dont le plus connu reste *Der Prärieteufel* (*Le Diable de la Prairie*), paru en 1861.

A l'exception de Gerstäcker dont certains romans abordent déjà le thème plus général de la *Frontier* et de sa justice, les récits de cette période sont des *Indianergeschichten*, des histoires d'Indiens qui paraissent dans des collections populaires appelées « Bibliotheks-Reihen » comme la fameuse « Bibliothek interessanter Erzählungen » (1871-1894), ou la dans la série « Kleine Volkserzählungen » (1877-1910). Les journaux ou magazines pour la famille sont aussi les lieux privilégiés de la publication de centaines de récits, notamment les *Deutschen Familienblatt*, *Frohen Stunden*, *Deutsches Hausschatz* et *Guten Kameraden*.

En 1890 et en 1913, la visite du Buffalo Bill's Wild West marque les esprits à Innsbruck, Munich, Vienne, Dresde, Leipzig, Hanovre et Berlin. C'est par Dresde et la maison Eichler qui a acheté les droits à Street and Smith que transitent les fascicules des *Buffalo Bill Stories* entre 1905 et 1912, extension du succès du spectacle, avant qu'il atteigne son public européen.

D'ailleurs, c'est lors de son séjour en Allemagne que Cody doit faire face non seulement à la concurrence — celle du Wild America de son ex-partenaire William F. Carver, à Hambourg, concurrence qui empoisonnera la fin de son séjour — mais aussi à une campagne de presse proindienne des journaux allemands. Cody sur la défensive, décide de rentrer aux Etats-Unis avec ses Indiens pour comprendre de quoi il retourne. D'abord envoyé en mission auprès de Sitting Bull par le général Nelson A. Milles qui veut une solution pacifique, puis rappelé par le président Ben-

---

[30] Il existe une société Friedrich Gerstäcker : Die Friedrich Gerstäcker Gesselschaft, V. Thomas Ostwald, Am Uhlenbusch 17, 38108 Braunschweig (ville où se trouve également un Musée Friedrich Gerstäcker).

[31] Les manuscrits des œuvres de Möllhausen se trouvent à Oklahoma City à la Oklahoma Historical Society. En Allemagne, l'éditeur Georg Olms Verlag (Hildesheim) a réédité, en 1996, une sélection d'œuvres en 19 volumes dont 4 volume de nouvelles, 1 volume de récits de voyages et 10 volumes de romans parmi lesquels *Der Halbindianer*.

jamin Harrison, il se disculpe à Washington des accusations de mauvais traitement infligés aux Indiens, pendant que se déroule l'affaire de Wounded Knee. Cody en recrute d'autres, prisonniers de guerre au Fort Sheridan. De retour en Europe, il reprend sa tournée avec les cavaliers engagés par Salsbury (uhlans, lanciers anglais, une compagnie de l'US Cavalry, une douzaine de cosaques caucasiens...) : en 1891, il s'arrête à Karlsruhe, Mannheim, Mayence, Wiesbaden, Aix-la-Chapelle, Cologne, puis en Hollande, en Belgique et en Angleterre de nouveau...

Mais lorsqu'il est question de western allemand, Karl May (1842-1912) reste la figure incontournable, l'œuvre codante[32]. Né en Saxe, cinquième des sept enfants d'un père tisserand et d'une mère sage-femme, il a une santé fragile. En 1865, il est condamné à 3 ans de prison pour fraude, puis, en 1868, à 4 ans pour s'être fait passer pour un officier de police — on comprend qu'il se soit converti à la littérature d'évasion ! Il est en fait le plus célèbre de tous les écrivains allemands vivants ou morts, à ce qu'affirment critiques, spécialistes compatriotes ou étrangers, lecteurs ordinaires, voire non-lecteurs.

Pour tous, il transcende le genre : on peut lire les romans de Karl May sans savoir qui est Louis L'Amour, Zane Grey, John Ford... Il fut, dit-on, l'auteur favori d'Adolf Hitler, d'Albert Speer, d'Albert Einstein, mais aussi de générations de jeunes lecteurs. Même s'il n'a pas écrit que des aventures américaines (une partie de son œuvre se déroule en Orient, par l'intermédiaire du personnage central Kara ben Nemsi, un autre de ses alter ego), Winnetou et Old Shatterhand restent les personnages fétiches de cette œuvre abondante. 35 romans d'aventures à partir de *Winnetou I* (1893) — dans lequel le jeune Karl étonne ses deux maîtres, M. Henry, l'armurier de Saint-Louis, et Sam Hawkens, un éclaireur d'origine allemande, par ses connaissances livresques sur l'Ouest et, plus encore, par son courage. Winnetou, fils du chef apache, et son futur beau-frère, frères de sang en ce qu'ils sont tous deux purs ethniquement parlant, contrairement aux mormons, aux Métis et aux autres yankees... Variation sur la notion faisant des Indiens les équivalents modernes des guerriers homériques, ce Winnetou lit le *Hiawatha* de Longfellow, parle un anglais distingué et, trois volumes plus loin, meurt chrétien. On trouve quelques titres traduits en français[33].

Ces auteurs du XIXe siècle publiaient sous formes de feuilletons ou de livres. De 1900 à 1934, c'est l'avènement des séries en fascicules de 32 pages (*Groschenhefte*[34]), des séries découpées en centaines d'épisodes complets ou à suivre, à la périodicité variable, selon la formule des *dime novels* américains, puis des *pulps*. Parallèlement, de nombreux éditeurs publient ces récits sous forme de livres, en regroupant parfois plusieurs parus en fascicules. Jusqu'en 1934, les histoires proposées sont surtout des récits d'Indiens[35], œuvre de romanciers allemands.

De 1934 à 1949, on assiste au déclin progressif de l'*Indianerroman* dans la tradition de May. Il aura fallu attendre les années 30 pour que le western allemand découvre l'univers du cow-boy. En 1934 sort l'une des séries western les plus popu-

---

[32] Sur May, l'annexe proposera quelques compléments d'information.

[33] *Winnetou, l'homme de la prairie* (1962), *La Main qui frappe et Winnetou* (1962), *Le Trésor du Lac d'Argent* (1963), *Main-sûre l'infaillible* (1964), *Le Secret de Old Surehand* (1965), *La Vengeance du farmer, souvenirs d'Amérique* (1884)... Une série de quatre « Winnetou, l'homme de la Prairie » a paru dans la « Bibliothèque du Chat perché » de Flammarion en 1980-1983 ; éditeur chez qui paraissait aussi une adaptation de Jean-Claude Deret, *Winnetou : le Mescalero* (1980) illustré de photographies tirées d'un feuilleton télévisé... Les aventures orientales de May ont été adaptées chez Mame, en huit volumes (« Bibliothèque des vacances »).

[34] Voir l'annexe pour ces *Groschenhefte*.

[35] Pas exclusivement pourtant : par exemple, Buffalo Bill combat aussi bien les *outlaws* que les Indiens, les méchants trafiquants de drogue chinois que les trafiquants d'armes. Mais l'action se passe toujours en territoire indien, et les silhouettes emplumées des Sioux, des Apaches ou des Cheyennes ne sont jamais bien loin.

laires, *Billy Jenkins* (1934-1939), interrompue pendant la Seconde Guerre mondiale mais rééditée dans les années 50. Il ne s'agit pas encore de récits western typiques reflétant la mythologie habituelle de l'Ouest (il n'y a pas de cow-boys au sens réel du terme), mais bien de récits d'aventures mettant en scène un héros, policier ou agent secret, lancé dans des aventures criminelles ou d'espionnage, dans un cadre nord-américain. Les Indiens n'y figurent plus que très rarement. D'autres séries sont créées dont les protagonistes sont des Blancs : *Alaska-Jim* (1935-1939), *Tex Bulwer* (1936-1938) et *Sturmvögel* (1939-1941).

Même si les Indiens finissent par disparaître à peu près totalement du paysage (pour ne resurgir que de manière épisodique dans certains séries des années 50), le western allemand ne ressemble pas encore aux histoires de l'Ouest immortalisées par les romanciers américains. Dans un univers aussi conventionnel que celui des contes et légendes, seuls les noms, les armes, les costumes des protagonistes, le cadre exotique et un certain code de justice expéditive rattachent ce western à son homologue américain ; il faudra attendre les années 50 pour qu'il lui ressemble — c'est d'ailleurs à ce moment-là aussi que des récits américains traduits vont être publiés dans les mêmes séries que les westerns allemands.

Pour l'industrie culturelle allemande, l'âge d'or du western devait commencer avec l'immédiat après-guerre. Et les principales causes de cette renaissance seraient la levée, en 1949, des restrictions imposées par les Alliés sur l'édition allemande, le virage définitif vers les récits de la *Frontier* au détriment des histoires d'Indiens qui ne retrouveront plus les plumes perdues, le contact de la population allemande avec la culture américaine par le truchement des troupes d'occupation, période faste du genre aux Etats-Unis.

On assiste à la diffusion sans précédent de centaines de séries en un nouveau format, les *Romanhefte* (fascicules de 68 pages, sous une couverture en couleurs, avec une ou deux pages de publicité au début ou à la fin[36]), support principal du récit western dans lesquels sont publiés majoritairement des auteurs allemands et quelques classiques américains parmi les plus populaires, dont Louis L'Amour et Zane Grey. Après les Indiens et leurs adversaires traditionnels (colons, chercheurs d'or, trafiquants, cavalerie), les lecteurs allemands découvrent cow-boys, ranchers, grands troupeaux, shérifs et *outlaws*. Le western colle davantage au modèle américain alors omniprésent par le livre de poche, le cinéma, et surtout la télévision.

C'est par dizaines que les séries western vont apparaître de manière totalement anarchique sur un marché rapidement saturé — par d'infinies variations sur le *law and order* à l'allemande, le héros fort, infaillible, froid, redresseur de torts, remet de l'ordre dans une ville sans loi par une justice expéditive[37]. Entre 1949 et 1983, plus de 90 séries western livrent, toutes les semaines ou aux deux semaines, les aventures de leurs héros favoris. Ces milliers de titres ont inondé le marché et cela même si certaines séries ont été très éphémères — *Coyote* (1949-1950) ; Tom Prox, « Abenteuer aus dem wilden Westen und der Weiten Welt » (1950-1962), une série qui ressemble à *Billy Jenkins* axée sur des aventures policières ou d'espionnage ; *Texas-Trapper* (1955) ; *Der Cow-Boy Roman* (1956-1962) ; *Wendeband. Western und Tramp Geschichten* (1958-1960). En outre, paraît un nombre croissant de collections non plus axées sur un seul héros (séries éponymes) mais constituées de romans indépendants les uns des autres, publiées en fascicules ou en livre de poche. Le titre des collections met en vedette le nom de l'éditeur, jumelé au genre : *Moewig-Wildwest-Roman* (1958-1962), *Westman-Erdball-Romane* (créée en 1950 et qui existait

---

[36] Voir l'annexe pour ces *Romanhefte*.
[37] A partir de 1949, on tente de réintroduire des séries consacrées aux Indiens comme *Der Neue Buffalo Bill* (1951) ou *Die Rothaut* (1958, 1960-1961) mais elles sont éphémères et ne représentent, en gros, que 5 % de la production totale de fascicules. Désormais l'Indien est un protagoniste comme les autres, qui fera quelques apparitions épisodiques pour les besoins de l'histoire.

encore en 1983), *Bastei-Wildwest-Roman* (depuis 1956), *Bastei-Wildwest-Roman Sonderband* (1956, qui devient, en 1970, *Bastei-Western-Hit,* et survit toujours), etc. Il est fréquent de trouver des rééditions où sont regroupés trois récits, chaque fascicule original gardant sa couverture, son texte initial et sa présentation, et une nouvelle couverture (sans titre précis) chapeautant l'ensemble.

En Allemagne, 1973 est une date clé dans l'histoire de l'édition populaire, car la législature y libéralise les lois sur la pornographie. Aussitôt le marché des fascicules est soudainement envahi par des séries « pour adultes », des traductions de séries pornographiques américaines ou anglaises.

Lassiter sévit chez Bastei, de même que *Sundance* et *John Flint*, alors que *John Gray* (*made in Deutschland*) officie chez Zauberkreisverlag, une succursale de Pabel, et l'abominable *Slade* (Everett Jones) chez Mowieg ; chacun des éditeurs les plus importants y va de sa série où la cruauté des protagonistes égale leur lubricité : tortures, viols et massacres alternent avec scènes de sexe et d'orgie. Révision de l'histoire américaine entamée par le roman western états-unien et le cinéma hollywoodien, esthétique codante du western-spaghetti, médiocrité de cette nouvelle inspiration qui, en plus, tendait à décourager les amateurs de classiques : le western est en crise, les improbables Ringo Hurricane, Lobo et autres Socorro et Sabata ne s'implantent pas, et les lecteurs se sentent floués par des emballages similaires pour des inspirations trop différentes.

Depuis, les *Romanhefte* western sont en déclin constant face au récit policier et au roman sentimental ; il ne reste plus que quelques séries de fascicules pour proposer encore des textes originaux (auteurs allemands sous pseudonymes américains), des rééditions, ou des traductions d'auteurs anglo-saxons — *Western-Bestseller*, *Western-Hit* et *Wildwest-Roman* diffusés par Pabel et Bastei. Aujourd'hui un lecteur allemand désireux de se familiariser avec le genre n'a pas beaucoup de choix. Exception faite de Cooper, de May, de Steuben ou de Traven dont les œuvres sont toujours disponibles, il trouve des classiques américains (L'Amour, Grey, Brand et autres qui ne sont disponibles que chez Heyne Verlag, un géant du livre de poche : dans les années 80, il avait une série intitulée *Western* où ont été publiés de nombreux titres — comparables à ceux que l'on retrouve dans la collection française le « Masque Western » — et il réédite, à l'occasion, certains des titres les plus connus). A défaut de classiques difficiles à dénicher, ce lecteur pourrait se consoler avec de rares modernes (*best-sellers* ou romans adaptés à l'écran comme *Buffalo Girls* ou *Jagd durch Texas*, *Abschied von Laredo,* de la série *Lonesome Dove* de Larry McMurtry, ou *Der mit dem Wolf tanzt* de Michael Blake. Décidément, en Allemagne, le western n'a plus la cote — dévaluation parfaitement perceptible chez les écrivains professionnels[38]...

Le cinéma allemand n'est pas en reste. Outre l'ancienne adaptation de Cooper, *Lederstrumpf* (*The Deerslayer*), d'Arthur Wellin (1923, avec Bela Lugosi en Chingachcook), et un western national-socialiste, *Wasser für Canitoga,* de Herbert Selpin, avec Hans Albers, l'adaptation de May devient une vraie industrie du miracle économique allemand.

Le catalogue comprend 11 titres (dont certains ont été distribués en France) : *Der Schatz im*

---

[38] Le catalogue biobibliographique de *Das Syndicate,* association professionnelle d'auteurs de romans policiers, témoigne que seuls deux d'entre eux écrivent aussi des westerns : Uwe Erichsen (né en 1936), un auteur très polyvalent, et Jörg Kastner (né en 1962), très polyvalent lui aussi et très prolifique (polars, science-fiction, roman historique) qui a créé une série historique en fascicules (qui paraît depuis 1995 et renoue avec les récits de voyages et d'aventures au Nouveau Monde). Il a aussi contribué, sous pseudonyme à la série « pour adultes » *Lassiter,* en plus de publier un ouvrage sur May (il est membre de la Karl May Gesellschaft). Gabriele Wolfe (née en 1955) est aussi membre de la Karl May Gesellschaft (elle a publié de nombreuses études sur lui dans les différentes publications de la société), mais elle n'a écrit aucun western.

Silbersee (1962), *Winnetou 1* (1963) et *Winnetou 2* (1964), de Harald Reinl ; *Old Shatterhand* (1964) de Hugo Fregonese, *Unter Geiern* d'Alfred Vohrer (1964, avec Brice et Granger, mais aussi le premier western de Mario Girotti qui devait devenir Trinita) ; *Winnetou 3* (1965) de Reinl ; *Old Surehand 1. Teil* (1965) de Vohrer ; *Der Ölprinz* (1965) et *Winnetou und das Halblut Apanatschi* (1966, avec Macha Méril) de Harald Philipp ; *Winnetou und sein Freund Old Firehand* (1967) de Vohrer ; *Winnetou und Shatterhand im Tal der Toten* (1968) de Reinl... Films tournés à Split, en Yougoslavie, avec Pierre Brice en Winnetou, Lex Barker en Old Shatterhand (Barker avait autrefois interprété Tarzan ; dans d'autres films, le personnage devient Old Firehand si c'est Rod Cameron qui le joue, et Old Surehand si c'est Stewart Granger !), et aussi Elke Sommer, Herbert Lorn, Klaus Kinski... Sorte de retour aux romans d'aventures de l'enfance pour le public allemand, encore exagéré par les réalisateurs, cinéma allemand idéologiquement correct, ouvert à la coproduction et exportable, germano-américain dans son propos — tout ce que *L'Ami américain* de Wim Wenders devait critiquer en 1977.

Plus encore que Pierre Brice, acteur français qui allait continuer à jouer le rôle de Winnetou dans des recréations en plein air devant un public allemand longtemps après ses films des années 60, Klaus Kinsky sera universellement associé au western, par le western-spaghetti — ce qui me conduit à parler du glissement de l'industrie cinématographique d'Allemagne en Italie.

Déshomogénéisation du marché et transfert d'une culture à l'autre

Plus tard que l'Allemagne, mais de façon massive à la fin du XIXe siècle et au début du XXe siècle, l'Italie a connu une forte émigration vers les Etats-Unis (2 millions d'habitants dans les vingt premières années du siècle, dont la moitié retournera en Italie).

Même si l'œuvre populaire sans cesse réédité d'Emilio Salgari (1862-1911) comportait quelques romans d'aventures américaines[39] ; même si le mémorable passage du Buffalo Bill's Wild West à Rome en 1890 — avec des scènes frappantes comme la participation à la bénédiction d'anniversaire de Léon XIII ou, à la suite de la demande du prince Sermonetta adressée aux cow-boys, le spectacle improvisé de dressage de ses chevaux rétifs devant 20 000 personnes (voir Lefrançois, 1994) — avait été prolongé par les fascicules Eichler, traduits pour le public italien (150 fascicules des *Buffalo Bill Stories,* entre 1908 et 1911[40]) ; même si le western avait donné lieu très tôt à une œuvre légitime, quoique rarement montée, de la culture italienne, un opéra de Giacomo Puccini, *La Fianciulla del West*, créé à New York en 1910, à partir du mélodrame de David Belasco, *The Girl of the Golden West* — lequel devait par ailleurs connaître plusieurs adaptations à Hollywood[41], mais sans la musique de Puccini ; c'est bien plus tardivement qu'en Allemagne ou en France que le western devait se tailler une place importante dans la culture médiatique en Italie.

A l'instar de ce qui s'était opéré dans les autres cultures européennes, une assimilation de l'imaginaire western dans la culture médiatique allait se produire en Italie

---

[39] Dont plusieurs ont été traduits en français : *Au milieu des Peaux-Rouges* (1930), *Aux Frontières du Far-West* (1930), *Vers l'Alaska... pays de l'or* (1930), *La Cité de l'or* (1931)... Pour l'œuvre de Salgari, on se reportera à Vittorio Sarti (1990, 1994).

[40] Philippe Mellot (1997) signale la traduction tardive des séries fasciculaires d'Eichler : *Sitting Bull* (8 fascicules) en 1932, *Der neue Lederstrumpf* en 1933, *Rossi e Bianchi*...

[41] En 1915 par Cecil B. de Mille, en 1923 pour Associated 1st National, en 1930 par John Francis Dillon (première version parlante) et en 1938 par Robert Z. Leonard.

sous forme de traductions, mais surtout de productions autochtones. Avant même le succès des westerns-spaghetti, la culture médiatique italienne avait d'abord développé le western dans la BD, avec quelques *strips* avant-coureurs dans les journaux des années 30 (*Ulceda*, de Guido Moroni-Celsi, en 1935 : une histoire de princesse des prairies ; ou le gros succès du scénariste Federico Pedrocchi et du dessinateur Rino Albertarelli (puis Walter Molino), *Kit Carson,* de 1937 à 1940). En fait, à partir de la remise en route de son appareil de production après la Seconde Guerre mondiale, la BD western italienne allait non seulement être féconde mais aussi avoir une incidence sur le marché français.

Sans doute, certaines ne devaient pas être traduites, comme le *Buffalo Bill* de Luigi Grecchi et Carlo Cossio, le *Kirbi Flint* de Sergio Tuis et Antonio Canale, *Mani in alto* de Roy d'Amy ou, au début des années 60, en format *comic book* le héros à la Zorro de Max Bunker et Paolo Piffario *Maschera Nera*. En outre, l'anarchie du marché de la BD importée a rendu bien compliquée la carrière française de certaines autres — que l'on se reporte au *Dictionnaire de la bande dessinée* de Henri Filippini (1989) pour suivre, par exemple, les méandres de l'histoire éditoriale française du *Pecos Bill* de Guido Martina et des illustrateurs Raffaelle Paparella, Dino Battaglia et Pietro Gamba, ou ceux du durable *best-seller Il Piccolo Sceriffo* (de 1948 à 1965) des scénaristes Tristano Torelli et Anguissola et de l'illustrateur Dino Zuffi.

BD pour la jeunesse jusque dans les années 60, avec le western classique *Yuma Kid* et *Rocky Rider* de Mario Uggeri (parus en France entre 1953 et 1956), ou moderne à la *Tex Willer* de Giovani Bonelli et Galep (en France, à partir de 1951), le western-bouffe à la *Cocco Bill* de Benito Jacovitti (entre 1957 et 1969), les créations d'une femme, une rareté dans la BD western, Lina Buffolente — *Frisco Kid, Colorado Kid, Tom Mix, Liberty Kid, Jane Calamity* (et peut-être partiellement *Il Piccolo Ranger* de Lavezzolo et Ganta)...

Fin des années 50 et début des années 60, les romans dessinés d'Aldo Tortuo publiés dans la presse Del Duca représentaient un cas assez isolé de BD western pour adultes.

C'est l'émergence d'une BD pour adultes, souvent plus ambitieuse dans ses aspects narratif et graphique, qui devait modifier le paysage éditorial à la fin des années 60 en Italie, et en France par ricochet.

La BD pour adultes avait été annoncée par les « romans dessinés » du magazine *Nous Deux,* dont certains avaient été repris d'Aldo Tortuo. Certes, le western, très occasionnel, pouvait bien y être assujetti au roman sentimental, il n'en était pas moins caractérisé dans des récits comme « Symphonie sauvage » et « Mariage secret »[42].

A côté de la saga de la famille Mac Donald de Gino d'Antonio[43] *La Route de l'Ouest*, parue de 1967 à 1981, ou de *Larry Yuma* de Nizzi (scénariste) et Boscarato, de 1971 à 1988, qui n'ont connu en France que des éditions en petit format, la BD western pouvait devenir distinguée.

---

[42] De Walter Molino (du n°210 au n°254, en 1951) : une histoire de western moderne, pimentée de rodéo, de duel au fusil entre rivales, de sosies, etc. — on y reconnaît les visages de Jennifer Jones et de Kirk Douglas. D'Aldo Torchio (du n°279 au n°323, en 1952) : une histoire d'amour sur fond de Guerre de Sécession, dont le principal obstacle est le méchant colonel sudiste de Louisville inspiré de John Wayne !). Souvent les récits plus tardifs (BD comme « Chateau-Chaumard » d'André del Monico (du n°1364 au n°1377) ou des romans-photos comme « L'Homme du grand Nord » (à partir du n°1005) n'évoquent l'Ouest qu'à travers des signes de pacotille. L'univers western de « Mélodie tragique » (de Torchio, du n° 570 au n° 597, en 1958), une histoire de jeune fille qui renonce à son amour de jeunesse (le jeune homme meurt opportunément), qui se fiance pour éviter la ruine à sa famille et qui trouve finalement le vrai amour avec ce fiancé, cet univers donc se révèle un décor de film. Notons toutefois « Orgueil de femme » (du même Torchio, du n°649 au n°673, en 1959), une histoire de western moderne où une jeune fille mondaine découvre qu'elle a du sang indien, est abandonnée par un fiancé à préjugé et trouve l'amour avec un jeune médecin indien. Je dois à Sylvette Giet, autorité indisputée sur ce magazine (depuis la publication de *Nous Deux 1947-1997, apprendre la langue du cœur,* en 1998), d'avoir attiré mon attention sur ces BD. Je l'en remercie.

[43] Qui dessine aussi, avec Renzo Calegari, Renato Polese et Sergio Tarquinio.

Ainsi, *Sergent Kirk* de Oesterheld et Pratt[44] ; ou *Ken Parker,* créé par Giancarlo Berardi (scénariste) et Ivo Milazzo (illustrateur) à partir de 1977[45] (d'abord pour la jeunesse puis pour les adultes en passant dans le magazine *Orient Express*, traduit d'abord dans le magazine *Long Rifle* puis repris en album, tardivement, chez Soleil au début des années 90) ; ou *Quatre doigts* de Milo Manara (en 1982), les westerns de Paolo Eleuteri Serpieri (*Lancio Story,* dans l'*Histoire du Far West* de Larousse ; *L'Indienne blanche*, d'abord dans *Orient Express,* puis en album chez Bagheera, traduit en album chez Dargaud en 1984 ; plus récemment, *L'Homme-médecine*), etc.

Par un parcours inversé, tout autant qu'aux grands ancêtres hollywoodiens, la trilogie des westerns « dollars » d'un Sergio Leone devra beaucoup au personnage et à l'esthétique du *Randall* de Hector Oesterheld (scénariste) et Arturo del Castillo (illustrateur), publié en Argentine à partir de 1957, puis en Italie.

Dans le roman, une collection populaire moderne comme « I Nuovi Sonzogno »[46], constituée de traductions à quelques exceptions près (Rafael Sabatini, Valerio Pignatelli...) — reprenait nombre de signatures classiques de la paralittérature, proposant de nombreux westerns à côté de romans historiques, de romans policiers, de romans de flibuste ; aux côtés de la baronne Orczy, d'Arthur Conan Doyle ou de John Dickson Carr, Zane Grey, Jack London, James Oliver Curwood, Louis L'Amour, Max Brand, Gordon D. Shirreffs, Lewis B. Patten, Robert MacLeod, Bradford Scott, William Macleod Raine, Walt Coburn, Paul Evan Lehman, Matt Kincaid, etc. Collection à la fois s'ancrant dans une tradition éditoriale paralittéraire et profitant sans doute du succès du retour irrévérencieux du cinéma italien au western, depuis le début des années 60.

En effet, le cinéma allait faire de l'Italie un acteur majeur dans le marché de l'Ouest[47]. Sur les 588 westerns européens produits entre 1961 et 1977, répertoriés par Thomas Weisser (1992), et hormis le fait que nombre de coproductions ne permettent pas toujours de leur attribuer une origine nationale claire, l'Italie se taille la part du lion, laissant à l'Espagne environ 6% de la production, à l'Allemagne 5%, à la France 2% et à la Grande-Bretagne moins de 1%.

En 1948, et malgré la forte capacité de l'appareil de production cinématographique bâti à l'époque de Mussolini, 73% des films projetés en Italie étaient anglo-saxons, et seulement 11% italiens[48]. De nombreuses équipes américaines avaient travaillé à Rome surtout à l'époque des péplums, ce qui avait permis aux futurs agents du western-spaghetti d'acquérir une expérience à la manière hollywoodienne, tout en restant marqués par le néoréalisme du temps propre au cinéma italien. Cinecittà devait rapidement développer un cinéma de genres, de films bon marché, orienté vers la coproduction (espagnole, mais aussi américaine pour profiter des profits générés par les producteurs américains en Europe), immédiatement doublés pour l'exportation, avec des scénarios très flexibles : après les « téléphones blancs » sentimentaux des années 1948-1954, les farces (souvent en dialecte) à la Toto (1955-1958), puis les péplums (plus de 170 entre 1958 et 1964), les films d'horreur (1959-1963), les dérivés de *World by Night* de Blassetti ou de *Mondo Cane* de Jacopetti (1962-1964) et les films d'espionnage (une cinquantaine entre 1964 et 1967). Parfois, ces genres que Cinecittà usait à la corde en quelques années avaient eux-mêmes un long pedigree. Ainsi en était-il des histoires de musclés : une tradition dans le cinéma italien remontant au Ursus de *Quo Vadis* (1912) et au Maciste de *Cabiria* (1913) (Giovanni Pastrone) —

---

[44] Evoqué au chapitre 2.

[45] Nombre d'autres auteurs et dessinateurs ont depuis travaillé à cette série.

[46] Lancée à Milan, en 1966, elle vendait chaque volume 400 lires.

[47] Sur le western-spaghetti, on consultera Gian Lhassa (1983), Philippe Ortoli (1994), Alain Petit (1980) ainsi que Laurence Staig et Tony Williams (1977).

[48] Pour ce développement, je recours très souvent à l'étude de Christopher Frayling (1981).

les intertitres de ce dernier avaient été rédigés par Gabriele d'Annunzio ! Hercule et Samson formaient le reste du carré d'as du biceps.

Au début des années 60, l'industrie du cinéma populaire s'engouffre dans la formule testée ailleurs ; dans le cas du western, c'est la formule à succès de l'Allemagne dans les années 50. Après quelques essais[49], en 1963 Cinecittà emboîte le pas ; 25 premiers films plus tard, le western-spaghetti démarre vraiment en 1964 avec un premier grand succès, *Per un pugno di dollari*, réalisé par un certain Sergio Leone (alias Bob Robertson).

Per un pugno di dollari, inspiré d'un film japonais de 1961, *Yojimbo*, met en vedette un acteur américain de feuilletons télévisés, Clint Eastwood, héros sans nom, taciturne, mal rasé, bourru, et susceptible. Le film a coûté 200 000 $ et a rapporté 4 600 000 $ entre 1964 et 1968. Leone enchaîne avec trois autres succès : dans *Per qualche dollaro in più* (1965), le chasseur de primes sans nom (Clint Eastwood) forme une association pleine d'arrière-pensées avec un concurrent, le colonel (Lee Van Cleef), pour la peau d'un fameux bandit, Indio (Gian Maria Volonté) ; dans *Il buono, il brutto, il cattivo* (1966), ils sont à la recherche d'un trésor confédéré caché dans un cimetière, où d'ailleurs se déroulera, comme dans une arène, le triel final (entre Eastwood, Van Cleef et Elie Wallach) ; dans *C'era una volta il West* (1968), en 1913, le professionnel (James Coburn) et le révolutionnaire (Rod Steiger) participent à la révolution de Pancho Villa contre le nouveau dictateur Huerta. Même si ce dernier film connaît peu de succès aux Etats-Unis — un titre idiot ne l'avait pas aidé au moment de la mise en marché, — il rapporte 5 millions de dollars en Italie et a un grand succès tant en Europe qu'en Asie.

Partie émergée d'un nouvel iceberg de Cinecittà et de sa production sérielle, comprenant aussi bien des œuvres inventives, qui ont fait époque, comme celles de Sergio Leone ou Sergio Corbucci, que le moulinage de tâcherons complètement surdéterminés par l'industrie, de Demofilo Fidani à Tony Good ou Enzo Matassi, cinéma de genre, le western-spaghetti est ainsi fait de héros sériels — comme les 32 *Django* entre 1966 et 1974, sortis de celui de Sergio Corbucci, œuvres de 22 réalisateurs différents et interprétés par 23 acteurs différents pour le rôle-titre ; ou les 18 *Sartana* aux 12 réalisateurs et 10 acteurs ; ou encore les westerns bouffes de la série *Trinita* et leurs imitations.

Il phagocyte aussi des genres antécédents comme les comédies western à la *Trinita* et les parodies bouffonnes de la série *Franco et Ciccio* de Gianni Grimaldi[50]. Ce qui n'empêche pas certains de ces films de sortir du lot. Dans *La resa dei conti* (1966) de Sergio Sollima, le professionnel, payé pour attraper un bandit mexicain accusé d'avoir violé et tué une petite fille, et après avoir compris que son riche employeur, un sénateur, a machiné cette affaire pour permettre une partie de chasse à l'homme sportive où le soi-disant bandit sera le gibier, décide d'aider le bandit ; l'originalité du film tient à la scène de chasse dans la cannaie.

Avec *Quien sabe ?* (1966) Damiano Damiani invente la formule du Zapatta spaghetti : le *gringo* (Lou Castel) semble vouloir se joindre aux révolutionnaires d'El Chuncho (Gian Maria Volonté) par intérêt ; mais on découvre qu'il est chargé de la mission de convaincre El Chuncho de trahir et de passer au service du gouvernement ; c'est en sifflant l'hymne révolutionnaire qu'El Chuncho tuera le *gringo*. Rappelons le *Django* (1966) de Sergio Corbucci, et son cercueil tiré dans la rue boueuse, son règlement de compte final dans le cimetière où, malgré ses mains fracassées, Django l'emporte grâce à la mitrailleuse cachée dans le cercueil... ; *Le Grand Silence* (1968) de Sergio Corbucci ; ou *La chiamavano California* (1976) de Michele Lupo, relâché après la défaite du Sud, California (Giuliano Gemma) erre dans le Missouri, trouve un ex-camarade pendu pour avoir volé un cheval afin de revenir plus vite dans sa famille ; il décide de finir ce voyage pour lui, tombe amoureux de la sœur du mort, Helen ; mais aussitôt installé dans sa nouvelle vie de colon, le voilà aux prises avec des hors-la-loi et des chasseurs de primes, qui tuent

---

[49] Comme *La Terrore de Oklahoma* (1967) de Mario Amendola ou *Tierra Brutal* (1961) de Michael Carreras, une coproduction hispano-italo-britannique.

[50] Qu'on pense à la parodie due à Leone, *Il bello, il brutto e il cretino* (1967).

sa pacifique nouvelle famille et enlèvent Helen — avec l'aide d'un journaliste, il traque et tue tous les méchants...

Si l'on ne se laisse pas aveugler par sa réputation sulfureuse de mise en spectacle de la violence et du sexe, réputation méritée sans doute, on décèle une double logique dans cet ensemble de plus de 500 films : son contraste avec le western américain et son développement interne. Pour Frayling, la sémantique du western-spaghetti substitue aux trois oppositions de base du western américain (bien/mal, sauvagerie/civilisation et société/hors la société) sept oppositions essentielles : victime/bourreau, *gringo*/Mexicain, intérieur de la communauté/extérieur de la communauté, pour le clan/contre le clan, valeurs orientés vers la famille/orientés vers soi, ami/ennemi et argent/Cause. Ce qui conduit le genre a investir de nouveaux thèmes : la préférence pour la frontière du Sud-Ouest, historiquement beaucoup plus violente — reconstitué, ce Far West extrait du sud de l'Espagne se fonde à la fois sur une matérialité faite de poussière et de chaleur et sur une sorte d'abstraction, l'aridité ; la réduction des oppositions traditionnelles (cavalerie/Indiens ou ranchers/fermiers, etc.) aux oppositions Nord/Sud, anglos/Mexicains et *chicanos* (groupe qui se subdivise à son tour en bandits/paysans) ; l'importance accordée au chasseur de primes[51] et aux mercenaires[52] qui ne deviendront plus fréquents à Hollywood qu'après les westerns italiens ; l'importance accordée aux groupes minoritaires et immigrants, formant plus une mosaïque qu'un mélange au creuset ; le symbolisme latin de la mort violente et du cimetière ; l'extrême brutalité de la Guerre de Sécession (à l'époque les historiens redécouvraient, par exemple, l'affaire du camp d'Andersonville) ; le retour au féodalisme et l'abaissement de l'Etat, narrativisé sous forme de corruption des officiels ; une misogynie plus radicale que celle de Hollywood (paysannes, putes, filles d'hôtel et rien d'autre...).

Le développement interne du genre pourrait ne se comprendre qu'à l'aide du motif de la surenchère ; provoquer à chaque film la surprise du spectateur sur des conventions préalables nombreuses et bien connues en vient à générer un baroquisme de la violence.

Dans *Se Sei Vivo Spara* (1967) de Giulio Questi, le baroquisme est visible dans l'affrontement entre deux clans : le premier, c'est celui du sadique Zorro et de ses tueurs homosexuels vêtus de noir qui enlèvent et violent un adolescent, jusqu'à ce qu'il se suicide ; le second, c'est celui des avides puritains de la ville et le commerçant au perroquet (lequel en vient à commenter l'action) ; baroquisme aussi dans l'incendie du magasin derrière les murs duquel le propriétaire a caché de la poussière d'or qui fond sur lui, le brûlant et l'étouffant, sans parler des corps lentement rôtis vifs, aveuglés, dispersés... Ou dans *Condenados a Vivir* (1973) de Joaquin Romero Marchent, lorsqu'un officier, sa fille et les criminels qu'ils escortent font la traversée des Rocheuses, et que le voyage tourne vraiment mal : sur fond de neige, du couteau au pistolet, du viol au démembrement, tout pour réjouir les amateurs d'horreur...

Toutefois, Frayling montre comment d'une première intrigue préfabriquée, « le serviteur de deux maîtres » (1964-1967), le genre évolue vers une seconde, le « Zapatta-spaghetti », après une brève phase intermédiaire (1966-1968)[53].

Reconquête de son marché national, succès de ses exportations, influence esthé-

---

[51] Personnage relativement peu fréquent auparavant, sauf dans *The Naked Spur* (1953) d'Anthony Mann et la série télévisée *Wanted—Dead or Alive* (1958).

[52] Sous l'influence des *Sept Mercenaires* (1960) de John Sturges — d'après les *Sept Samouraïs* (1954) de Kurosawa.

[53] L'annexe donne l'enchaînement des épisodes obligés de chacune des trois *fabulæ*.

tique de ses œuvres... : le western-spaghetti avait provoqué une onde de choc. Celle-ci devait se faire immédiatement sentir sur le marché du film western en France, fortement bousculé, voire déshomogénéisé. Ce qui saute aux yeux si l'on compare la coupe synchronique de 1960 vue plus haut avec une autre effectuée dix ans plus tard. De 17 westerns hollywoodiens (sur 139 films américains) et un western camarguais (*Chien de pique* (1960) d'Yves Allégret ; sur 143 films français) en 1960, on passe à 21 westerns hollywoodiens et 35 westerns italiens (dont 3 coproductions et une parodie) en 1970 — et encore, on est loin des 66 westerns-spaghetti tournés lors de la seule année 1966, ou de la proportion de 1969, alors qu'avaient été projetés en France 15 westerns hollywoodiens (dont une parodie) contre 41 westerns-spaghetti (dont 5 parodies), un western britannique (*La Haine des desperados* (1968), d'Irving Allen) et un français (*Une corde, un colt* (1968), de Robert Hossein).

Requiescant (1967) de Carlo Lizzani : un western sado-maso avec Pier Paolo Pasolini.
Un homme, un cheval, un pistolet [*Un uomo, un cavallo, una pistola*] (1967), de Vance Lewis (Luigi Vanzi).
Quand les vautours attaquent [*Il tempo degli arvoltoi*] (1967) de Nando Cicero.
Les Colts de la violence [*Mille dollari sul nero*] (1967) d'Albert Cardiff (Alberto Cardone).
Django porte sa croix [*Quella sporca nel West*] (1968) d'Enzo Castellari : Johnny Hamlet revient de guerre...
Deux fois traître [*Due volte giuda*] (1968) de Nando Cicero : une histoire d'amnésique.
Black Joe [*Black Jack*] (1968) de Gianfranco Baldanello : tous les personnages sont des salauds.
Buckaroo ne pardonne pas [*Buckaroo, il winchester che non perdona*] (1968) d'Adelchi Bianchi : une histoire de vengeance, avec Dean Reed, un chanteur américain qui s'était enfui en Union soviétique et devait recevoir les honneurs d'un enterrement de héros sur la place Rouge !
El mercenario [*Il mercenario*] (1968) de Sergio Corbucci.
Mes ennemis, je m'en garde [*Dai nemici mi guardo io*] (1968) d'Irving Jacobs (Mario Amedola).
Ringo contre Jerry Colt [*Uccidi o muori*] (1968) d'Amerigo Anton (Tanio Boccia).
Ringo, cherche une place pour mourir [*Joe ! Cercati un posto per morire*] (1968) d'Anthony Ascot (Giuliano Carmineo).
Ringo ne devait pas mourir [*I Lunghi giorni dell'odio*] (1968) de Gianfranco Baldanello[54].
Le Salaire de la haine [*Odia, il prosimo tuo*] (1968) de Ferdinando Baldi : une histoire de mine d'or perdue qui se singularise par les combats de gladiateurs armés à la Freddy (avant la lettre), organisés par le méchant propriétaire terrien et sa femme
La Malle de San-Antonio [*Un pistolero per Cento Bare*] (1968) d'Umberto Lenzi.
Tuez-les tous et revenez seul [*Ammazzali titti e torna solo*] (1968) d'Enzo Castellari : un soldat confédéré assassiné sort de sa tombe la nuit ; ses complices meurtriers auraient dû prendre soin de vraiment l'achever !
Prie et creuse ta tombe [*Gringo preparati la fossa*] (1969) d'Edward G. Muller (Eduardo Mulargia).
Quatre pour Sartana [*E vennero in quattro per occidere Sartana*] (1969) de Miles Deem (Demofilo Fidani).
Sabata [*Ehi amico... c'e Sabata, Hai chuiso* !] (1969) de Frank Kramer (Gianfranco Parolini) : un film drôle, avec le gag de l'arme cachée dans le banjo.
Deux croix pour un implacable [*Due croci a Danger Pass*] (1969) de Rafael Romero.
Cinq hommes armés [*Un esercito di cinque uomini*] (1969) de Don Taylor.
Django, prépare ton exécution [*Execution*] (1969) de Domenico Paolella.
Et le vent apporta la violence [*E Dio disse a Caino*] (1969) de Giovanni Antoni.
Lola Colt (1969) de Siro Marcellini.

---

[54] Les titres français de ces deux derniers films étaient une ruse des distributeurs pour faire croire qu'ils appartenaient à la série des *Ringo*.

Un homme, un colt (1969) de Tullio Demichelli.
Los Machos (1969) de Giovanni Fago.
La Colline des bottes [*Collina negli stivali*] (1970) de Giuseppe Colizzi.
Texas (1970) de Tonino Valerii : le président doit prononcer un important discours à Dallas et est assassiné lorsqu'il traverse la ville. L'homme sans doute innocent que l'on accuse du meurtre est assassiné pendant le transfert entre deux prisons. Familier ? Attention : l'affaire se passe en 1890, après la Guerre de Sécession, et le président s'appelle Garfield (le vrai est bien mort assassiné, mais à Washington).
Des coproductions :
Le Spécialiste [*Gli Specialisti*] (1970) de Sergio Corbucci : un western menant une sorte de charge contre le mode de vie hippy — « cheveux longs et idées courtes » — au Far-West.
Clayton l'implacable [*Lo voglio morto*] (1968) de Paolo Bianchi : alors que le fond politique est fortement dessiné (craignant de perdre une affaire, un marchand de canons envoie un tueur pour assassiner les participants à une conférence de paix entre les généraux Grant et Lee), une histoire de vengeance familiale se déroule à l'avant-plan (le guide veut abattre le terroriste parce qu'il a violé et tué sa sœur).
Les Colts brillent au soleil [*Quanto costa morire*] (1970) de Sergio Merolle : avec des scènes de neige dans les Rocheuses, insolites dans un western-spaghetti.
L'Homme qui a tué Billy le Kid [*El Hombre que mato a Billy el Niño*] (1967) de Julio Buchs (Julio Garcia).
Un colt et le diable [*Anche nel west c'era una volta Dio*] (1968) de Dario Silvestri : avec la carte d'un trésor volé puis caché, une bande de brigands et un prêtre se faisant passer pour une gâchette !
Des parodies :
Trois Salopards, une poignée d'or [*La piu grande rapina de west*] (1969) de Mauricio Lucidi : avec les pièces d'or volées dans la statue de saint Abélard et retombant en pluie sur le village à la fin, après l'explosion du cellier où le voleur de voleurs les avaient cachées.
Zorro au service de la reine [*Zorro a la corte d'Inghilterra*] (1969) de Francesco Montemurro.

Alors que l'appareil américain de production de culture médiatique pouvait complètement ignorer Lafuente Estefanía et Jubal Cade, Kent Tucky et Lucky Luke, Robert Hossein, Willie Lamothe et Eddy Mitchell, le roman western espagnol, britannique ou allemand, la BD western franco-belge[55], le cinéma français, la musique country québécoise ou française..., Hollywood a dû faire le gros dos face au cinéma western italien qui investissait avec succès une portion importante du même marché — ses westerns étaient décidément trop coûteux à produire[56].

Certes, en 1973, ce cinéma western italien n'existait plus. Pourtant, en une dizaine d'années à peine, l'onde de choc s'était fait sentir jusqu'à Hollywood. Les producteurs avaient été sensibles à l'argument du manque à gagner ; les réalisateurs (et les acteurs) à celui du désenchantement de l'Ouest, éventuel et paradoxal moyen de ranimer un genre écrasé sous ses conventions.

Glory Guys (1965) d'Arnold Laven avait bien le désert mexicain comme décor ; mais c'était encore une typique histoire de cavalerie (une troupe de jeunes recrues contre des Sioux révoltés). Par contre, déjà, *The Professionals* (1966) de Richard Brooks ou *Villa Rides !* (1968) de Buzz Kulik développaient des types d'intrigues popularisées par le western-spaghetti. Influence perçue en-deçà de l'intrigue, sur des scènes typiques (le retour de la scène de viol collectif de *Hannie Caulder* (1972) de Burt Kennedy, par exemple) ou sur des éléments plus cinématographiques :

---

[55] Souvent, les études américaines euphémisent la dimension d'affrontement BD américaine/BD européenne pour le marché européen et l'importante imperméabilité du marché américain aux productions européennes.

[56] La critique et l'industrie américaines n'aimèrent jamais les westerns-spaghetti ; United Artists n'acheta la trilogie de Leone qu'une fois Eastwood sous contrat.

entre la scène de la locomotive dans le saloon dans *Joe Kidd* (1972) de John Sturges, tout droit issue de *Winnetou I. Teil* (1963) de Harald Reinl, et le mercenaire/ange de la mort de *High Plains Drifter* (1973) de Clint Eastwood qui doit beaucoup au personnage de *Django il bastardo* (1969) de Sergio Garrone — dans des teintes atténuées, le héros peut-être surnaturel tue l'un après l'autre les anciens officiers sudistes qui, lors de la Guerre de Sécession, avaient massacré leurs soldats pour s'approprier un trésor. Outre quelques réalisateurs italiens invités à Hollywood (comme Silvio Narizzano pour tourner *Blue* (*El gringo*) — 1968), ce sont les classiques histoires western qui pouvaient se trouver investies par la nouvelle esthétique — comme *Soldier Blue* (1971) de Ralph Nelson, une histoire de cavalerie, ou *The Scalphunters* (1968) de Sydney Pollack, l'histoire d'un trappeur et d'un esclave fugitifs qui tentent de reprendre des fourrures volées par les Indiens : deux thèmes tout à fait étrangers au western-spaghetti mais traités selon un style « italianisé ».

Après le déclin du genre amorcé au début des années 50 aux Etats-Unis, Hollywood s'est sentie dans l'obligation de reconquérir le terrain perdu sur les marchés étrangers (Europe, Japon, Tiers Monde), et aussi de renouveler le genre à partir d'une esthétique nouvelle pour relancer le western sur le marché américain. Relance qui devait remporter avec un certain succès avec Sam Peckinpah et Clint Eastwood...

On sent l'influence du western-spaghetti, plus ou moins directe, dans des films comme :
Custer of the West (1967) de Robert Siodmak, filmé en Espagne.
Will Penny (1968) de Tom Gries, une histoire de cow-boy pimentée de scènes de torture.
Charro ! (1969) de Charles M. Warren.
A Man Called Gannon (1969) de James Goldstone, ressemble beaucoup, en moins bien, à *Man without a Star* (1955) de King Vidor.
The Wild Bunch (1969) de Sam Peckinpah : une bande de hors-la-loi fatiguée se voit contrainte d'attaquer un train d'armement pour une faction lors de la révolution de Pancho Villa — sa violence et le traitement baroque à l'italienne que Peckinpah en fit provoquèrent un scandale aux Etats-Unis.
Macho Callahan (1970) de Bernard L. Kowalski : paysages mexicains durant la Guerre de Sécession.
Cannons for Cordoba (1970) de Paul Wendkos : un commando tente de reprendre aux révolutionnaires mexicains des canons volés à l'armée du général Pershing.
The Lawman (1971) de Michael Winner : venu arrêter l'assassin d'un vieil homme, un *cattle baron*, le marshall se trouve aux prises avec toute la petite ville.
Catlow (1971) de Sam Wanamaker : filmé en Espagne ; un truand prépare l'attaque d'un train d'or, tout en déjouant un chasseur de primes et un *marshall*, son ami.
Skin Game (1971) de Paul Bogart : dans le Sud, un escroc blanc vend son complice noir... à répétition.
Valdez is Coming (1971) d'Edwin Sherin : une histoire de poursuite (à partir d'un texte d'Elmore Leonard paru dans la « Super Noire »).

Ailleurs cette esthétique aura été parodiée (par exemple, dans *Touche pas la femme blanche* (1974) de Marco Ferreri, avec Serge Reggiani en chef indien !), dépassée (par exemple, dans la quête ascétique et surréaliste du film mexicain *El Topo* (1971) d'Alexandro Jodorowsky) voire, bien loin de Cinecittà, prise comme objet de réflexion théorique (par exemple, dans *Vent d'Est* (1969) de Jean-Luc Godard). Elle aura une influence sur la BD (notamment sur le « Blueberry » de Jean Giraud et Jean-Michel Charlier) ou le roman (notamment sur les séries britanniques d'Angus Wells)...
Au-delà de la question des parts de marché, le western romanesque allemand et le western cinématographique italien font subir une réelle transculturalisation à un genre américain par excellence. Au grand agacement du purisme, historiciste ou mythique. Dans le premier cas, qu'on lise le très respecté Ray Allen Billington ([1979] 1980) pour qui la délirante inspiration des Aimard, May ou Mayne Reid n'est pas simple-

ment ridicule du point de vue de la réalité historique, géographique, culturelle de l'Ouest américain ; elle est pernicieuse : l'impérialisme américain est faussement véhiculé par des représentations européennes infidèles, car il est fondé sur l'idée d'une *Frontier* incurablement violente. Dans le second cas, qu'on se remémore l'abondant argumentaire critique contre le western-spaghetti : gratuité de la violence, sexualité trop explicite, psychologie rudimentaire, cynisme éthique et politique, mystification historique, esthétique baroque, ersatz culturel sans racines américaines, cause du déclin du western (genre déjà essoufflé qui ne s'en est pas vraiment remis), en somme, cris de la déception amoureuse née des contradictions de la culture médiatique, déception révulsée devant le sophisme esthétique qui a convaincu un public naïf entre les mains de qui, hélas, reposait le sort du genre bien-aimé.

Peu importe. A partir sans doute du cynisme de pratiquement tous les personnages du *Vera Cruz* (1954) de Robert Aldrich, à grand renfort de gros plans, de bruits naturels amplifiés, de personnages emblématisés par des thèmes musicaux (voire des sons), de cadrages insolites, en creusant la contradiction Nord/Sud — pertinente aussi bien pour la société italienne et les pays européens, asiatiques ou sud-américains où le genre réussit — et en réinventant le signe « naturaliste » à la Gilles Deleuze (1983) qui, à travers une exagération des clichés, fait communiquer Histoire sale du sud-ouest américain et substrat mythique[57], Cinecittà avait réussi un transfert, une transmutation, une transculturalisation du genre américain en un code culturel affranchi de sa source américaine.

Tonino Valerii, sur une idée de Sergio Leone, fera le testament postmoderne du western-spaghetti avec *Il mio nome è Nessuno* (1973) : le jeune Personne (incarné par Terence Hill, qui a joué dans plus d'une quinzaine de westerns-spaghetti dont ceux de la série « Trinita ») a une admiration sans borne pour Beauregarde, le héros de l'Ouest vieillissant, qui n'aspire plus qu'à prendre une retraite tranquille en Europe (incarné par Henry Fonda, le froid tueur aux yeux clairs d'*Il était une fois dans l'Ouest*). C'est justement sa *persona* qui fera de Beauregarde le héros manipulé par Personne d'un spectacle où ce dernier deviendra quelqu'un.

Tour postmoderne dont la BD italienne offre aussi un exemple avec le numéro spécial de *Il Grande Blek* (n°6, avril 1992). A partir du personnage devenu fameux dans les fascicules petit format (créé en 1954 par EsseGesse, c'est-à-dire Giovanni Sinchetto, Dario Guzzon et Pietro Sartoris pour les éditions Dado), fameux mais sans racines repérables, J.K. Melwjn-Nash (Marcel Navarro) et le graphiste J.-Y. Mitton ont proposé un récit dans lequel Blek-le-Roc, une nouvelle fois emprisonné par les Anglais, raconte l'histoire de sa vie à ses habituels compagnons : son ventripotent Sancho, le docteur Cornelius Occultis et son jeune alter ego, Roddy. Histoire dans laquelle le devenir américain pour le héros est une réhomogénéisation de tous les rôles et de toutes les identités qu'il aura assumées (Breton, pirate, Indien, etc.) pour échapper à l'arbitraire fixiste, emprisonnant, territorialisant, de l'Ancien Régime (voir Galli Mastrodonato, 1998).

---

[57] Dont *Mannaja* (1977) de Sergio Martino serait emblématique. Homme des bois et chasseur de primes, Blade réussit à capturer Burt, un bandit en fuite, après lui avoir tranché la main avec une hache, lancée d'une main sûre, si l'on ose dire. Comme la ville n'a pas de shérif pour lui remettre la prime, il joue la tête du bandit au poker contre Voller, gagne, relâche Burt dont il ne sait plus quoi faire. Il est alors attaqué par Voller, décidément bien mauvais joueur, qui fait croire à son patron, McGowan, le propriétaire de la mine d'argent, que c'est Blade qui a enlevé sa fille. En outre, Voller enterre Blade jusqu'au cou et, réminiscence des guerres puniques, lui coupe les paupières pour que le soleil l'aveugle. Burt lui sauve la vie et Blade, maintenant aveugle, prépare sa vengeance en apprenant à tirer non plus à vue mais au son : ce dont la bande de Voller fera la cruelle expérience dans l'obscurité de la mine, Voller goûtant lui-même de la hache *in fine*...

Made in France : cinéma et BD western

Pour survoler les relations de la France et du cinéma western, reprenons le trajet du centre à la périphérie, de Hollywood aux productions françaises. Première étape : le point de contact entre la France et le western hollywoodien par ses personnages français et les clichés ethniques véhiculés par les Américains.

Naughty Marietta (1935) de W.S. Van Dyke : après une histoire d'amour mal finie en France, une princesse tombe amoureuse d'un capitaine dans la Nature sauvage canadienne ;
New Moon (1940) de Robert Z. Leonard : une jeune Française, sous le règne de Louis XVI, vient prendre possession de son héritage à la Nouvelle-Orléans ;
Frontier Gal (1945) de Charles Lamont : jeté en prison après sa nuit de noce, un homme revient après sa libération et retrouve sa femme, une Française, propriétaire de saloon, et... sa petite fille ;
The Fighting Kentuckian (1949) de George Waggner : en Alabama, en 1818, un Kentucky Riffleman tombe amoureux d'une Française, l'actrice Odette Myrtil, découvre et déjoue un complot pour exproprier les colons français ;
When the Redskins Rode (1951) de Lew Landers : pendant la Guerre de Sept ans, le gouverneur de Virginie et George Washington tentent d'enrôler des tribus indiennes contre les Français, alors qu'une belle espionne tente de convaincre le fils d'un chef de combattre pour eux ;
The Big Sky (1952) de Howard Hawks (d'après Alfred B. Guthrie, l'histoire de l'expédition de Lewis et Clark, et Sacajewa la shoshone...) : Kirk Douglas et Dewey Martin se joignent à une expédition de trappeurs et de mariniers, et tombent amoureux d'une Indienne ;
The Mississippi Gambler (1953) de Rudolph Mate (avec Tyrone Power l'élégant) ;
Vera Cruz (1954) de Robert Aldrich : en 1856, avec Gary Cooper et Burt Lancaster, contre un méchant officier de lancier français au Mexique, alors que les mercenaires américains escortent la comtesse et l'or pour Maximilien ;
The Hanging Tree (1959) de Delmer Daves : l'antagoniste ignoble, le médecin au lourd passé, dans un dur milieu de chercheurs d'or ;
Thunder in the Sun (1959) de Russell Rouse : en 1850, histoire de Basques, caravane, plans de vignes, jolie Basque (Suzan Hayward), guide américain (Jeff Chandler) et l'acteur français Jacques Bergerac ;
The Jayhawkers (1959) de Melvin Frank : personnage sympathique joué par Jeff Chandler — le bandit poursuivi et son poursuivant (Fess Parker) tombent amoureux de la même femme ;
North to Alaska (1960) de Henry Hathaway : un compagnon de batte doit trouver une remplaçante à la fiancée, qui s'est mariée entre-temps ailleurs, d'un prospecteur à grande gueule devenu riche ;
Major Dundee (1965) de Sam Peckinpah : Charlton Heston commande une troupe de prisonniers volontaires pour une mission consistant à attraper une bande indienne, se retrouve au Mexique et, dans une péripétie pas très développée, est attaqué par un colonel de lanciers français ;
The Undefeated (1969) d'Andrew V. Mc Laglen : John Wayne et Rock Hudson, anciens combattants du Sud et du Nord se retrouvent pour tenter de refaire leur vie au Mexique ;
Two Mules for Sister Sarah (1970) de Don Siegel : avec Clint Eastwood en mercenaire juariste protégeant Shirley McLaine en nonne sympathisant avec le camp adverse.

De la même façon, le western-spaghetti ne devait pas jouer très fréquemment de ces clichés. Outre quelques histoires de l'époque de la révolution juariste dont je reparlerai, il y a de rares variations sur le thème de l'appétissante propriétaire du saloon, comme la Jennie Lee de *Jennie Lee ha una nueva pistola* (1964) de Tullio Demichelli, ou l'incongrue Yvette de *Animale chiamato uomo* (1973) de Roberto Mauri, qui a été médecin à Paris dans une vie antérieure !

Tout aussi caricaturaux sont ces rôles dans des romans américains traduits : l'une des *Wild West Madams* du recueil *La Lanterne rouge d'Abilène* de Homer Mackienzie ; Madame Moustache, alias Eleanore d'Hauterives, alias Simone Jagu Sortse, du Faubourg du Temple ; ou dans le dernier western de la « Série Noire », *Les Cow-boys dehors,* d'Edmund Naughton (1982), l'ex-femme française et les hommes de main qui veulent dépouiller le héros de son ranch...

Or, chez les amateurs, cela n'a jamais provoqué autre chose qu'un agacement superficiel, sans nuire à l'exportation de ces films, même vers les pays ainsi caricaturés.

Seconde étape : les émules français du western. Dans le western de Hollywood, sans être négligeable, la présence française n'est que tangentielle, malgré l'enthousiasme d'Eric Leguèbe (1989)[58].

Avant même qu'Hollywood existe, Alice Guy-Blache fondait la « Solax Co » et réalisait plusieurs westerns aux Etats-Unis ; à Fort Lee (New Jersey), Maurice Tourneur relançait les studios fondés par Gaston Méliès (le frère de Georges), devenus la propriété d'Eclair. Certes, *Lopez le bandit* (1930) de Jean Daumery était une curiosité, avec son plateau français (Georges Deunebourg, Jacques Deval, Rolla Norman, Geymond Vital, Suzy Vernon, Jacques Helbling). Certes, à l'intérieur du système hollywoodien, quelques réalisateurs avaient réussi à faire leur marque dans le genre : Georges Archainbaud qui réalisa les films de William Boyd, puis ceux de Gene Autry ; Georges-André Béranger, acteur dans *La Naissance d'une nation* de David W. Griffith, allait diriger *Western Luck* en 1924 ; Charles Dumaine, scénariste pour Maurice Tourneur, puis acteur et réalisateur ; Jacques Jaccard, réalisateur puis scénariste ; Jean Le Hénaff avec *Fort-Dolorès* (1938) ; René Clair avec *The Flame of New Orleans* (1941), 1841, la Nouvelle Orléans, avec une Marlene Dietrich en aventurière séductrice qui tombe amoureuse d'un capitaine de bateau ; Serge Bourguignon, réalisateur des *Dimanches de Ville d'Avray*, y tourna *The Reward* (1965) une histoire de chasseurs de prime qui se déchirent dans le désert à propos de la récompense pour un criminel qu'ils ont rattrapé ; Henri Verneuil avec *La Bataille de San Sebastian* (1967), une coproduction franco-italo-mexicaine), avec Anthony Quinn en bandit pris pour un prêtre — l'habit faisant le moine — et amenant les habitants à se défendre contre hors-la-loi (Charles Bronson) et Indiens...

Il y eut aussi quelques opérateurs (comme Lucien Andriot, à partir des années 20, Nestor Almendros qui reçut un Oscar en 1976), des décorateurs comme Ben Carre, des costumiers comme René d'Hubert, et une douzaine d'acteurs, à commencer par Léon Barry, ex-partenaire de Sarah Bernhardt, dans *The Galloping Kid* (1922) et *King of the Wild Horses* (1924) de Fred Jackman. Depuis le rôle principal comme celui de Claudette Colbert dans *Drums Along the Mohawk* (1939) de John Ford jusqu'à la plus modeste contribution de Louis Mercier dans *My Darling Clementine* (1946) de John Ford également, en passant par de vraies carrières dans le genre : Georges Deunebourg dans *The Scarlet West* (1925) de John G. Adolfi, *The Call of the Klondike* (1926) d'Oscar Apfel, *Sutter's Gold* (1936) de James Cruze (un film qui initialement devait être réalisé par Serge Einsenstein !). Ou Corinne Calvet dans *Powder River* (1953) de Louis King, *The Far Country* (1954) d'Anthony Mann et *The Plunderers of Painted Flats* (1959) d'Albert C. Gannaway...

Pour les autres films, c'est plus de présence française occasionnelle qu'il faudrait parler : Jetta Goudal dans *The Coming of Amos* (1925) de Paul Sloane ; Lili Damata dans *Fighting Caravan* (1931) d'Otto Brower et David Burton ; Etienne Girardot dans *In Old Kentucky* (1935) ; Emile Chautard (très prolifique réalisateur des années 10), dans *The Big Trail* (1930) de Raoul Walsh et *The California Trail* (1933) de Lambert Hillyer ; Francis Pierlot dans *The Dude Goes West* (1948) de Kurt Neumann, comédie où un commerçant du Bowery devient tireur d'élite va à l'Ouest et redresse les torts causés par une bande de ruffians ; Alain Delon dans *Texas across the River* (1966) de Michael Gordon, une comédie, à cause de la présence d'Alain Delon aux côtés de Dean Martin — accusé d'avoir tué le fiancé de la femme qu'il aime, le noble Espagnol se réfugie au Texas, poursuivi par la fiancée qui finalement tombera amoureuse d'un rancher alors que lui tombe amoureux d'une Indienne ; *Shalako* (1968) d'Edward Dmytryk (coproduction anglo-française, d'après le roman de Louis L'Amour), dans lequel cette Irina (Brigitte Bardot) trouvée en plein territoire apache par Shalako (Sean Connery) est à vrai dire une comtesse française qu'un guide chargé d'accompagner un aristocratique voyage de chasse a volée et abandonnée, avec d'autres nobles victimes — qu'on se souvienne de la scène de la mort de la *lady* contrainte d'avaler ses diamants (Honor Blackman) ; *Monte Walsh* (1970) de William Fraker, à cause de la présence de Jeanne Moreau aux côtés de Lee Marvin et Jack Palance, au moment où la civilisation

---

[58] C'est son ouvrage que je suis ici. Sur la permanence du malentendu entre Hollywood, à l'époque du système des studios ou plus tard, et les acteurs ou réalisateurs européens, voir Michel Boujut (1992).

fait disparaître le mode de vie des cow-boys, obligé de devenir commerçant, un cow-boy est tué par un autre et c'est un troisième qui cherchera à le venger ; Isabelle Huppert dans *Heaven's Gate* (1980) de Michael Cimino...

Plus occasionnelle encore est la présence française dans le western-spaghetti — même si l'on peut citer deux films de Sergio Corbucci (l'intéressant *Le Grand Silence* (1968), avec Jean-Louis Trintignant et Klaus Kinski, et *Le Spécialiste* (1970), avec Johnny Halliday et Françoise Fabian) ou *Dans la poussière du soleil* (1971) de Richard Balducci (avec un producteur français, et la musique de Francis Lai)...

Pourtant, à l'origine même de la production française, voire du film western, se dressait le curieux cas de figure de Joë Hamman, un véritable cow-boy français, amoureux du cheval et de l'Ouest[59] ! Pourtant, la tradition française du roman western offrait au cinéma naissant bien des récits à adapter, dont *Les Aventuriers du Val d'or* réalisé en 1910, chez Pathé frères, d'après *Le Coureur des bois* de Gabriel Ferry[60]. Pourtant, entre 1908 et 1914, le western était français[61]. Pourtant, en 1922, Maurice Tourneur avait réalisé en France son *Dernier des Mohicans* — son fils, Jacques, devait faire une prolifique carrière à Hollywood, réalisant notamment des westerns pour de nombreux studios[62]...

La production de l'après-guerre, étriquée, n'incitera guère à s'attarder ni sur ses westerns comiques (*Fernand cow-boy* (1956) de Guy Lefranc et Jean Redon, avec Fernand Reynaud ; *Sérénade au Texas* (1958) de Jean Ferry et Richard Pottier, avec Luis Mariano et Bourvil ; ou *Dynamite Jack* (1960) de Jean Bastia, avec Fernandel), ni même sur son trio de Robert : Dhéry pour *Les Branquignols* (1949) ; Enrico pour ses deux films tirés de nouvelles d'Ambrose Bierce (voir Gerhold, 1983), *La Bataille de Chikamauga* et *La Rivière du hibou* (1962) ; Hossein pour *Le Goût de la violence* (1961), dont il était coscénariste et premier rôle — sans doute un film annonçant la vague du western-spaghetti, — pour *Une corde, un colt* (1968), dont il était réalisateur, coscénariste, compositeur et premier rôle[63] et pour *La Loi à l'Ouest du Pecos* (1970) de Richard Owens, dont il était coscénariste (avec Jean Giraud).

A quoi, pour faire bonne mesure, on pourrait adjoindre le surprenant Jean-Pierre Léaud, braqueur au petit pied, tombant dans la tombe que Rachel Keserber a creusée pour se suicider après la mort de son frère, tué par ce Kid calamiteux ; fuite dans le désert à dos d'âne, poursuivis par le shérif et les Indiens : telle était l'*Aventure de Billy le Kid* (1970) de Luc Moullet.

---

[59] J'y reviendrai au chapitre 6. Sur ces intrigues préfabriquées, une annexe en dira plus long.

[60] Avec Harry Baur (l'Oiseau noir), Varenne (Fabian), Garnier (Aréchissa) et Carmen Gilbert (la fiancée).

[61] Mais qui se souvient des « Riffle Bill » de Victorin Jasset, réalisés pour Eclair en 1908 (*La Main clouée*, *L'Attaque du courrier*, *L'Enlèvement*, *Le Fantôme du placer*, *Riffle Bill pris au piège*) ? Ou de l'incroyable quantité de bobines tournées pour Gaumont ou Pathé frères ? Chez le premier : en 1908, *Roméo cow-boy* de Roméo Bosetti et *Le Testament du chercheur d'or* ; en 1909, *Sur le sentier de la guerre* de Jean Durand ; en 1910, *Un mariage à l'américaine*, d'Etienne Arnaud ; en 1911, *Dancing Girl* et *Les Deux Trappeurs* de Jean Durand ; en 1912, *Boule de Neige et son ami (épisode de la colonisation américaine)*, *Le Collier vivant (grand drame d'aventures au Far West)* de Jean Durand (avec Gaston Modot, Max Dhartigny, Albert Fouché, Berthe Dagmar). Chez le second : en 1908, *Vengeance indienne* ; en 1909, *La Bague du peau-rouge*, *Calino chez les indiens* (Bosetti), *Les Exploits de Buffalo*, *Exploits de cow-boys*, *La Fiancée du cow-boy* ; en 1910, *La Ruse de cow-boy* ; en 1911, *La Fille du shérif*, *L'Indienne blanche*, *La Jalousie du cow-boy*, *Justice indienne*, *Le Sacrifice de la jeune peau-rouge*, *Sauvé par un indien* ; en 1912, *Le Crime du cow-boy*, *Le Dévouement de l'indien*, *La Fiancée du Cheyenne*, *La Fille du Niagara*, *La Fille du Peau-rouge*, *La Gratitude du chef indien*, *L'Indienne d'Arizona*, *La Loi de Lynch*, *Le Retour à la prairie*, *La Rivale indienne* ; en 1913, *L'Apprenti cow-boy*, *L'Attaque des indiens*, *Dark Buffalo ou la flèche du défi*, *Fierté indienne*, *La Grève des cow-boys*, *La Prêtresse de Manitou* ; en 1914, *L'Indienne à Boireau*.

[62] *Canyon Passage* (1946), *Stars in My Crown* (1950), *The Way of a Gaucho* (1952), *Stranger on Horseback* (1955), *Wichita* (1955), *Great Day in the Morning* (1956), *Fury River* (1962)...

[63] Sergio Leone y joue le garçon d'hôtel !

A propos de ce relatif manque d'intérêt du cinéma français pour le western, on peut bien sûr évoquer ses structures économiques propres qui n'encouragent plus guère la production sérielle. Mais surtout, on peut prendre conscience d'une pente sémantique du cinéma français (les récits dans l'une des dernières cultures du cheval en France, la Camargue), en la contrastant avec une pente économique du western-spaghetti (les coproductions). Contraste sur l'axe déterritorialisation/reterritorialisation nationale.

La logique de la coproduction ne s'inscrit évidemment pas directement dans le récit ; des westerns-spaghetti comme *Vamos a matar, companeros !* (1970) de Sergio Corbucci, *Deadlock* (1970) de Roland Klick, *Deserter* (1970) de Niska Fulgozzi et Burt Kennedy, ou *China 9, Liberty 37* (1978) de Monte Hellman se singularisent sans doute plus par leur cosmopolitisme que par rapport aux lois du genre.

Le premier, le plus réussi, est une coproduction à trois (Italie/Espagne/RFA) dans quoi le cynique (Franco Nero) aide le jeune révolutionnaire (Tomás Milian) à délivrer un important prisonnier politique (Fernando Rey), alors que ses intentions sont simplement crapuleuses : le resteront-elles ? Le second, une coproduction à trois (Italie/Israël/RFA). Le troisième, une salade russe avec ses deux réalisateurs, ses trois pays producteurs (USA/Italie/Yougoslavie), son scénario confus, et Ricardo Montalban en guide indien ! Le dernier, une coproduction à trois (Italie/Espagne/USA) dans laquelle un tueur (Fabio Testi) échappe à la potence pour être aussitôt envoyé en mission — il doit assassiner un fermier (Warren Oates) qui ne veut pas vendre sa terre à la compagnie de chemin de fer ; la femme du fermier (Jenny Agutter) devient sa maîtresse, et ils s'associent pour vaincre les tueurs envoyés par la compagnie, sous les yeux d'un journaliste (Sam Peckinpah) ; le tueur repart, et la fermière reste avec son mari après qu'ils eurent brûlé leur ferme, signe d'un nouveau départ pour le couple.

Le prix du plus exotique pourrait revenir à *Arizona Kid* (1974) de Luciano Carlos, l'unique coproduction Italie/Philippines ; voire, à un surgeon du genre, la formule du western-spaghetti asiatique : le cosmopolitisme culturel s'y inscrit directement dans le récit. Après le succès de la série télévisée américaine *Kung Fu* et du pot-pourri franco-italo-espagnol de Terence Young, *Soleil rouge* (1971) — avec la gâchette (Charles Bronson), le samouraï (Toshiro Mifuné) et la putain (Ursula Andress) contre le joueur (Alain Delon), — ce devait être *Il mio nome è Shangai Joe* (1973) de Mario Caiano ; *Kung Fu nel Pazzo West* (1973) de Yeo Ban Yee, une très pénible coproduction italo-hong-kongaise ; *Là Dove non Batte il Sole* (1975) signée Anthony Dawson (Antonio Margheriti), une plus satisfaisante coproduction italo-hispano-hong-kongaise avec un trésor caché dans une statue d'Indien en bois, le plan du trésor tatoué sur le derrière des quatre maîtresses du riche Chinois mort, un voleur, Lee Van Cleef, un neveu chinois, Lo Lieh, un ecclésiastique fou... ; ou *Il bianco, il giallo, il nero* (1974) de Sergio Corbucci, un autre improbable trio à la recherche du cheval qui devait être offert en cadeau à l'empereur du Japon...

Bien loin de John Ford, non ? Une impression de surréalisme saisit le spectateur. Déterritorialisation à quoi répondrait la reterritorialisation camarguaise du western *made in France*[64].

C'est en fait en BD que le western est devenu un créneau franco-belge[65] dans les industries culturelles. L'Amérique iconique existait bien sûr depuis belle lurette, bien avant la culture médiatique, des gravures illustrant des récits de voyages, avec Indiens emplumés voire acéphales, jusqu'à la fresque de Gianbattista Tiepolo représentant l'Indienne assise sur son caïman au milieu de luxuriance américaine.

La peinture américaine de l'Ouest (dès 1735, Gustav Hesselvius faisait le portrait du chef Lapowinsa) n'eut qu'une incidence relativement indirecte sur la culture médiatique en France :

---

[64] J'y reviendrai au chapitre 6.

[65] Ce qui me rappelle que le survol historique effectué jusqu'ici ne faisait pas mention des voyageurs belges aux Etats-Unis, qui ont pourtant donné une couleur particulière à ce genre ; à ce sujet, on consultera Antoine de Smet (1959).

peintres inspirés par Fenimore Cooper ; tradition paysagiste des années 1820 à 1840 (Thomas Cole avec ses paysages grandioses à peine habités par quelques Indiens tout petits ; l'Allemand Bierstadt ; Asher Durand ; John Quidor, les peintures des merveilles naturelles de l'Ouest d'Alfred Jacob Miller qui avait accompagné sur l'*Oregon Trail* un riche Ecossais, sir William Drummond Stewart, en 1837-1840...) ; peintres des Indiens (George Catlin ; Karl Bodmer qui avait accompagné le prince Maximilien de Wied en 1832-1833 et peint les Mandans juste avant que la varicelle ne les décime ; Thomas McKenney ; Charles Bird King ; Seth Eastman ; les tableaux de John Mix Stanley détruits par le feu...) ; école de Taos (où, en 1898, s'installent Bert Philips et Ernest Blumenstein)...

Les plus connus restent sans doute Frederic Remington qui avait fréquenté les hommes de la *Frontier*, trappeurs, Indiens, soldats, hors-la-loi et cow-boys, et illustré le livre de son célèbre ami Theodore Roosevelt, *Ranch Life and Hunting Trails* ; et Charles Marion Russel, un ex-cowboy vivant au Montana. Peintures de l'action et du combat dont un des grands classiques du western hollywoodien, *The Searchers* de John Ford est d'ailleurs visuellement inspiré[66].

Dans l'histoire américaine, outre son intérêt artistique, la peinture et le dessin eurent un usage informatif et argumentatif.

Samuel Seymour et Titian Peale accompagnent l'expédition du major Stephen H. Long en 1819, chargé par le gouvernement fédéral de trouver la source de la Red River (Meriwether Lewis s'était beaucoup plaint de ce que son expédition, la précédente, n'ait pas compris d'illustrateurs). Seth Eastman illustre les volumes des *Indian Tribes of the United States* de Henry Schoolcraft (1851-1857), commandés par le *Bureau of Indian Affairs*, etc. Par contre, le mépris dans lequel étaient tenus les Amérindiens dans les œuvres de John Mix Stanley et George Catlin conduisit le Congrès à refuser de financer l'achat de ces œuvres (Catlin mourut pauvre, ironie, dans le Smithsonian !) Mais ce sont les illustrations des guides touristiques, à partir de 1870, et des magazines, comme *Harper's*, *Scribner's*, *Frank Leslie's Illustrated* puis *Century*, *Colliers*, *Cosmopolitan*, qui allaient populariser paysages et figuration narrative de l'Ouest, instituant même avant la Première Guerre mondiale les classiques de la peinture western — dont la contemporaine Cowboy Artists of America s'est faite la dépositaire.

Résultat graphique de la rencontre de l'image et du livre, l'illustration fait partie intégrante de la culture médiatique imprimée, depuis ses débuts. Sur la couverture ou dans le texte qu'elle accompagne, l'illustration est ancillaire par rapport au récit imprimé. Sur la couverture, elle vise à accrocher le chaland, à exhiber sans détour, sans ambiguïté, un univers bien identifié et le propos du récit ; à laisser entendre que l'action, intense mais figée par l'image, sera déployée, rendue au rythme et au temps par le texte à acheter ; à trianguler le texte à venir — généralisation et narrativisation. A l'intérieur, elle vise à aider l'envol de l'imagination, à enclencher une première représentation au cinéma intérieur que la lecture ne saurait manquer de susciter. Centrées donc sur le récepteur, elles peuvent conforter les représentations encyclopédiques, fantaisistes ou informées, qu'il se fait de l'univers de l'Ouest ; elles peuvent parfois les prendre à rebrousse-poil, si l'illustrateur se centre plutôt sur le référent (par exemple, en justifiant la déviation par rapport aux attentes, aux clichés visuels, par la justesse documentaire comme le surprenant cocktail morions espagnols et Apaches de Hans G. Kresse[67]) ou sur la forme (par exemple, en choisissant de ne pas accorder régime graphique et régime textuel, comme le fait Pellos qui recourt au grotesque pour illustrer les récits sérieux de Fronval dans la collection « Westerners », inadéquation, il faut

---

[66] Sur la peinture américaine de l'ouest, on consultera Paul A. Rossi et David C. Hunt (1971), Robert Taft (1953) et William H. Truettner (1991) — à l'occasion de cette exposition au Monument Museum of America Art, l'idée même d'une révision du mythe de l'ouest déclenche scandale et controverse.

[67] J'y reviendrai un peu plus loin.

bien le dire, ni très inspirée ni très heureuse !). Toutefois, même des images bien sages ne restent pas forcément réduites à leur seul rôle publicitaire ou narratif ; dans d'autres moments de l'acte de lecture, elles se prêtent à la rêverie — rêverie qui entraîne des lectures déviantes, certaines images s'y prêtant d'ailleurs mieux que d'autres.

Dans le cas des récits fasciculaires constitués d'épisodes lâchement reliés par la présence d'un même héros éponyme, Christian-Marie Pons (1995) propose d'étendre ce mode de lecture pluriel. Certes, pour le lecteur sériel de l'époque, toutes les semaines, chaque couverture renvoie au récit imprimé, verbal, qu'elle couvre ; mais aussi bien, *a posteriori*, ces images d'abord perçues comme isolées peuvent se voir réutilisées par leurs lecteurs comme matériau narratif brut d'un nouveau récit, non écrit, à construire... Lecture reliant à la queue leu leu l'ensemble des couvertures illustrées d'une même série fasciculaire, s'en servant pour inventer un récit second, lecture qui n'est pas seulement la proposition insolite d'un moderne sur un objet ancien ; c'était aussi une pratique culturelle de l'époque — d'ailleurs encouragée par l'édition si l'on en croit le concours organisé par Eichler pour sa série *Texas Jack*.

On pouvait lire sur la troisième de couverture du n°82 de la série *Texas Jack,* de février 1909, la « Solution à notre concours Texas Jack », dans laquelle il s'agissait visiblement d'apprendre à lire attentivement cet enchaînement d'images censément isolées.

Pour trouver la solution exacte de notre concours, il fallait simplement, nous le répétons :
1. Considérer attentivement la gravure, qui représente bien uniquement partout Texas Jack.
2. Donner le plus court résumé possible des incidents que représentent ces figures, et
3. Indiquer dans un certain ordre, c'est-à-dire en commençant à gauche et en suivant la ligne droite, comme si l'on faisait une lecture, les numéros des fascicules dans lesquels ces scènes sont développées.

Là surgissait la petite difficulté dont un seul des concurrents est sorti vainqueur.
Les fascicules devaient être classés dans l'ordre suivant : N°16, 2, 20, 10, 8, 4, 7, 13, 12, 11, 26, 3, 14, 5, 6.
Les lauréats ont reçu chacun, dans le nombre et suivant l'ordre le plus scrupuleusement établi par notre jury, une ravissante collection d'aquarelles venant en droite ligne du Far-West et représentant des types, paysages, scènes du plus palpitant intérêt, du territoire d'actions de TEXAS JACK.

Mais plus que du livre illustré, c'est du métissage de la figuration narrative avec le journal et la littérature pour la jeunesse que la BD devait procéder. Alors que le plan Marshall devait plutôt permettre un déferlement de culture médiatique américaine sur l'Europe, une paradoxale protection contre l'invasion américaine dans le domaine de la BD, la loi de 1948, allait redonner à la BD européenne ses chances — notamment par des histoires western[68]. Les importations devaient en effet rester modestes.

Dans le circuit des magazines pour la jeunesse, ce sont quelques traductions de Burne Hogarth « Drago », et de F. Fletcher « Jacques Canada » dans *Coq-Hardi*, de Fred Harman « Red Ryder » dans *Coq-Hardi* et *Spirou*... ; dans les petits formats, Impéria à Lyon reprenait en français la série des *Hopalong Cassidy* de Mulford et Spiegle (National Comics Publications) ; dans celui, plus tardif, des rééditions qui reprend des BD américaines ou européennes mal connues ou inconnues en Europe dans des magazines spécialisés plus chics comme *Rétrospective BD* ou sur des supports plus classiques — ainsi le Cisco Kid dont on a vu la fortune médiatique, notamment sous la forme de la BD de José Luis Salinas : cette série a été publiée en France dans divers récits complets (Au Galop), dans *Paris Journal Junior* (1958), dans *Cap'tain Swing* (à partir de 1988), occasionnellement (moitié noir et blanc moitié couleur comme dans le n°3 de *Pa-*

---

[68] Sur la BD western en France et en Belgique, on consultera Paul Herman (1982), Henri Flippini, Jacques Glénat, Numa Sadoul et Yves Varende (1979), J. Gillain (1983), Thierry Groensteen (1985), Bruno Lecigne (1984), Claude Moliterni et Philippe Mellot (1996) et Gérard Thomassian (1994 et 1995).

rade de la bande dessinée, en 1974) et, consécration esthétique ultime, en élégant album de format oblong chez Slatkine, en 1981.

Même s'il ne cherche pas à être exhaustif (ce qui, incidemment, crée une sous-représentation des BD américaines, surtout celles qui n'ont pas été diffusées en France), Henri Filippini dans son *Dictionnaire de la bande dessinée* (1989) donne toutefois de bonnes indications sur l'importance d'autres traditions européennes sur la consommation de BD en France. Sur les 900 héros répertoriés, environ 7% relèvent du western ; mis à part quelques titres qui n'ont pas été diffusés en France (un italien, trois américains, un argentin), voici la représentation de chaque pays : France 25 titres, Belgique 12, Italie 14, USA 6, Royaume-Uni 3, Argentine 1, Espagne 1, Suisse 1[69].

Si la BD britannique avait une longue tradition western, elle fut grande importatrice de *comic books* américains et ses créations, reposant surtout sur le format de *strips* publiés dans des journaux, ne devaient guère avoir d'échos en France. Pensons à *White Cloud*, à partir de 1936, ou à *Red Rider*, à partir de 1939, de Reg Parrot ; à *Red Man's Gold, Fortune in the Desert, Call of the West*, en 1934-1936 ; puis en 1936, à *Tim McCoy* (adaptation de films en *strips*) de George Heath ; au parodique *Desesperate Dan* de Duddley D. Watkins, à partir de 1937 ; à Jeff Arnold ; à *Geoff Campion* de Chilton et Humphries, entre 1950 et 1962 ; à *Billy the Kid*, en 1952, une sorte de Robin des bois à l'esthétique minimaliste ; à *Swade* de Frank Bellamy... *Gun Law* que Harry Bishop dessinait à partir de la série télévisée *Gunsmoke* pour le *Daily Express* est diffusée dans *Paris-Jours* et dans l'*Intrépide* ; *Matt Marriott* de Taylor (scénariste) et Tony Weare (illustrateur) parut en *strips* dans le *Daily Mail* à partir de 1955, et en France dans *Télé-Poche* ; *Rétrospective BD* n°12 devait faire prendre conscience de sa qualité graphique : le récit n'y était plus reproduit sous forme de *strips* mais sous forme d'histoire continue.

Des Pays-Bas, les lecteurs français ont surtout pu apprécier des BD historiques initialement parues dans le magazine *Pep* en 1972 : *De Indianen* de Hans G. Kresse[70]. A partir d'une documentation fouillée, les images d'un Ouest insolite, à travers le destin d'un personnage historique, se raconte un moment crucial du destin d'un peuple amérindien au contact des Blancs — celui de la seconde (et timide) expédition espagnole commandée par Chamuscado en 1581-1582 au Nouveau-Mexique, avec la rencontre d'Apaches de westerns et de conquistadores à morions, Wetamo et Mangas Coloradas, mais aussi la disparition des Wampanoags...

La BD espagnole a relativement peu traversé les Pyrénées. Pensons au célèbre *El Coyote* de Francisco Batet[71], une sorte de Zorro à pistolets en format *comic book*, créé à partir des nouvelles et romans de José Mallorqui (depuis sa création romanesque en 1943, le personnage masqué a aussi connu bien des adaptations : des films et un feuilleton à la radio au cours des années 50 et 60) ; au *Pistol Jim* de Carlos Freixas (1945-1946) ; ou, à partir de 1946, à *Gring* (sur des scénarios de Manuel Medina[72]), une histoire d'Américain blond à la Lafuente Estefanía... Par contre, nombre de BD de Jesus Blasco — qui avait commencé dans le western en Espagne avec *Wild Batson* et *O'Har* en 1950, — souvent faites en collaboration avec ses frères Alajandro et Adriano, paraîtront en français dans *Spirou*, à partir de 1968 — comme *Los Guerilleros*[73]. Autre importante carrière transpyrénéenne pour Hernandes Palacios dont la série *Manos Kelly* (à partir de 1970) est rapidement traduite, avant la prolifique série *Alexis Mac Coy* créée pour *Lucky Luke*, puis d'autres magazines illustrés, avec Jean-Pierre Gourmelen. Mentionnons aussi *Les Juges maudits* et *Mon nom est Sunday* chez Hachette en 1975[74].

---

[69] Bien des créations d'autres pays européens n'ont jamais été diffusées en France, comme le *Stare Macak* (1937) du Yougoslave Andrija Maurovic, ou le *gaucho* et son cheval gonflable de l'Allemand Roland Lollsaat, « Jimmy das Gummipferd » (puis « Julios Abenteuerliche Reisen ») depuis 1953, dans le supplément pour la jeunesse de *Stern*...

[70] Repris en album et traduits chez Casterman (1974), puis chez Arboris « BD Elite » (1993).

[71] Puis, dans les années 50, à un illustrateur moins bon : Larrez.

[72] Dessinés par Carlos Giménez, puis par Domingo Alvarez Lopez, puis par Suso (Jesus Pena Rego).

[73] Mais aussi *Billy the Kid, Wyatt Earp, Buffalo Bill, Blackbow, Shot Basky*...

[74] Sur la BD western dans le reste de l'Europe, on consultera Luis Gasca (1969), Maurice Horn (1977), C.S. Murray (1991), Lew Stringer (1988) et *Le Frontiere di carta* (1988) publié chez Bonelli.

En France et en Belgique, la riche production de BD western s'est faite par le truchement de trois grands formats : fascicules, magazines et albums.

Outre les passages occasionnels de héros sériels dans l'Ouest comme *Tintin en Amérique* de Hergé, ou *Les Pieds-Nickelés au Colorado* de Pellos, le western s'est fait sériel en Belgique dès le *Tom Colby* de Cuvelier/Hergé/Jacobs. Il a connu son âge d'or en fascicules ou en petits formats (Artima nommait ce format des « journaux de poche ») pendant une vingtaine d'années, de 1947 à 1965. Fascicules portant le nom du héros sériel comme *Kit Carson* (Impéria, Lyon), *Ouragan* (le héros se nomme Jim Ouragan ; Artima, Tourcoing), *Buck John* (Impéria), *Tex-Tone* (Impéria), *Jim Canada* (Impéria) ou *Red Canyon* (Artima) ; ou présentent des titres moins restrictifs, comme *Aventures Films* (avec les histoires de *Tex-Bill*), *Audax* (avec *Bill Tornade*), les deux chez Artima...

Comportant 68 pages (mais les *Buck John* en avaient 128), d'un format de 18 cm × 13 cm (les Artima avaient commencé par un format de 22 cm × 16 cm), seules, d'habitude, leurs couvertures étaient vraiment graphiquement soignées. Les BD n'étaient pas souvent signées — chez Artima, René Mellies est l'auteur de *Tex-Bill,* Bob Dan de *Bill Tornade,* Guy Forez (scénariste) et André Gosselin (illustrateur) de *Red Canyon,* Le Rallic des *Foulards noirs,* E. Gire de *Jim Ouragan,* R.R. Giordan de *Tom Tempest,* etc. (voir Filippini, 1977).

En quelques exemples, voici comment s'y répartissait l'espace éditorial. *Ouragan* : deux récits, dont un peut être à suivre, « Jim Ouragan », et l'autre est complet, « Tex Bill ». *Red Canyon* : un récit complet de « Red Canyon », un de « Silver Kane », un de « Petit Tom du Far-West ». *Cassidy* : deux brefs récits complets de Hopalong Cassidy et un épisode d'un récit à suivre, comme « Mustang gris ». *Tex-Tone* : deux brefs récits complets de « Tex-Tone », quelques pages d'une encyclopédie de l'Ouest. *Kit Carson* : deux brefs récits complets de « Kit Carson », généralement pas du même dessinateur. *Buck John* : deux histoires complètes « longues », dont une de « Buck John », et deux brèves, entrecoupées de pages encyclopédiques. L'élégance graphique n'était pas l'image de marque de cette production, si l'on excepte *Buck John* et *Kit Carson*[75].

Second format : les séries western éponymes dans des magazines illustrés, en histoires complètes ou en histoires à suivre.

Dans *Ouest Magazine*, consacré au western, « sous la direction technique de Joe Hamman », des BD tirées de *Coq-Hardi* comme « Poncho Libertas » de Le Rallic[76] ; dans *Coq-Hardi*, « Jim Boum » Marijac (Jacques Dumas)... ; dans *Mireille*, « La Fille de Buffalo Bill » de Dut ; dans *Frimousse*, « Nora la fille du shérif » et « Virginie du Texas » de Dut, « Les Trois Mousquetaires du Far-west » de Claude Marin ; dans *Vaillant*, « Kam et Rah », une parodie d'E. Gire[77], « Davy Crockett » (Jean Ollivier, scénariste, et Etcheveri Coelho puis Kline, illustrateur), « Teddy Ted » de Roy[78] ; dans *Formule 1* des éditions de Fleurus, « Pat Cadwell » de Noël Gloesner ; dans *L'intrépide*, « Horn du West » de F. Hope ; dans *Zorro*, « Zorro » d'André Oulié.

En Belgique, les magazines illustrés se nommaient *Bimbo* (« Ranch » de Fred Funcken, « Texas Ranger »), *Pic et Nic* (« Sur le sentier de la guerre »), *Zorro l'invincible, Les Grandes Aventures* (« Tom Mix, chevalier du Far-west »), *Héroïc Album* (« Ange Boy » de Christo)...

Troisième format : les rééditions en albums de BD parues d'abord dans des magazines illustrés.

Elles pouvaient être occasionnelles, comme le *Sam Billy Bill* de Lucien Nortier[79], le *Bill Jourdan* d'Aquaviva (scénariste) et Loys Pétillot (illustrateur)[80] ou le *Jim et Heppy* de Guy Hempay

---

[75] Celui de Rino Albertarelli ?

[76] Réédité par Glénat, dans sa collection « B. Découvertes ».

[77] Alias Eugène Giroud.

[78] Alias Hidalgo, puis surtout Gérald Forton (illustrateur) et Roger Lecureux (scénariste).

[79] Paru successivement dans *Zorro l'invincible* et *Vaillant* de 1949 à 1962.

[80] Paru dans *Bayard* entre 1956 et 1961, dont seulement deux albums ont été réédités.

(scénariste) et Pierre Chéry (illustrateur)[81]. Mais le format de la réédition en albums a aussi connu de véritables séries *long seller*, notamment le trio *Lucky Luke, Chick Bill* et *Jerry Spring* : le premier, humoristique, de Morris et Goscinny (et quelques autres scénaristes occasionnels), depuis 1946 ; le second, humoristique aussi, pour un plus jeune public, de Tibet et Greg, Duchateau..., depuis 1953 ; et le troisième, « réaliste », de Jijé (Joseph Gillain, sur des scénarios de Rosy, de Philip, de Lob), de 1954 à 1978[82].

Autour de 1965 commence une crise des grands magazines illustrés, liée à l'émergence d'une BD pour adultes[83] et aux effets de la mutation de *Pilote* (publié depuis 1959, à partir de 1965 il se tourne vers la BD pour adultes). Même si la SF s'imposait alors comme le genre de la mutation, une BD western devait aussi y contribuer, marquer son genre, y devenir œuvre codante : la série *Blueberry* de Gir (Jean Giraud, illustrateur) et Jean-Michel Charlier (scénariste), publiée à partir de 1963 dans *Pilote,* puis en albums chez Dargaud[84]. Signes de son succès, deux séries en sont directement dérivées (*La Jeunesse de Blueberry* et *Marshall Blueberry*[85]). *Blueberry* est une des rares séries western européennes a avoir connu une édition américaine.

Après le succès de son inspiration SF et fantastique aux Etats-Unis avec *L'Incal* et *Major Grubert* entre autres, c'est à Mœbius, alias Jean Giraud, que Marvel-Epic demande de signer la BD western que Gir, alias Jean Giraud, avait dessinée sur des scénarios de Jean-Michel Charlier — traduction agrémentée, dans la version de Mojo Press, d'une introduction par une vraie autorité dans le domaine du western, Elmer Kelton[86].

L'inspiration de la BD pour adultes eut une incidence sur les séries western, moins enclines à la verve parodique (malgré *Al Crane* de Lauzier (scénariste) et Alexis (illustrateur) en 1976-1977[87]) ou humoristique (sans oublier, toutefois, *Les Tuniques bleues* de Cauvin et Salverius puis Cauvin et Lambil, depuis 1968 ; *Plumoo* de Michel Douay, de 1968 à 1981 dans *Formule 1* ; ou *Smith et Wesson* de François Corteggiani (scénariste) et Pierre Tranchand (illustrateur) série comique parue dans *Pif* depuis 1983, puis en albums chez Hachette)... Un Derib raconte depuis 1972 l'histoire de *Buddy Longway,* sorte de *plainsman* écolo, marié à une Indienne, d'abord dans *Tintin,* puis en albums aux éditions du Lombard, à partir de 1974.

Séries tôt disparues comme *Nevada Hill* (1974) de Gourmelen et Guido Buzzelli, dans *Phénix* ; ou longues comme l'inspiration proindienne de *Jonathan Cartland*[88] de Laurence Harlé et Michel Blanc-Dumont — dans les années 1850, au Montana chez les Sioux ; ou de *Capitaine Apache* de Lecureux et Norma, depuis 1975, avec son héros métis déchiré entre deux cultures ; *Comanche* de Hermann[89] (illustrateur) et Greg (scénariste), de 1969 à 1983 (au Lombard)[90] —

---

[81] Paru entre 1957 et 1981 dans *Cœurs vaillants* et ses avatars (*J2 Jeunes* et *Formule 1*), lui aussi très partiellement repris en albums.

[82] Puis repris par Franz (illustrateur) et Festin (scénariste).

[83] Jean-Claude Forest avec *Barbarella* (1964, chez Losfeld) fit scandale, ce qu'amplifia le film de Vadim (1966) ; « Lone Sloane » (1966) de Druillet ; *Jodelle* (1966) et *Pravda la survireuse* (1967) de Peellaert ; *Saga de Xam* (1968) de Devi et Rollin ; *Epoxy* (1968) de Paul Cuvelier...

[84] Le retour au genre du tandem Giraud-Charlier (puis Christian Rossi) avec la série *Jim Cutlass* devait être moins heureux.

[85] Respectivement de Corteggiani (scénariste) et Colin Wilson (illustrateur) chez Dupuis, de Giraud (scénariste) et Vance (illustrateur) chez Dargaud.

[86] Kelton a en effet reçu le Spur Award de 1957 pour *Buffalo Wagons*, celui de 1971 pour *The Day the Cowboys Quit*, celui de 1973 pour *The Time It Never Rained* et celui de 1981 pour *Eye of the Hawk* ; en outre, c'est le prix de la « Novel of the West » qu'il avait obtenu avec *Slaughter* en 1992 et en 1994, pour *The Far Canyon*.

[87] Il faudrait aussi évoquer les histoires non sérialisées publiées en un seul volume, comme l'humoristique *Go West* (1979) de Derib et Greg.

[88] Dans l'éphémère mensuel *Lucky Luke*, à partir de 1974, puis dans *Pilote*.

[89] Alias Hermann Huppen.

[90] Puis Greg et Michel Rouge à partir de 1989, chez Dargaud.

une histoire de ranch avec une héroïne, l'irascible propriétaire, et un héros, Red Dust, le contre-maître ; *Alexis McCoy* de Gourmelen et Palacios[91] ou *Durango* d'Yves Swolfs (à partir de 1981) — la coque du western-spaghetti vidée de son universel cynisme...

Dans le contexte d'une évidente hégémonie des industries culturelles américaines en matière de western, notamment au cinéma, le premier rôle des Européens est certes celui de les consumer. Toutefois, en tant que précurseurs, émules, adaptateurs, voire compétiteurs, ils s'approprient aussi le genre par le biais de leurs industries culturelles ; toutes lui donnent une coloration propre, avec des créneaux de réussite commerciale variables mais relativement complémentaires (romans allemands, BD franco-belges, films italiens...) et s'en servent pour s'accaparer une part de leur propre marché national, d'autres marchés, européens ou plus exotiques — et même, dans le cas du western-spaghetti, de prendre pied aux Etats-Unis. Il y a là en fait le double triomphe de la « superculture » : incarnée dans des produits culturels américains, elle peut bien reculer — si peu — devant les modestes réussites commerciales des producteurs européens, les structures mêmes de l'imaginaire western ne s'en imposent pas moins aux cultures nationales, qu'elles intériorisent[92].

S'agit-il de corps étrangers, complètement surdéterminés par la logique de la compétition dans les industries culturelles ? Ou, au contraire, s'agit-il d'un code par quoi chaque culture européenne pourrait se parler d'elle-même à elle-même par le truchement d'un genre venu d'ailleurs ?

---

[91] Paru aussi d'abord dans *Lucky Luke*, puis chez Dargaud.
[92] Sur les regards venus d'ailleurs pour examiner le western, on consultera le volume préparé par la Western Literature Association.

5.
Relativement à l'ouest...

Tout comme ce marché de l'Ouest ne se réduisait pas aux seules industries culturelles américaines et à leur force de frappe exportatrice, le genre ne se réduit pas à l'homogénéité de son univers et de ses traitements narratifs. Quoique tout à fait réelle, cette homogénéité risque d'empêcher de voir des dynamismes, des fissures, des irrégularités moins visibles qui pourtant font sens, complètent et corrigent le tableau d'ensemble. D'où l'idée, à partir d'ici, de mettre en regard les fortes conventions du western, ce qui tend à homogénéiser son univers, avec ce qui pourrait le déshomogénéiser, relâcher les écrous culturels trop serrés qui incitent à ne le percevoir que sous les espèces de son penchant à la conformité, au lieu commun. A la fois rappeler les lois du genre et préserver ce qui semble ne pas s'y plier ; à la fois embrasser d'un regard panoramique l'horizon d'attente et se focaliser sur de menus phénomènes, un peu rebelles, peut-être secondaires mais assurément symptomatiques ; à la fois éclairer les relations génératives liant les éléments profonds de la matrice thématique entre eux — aventure, appropriation, pouvoir..., — les liant aux signes typiques superficiels déclenchant un sentiment de familiarité chez le récepteur, et ne pas simplement hausser les épaules devant les moments où le lecteur peut en quelque sorte surplomber le récit qu'il va lire ou qu'il lit (au lieu d'être totalement immergé dans son plaisir de lecture, emporté vers l'aval de l'histoire par le dynamisme de la narration comme un nageur par un courant trop fort), au détriment d'autres types de généralisation, encyclopédies thématiques ou réductions structurales du genre proposées dans la critique savante. Ce qui conduira aussi bien à ne pas ignorer de ténues opacités qui signalent l'altérité des cultures, la française et les américaines. Ou à ne pas confondre les effets des trois styles de réception, les trois modes d'appréhension attachés au genre, incitant à interpréter tel western plutôt en regard du mythe de l'Ouest, ou plutôt en regard de l'Histoire de la conquête de l'Ouest, ou plutôt en regard de la transmédiatisation. Ou encore, à ne pas simplement traiter la présence de Gustave Aimard dans le « Masque Western » comme une malheureuse décision éditoriale, mais à l'élever au rang de symptôme. Ou à ne pas trop rapidement réduire la singularité de la culture médiatique en renvoyant le récit western tout de go, par Vladimir Propp interposé, à des universaux narratifs, à la culture orale des contes...

Les lois du genre

La conquête de l'Ouest : on le verra, l'expression a un sens cognitif, dérivé, le lecteur s'approprie l'univers du western par son acte de lecture même, le spectateur par la coopération interprétative[1] nécessaire à comprendre le film... Il faut toutefois convenir que tel n'est pas là le sens le plus immédiat de cette expression pour les récepteurs eux-mêmes ; elle désigne plutôt le noyau de sens du genre. S'y retrouvent le double mouvement contrarié de déterritorialisation et reterritorialisation déjà évoqué : reterritorialisation incarnée dans la possession, surtout foncière et numéraire, et dans le pouvoir, son instauration, son maintien, sa légitimation ; déterritorialisation incarnée dans l'aventure et la circulation[2].

L'aventure est instable. La liberté et ses corrélats de solitude et de matité psychique, telle serait la teneur déterritorialisante de l'aventure, se racontant dans le voyage, l'inéluctabilité des lieux et la recomposition des liens sociaux. La découverte de la liberté s'accompagne d'un renouveau de la compétition, selon des lois moins policées, plus brutales, plus rudimentaires que celles de la société du récepteur. La solitude aventurière dans la fiction se nourrit visiblement de la réduction de l'Autre, de sa liberté — le western en décline toutes les configurations : séduction, capture ou rapt, assujettissement, meurtre au détail, élimination d'un groupe ou d'un peuple, acculturation et réécriture de l'Histoire...

Même pour celui qui se fait le plus extérieur, le flâneur à la Walter Benjamin, évoqué à propos du Bois-Rosé de Gabriel Ferry, la Nature ne saurait se prêter à sa permanente réduction au pittoresque, elle le contraint à lutter. Interprétant ce type, le genre tend plutôt à en faire le trappeur, blessé par un ours qui tente de revenir à la civilisation dans le film *Man in the Wilderness* (1971) de Richard D. Sarafian.

Si pour beaucoup d'aventuriers sériels le passé peut rester ignoré du lecteur (ainsi, pas besoin de causes mélodramatiques ou inconscientes pour ancrer les aventures érotico-héroïques du shérif de Tabor Evans, Curtis Long dit Longarm — dans les publications Playboy, ce n'était pas seulement le bras de la loi qui était long), un passé révélé avec parcimonie, avec retenue comporte l'intérêt narratif de donner une profondeur à son personnage. Sous forme d'allusions ou de développements narratifs, la présence de l'aventurier dans la Nature sauvage est expliquée par sa réticence à l'endroit de la civilisation ou de la famille, par quelque défaut du lien proposé jadis à l'aventurier par l'une ou par l'autre, depuis *The Virginian* jusqu'à Catamount ou Blueberry. La solution mélodramatique, comme souvent chez Aimard qui avait une prédilection pour elle, passait par le *topos* du « mystérieux inconnu » et consistait à développer son action comme une reconquête de son passé.

Ignoré, reconquis, le passé peut aussi être racheté comme dans les histoires de rédemption.

Dans *Man from Del Rio* (1956) de Harry Horner, le bandit mexicain retrouve sa dignité en sauvant la petite ville d'une bande de truands. Dans *Outlaws of Santa Fe* (1944) de Howard Bretherton, lorsque son roman familial vole en éclats (il est le fils d'un shérif tué et non celui d'un

---

[1] Sur cette notion, voir Umberto Eco (1985).
[2] Bien entendu, dans l'histoire de la littérature américaine, l'une et l'autre ont connu des incarnations multiples, diverses. Pour en savoir plus sur l'écriture de l'espace dans le roman américain par exemple, on consultera Frederic Feied (1964), Pierre-Yves Pétillon (1979), Jacqueline Starer (1977), etc.

hors-la-loi), un jeune bandit devient shérif à son tour pour permettre à la ville de Santa Fe d'échapper à la domination d'une bande de truands.

Variation insolite peut-être mais bien sur le même thème, où les soupçons sont tardivement confirmés peut-être mais explicitement avérés par la narration, l'*Atala* de René de Châteaubriand faisait bien de l'aventurier un fuyard — tentant d'échapper à une faute, un amour incestueux, sans espoir de reterritorialisation ; — le western parle plus sobrement de fuir la loi, alors que, souvent, le héros positif en fuite est déchiré, qu'il croit avoir commis un crime dont il se découvrira innocent.

Ainsi, dans un classique de série B, *The Man Trailer* (1934) de Lambert Hillyer, recherché pour un meurtre qu'il n'a pas commis, un homme défend l'argent pendant l'attaque de la diligence ; acte de courage qui lui vaut d'être nommé shérif... et de bientôt devenir victime d'un chantage par un bandit au fait de son passé.

Dans des histoires plus tardives toutefois, l'opposition entre la civilisation et l'univers sauvage de l'aventure n'est plus aussi originelle, peut-être plus aussi crédible et, du coup, n'a plus la même autorité.

Dans le roman de Cliff Farrell, *Les Fourrures du diable* (1965), l'aventure conjoint deux trames distinctes : celle de l'assouvissement d'une vengeance (mobile de Zach et de son acolyte Belzey) et celle du passage à l'âge adulte pour Jeanne ; la résolution de cette coexistence de deux trames se conclura par la prévisible constitution d'un couple. Néanmoins, le moteur même de la vengeance, du *Bildungsroman* et de l'histoire sentimentale, c'est-à-dire des primitifs narratifs de l'aventure, réside dans une entreprise plus primitive encore, mais aussi plus prosaïque : entreprise commerciale qui a sens non pas dans le pays sauvage où se déroule l'histoire mais dans la société policée laissée derrière. C'est la logique de l'activité capitaliste new-yorkaise qui inclut toute l'histoire et lui donne un sens, et on pourrait résumer le résultat de cette aventure dans ce registre : tout cela pour aboutir au déplacement du siège social de l'entreprise à Saint Louis[3] ?

La conquête, c'est-à-dire l'appropriation, préfère l'aventure pour investir ses deux objets thématiques, l'or et le sol, et doit par conséquent composer avec ce prosaïsme. L'immatérialisation de la propriété dévitalise l'univers western ; ainsi, le cas de figure où la terre ne vaut que pour ce contre quoi elle s'échange ne sera-t-il guère productif (dans *Wall Street Cowboy* (1939) de Joseph Kane, un cow-boy tente d'obtenir de l'argent à l'Est pour payer l'hypothèque sur sa terre qu'il croit receler de l'or). Ce qui n'empêchera pas le genre de trouver d'autres configurations dans lesquelles l'or ou la terre sont considérés dans ce registre du symbolique.

Ainsi, *The Light of the Western Stars* (1930) d'Otto Brower et Edwin H. Knopf, tiré d'une histoire de Zane Grey déjà filmée deux fois au temps du muet (en 1918 et en 1925), et une fois plus tard (en 1940). Film typique de la thématisation de la propriété, il raconte l'histoire d'un cow-boy amoureux de la sœur de son ami assassiné ; un shérif véreux et complice du meurtrier tente de récupérer le ranch de la belle pour taxes impayées ; le héros parvient à voler l'or qui avait été dérobé à son ami et peut alors payer le ranch. Ou encore, ce film de J.P. MacGowan réalisé en pleine Dépression, *When a Man Rides Alone* (1933), où un bandit dépouille un convoi d'or... et remet l'argent à des colons qui avaient perdu leur investissement dans un projet minier frauduleux.

Dans son incarnation la plus fréquente, les histoires de vol, l'or n'a plus d'autre consistance que sa place structurale — dans l'action et l'entrecroisement conflictuel de désirs rudimentaires : dans *The Badlanders* (1958), de Delmer Daves, deux complices volent l'or d'une mine en Arizona, chacun avec l'idée de doubler l'autre ; dans *Gold of the Seven Saints* (1961) de Gordon

---

[3] C'est un ton encore plus démystificateur — un retournement de la séduction de l'aventure en fait, et le refus du thème sentimental — qu'aura adopté un roman québécois de 1938, publié en France, *Les Engagés du grand portage* de Léo-Paul Desrosiers, que je retiens ici même s'il n'appartient pas tout à fait à mon corpus.

Douglas, deux trappeurs trouvent de l'or et sont poursuivis par des hors-la-loi dans le désert de l'Utah.

Ce qui amène à repérer un second état de l'or : l'or imaginaire. La première ruée vers l'or avait très tôt inspiré des représentations dans la culture américaine, comme la pièce de F.H. Conway, *Pike's Peak or, The Search for Riches,* présentée au Old Bowery Theatre de New York, en 1859. Elle permettait de redonner souffle au vieux rêve des premiers voyageurs et conquérants européens. Longtemps après la ruée vers l'or, la culture médiatique allait pouvoir traiter la quête de l'or dans le registre naturaliste — la contradiction entre l'or espéré et la misère du chercheur d'or — ou dans le registre aventurier — insistance sur la tension pour retrouver trésors perdus ou mines fabuleuses.

Dans *Death Valley* (1946) de Lew Landers, un chercheur d'or devient fou après une vaine quête encouragée par la fausse carte qu'il s'était procurée — thème très proche de celui du *Filon fantôme* (1976) de David Case. Alors que dans *Les Damnés d'Armijo* (1981) de William E. Vance, vieux détenteur du secret, féroces et menaçants Apaches, rancunier gardien-chef d'un pénitencier, tout s'interpose entre le héros et un trésor espagnol qui s'avérera à la fois bien réel et insaisissable. Entre aventure et naturalisme, un film comme *Courageous Avenger* (1935) de Robert North Bradbury conjoint l'enquête et le travail contraint — investiguant l'assassinat du conducteur d'un chariot d'or, le shérif découvre une mine secrète et les prisonniers des hors-la-loi forcés d'y travailler comme esclaves. Le récepteur et les personnages ne communient pas toujours dans un imaginaire de l'or ; dans *Backlash* (1956) de John Sturges, non seulement les cinq compagnons de Richard Widmark ont-ils été tués dans une attaque indienne, mais il est poursuivi par un groupe qui le croit en possession d'une fortune en or — illusion dont le spectateur n'est pas dupe, ce qui n'améliore pourtant en rien la position du malheureux fuyard.

Par contre, la recherche de l'or permet parfois aux personnages, et au spectateur, d'entrevoir fugitivement un autre univers, doublant celui de l'action. Dans *The Walking Hills* (1949) de John Sturges, un convoi de chariots transportant une cargaison d'or a été perdu au cours d'une tempête de sable dans la Vallée de la Mort des années auparavant ; un meurtrier, une femme et six autres hommes tentent de le retrouver. Dans *The King and Four Queens* (1956) de Raoul Walsh, l'or a été enterré par quatre hommes et Clark Gable le recherche... en compagnie des quatre épouses. Dans *Montezuma's Lost Gold* (1978), docudrame de John Burrud et Miles Hinshaw, un vagabond sait ce qu'est devenu le légendaire trésor que les Aztèques avaient réussi à soustraire à la cupidité meurtrière des Espagnols.

L'or réel, troisième état de l'or[4], l'or ramené à sa matérialité, le genre en offre l'illustration dans *Gun Packer* (1938) de Robert Emmett où l'or volé sert à « saler » une mine et à tenter une escroquerie en faisant croire au pigeon qu'elle est très prometteuse ; ou dans *Un uomo, un cavallo, una pistola* (1967) de Luigi Vanzi dans lequel la diligence ne transporte pas d'or : elle *est* en or ; ou un film qui devait imprimer un virage au genre, *Vera Cruz* (1954) de Robert Aldrich, dans lequel le poids de la diligence lui fait laisser des empreintes trop profondes pour ne pas éveiller la suspicion des aventuriers américains qui croyaient initialement n'escorter que la comtesse : invention visuelle, cinématographique, des traces dans la boue du poids d'un or échappant au regard.

J'ai mentionné *Dans les Montagnes Rocheuses,* du baron Edmond Mandat-Grancey qui, dès 1884, serait le premier non seulement à raconter, avec un œil assez critique à l'endroit des bouviers d'ailleurs, la vie du ranch et des cow-boys du Dakota — quitte, dans *La Brèche aux buffles* (1889), à faire amende honorable sur le sujet, —

---

[4] Pour compléter la trinité lacanienne.

mais aussi à donner à des lecteurs français une synthétique idée de l'industrie du *ranching* alors en plein essor.

C'est sous la plume du baron Mandat-Grancey que le curieux aurait pu apprendre que de 20 000 têtes de bétails paissant sur les terrains concédés à la Union Pacific en 1868, on était passé à 700 000 bœufs, 30 000 chevaux et 45 000 moutons en 1883 ! Que l'herbe des Black Hills, en 1876, broutée par les seuls chevaux domestiques des Sioux, était déjà en 1883 la nourriture de 800 000 bœufs ! Chez Mandat-Grancey, le lecteur pouvait comprendre le substrat économique d'un futur type de la culture populaire, le cow-boy : la force de travail assez mal rémunérée (en 1883, 40 $ par mois, 5 cow-boys pour 1 000 têtes de bétail, 2 gardes de nuit tous les 5 jours), nécessaire au capital (20 000 acres de terre nécessaires pour 1 000 têtes de bétail à 1,25 $ l'acre acheté à la Union Pacific ; 16 $ par tête à l'achat de bêtes de 2 ans, la plupart du temps au Texas, l'acheteur assumant très souvent le transport du troupeau — 1 taureau pour 50 vaches ; remboursement du capital, salaires, pertes de 8% dans le troupeau contre doublement du troupeau tous les 3 ans et revente du bœuf, qui à 4 ans aura coûté 5 $, pour la coquette somme de 50 $. Très tôt, des spéculateurs européens, surtout des fortunes aristocratiques foncières, ont acheté de la terre aux compagnies de chemins de fer pour les louer.

Une pléthore de récits de ranch tendent ultérieurement à se dégager d'une telle explication trop transparente du substrat économique de l'industrie du *ranching*, comme s'il y avait une antipathie spontanée entre l'aventure et ces comptes qui justement fondent la capitalisation sur l'usage du territoire.

Dans *The Raiders* de Herschel Daugherty (1964), des voleurs tendent des embuscades aux cow-boys texans qui conduisent leurs troupeaux jusqu'à la gare de fin de ligne au Kansas ; heureusement, Buffalo Bill, Wild Bill Hickock et Calamity Jane interviendront. Dans *Rustler's Hideout* de Sam Newfield (1944), les hors-la-loi veulent monter leur propre troupeau avec les bêtes volées, et c'est Billy Carson qui s'interpose. Dans *The Texans*[5] (1938) de James Hogan, du Texas au Kansas, le cow-boy conduit le troupeau et la fille du propriétaire... *Riding the Wind* (1942) d'Edward Killy raconte la construction d'un moulin à vent par un rancher et ses amis, après qu'un malveillant eut construit un barrage pour empêcher le troupeau d'un rancher de s'abreuver.

Le retour de l'aventure dans cette logique de la propriété foncière, c'est le possible conflit entre Nature et entreprise commerciale, entre Blancs et Indiens, entre *ranchers,* bergers, bouviers, colons et fermiers...

Dans *The Last Hunt* (1956) de Richard Brooks : le troupeau d'un rancher est détruit par une harde de *buffalos,* ce qui l'amène à s'associer avec un chasseur sadique, pour se débarrasser des animaux sauvages.

Dans *The Wild Dakotas* (1956) de Sam Newfield, malgré l'avis du guide, un convoi de pionniers, sous la direction d'un homme corrompu, prétend s'installer dans une vallée appartenant à des Indiens qui n'entendent pas se laisser déposséder.

Dans *Heart of the West* (1936) de Howard Bretherton, très ordinaire Hopalong Cassidy, deux propriétaires de ranch se battent pour un même pâturage.

Dans *Heaven with a Gun* (1969) de Lee H. Katzin, devenu shérif d'une petite ville, l'ancien tireur se trouve pris entre bergers et bouviers qui se font la guerre pour une question de droit d'abreuvage — incidemment les histoires de bergers sont surprenamment nombreuses dans l'histoire du western hollywoodien, pourtant spontanément emblématisé par le cow-boy.

Même lorsqu'il n'y a plus de conquête mais une triviale passation de titres de propriété par héritage, le genre recourt à l'affirmation des droits légitimes ou non par la violence.

Dans *$ 50 000 Reward* (1926) de Clifford S. Elfelt, un cow-boy hérite d'un ranch qu'un banquier corrompu veut s'approprier maintenant qu'un barrage va y être construit. Dans *Crossed*

---

[5] D'après le roman d'Emerson Hough, *North of '36,* qui avait d'ailleurs déjà été filmé en 1924 (ce qui explique la quantité de morceaux repris du premier !).

Trails (1948), de Lambert Hillyer, l'eau et le droit d'abreuver font toute la valeur du ranch : la jeune héritière et son tuteur sont en butte à de meurtrières jalousies. Dans *Across the Great Divide* (1977), de Stewart Raffill, deux orphelins et un vagabond affrontent les difficultés de la route vers l'Oregon pour entrer en possession d'une terre reçue en héritage.

Sans faire l'économie de la violence, le récit insiste parfois sur les prétentions à la propriété, en établit la légitimité, en démasque l'illégitimité...

Dans *Alias John Law* (1935) de Robert N. Bradbury, un jeune homme, héritier d'une terre sous laquelle on a découvert du pétrole, doit d'abord démasquer un hors-la-loi qui tente de se faire passer pour le réel héritier. Dans *The Baron of Arizona* (1950) de Samuel Fuller, un fonctionnaire du bureau des terres de l'Arizona a falsifié pendant des années des documents officiels pour prouver qu'il est le propriétaire de centaines d'hectares...

Une fois acquise, la propriété peut être remise en question, et sa défense par le légitime propriétaire forme un thème très productif ; souvent il est couplé à la défense de la veuve et l'orphelin, le héros étant en ce cas le *stranger* de passage. Parfois, la propriété doit être retournée à un usage honnête.

Dans *Hondo* (1953) de John Farrow, un *drifter*, ancien homme d'armes, protège une veuve, son jeune fils et sa ferme contre les Indiens. Dans la comédie *The Lady from Texas* (1951) de Joseph Pevney, un cow-boy et une jeune fille secourent une femme dont le mari a été tué pendant la Guerre de Sécession : des escrocs tentent de la faire enfermer sous prétexte qu'elle est folle, afin de s'approprier son bien. Dans *Chisum* (1970) d'Andrew V. MacLaglen, un *cattle baron* a décidé de résister aux malhonnêtes qui tentent de lui voler ses terres, déclenchant ainsi les Lincoln County Cattle Wars.

Dans le roman *La Vallée des vautours* ([1940] 1970) de Paul Evan Lehman, après trois ans de prison, un jeune éleveur déjoue les sordides et meurtrières manœuvres d'un juge véreux, acoquiné à des banquiers sans scrupules et une police aux ordres d'un pouvoir abusif : les comploteurs s'appropriaient illégalement des terres et en chassaient ou en tuaient les propriétaires légitimes.

Dans *Ghost of the Hidden Valley* (1946) de Sam Newfield, Billy Carson et Fuzzy Q. Jones viennent au secours d'un jeune couple dont les terres sont utilisées par des voleurs de bétail pour planquer des bêtes volées. Dans *The Gambler Wore a Gun* (1961) de Edward L. Cahn, un joueur ne peut prendre possession du ranch qu'il a très honnêtement acheté, car le propriétaire est mort avant de signer l'acte de vente ; il aide ses enfants à se débarrasser de truands qui utilisaient le ranch pour cacher des troupeaux volés.

La propriété foncière peut receler une nouvelle richesse, un autre usage que celui auquel le propriétaire la destinait.

Dans le roman *Des Cavaliers dans la nuit* ([1927] 1974) d'Ernst Haycox, un *rancher* ambitieux tente de mettre la main sur les terres de ses voisins, vole leur bétail, conspire pour les pousser à la faillite et racheter leurs terres... Mais Lin Ballou, le héros, veille au grain, répond d'abord par un plan d'irrigation, puis sauve la situation par la découverte d'une seconde richesse, issue du sous-sol : la potasse.

Le sombre destin de Sutter dans *L'Or* (1926) de Blaise Cendrars montre justement la fragilité de la richesse foncière. A l'épopée de la Nouvelle-Helvétie, la richesse tirée de l'exploitation surtout agricole, l'action civilisatrice des missions religieuses sur les Indiens et le vœux de pauvreté des missionnaires, à celle du capitalisme de Sutter (le transport par un chariot attelé de 60 bœufs pour transporter la première machine à vapeur pour sa scierie), avec sa déterritorialisation de Canaques, d'Indiens, de Chinois, et sa lutte contre les tribus sauvages répondent d'abord l'avidité des Mexicains qui, à partir de 1832, mettent les missions au pillage, puis l'avidité des *49ers* du monde entier, attirés par la nouvelle qu'on a trouvé de l'or dans les fondations de la scierie de Sutter, qu'aucune autorité d'Etat, aucun droit ne parviendront à contenir. C'est un jugement favorable à Sutter, réaffirmant ses droits de propriété foncière sur San Francisco, Sacramento, Riovista, Fairfield, etc., qui précipite sa ruine, le pillage et l'incendie de l'Ermitage, le lynchage de ses employés : paradoxe de la position de Sutter, ruiné par l'or.

Le pouvoir se décline différemment selon qu'il est fondé sur la propriété privée, sur le mandat de la communauté de régler les conflits de propriété, ou sur l'Etat et ses représentants civils et militaires.

Qu'on pense au type du *cattle baron* tel que l'illustrent en sombre ou en couleurs éclatantes *Along the Oregon Trail* (1947) de R.G. Sprinsteen, avec son propriétaire mégalomane d'autant plus explicite qu'il se manifeste ici dans la courte esthétique du film de série B, ou à *American Empire* (1942) de William McGann dans lequel, malgré une compétition amoureuse entre eux et les mauvaises intentions de bandits mexicains à l'endroit de leur projet, deux éleveurs texans se bâtissent un empire.

Qu'on pense à *The Last Posse* (1953) d'Alfred Werker dans lequel poursuite et *posse* visent à récupérer l'argent volé à un *rancher*. Dans *Gunpoint* (1966) d'Earl Bellamy, lorsque des hors-la-loi attaquent un train puis enlèvent une fille de saloon, le shérif et son *posse* les poursuivent à travers le territoire du Nouveau-Mexique.

Qu'on pense à *The Lawless Nineties* (1936) de Joseph Kane : à l'époque où le Wyoming devait décider de devenir un Etat, un agent fédéral a affaire à une bande opposée à cette transformation institutionnelle. Dans *Cavalry* (1936) de Robert N. Bradbury, à l'inverse, l'officier de cavalerie est envoyé dans l'Ouest pour empêcher la constitution d'un Etat après la Guerre de Sécession.

Une même histoire peut tresser pouvoir d'Etat et propriété ; classiquement, le premier aide à résoudre des conflits de propriété. Dans *Marshal of Reno* (1944) de Wallace Grissell, Red Ryder intervient pour ramener la paix entre deux villes qui ont recouru à la violence pour décider laquelle deviendrait le nouveau chef-lieu. Dans *War Drums* (1957) de Reginald LeBorg, au moment où est déclenchée la Guerre de Sécession, des chercheurs d'or envahissent des terres apaches ; les Indiens se mettent aussitôt sur le sentier de la guerre, et un officier de cavalerie est chargé de désamorcer le conflit.

Curieusement, les prévisibles interférences entre ces registres du pouvoir d'Etat et de la propriété ne sont pas également productives. Par exemple, le thème de la terre prise aux Indiens s'avère d'une faible fécondité.

Si l'on excepte des histoires comme celles de *Ridin'the Cherokee Trail* (1941) de Spencer Gordon, dans lequel le Texas Ranger doit veiller à ce qu'un propriétaire sournois ne s'approprie pour lui seul et avant l'ouverture officielle à la colonisation les terres du *Cherokee Strip* — ce qui permet de ne pas rendre explicite la façon dont ce territoire est devenu disponible pour la colonisation blanche, — en cherchant bien, on trouve *Massacre* (1934) d'Alan Grosland, où un chef éduqué s'emploie à redresser les injustices sur sa réserve — moins dues il est vrai à un système qu'à des individus vicieux, — ou *Devil's Doorway* (1950) d'Anthony Mann : de retour de la Guerre de Sécession où il s'est couvert de gloire pour le Nord, un Shoshone découvre qu'il devra se battre de nouveau, cette fois-ci pour conserver leurs terres aux siens.

Par contre, vue par Hollywood, la Guerre de Sécession, c'est beaucoup une histoire de gros sous, et qui doit rapporter si l'on en croit l'abondance de films.

Dans *South of St. Louis* (1949) de Ray Enright, trois *ranchers* travaillent ensemble pour le Sud jusqu'au jour où l'un d'entre eux tue des soldats pour voler un convoi d'armes. Dans *The Outriders* (1950) de Roy Rowland, trois espions confédérés partent avec un convoi vers Santa Fe avec l'intention de dérober un million de dollars pour leur cause. Dans *Silver Canyon* (1951) de John English, un éclaireur nordiste pourchasse un officier confédéré et sa bande devenus de simples et meurtriers truands. Dans *Hangman's Knot* (1952) de Roy Huggins, un officier confédéré fait saisir un dépôt d'or par ses hommes — qui découvrent que, la guerre venant de prendre fin, leur officier voulait cet or pour lui-même. Dans *Westbound* (1959) de Budd Boetticher, l'officier yankee doit monter une ligne de diligence pour envoyer aux siens de l'or de Californie et affronte au cours de cette mission un *rancher* qui a épousé son ancienne amie de cœur. Dans *Thirteen Fighting Men* (1960) de Harry Gerstad, une patrouille de l'Union tente de protéger un convoi de pièces d'or contre des Confédérés. Dans *Bad Company* (1972) de Robert Benton, pendant le Guerre de Sécession, les deux réfractaires devenus voleurs sont poursuivis par un shérif pugnace...

Dans ces interférences entre pouvoir et propriété, si certains types sont constants du point de vue narratif ou du point de vue du système de valeurs, d'autres changent selon le récit. Ainsi, le *carpetbagger,* ce type de profiteur qui vécut en parasite sur le Sud vaincu, source de toutes les injustices dans les années qui suivirent la Guerre de Sécession, ne saurait accéder au statut de héros.

Dans *The Lonely Trail* (1936) de Joseph Kane, le gouverneur du Texas demande à un *rancher* qui a combattu pour le Nord de l'aider à débarrasser le Texas des *carpetbaggers*. Dans *Thunder over the Plains* (1953) d'Andre de Thot, l'officier chargé de capturer un bandit qui terrorise les *carpetbaggers* ressent plutôt une réelle sympathie pour la cause de la proie qu'il pourchasse. Dans *The Fabulous Texan* (1947) d'Edward Ludwig, William Elliott joue le rôle d'un Texan obligé de devenir hors-la-loi pour défendre ses droits contre les *carpetbaggers* qui tentaient alors de capitaliser sur la défaite de la Confédération...

Par contre, alors que le pouvoir d'Etat est majoritairement du bon côté, surtout dans le western classique, il passe à l'occasion de l'autre côté — lorsque, par exemple, le pouvoir politique est tenté par l'appât du gain.

Dans *Westward Bound* (1944) de Robert Emmett Tansey, la bande à laquelle s'oppose les trois *marshals* est secrètement conduite par un haut fonctionnaire qui, voulant profiter de ce que le Montana va devenir un Etat, projette revendre avec un gros profit les terres acquises d'honnêtes fermiers, à vil prix et sous la menace. Dans *The Man from Colorado* (1949) de Henry Levin, un officier véreux nommé juge du territoire du Colorado abuse de son pouvoir.

Aventure, appropriation, pouvoir : ce sont là des éléments profonds, organisateurs de la sémantique du genre ; organisateurs aussi de bien des registres narratifs stratifiés ou des dynamismes génératifs. Ainsi, même s'il ne peut se trouver dans l'intimité de la conception du récit, le récepteur percevra, fût-ce confusément, la différence entre récits se développant à partir d'intensités narratives, ou d'un plan serré, ou d'un modèle intertextuel, chacun lui demandant un investissement particulier, distinct, un mode de coopération, cognitive mais aussi libidinale, pour comprendre l'histoire.

De motif circonscrit, de scène à faire (cas le plus fréquent), la violence, parangon de l'intensité westernienne, peut devenir l'élément organisateur de tout le récit. C'est ce qui se passe lorsque celui-ci se construit autour du personnage du fou meurtrier (*berzerk*).

The Fiend Who Walked the West de Gordon Douglas (1958) ou le télé-film *The Law of the Land* (1976) de Virgil Vogel : après s'être échappé de prison, le fou sème la terreur dans le premier, et c'est son compagnon de cellule que finalement les autorités lâchent après lui ; dans le second, un vieux shérif et ses assistants tentent d'arrêter une série de meurtres de prostituées commis par un fou. *The Last Hunt* (1956) de Richard Brooks, moins inspiré par Jack l'éventreur, le chasseur sadique engagé par un *ranger* après que furent entrés en conflit les bovins de ce dernier et un troupeau de *buffalos* sauvages n'en reste pas moins l'un des portraits les plus inquiétants et troublants réussis par Hollywood.

Le personnage du *berzerk*, cette intensité de la violence incarnée dans un homme, se retrouve aussi dans la BD avec Shadrach le nordiste fou dans « Jonathan Cartland » de Harlé et Blanc-Dumont, ou le noble fou et son canon dans « Mac Coy » de Gourmelen et Palacios (les deux initialement dans *Pilote et Charlie*) — visiblement, ce personnage avait beaucoup inspiré Gourmelen, puisque avec un autre dessinateur, Buzzeli, il l'utilisait déjà dans « Nevada Hill » (paru dans *Phénix*).

Ou encore, au-delà d'un moment narratif colorant de ses venimeuses couleurs d'autres segments du récit, la violence sert parfois d'embrayeur structural pour passer d'une strate à l'autre.

A Day of Fury de Harmond Jones (1956) transpose la violence dans un registre assez directement métaphysique. Regrettant l'irrésistible installation de la loi et de l'ordre, donc le déclin du désordre dans l'Ouest, un jeune rebelle terrorise la ville où il arrive ; force du Mal, sa seule présence catalyse toutes les lâchetés et tous les traits minables des habitants, du pasteur qui prêche la haine à la *schoolmarm* névrotique qui se suicide. Mais elle suscite aussi le sacrifice héroïque : ceux du shérif héros au cœur pur, du pasteur qui se ressaisit, de la fiancée du shérif qui avait accepté la robe rouge (belzébuthienne ?). Illustration de cette idée de Peter Homans selon qui la grande affaire du western serait que le Mal apparaît sous forme de Tentations auxquelles le héros résiste par sa force intérieure ; jusqu'à ce qu'il rencontre le Mal lui-même et qu'il doive alors passer à l'acte, le récit étant fait de telle sorte que la destruction est toujours de la faute de l'autre — le héros ne détruisant que pour sauver.

Plus fugacement, dans *La Case de l'oncle Tomahawk* (1980) de Jake Page, par exemple (aux pages 160 et 164 notamment), la narration fait passer le texte à la limite, du registre technique dans lequel était compris l'immense excavateur la violence le fait sauter dans le registre tératologique — moment naturaliste selon Gilles Deleuze où le milieu réel, le désert exploité, communique brusquement avec un monde originaire, où l'attentat contre la camionnette du héros par un usage pervers de l'excavateur fait de celui-ci un monstre préhistorique affamé et malveillant.

De celles de la littérature et, *a fortiori*, du cinéma d'action, spontanément le western tend à moins se fonder sur des structures narratives serrées — ce qui par contrecoup fait apparaître *La Chevauchée fantastique* ou *Le Train sifflera trois fois* dans toutes les listes des « meilleurs westerns de tous les temps ».

Dans la collection du « Masque Western », un roman comme *Une fille venue de l'Est* (1971) de William Cox obéit à l'inéluctable trajet de la tragédie. Au cinéma, dans *Three Hours to Kill* (1954) d'Alfred Werker (vieux et habile routier du western[6]), après trois ans d'exil, alors qu'il avait été accusé à tort du meurtre de son futur beau-frère un soir de fête, et après avoir échappé du lynchage *in extremis*, un homme revient dans la petite ville pour démasquer le vrai meurtrier. Le shérif ne lui accorde que trois heures pour ce faire, délai après quoi il sera pris et jugé. En quatre suspects et un coup de théâtre, le suspense, tout aussi psychologique que narratif, est soutenu jusqu'à la fin.

Certes, bien des romans sont générés par un modèle intertextuel, mais cette génération n'est pas toujours assurée, ni nécessaire pour une lecture ordinaire. Reconnaître dans *Les Irréductibles* de la série *Dylan Stark* nombre de traits de *Nevada Smith* (1966) de Henry Hathaway peut flatter l'érudition de l'*aficionado* ; toutefois, ne pas effectuer un tel rapprochement n'a aucune incidence sur la lecture — et cela vraisemblablement pour la majorité du lectorat de Pierre Pelot. Le rapprochement entre *La Marche des bannis* de la même série et *Cheyenne Autumn* (1964), peut être plus évident — la prise de conscience de l'injustice faite aux Indiens due au film de John Ford a été un moment important dans l'histoire du western hollywoodien, — mais ce sont vraisemblablement moins des fictions (celle de Ford, voire un roman antérieur de Pelot lui-même *Comme se meurt un soleil*) qui offrent l'intertexte le plus déterminant à ce roman que l'Histoire elle-même.

Par contre, dans certains récits, la reconnaissance du texte modélisateur peut se faire cruciale, être inscrite dans le contrat de lecture, voire devenir un enjeu proposé par le roman. Ce serait le cas du roman sans grâce ni subtilité, sans virtuosités postmodernes, de Leslie Scott, *Un saloon pour l'étranger* (1974), incitant à reconnaître le Christ dans l'Etranger qui transforme le tripot de Red Gulch en église. Le modèle in-

---

[6] Il compte une douzaine de westerns à son actif en trente ans, de *Stacked Cards* (1926) à *Rebel in Town* (1956) ; surtout des films de série B, dont un Zane Grey, *The Last of the Duanes* (1930), mais aussi le plus ambitieux *The Last Posse* (1953).

tertextuel vaut *a fortiori* pour les parodies ou les adaptations qui firent les beaux jours du western-spaghetti.

Quella sporca nel West (1968) d'Enzo Castellari donnait sa clé dans son titre anglais : *Johnny Hamlet*. Johnny revient de la Guerre de Sécession, son père est mort, sa mère remariée au méprisable oncle Claude qui s'est approprié le ranch El Señor ; le héros a ses doutes...

Avec *John il bastardo* (1967), Armando Crispino offrait au western un don Juan qui, outre les *mil e tre* représentées ici par une belle-sœur, deux mormones aussi libidineuses que rancunières, et quelques autres conquêtes de passage, dispose d'un père noble (et riche), d'antagonistes de deux sortes, masqués (les membres du Ku Klux Klan) et frère ennemi (celui qu'il a trompé) et même du Festin de pierre (l'énorme statue de San-Antonio avec quoi le tueur danite envoyé par les mormones écrase le héros)... !

L'Uomo, l'orgoglio, la vendetta (1967) de Luigi Bazzoni est une coproduction italo-allemande inspirée de Prosper Mérimée : l'officier José a permis à la belle prisonnière Carmen de s'échapper. Déguisée en gitane, elle revient à une réception donnée par le colonel et devient la maîtresse de José. Aventure tumultueuse qui impliquera le meurtre par jalousie d'un officier, un vol à main armée avec une bande de truands, la trahison et la liquidation de toute la bande, et l'inévitable meurtre passionnel d'une Carmen incorrigiblement infidèle.

Outre ces trois conformations, ces trois rapports de places proposés au récepteur par des récits prenant leur essor tantôt dans des intensités narratives, tantôt dans un plan serré, ou tantôt dans un modèle intertextuel, comme toute production sérielle, le western s'avère soumis dans son histoire à une tension entre le respect des conventions et la nécessité de l'innovation.

Toutes les études du genre dressent des catalogues de sujets classiques immédiatement identifiés par le lecteur ou le spectateur — l'esthétique de la consommation sérielle se fondant sur un platonisme spontané, au moins dans un premier temps, acte de réception dans lequel la connaissance équivaudrait à la reconnaissance. Très tôt dans son acte de réception, le lecteur ou spectateur passe par un belvédère prospectif : « Ce que je lis est une histoire de hors-la-loi », « Ce que je vois est une histoire d'Indiens et de cavalerie », etc. — ce sont de telles mentions qui se retrouvent habituellement dans les synopsis, les résumés, les prière d'insérer, genres subordonnés qui, comme le récepteur au moment de son acte de réception, représentent le récit à venir.

Cet étiquetage peut être relativement statique. Ainsi, se dire du *Plainsman* (1935) de Cecil B. DeMille (avec l'aide de Calimity Jane et Wild Bill Hickock, Buffalo Bill arrête un trafiquant qui arme les Indiens s'apprêtant à attaquer Custer) ou de *Laramie* (1949) de Ray Nazarro (le héros doit s'interposer entre les Indiens et la cavalerie lorsqu'un guide malhonnête qui vendait secrètement des armes aux Indiens en est venu à tuer un chef) que ce sont là « des histoires de trafic d'armes » ne permet guère d'anticiper — par exemple, la perspective tout à fait différente de *The Wonderful Country* (1959) de Robert Parrish, avec son héros plus fragile, où un trafiquant chargé par des révolutionnaires mexicains d'acheter des armes aux Etats-Unis se retrouve inextricablement face à trois dangers : des hors-la-loi, des Indiens révoltés et une jolie femme.

Par contre, que l'étiquette choisie soit plus susceptible de se déplier, et l'étiquetage s'avère aussitôt plus dynamique. C'est ce qui se passe lorsque le récepteur reconnaît une formule narrative bien connue, un type d'intrigue[7], c'est-à-dire lorsque la reconnaissance porte sur la syntaxe narrative. Fuite/poursuite : *Colorado Territory* (1949) de Raoul Walsh est un *remake* de son film noir *High Sierra*, où un hors-la-loi échappé de prison et son amie sont acculés dans une région montagneuse par le *posse* qui les poursuit ; *The Littlest Outlaw* (1955) de Roberto Galvadon est un film pour enfants de Walt Disney où un jeune Mexicain fuit avec un cheval qu'un général, son propriétaire, a décidé de faire mourir ; *The Legend of Nigger Charley* (1972) de Martin Goldman, où un esclave, après avoir tué un féroce gardien, doit fuir et est poursuivi... Machination :

---

[7] Umberto Eco (1985) parle de « *fabulæ* préfabriquées ».

Jack McCall, Desperado (1953) de Sidney Salkow, où un Sudiste engagé dans l'Armée de l'Union puis accusé d'espionnage et condamné à mort, s'évade et veut retrouver celui qui a construit la machination ; *Ten Wanted Men* (1955) de H. Bruce Humberstone, où le jeune neveu d'un riche *rancher* est accusé de meurtre, et l'homme qui est derrière cette machination veut se débarrasser de lui pour s'accaparer la jeune fille que le jeune homme courtise, etc.

En fait, le dynamisme porte sans doute moins sur le développement narratif (ces formules sont parfaitement convenues) que sur leur éventuelle force de prédiction. Pour un lecteur de la « Série Noire », la collection dans son ensemble couplait indissolublement force de la vengeance et lente découverte de sa futilité — ce qui valait pour ses westerns.

Lane, le jeune héros de *La Corde est au bout* (1973) de Wayne D. Overholser assiste au meurtre de son père, et seul un pudique coup de crosse l'empêche d'assister au viol de sa mère par la même bande de quatre malfrats ; il aura fait payer son méfait au premier et prononcé l'inévitable serment dès la page 26. Les deux suivants ne survivront pas à la fatidique page 44. Non seulement la vitesse narrative d'exécution de la vengeance va-t-elle brusquement décroître, puisque le dernier ne sera pendu que 134 pages plus loin, mais sa nécessité émotive change progressivement de coloration : il lui faut, certes, compléter la série, mais cette tâche, cette logique mortifères risquent de lui faire perdre l'occasion de changer de logique, de vivre un amour avec Daisy. Aussi la puissance organisatrice de la vengeance montre-t-elle lors de son assouvissement sa vanité — *happy end* bébête de ce roman ? Inspiration trop suave de cet auteur ?

Prégnance de types tirés de *dime novels* ou de romans codants (comme le *drifter* redresseur de torts, cow-boy sans troupeau, mis en place par le *Shane* de Schaeffer, patron des Randall, Larry Yuma ou Durango des BD modernes[8]), héros restant identique à lui-même notamment dans les séries éponymes, personnages historiques fréquemment mis à contribution (comme Buffalo Bill, Wyatt Earp, Davy Crockett, Kit Carson, Texas Jack...), répétition du même aggravée par de fréquents passages d'un média à l'autre... : la pression au conformisme est bien connue. Toutefois, déjà dans le western le plus classique, on ne saurait se contenter de clichés ; les formules peuvent se complexifier ou s'ambiguïser.

Le cas des BD est parlant, puisqu'il s'agit le plus souvent de formes très brèves. Dans *Trafic d'armes* de Jijé (de la série *Jerry Spring,* chez Dupuis, rééditée en 1987), le lecteur se trouve face non pas à deux mais à trois groupes de base : les Blancs, les Mexicains et les Apaches — cette répartition est la plus immédiate, car elle est la plus visuelle ; celle entre bons et méchants se découvre en cours de lecture (*anagnorisis* des anciens rhéteurs, figure de la reconnaissance, de la découverte de l'identité d'un personnage). Ce qui contraint à la subdivision de chacun des groupes en bons et en méchants, gens de bonne volonté que les hasards de l'aventure font ennemis ou alliés ; ou racaille qui ternit l'idéal servi, quel que soit cet idéal. Le récit thématise l'amitié (sérielle) de Jerry et Pancho (amitié qui évite au héros d'être fusillé) ; la classe des « bons Mexicains » s'augmentant d'une seconde amitié, non sérialisée celle-là, celle du gamin Jésus-Miguel ; le récit thématise aussi l'amitié de Jerry et Une-Seule-Flèche (le premier a déjà, en tant que fils du Faiseur-de-paix, une propension à la bonne intelligence et le second non seulement est un Apache allié mais en plus il accepte de s'assimiler). En outre, soldats et révolutionnaires mexicains d'abord ennemis peuvent devenir comme cul et chemise par goût et par humour partagé. Alors que sont fourrés dans le même panier les incurables méchants, différenciés mais tous fauteurs de guerre : le révolutionnaire brutal corrigé par Jerry, les trafiquants d'armes américains et mexicains (dont le gouverneur et son conseiller), l'Apache Long-Rifle engagé sur le sentier de la guerre et qui ne veut pas en sortir.

Rio Pecos de Gourmelen et Palacios (de la série *Mac Coy,* chez Dargaud, en 1981) s'avère plus retors. En effet, au dessin, l'uniforme est parlant dès l'abord, ce n'est que dans l'enchaîne-

---

[8] Respectivement de Oesterheld (scénariste) et Castillo, Claudio Nizzi et Carlo Boscarato, Yves Swolfs.

ment des actions que se révèlent les qualités des porteurs d'uniforme, ce qui met en branle l'inévitable maxime des apparences trompeuses. L'action se résumerait dans la série de retournements suivants : Mac Coy officier sudiste dit devoir rejoindre Saint-Croix au Mexique pour aller délivrer des prisonniers de son camp ; or, comme la défaite de la Confédération lui est annoncée à ce moment-là, Mac Coy et ses hommes font semblant d'accepter l'offre de l'officier français (le héros ment pour la bonne cause). De son côté, Saint-Croix s'avère une canaille : passé du côté de juaristes (première trahison, du Sud), il s'en débarrasse pour s'approprier un butin (seconde trahison), sirène à quoi seront sensibles plusieurs soldats de Mac Coy qui se rebellent, désertent et le trahissent. A cela s'ajoutent l'ex-major Richardson, directeur du camp de prisonniers, qui travaille maintenant à son compte (trahison de son camp) et qui a lui aussi été floué par Saint-Croix (ce sont ses dollars qui font courir tout le monde), et l'officier français qui se révèle tout aussi avide que les autres. Fuyant tous ces poursuivants, Saint-Croix tente en plus d'échapper aux Apaches. Et, bien sûr, le butin sera perdu pour tous.

Parfois, autre forme de complexité, une première intrigue peut en cacher une deuxième ; celle que l'on devine d'abord s'avère à double fond.

Le roman de Todhunter Ballard, *Le Ranch du diable* (1969), commence par la classique arrivée du *drifter* protecteur du faible et de sa fille contre un *cattle baron* abusif : mise en place d'un rôle, attente d'une intrigue tressée, d'amour et d'aventures. Toutefois, alors que le développement sentimental ira bien dans la direction convenue, le *drifter* s'avère en fait un vengeur potentiel, peut-être même un enquêteur ayant préparé son enquête de longue main. Au début de l'acte de lecture, l'interprétant le plus obvie de l'intrigue est celui, économique, mis en place à la fois par l'histoire de vol du veau du prologue et les plus sérieuses histoires de vols qui se jouent ou se narrent dans le récit (ce dont le prière d'insérer avertissait le lecteur) : pratique du rassemblement de troupeaux appartenant à plusieurs propriétaires, marquage de toutes les jeunes bêtes du sceau de leur propriétaire respectif (*round up* : justement le titre original), question d'investissement (Hardiday est-il vraiment un *cattle baron*, puisque le capital vient d'ailleurs ?). Or, voulant se rapprocher de l'inspiration de Max Brand ?, voilà Ballard qui tout d'abord se met à pousser les éléments du vol à l'excès : une démultiplication des voleurs (Hardiday certes, mais aussi le jeune Swenson, puis l'inquiétant Frost), des mandateurs (les propriétaires texans, et l'autre rancher volé de la vallée, Turner) ; il se met à faire hésiter le lecteur sur les rôles (Jenny et son père sont-ils complices des voleurs ou victimes ?). Puis introduit un élément carrément exorbitant : faux infirme vrai pervers, Jonus Frost, l'être à deux visages (Janus), le manipulateur psychopathe froid (*frost* = gel), qui du coup ne saurait mourir que dans les flammes — le diable lui-même, ce que laissait entendre le traducteur par le titre français.

Intime point de contact entre les races, lieu d'un possible apaisement mais aussi de la plus forte contradiction (c'est la même vieille affaire raciste du mélange des sangs déjà présente chez Fenimore Cooper qui, dans *Révolte d'Indiens* (1975) de Lewis B. Patten, déclenche la haine des Gleason père et fils pour les Cheyennes), la rencontre du Métis et de l'Indien blanc traduit l'ambivalence entre deux univers.

La Panthère noire. Aventures au milieu des Peaux-Rouges du Far-West[9], (1878), roman de colonisation pour la jeunesse, assez mélodramatique, porté sur l'entassement des épisodes, présente toutefois deux situations insolites et en miroir. Dan le nègre, d'abord marin, puis initiateur à l'Ouest sauvage pour les enfants de la famille Taylor, s'avère avoir été Indien, sous le nom de Panthère noire ; à quoi répond le geste du jeune Walter, neveu orphelin élevé par les Taylor, qui, pour le sauver du Léopard, son ancien maître ou frère de sang delaware, propose de devenir Delaware (ultérieurement, il sera rendu aux siens après avoir sauvé la vie du chef Léopard).

C'est du relatif échec narratif du *Cheyenne à l'étal* (1971) de Lewis B. Patten qu'émerge le mieux justement l'intenable situation du Métis. Dualisme ou dialectisation ? La coexistence de groupes racialement définis, enclins au refus catégorique de l'Autre, rend-elle nécessaire ou intenable la position de Métis ? Pete Handy, l'actuel et respecté shérif d'Indian Wells a un fils mé-

---

[9] Adapté de l'anglais par Bénédict-Henry Révoil, mais sans mention de nom de l'auteur original.

tis, Joseph. Il a épousé Femme Oiseau à la mode cheyenne, a vécu dans sa tribu même jusqu'à ce qu'une guerre rende son séjour parmi les Cheyennes impossible ; de retour chez les Blancs, c'est Femme Oiseau qui avait vécu l'ostracisme, et le petit Joseph s'était forgé le caractère face au rejet auquel il était constamment en butte. S'aimant toujours, Pete et Femme Oiseau doivent vivre chacun dans leur communauté respective. Joseph pense pouvoir succéder comme shérif à son père, tout en sachant en son for intérieur que, malgré ses compétences, son statut le lui interdira — tout comme les parents d'Oralee lui interdisent de se laisser courtiser par ce sang-mêlé.

L'intrigue tourne autour du meurtre gratuit d'un jeune Cheyenne par trois chasseurs de bisons blancs — aggravé par sa macabre conclusion : les chasseurs l'avaient fait exposer agonisant pendant trois jours dans la vitrine d'un magasin d'Indian Wells sans qu'aucun citoyen trouve à y redire, jusqu'à l'arrivée du shérif. Malgré l'opposition de la ville, Joseph ramène aux siens le corps du jeune guerrier, ce qui met en place le système vendettal d'échanges de morts violentes : les Cheyennes exigent que les trois tueurs leur soient livrés, le shérif refuse afin qu'ils soient jugés (et peut-être acquittés, puisque la victime n'était qu'un Indien !). Tenant à leur vengeance, les Cheyennes menacent Indian Wells de destruction s'ils n'obtiennent pas les chasseurs de bisons.

Le roman se résume en un effet de navette tragique entre les deux lois parfaitement comprises par Pete, le Blanc de bonne volonté : rendre ses trois prisonniers serait à la fois satisfaire le juste désir de vengeance des Cheyennes et soulager la mauvaise conscience des lâches du village (coupables par omission, et d'ailleurs toujours pas vraiment convaincus qu'une vie indienne vaille toute cette affaire) ; mais ce serait ne plus incarner la loi qui exige un jugement, un juge, une institution universelle ; ce serait peut-être se venger comme Cheyenne par procuration. Navette plus claire encore pour son alter ego Joseph, shérif adjoint mais aussi mi-indien et donc d'autant plus proche de la vengeance. Navette sans échappatoire dont le principal effet dans le récit est d'épuiser le temps de l'ultimatum ; navette narrativement fastidieuse montrant d'autant mieux qu'il n'y aura pas d'issue. Certes, c'est Joseph qui, contre son père empêtré dans son dilemme, prendra l'initiative de rendre les chasseurs aux Cheyennes ; mais il sera aussi le seul habitant d'Indian Wells a en mourir, assassiné par Blaireau, l'ancien rival malheureux de son père auprès de Femme Oiseau. L'échec de la stratégie du shérif (permettre à son fils de pouvoir choisir d'être blanc), la réunion désenchantée de Pete et Femme Oiseau sur le cadavre de leur fils qui avait finalement choisi d'être cheyenne, leur décision de repartir dans la tribu... : pour le Métis, le rôle d'intermédiaire, de médiateur, n'est même pas thématisable, seul reste celui de victime — n'accédant même pas à l'échange vendettal (non seulement Blaireau ne sera pas tué, mais il n'aura même plus d'existence narrative).

Même dans le placard aux accessoires les plus convenus, on peut retrouver des formes rudimentaires de complexification ou d'ambiguïsation. Depuis la plus embryonnaire, le type, en l'occurrence activant la maxime des « apparences trompeuses », l'aventurier masqué, le bandit devenu représentant de l'ordre, le notable-bandit, les faux indiens, jusqu'au héros dynamisé, modifié par l'aventure comme le tireur en retraite obligé de reprendre du service — *Shane* en serait l'œuvre codante.

Qu'on pense à *The Fastest Gun Alive* (1956) de Russell Rouse : le pacifique petit commerçant ex-tireur doit reprendre son flingue pour défendre sa ville contre un méchant qui la menace. Ou à *The Shootist* (1976) de Don Siegel : atteint d'un cancer, un tireur âgé reprend du service plutôt que de mourir de la manière paisible qu'il voulait.

Qu'on pense au témoin extérieur obligé de choisir son camp, comme dans *Les Innocents del Oro* (1977) de Guy Vidal et Florenci Clavé BD de la série *Law Breaker* (chez Dargaud). Face à une situation d'injustices sociale (le président mexicain Porfirio signe un traité avec un groupe américain qui veut noyer une vallée, ce qui aurait pour effet d'en chasser des Indiens, premiers touchés par cette décision dont ils ne sont pourtant pas partie prenante) et privée (Luisa l'Indienne veut venger son mari assassiné), avec le héros le lecteur voit bien les deux attitudes possibles : le pilatisme de l'ingénieur et la lente transformation du héros, photographe, témoin neutre, en partisan.

En fait, le genre ne connaît pas de solution de continuité entre le roman d'aventures et d'épreuves et le roman d'aventures et de mœurs, entre sa forme la plus simplette et des formes plus centrées sur l'individu et la sphère intime, sur la maturation psychologique.

Roman d'apprentissage ou d'initiation et histoire œdipienne comme *Cowboy* (1958) de Delmer Daves, où un jeune employé d'hôtel se joint à l'équipée d'un groupe de cow-boys conduisant un troupeau ; *The Cowboys* (1972) de Mark Rydell, où le propriétaire de troupeau n'a plus d'hommes et doit engager un groupe d'adolescents. Dans *Red River* (1948), Howard Hawks réussissait un classique : un *cattle baron* conduit de main ferme un troupeau sur la *Chisholm Trail*, mais son fils adoptif trouve à redire sur ses méthodes et prend finalement sa place. *Law of the West* (1932) de Robert N. Bradbury retrouve l'inspiration mélodramatique à partir de quoi Aimard avait dynamisé des romans comme *Les Coupeurs de route* (1879) : il y filme l'histoire d'un bébé enlevé par un bandit, chef de bande, et élevé par ce dernier pour tuer son propre père, le shérif. Dans *Santee* (1973) de Gary Nelson, un chasseur de primes dont le fils a été tué devient le modèle d'un jeune homme dont le père hors-la-loi a été tué, et justement par le chasseur de primes !

Ce déplacement d'accent sur la sphère intime ne place pas *ipso facto* la psychologie aux commandes ; par exemple, le genre est plus porté aux beaux débats éthiques. Dans *Johnny Concho* (1956), Don McGuire propose le type même du récit de rédemption. Red Concho est la terreur du village et son frère, Johnny (Frank Sinatra), un couard qui profite de cette situation, haï et servilement servi par les habitants intimidés. Red est tué par un aspirant tyran et Johnny doit s'enfuir ; il apprend successivement trois choses : la peur ; puis, par un vieux pasteur, que la peur est la face visible de la mauvaise conscience ; et enfin le courage — affronter dérisoirement le tyran et galvaniser ainsi la petite communauté par son exemple. Inutile de préciser combien le récit de rédemption est productif dans le genre ; sous d'autres aspects, c'est bien la même forme de la rédemption que développent notamment *La Vengeance des Aztèques* (1978) de Robert MacLeod ou *Un violon et un colt* (1981) de David King.

En ce qui a trait à la communauté, complexité et ambiguïsation se sont emparé de cet acteur longtemps univoque. Du côté de la dissolution, la négativité déjà à l'œuvre dans le *posse* de *Ox-Bow Incident* (1943) de Willam A. Wellman a beaucoup avancé son processus de désagrégation dans *La Folle Nuit de Sherde Valley* (1975) de D.B. Olsen — récit d'un passage à la limite, du côté du crime et de la folie. Du côté de la recomposition, ce sont des histoires d'alliance de faibles.

Prends garde aux cactus ! (1978) de Bob Barrett raconte avec optimisme l'improbable succès du petit maître d'école de l'Est qui, arrivé dans une ville de la *Frontier* et y mesurant sa faiblesse, met en application le démocratisme rudimentaire mais efficace d'Andrew Jackson selon lequel un homme en vaut un autre : en constituant autour de son statut d'intellectuel une alliance de faibles (« Il fallait que j'organise un groupe d'hommes qui se prêtent mutuellement assistance » — p. 28) comprenant Reed, le « calamiteux homme-à-tout faire » du saloon, Culpepper le vieil aventurier malchanceux de l'Ouest et Haggerty le géant irlandais ; pour tous, jusqu'à cette alliance, la vie n'avait été qu'une succession d'échecs. A la fin, outre Pembrook le petit maître d'école qui a gagné le respect d'un futur beau-père au départ réticent et le cœur de sa dulcinée bostonienne, tous ont acquis une place au sein de leur alliance et ils finissent avec le statut de notables reconnus par la ville de Cactus.

On a vu que *La Corde est au bout* de Overholser se fondait sur l'intrigue de la vanité de la vengeance, ce qui se thématisait par une contradiction psychologique chez le héros exprimée par son protégé, Morg, avec tout le subtil doigté propre à leur mâle univers : « L'ennui c'est qu'il y a deux hommes en toi. L'un est un imbécile qui s'acharne à perdre son temps à pourchasser un homme qu'il s'imagine vouloir tuer. L'autre est un type formidable qui travaille dur, qui aime Daisy, mais qui est trop bête pour s'en rendre compte » (1973 : 182). Mais ce qui dévitalise la vengeance, stratégie réactive par excellence, c'est une tentative (à l'optimisme très américain) d'annuler l'irréparable, l'ineffaçable : non pas la mort, le meurtre du père et le suicide de la mère, mais la disparition de la famille. Le récit recadre le problème du héros et devient une refamilialisation de tous les orphelins qu'il suscite : Lane, le héros vengeur, et aussi Morg et Daisy.

Refamilialisation dont *Le Temps des charlatans* (1974) de Clifton Adams explorera plutôt les limites. Moins angélique, quoique tout aussi prodigue de personnages clichés, le roman conjoint le temps du récit de California Sam le bonimenteur, de Hassle le môme orphelin et débrouillard et Rose la rousse fille de saloon. Si la narration explicite l'affection naissante entre les trois couples du trio — fascination de Hassle pour Sam et attachement plein d'estime de Sam pour le môme ; dilection maternelle de la fille de saloon pour l'orphelin dont la réciproque n'est contrariée que par la vénération de Hassle pour Sam ; inattendue sollicitude du bonimenteur pour l'entôleuse à quoi le cœur de cette dernière ne reste pas insensible, — la narration donc laisse planer jusqu'à la fin la possible permanence de cette « famille » reconstituée. Laquelle s'avérera révocable à la fin, au moins partiellement : pour laisser Rose donner une éducation au jeune Hassle, Sam sacrifie le rêve qui avait lentement pris corps chez lui d'en faire son disciple en charlatanerie.

En forçant le trait, tel serait résumé le fond du western : une oscillation entre l'inspiration reterritorialisante (affaire de possession, foncière et numéraire, et de pouvoir) et l'inspiration déterritorialisante (affaire d'aventure et de circulation) ; le choix entre trois modes de développement, soit se laisser porter par des intensités narratives, se laisser encadrer par un plan serré ou se laisser tisser dans un modèle intertextuel ; la tension entre le respect des conventions et la nécessité de l'innovation (notamment dans le sens d'une complexification ou d'une ambiguïsation des clichés).

Western ou conquête de l'Ouest ?

Comme un contrepoint à l'histoire de l'imaginaire de la conquête de l'Ouest dans la littérature française, une discussion sur les jugements aprioriques fixant sa valeur symbolique[10] montrait déjà que l'on ne saurait se contenter d'objectiver l'histoire des histoires de *Frontier* en une chronologie, d'assumer l'extériorité d'un regard purement spectateur — cette histoire se fût-elle entre-temps compliquée d'une seconde à qui sans doute bien des passerelles la lient, celle du western dans la culture médiatique américaine.

Fidèles à cette idée de contrepoint, repartons de deux synonymes, de deux manières de désigner le genre, *western* et *conquête de l'Ouest* ; en proposant que le premier nomme le résultat, opère la fixation d'une étiquette générique objectivante et que le second attire l'attention sur le processus et ses hésitations, dessine la place du récepteur dans l'appropriation de cet univers. La conquête de l'Ouest pour un amateur de westerns, dans l'acte de réception lui-même, c'est la plus ou moins rapide stabilisation du contenu notionnel pour cette étiquette de western. Jusqu'ici était restée en suspense la définition du roman western dans la paralittérature française — et peut-être n'est-elle que secondaire. Certes, des jugements sur des romans, ou des films, ou des bandes dessinées, comme « C'est un bon western » ou « Est-ce encore du western, vraiment ? » sont parfaitement compréhensibles ; le mot a certainement un concept, même flou, permettant cette intercompréhension. Toutefois, c'est moins de ce concept qu'il sera question maintenant que de la manière dont il s'élabore du côté de la réception ; celle-ci mobilise des schémas tout faits, des préconceptions, la connaissance que le récepteur a déjà de l'Ouest avant de se réapproprier l'univers

---

[10] Aux chapitres 1 et 2.

western tel que chaque nouveau western (roman, film, BD, feuilleton télévisé) le lui présente — la consommation sérielle devenant une forme cognitive, tranquille, de conquête de l'Ouest.

Reprenons. Voici le lecteur d'occasion un livre à la main, choisi au hasard sur un tourniquet, un rayon de librairie, un bac de soldeur ; son attention aura sans doute été captée par une illustration de couverture, parfois élégante, souvent portée à sursignifier. Peut-être aura-t-il été appâté par un instantané paroxystique, un éclat d'action en image appelant un récit pour le recadrer, le résoudre. Ou encore, au-delà de cette élémentaire logique béhaviorale (stimulus-réponse), il aura été attiré par des images emblématiques, évocatrice d'un univers — ainsi, la winchester, les deux éperons et le lasso figurant sur la couverture de *La Loi du sang* (1966), de Gordon D. Shirreffs — l'action, moins directe, s'y donnant alors au mieux sur le mode du potentiel. Ou enfin, c'est une activation de sa culture que mots et images visent par leur redondance, comme dans *Alamo* (1978), de Walter Lord, de la collection « Le Masque Western » : convergents, le titre et l'illustration (de C. Lernould) renvoient à un épisode fondateur de l'histoire américaine — par le truchement du film de John Wayne sorti en 1960.

A propos de mots, outre les noms propres renvoyant à un épisode plus ou moins célèbre de cette histoire américaine — Alamo, certes, mais aussi Shiloh (*Rendez-vous à Shiloh* (1979), de Will Henry), bataille de la Guerre de Sécession en 1862, — les mots de couverture recouvrent aussi plusieurs stratégies de présentation de l'histoire qu'ils annoncent.

Un titre comme *La Vengeance de Kate Lundy* expose un programme narratif suffisant pour constituer toute l'histoire, *Embuscade à Grizzly Creek* plutôt l'un de ses moments. *Traqués par les Indiens* insiste sur une situation, *Le Tueur de squaws* sur la transmutation d'un acte en essence psychologique. Phrases narratives closes (*L'Indien ramène le major* ou *Le Texan joue et gagne*) ou désignations, par un nom propre (*Jeremiah Painter*), une qualité (*Le Banquier maraudeur*), ou un nom et une qualité (*Queho, le Métis*), ces titres sont susceptibles d'être développés par le récit. Alors que c'est d'un contexte, fourni ultérieurement par le récit espère le lecteur, qu'auront besoin des promesses comme *Kate, je reviendrai*, *500 $ mort ou vif*, un ordre comme *Ne tirez pas sur le shérif* ; un titre comme *Vous plaisantez, shérif* suppose même plus étroitement une séquence conversationnelle dans laquelle s'insérer[11].

Visant lui aussi à séduire le chaland hésitant, le prière d'insérer de la quatrième de couverture résume le récit ou en extrait une bribe, informe ou titille ; parfois, il se recommande d'une légitimité extérieure — comme une affiche de film avec des noms d'acteurs[12].

Sa curiosité piquée, le lecteur d'occasion ouvre le volume, feuillette, s'arrête à des

---

[11] Tous dans « Le Masque Western » ; respectivement, G.D. Shirreffs, 1972 ; W. Lord, 1978 ; W. Henry, 1978 ; L. L'Amour, 1979 ; L.B. Patten, 1976 ; L.B. Patten, 1980 ; H.G. Evarts (Jr.), 1975 ; R. Meade, 1975 ; G. Wok, 1979 ; L. Floren, 1977 ; G.D. Shirreffs, 1979 ; G.A. Lutz, 1975 ; L.B. Patten, 1975 ; T. West, 1971 ; P.L. Peil, 1971.

[12] A propos de quatrièmes de couverture, à signaler quelques curiosités comme celles qui reprennent en miroir l'illustration de la première de couverture ou une même illustration couvrant les deux espaces sans solution de continuité *(La Vengeance de Kate Lundy,* MW215, *Les Francs-tireurs,* MW222). A la fonction informative et séductrice du prière d'insérer, « Le Masque Western » donne trois formes : le *résumé* de l'intrigue majusculant le nom du héros, un nom de lieu exotique ou la situation de base, un bref *extrait* (parfois tronqué ou différent du texte dans le roman...) avec jeu de majuscules ou une *affiche* de film avec des noms d'acteurs. Dans la plus prestigieuse série « Spécial Western » sont reproduites en couverture des œuvres de peintres de l'Ouest américain, comme le tableau de la bataille de Little Big Horn de Kurtz et Allison (1989) sur *L'Indien blanc* (MW226). Le prière d'insérer souvent plus long, plus dramatique, plus informatif, y occupe la page 5.

listes de titres déjà parus. Il se voit confirmer ce que l'apparence du volume lui avait déjà suggéré : il s'agit bien là d'un roman de série. « Série » : dans son esprit, le mot peut alors jouer sur deux registres, celui du goût ou celui de l'expectative ; « roman de série » équivaut soit à une moue dépréciative, soit à la promesse d'une inépuisable source de récits.

Même inattentif, même indifférent, le lecteur d'occasion peut aisément reconnaître un programme éditorial à la seule couverture, repérer que le livre qu'il a en main appartient à un assortiment : à un genre. Ou plutôt à une *Gestalt* universelle, un schématisme qui s'impose, un univers de référence. Bien antérieurement à la réduction de cet univers qu'une définition recourant à l'histoire et la géographie des Etats-Unis impliquerait (style cognitif tendant à privilégier l'Histoire de la conquête de l'Ouest : l'univers du western, c'est celui de la période comprise entre la fin de la Guerre de Sécession et la fin des guerres indiennes, et c'est celui compris entre le 98e méridien et le Pacifique), le western est pour le lecteur un composite fait de personnages, de paysages, d'actions... — de souvenirs cinématographiques (style cognitif tendant à privilégier le mythe de l'Ouest ou la transmédiatisation). Le contraire même de la scène où se joue l'acte de lecture, réduite spatialement et gestuellement à un face-à-face avec le livre, dépourvue de l'exotisme de l'*Ole West*, trop étriquée pour ressembler à une aventure — de ce point de vue de l'investissement du corps et du mouvement, la monte western dans un club d'équitation imitant un ranch, fût-ce dans la campagne française, semble offrir une participation plus crédible, plus satisfaisante, à l'univers western...

Peu importe. Par son nom, « Le Masque Western », la collection confirme le genre dont elle relève et le répète sur tous ses volumes, presque 250 fois donc, en quatorze ans[13] ; nom à quoi le lecteur sériel trouvera une « définition » dans les titres et les images exhibés en couverture par sa collection de prédilection : définition extensionnelle donc (« le western, c'est ce que racontent les romans de cette collection ») plutôt que définition métalinguistique, intensionnelle (comme dans un dictionnaire).

Curieusement, et plus dans « Le Masque Western » que dans d'autres collections paralittéraires de la même période, le lecteur sériel attentif aux illustrations de couverture y verra moins une relation directe, la figuration anticipée d'un moment du récit, qu'une relation médiée : l'illustration évoque le genre, l'univers western, plus que tel récit particulier.

Il y a bien la représentation du fort Alamo pour *Alamo* : une façon de marquer le n°200 ? Tout comme est adéquate à l'histoire que le lecteur découvrira l'illustration de couverture des *Insurgents* (1978, Gardner F. Fox) pour une période antérieure, la Révolution américaine : marges de la classique conquête de l'Ouest ? La fidèle couverture à dessin composite du *Renégat de Fort Bliss* (1978, Clay Fisher), avec le personnage central du renégat, l'Apache de service, et une charge de cavalerie, esthétique peu fréquente[14], ne se rapproche-t-elle néanmoins pas du cas général en mettant en évidence un personnage très secondaire, un Géronimo métonymique donc ? Seule la couverture de *La Lanterne rouge d'Abilène* (1979, Homer Mackienzie), avec son gentleman bien vêtu (joueur ? maquereau ? tenancier de saloon ?), sa belle vêtue de façon aguichante (dont le gentleman est peut-être le protecteur) et la poignée de dollars, indice de leurs activités lucratives, a une relation directe avec le récit.

A l'opposé, on trouve des couvertures parfaitement infidèles, voire trompeuses. Dans *Le Chasseur d'hommes* (1971, Gordon D. Shirreffs), l'histoire se passe près de la frontière mexicaine avec Apaches, Yaquis, réguliers de l'armée mexicaine et révolutionnaires mal intentionnés ; or y correspond l'illustration de la poursuite dramatique sur fond de bataille de Little Big

---

[13] On trouvera la liste des titres de cette collection en annexe.

[14] Voir aussi *Sackett et son mustang* (MW147), de Louis L'Amour (1876).

Horn entre cavalerie, Sioux et Cheyennes au Montana ! Mais le Français n'est peut-être pas géographe. Serait-ce un même déficit supposé qui expliquerait le hiatus entre la couverture de *Fort Suicide* (1972, Gordon D. Shirreffs) — un groupe de cavaliers armés, à l'évidence une patrouille à la *poursuite* de quelqu'un, — alors que le récit raconte les tribulations d'un officier nordiste pendant la Guerre de Sécession, *assiégé* par les Apaches dans un fort ?

En fait, l'illustration de couverture aux yeux du lecteur fait office de carrefour de sens : entraînant en aval vers le récit qu'elle masque encore, en amont vers un univers de référence que son omniprésence rend toujours déjà là, de côté en direction des mots — du titre ou du prière d'insérer...

L'illustration est rarement photographique — tirée d'un film spécifique, comme celle de *Hombre* (1967, Elmore Leonard) ou *Shalako* (1968, Louis L'Amour) ; traitée comme un photo-roman, comme celle du *Loup dans la vallée* (1972, Tom West) ou *Une fille venue de l'est* (1971, William R. Cox) ; ou inspirée d'une pub Marlboro comme celle de *La Vallée des étoiles* (1971, C.A. Seltzer), — les couvertures de la collection sont le plus souvent des dessins en couleurs empruntés aux *paperbacks* américains (sans crédit pour l'illustrateur ni signature sur le dessin) : *La Chasse aux loups* (1975, Clifton Adams), *Dakota* (1974, Paul Evan Lehman), etc. Ce n'est que très occasionnellement que l'on trouve aussi des illustrations originales comme pour *Alamo* (1978, Walter Lord).

Pour une poignée de portraits spécifiques (*Le Justicier du Rio Grande*, 1967, Tom West ; *Alerte aux hors-la-loi*, 1972, R. Hogan ; *Aigle Jaune*, [1942] 1975, Leonard London Foreman), des dizaines et des dizaines de représentations métonymiques de l'Ouest, personnages emblématiques, personnages saisis en action, ambiances, décor de l'action, accessoires obligés... Carrousel où tournent le rancher, le *gunslinger*, le hors-la-loi, l'officier de cavalerie, la prostituée, le shérif, le pionnier, le chercheur d'or, la captive, l'éclaireur, le guide, le joueur, le conducteur de diligence, le chef de convoi, l'éclaireur de l'armée... ; kaléidoscope où scintillent le duel au revolver, la poursuite, la charge des Apaches ou de la cavalerie, l'attaque de la diligence, du convoi ou du train, la bagarre de saloon, le corps à corps ou la bataille, le guet et l'embuscade, le *stampede*, la torture, l'arrestation, la recherche de l'or, la chasse au bison, l'ombre des potences... ; salon de scènes de genre : la halte pour faire boire les chevaux, le saloon enfumé où se joue un jeu d'enfer, le « poor lonesome cowboy » dans le désert, la bucolique scène d'amour, le cow-boy fumant une cigarette sur fond de soleil couchant... ; réserve des décors et accessoires : le désert, les montagnes, la rivière, le fort, la rue principale, les grands espaces sauvages (le canyon, la prairie, le corral...) ; le colt 45, la winchester, le mousquet et son cornet à poudre, l'arc, la lance, le couteau, le sabre, le tomahawk, le lasso ; le cheval, la diligence, le bateau à aubes, le train, le chariot ; la tenue de cow-boy, le stetson, la robe de la fille de saloon, de la fille respectable ou de la captive, le pagne indien, la coiffe de plumes, le bonnet de raton-laveur, la tonsure à l'iroquoise, l'uniforme de cavalerie, la veste en peau à franges...

Il arrive que le titre seul n'annonce pas clairement sa coloration western à un roman (*Inutile randonnée*, 1969, J. Keene ; *Pour l'amour de Kate*, 1968, Lewis B. Patten ; *Kate, je reviendrai*, 1975, Giles A. Lutz...) — flou sémantique d'ailleurs vite corrigé par l'illustration et le nom de la collection ; le plus généralement toutefois, il joue de la typicité. Déjà les noms propres fonctionnent autant comme des désignations de personnages — lesquels sont encore inconnus au lecteur au moment de sa première rencontre avec la couverture — que comme des marqueurs d'exotisme, des indices de westernité (Hombre, Dakota, Shalako, Pickering, Tall Cameron, Catlow, Yuma le Métis, Maria la Mexicaine, Aigle jaune, Jeremiah Painter, Longarm, Rock Bannon). En plus, les toponymes incitent sans doute moins à la consultation de l'atlas qu'à la rêverie — l'Ouest comme comptine : Taos, Santa Fé, El Paso, Abilène, Mexico, Las Vegas, Brasada, Wolf Crossing, Blind Mule, Missouri, Lynx Valley, Colorado, Ohio, Placita, Silver Rock, Red Rock Texas, Red River, Fort Bliss, Armijo, Silver City, Beaver Hole, Arizona, Matagorda, Montana, El Paso, Rio Grande, Rio Dulces, Red River, Rio Bravo, Rio Desperado, Rialto Creek, Grizzly Creek, Kansas, Arkansas, Dakota, Wyoming...

Personnages et types des titres confortent le lecteur dans sa représentation de l'Ouest : squaw, indien, indien blanc, renégat et Métis, Apache, Cherokee, Aztèque, cow-boy, shérif, *marshal,* hors-la-loi, *outlaws, desperados, pistoleros,* rôdeurs, maraudeurs, trappeur, chasseur d'hommes, de primes, de bisons, d'Apaches, de mustangs, de squaws, voire tueur d'indiens ; belle du saloon, fille venue de l'Est, de l'Ouest, fille du ranchero, fille indomptable, aux cheveux de feu, sur la piste, dans la tourmente ; justicier, cerbère de la prairie, révérend, toubib, tricheur, clochard, banquier, fanion, trompette, déserteur...

Malgré le possible ancrage géographique, le titre, ce nom propre du roman, semble fasciné par l'anonymat, l'effacement des traits, la proximité de la disparition, aspiré dans la légende : *L'Homme de Silver City* (1976, Lee Floren), *L'Homme de l'Ohio* (1977, Ray Hogan), *L'Homme venu du nord* (1976, Theodor V. Olsen), *L'Etranger du Colorado* (1973, Lewis B. Patten), *Un homme seul* (1975, Tom West).

Western : nom de la collection, associé par ces couvertures, leurs illustrations et leurs titres, non pas à un concept mais à des clichés, à des confirmations.

Au-delà de ce premier contact, l'acte de lecture se poursuit, le lecteur franchit le seuil, pénètre l'histoire. On le sait, comprendre un récit ne se réduit pas à faire correspondre une interprétation sémantique à une forme linguistique ; l'acte de lecture n'est pas entièrement affaire de syntagme, d'enchaînement, il procède aussi par délinéarisation : en cours de route, le lecteur reconstruit, réévalue et anticipe. La matière sémantique n'est pas non plus homogène ; parfois affleurent à la surface du texte des éléments générativement profonds mais directement lisibles, ou des traces d'opérations pragmatiques faisant office d'instructions, et non plus simplement d'information ; le cours de la lecture n'est pas égal, il connaît des tourbillons, des rapides, des bras morts... La lecture sérielle balise encore un peu plus cette navigation sur le sens, sans pour autant en éliminer les aléas ; un genre stabilisé, comme le western, correspond à la cartographie préalable du terrain à traverser, à conquérir[15].

Le personnage est justement l'un de ces mécanismes par lesquels le lecteur peut intégrer des éléments disparates ; non seulement est-il investi libidinalement parlant, mais il sert aussi à organiser des segments narratifs entre eux et à articuler l'histoire à l'univers de référence. Même s'il n'en a pas clairement conscience, le lecteur s'attend à trouver des régularités dans les personnages ; pas simplement une panoplie de rôles clichés (ceux qui habitent l'illustration, le titre), mais aussi, à un niveau plus abstrait, des structurations régionales, un peu comme celles que proposent les lexicologues dans l'étude de la langue.

A l'intérieur de l'univers western, certaines intrigues préfabriquées, souvent héritées de la tradition paralittéraire, voire de la tradition orale, constituent des systèmes de personnages ; ainsi, savoir très tôt qu'il se trouve dans une histoire de frères ennemis donne une puissante clé interprétative au lecteur.

Il se retrouve en terrain connu dans *La Nuit de la dernière chance* (1957) de Norman A. Fox, où les deux frères campent d'abord de part et d'autre de la loi, avec rédemption finale du bandit : héritage direct du mélo, très prolifique, des vieux romans d'aventures américaines du siècle dernier (comme *Juana, Fiancée mexicaine* (1905) de Louis Boussenard) jusqu'aux westerns hollywoodiens. Dans *Westward Ho !* (1935) de Robert N. Bradbury, deux frères sont séparés enfants, lors de l'attaque de leur convoi par des bandits qui les laisse orphelins. Le premier part dans l'Ouest avec des colons et, des années plus tard, devient ami avec un jeune homme qui s'avère renseigner une bande de truands sur la colonie et se révèle être son jeune frère. Mais aussi *Western Frontier* (1935) d'Al Herman, où un défenseur de l'ordre se faisant passer pour un charlatan tente de découvrir une bande de truands. Il s'avère que cette bande est dirigée par la propre sœur du justicier, depuis longtemps disparue. *Apache Warrior* (1957) d'Elmo Williams, où un éclaireur apache devenu rénégat est pourchassé par son ancien frère blanc. *Brothers in the Saddle* (1949) de Lesley Selander, où l'un des deux frères est joueur professionnel et s'enfonce dans le crime, et l'autre, honnête, tente de l'aider. Dans *Sheriff of Cimarron* (1945) de Yakima

---

[15] Au sujet de l'acte de lecture paralittéraire, voir Paul Bleton (1999).

Canutt, le héros est nommé shérif alors que son frère dévoyé est le cerveau derrière tous les méfaits commis dans sa petite ville ; par une machination, ce dernier tente d'envoyer son honnête frère en prison...

L'amateur de western évalue plus ou moins consciemment les personnages à partir d'une opposition, primordiale, entre la civilisation et son Autre, tout ce qui n'est pas elle (le sauvage ou le hors-la-loi)[16]. Outre sa valeur de divertissement, le western lui offre, à lui, civilisé tardif, bien loin de la *Frontier* et d'un possible contact avec sauvages et bandits, une leçon éthique : celle de l'aventure, d'un monde à reconstruire. Le héros, c'est le personnage mettant en contact la civilisation et son autre, l'intermédiaire. Cette polarité posée, c'est par degré que l'amateur s'approprie la complexification croissante des rôles ; les honnêtes pionniers et leur force collective occupent ainsi le degré zéro de la complexité, le noble Sauvage ou le bandit d'honneur, le civilisé malhonnête ou les gens fuyant la civilisation (ou leur passé, ou leurs échecs) — et par là même capables de comprendre la situation d'entre-deux du héros, — des degrés de complexité de plus en plus grands. Complexité telle que parfois des histoires semblent en émaner spontanément, comme si la complexité dynamisait les rôles statiques : histoires de rédemption du Méchant qui revient à la civilisation, histoires sur la violence du héros hésitant entre une forme contrôlée et une forme folle, entre la loi et la *furor* sauvage, entre la légitime colère du redresseur de torts et le délire homicide du *berzerk*...

Bien entendu, le personnage n'est pas le seul mécanisme intégrateur. Parfois, très tôt, dès le titre ou le prière d'insérer, l'amateur sait qu'il a affaire à tel ou tel type d'intrigues — la vengeance par exemple, l'une des plus prolifiques. Si beaucoup d'intrigues sont plus ou moins motivées par la vengeance, dans certains récits toutefois, le lecteur la reconnaît très tôt comme le principe organisateur ; elle vectorise fortement le temps — un dol passé motive l'action présente en vue d'un but à venir. En ce cas, ce n'est plus la complexification des personnages qui est dynamisante, déterminante ; fortement intégrateur — tant des points de vue structural et cognitif que du point de vue libidinal[17], — c'est le schéma de la vengeance qui s'annexe des personnages. La preuve : ceux-ci peuvent être complètement différents, depuis le moment de folie du quasi-*berzerk* jusqu'à la maturation du jeune personnage d'un western-*Bildungsroman*.

On a déjà évoqué *Le Fermier de Cloverville* (1978) de Johanas L. Bouma, où deux frères psychopathes tuent un fermier, et sa femme après l'avoir violée. Dan, un ancien shérif devenu fermier, les attrape, les remet au shérif ; mais ils s'échappent avec la complicité de Cash, tuent les deux adjoints, puis le garçon de Dan, puis sa femme après l'avoir violée. Dan enterre les siens, brûle sa maison, vend ses terres ; alors, il châtre Cash, pousse Jay au suicide et poignarde le dernier tueur. Il refuse l'amour de Liza et redevient shérif — maniaco-dépressif. C'est sa familiarité même qui autorise des variations à ce type d'intrigue ; il traverse toutes les productions de la culture médiatique.

A partir du degré zéro de la complexité (*Arizona Gunfighter* (1937) de Sam Newfield) : un cowboy veut retrouver l'homme qui a tué son père ; *Bitter Creek* (1954) de Thomas Carr : le héros décide de retrouver celui qui a tué son frère, un *rancher*, en lui tirant dans le dos, graduellement les variations explorent d'autres tonalités affectives. L'amertume de la vengeance dans *The Bravados* (1958) de Henry King : après le viol et le meurtre de sa femme, un homme poursuit les

---

[16] C'est justement la modification de cette axiologie qui, pour les amateurs de westerns hollywoodiens, aura placé le western-spaghetti dans les ténèbres extérieures du genre.

[17] Même si elle est hors la loi, la vengeance fait non seulement partie d'un code de l'honneur reçu mais en plus, dans la lecture, par procuration, elle devient un comportement socialement compréhensible, voire libidinalement désirable.

coupables et se venge, réalisant peu à peu que, ce faisant, il est devenu à leur image. La vengeance de femmes : dans *The Devil's Mistress* (1968) d'Orville Wanzer, une femme se venge des quatre hommes qui ont tué son mari et l'assujettissent ; dans *Hannie Caulder* (1972) de Burt Kennedy, une femme se venge d'une bande de voleurs de banque qui l'a violée et qui a tué son mari...

Le tome 1 de *L'Etoile du désert*, une BD de Desberg et Marini (en 1996, chez Dargaud), complexifie encore l'entreprise, avec une histoire de vengeances croisées. Intrigue primitive, la vengeance reste toutefois le milieu naturel du signe naturaliste : dans le western-spaghetti notamment, où le mythe affleure juste en dessous de la fable ; dans *Quei disperati che puzzano di sudore e di morte* (1969) de Julio Buchs, un déserteur confédéré qui a changé d'identité vient au Mexique, apprend la mort de sa femme et est chassé par un puissant, père de sa nouvelle flamme, le propriétaire Don Pedro Sandoval, qu'il tient justement pour responsable de ces deux morts. Il doit errer avec son bébé qui meurt de faim. Il se voue alors à sa vengeance.

On l'aura compris, la production sérielle, plus ou moins fortement standardisée de récits western a un corrélat dans leur consommation sérielle ; tout pousse l'amateur occasionnel à se fidéliser, à devenir récidiviste, ce qui module, altère, enrichit sa réception, en produisant des effets cognitifs. Pour le lecteur sériel, lors d'une même rencontre initiale avec la couverture, celle-ci se fait bien plus parlante que pour le lecteur d'occasion. Pour lui, l'apparence du roman ne connote plus simplement la production en série, elle devient informative ; la numérotation et le nom de l'auteur permettent, par exemple, une sorte de triangulation préalable (« Ah ! un autre roman de Louis L'Amour ; pourtant sa réputation est bien surfaite », « Farrell ? Farrell ? Est-ce qu'il n'y avait rien eu de lui dans « Galop » ? », « Tiens, Gustave Aimard ! Qu'est-ce que ce vieux croûton vient faire ici ? »...).

Au-delà de cette phase de repérage, le recours à la série est aussi un style cognitif spontané. On a vu l'effet de familiarité produit par des familles d'intrigues ; la mise en rapport de récits distincts peut impliquer d'autres registres — thématique, entre autres.

« Le Masque Western » propose trois histoires de mormons (*Le Renard rouge* (1972) de Clay Fisher, *Les Mormons du Missouri* (1976) de Giles A. Lutz et *La Justice des mormons* (1978) de Linwood Carson). Communauté à la fois tout à fait western et tout à fait insolite, les mormons font saillance, se distinguent du cow-boy, du lieutenant de cavalerie, du guerrier comanche ; moins connu, le personnage du mormon est aussi moins prévisible. Or, quel est le possible bagage encyclopédique préalable d'un lecteur sériel français de l'époque du « Masque Western » sur ce groupe religieux ? Sans doute quelque chose que viendra justement conforter Fisher avec le premier de ces romans — qui insiste plus sur le registre anecdotique de l'Histoire, la bisbille entre Jim Bridger et les mormons alliés aux Indiens, que sur le registre symbolique de deux modes, mal compatibles, de conquête de l'Ouest. En effet, alors que depuis la publication à Londres d'une description favorable de la communauté mormone de Zion dans l'Illinois — dans *Expedition and Survey of the Valley of the Great Salt Lake of Utah* en 1852 par Howard Stansbury, officier topographe américain, chargé de trouver un tracé pour le chemin de fer à travers les Black Hills, qui avait hiverné en 1849-1850 chez les mormons, — une petite somme de connaissances et un capital de sympathie minimal pour la secte s'étaient constitués en Angleterre, la France n'avait rien connu de tel.

Aussi le mot « mormon » pour un lecteur français avait plus de chances d'évoquer des pratiques matrimoniales divergentes, des camelots insistants ou des westerns dans lesquels ils n'avaient pas le beau rôle[18]. Le roman d'Albert Bonneau, *Catamount chez les mormons* (1959), par exemple, reprend les deux grands griefs que les Américains faisaient aux mormons, leur

---

[18] Qu'on pense aux *Outlaws du Missouri* (1868) de Gustave Aimard ou à *Catamount chez les mormons* (1959) d'Albert Bonneau — tendance que ne contrariaient guère des films comme *Brigham Young, Frontiersman* (1940) de Henry Hathaway, *Wagonmaster* (1950) de John Ford, une histoire sombre de colonne de

contribution originale à la mise en forme de la sexualité et de la violence dans l'Ouest : la polygamie et les Danites. Un Texas Ranger découvre, sur le chemin d'El Paso, un insolite couple de fugitifs : James a été chassé de Salt Lake City pour être tombé amoureux de Pearl, la fille d'un des chefs mormons. Or, leur loi refuse tout contact avec les Gentils ; en outre, Pearl était promise contre son gré à un des dignitaires de la secte, le sinistre Abram Lister — déjà nanti de trois épouses et de cinq enfants. Fuite à deux, mariage... ; mais les adeptes de l'Eglise de Jésus-Christ des saints des derniers jours lancent à leurs trousses les Danites, bras armé secret de la secte. Incendie de l'hôtel où ils se croient à l'abri, enlèvement de Pearl..., rien ne saurait démonter Catamount. Il finit par coincer un Lister qui, tentant de traverser le Rio Grande avec sa captive, se voit trahi par ses passeurs. Refusant de se rendre, il est abattu par son propre garde du corps, qui se suicide ensuite, non sans avoir auparavant blessé la captive.

Or, loin de se contenter de répéter des éléments convenus, « Le Masque Western » incite son lecteur sériel à les amender, à les enrichir. Chez Lutz, la violence autorisée des Danites et la polygamie sont désamorcées. On retrouve bien les Danites, mais ils n'occupent pas clairement le rôle de méchants ; si Jeff, le héros, est envoyé enquêter sur le bien-fondé d'une sédition mormone, il découvre plutôt la haine à quoi les mormons sont en butte, victimes de la société (les lyncheurs de Gallatin) et de l'Etat censé les protéger (l'armée du général Lucas). Hors-cliché, le roman se déroule en outre encore à l'époque de l'itinérance des mormons, entre Independance au Missouri, d'où ils ont été chassés, et Nauvoo en Illinois, où le prophète Joseph Smith et son frère seront lynchés en 1844 ; période qui aussi, historiquement, précède l'autorisation de la polygamie.

Nouvelle correction de l'image chez Carson, nouveau traitement de la violence et de la sexualité en milieu mormon ; loin du manichéisme de fond, l'on y dépasse aussi l'attitude de compassion de Lutz. Nolan, un jeune mormon, après avoir assisté au meurtre de son père et à la flagellation de sa mère à Nauvoo, est envoyé comme éclaireur par Brigham Young auprès des Utes chez qui il s'installe et se marie. Sa femme indienne est assassinée par cinq chasseurs blancs ; il les tuera. Devenu Danite à Salt Lake City, il retrouve et tue aussi les bourreaux de ses parents. Toutefois, il ne peut accepter le massacre de l'innocente colonne d'immigrants perpétré à Mountain Meadows par les siens, et il repart une nouvelle fois faire sa vie, en Californie avec une amie d'enfance.

Une production sérielle ne se cantonne pas dans la répétition, ni même dans la simple addition d'informations accroissant l'encyclopédie de l'amateur ; elle peut dialectiser sa compréhension d'un groupe. L'effort a toutefois ses limites, il faut en convenir, et le roman western, même en série, ne saurait valoir pour un cours d'histoire.

Ce n'est pas en lisant « Le Masque Western » que le lecteur français curieux pourra faire le lien entre le souvenir douloureux du massacre de Mountain Meadows, en Utah — en septembre 1857, où un convoi de 120 colons conduits par le capitaine Fancher, après s'être ravitaillé chez les mormons, devait être massacré par ces derniers et leurs alliés Paiutes, — et les incarnations politiques de l'animosité de l'Etat fédéral à l'endroit des mormons (l'Etat du Deseret qui couvrait l'Utah, le Nevada, l'Arizona et une partie de la Californie se voyant d'abord amputé par le Congrès de ses territoires arizoniens et californiens en 1850 et l'Utah Territory n'accédant au statut d'Etat qu'en 1896[19]).

La compréhension du récit ne se réduit pas à des intégrations sémantiques successives par le personnage, l'intrigue préfabriquée, la constitution de classes de thèmes, etc. Elle nécessite aussi la réduction d'indécisions. Parfois, l'indécision et sa réduction sont thématisées par le récit lui-même ; ainsi l'indécision quant à l'allégeance

---

colons, ou *Paint Your Wagon* (1959) de Joshua Logan, un *musical* avec sa jeune mormone achetée par un chercheur d'or qui tombe amoureuse de l'autre partenaire, décide de retourner le cliché matrimonial et veut donc épouser les deux !

[19] Malgré la participation des mormons, en plein exode, à la guerre contre le Mexique en 1846 (500 hommes qui créèrent la piste à travers la Sierra Nevada jusqu'à San Diego en Californie — un tracé ferroviaire devait plus tard suivre cette piste).

d'un personnage, indécision pour les autres personnages ou pour le spectateur ou pour les deux, dans l'intrigue du faux bandit, fut un truc classique des films de série B hollywoodiens des années 30 et 40.

Dans *Deadwood Pass* (1933) de J.P. McGowan, un agent du gouvernement se fait passer pour un bandit notoire, « Le Faucon », pour retrouver le butin d'une bande de voleurs. Dans *Dynamite Canyon* (1941) de Robert E. Tansey, un *ranger* se faisant passer pour un hors-la-loi, Trigger Jones, tente de capturer un chef de bande, le meurtrier de deux mineurs. Dans *Ghost Valley Raiders* (1940) de George Sherman, cette fois-ci, la cible du héros est un voleur de diligences...

Là aussi la fausse identité tend à dynamiser le personnage.

Dans le roman *Le Déserteur de Santa-Fé* (1977) de Gene Thompson, Clell, le faux déserteur marqué au fer rouge pour la crédibilité, espionne et fait échouer un complot des grands propriétaires hidalgos du Nouveau-Mexique nouvellement annexé aux Etats-Unis. Mais la déloyauté de sa mission est doublement compensée : au-delà de son rôle d'agent double, il se révèle d'abord un bon soldat lors de la répression de la révolte, puis un cœur sensible en épousant la sœur de ce Don Roque Cornejo qu'il a justement trahi.

Parfois l'indécision porte sur un terme hors récit.

Sans doute, malgré une intrigue d'enquête tout à fait typique du roman policier (le héros, Del Hardy, arrive à Landusky, dans le Montana, pour enquêter sur la disparition et le meurtre de son associé), le lecteur des *Muletières* (1977) de Lee Floren n'hésitera pas à y voir un western. Le nom de la collection, l'univers évoqué en couverture ou dans le récit, voire le truc de la fausse identité, tout le fait relever de ce genre.

Par contre, les romans policiers indiens de Tony Hillerman sont-ils des westerns ou des policiers ? Avec leur formule de l'enquête criminelle doublée d'une enquête ethnoculturelle (voir La Mothe, 1992), leur renversement de perspective interculturelle, leur arrivée après la disparition du « Masque Western », comme s'il avait pris la relève ailleurs, l'effet sériel de leur parution chez un même éditeur (de 1983 à 1994, Rivages devait publier 14 titres), la question se pose — source de l'invention d'une nouvelle étiquette critique, « ethnopolar », insistant d'ailleurs plus sur le policier que sur le western.

Convenons qu'une telle indécision sur le genre, même irrésolue, n'empêchera pas la compréhension du récit. Par contre, elle montre le rôle que le récepteur peut jouer dans l'établissement des contours d'un genre. Sans doute, la forte homogénéité de la collection du Masque, dans laquelle seul Gustave Aimard paraît à l'amateur un peu loin de son concept spontané de western, n'incite pas à ergoter sur le mot mais plutôt à favoriser une approche réaliste : la définition du genre se trouverait dans les choses, l'évaluation de la westernité des œuvres étant fonction de leur place par rapport à un noyau géohistorique (l'Ouest du Mississippi entre la Guerre de Sécession et la fin des guerres indiennes). Tout le western n'a pas cette homogénéité néanmoins, et à chaque récepteur revient alors de formuler la question « Ça, du western ? », et d'y apporter une réponse.

Sur le mode du clerc, un Bazin, ne reconnaissant plus les westerns classiques d'avant-guerre, voudra nommer le décalage entre son idée du western et la nouvelle esthétique hollywoodienne qu'il constate ; il inventera le « sur-western » (Rieupeyrout et Bazin, 1953 : 95).

Sur le mode du laïc, comment le spectateur départagera-t-il westernité et adaptation dans le cas du western australien, depuis le classique *The Overlanders* (1946) de Harry Watt à partir d'une histoire vraie, ayant eu lieu pendant la guerre : la traversée du désert australien par un immense troupeau de bovins déclenchée par la crainte qu'une invasion japonaise ne s'empare des troupeaux, jusqu'aux « westerns australiens américains » comme *Kangaroo* (1951) de Lewis Milestone ou *The Man from Snowy River* (1982) de George Miller, en passant par des films britanniques comme *Eureka Stockade* (1949) de Harry Watt, une ruée vers l'or australienne, ou *Robbery under Arms* (1958) de Jack Lee, une histoire de famille délinquante happée par un fatal engrenage ?

Spontanément, en français le mot *western* désigne un genre cinématographique, lequel en outre est fortement conventionnalisé. Comme une peau de chagrin, la conquête de l'Ouest en culture médiatique en serait donc venue à réduire son récepteur à un réceptacle — illustration de la loi d'univocité, fortement exprimée jadis par Karlheinz Stierle à propos de lecture populaire : la symétrie maximale de la paralittérature et de sa lecture réalisée en un « type idéal » de réception parfaitement réactive, étroitement bridée, complètement anticipé par un « type idéal » d'hyperstabilisation des récits, de leur homogénéisation sémantique et pragmatique

> [...] il existe des formes de fiction qui spéculent exclusivement sur une réception quasi pragmatique [...]. [...] le narrateur confirme l'histoire en prenant parti, l'histoire se confirme elle-même par récurrence, les concepts mis en jeu dans l'histoire se confirment réciproquement par leur organisation univoque et évidente, les espérances suscitées par l'illusion sont confirmées par leur dénouement, et enfin le récepteur est confirmé lui-même dans sa vision des choses, dans la mesure où le texte ne donne à lire au récepteur que des stéréotypes qu'il a produits lui-même (1979 : 301).

Alors que le genre semble fortement stabilisé, cette discussion sur le processus de réception, sur la conquête de l'Ouest par la lecture ou le spectacle tente de remettre en perspective les lois du genre : de redonner un peu de jeu à l'idée même de western.

« Western » : pour chaque amateur, le mot peut dénoter une simple qualité. Ainsi, au lieu de valoir pour une moue de désapprobation, valoir pour quelque chose d'à la fois prégnant et évanescent, une atmosphère, nom modeste de ce qui s'appelait le mythe de l'Ouest dans le chapitre précédent. C'est l'Ouest-comme-qualité qui permet par exemple le fonctionnement du Marlboro Country des publicités de cigarettes.

Il peut encore renvoyer à une réalité — là l'amateur accepte la place que lui assigne l'encyclopédie donnée sous forme d'un discours de savoir intégré au récit par bribes, plus ou moins naïvement didactiques, ou donnée sous forme d'un discours d'accompagnement hors récit.

Dans le premier cas, dans *Sur la piste des Tovas* ([1852] 1958) de Thomas Mayne Reid[20], il s'agit de détection et d'inférence : la *bola perdida* signe l'enlèvement de Francesca (p. 54), l'observation des oiseaux aquatiques signale la présence d'un gué (p. 79) ; la narration permet de comparer explicitement deux modes de connaissance du monde à propos des autruches (la chasse en se servant d'un leurre (p. 96) et la connaissance livresque (p. 104), d'ailleurs elle-même lacunaire.

Dans le second cas, il s'agit de l'organisation éditoriale singulière de *Teddy Ted. Le Magazine du Far-West*, supplément de *Pif*, avec ses rédactionnels interrompant le récit de fiction BD pour expliquer au lecteur telle ou telle information mentionnée par la fiction dessinée.

Enfin, le même mot western peut désigner les lois de cet univers — par exemple, des lois éthiques plus ou moins clairement formulables, comme celles d'un Max Westbrook (1980), lois d'autant plus aisément formulées que l'amateur est un consommateur sériel, — il retient la morale parce qu'elle était clairement illustrée, mais aussi parce qu'il s'était imbibé de nombreuses fables convergeant vers une même morale :

1. La Nature est meilleure source de vérité que les institutions humaines corruptibles.
2. C'est l'action qui permet de mieux juger l'homme.

---

[20] Ce roman a lui aussi été affublé d'une pléthore de titres français : *A la poursuite des Tovas, Peaux-rouges et visages-pâles, La Sœur perdue, Sur la piste des Tovas...*

3. La connaissance intuitive et empirique est meilleure que celle acquise dans les livres.

4. Le langage s'avère insuffisant : il ne peut pas rendre ce qui est vraiment important.

5. Généralement, la société rejette les meilleurs (parce qu'ils sont meilleurs).

6. C'est par l'action symbolique que la valeur s'exprime le mieux (par exemple, prendre la défense de l'opprimé).

L'extraction de ces lois est en fait une constante du discours savant — que ce dernier se contente d'un catalogue de thèmes à la Frank Gruber (1967 — histoires de chemin de fer, de *ranchs,* de vengeances, d'Indiens et de cavalerie, de hors-la-loi et de shérifs ou de ruée vers l'or), ou qu'il propose une approche plus structurale, à la Will Wright (1975 — tripolarité des intrigues possibles : les valeurs individuelles dans le western classique, les individus contre les valeurs sociales dans le western de vengeance, les groupes et les techniques dans le western de professionnels)...

D'autre part, si l'on ne se contente plus de considérer le seul contenu conceptuel du nom de genre mais qu'on replace le genre dans sa perspective historique[21], la petite phénoménologie de la réception du western évoquée jusqu'ici ne risque-t-elle pas de n'avoir de pertinence que pour la période où, du point de vue du public français, romans, BD et séries télévisées étaient clairement seconds par rapport au western hollywoodien ? Ainsi, saisies avant l'hégémonie de Hollywood, l'encyclopédie préalable d'un lecteur des romans d'Aimard ou des fascicules Eichler, la connaissance de l'Ouest issue d'un spectacle du Buffalo Bill's Wild West ou de la pratique du scoutisme amèneraient à remanier cette phénoménologie de la réception. Par exemple, la question qui se pose aujourd'hui, sans doute un peu académiquement, de savoir si les histoires de Guerre de Sécession relèvent bien du genre — comme, près de nous, la série BD *Les Tuniques bleues* du scénariste Raoul Cauvin — n'avait évidemment guère de pertinence à l'époque d'avant le western, pour les contemporains français.

Les Français ne croulaient pas sous une pléthore d'historiographies sur la Guerre de Sécession[22]. Dans le roman, l'abolitionnisme devait trouver une incarnation dans l'interprétation de l'aventure de John Brown, proposée par Henri-Emile Chevalier et Florian Pharaon dans *Le Nord et le Sud. L'Espion noir, épisode de la guerre servile* (1863). Après la défaite de 1870, et avant même *Une guerre de géants* (1879) de Louis Noir, le théâtre avait présenté *La Famille Cavalié, épisode de la Guerre de Sécession* d'Albert Delpit (né à la Nouvelle-Orléans, 1849-1893), mais aussi le roman *La Bague d'opale* (1878) d'Edouard Didier, un roman d'aventures nordistes, ou encore *Une goutte de sang noir. Episode de la guerre civile aux Etats-Unis* (1878) de Gustave Aimard — à la fois roman historique populaire, avec Lincoln et un espion allemand qui réussit à percer l'Etat-Major nordiste, et mélodramatique, avec la jeune fille à la goutte de sang noir, esclave, convoitée, pourchassée mais aimée par un officier du Nord, de souche huguenote et française qui, pour pouvoir l'épouser, l'amènera en France, — ou enfin, *Les Voleurs de locomotives* (1886) de Fernand Hue (1847-1895, lui-même ancien soldat, chasseur d'Afrique), inspiré du livre du révérend William Pittenger *Capturing a Locomotive* (1885), un roman pour la jeunesse.

Alors, l'idée même de western ne pouvait effleurer l'éventuel lecteur se demandant de quelle classe relevait le texte lu. Depuis, le genre a fortement implanté son horizon d'attente, et le lecteur d'aujourd'hui peut légitimement le définir, largement ou étroi-

---

[21] Explorée au chapitre 2.
[22] Même si l'on doit mentionner des ouvrages comme ceux de Louis Richard Cortambert et F. de Tranaltos (1867), du comte (et général nordiste) de Trobriand (1867-1868) ou la monumentale *Histoire de la guerre civile en Amérique* du comte de Paris (7 volumes parus entre 1874 et 1890).

tement, à son choix, et considérer *Une goutte de sang noir* (1878) de Gustave Aimard plutôt sous l'angle de ses ressemblances, avec le western, ou plutôt sous celui de ses différences d'avec le western.

Et selon l'inévitable penchant à l'autoréférentialité qui saisit même les genres populaires les plus simples, cette autonomie du lecteur tend à devenir un espace de jeu, non plus pour lui mais pour l'auteur. Pensons à une autre période qui pouvait amener à poser la question « Est-ce encore du western ? » : le XXe siècle. Le cinéma traitait l'affaire sans complexe.

Dans la comédie *Hollywood Cowboy* (1937) d'Ewing Scott, le héros, un cow-boy hollywoodien en vacances dans un ranch, découvre que les *ranchers* locaux sont victimes d'une soi-disant association de protection et décide de s'en mêler. Dans *Death Valley Manhunt* (1943) de John English, pour mettre un terme à une campagne de sabotage visant ses puits, une compagnie pétrolière fait sortir un héros de sa retraite pour enquêter. Dans *Canyon Crossroads* (1955) d'Alfred Werker, en Utah, une bande de malfrats tentent d'enregistrer le titre de propriété avant le chercheur qui a découvert de l'uranium. Star, pétrole, uranium : ce n'est plus l'*Ole West*, c'est pourtant encore du western conventionnel.

L'effort de guerre allait enrôler le cow-boy surtout dans des rôles de contre-espions. Si dans *Death Rides the Range* (1940) de Sam Newfield, ce sont des agents étrangers pas encore clairement identifiés qui s'en prennent à un dépôt d'hélium, dans *Cyclone Prairie Rustlers* (1944) de Benjamin Kilne, ce sont les affreux Nazis qui détruisent récoltes, troupeaux et équipement dans l'Ouest, qui seront mis hors d'état de nuire par un cow-boy et ses copains ; et dans *Valley of the Hunted Man* (1942) de John English, les héros doivent démasquer un dangereux Nazi en fuite qui se fait passer pour le neveu d'un inventeur qui cherche une formule permettant de faire du caoutchouc avec une plante de l'Ouest.

Or, cette possible indécision du lecteur — le western moderne est-il encore du western ? — peut fournir les éléments d'une nouvelle thématisation du temps dans le genre : jeu sur la limite du genre comme dans *La Case de l'oncle Tomahawk* (1980) de Jake Page ou *Mais où sont les trésors d'antan ?* (1987) de Marcia Muller et Bill Pronzini. A défaut d'une mention explicite du genre sur la première de couverture de ces deux romans, au moment de leur parution la « Série Noire » avait cessé de le faire depuis quelque temps déjà, le prière d'insérer, voire le titre mode d'emploi du premier, puis le récit renvoient à l'univers western.

Dans *La Case de l'oncle Tomahawk* (1980), c'est la sagesse du vieux chaman qui relie narrativement le Temps immémorial de la Nature du désert des Zatagos au temps accéléré de l'action violente et au temps découpé des contrats magouillés ; communication conflictuelle qui laissera le vieil homme mort, assassiné.

Dans ou *Mais où sont les trésors d'antan ?* (1987), l'histoire de trésor caché fait communiquer un triple étagement narratif : la période contemporaine de l'écriture (1986) dont l'héroïne est une jeune directrice d'un musée d'art mexicain ; l'année (1984) où son alter ego, un jeune détective est engagé par un noble latino-californien décavé pour retrouver un trésor disparu ; l'année (1846) où un trésor est caché par l'ancêtre alors mexicain de ce *don*, à l'époque où justement, par la violence, la Californie devint yankee.

La transparence et l'obstacle

Plus directement évidents — parce que cette fois-ci, même s'il est duplice, le jeu a besoin de la complicité du récepteur, — les westerns comiques ou parodiques dénoncent les conventions du genre tout en les maintenant.

Dans *Way Out West* (1936) de James W. Horne, le malhonnête propriétaire de saloon tente de faire passer sa partenaire pour la fille de l'ex-partenaire de Stan Laurel et Oliver Hardy, héritière de sa part dans leur mine d'or. On vient d'évoquer la conscription du western dans l'effort contre le Troisième Reich ; conscription à quoi n'échappèrent pas Abbott et Costello qui, dans la comédie musicale *Rio Rita* (1942) de Sylvan Simon, incarnent d'innocents employés d'une animalerie se débattant comme de beaux diables dans un ranch qui sert de quartier général à des espions nazis.

Après un début sérieux générant une insolite situation, *The Guns of Fort Petticoat* (1957) de George Marshall tourne franchement à l'opérette. Pendant la Guerre de Sécession, un colonel nordiste massacre de paisibles Indiens coupables d'être sortis de leur réserve ; un jeune lieutenant d'origine sudiste déserte après avoir compris le cycle de violence qu'allait ouvrir ce massacre, retourne au Texas et rassemble femmes et enfants dans une Mission où il les transforme en soldats. Les Indiens peuvent alors attaquer.

L'évolution entre deux romans de Bob Barrett pourrait permettre de mettre en lumière la façon dont ce décalage peut stylistiquement s'incarner. Le titre *L'Ingénu chez les cow-boys* (1978) en annonce le programme, rapidement épuisé d'ailleurs. Le récit exhibe bien quelques inhabituels portraits comme celui du shérif s'exprimant avec la pompe d'un magazine de l'Est, ou celui du chef des truands voulant devenir empereur du Mexique : feuille de vigne tentant de masquer qu'il n'a guère à offrir que quelques variations autour de ce thème du jeune candide, l'une des incarnations de la maxime des apparences trompeuses — à la fois intelligent et brave sous un aspect désarmant, mais à qui tout réussit sans qu'il l'ait vraiment voulu. Formule limitée qui n'aura pas empêché l'auteur d'en commettre une seconde mouture avec *Prends garde aux cactus !* (1978). De l'inspiration du premier roman, Barrett conserve le retournement du cliché : non seulement l'ex-maître d'école binoclard et fluet devient un vrai *westerner*, mais il y parvient sans abdiquer son statut d'intellectuel (il transforme ainsi la traditionnelle et inefficace méthodologie de la chasse aux chevaux sauvages par l'usage de relevés topographiques préalables — p. 52). Mais surtout, ce qui fait de *Prends garde aux cactus !* un bon roman, mieux réussi, c'est que Pembrook le héros est aussi le narrateur, Bostonien égaré sur la *Frontier*, qui colore le récit d'une bien-disance surannée, donnant à l'action un curieux effet de distanciation. Bonne introduction à cette idée que même si le modèle paralittéraire de Couégnas[23] appelle une transparence du style, les romans souvent contredisent le modèle, s'éloignent du « type idéal », rendent le style plus opaque, plus sensible, plus parlant...

J'évoquais le franglais titulaire du « Masque Western » contribuant sans doute plus à connoter l'Ouest qu'à seulement le dénoter, avec ses mots francisés morphologiquement (lynchage), orthographiquement (shérif), mais aussi ses xénismes importés tels quels (marshal, mustang, saloon, ranch...) — pas toujours par défaut d'un terme équivalent en français d'ailleurs : outlaw, insurgent. C'est aussi en transitant par le western en anglais que mots espagnols ou amérindiens, ethnonymes, prénoms, noms ou sobriquets, noms de propriétés ou de raison sociale, toponymes animaliers ou minéraliers, anglais, espagnols ou amérindiens, dénotant la nature ou la culture, arrivent dans la collection (canyon, despérados, pistoleros, ranchero, sierra, Apaches, Cherokees, Maria, Sam, Hombre, Dakota, Yuma, Shalako, Pickering, Tall Cameron, B-Bar, Rancho Verde, Circle C, Wells Fargo, Beaver Hole, Opal, Silver City, Abilène, Armijo, Matagorda, Rio Desperado, Rio Dulces, Mont Comanche, Rialto Creek, Sentinel Wells, etc.).

Il faut aussi mentionner l'usage de mots étrangers dans le corps du texte — qu'un Albert Bonneau ne se fera pas faute de rendre explicite dans la phrase elle-même (« il conservait toujours un *derringer*, minuscule revolver de poche [...] » ; « enlevant le collier ou *wampum* du Peau Rouge [...] » ; « tels des *tumbleweeds*, ces herbes errantes qui se déplacent au hasard à travers la grande prairie... » ; « deux *alforjas*, sortes de sacoches, pendaient de chaque côté de la selle » ; « les *rustlers*, ou voleurs de bestiaux, écumaient encore toute cette partie du Texas »...) ou en note infra-

---

[23] Voir le chapitre 2.

paginale (à propos de « Hello !... Go ahead ! Ride him, cow-boy ! », ce commentaire : « Cette dernière exclamation : « Monte-le, cow-boy ! » est toujours employée au Far-West dans les rodéos ou à l'occasion d'un dressage » ; à propos de « Old son of a gun » : « Vieux fils d'un fusil (expression souvent en usage au Far West) », etc.).

Lorsque l'éditeur ne veut rien savoir, que la culture médiatique ne veut pas reconnaître qu'elle est affaire de signes, ceux-ci tendent à se venger, à faire retour, à provoquer de menus dysfonctionnements. Lorsque les personnages noirs parlent petit-nègre (« Jason pas seul... Pitite mère Deborah, petit frère Samuel, pitites sœurs Clara, Benjamine et Daphné. Eux tous chassés par Mississippi, se rendre à Cairo, chez oncle Moïse » — Bonneau, 1949 : 17 ; « Massa Crowl être là tout à l'heure, précisa-t-il, mais lui parti tout de suite, lui sembler plutôt pressé... » — Bonneau, 1958 : 33), la très relative opacité est neutralisée par le caractère parfaitement convenu de ce style. Par contre, le passage en français des couvertures des *Buffalo Bill* de Eichler résulte à l'évidence en un méli-mélo de mots et d'images, de français et d'anglais (voir Pons, 1995).

Ou encore, la traduction d'oppositions sociolectales dans l'original américain, comme dans la nouvelle de Zane Grey, « La P'tite instite du Missouri ». L'opposition culturelle entre l'Est et l'Ouest, la civilisation et la *Frontier*, y est de nature structurale, informant de nombreuses strates du récit, notamment le sociolecte dans lequel s'expriment les membres de chaque groupe. L'opposition est stylistiquement crédible dans l'original, même si Grey n'est pas un très grand écrivain. Cela ne pose pas de difficulté dans la langue d'arrivée avec le parler simple, généralement soutenu de l'institutrice (« D'après ce que j'ai pu comprendre il n'y a pas de Mr. Owens ici. Je ne suis qu'une petite bécasse qui a foncé tête baissée dans le panneau, victime d'une désopilante plaisanterie montée par vos cow-boys » — Grey, 1979 : 53). Ce qui contraste avec le choix plus difficilement tenable du traducteur d'un normand approximatif pour faire prendre conscience du décalage sociolectal des cow-boys du sud-ouest américain (« C'est-t-y [*sic*] au moins encore l'un de vous aut's qui lui aura écrit ed'nouveau ? » — p. 41). Toutefois, nonobstant ce choix discutable, le traducteur réussit à rendre la coexistence des deux sociolectes chez un même personnage. Ainsi Jane, la jeune institutrice, le reste-t-elle même lorsqu'elle défend sa vertu contre un trop entreprenant cow-boy :

> — [...] Soyons copains comme avant.
> — Jamais !
> Elle ne pensait pas tout ce qu'elle disait. A force de côtoyer ces hommes de la prairie et des immenses espaces vierges, elle était arrivée à bien les connaître. Et à les comprendre un peu [...].
> Mais sa compréhension, voire sa sincère sympathie, n'excluaient pas le besoin occasionnel de les remettre en place [...]. Comme avec des gosses (p. 65).

Ce qui ne l'a pas empêchée pas un peu plus tôt d'utiliser un langage plus musclé au plus fort de l'action, comme une citation du registre des bouviers. Son assurance linguistique est celle de qui ne sent pas son identité perturbée par l'emprunt à d'autres sociolectes, voire joue de cette maîtrise au carré : la *schoolmarm* est en train de devenir une femme de l'Ouest. La coexistence sociolectale devient tout autre chez Bill Springer, le faussement simple patron du ranch ; est-il lui-même au moment de l'épilogue lorsqu'il s'écrie : « Yipeee !!! C'est moi qui ai pris au lasso la p'tite instite du Missouri ! » (p. 97) ?, ou lorsqu'il occupe l'espace mental[24] de Jane :

> Il força son accent traînant du Sud-Ouest pour nasiller :
> — ... Savez, miss, nous aut'les gars de la grande prairie, on est tous des sentimentaux indécrottables (p. 96) ;

ou lorsque, cérémonieusement, il l'avait accueillie à sa descente de train :

> « Il faut malheureusement nous rendre à l'évidence. Vous avez été, en effet, victime d'une plaisanterie du plus parfait mauvais goût, une de ces blagues de saloon qui font pouffer les ivrognes. Je fais amende honorable [...] » (p. 55) ?

L'éditeur, le lecteur et la culture médiatique ont beau tenir pour secondaire le véhicule linguistique, le traducteur doit se colleter avec lui et en souligner indirectement l'existence au lecteur par ses maladresses ou ses finesses. La stratégie dominante d'une collection nourrie de traductions comme celle du « Masque Western » peut bien

---

[24] Sur cette notion en linguistique, voir Gilles Fauconnier (1984).

être celle de la distance ignorée, certains dysfonctionnements montrent que cette distance n'en est pas moins là, activement présente.

Néanmoins, tout le travail ne retombe pas du côté du lecteur et de sa coopération interprétative ; la narration thématise parfois l'opacité du langage.

Les Deux Orphelines de Raoul d'Ennerye (1895) propose cette illustration du *topos* de la barrière linguistique que rencontre l'officier volontaire de Lafayette dans son nouvel environnement américain :

> La conversation avec l'Indien n'était pas absolument facile. Le « Grand-Aigle » baragouinait quelques mots de français, mais il parlait très lentement, remplaçant par des gestes les phrases qu'il ne savait pas exprimer en français.
> Quant aux autres Indiens, ils ne comprenaient que les mots usuels, et partant, les soldats français n'avaient pas grande ressource de conversation avec eux (1911).

La stratégie de réduction maximale de l'opacité linguistique consiste à recadrer tout le dialogue que le lecteur lit en français par une mention du narrateur précisant en quelle langue se déroule l'interaction — accès « direct » à un contenu rendu distinct de sa forme en quelque sorte.

> — L'homme blanc est brave... Il a réussi à soustraire la Moufette aux atteintes du grizzly !
> L'ermite comprenait et parlait admirablement le dialecte des Crees des bois ; aussi ne fut-il pas long à répondre au blessé :
> — La Moufette n'a plus rien à craindre. Il est hors de danger (p. 61).
>
> — Que mon frère se rassure, murmura-t-il... Il est hors de danger maintenant, mais il doit reposer pour retrouver toutes ses forces !
> L'homme venait d'utiliser le dialecte des Nascopis, aussi Jean-Pierre s'imagina-t-il qu'il se trouvait en présence d'un Indien de cette tribu. Chassant depuis de longues années à travers les solitudes du Labrador, il parlait suffisamment cette langue [...] [25].

Albert Bonneau use même de cette technique comme alternative à celle du petit-nègre. Dans *Le Ranch maudit* (1951), peu de chose distingue les paroles des personnages noirs :

> Dans un invraisemblable charabia[26], la négresse accablait de reproches son malheureux époux et ses éclats de voix venaient troubler le silence.
> — Bon à rien !... Paresseux !... poursuivit l'irascible Junon... Pourquoi ai-je épousé un aussi incorrigible fainéant ? Tu ne t'aperçois donc pas que la moindre négligence pourrait nous coûter la vie et que tu tiens entre tes mains l'existence de miss Evelyne ! (1951 : 10).

Parfois, l'opacité est absolue, et le texte ne la lève pas ; elle fonctionne alors comme un indice pour le lecteur. Dans le premier chapitre d'*Alerte au Texas* (1971) de Clay Randall, l'arrivée du chinois quasi unilingue Ah Chee San à Academy (!) sert à la fois de déclencheur à l'action et de signal au lecteur : altérité de la langue comme test à la tolérance et signe annonciateur de conflit.

Dans d'autres cas, la narration use de l'opacité de la langue étrangère comme ressort, comique ou tragique.

Le ressort enclenche le comique dans *Outlaws en péril*[27] (1962) de Pierre Chéry (1962), une BD où le dialecte « garatwa » est médiatisé au lecteur par le personnage de Chat-perché et discours de commentaire. Il enclenche le dramatique dans le roman *La Montagne perdue* (1926) de Thomas Mayne Reid où, pour prévenir les prisonnières indiennes mestizas que du secours arrive et éviter que l'information ne soit saisie par leurs geôliers apaches dont certains parlent le castillan, le gambusino leur adresse la parole en opata (p. 214). Ou dans une autre BD, sans ce pas-

---

[25] *Le Traqueur des neiges*, p. 41.

[26] Je souligne.

[27] De la série *Les aventures de Jim l'astucieux*, aux Editions Fleurus, p. 20-21.

sage du français à l'anglais lors d'un dialogue entre le héros sudiste et l'officier français félon — l'affaire se déroule à l'époque de l'expédition de Maximilien au Mexique[28] :

— « Pourquoi parlez-vous anglais, colonel ? »
— « Ha ! Ha ! Mes hommes ne parlent pas cette langue, sergent major, et leurs soldes sont minces. Il vaut mieux que nous ne soyons que trois à connaître l'existence des sacoches ! »

De la fonction occasionnelle de truchement, le genre peut aisément développer le personnage du traducteur et des types d'intermédiaire entre les cultures : éclaireur, Blanc marié à une Indienne (ou *vice versa*), renégat, Métis...

Aux *topoï* de l'Indien taciturne ou de sa maîtrise défectueuse des langues européennes répond celui de l'art oratoire indien, mentionné depuis longtemps chez les voyageurs et les missionnaires[29], ce qui très tôt encourage des morceaux de bravoure comme celui de Chactas dans les *Natchez*[30] — précédant une longue descendance (chez Fenimore Cooper, Louis Boussenard, Norman Kingston, etc.). Et sur une échelle de plus ou moins grande authenticité linguistique, le western donne occasionnellement la parole à des Amérindiens dans leurs propres langues[31] — d'abord recherche de l'effet exotique à la Gustave Aimard, relayée depuis la fin des années 60 par la bonne volonté *politically correct* (comme les dialogues en sioux d'*Un homme nommé cheval*) jusqu'au très insolite *The Windwalker* (1980) de Keith Merrill qui, se déroulant avant l'arrivée des Blancs dans les plaines, comporte des dialogues entièrement en crow et en cheyenne (sous-titrés).

---

[28] *Rio Pecos* (1981), de la série *Mac Coy* de Gourmelen et Palacios (p. 66, vignettes 1 et 2).

[29] Voir Olive P. Dickason (1993 : 272). Arts oratoires locaux, grilles anthropologiques... : Normand Doiron ([1993] 1998) peut montrer combien le modèle de Tacite est actif dans la littérature de voyage en Nouvelle-France, par exemple.

[30] « Toutes les espérances se tournoient vers Chactas ; lui seul pouvoit rétablir le calme : il annonce par un signe qu'il va se faire entendre. L'assemblée devient immobile et muette, et l'orateur, qui n'a pas encore parlé, semble déjà faire porter aux passions les charmes de sa paisible éloquence. Il se lève : sa tête couronnée de cheveux argentés, un peu balancée par la vieillesse et par d'attendrissants souvenirs, ressemble à l'étoile du soir qui paroit trembler avant de se plonger dans les flots de l'Océan. Adressant son discours à son ami Adario, Chactas s'exprime de la sorte : « Mon frère l'Aigle, vos paroles ont l'abondance des grandes eaux, et les cyprès de la savane sont enracinés moins fortement que vous, sur les tombeaux de nos pères. Je sais aussi les injustices des Blancs ; mon cœur s'en est affligé. Mais sommes-nous certains que nous n'avons rien à nous reprocher nous-mêmes. Avons-nous fait tout ce que nous avons pu pour demeurer libres ? Est-ce avec des mains pures que nous prétendons lever la hache d'Areskoui ? Mes enfants, car mon âge et mon amour pour vous me permettent de vous donner ce nom, je déplore la perte de l'innocente simplicité qui faisoit la beauté de nos cabanes. Qu'auroient dit nos pères, s'ils avoient découvert dans une matrone les signes qui viennent de troubler le conseil ? Femme, portez ailleurs l'égarement de vos esprits — ne venez point au milieu des Sachems, avec le souffle de vos passions tirer des plaintes du feuillage flétri des vieux chênes. Et toi, jeune chef, [Ondouré, jaloux de René] qui as osé prendre la parole avant les vieillards, crois-tu donc tromper Chactas ? Tremble que je ne dévoile ton âme aussi creuse que le rocher où se renferme l'ours du Labrador. Préparons-nous aux jeux d'Areskoui, exerçons notre jeunesse, faisons des alliances avec de puissants voisins, mais auparavant prenons les sentiers de la paix : renouons la chaîne d'alliance avec Chépar ; qu'il parle dans la vérité de son cœur, qu'il dise dans quel dessein il a rassemblé ses guerriers. Mettons les Manitous équitables de notre côté, et si nous sommes enfin forcés à lever la hache, nous combattrons avec l'assurance de la victoire ou d'une mort sainte, la plus belle et la plus certaine des délivrances. J'ai dit. » Chactas jette un collier bleu, symbole de paix, au milieu de l'assemblée, et se rassied. Tous les guerriers étoient émus : « Quelle expérience ! disoient les uns ; quelle douceur et quelle autorité ! disoient les autres. Jamais on ne retrouvera un tel Sachem. Il sait la langue de toutes les forêts, il connoît tous les tombeaux qui servent de limite aux peuples, tous les fleuves qui séparent les nations. Nos pères ont été plus heureux que nous : ils ont passé leur vie avec sa sagesse ; nous, nous ne le verrons que mourir. » Ainsi parloient les guerriers. L'avis de Chactas fut adopté : quatre députés portant le calumet de paix furent envoyés au fort Rosalie [...] » (Châteaubriand, 1826 : 141-142).

[31] Delmer Daves avait bien conscience de cette question linguistique. Toutefois, sa *Flèche brisée* s'en tirera avec un expédient ; par la voix de James Stewart au début, le spectateur est informé que l'histoire de Jefford, ami de Cochise, est bien authentique, mais que les Apaches parleront anglais pour être compris !

A cheval... sur deux cultures

Paradoxe dans l'imaginaire, l'Ouest, point de la plus grande jeunesse des civilisations occidentales, de la réjuvénation par l'aventure et l'inconnu, devait servir de lieu à la rencontre avec le plus grand archaïsme, les cultures réputées fossiles des Amérindiens ; la rencontre du civilisé et du sauvage est même un élément crucial de la conquête de l'Ouest depuis Fenimore Cooper.

Or, c'est bien aussi un problème de rencontre culturelle que pose le western lorsqu'il est vu ou lu en France : l'obligatoire distance culturelle entre l'univers américain du récit et l'univers européen du récepteur. Autrement dit, le western consommé en français n'est pas seulement défini par son référent (la rencontre dans le Far-West des Blancs et des Indiens, ou du Blanc et de la Nature, ou du Blanc et de ses semblables), mais aussi par sa place dans la culture d'accueil, et notamment, dans le cas du roman, par la façon dont la narration et son véhicule (langue, image, film) tissent des liens entre l'univers référé, le récepteur et l'auteur ; entre la culture où est censée se dérouler, se ressentir et se comprendre l'action par des êtres de fiction ; et la culture où l'action est effectivement perçue, éprouvée et saisie dans l'acte de lecture. Ainsi, le survol historique du roman western en France permet de voir six stratégies mises en œuvre pour traiter la distance entre la culture du lectorat et la culture dans laquelle est censée se dérouler l'action.

Première stratégie : la distance ignorée. Elle a son charme propre ; elle donne l'impression que le lecteur a directement sous les yeux, sans médiation, la chose elle-même, l'authenticité.

C'est la stratégie de la distance ignorée qu'adoptent les éditeurs remplissant leurs collections de traductions, à partir de 1865, c'est-à-dire de l'édition française par Dentu et Hachette des premiers *dime novels* d'Edward S. Ellis (parus en 1860 aux Etats-Unis), *L'Ange des frontières*, *L'Espion indien* et *La Captive des Mohawks*, *La Famille du batelier*.

Happé par l'aventure qui s'est mise en place dès un prologue *in medias res*, le lecteur de *Traqué par les Indiens* (1974) de Dwight Bennett tombe sur la phrase : « Il avait participé à la campagne d'hiver du général Albert Sidney Johnston — l'homme qui avait transformé en vrais baroudeurs une poignée d'adolescents » ; c'est le seul commentaire que le roman attachera à ce nom propre. Pour une majorité de lecteurs français, qui n'étaient certes pas le public implicite de Bennett[32], ce général n'a que valeur d'indice : on comprend qu'il s'agit en cet endroit d'établir la personnalité de Tom Forbes, le conducteur du chariot du jeune héros. Le style cognitif privilégiant l'Histoire pourrait amener quelques lecteurs à s'enquérir de ce général ; ils apprendraient éventuellement que Johnston commanda effectivement les troupes fédérales parties de Fort Leavenworth, en juillet 1857, pour faire campagne en Utah contre les mormons. Curiosité qui fait honneur à la curiosité de ces quelques lecteurs mais qui reste franchement peu répandue.

Deuxième stratégie : la distance déniée. Elle s'incarne d'abord dans l'américanité de pacotille des fausses signatures d'auteurs qui sont de la même culture que les lecteurs : « Aventures et bagarres de Johny Sopper » du Fleuve Noir, de « Western noir » du Condor... Elle s'incarne surtout dans le décor factice, en toc, du roman d'aventures à formule dont la série « Catamount » d'Albert Bonneau est un parangon.

Chez Bonneau, le déni de la distance culturelle s'articule en deux temps ; dans le premier, l'auteur, qui n'a pas une connaissance de première main de l'Ouest américain, amasse une in-

---

[32] Cet auteur sériel américain avait commencé sa carrière dans les *pulps* en 1937. *Traqué par les Indiens* est son seul roman traduit, douze ans après sa parution en 1962.

formation encyclopédique (voir Chabert, 1996) et apprend l'Ouest dans les livres ; dans le second, à son lecteur qui pas plus que lui ne connaît l'Ouest, il transfère cette information. Transfert que souvent la narration remanie à peine :

> Michel Leclair n'ignorait pas que les orignaux, si faciles à capturer pendant l'hiver [...], se réfugient, durant la belle saison, au plus profond des bois, où il devient très difficile de les approcher. Proches parents de l'élan, ils sont encore plus méfiants que ce dernier [...].
> En automne, les chasseurs d'orignal, soufflant dans des cornets d'écorce, imitent à s'y méprendre le beuglement du mâle. Leur ruse réussit le plus souvent ; les orignaux, dont ils soupçonnent la présence dans le voisinage, se croyant provoqués par un de leurs rivaux, sortent alors imprudemment de leurs cachettes et se font plus facilement abattre. [...]
> Le chasseur n'ignorait pas [...] que les cervidés sont friands de cette sorte de plante [les lis aquatiques] et qu'ils n'hésitent pas à se mettre à l'eau pour pouvoir la brouter tout à leur aise [...] ([1928] 1952 : 14-15).

En fait, la construction de l'univers du Far-West s'y fait à l'économie, par l'insertion d'un savoir encyclopédique recourant à répétition à un nombre réduit de catégories, toujours les mêmes : en ordre de productivité décroissant, la faune, la flore, le vêtement, la nourriture et les jeux[33].

Autre variante de cette stratégie intégratrice de déni de la distance culturelle, de réduction de l'étrangeté : le mot étranger à valeur indicielle. Il ne s'agit plus d'une réduction encyclopédique où le texte se chargerait de faire connaître le sens d'un mot : « Tu ignores sans doute, repartit le chasseur, que les Crees des bois ont surnommé le carcajou *kekouaharkees*, c'est-à-dire le « méchant », et qu'il est plus dangereux qu'un loup pour détruire le gibier » (*L'Ermite de la Vallée blanche*, [1928] 1952 : 47).

Parfois, plus didactiquement, c'est une note infrapaginale qui fournit l'explication, comme celle-ci, sur les *mavericks* : « Bœufs vivant à l'état sauvage. Les cow-boys leur ont donné le nom du premier fermier qui a tenté de les domestiquer, et qui a réussi dans cette tâche. » Dans le cas du mot étranger à valeur indicielle, il s'agit moins de lever l'opacité première du vocable étranger dénotant un sens — même si, le plus souvent, elle n'est jamais maintenue très longtemps — que de le faire fonctionner comme connotation d'américanité, comme saupoudrage de couleur locale. Là aussi, le lecteur est censé se retrouver dans l'Ouest à peu de frais : « Hello ! boys, je vais vous apprendre une étonnante nouvelle ! Le tenderfoot veut dompter un bronco ! » ; « Eh bien, my boy, déclara-t-il, tu faisais une sérieuse concurrence au General Store de ton excellent ami Jim Torquey !... Et ces caisses de l'U.S. Mail ! » ; « Shut up !... enjoignit brutalement Eustace Cowell. [...] » ; « Santa Maria ! s'exclama Pepe... Es la verdad !... On vient à notre aide !... Les Mescaleros déguerpissent !... » ; « — A la disposicion de usted, señores !... » ; « Adelante, amigo ! nous arrivons et... » ; etc. En tout, une petite quarantaine d'expressions et de mots anglais, et une trentaine en espagnol dans cette méthode Assimil : Bye bye !, Go, go ahead !, Good gracious !, God Almighty !, By God !, By Jove !, Hello boy !, old fellow, old boy, old chap, pard, boss, deputy, posse, gambler, dancing girl, cowpuncher, greaser, rustler, gentlemen, tenderfoot, rangers, longhorns, pinto, saloon, shake-hand, Hands up !, Shut up !, bank notes, bowie-knife,

---

[33] En voici un succinct florilège : « Elle savait que des voisins aussi peu rassurants que le crotale grouillaient aux alentours, seuls habitants de ces étendues désolées. Scorpions et tarentules grouillaient à travers les sables, incitant le voyageur à regarder avec soin autour de lui pour éviter une morsure dangereuse sinon mortelle » (*L'Ermite de la Vallée blanche*, [1928] 1952 : 181) ; « Ils abandonnaient les derniers contreforts de la sierra pour s'aventurer en plaine ; déjà ils le reconnaissaient, les traces de la route, les chênes buissonnants et les *mezquites* ; les acacias épineux se faisaient moins rares ; çà et là se dressaient les cactus dont les tiges empruntaient parfois des formes bizarres et compliquées ; on remarquait aussi les yuccas aux proportions si diverses, les choyas et les palos verdes... A la végétation montagneuse si particulière à Penasco Azul succédait la zone du chaparral » (*La Femme au lasso*, 1936 : 21-22) ; « Le nombre des *arrieros* [« muletiers », peut-on lire en note infrapaginale] allait croissant, et, à leurs immenses sombreros, à leurs petits yeux bridés, à leurs longs *zarapes*, on n'avait pas grand-peine à deviner en eux des représentants de la race mexicaine » (*Le Ranch maudit*, 1951 : 48) ; « [...] Blancs et Rouges s'apprêtèrent à dîner de fort bon appétit [...]. Des côtes, des bosses et des filets de bisons firent les frais du repas. Le lieutenant et Dick O'Sullivan se régalèrent avec des glandes de bisons frites dans la moelle et assaisonnées avec des fruits sauvages. Du *pemmican* et des queues de castor firent également les frais du festin » (*Le Démon des Mauvaises Terres*, 1927 : 142) ; « Les tables nombreuses étaient occupées par des consommateurs qui jouaient au *poker* ou au *monte*, déposant des enjeux respectables » (*Le Ranch maudit*, 1951 : 151).

trail, claim, General Store, gang, stampede. ¡ Pronto !, ¡ Adelante !, ¡ Fuego !, ¡ Caramba !, ¡ Caraï !, Por la muerte, amigo, ¡ Santa Virgen !, ¡ Madre de Dios !, ¡ Dios mio !, ¡ por Dios !, Demonio, niña, mayordomo, caballero, hacendero, gringo, señor, señorita, vaqueros, querida, fiesta, peones, desperado...

Troisième stratégie : l'affirmation de la compétence de l'auteur. Plus que la précédente, cette stratégie donne au lecteur une autre impression de proximité avec l'Ouest. Imaginons le frisson ressenti par les premiers lecteurs de Gustave Aimard à la narration de ses histoires, mal composées certes, faites de séquences de moments d'intensité pas toujours bien reliés entre eux, pleines d'inconsistance au style trop consistant... — justement pas les phrases d'un professionnel de l'écriture mais d'un témoin, d'un truchement fleurant encore l'air de la Prairie sauvage.

Qu'on relise les « avis au lecteur » des *Pirates de la Prairie* (1858) ; Aimard a beau parler à la troisième personne, le lecteur entend l'aventurier, pas l'écrivain. Dans *Les Trappeurs de l'Arkansas*, à la « préface » (la voix de l'éditeur, du régime du livre, du circuit communicationnel dans lequel le lecteur est entièrement défini par ce statut de lecteur) répond la « postface » où la voix de l'auteur dit avoir d'abord été le destinataire du récit de don Rafaël rapporté dans le roman (comme si le lecteur s'intégrait alors à une chaîne de passation du récit) : rêve nostalgique d'une oralité perdue ?

> Le soir, don Rafaël retint auprès de lui plusieurs personnes, et, après avoir fait placer sur une table des cigarettes et des bouteilles de mezcal :
> — Mon ami, me dit-il, je vais satisfaire votre curiosité. Belhumeur, l'Elan noir, la Tête d'Aigle, mon père et ma mère, ainsi que ma chère femme, qui ont tous été acteurs dans le drame dont vous allez entendre le récit étrange, me viendront en aide, si ma mémoire me fait défaut.
> Alors, lecteur, don Rafaël me conta ce que vous venez de lire (1858 : 407).

Sans développement discursif, les *Buffalo Bill* d'Eichler ou les *Johny Sopper* du Fleuve Noir usent de cette stratégie : par la simple coalescence du nom du signataire et de celui du héros. En guise de dernière variante, figure l'appropriation en toute modestie, dans laquelle l'auteur exhibe son autorité en la matière ; ce que fait, par exemple, le prière d'insérer du *Shériff de Dodge City* (1953) de George Fronval.

> La Compagnie Parisienne d'Editions est heureuse de vous présenter, avec :
> LE SHÉRIFF DE DODGE CITY
> le premier volume d'une série qui s'annonce exceptionnelle. En effet, dans la collection « Aventures au Far West », vous trouverez, chaque mois, un passionnant récit d'aventures et d'action qui vous entraînera dans un des Etats de l'Ouest américain à l'époque héroïque des grandes caravanes et de la découverte des vastes espaces.
> Vous vivrez des moments palpitants avec les coureurs d'aventures, les chercheurs de pistes, les prospecteurs d'or, les scouts et les bâtisseurs de villes.
> Vous affronterez les aventuriers des cités nouvelles, les desperados de la prairie, les trafiquants d'armes et d'alcool. Vous visiterez les « tipis » des Indiens, vous suivrez sur le sentier de la guerre les tribus révoltées et vous participerez à d'épiques batailles qui demeurent, aujourd'hui, les épisodes les plus extraordinaires de l'histoire des Etats-Unis.
> Vous vivrez les efforts des premiers pionniers de la civilisation, organisateurs des fameuses compagnies du « Pony Express », porteurs des dépêches, de la « Well Fargo », les fameuses diligences, les constructeurs du télégraphe de la « Western Union » et du chemin de fer de l'« Union Pacific ».
> C'est un écrivain français, George Fronval, auteur de nombreux romans à succès, spécialiste de l'Ouest américain, qui vous fera vivre, chaque mois, des aventures passionnantes, émouvantes, vraies.
> George Fronval, qui possède sur l'histoire de l'Ouest une documentation de tout premier ordre, est le seul Français admis parmi les membres de la célèbre association américaine : « The Westerners », du Los Angeles Corral, qui groupe les érudits et les spécialistes du Far West.
> C'est là, pour vous, une indiscutable garantie. Chaque volume vous sera présenté sous une remarquable couverture due au crayon du réputé dessinateur Pellos.
> Vous lirez, chaque mois : AVENTURES AU FAR WEST, un roman d'aventures exceptionnel complet en 1 seul volume.

Quatrième stratégie : la recodification. Plus intéressante et plus ambitieuse que les précédentes, elle suppose un auteur européen solidement documenté, réourdissant l'Ouest dans le tissu d'une idéologie ou d'une problématique qu'il peut partager avec son lectorat, mais qui restent minoritaires dans la version alors dominante du western.

J'ai évoqué le succès des *Dylan Stark* de Pierre Pelot, avec son héros métis, passeur d'une culture à l'autre (la blanche et l'indienne), homologue de l'auteur (pour le passage de l'américaine et la française). Position malcommode qui fait de lui, à l'intérieur d'un genre volontiers manichéen, d'autant plus qu'il s'adresse à la jeunesse, un personnage pour qui toute situation d'aventure est un cas — comme disaient les casuistes — : l'action, éthiquement ou politiquement juste, ne s'enclenche pas sans débat intérieur narrativisé. En italique dans le texte, parfois en deux ou trois lignes, mais parfois en beaucoup plus lors de tempêtes sous un crâne, le plus souvent, la voix de sa conscience pousse Dylan, l'égoïste, le cynique, le coriace, l'aventurier solitaire, à s'impliquer dans des aventures qui ne sont pas naturellement les siennes, aventures sous forme de causes ou aventures sous forme de sentiments :

« Et tu détournes la tête, Dylan, devant ce petit visage rond, noir comme un éclat de charbon... Cette voix fluette... Ce cahier jaune serré sur la poitrine... » (*La Couleur de Dieu*, 1967) ;

« Hey ! Dylan ! ne jamais te comporter ainsi ! Ramper, peut-être — qui ne rampe pas, à un moment, ne serait-ce que par ruse ? Mais pas vraiment ! pas aussi bas ! pas aussi bien !... » (*Les Irréductibles*, 1967) ;

« Et qu'est-ce qui te pousse à agir, toi, hey, Dylan ? Quoi ?... Une fille giflée, effondrée dans la boue d'une rue, peut-être... Peut-être aussi l'image révoltante d'un homme avec le regard vide... et puis cet homme au sol, dans la même boue que la fille. Peut-être » (*Les Loups dans la ville*, 1967) ;

ou, dans le registre amoureux : « C'était cela aussi, donc, que l'être aimé ? C'était cette présence au côté, pour qui rien ne devait demeurer secret, devant qui on pouvait s'arracher le masque avec soulagement... C'était cela » (*La Marche des bannis*, 1968).

A la relative complexité du personnage, la série joignait une base de connaissances historiques supérieure à la moyenne de ce qui s'écrivait en western. Ce qui autorisait Pelot à évoquer des situations elles aussi complexes, et à aborder des thèmes relativement peu fréquents encore dans le western américain. Avec pour contexte de réception la Guerre du Viêt-nam qui servait d'inévitable interprétant, le scepticisme pointant l'inadéquation entre déclamations légitimantes et actes condamnables à la fois, faisait mouche et donnait à son jeune lectorat une vraie leçon d'histoire sur la guerre civile américaine et ses conséquences — par exemple, sur les affrontements entre groupes de guérilleros profitant de la guerre pour piller et tuer au nom d'un camp ou de l'autre. Scepticisme aussi à l'endroit du mythe et de l'Histoire : la série met en récit les doutes de l'auteur quant à la place et au rôle que ceux-ci avaient assigné aux Noirs et aux Indiens dans la conquête de l'Ouest. Cet antiracisme, proche de remises en cause issues du western crépusculaire qui avait commencé à inspirer Hollywood, se trouvait abrité par l'idéologie de Marabout mais contredisait radicalement la thématique du professionnel, l'exacerbation de la violence et le mépris cynique d'autrui caractérisant le western-spaghetti — lequel était devenu alors la référence.

La réécriture de la conquête de l'Ouest à partir du point de vue des Amérindiens sert d'autre exemple de recodification.

Délaissant le héros indien sympathique conventionnel, la série *Les Peaux-Rouges* de Hans Kresse, traduite du néerlandais, conviait à un changement radical de perspective[34]. Non seulement privilégiait-elle de complexes systèmes de personnages — dans *Mangas Coloradas*, la majorité des Américains sont des salauds avides et meurtriers, mais l'un des trappeurs tente de prévenir le massacre des Apaches, ce qui ne lui évitera pas une funeste rencontre avec le chef apache et une mort par malentendu ; les autorités mexicaines ne valent pas mieux, mais la femme mexicaine enlevée par le chef apache en viendra à mieux comprendre ses ravisseurs ; son Mangas Coloradas s'avère un bon tacticien, un guerrier courageux mais un esprit un peu étroit, bien prompt à affirmer à la lance et au couteau ses prérogatives sur les Blancs et sur les siens..., — mais aussi, sans doute à cause des origines néerlandaises de l'auteur, elle pouvait échapper aux bornes conventionnelles de la conquête américaine de l'Ouest. *Les Maîtres du tonnerre* (1974, Casterman) obéit aussi à des tensions multipolaires, entre Apaches faraondes et lipans, entre

---

[34] Radicalité qui a sans doute nui à son succès, puisque Casterman ne devait pas aller au-delà de neuf albums (de 1974 à 1982).

Apaches et Chipiwis, entre Indiens et Espagnols — *conquistadores* et franciscains de la malheureuse exploration du Rio Grande, toujours à la recherche des cités de Cibolla, commandée par Chamuscado en 1581-1582...

La longuissime série *Lucky Luke*[35] devait proposer une variante de cette recodification. A partir d'un mode très différent, la BD western humoristique, et avec une bonne connaissance d'aspects insolites de l'histoire de la conquête de l'Ouest, Morris, puis Morris et Goscinny, allaient tout d'abord investir le genre de thématiques inattendues.

Le comique de *L'Empereur Smith* (1976, Dargaud) est dû au développement narratif sans doute, mais surtout au personnage de Dean Smith, charmant toqué se prenant pour Napoléon Ier ; or, aussi farfelu puisse-t-il sembler, ce personnage avait eu un modèle historique, Joshua A. Norton. Morris et Goscinny allaient aussi développer des thèmes très rarement abordés non seulement dans le western mais aussi dans la culture médiatique, comme celle de la fratrie indifférenciée des Dalton[36] — groupe fraternel et indifférenciation pathogène prenant en écharpe les plus classiques intrigues familiales de la saga, envers atone de cette question du Même et de l'Autre que le western d'habitude met en spectacle avec la rencontre du Blanc et de l'Indien[37].

Cinquième stratégie : le jeu de la construction de sens — adaptation à la narration des espaces mentaux sémantiques à la Fauconnier (1984).

Dans *Lluya la fille des lacs* (1926) de Gustave Gailhard, il y a à la fois le souci de tenir compte de la distance culturelle, elle-même double — avec la culture anglo-américaine et avec la culture mohave — et de curieuses instabilités du point de vue. Le banquier parle en version délibérément mal sous-titrée (« Vous avez entendu, by Jove, les hurrahs joyeux de vos satanés amis. Peut-être, je dis, serait-il bon que vous alliez saluer », p. 29) ; la sagesse du vieil indien se fait sentencieuse, comme de juste (« Le soleil tourne et revient toujours, prononça-t-il. La patience est la première des armes dont doit savoir se servir celui qui veut bien se venger d'un ennemi... Oui, le soleil tourne et chacun de ses tours augmente la haine et grossit le compte... », p. 143). Dans la traduction culturelle en mysticisme européen de l'ascendant de Lluya sur l'esprit du malheureux Cœur de Loup, c'est visiblement le lecteur français que l'auteur a en tête ; ce qui est le contraire de ce que la narration du roman proposait à ce moment-là comme focalisation, celle à travers les yeux du héros mohave, décidément très cultivé :

> Nous portons en nous-mêmes la sublime Beauté puisqu'il suffit d'une simple coopération physiologique pour la faire naître. La Lluya n'est en somme que la fille du frisson, une image magnifiée par le désir. C'est la mystérieuse habitante du Vénusberg wagnérien, l'ardente Walkyrie des Wickings, la houri des Arabes nomades ; c'est, plus spirituelle et inaccessible encore un peu cette princesse lointaine des chevaliers-troubadours dont je parlais à Mad... (p. 44).

Sixième stratégie : le regard français du héros. Au-delà de la subtilité dans le langage, l'apprivoisement voire l'appropriation de la culture de la *Frontier* par le lecteur français peut passer par la médiation d'un personnage romanesque particulier : le héros français. Cette fois-ci, l'univers américain se découvre au lecteur par le truchement d'un regard dont il partage les étonnements, les perplexités, les mécompréhensions ; la rencontre entre les cultures n'est plus seulement une affaire minimalement duelle (entre Anglo-saxons et Amérindiens), elle est minimalement trielle (entre personnages français et amérindiens, la culture anglo-saxonne ne se narrativisant pas toujours par des personnages).

---

[35] Commencée en 1947 et encore bien en selle, la série a connu plusieurs scénaristes, a été traduites dans de nombreuses langues et a donné naissance à une autre série à succès, *RanTanPlan*.

[36] Sur cette indifférenciation pathogène des Dalton de la BD, on consultera Jean-Bernard Chapelier (1993) et F. Planche *et al.* (1988).

[37] Problématique des aléas de l'individualisation que ce quatuor à fonction burlesque (depuis *Hors-la-loi*, en 1954, et *Les Cousins Dalton*, en 1958) permettrait d'étudier avec drôlerie et sagacité dans *Les Dalton se rachètent* (1965), *Ma Dalton* (1971), *La Guérison des Dalton* (1975)...

Jamais en peine pour inventer de nouvelles variations sur ce rouage structural déterminant du roman d'aventures américaine, Gustave Aimard, qui au moment de la première édition avait déjà presque vingt ans d'expérimentations dans le genre, innove de façon étonnante, je dirais quasi surréaliste si je ne craignais l'anachronisme, dans *Les Bisons-Blancs* (1874). Selon le cliché habituel, le héros y est double, le noble cœur et l'homme d'expérience — en l'occurrence, le jeune Gontran de Charlys qui cherche à libérer sa cousine et fiancée Jeanne de Clayre, enlevée par des Apaches avec qui, pourtant, son père vivait en bonne intelligence dans sa propriété texane, et son guide polyglotte (indécision quant à l'origine[38]) et diversement nommé l'Ocelotl[39] par les Indiens et Olivier par les Blancs (prénom réel de l'auteur et représentation du processus de pseudonymie). Alors que ce dernier sait plus qu'il ne voit[40], le premier sert de focalisateur. Il incarne le processus de compréhension du lecteur face aux bizarreries de l'univers où l'on pénètre après son propre enlèvement par les guerriers du redoutable Rayon-de-soleil : « M. de Charlys était plus dérouté que jamais ; il n'y comprenait plus rien du tout ; il lui semblait vivre comme dans un rêve depuis une heure » (p. 79).

Il faut avouer qu'il y a de quoi, puisque l'objet de sa perplexité, c'est un chef apache vêtu comme un élégant français[41], parlant « le plus pur français qui se parle en Touraine » (p. 74), imparfait du subjonctif compris, qui cite Virgile en latin, qui vit dans sa cabane entouré d'un ameublement du faubourg Saint-Germain et boit avec son prisonnier du chateau-yquem ; ce qui s'explique tout naturellement lorsque Gontran et le lecteur apprennent qu'il avait reçu la meilleure éducation au lycée Charlemagne à Paris ! Au type du guide, qui se charge de traduire, d'expliquer, se substitue ici un contact direct entre le Français et l'Apache (le guide se spécialisant dans l'action de sauvetage *in extremis*) ; en plein pays apache où, se sentant étranger, le jeune Français était entré avec courage, certes, mais aussi avec modestie et respect pour la valeur des sauvages guerriers indiens, le voilà en fait aux prises avec une volonté de domination et une jalousie parfaitement compréhensibles car parfaitement universelles ; si généralement c'est le type du *guide* qui permettait le tourniquet entre civilisation et sauvagerie, ici c'est celui du *sauvage cultivé*, sorte d'oxymoron structural, de paradoxale jonction des contraires, qui fait office de porte tournante sur les deux univers.

Le roman d'aventures américaines

L'étude historique de Simon Jeune (1963) sur les types américains dans le roman et le théâtre français prend pour objet des productions culturelles où auteurs et lecteurs ou spectateurs se situent clairement dans une même extériorité par rapport à leur référent. Ils communient dans cette même extériorité géographiquement, culturellement, idéologiquement définie — émetteurs et récepteurs sont semblables de différer également de l'urbanité aristocratique et paresseuse du planteur virginien, ou de la grossièreté du Yankee ou de l'homme de l'Ouest. Aux antipodes, on trouverait des œuvres où la

---

[38] Il ne s'agit nullement d'une interprétation risquée, puisque l'indécision est explicitement narrativisée : « Quant au pays qui avait donné naissance à cet être étrange, nul n'aurait pu le dire [...] de plus, et comme pour déjouer toutes les conjectures, il parlait avec la même perfection et un véritable accent du terroir [...] l'espagnol, le portugais, le hollandais, le russe, l'italien, l'allemand, l'anglais et le français : en somme, à peu près tous les idiomes de la vieille Europe, et, de plus, dix ou douze dialectes indiens » (p. 12 de la réédition 65 centimes de Fayard).

[39] Le texte précise : « [...] mot mexicain dont nous avons fait Ocelot, espèce d'once un peu plus petit que le jaguar, mais doué d'une grande force musculaire et dont le courage et la férocité sont extrêmes » (p. 11).

[40] Comme chez Edgar Allan Poe, ici un motif opposant la duplicité de Chat-Tigre l'Apache et les dons de perception et d'interprétation de l'Ocelotl sert de kérygme, il publicise le statut cognitif du guide ; en l'occurence, Olivier-l'Ocelotl révèle à l'Indien cachottier qu'il a entendu « le pas d'amble de deux mules attelées à un palanquin » (p. 49), et en induit la présence de la jeune fiancée enlevée à l'extérieur du rancho où se passe la scène.

[41] Que l'on en juge : « [...] l'habit de chasse à la française, la culotte de peau de daim, les bottes molles, le chapeau de soie avec le voile vert [...]. C'était à se croire à Chantilly ou à Porchefontaine » (p. 72).

France est thématisée sous forme ténue de trace mnésique dans le western « classique ». Un peu comme l'espion de papier de Jean Bruce, agent de la CIA (pour sa place dans la Guerre froide) mais de lointaines origines françaises (pour son lectorat), Dylan Stark naît en 1841 dans le petit village de Jaspero, au pied des Monts Ozarks dans la vaste plaine qui n'était pas encore l'Etat du Kansas, d'une mère française — dont il tient le bleu de ses yeux, son goût pour le vin rouge et son amour pour la poésie de François Villon. Lue et relue, recopiée dans un petit carnet qui ne se perdra que par accident, cette poésie permet à Dylan de se retrouver dans ce vagabond, cet aventurier, ce bon méchant garçon. Bref, Dylan est un cow-boy ordinaire !

Entre les deux, situons une classe de fictions suffisamment abondante, celle des œuvres composées à partir de cette stratégie de la mise en récit d'un regard français sur l'univers de l'Ouest, un genre qui pourrait s'appeler provisoirement le roman d'aventures américaines. Provisoirement : l'objectif n'est pas de multiplier les étiquettes génériques, mais de montrer que le western est peut-être plus culturellement souple, plus formellement divers qu'on ne se le représente spontanément. A l'époque d'Aimard, le nom de genre « western » n'existant pas, ses romans et ceux de ses semblables étaient classés sous le vocable englobant de « roman exotique » par le *Grand Dictionnaire universel Larousse,* de 1866 ; voir Queffélec, 1988). Mais qu'en serait-il aujourd'hui ? Les Américains ne s'embarrassent évidemment pas avec les mots ; voulant parler d'Aimard ou de May, un Ray Allen Billington (1980) intitule simplement son article « The Image of the Southwest in Early European *Westerns* »[42]. Rappelons pourtant avec Jean-Louis Leutrat (1986) que la dénomination du genre cinématographique a été fort fluide jusqu'en 1925[43]. Si l'Amérique reste bien la même, une contrainte thématico-pragmatique distingue le roman d'aventures américaines du western : l'européanité du point de vue y est thématisée, affirmée, par les personnages européens — comme chez Aimard, mais aussi comme chez May : à côté de l'Apache Winnetou, noble sauvage, se trouve son frère de sang allemand, Karl « Old Shatterhand ». La formule a la peau dure ; en 1965 par exemple, *La Vengeance de Black-Bird* de Jean-Pierre Jernander racontait encore l'histoire de Black-Bird, jeune Apache élevé par les Blancs après le massacre des siens par les Comanches ; lui et le jeune Français Thierry Leroc s'engagent comme éclaireurs dans l'Armée pour mener la vengeance de Black-Bird à terme. En ce cas-là, le héros français se fond dans le western, dans la conquête de l'Ouest. Plus rarement, le roman d'aventures américaines traite de moments dans lesquels l'Histoire de la France a été liée à celle des Etats-Unis.

La paralittérature française n'a guère raconté l'assez calamiteuse histoire du « Champ d'asile », situé près de l'actuelle ville texane de Liberty : en 1818, partis de Philadelphie, 150 Français sous le commandement du général Antoine Rigaud rejoignent Galveston (alors république pirate des frères Jean et Pierre Lafitte), à bord du schooner *Huntress,* où les rejoignent le général Charles Lallemand et 250 exilés français, polonais, espagnols, mexicains, américains... Plus portés aux exercices militaires qu'à l'agriculture, la petite troupe se trouve rapidement sans vivres, menacée par les Espagnols qui les trouvent encombrants, et finalement dispersée par un ouragan — Lafitte donnera un bateau aux survivants. Le Philippe Brideau de *La Rabouilleuse* (1841) de balzacienne mémoire, ou un récit pour la jeunesse comme *Les Aventures d'un capitaine français, planteur au Texas, ancien réfugié au Champs d'asile* de Just Girard (1862), n'avaient pas épuisé le thème ; Jean Soublin devait le reprendre dans *Le Champ d'asile* (1985)[44].

---

[42] Je souligne.

[43] « Indian stories », « western melodramas », « western romance », « western comedy », « stories of the Old West », « historical melodramas »...

[44] Comparer avec la maladresse de la stratégie du *Shérif de Dodge City* de George Fronval qui, à la der-

Cette classe, ce « genre » de l'aventure américaine éclaire d'un nouveau jour les Gustave Aimard du « Masque Western ». Dans une telle collection spécialisée, il détonne un peu, suscitant une petite gêne chez les amateurs — n'y aurait-il été introduit que pour des raisons de droits d'auteur ? Ou pour rattraper un public infidèle qui s'était blasé des traductions[45] ? On pourrait plutôt considérer Aimard comme un symptôme : représentant du western archaïque, devenu vieillot, certes, mais surtout représentant typique du roman d'aventures américaines dans une collection 100% *made in USA*, vestige d'une autre conception du récit de la conquête de l'Ouest.

Sa descendance devait comprendre des œuvres à l'inspiration très diverse comme *Les Deux orphelines* de d'Ennerye ; *Bras-d'Acier* d'Alfred de Bréhat (1890) — une histoire de *placeres* d'or dans la Californie de 1849, avec son héros noble et métis, Pablo de Verrières, protecteur de la belle Berthe Vandeilles si mal mariée ; les *Aventures d'un gamin de Paris au pays des bisons* (1886) de Louis Boussenard ; la série fasciculaire *Rouges et blancs* chez Eichler ; ou la série romanesque « Le Maître des Peaux-rouges » de Lucien Dellys (dont le dernier volume a été publié le 1er juillet 1914).

Le Bracelet d'onyx (1914), croise l'intrigue amoureuse entre le Blanc et l'Indienne à la Marmontel et le roman d'aventures à la Aimard ; *indian romance* entre Fleur-blonde et Jaguar-pâle (alias le capitaine Marcel Langis des gardes-marines de Louis XV) et répétition de ce qui est inscrit dans les croyances indiennes : Quetzacoatl, le dieu Serpent-emplumé, était Blanc, le métissage est plus facilement acceptable de se faire avec cette princesse indienne plus « blanche » ; Jaguar-pâle remplit la prophétie, il sauve Fleur-blonde de Vautour-noir (le frère félon de son frère de sang, lui aussi amoureux de Fleur-blonde, Œil-de-lynx) ; Fleur-blonde est le double indien du premier amour de Marcel, Mademoiselle Magui Clairmont, morte et enterrée à Mobile dans le premier volume...

Dans l'entre-deux-guerres, ce seront *Au pays des gauchos* (1920) d'Henry Leturque, des Bonneau sous des signatures diverses et à des périodes très distantes dans sa carrières[46]. Dans les années 50, ce seront des petits formats[47], mais aussi une inspiration burlesque comme celle du *Train du Far-West* (1954) de René Lefèvre.

Train du Far-West présente de facétieux dérapages comme cette description du bar *La Main qui Hurle* de Dawson City : « La salle n'offrait rien qui retînt l'imagination. Petite, elle avait une figure d'un ovale agréable dont les yeux bleus reflétaient l'ampleur des étendues neigeuses. Mary, la barmaid était rectangulaire avec, à droite en entrant, un comptoir et à gauche la salle proprement dite » (Lefèvre, 1954 : 135). Description pourvue d'une note infrapaginale destinée au lecteur inattentif qui aurait pu ne pas goûter le sel : « Cette phrase, apparemment, est la description de Mary, la barmaid. La phrase qui suit, en effet, paraît plus appropriée à la description d'un bar. »

Plus tard encore, *La Garde meurt à French Creek* (1973) de François Borel ou *An-*

---

nière minute, tente d'introduire un personnage européen : clin d'œil appuyé à son lectorat : « Auparavant, il fit nommer, par Kenneth Anderson, le nouveau Sheriff-Marshall. C'était un certain Armand Wansart, un jeune émigré belge qui, parmi les Vigilants, avait fait montre d'initiative et d'intelligence lors des événements survenus le jour du vote » (1952 : 190).

[45] Entre le numéro 181 et le numéro 222, à peu près au même moment où Pigasse, le directeur, essaie une dernière adaptation de sa collection en déclin (nouveau format, suppression de « Spécial Western »), juste avant la fin au numéro 247.

[46] Comme *Aventures périlleuses chez les Peaux-Rouges* (1926) de Norman Kingston ou le très catholique *L'Etreinte du passé* (1952) de Maurice de Moulins dans une collection pour la jeunesse : « La Frégate ».

[47] Comme *Une femme chez les cow-boys* (s. d.) de Marcel Priollet, un petit 64 pages dans la collection « La Belle aventure » de SEPIA, racontant l'histoire de Maïta la jeune Basque à la recherche de son père mystérieusement disparu alors qu'il venait justement de trouver du pétrole sur son terrain au Texas.

gélique et le Nouveau Monde (1967) d'Anne et Serge Golon, simple épisode de la longuissime histoire des amours contrariées d'Angélique et Joffrey de Peyrac...

Plus près de nous, dans ce format des best-sellers, c'est sous les plumes bien différentes de Jacques Jaubert, Bernard Clavel et Jean-Loup Sulitzer que, dans la même veine du roman historique, revivent des aventures américaines, canadiennes en fait.

L'actuelle petite ville de Castine dans le Maine doit beaucoup à un père fondateur, un aventurier béarnais, Jean Vincent d'Abadie, baron de Castin, devenu Orignal d'Europe pour ses alliés abénakis et Baron sauvage pour ses adversaires bostoniens et hollandais ; c'est à partir de la documentation existante sur lui que Jacques Jauubert a écrit *Le Baron sauvage* (1987).

Le cinquième et dernier volume des *Colonnes du ciel*, *Compagnons du Nouveau-Monde* (1981), de Bernard Clavel, voit le compagnon-charpentier Bisontin-la-Vertu repartir. Malgré l'attrait du terroir, de l'enracinement — le village franc-comtois détruit par la guerre et la peste qu'il a reconstruit, la famille qu'il reconstitue avec sa compagne Marie Bon Pain et les enfants de celle-ci, — la bougeotte le ressaisit et il s'embarque pour le Canada, l'errance et les aventures, avec son ami Dolois-Cœur-en-Joie et son nouvel amour, Séverine. Roman de vie, picaresque, permettant l'itinérance d'une société à l'autre ; roman de mort, puisqu'il faut bien payer pour tout le mal que le héros a causé — et c'est la métaphore cette fois-ci vengeresse des racines, la fantastique coalescence de la foudre et de l'arbre qui vient paradoxalement informer le récit de sa mort dans le naufrage, la tempête océane, aux antipodes de la terre, de la territorialisation : « Sa main toujours crispée sur un lambeau de tissu brun creva la vague à l'instant où un long trait de feu tombé du ciel piquait jusque dans les profondeurs, illuminant le gouffre, se ramifiant comme si un arbre eût fouillé de ses racines enflammées les eaux glauques pour éclairer la route du néant où cheminaient les morts » (p. 343).

Dans *Tête de diable* (1995) de Jean-Loup Sulitzer, croyant poursuivre le meurtrier de son père égorgé pour son or, aveuglée par son désir de vengeance, Catherine-Marie, jeune femme impulsive et énergique n'en découvre pas moins deux nouveaux sens à son aventure des monts d'Auvergne au Québec, ascèse du cœur et de l'exil. Elle tombe finalement amoureuse de ce François Villon qu'elle poursuivait (lui-même à la poursuite de son destin américain) et, plutôt qu'à une extension plus ou moins heureuse de la société française au Canada, c'est à la culture indienne que Catherine-Marie et François, devenus Tête de diable et Celui Qui Chante et Danse, finiront par s'agréger.

Au tragique de l'impossible retour en arrière de Clavel répond la renaissance dans le Nouveau Monde de Sulitzer ; l'aventure américaine se trouve pourvue de valeurs opposées. Mais, alors que compagnonnage et roman historique trouvent chez le premier un style congruent, le lecteur reste parfois pantois devant les embardées de langage du second ; embardées entre la veine encyclopédique (mots et choses, vocabulaire régional ou XVIIe siècle, noms et institutions des différents peuples amérindiens rencontrés...) et les mots d'auteur loustic (attaqués, François et Pissarugues creusent le sol meuble et s'enfoncent brusquement dans le terrier — commentaire : « Nous voilà au taupe niveau »).

Comme un contrepoint générique au western français, cette formule de l'aventure américaine a aussi fécondé le film et la BD. Le cinéma français, parcimonieusement il est vrai, s'est lui aussi risqué dans ce « genre », sans y croire vraiment, jouant plutôt dans le registre comique ou distancié.

Comique du *Fernand cow-boy* (1956) de Guy Lefranc et Jean Redon, avec Fernand Raynaud, dans lequel un héritage (un saloon au Texas) jette le paisible paysan français dans la vie agitée de l'Ouest, pris entre shérif et bandit ; ou comique de *Dynamite Jack* (1960) de Jean Bastia, avec Fernandel qui joue à la fois le terrible Dynamite Jack et Antoine, le naïf Français. Plus ambitieux, plus marqué aussi par la distanciation du western-spaghetti, *Viva Maria !* (1965) de Louis Malle et Jean-Claude Carrière raconte l'histoire de deux chanteuses (Brigitte Bardot et Jeanne Moreau) qui, associées à un Irlandais rebelle, aident une cause révolutionnaire au Mexique[48] ; distanciation de la marginalité dans le Mexique des années 1880 avec *Les Pétroleuses* (1973) de

---

[48] Avec une autre curiosité : la présence du futur romancier américain Gregor von Rezzori au générique (futur auteur des intéressants *Memoirs of an Antisemite*)..

Christian-Jacque et Guy Casaril, où Brigitte Bardot, en blanc avec sa bande de filles, affronte la fratrie de Claudia Cardinale, en noir. C'est toujours par rapport à cette esthétique du western-spaghetti que Claude Lelouch dans *Un autre homme, une autre chance* (1977) traite le thème de la vengeance par une image déréalisante et l'histoire d'une veuve de photographe refaisant sa vie avec un vétérinaire. Plus récemment encore, un téléfilm comme *Les Amants de la Rivière rouge* (1995) d'Yves Boisset...

Par contre, la BD, qui pourtant non seulement a une forte propension au comique, mais a aussi des exemples de réussite dans l'aventure américaine humoristique — comme la série *Oumpah-Pah* de Goscinny et Uderzo (de 1958 à 1962), la BD donc a traité le « genre » plutôt sérieusement[49].

Tout à fait représentatif d'une insolite et ambitieuse série d'albums pédagogiques que Larousse devait pulier au début des années 80 sous le titre général de *Histoire du Far West*[50], l'un des volumes, signé par André Berelowitch et Carlo Marcello (1981), exhibait toutes les assurances de sérieux en s'attachant la collaboration du « Professeur Jacques Soppelsa, maître de conférences à la Sorbonne, président des centres d'études nord-américaines et du spécialiste André Chesneau ». L'un de ses trois récits, « La ruée vers l'or », est un roman d'aventures américaines qui met démocratiquement sur le même rang Louis Lavergne, le maçon quarante-huitard, le baron aventurier Alphonse de Corbier et Joseph son valet.

Sérieux issu de la mode du roman historique des années 80 aussi. Avant l'aventure américaine n'apparaissait qu'occasionnellement dans certaines séries comme le classique *Corentin chez les peaux-rouges* de Cuvelier (en 1956, chez Lombard) ; et plus que la série *L'Indien français* de René Durand et Georges Ramaioli avec son médecin volontairement devenu Sioux (à partir de 1978, chez Glénat), sans doute trop fantastique, c'est la série *Les Pionniers du Nouveau Monde* de Jean-François Charles, qui, grâce à son succès à partir de 1982, allait donner une nouvelle impulsion à la formule[51] : la série *Simon Francœur* de Francis Vallès à partir de 1983, *Timon des blés* de Daniel Bardet et Erik Arnoux à partir de 1985[52], *Cœur-brûlé* de Patrick Cothias[53], puis *Plume aux vents* du même — autre intéressante série dérivée avec pour héroïne Ariane de Troïl et le scénariste de sa première série, Juillard[54].

Par une réjouissante contorsion scénaristique et un nouveau tour à ces variations sur le point de vue national, *L'Epée ou la gâchette* et *Le Signe des Bréchignac*, deux volumes consécutifs de la série *Chick Bill* de Tibet et Duchateau (en 1963, chez Lombard), placent en miroir deux univers de référence, l'Ouest américain et la France de Louis XIII.

L'Epée ou la gâchette (il s'agit d'une série humoristique western bien établie où un tel dérapage anachronique est parfaitement insolite : le fil narratif en part et y revient) ; *Le Signe des Bréchignac* accueille seulement temporairement et virtuellement le héros et ses deux acolytes, Kid Ordinn et le shérif Dog Bull. C'est une drogue de

---

[49] On pourrait aussi mentionner certaines carrières transmédiatiques, comme celle de *Viva Maria !* devenu BD quotidienne sous la plume de Julio Ribeira.

[50] On en trouvera le détail en annexe.

[51] Six tomes par Charles seul, puis un par le duo Charles-Ersel et trois par le trio Charles-Ersel-Nouweln, chez Glénat dans la collection « Vécu » : *Le Pilori*, *Le Grand dérangement*, *Le Champ d'en-haut*, *La Croix de Saint-Louis*, *Du sang dans la boue*, *La Mort du loup*, *Crie dans le vent*, *Petit-homme*, *La Rivière en flamme* et *Le Génie de la forêt*.

[52] *Le Rêve d'Amérique*, *Les Insurgents*... (chez Glénat)..

[53] Après sa série *Les 7 vies de l'Epervier* et son extension antérieure (la série *Masque rouge*), Cothias devait en effet y adjoindre cette extension ultérieure (d'abord avec Dethorey, puis avec Méral) et envoyer son héros Germain Grandpin en Nouvelle-France à la recherche du chevalier Condor : *Le Chemin qui marche*, *La Petite Guerre*, *La Robe noire* et *Le Grand Blanc*.

[54] *La Folle et l'assassin* et *L'Oiseau tonnerre*.

l'infâme Jérémie de Trémoussoir qui les y expédient ; ils y retrouvent l'ancêtre tout aussi infâme et criminel de Trémoussoir, Gaëtan, mais aussi de pétulants mousquetaires (évidemment Porthis, d'Artagnangnan, etc.) pour les sortir des chausse-trappes de leur ennemi. Ce voyage dans le temps était nécessaire à Jérémie de Trémoussoir afin que le Chick Bill expédié dans le XVIIe siècle puisse y lire, dans son rêve mais à haute voix, un « document indiquant l'emplacement du trésor de Bréchignac », encore caché dans la forêt de Grand-Mère au Québec. Second, complémentaire au récit western, l'univers français exhibe sa « fictivité » narrativement — il n'est qu'un rêve induit par la potion vénéneuse — et figurativement — par la forme des bords de vignette, différente des vignettes de l'univers western. Ce jeu de passage entre univers incompossibles se redouble à l'intérieur de chacun d'entre eux ; ainsi, pas surprenant que les personnages soient quelque peu déboussolés : dans la France de d'Artagnangnan, Chick Bill et ses larrons sont vêtus en Turcs, en Orientaux donc, un comble pour des gens de l'Ouest ! et au Québec, clairement hors de son élément, le brave mais catastrophique Kid Ordinn, qui se fait traiter à juste titre de « pyromane », tente de rétorquer : « Je ne suis pas ce que vous dites ! Je suis cow-boy de l'Arizona ».

La BD allait s'enrichir de variations « multinationales » sur l'aventure américaine. Lorsque le regard n'est plus celui d'un héros français mais d'un autre Européen, cela ne semble avoir pour effet qu'un supplément d'exotisme : la perspective pour le lecteur français n'est pas radicalement altérée.

Dès 1954, Jijé dessinait *Blanc casque* pour le magazine *Le Moustique*) ; famille d'émigrants hongrois qui s'installe au Canada, très édifiant récit d'un alcoolique qui maltraite sa famille devant les Indiens horrifiés mais qui, grâce à Dieu, saura racheter sa déplorable conduite... Famille irlandaise pour *Thomas Noland* de Daniel Pecqueur et Franz (chez Dargaud, en 4 volumes, à partir de 1982 dans *Charlie mensuel* et de 1984 en albums), saga américaine dont certains épisodes seulement se déroulent dans l'*Ole West — La Glaise des cimetières*. De nouveau des héros hongrois dans la série *Sandy Eastern* de Jarby et Franz (à Bruxelles, aux Editions Blanco, en 1991)...

Par contre, la série *Princesse rouge* que dessine Christophe Bec sur un scénario de Simon Rocca — alias Georges Ramaioli — (à Toulon, chez Soleil Productions, en 1995), renverse radicalement la perspective en narrant à un lectorat français, du point de vue d'un héros bostonien, l'histoire d'un massacre de Français et de leurs alliés indiens en 1759 — menu vertige que ne guérirait ni le style de réception renvoyant à l'Histoire (la Guerre de Sept ans, le baroudeur Major Rogers...), ni celui renvoyant à la transmédiatisation (à partir de cet épisode réel, Kenneth Robert avait écrit un roman best-seller, *The Northwest Passage*, dont King Vidor avait tiré son film de 1940, puis William Castle *Fort Ti* (1953), enfin Jacques Tourneur *Fury River* (1958-1959 pour la télévision, puis 1962) — toujours cette histoire tronquée : le major Rogers est persuadé qu'il existe un passage au nord de l'Amérique ; mais avant de passer à l'exploration, le film l'oblige à combattre les Indiens alliés aux colons français ; on découvre d'abord un traître, puis, comme un imprudent cartographe est allé se faire prendre par les Indiens, on part le délivrer — *exit* le passage du Nord-Ouest).

Roman d'aventures américaines se distinguant du western, effets de l'inéluctable situation d'entre-deux d'un genre foncièrement américain reçu par le public français (depuis de petits dysfonctionnements perçus à la réception jusqu'aux différentes stratégies adoptées par les auteurs ou les éditeurs pour traiter cette situation de communication entre les cultures), acte de réception des œuvres ne se réduisant pas à reproduire par rétrogradation la conception... : même à l'intérieur de la culture médiatique et de son penchant pour la forte prévisibilité, on voit que pour parler du western en France le modèle communicationnel linéaire de l'émetteur roi s'avère incomplet et que, malgré la forte propension de la culture médiatique et du récit paralittéraire à la conventionnalisation, une plasticité relative est préservée par le genre. Plasticité dont il reste à voir l'usage qu'en a fait la culture populaire française.

6.
L'ouest fait signe : ambiguïtés

Bricoler la culture médiatique

La configuration dominante reste bien que les Etats-Unis occupent trois places : celle du référent (des histoires de conquête de l'Ouest), celle de l'émetteur (à partir de ses industries culturelles) et celle de l'exportateur. Corrélativement, le reste du monde, la France comprise, se voit assigner les places d'étranger, de récepteur et d'importateur. Le Grand récit de la conquête de l'Ouest et de la *Frontier* (c'est-à-dire le message) dit sous forme fictionnelle ce que font les industries culturelles américaines : émettre, exporter et dominer (c'est-à-dire conquérir de nouveaux territoires — à l'étranger, sur les marchés et dans les consciences). Le western est l'incarnation typique de la notion de « superculture ».

Pour les industries culturelles américaines, deux logiques aujourd'hui semblent à l'œuvre : celle, quantitative, de l'exploitation la plus complète possible du produit et celle, qualitative, de l'illustration et de la légitimation des deux grands courants divisant la société américaine. Dans le premier cas, en deçà de la transmédiatisation, qu'on pense à l'annexion de nouveaux formats (comme le vidéoclip, que la musique country n'a pas laissé au seul rock) ou de nouveaux supports (après le passage du film en salles commerciales, diffusion à la télévision, éventuelle carrière en salles d'arts et essais..., cette logique de la multiplication des supports pour une même œuvre annexe aujourd'hui les technologies numérisées qui permettent une exploitation inédite du patrimoine ; ainsi, AudioNet de Dallas propose sur son site[1] de visionner des films des années 20 et 30, notamment des Tom Mix). Dans l'autre cas, au mouvement centrifuge des westerns hollywoodiens ou télévisuels chargés de soutenir la *political correctness* répond un mouvement centripète, que l'on pourrait illustrer par les grands *Rendez-vous* de trappeurs — recréation ludique de l'Amérique d'avant 1840, diversement et complémentairement traversée par le conservatisme de la nouvelle droite, la nostalgie d'une société américaine que femmes, minorités culturelles et étrangers

---

[1] L'adresse est la suivante : http://www.westerns.com

n'auraient pas altérée, le goût pour des bonnes vieilles armes archaïques (comme le mousquet à poudre noire, chargé par le canon).

Pour une telle configuration fondée sur le primat de l'émetteur et des industries culturelles américaines, la capacité de harnacher plus ou moins fermement le plaisir anticipé qui la fonde est cruciale. On pourrait placer sur une échelle les attitudes des récepteurs en fonction de leur plus ou moins fort assujettissement aux modes de consommation que propose le genre. Elle partirait de la pure consommation (et encore a-t-on vu que l'acte de lecture, par exemple, implique plus qu'une simple passivité décodante) pour aller à la participation à une pratique culturelle active, sur le mode du fétichisme, sur le mode du « faire semblant », en passant par l'allégeance à des écoles d'interprétation suggérées par le genre lui-même — dans l'ordre de leur plus ou moins forte propension à la déshomogénéisation : avec l'interprétant du mythe de l'Ouest (registre interprétatif à la fois dominant et fragile, sensible à la démystification), avec la circularité de la raison médiatique avec la transmédiatisation, avec l'interprétant de l'histoire de l'Ouest (des anecdotes savoureuses mais décontextualisées à la Lucky Luke jusqu'aux récits démystificateurs, en passant par des récits plus ou moins fidèlement historiques), etc.

Cela conduit insensiblement à soupçonner que cette configuration n'est peut-être pas la seule et que la « superculture », y compris avec des romans western allemands, des films italiens ou des BD franco-belges, ne rend pas justice à la relative complexité des places et des fonctions du western dans l'imaginaire populaire français.

Après avoir beaucoup privilégié l'approche diachronique, attardons-nous à une tranche synchronique, un moment de crise dans le western, du moins dans sa version hollywoodienne : les années 70. En effet, la configuration dominante n'y a plus la même simplicité, la même netteté. Du côté de l'émetteur et du référent, le cinéma américain subissait la pression de la concurrence italienne, et les Amérindiens avaient mis en crise la mythologie de l'Ouest inventée par les historiens, les romanciers et les scénaristes blancs ; par contre, nombre d'initiatives, issues des industries culturelles françaises ou d'amateurs, semblaient venir à la rescousse, comme les traductions du « Masque Western » ou l'engouement pour plusieurs des formes de musique country. Du côté des récepteurs, j'ai évoqué plus haut[2] l'originalité de la position de ces thuriféraires français du film western qui décalaient et compliquaient donc le double clivage élites/public populaire, culture légitime/culture médiatique d'origine américaine ; en fait, ils compliquaient aussi le modèle de la communication massmédiatique, exemple de récepteurs actifs dont le discours n'était pas pour autant adressé rétroactivement à l'émetteur hollywoodien, mais à l'ensemble de la culture où aboutissait le film western (ces essais relevaient des études sur le cinéma et visaient un public français)[3]. Singularité qui les rapprochaient d'autres récepteurs actifs, parmi lesquels, dans les années 70, des animateurs du magazine *Western Revue* ou de fanzines comme *Round-Up*, *Big Beat* ou *Country Pickin'*.

> Si nous avons décidé de créer « Western Revue », c'est qu'il nous a semblé utile et... agréable de prolonger le plaisir visuel des spectateurs amoureux (le terme ne semble pas trop fort !) de cinématographie westernienne [...]. Car nous n'essayons pas de cacher que nous aimons tout dans le western, depuis la musique de générique, glorieux épanchement de guimauve évocateur des grands espaces, jusqu'à la poussière soulevée par la chute du « vilain » juste victime du duel final [...]. La noble silhouette du cavalier

---

[2] Au chapitre 2.

[3] On trouvera, sous la plume de Kent L. Steckmesser (1969), l'expression de l'étonnement américain pour l'intérêt manifesté par les Français à l'égard de l'Ouest, à cette époque.

solitaire [...] a de quoi nous remplir de nostalgie, car il est l'antithèse de ce que nous sommes devenus, pauvres sous-hommes des temps modernes (*Western Revue*, éditorial, n°1, p. 1).

Surgeon direct d'un genre cinématographique alors en pleine crise (déclin de la production américaine, hégémonie du western-spaghetti), discours second d'admiration inconditionnelle[4], rhétorique antimoderniste pour le genre, le premier éditorial de *Western Revue* donnait le ton.

Fort de ses 48 pages abondamment illustrées (photos, reproductions de gravures, de peintures), ce magazine mensuel sur papier glacé offrait des rubriques de critiques de films récents, d'analyses de classiques du genre ou de films marquants (*L'Homme qui tua Liberty Valance*, *Le Train sifflera trois fois*, *La Chevauchée fantastique*, *Le Banni*, *La Dernière chasse*, etc.), des biographies de grands acteurs (John Wayne, Gary Cooper, Virginia Mayo, etc.), des dossiers thématiques (« La US Cavalry », « L'amoureuse dans le western », « Buffalo Bill », etc.) et historiques (sur les batailles, les gens de l'Ouest, les armes, etc.) — et sur des westerniens européens (un sellier, un collectionneur, un Genevois sioux d'adoption, etc.). Outre à l'inévitable publicité Marlboro, il servait aussi de véhicule publicitaire à des produits à créneau étroit, tels que vêtements et accessoires western, armes de l'Ouest (copies, magazines spécialisés, catalogues de vente par correspondance).

Moins liés à l'actualité cinématographique, les essais de Charles Ford ou de Georges-Albert Astre et Albert-Patrick Hoarau procédaient du même discours second par rapport au cinéma hollywoodien, discours un tantinet fétichiste. Charles Ford, sur le versant informatif et vulgarisateur, proposait une *Histoire du western* après avoir brièvement rappelé celle de la conquête de l'Ouest et celle du roman western américain ; homme de médias (même s'il avait enseigné à l'université), comme les rédacteurs de *Western Revue* il se mettait au service de ce genre de la culture médiatique :

> Les quatre-vingts ans de cinéma ont permis au western, à ce « cinéma américain par excellence », de boucler la boucle... Notre conclusion sera limpide : qu'il soit traité en œuvre d'art ou en image d'Epinal, qu'il soit catalogué dans la catégorie A, B ou Z, le western fait partie de l'épopée des Etats-Unis et il est devenu une véritable légende des temps modernes. Passé de l'Histoire dans la chanson, puis dans la littérature, le cinéma et la télévision, le western a trouvé dans le cinéma sa forme la plus parfaite, la plus estimable, la plus attrayante. Si d'aventure le cinéma venait à disparaître de notre civilisation, le western lui survivrait (1976 : 299).

A ces mêmes rappels historiques, richement documentés et discutés, Georges-Albert Astre et Albert-Patrick Hoarau ajoutaient une analyse d'éléments thématiques obligés — espaces, temps et personnages types du western pensés en fonction d'un archétype ; avec cette consécration universitaire[5], les auteurs se mettaient au service de ce genre de la culture américaine :

> Il se peut qu'en ce livre nous ayons finalement développé cette grande évidence : le Western est consubstantiel à ses auteurs, qui sont d'abord des Américains en quête de leur identité et de leur réalité. Dans la mesure où il y a en tout homme quelqu'un qui s'obstine à vouloir recommencer l'Histoire du monde, qui s'est acharné à croire cette entreprise possible, le Western atteint, à travers ses mythes, toute l'humanité. Mais il n'est véritablement lui-même qu'aux Etats-Unis, s'il est pensé, rêvé, mis en œuvre par des Américains que concerne à divers niveaux de conscience l'aventure épique qu'il relate. Et c'est pourquoi nous avons voulu ne parler ici que du Western conçu sur le sol même qui l'inspira (1973 : 393).

Si le projet est de replacer ces produits culturels dérivés du western par rapport à l'axe communicationnel et au contenu américain de son message culturel, il ne ferait pas injure au magazine sur papier glacé ou aux savants critiques de les contraster avec une autre pratique culturelle prenant forme éditoriale : le fanzine. Plus modeste dans

---

[4] Qui ne rend toutefois pas justice aux textes qu'allait publier le magazine, parfois critiques, souvent très documentés.

[5] Astre enseignait la civilisation nord-américaine à l'Université de Paris X.

sa matière (une vingtaine de numéros, entre 16 et 32 pages chacun), son apparence et son propos, le trimestriel *Round Up* devait néanmoins s'avérer un peu plus durable que *Western Revue* (de 1975 à 1980). Sa longévité s'enracinait sans doute dans une pratique culturelle[6] préalable qui n'était plus de simple consommation.

Les rubriques n'étaient plus surtout consacrées au cinéma, elles portaient aussi sur l'équitation western et son équipement, le rodéo, les chevaux (appaloosa, pinto...)[7], l'artisanat indien (avec des conseils pratiques pour réaliser soi-même des coiffes à plumes, des colliers de wanpun...) ; les portraits de westerniens européens étaient en prise plus directe sur d'autres rubriques comme celles annonçant des événements dans la vie des clubs, les rassemblements internationaux, les rodéos, etc.

De même, les annonces de publications récentes de romans, d'essais, de disques (« Une collection « Bootleg » des plus grands interprètes de COUNTRY & WESTERN, BLUEGRASS et ROCKABILLY des années 50 a vu le jour en Hollande [...] COUNTRY CLASSICS LIBRARY [...] », « Un nouveau disque vient de sortir dans l'Anthologie de la musique des peuples : « Chants et danses des Sioux ». Ces quatorze chants, recueillis au Nord et Sud Dakota par Danièle Vazeilles, assistante en ethnologie à l'Université de Montpellier [...] constituent un ensemble complet de la musique sioux [...] ») se doublaient de petites annonces (« Vends copie CHAPS texanes anciennes (1880) frangées », « Recherche éperons californiens ou texans », « Désire correspondre avec Westerners, Indianistes de la région des Pyrénées orientales », « A vendre : lot de 100 journaux spécialisés dans le Rodeo », « Vends uniformes confédérés, état neuf », « Groupe Bluegrass cherche "fiddler" », « Recherche le livre de D.W. Pinkney *Le Jeu de la corde et du lasso* (1945) illustré »...). Outre les prévisibles amateurs éclairés, parmi les collaborateurs réguliers de ce fanzine certains avaient déjà professionnalisé leur goût pour l'Ouest — comme Michel Blanc-Dumont, cavalier émérite, illustrateur principal de *Round Up* mais surtout dessinateur de séries BD western, ou Daniel Dubois, auteur de nombreux ouvrages de vulgarisation chez Nathan...

La pratique est comparable à celle de fanzines spécialisés pour mélomanes ou musiciens amateurs comme *Big Beat* (de la Fédération des amateurs de rock' n'roll et de country et western) ou *Country Pickin'*. D'abord lancée par Hugues Aufray, puis consolidée par les succès de Joan Baez et Bob Dylan puis du folk-rock, la vogue de la musique folk et du *protest song* devait amener les amateurs français à découvrir des traditions antérieures moins soutenues par l'industrie culturelle et à entrer en contact avec elles (recherche de disques introuvables, de Pete Seeger au bluegrass en passant par le rockabilly ; ateliers et spectacles du Centre culturel américain de Paris ; fondation d'une pratique musicale plus ou moins professionnalisée[8]...).

L'imaginaire de la *Frontier*, initialement alimenté par des fictions, tendait en ces cas-là à échapper en un mouvement centrifuge à la culture médiatique dont il était issu.

Pas de médiatisation par les médias (si je peux risquer ce rapprochement de mots), mais par l'équitation par exemple (avec ses nombreux clubs, son Association française d'équitation américaine, ses livres de référence — comme *L'Equitation américaine ou Western Riding* de Denis L. d'Herdt[9], — voire son encouragement à inventer une distribution parallèle hyperspécialisée,

---

[6] A cette époque, le fanzinat n'était pas seulement français, si l'on en croit l'existence d'autres organes de même nature comme le *WAB News* (de la *Western Association of Belgium*) ou le *Magazin für Amerikanistik* (de la *Western Bund E.V.*).

[7] C'est sans doute à Hamman que remonte l'implantation de l'équitation western en France, grâce à sa Blue Star Association qui réinventait l'Ouest à cheval et en costume, dans les terrains vagues où plus tard s'élèverait le Vél'd'Hiv, puis grâce au Club Hippique du Lasso qu'il anima de 1908 à 1948.

[8] C'est par exemple au début des années 70 que se forment des groupes comme Bluegrass Flingou, Fifteen String Band, Bluegrass Connection...

[9] Président aujourd'hui de la Belgian Quarter Horse Association.

aux antipodes de la communication massmédiatique pour des ouvrages comme celui, auto-édité, de René Baranger, *Gardian, j'étais aussi cow-boy !*, chez l'auteur, en 1975).

Mouvement modestement centrifuge, faut-il le préciser ? Ainsi, dans la décision éditoriale sans imagination du « Masque Western » de recourir à un auteur français dont l'œuvre désuète était tombée dans le domaine public ; ou, dans la musique, dans l'effet de la valorisation de l'authenticité originelle qui, instituant une hiérarchie modèle-épigone, donnait inévitablement le haut du pavé aux musiciens américains — ce que démontreront par exemple les festivals d'été de musique *country* de Craponne-sur-Arzon ou de Mirande...

Il ne s'agit pas de réhabiliter le bluegrass à la française, de fétichiser l'invention française du film western, de choisir Belleville au détriment de Nashville, de préférer Johnny en Camargue au Duke dans Death Valley ; il s'agit de déployer dans sa complexité cette configuration nouvelle qui ne saurait plus se réduire à l'idée de « superculture », à un modèle dont la diffusion serait linéaire, à une causalité invoquant impérialisme culturel américain et aliénation des esprits faibles... L'insistance mise sur le récepteur nous place en effet au point de rencontre de deux tendances parfois contradictoires : la logique propre aux industries culturelles et celle de l'appropriation de ses produits. D'une part, culture savante et culture populaire sont liées à la société, inextricablement, alors que la culture médiatique tend à s'en affranchir ; certes, les façonneuses de consciences — valeurs, religions, idéologies — y gardent un rôle, mais moins directement déterminant que la dynamique des industries culturelles. D'autre part, l'Ouest est bien affaire de réelle appropriation individuelle, à la fois réactive et (modérément mais objectivement) innovatrice, qui passe par le grand magasin de prêt-à-rêver fourni par la culture médiatique dans quoi on choisit ses oripeaux, son univers de référence. L'Ouest comme pratique culturelle, depuis la lecture sérielle jusqu'au ludisme fantasmatique, en passant par la monte western ou le *fiddle* bluegrass, devient un mode d'appréhension du monde, n'entretenant plus que des rapports indirects, biaisés, avec l'Ouest de l'histoire, de la géographie, voire de la culture médiatique américaines. Paul Yonnet (1985) avait raison d'insister sur l'originalité de cette figure nouvelle du sujet d'une nouvelle socialité consumériste, joueur, moins accordé à ses lourdes surdéterminations sociales qu'au primat pauvre du divertissement comme moment vide, comme activité purement ludique à quoi l'individu accède sans les contraintes de son identité sociale ; ludisme léger permettant au sujet de se ressaisir, de se projeter (« se prendre pour », « faire semblant »), mais aussi ludisme éventuellement sérieux de collectionneur[10], de passionné, d'*aficionado* de Clint Eastwood, de musique rockabilly, d'équitation western, de sagesse indienne... Quelle que soit sa coloration, cette figure recadre, complexifie et ambiguïse toute pratique culturelle individuelle, et pour notre propos, l'idée même que le western soit seulement un genre.

Bien avant cette nouvelle configuration des années 70, on peut contraster les relations de deux expériences individuelles du western en culture médiatique, allant bien au-delà de la réelle commotion provoquée par le Buffalo Bill's Wild West, réelle quoique circonscrite dans le spectacle : la trajectoire centripète de Joë Hamman et la trajectoire centrifuge du marquis Falco de Baroncelli-Javon. C'est par leur amour du cheval et des Indiens que ces deux proches devinrent des passeurs culturels.

---

[10] Par exemple, même dans un type de communication aussi clairement centrée sur l'émetteur, on peut observer un processus de réponse autre que celle, béhaviorale, attendue du consommateur : l'un des signes de l'univers du *Marlboro country*, le cheval peut devenir l'objet d'une fétichisation (voir Anonyme, 1987).

En 1962, presque octogénaire puisqu'il était né en 1883, Joë Hamman, peintre et illustrateur, au cinéma comédien et réalisateur, directeur de la feuille humoristique *La Boîte à sel*, publie un livre de mémoires bon enfant, avec toutes les onctions requises, une préface de Cocteau et du chancelier perpétuel de l'Académie d'histoire : *Du Far West à Montmartre. Un demi-siècle d'aventures*. Excellent cavalier, en 1904 il avait vécu plusieurs mois la vie de cow-boy en pays oglala au Dakota où, avec la recommandation d'un modeste employé de New York d'origine française mais qui avait été élevé par Nuage-rouge après que ses parents eurent été tués lors d'une révolte indienne, il était devenu le familier de Belette Tachetée, Jacob Yeux Blancs (celui qui devait venir plus tard en France avec le Buffalo Bill's Wild West) et avait même rencontré le vieux Nuage-rouge[11]. 1904, c'est-à-dire bien peu après la fin des guerres indiennes. C'est d'ailleurs la visite du lieu du massacre de Wounded Knee, lieu de mémoire sioux visité avec Belette Tachetée[12] et découvert avec ses yeux hallucinés, qui aura inscrit son empreinte indélébile chez le jeune Français. Sa trajectoire fut centripète puisque, après cette rencontre personnelle avec l'Ouest, Hamman l'introduisit dans la culture médiatique et en fit cadeau à la culture populaire américaine. En effet, son court métrage *Cow-boy* date de 1906 puis, surtout, sa série *Aventures d'Arizona Bill* eut son heure de gloire en Europe, et aussi aux Etats-Unis[13] (paradoxal ancêtre du western, tourné dans les carrières d'Arcueil, les bois de Meudon, les carrières de Romainville, mais aussi en Camargue !). A l'autre bout de l'histoire du western produit par les industries culturelles, un curieux retournement permet parfois d'insolites manifestations culturelles

---

[11] Il avait déjà raconté cette rencontre avec le vieux chef dans *Sur les pistes du Far-West* (1961).

[12] « Sortant d'un de ses silences coutumiers, « Belette Tachetée » me paraît brusquement préoccupé. Avec un mauvais regard (assez inattendu), il inspecte l'horizon, comme s'il craignait d'y voir apparaître un escadron de « Blue Jackets ». Et il se met à murmurer des paroles inintelligibles... Je ne sais plus quoi penser. Regardant autour de moi, je ne vois que la prairie déserte. Soudain, le vieux chef se dresse sur sa selle. Il lève les bras. D'une voix grave, il entonne un chant de guerre, qui me donne la chair de poule... Son cheval bronche. Il l'éperonne rageusement. Enfin, il me montre sur le sol des formes imaginaires. — Look !... Regarde !... crie-t-il. Là, « Faucon Noir » et « Petit Loup », tués... Là, le vieux « Deux Lances », gelé sur la neige... Heap snow... heap cold !... Là, « Ours-qui-rue », mort... Là, des femmes, des enfants... Tous les guerriers sans armes... Morts !... Est-il devenu fou ? Loin de là, le pauvre ! Et je comprends alors que nous traversons le champ de bataille de Wounded Knee. Journée tragique, massacre incompréhensible, exécuté par un escadron du 7e régiment de cavalerie, chargé de faire rentrer dans les « Réserves » les Sioux prêts à la dissidence... » (Hamman, 1962 : 40).

[13] *Aux mains des bandits* (Jean Durand, (s.d.), Eclipse), *Le Desperado* (1907), *La Main coupée* (1908), *Un cowboy à Paris* (1908), *L'Enfant du chercheur d'or* (Jean Durand, 1909, Lux) — *Un drame au Far West*, chez Lux, le crédite même du scénario. Puis à Londres, il tourne dans six films (dont un Buffalo Bill). On le voit aussi dans *L'Attaque du courrier* (1908) de Victorien Jasset (Eclair, série *Riffle Bill, le roi de la prairie*) ; dans *Le Railway de la mort, Cent dollars mort ou vif, La Prairie en feu, Une pendaison à Jefferson-City* (Jean Durand, 1909, Gaumont) ; en tandem avec Gaston Modot, sous la direction de Durand, en 1910, chez Lux, dans *A travers la plaine, Amitié de cow-boy, L'Amour du ranch, L'Attaque d'un train, Les Aventures d'un cow-boy à Paris, Les Chasseurs de fourrures, Le Fer à cheval, Jim Crow, Reconnaissance d'indien* ; puis, pour Gaumont, en 1911, *Les Aventures de trois peaux-rouges à Paris, Calino veut être cow-boy, Cent dollars mort ou vif* ; en 1912, *Le Cheval vertueux, Cœur Ardent, La Conscience du cheval rouge* ; en 1913, *Le Collier vivant*. Toujours sous la direction de Jean Durand pour Gaumont, dans *les Scènes de la vie de l'Ouest américain,* en 1909, *La Mort du milliardaire* (avec Gaston Modot, le Joueur, Beauvais en Jack Morgan et Berthe Dagmar en Miss Walker) ; en 1911, *Pendaison à Jefferson City* (avec Modot, Joachim Renez, Gustave Hamilton, Raymond Aimos, Berthe Dagmar), *La Prairie en feu* (avec Modot et Dagmar) ; en 1912, *L'Homme et l'ourse* (avec Paul Manson, Berthe Dagmar, Jeanne Marie-Laurent), *Le Railway de la mort ou La Course à la mort* (avec Max Dhartigny, Ernest Bourbon, Modot, Hamilton, Joachim Renez, Dagmar), *Le Revolver matrimonial*, (avec Modot, Renez, Hamilton, Dagmar)... C'est son personnage d'Arizona Bill, d'une série de Gaston Roudès, qui eut son heure de gloire aux Etats-Unis ; elle y fut importée par George Kleine, représentant de la maison Eclipse, et fit prendre conscience au cinéma américain naissant du potentiel cinématographique de l'univers western : en 1911, *La Chevauchée infernale* ; en 1911, *Aux mains des brigands, L'Ile d'épouvante, L'Oiseau de proie* ; en 1913, *La Dernière Minute, 210 contre 213, Les Diables rouges, Les Fraudeurs d'opium, Le Mystère de la banque d'Elk City, La Ville souterraine* ; en 1914, *Le Cœur d'un père, La Piste argentée* (de Roudès ou Jean Durand). Sur cette période de l'histoire du cinéma français, en plus d'Eric Leguèbe (1989), on lira celui qui, le mieux, par un patient travail d'enquête, a réussi à en reconstituer les linéaments et l'atmosphère, Francis Lacassin (1994).

comme cette présentation dans les arènes du village d'Aigues-Vives dans le Gard des westerns camarguais primitifs à l'été 1998[14].

Mouvement inverse de celui du marquis Falco de Baroncelli-Javon (voir Venture, 1994) moins ludique, plus tragique : cet aristocrate appauvri, défenseur de l'occitan, avait voulu devenir manadier par amour pour la Camargue méprisée et vivait dans un univers où comptait encore beaucoup la croisade qui avait vu la défaite du comte de Toulouse, Raymond VII, aux mains des croisés français de Simon de Montfort. Dans le sillage du Buffalo Bill's Wild West, il s'était pris d'une amitié toute romantique pour Jacob Yeux Blancs et découvert le parallélisme du sort de vaincus de l'Histoire, nobles, cavaliers, à la langue et à la culture dévaluées : Albigeois et Oglalas, même combat en quelque sorte. Comme Buffalo Bill inventeur d'univers et manipulateur de symboles, Baroncelli-Javon devait recréer les jeux équestres des gardians à partir de modèles médiévaux (tournois des écharpes et de l'épervier, jeu des oranges...) ; contrairement à Buffalo Bill, il allait recadrer la nostalgie de sa richesse et de son pouvoir perdu, la défense de la pureté camarguaise (la terre, la langue, les gens, les taureaux, les chevaux...), dans une mélancolique rêverie sur la race — qui, par Atlantide interposée, rapprochait d'autant mieux Gitans des Saintes-Maries-de-la-mer des Sioux des Dakotas qu'elle les éloignait d'une modernité abjecte et honnie[15]. Pas de cadeau à la culture médiatique ou à la culture américaine ici, mais un dynamisme reterritorialisant.

Pourquoi ai-je fait ce rappel ? Pour indiquer que « superculture » ou modèle de communication massmédiatique, s'ils rendent bien compte de phénomène comme les duels aux colts à pétard, le goût pour Gary Cooper, John Wayne ou Burt Lancaster, les magasins de vêtements, de ceintures et de bottes western, les parcs thématiques ou les randonnées en Ardèche avec chariots de pionniers, ne prédisent en rien de tels usages intensifs, quoique différemment orientés, de l'Ouest représenté.

Les usages de Hamman et Baroncelli-Javon sont-ils trop singuliers pour avoir un quelconque intérêt dans un cadre global ? Derechef, le passage de la frontière pourrait s'avérer éclairant — cette fois-ci, la frontière allemande : pour tirer une leçon du curieux phénomène des Cheyennes de la Forêt-Noire. Le chapitre 4 rappelait le goût ancien et jamais démenti en un siècle et demi du lectorat allemand pour l'Ouest ; j'ajoute qu'encore aujourd'hui 1,7 million de touristes allemands visitent les Etats-Unis annuellement ; qu'il en coûte 2 000 DM par semaine pour mener la vie de cowboy dans un *dude ranch* ; que, s'ils le préfèrent, la Piapot Reserve près de Regina (Saskatchewan, Canada), leur propose une « authentique » expérience de vie à l'indienne... Toutefois, c'est en Allemagne même que se déroule la pratique culturelle de masse assez insolite des *Vereine* (clubs) de camping indiens (plus de 80 000 membres). En 1996 seulement, ce sont 5 000 *Rote Indianer* généralement germanophones unilingues et pure laine (j'y reviendrai) qui se sont retrouvés dans un camp de tipis... à Francfort !

La très intéressante étude de Yolanda Broyles Gonzales (1989) permet de mieux comprendre la nature et la fonction de tels *Vereine*. Moins sensible au ridicule apparent de ces Allemands déguisés en Amérindiens qu'aux accents, Broyles Gonzales découvre une intrigante homogénéité sociolinguistique chez eux qui, mis en confiance à la fois par ses compétences linguistiques et sa parfaite tolérance (leur pratique leur attire sarcasmes ou moqueries), ne tardent pas à révéler le substrat dialectal de leur accent, l'*Allemanisch*. Et, de proche en proche, Broyles Gonzales re-

---

[14] Voir *L'Express*, du 23 au 29 juillet 1998, n°2455, p. 37. Il ne s'agit toutefois plus là que d'une intéressante curiosité.
[15] Voir *Le Chevalier de la Camargue : Falco de Baroncelli, marquis de Javon* (1956) de Jean des Vallières, cité par Rémi Venture (1994 : 86). Sur l'atonie intérieure de cette mélancolie de la race, voir Jean Gillibert (1978).

construit un drame social[16], c'est-à-dire un conflit social latent et qui a une durée suffisante pour connaître quatre phases : la rupture (*social breach*), la crise, la réparation et la réintégration.

Ces *Vereine* cheyennes seraient l'incarnation de la troisième phase d'un drame intra-allemand, qui n'a rien à voir avec la conquête de l'Ouest par les trappeurs, les colons, les soldats ou les touristes : le déchirement du tissu social survenu au moment du miracle économique. La société ayant besoin d'une main-d'œuvre flexible avait créé des migrants de l'intérieur (ouvriers souvent déplacés pour trouver du travail, situation aggravée par la logique des multinationales), qui ne se retrouvaient plus dans la culture urbaine, ni dans la langue officielle, et qui se sentaient méprisés à cause de leurs goûts villageois, de leur accent, des cultures locales que cela supposait. Puisque la crise ne trouvait pas de code social pour s'exprimer positivement, le groupe avait le choix de passer à l'acte (comme dans le pays basque espagnol ou l'Irlande du Nord) ou d'inventer une sorte de temps symbolique, celui des rites de passage à la Van Gennep — suspension de la vie quotidienne, mise en place d'une retraite, d'un rituel ou d'un procès par quoi était rendue possible la représentation décalée du déchirement initial du tissu social. Se représentant en Cheyennes, ces gens incarnent leur marginalisation culturelle, linguistique — pas très loin des poses de Baroncelli-Javon pour la photo en costumes oglala, de sa réinvention d'une origine commune aux Camarguais et aux Sioux, moins consciemment peut-être mais en fondant un lien communautaire plus large.

Pour alimenter leur représentation, ces Cheyennes allemands pourtant peu portés d'habitude sur la lecture se constituent une véritable et solide culture amérindienne ; outre leur mépris pour le romanesque à la Karl May, à qui ils préfèrent Fritz Steuben, ils lisent des études, vont au musée voir des artefacts amérindiens, connaissent la vie sans romantisme des réserves indiennes modernes. Ni gamins attardés, ni hippies, ni punks[17], ni version prolo de l'idéologie des Verts, ces « tribus » qui se rassemblent pour vivre dans la nature lors des vacances d'été nous mettent peut-être sur une autre piste : en Allemagne, le western ne se réduit pas à un genre narratif de la culture médiatique, il peut devenir un code culturel, alternatif, et peut-être faire retour, par les pratiques communes, dans la culture médiatique. Ce qui, on le prévoit, y compliquera encore un peu la configuration de base.

Concours de tir, rodéos et équitation western, clubs, groupes ou associations, *powwows*, *trades* et *councils*, ranches et parcs thématiques, artisanat du vêtement ou maroquinerie western, commerces ou expositions de bijoux indiens, d'armes, de cartes postales, de BD, etc : même si des pratiques de loisir à coloration western existent en France — aujourd'hui moins nombreuses d'ailleurs que pendant les années 70, — elles ne semblent pas y avoir acquis le statut de code culturel fort pour un groupe social comme en Allemagne. Même s'il est très conjoncturel, peut-être injuste, qu'on lise à ce propos le coup de gueule dépité d'un Dominique Blanc-Dumont (1977) insistant sur l'incommensurabilité à ses yeux entre les deux conceptions du ludisme de la nouvelle socialité consumériste : le divertissement comme moment vide à la Yonnet et la pratique culturelle comme ascèse et exigence.

> Car le bilan est tout autre ; deux mots le résument : médiocrité et passivité. Voilà comme je le dresse : aucun écho du « milieu western » aux appels, aux articles et aux manifestations organisées ; aucun nouveau cavalier lors des rencontres équestres, le noyau initial restant le même ; aucun appui, ni même encouragement ; les mots « Equitation américaine » devenus à la mode, sont employés à toutes les sauces. [...]
> En bref, le cheval est retombé (s'il l'avait quitté) dans l'infantilisme du western français ou européen. Porter des chaps, tirer des coups de revolver, se mettre un chapeau sur la tête en se faisant appeler Jesse Randall, Wild Cassidy, Tombstone Kid... j'en passe et des meilleures, ne représente que peu d'efforts. Mais, quand il s'agit d'aller un peu plus loin, de sortir un peu plus de soi-même, la foule se disperse.
> Le cheval va en effet plus loin et il est temps de faire oublier cette image si répandue en France : Cheval + Western = n'importe quoi sauf Equitation.
> Non, le cheval ne doit pas faire partie de la panoplie ; non, le cheval ne doit pas être associé à tout ceci.

---

[16] Le concept a été théorisé par Victor Turner (1974).

[17] Coiffure mohawk, tatouage et perçage semblent le recyclage punk de la référence amérindienne.

> Celui qui ne prétend rien, que prendre honnêtement plaisir à monter à cheval, à se promener, à randonner, je le respecte (1977 : 22).

En guise de second exemple, comparons les doubles sens de la musique country en français, sa double valence culturelle — double aussi bien au Québec qu'en France, mais pas tout à fait d'un même dédoublement.

Yves Claudé (1997), qui a étudié de près l'histoire de cette tradition musicale, voit dans l'afflux à Montréal, depuis les années 50, de ruraux de Gaspésie, des Iles-de-la-Madeleine, de l'Acadie, le substrat social de la musique western au Québec, laquelle tend à servir de liant culturel entre prolétariat nouvellement urbanisé et prolétariat rural ; substrat à quoi a correspondu une relégation dans les zones très inférieures de l'échelle des valeurs culturelles : musique sans aucune distinction, pas même folklorique ou commerciale, c'est-à-dire à la fois mal appropriée au projet monumentaliste de constitution du corpus culturel québécois (tâche que s'étaient donnée les élites de la Révolution tranquille des années 60 et 70) et à l'industrialisation et la mise en marché de la culture médiatique (Claudé peut ainsi opposer chanteur country et chanteur populaire : alors que celui-ci est produit par l'industrie culturelle qui tend à le tranformer en star, celui-là reste socialement intégré à son public[18], sa production et sa diffusion s'effectuant en marge des industries culturelles). Toutefois, effet d'une tendance au réalignement idéologique général autour d'une prise de conscience de l'« américanité culturelle » du Québec (et d'ailleurs d'un retour en faveur de la musique country dans la culture médiatique américaine), depuis les années 90, la musique country réintègre la culture moyenne (country pop de Patrick Normand, émission *Country Centre-ville* à Radio-Canada[19]...). Aussi aujourd'hui coexistent deux branches du country au Québec : celle qui, en français, trouve sa place dans la cablo-distribution, avec ses VJ et ses vidéoclips, et celle qui continue à se vendre sous forme d'audiocassettes de fabrication plus ou moins artisanale. Et un discours des élites culturelles oscillant entre l'ancienne indifférence hostile et l'intérêt postmoderne et volage pour une synthèse originale d'américanité et de français ; discours qui dans les deux cas reste toujours aussi éloigné de la culture authentique d'un groupe social déterritorialisé qui s'était inventé ce code pour se représenter.

En France, le country n'a jamais vraiment pu prétendre à ce statut. Tout d'abord, en deçà du code, il n'est qu'un style plus ou moins occasionnel auquel les variétés bien

---

[18] Claudé ajoute : « Ils ont d'ailleurs la plupart du temps une double profession, par exemple chanteur et camionneur, ce qui renforce cette proximité et identification au public. » Il rappelle par ailleurs la trajectoire sociale de quelques personnalités marquantes de la musique country québécoise : « Ainsi, le premier grand chanteur « western », Roland Lebrun (1919-1980), dit le « Soldat Lebrun », était le fils d'un ouvrier de moulin à scie de Saint-Léon-le-Grand, dans la vallée de la Matapédia. Comme beaucoup de Gaspésiens, il a quitté son village pour trouver du travail en ville, dans une usine de pâte à papier de Shawinigan. Sa carrière artistique commence alors qu'il se produit comme soldat chantant au camp militaire de Valcartier, pendant la Guerre 1939-1945. Démobilisé, il reprend son travail à l'usine de pâte à papier de Shawinigan, tout en poursuivant sa carrière musicale en parallèle. Il a vendu plus d'un million de disques et a donné une audience de masse à la musique country-western. Malgré ce succès, en raison du type de relations contractuelles ayant cours alors entre les compagnies de disques et les artistes, il devra continuer à travailler toute sa vie comme ouvrier. Après la guerre, les trois « Grands du western » prennent la relève du Soldat Lebrun : Marcel Martel, Willie Lamothe et Paul Brunelle. Eux aussi font partie du prolétariat rural. Marcel Martel est né à Drummondville en 1925. Ses parents étaient partis travailler dans les manufactures de coton de la Nouvelle Angleterre, et sont revenus au Québec lorsqu'une crise affecta cette industrie. Comme ses parents, Marcel Martel travaillera dans une manufacture de coton, la Canadian Celanese de Drummondville. Il travaillera ensuite comme bûcheron et camionneur. Willie Lamothe est né en 1920 à St-Hugues-de-Bagot près d'Acton Vale. Il est le fils d'un journalier agricole. Il sera « chevalier chantant » et ouvrier à la « cannerie » de St-Hyacinthe. Paul Brunelle est né à Grandby en 1923. Il est fils de cultivateur et travaille à l'usine de caoutchouc Minner de Granby. Quant à celle qui revendique le titre de « reine du country », Julie Daraîche, fille d'un ouvrier de la construction de Saint-François-de-Pabos, elle a quitté la Gaspésie à seize ans pour venir travailler à Montréal dans une manufacture de vêtements. Elle a travaillé ensuite comme serveuse dans un cabaret avant de se lancer dans la chanson western » (1997 : 171).

[19] Bien avant cette variante édulcorée, le cinéaste Gilles Carle et l'actrice et chanteuse Carole Laure avaient manifesté leur goût pour le country — Willie Lamothe devenant même grâce à Carle, sur un modèle très américain d'ailleurs, vedette de cinéma.

nommées ont recours, un style pour compositeurs en mal de variations. Ainsi, il aurait difficile de voir un chanteur country en Serge Gainsbourg ; pourtant, il a bien été l'auteur et interprète d'« Un violon un jambon » (*La Javanaise*, 1963, Philips). Peut-être plus country, la suavité des chansons d'un Joe Dassin s'est pourtant parfaitement fondue dans la variété française. Cela dit, considérons la carrière d'un Eddy Mitchell et le rôle qu'y joue la musique country.

Rock américain adapté en français à l'époque yéyé des Chaussettes noires, purgatoire pendant la mode du rock anglais qui n'entame pas son goût pour cette musique... Un premier signe annonciateur vient par l'illustration de la pochette de l'album *Sept colts pour Schmoll* (1968), du pinceau de Giraud, façon Blueberry. Mais c'est en 1974 que la carrière d'Eddy Mitchell connaît un second départ avec un album justement intitulé *Rockin'in Nashville* comprenant des morceaux country adaptés[20]. En 1975, il passe à l'Olympia accompagné de requins de studios de Nashville comme Charlie McCoy et Billy Swan. En 1976, le succès qui l'installe définitivement est d'inspiration country : « La Route de Memphis[21] ». A cette carrière et à celle, plus sporadique, d'acteur pour le cinéma, à partir de janvier 1982 jusqu'en décembre 1998, il devient le Monsieur Eddy de *La Dernière Séance*, une émission de télévision conçue par Gérard Jourdhui pour FR3. Avec ses deux films (de 20 h 45 à 0 h 30, toujours en version originale) entrecoupés par une demi-heure d'informations, cette émission tenait là une formule gagnante drainant aussi bien la génération de la Seconde Guerre mondiale nostalgique d'adolescence perdue et d'années 50 que les jeunes hilares des vannes de Monsieur Eddy et de la ringardise anticipée des westerns de série B. Or, par rapport aux chansons country ou aux westerns, c'est une même distance, une même équivoque qu'Eddy Mitchell entretient, un au-delà du code avec quoi il joue : y croire suffisamment pour y faire croire son public, mais avec un humour, une élégante et ambiguë distance *camp*[22] ; parfois, c'est l'indécidable qui l'emporte (que croire ? plutôt les paroles, « paroles débiles... » ? ou plutôt la musique, immanquablement country, de « Sur la route de Memphis », chanson éponyme de l'album de 1976 ?), parfois, l'ambivalence (comme la virile représentation d'une francité populaire sur *Racines* (1984) qui admet la confusion de ses racines culturelles, française de naissance, américaine par goût[23]).

En France donc, bien qu'elle soit réelle, la réappropriation du western massmédiatisé par ses destinataires n'a pas rencontré une base sociologique lui permettant de se transformer en code — contrairement aux camps de Cheyennes de la Forêt-Noire ou aux chanteurs country prolos du Québec. Réappropriation très diversifiée, entre le divertissement et l'ascèse culturelle, permettant parfois le surgissement d'une insolite question d'identité : « Où sont mes racines ? A Nashville ou à Belleville ? » ; l'incertitude trahit l'authenticité d'une ambivalence culturelle populaire et désigne la figure structurale diversement illustrée par Hamman et Baroncelli-Javon, par les spécialistes français du film western, les animateurs de fanzines et les amateurs de rodéo, de monte western ou de musique country... On le voit, l'usage du western ne se laisse entièrement penser ni dans l'homogénéité linéaire du modèle communicationnel mass-

---

[20] « Chaque matin il se lève » issue de « Early Morning Rain », « Fume cette cigarette » de « Smoke That Cigarette » de Merle Travis, « Ruby, tu reviens au pays » de « Ruby Don't Take Your Love to Town » de Kenny Rodgers.

[21] Sur le même album figurent « La Marie Jeanne », « Ode to Billy Joe » de Bobby Gentry et « Je me fais mon western », une composition originale.

[22] Alors que pour les jeunes amateurs de musique techno ou de rap, les anciens amateurs de rock étaient de vieux conservateurs (et pas simplement en matière esthétique) et que le *fandom* de la musique rockabilly en France tendait à s'ancrer plutôt à droite.

[23] Pour un rappel du contexte d'émergence du rock français, voir Pierre Jouin (1995) ; pour un essai de synthèse sur la fonction sacrificielle du rock, voir Claude Chastagner (1998) ; pour une analyse de la figure d'Eddy Mitchell dans la culture populaire française, voir Michel Rolland (à paraître).

médiatique, ni dans celle surplombante et globalisante de la « superculture ». Qu'en serait-il alors de cette ambivalence annoncée ?

Le modèle américain ?

L'insistance mise jusqu'ici sur le récepteur, l'acte de lecture, les pratiques culturelles, conduit naturellement à une dernière problématique : que nous apprend le western de la culture française ? Non pas de sa forme lettrée, qui s'est contentée d'ignorer le genre, mais de sa forme médiatique qui, à travers l'ambiguïté de la place qu'elle a réservée au western, dessine l'ambivalence de sa relation à l'Amérique et à la modernité — ambivalence qui marquait déjà Tocqueville.

Dans sa radiographie du discours social saisi en 1889, dans le livre d'images que les Français se faisaient alors de l'étranger, Marc Angenot caractérise ainsi les Etats-Unis : « Cette image de l'Amérique comme l'avenir, fatal et impensable, de la vieille France s'est imposée comme l'angoissant présupposé de tout discours sur la nation yankee » (1989 : 274). A quoi il ajoute qu'il faudra un siècle au discours social français pour émerger « d'un effarement où alternent le rire incrédule et l'indignation » (p. 275). On peut retracer ce *topos* ancien et plutôt dépressif de l'Amérique comme futur de la culture française à la manière de Pascal Ory (1986), en suivant l'histoire du mot « américanisme » qu'il retrace jusqu'à un article de critique d'art de 1855, paru dans *Le Pays*, et signé Baudelaire, dénonçant la modernité incarnée alors par la première Exposition internationale de Paris. On peut aussi chercher un événement traumatique, et aussitôt trouver la Guerre de Sécession ; alors que l'opinion et le pouvoir sympathisaient plutôt avec le Sud (seuls quelques farouches anti-impérialistes comme Victor Hugo soutenaient Abraham Lincoln), en France, deux leçons ont été retenues de cette guerre. La première, sur la mystification politique d'une fédération qui ne permet pas aux membres qui voudraient se retirer de le faire sans déclencher des représailles armées[24] ; c'est la révélation d'un annexionnisme yankee, qui inquiète. La seconde, sur l'industrialisation du combat ; leçon moins durable, puisque la défaite de 1870 allait rapidement occuper tout l'espace symbolique de la représentation de la guerre.

Toutefois, avant 1918, l'« effarement », qu'il soit incarné en clichés — Sudiste avantageux au sang chaud, Nordiste mercantile et bigot[25], jeunes femmes dont la liberté de mœurs étonne — ou de manière franchement plus hostile — comme dans la pièce *L'Oncle Sam* (1873) de Victorien Sardou ou le roman populaire *La Conspiration des milliardaires* de Gustave Le Rouge ([1899-1900] 1993), — cet effarement n'est que la mise en scène d'une indifférence plus générale. A la fin du siècle dernier, alors que tous les autres pays d'Europe fournissaient de forts contingents d'immigrants, l'émigration française vers les Etats-Unis était relativement peu importante. En outre, contrairement à la Grande-Bretagne, la France écoulait encore peu de produits commerciaux américains de grande consommation. Il faudra attendre les années 30 pour que des intellectuels s'inquiètent, que reprenne vie ce *topos* de l'Amérique comme futur de la culture française ; inquiétude raisonnée de Paul Sée[26] ou Octave Noël[27],

---

[24] Pour nommer cette guerre, les Français parlent de Guerre de Sécession, alors que pour les Américains du Nord il s'agit de la *Civil War* et, pour les Américains du Sud, de la *War between the States*. Sur la perception de la Guerre de Sécession dans l'opinion française, voir Philippe Roger (1992).

[25] Pour ces clichés au théâtre et dans le roman, voir Simon Jeune (1963).

[26] *Le Péril américain* (1903).

[27] *Le Péril américain* (1899).

devant la montée en puissance économique des Etats-Unis, ou irritation pamphlétaire d'un Georges Duhamel[28]. Chez lui, et outre le mode dénonciateur, le *topos* a deux volets : la culture américaine est inéluctable, et elle occupe la place désertée par les démissions culturelles de l'Europe où elle trouve ses fourriers[29]. Après la Seconde Guerre mondiale, avec le plan Marshall et la Guerre froide, la position économique, idéologique et politique de la France par rapport aux Etats-Unis n'est plus un débat réservé aux élites. D'une part, du point de vue culturel, les industries autochtones se retrouvent, selon les secteurs, plus ou moins fortement concurrencées sur leur terrain par les produits de la *pop culture* américaine et doivent y réagir ; d'autre part, sur ce fond de discours social, plus particulièrement dans la culture médiatique et pour recadrer l'histoire du western romanesque dont nous étions partis, la relation à la modernité et au modèle américain aura sous-tendu la réorganisation du système des genres paralittéraires durant les trente glorieuses. Niveau de généralisation intermédiaire certes, mais plus pertinent pour notre propos que celui voulant embrasser plus largement les relations franco-américaines ; niveau de généralisation qui pourra s'articuler à ce dernier par la notion de symptôme.

L'aventure en tant que grande famille générique du récit paralittéraire se distingue des histoires de crise amoureuse, des histoires impliquant un univers déviant de notre univers empirique et des histoires accordant au code herméneutique (Barthes, 1970) un rôle intégrateur. Toutefois, l'histoire des genres montre combien chacun d'entre eux peut, tout en restant fidèle à lui-même et en préservant d'anciennes formules, se redynamiser en profitant de l'énergie propre à une autre grande famille générique. Ainsi est-ce en partie à l'aventure que le roman policier dut son renouveau après la Seconde Guerre mondiale, le roman noir (autre nom du *thriller*, du polar) explorant des voies délaissées par le roman de détection (roman à problème) des années 30 ou par le roman à suspense[30] ; c'est à l'aventure aussi que la SF ou l'espionnage de cette période durent leur succès dans les collections de grande diffusion malgré des univers de référence apparemment bien éloignés de celui de leur lectorat — par leur sophistication, des formules comme l'uchronie ou les histoires de désinformation ne devaient constituer qu'une veine seconde, minoritaire, respectivement en SF et en espionnage. Or, c'est la veine de l'aventure et par cette veine de l'aventure que le modèle américain devait marquer la production paralittéraire française. C'est en comparant le western avec d'autres genres affectés par l'américanisation de l'aventure qu'apparaîtra mieux sa place dans le système des genres paralittéraires des trois décennies qui suivirent la Seconde Guerre mondiale — nommément, la SF, l'espionnage et le roman policier[31].

---

[28] La parution de *Scènes de la vie future* dans la *Revue de Paris* date de 1930 ; en volume elle date de 1931.

[29] « Pendant la petite station dans l'éblouissant lavabo, le Dr Brooke dit, l'air distrait : — Vous critiquez notre système, et vous serez bien obligés d'y arriver un jour ou l'autre. — Eh ! Je le sais. Je le sens. C'est ce qui me désespère » (Duhamel, 1931 : 144) ; « L'Amérique peut tomber, la civilisation américaine ne périra pas : elle est déjà maîtresse du monde. [...] Les plus étranges américaneries, je les ai vues en Allemagne [...]. Il y a sur notre continent en France comme partout, de larges places que l'esprit de la vieille Europe a dès maintenant désertées. Le génie américain colonise, petit à petit, telle province, telle cité, telle maison, telle âme » (p. 245-246).

[30] Dont le duo Pierre Boileau et Thomas Narcejac devait longtemps être le parangon (et la référence théorique) ; qu'on pense aussi à Louis C. Thomas...

[31] Sur la SF française, on consultera Jean-Marc Gouanvic (1979, avec une intéressante chrono-bibliographie de la réception critique du genre dans les journaux et les revues culturelles), Jacques Sadoul (1973), Jacques Van Herp (1973), Pierre Versins (1972), etc. Sur le roman d'espionnage français, Paul Bleton (1994), Alain Dewerpe (1994) et Erik Neveu (1985). Sur le polar français, Jacques Baudou et Jean-Jacques Schleret

A posteriori, on peut constater que pour s'implanter dans les collections spécialisées, ces formes avaient besoin de réunir trois conditions minimales : en amont, l'existence préalable d'une tradition française dans leur domaine ; concomitamment, une pertinence pour le lectorat (dans le sens où l'entend John Fiske (1989), c'est-à-dire une interrelation entre un texte, la situation sociale immédiate de ses lecteurs et les usages qu'ils peuvent faire de ce texte pour donner un sens à leur expérience de vie — la valeur attribuée lors de la réception tendant à devoir moins à l'esthétique qu'à la fonctionnalité de l'œuvre) ; en aval, l'institutionnalisation nécessaire pour en assurer la pérennité et la légitimation relative.

Dans les quatre genres, il y avait bien une tradition ancienne. Dans le chapitre 1, je me suis longuement attardé à retracer celle du western. Pour les autres, rappelons ce qui se nommait « conjecture rationnelle » chez les Jules Verne, Robida, J.-H. Rosny aîné, Paul d'Ivoi, Louis Boussenard, Gustave Le Rouge, Jean de La Hire, Maurice Renard, Maurice Leblanc, Théo Varlet, José Moselli, Jean Ray, René Thévenin, Léon Groc, Jacques Spitz, etc. ; rappelons le roman d'espionnage des Alphonse Brot, Gustave Aimard, Paul d'Ivoi, Paul Mahalin, Léon Sazie, Gabriel Bernard, Arthur Bernède, Jean-Toussaint Samat, Pierre Nord, Jean Bommart, Pierre Apestéguy, etc. ; rappelons le roman policier des Emile Gaboriau, Henry Cauvin, Fortuné du Boisgobey, Pierre Souvestre et Marcel Allain, Maurice Leblanc, Gaston Leroux, André Armandy, Pierre Véry, Claude Aveline, Georges Simenon, Paul Darcy, Jean-Louis Sanciaume, etc.[32] Mais déjà, le western commence à se singulariser ; en effet, le chapitre 2 notait l'importance de la part revenant aux traductions de récits américains avant la Seconde Guerre mondiale (surtout avec les fascicules Eichler), alors que celle des traductions en SF était négligeable, et que celle, un peu plus importante, des traductions en roman d'espionnage (John Buchan, Valentin Williams, C.P. Oppenheim, etc.) ou en roman policier (Arthur Conan Doyle, Agatha Christie, etc.) était plutôt tirée d'originaux britanniques.

C'est une même mutation radicale qui devait affecter ces trois derniers genres au début des années 50, voire les reconfigurer complètement, alors que les collections pouvaient jouer de plusieurs navettes : substitution presque complète de la traduction à la tradition, intériorisation chez les auteurs français du modèle américain ou coexistence de la tradition, des importations et de formules d'adaptation plus ou moins originales. En SF, si le Fleuve Noir, fidèle à sa politique éditoriale générale, alimentait sa collection « Anticipation » surtout avec des auteurs français[33] (commencée en 1951, elle a publié des milliers de titres, s'est interrompue en 1996-1997 pour mieux renaître en quatre collections distinctes fournies par des auteurs français seulement), et que « Série 2000 » (avec 24 titres tous français sauf un anglo-saxon, de 1954 à 1956) ou, plus explicitement politique, la collection « Ici et maintenant » de Kesselring (de 1977 à 1980) s'ouvraient à des auteurs français sans gagner la même longévité, la traduction de l'américain a constitué l'essentiel du tissu du genre. Collections où les auteurs français ne sont qu'une faible minorité comme « Présence du futur » (depuis 1954, notamment avec Serge Brussolo), « Marabout Géant » (qui publia de la SF de 1964 à 1981 avec quelques Gérard Klein, Jacques Spitz, Jacques Sternberg, en plus des rééditions de Maurice Renard et José Moselli), « Ailleurs et demain » (à partir de 1969, qui a publié une vingtaine de romanciers français, dont Gérard Klein, Michel Jeury, Philippe Curval...), « Science-Fiction » (31 titres, 1972-1974, 2 auteurs français) ou « Super-Fiction » (58 titres, 1975-1983, 5 auteurs français) d'Albin Michel, etc. Collections n'ayant publié aucun auteur français comme « Galaxie » (158 numéros en deux séries, 1953-1959 et 1964-1977), « Champ libre » (1974-1978) ou « Super + Fiction », une autre collection d'Albin Michel (21 titres, 1977-1984)...

Comparable distribution des traductions de l'anglais dans le roman policier, avec toutefois le

---

(1984), Jacques Breton (1992), Michel Lebrun et Jean-Paul Schweighaeuser (1987), Claude Mesplède et Jean-Jacques Schleret (1985), etc.

[32] En fait, bien des noms des auteurs du policier ancien devraient apparaître dans l'espionnage, et *vice versa*.

[33] Plus quelques rares Anglo-Saxons jusqu'en 1968, et les Allemands Scheer et Dalton (qui signaient Perry Rhodhan).

maintien d'une importante représentation des auteurs britanniques. Des pôles comme « Spécial Police » du Fleuve Noir (1949-1986), « Le Masque » de la Librairie des Champs-Elysées (depuis 1927) et la « Série Noire » de Gallimard (depuis 1945) pourraient laisser croire que les territoires respectifs des collections tendaient à se superposer aux origines nationales des romans, respectivement françaises, anglaises et américaines ; ou à leurs genres, roman de détection au « Masque », polar chez les deux autres. Cette représentation serait partiellement adéquate, la situation s'avérant évidemment plus complexe. D'abord, il y avait bien d'autres collections, depuis les abondantes comme « Un Mystère » (de 1959 à 1966, aux Presses de la Cité, surtout constituée de traductions, mélangeant les sous-genres, du roman humoristique à l'espionnage, en passant par le policier classique) jusqu'à une pulvérulence de petites collections, à la longévité moins bien assurée (« L'Enigme », Hachette, 1940-1952 ; « Limier », Albin Michel, 1946-1955 ; « Le Gibet », Robert Laffont/Gérard, 1955-1957 ; ou « La Chouette », Ditis, 1946-1956, composée de traductions, etc.). Ensuite, des étiquettes génériques comme « détection » ou « polar » ne correspondaient que partiellement à la réalité des regroupements en classes de textes. D'une part, l'homogénéité générique des collections (aussi bien pour le romancier et l'éditeur que pour le lecteur) n'était guère possible ; même un parangon de la détection comme Agatha Christie a commis de nombreux *thrillers*, y compris d'espionnage, sans pour autant que ces derniers puissent se confondre avec le roman noir, le modèle américain d'un Américain comme Hammett ou Burnett ou d'un Anglais comme Cheyney ; en outre, la tonalité affective, le recours au code des mecs ou à l'argot d'une histoire de truands à la Simonin ne sauraient se confondre avec le langage, les valeurs ou l'univers d'un Jean Amila, ni leur composition avec celle des histoires à chute de G.-J. Arnaud. D'autre part, la politique éditoriale sur l'origine des auteurs n'était pas souvent stricte ; même « Sueurs froides », (Denoël, depuis 1962), très *narcejaquisée* n'en vint pas moins à publier des Anglo-Saxons au début des années 80. Considérons les mentions qu'une collection comme « Un Mystère » imprimait, irrégulièrement, en première de couverture avec le titre, l'auteur et le numéro dans la collection, mentions offrant au chaland un principe de sérialisation lui permettant de mieux « trianguler » le roman avant d'en entreprendre la lecture : elles ne constituent pas un système — sérialisation par le héros éponyme comme « Un Perry Mason » ou « Donald Lam et Bertha Cool »... ; sérialisation par un nom de genre approximatif comme « classique » ou « suspense »... ; regroupements obéissant à des logiques bien sûr différentes selon qu'ils sont le fait du directeur de collection ou du lecteur[34]... Voire, enfin, du critique ; ce qui conduit à l'éventuelle description (et définition) structurale de classes de romans policiers — distinguant par exemple roman de détection, *thriller*, suspense, mais pouvant aussi raffiner[35]... Multiplication des collections, abondance de titres publiés, jeu sur des différences spécifiques et les étiquettes génériques, jeu sur les origines nationales des auteurs... : à côté de cette effervescence brouillonne, le western a jusqu'ici vraiment l'air du parent pauvre de cette vague d'américanisation de l'aventure.

Sa situation ne s'améliorant d'ailleurs pas vraiment, même en regard du roman d'espionnage, genre qui a pourtant beaucoup moins bien passé la tourmente de l'industrie paralittéraire des années 80 que le roman policier, que la SF — perdant notamment beaucoup de sa pertinence idéologique après la chute du mur de Berlin. Indigence bien visible si l'on compare à périodes égales la quantité de collections disponibles en espionnage et en western. La configuration du roman d'espionnage était apparentée à celle du roman policier — avec un jeu sur le degré d'autonomie des deux genres, parfois coexistant dans une collection (comme dans la « Série Noire » ou « Un Mystère »), parfois se spécifiant en collections spécialisées (comme « Espionnage/Série Bruce » ou « Espiorama » des Presses de la Cité, « Dossiers secrets », « Romans d'espionnage », « Espionnage » ou « Service secret » du Masque) : répartition en auteurs français (d'« Espionnage », au Fleuve Noir, depuis 1949, à la série-collection « SAS », chez Plon, commencée en 1965, en passant par les avatars de SEG : « Service secret 078 », « Service secret » et « Espionnage », 1948-

---

[34] Qu'on me permette à ce sujet de renvoyer à Bleton (1999).

[35] En utilisant plus de critères de la syntaxe ou de la sémantique narratives, ou de la narratologie, par quoi l'industrie américaine obtient des sous-genres du *mystery* comme le *police procedural* ou le *gendered mystery*, *ethnic mystery* ou *regional mystery*...

1969, etc.) et traductions (comme « L'aventure de notre temps », Flammarion), en grandes collections comme celles mentionnées et pléthore de plus petites, de plus fugaces...

Du point de vue de leur institutionnalisation, point de vue quantitatif de la somme de critiques qui leur est consacrée ou point de vue qualitatif des possibilités de légitimation des œuvres, l'espionnage et le western sont beaucoup moins bien lotis que la SF et le polar : peu d'anthologies ou de rééditions de textes rares ou oubliés constituent une mémoire au genre, lui assurant peut-être une pérennité[36], pas de prix ou d'organes critiques lui assurant une légitimité, au moins alternative[37], un milieu beaucoup plus restreint... Que l'on compare par exemple avec la situation des magazines spécialisés, des fanzines et de la critique savante dans le domaine du roman policier pendant la même période : *Mystère Magazine* (1948-1976), *Le Saint* (1954-1969, de l'américain *Manhunt*), puis *Hitchcock Magazine* (1961-1975, de l'américain *Alfred Hitchcock's Mystery Magazine*), *Polar* (1979-1981, puis de 1982 à aujourd'hui) à cheval entre une forme en déclin — le magazine policier tend à disparaître — et la revue érudite : moins de nouvelles policières mais des dossiers sur des auteurs, des filmographies et des bibliographies... ; en dehors du circuit commercial, ce sont *Désiré* (1965-1981), *Enigmatika* (depuis 1976, organe de l'Oulipopo), *Les Amis du crime* (depuis 1977), *Hard-Boiled Dicks* (depuis 1981)... ; en ce qui a trait à la critique savante, dressant un tableau chronologique des études et essais consacrées au genre, Jacques Breton (1992) repère autant de titres dans les années 70 (10) que depuis l'essai fondateur de Régis Messac, en 1929..., et 6 fois plus dans les années 80 que dans la décennie précédente[38] !

De tous les points de vue, le western se singularise par rapport aux autres genres affectés par l'américanisation de l'aventure. Même en regard de l'américanophile SF et, *a fortiori*, du policier et de l'espionnage touchés par l'américanisation de l'aventure, la contribution quantitative des auteurs français est restée très faible en matière de western (ainsi, le retrait du seul Pierre Pelot dans les années 70 équivalut à la quasi-disparition de cette contribution) — effet de minorisation démultiplié, si l'on tient compte du western dans toutes ses variations médiatiques, sauf en BD. Les importations furent largement majoritaires donc[39]. C'est toutefois en regard de la notion de pertinence que le western se singularise le plus ; c'est là que les contours thématiques du genre semblent le moins facilement épouser les préoccupations historiques du lectorat français. En effet, alors qu'il y avait coalescence de l'idée de modèle américain avec la SF lue en France, et plus spécifiquement avec sa composante « aventure », le *space opera*, genre paralittéraire de la conquête du futur plus ou moins fortement technologisée ; alors que le modèle américain (le « présent menacé » de la Guerre froide) a largement servi de programme au roman d'espionnage lu en France, récit paralittéraire de la conservation du bloc occidental mettant en scène ses espions au service de la CIA, de OSS 117 à SAS ; alors que le *thriller* a facilement été recyclé par la paralittérature française en polar, récit de la modernité urbaine, du présent problématique, le western, lui, présentait un paradoxe. Contrairement à ces genres du futur ou du présent problématique qui peuvent effectivement permettre de proposer un modèle, c'est-à-dire une virtualité pas encore réalisée mais déjà pourvue d'une forme (l'Amérique comme futur de la culture française), le western appartient au passé des Etats-Unis, passé du futur en quelque sorte.

Par contre, le passé français fait depuis longtemps partie de la paralittérature française — qu'on pense au tutélaire Alexandre Dumas père. Certes, la nouvelle paralit-

---

[36] J'y ai fait allusion au chapitre 1.

[37] Ainsi que je l'ai montré au chapitre 2.

[38] Sans compter les dossiers d'érudition et d'analyse des *Cahiers de l'imaginaire*, de *813*, etc.

[39] Ce qui n'est pas encore tout à fait la situation du roman de guerre français dans les années 80 et 90, après la disparition de la dernière collection paralittéraire spécialisée, Gerfaut, et la situation de quasi-monopole de l'historiographie de guerre populaire ou du *techno-thriller* en traduction.

térature française depuis la Guerre froide a montré un moindre goût pour un tel traitement générique du passé, faisant preuve d'une relative désaffection à l'endroit des péplums, de romans de flibuste ou des romans de cape et d'épée au profit, par exemple, des romans de guerre sériels... Cependant, le lecteur français n'a pas besoin de l'Ouest pour se retrouver dans son passé national ; le western est pour lui exotique, ou légendaire (pendant longtemps un Comanche ne s'est guère distingué d'un Sioux, ni l'Arkansas du Nouveau-Mexique...). En fait, la notion de « mythe de l'Ouest » n'a sans doute pas la même valeur pour les Américains qui peuvent y croire pour se réinventer un Grand Récit fondateur, et pour les autres. Pour ces derniers, la fonction de cette notion de « mythe de l'Ouest » se réduit à suspendre le passé comme temps de l'Histoire, à en faire un temps quasi anhistorique, équivalent du présent grammatical plaçant les mythes dans un présent éternel. Toutefois, l'interprétant du mythe de l'Ouest n'est que l'un de ceux dont dispose le lecteur, mis à sa disposition par une interaction, entre western et Histoire américaine, à l'intérieur de la culture émettrice elle-même, la *pop culture* américaine. Avant même ce choix d'un interprétant, du côté de la culture médiatique française, le western occupe déjà, immédiatement, une position ambiguë : le genre conjoint virtualité et passé — emblème de l'Amérique, elle-même modèle générateur d'ambivalences dans la culture française, mais d'une Amérique révolue. Ambiguïté rappelant aussi une forme grammaticale, l'*irréel du passé*, dont seul le contexte permet de discriminer le sens du *potentiel*. Pour un genre censément simplet et essentiellement tourné vers l'action, on avouera que cette complexité congénitale ne manque pas de sel ! Et lorsque le passé américain de héros français s'insère dans la paralittérature, il le fait dans un genre apparenté certes, mais perçu par le lectorat et les éditeurs comme assez nettement distinct et tout à fait minoritaire (moins crédible ?) : le roman d'aventures américaines (je l'ai évoqué au chapitre précédent et j'y reviendrai) ; malaise dont ne souffre visiblement pas un genre comme le roman d'espionnage qui a fourni de larges contingents d'espions de papier français à l'appareil d'Etat américain, tout en restant parfaitement homogène.

Modèle, « avenir fatal et impensable » de la France, l'Amérique a un passé de nature mythique, ce qui, dans la culture médiatique française, fait à la fois sa force et sa faiblesse. Après la conquête de l'Ouest, le cow-boy est passé à la conquête des marchés européens, à la fois indice univoque d'américanité (sa fortune publicitaire est fondée sur cette univocité), et trop américain, trop couleur locale, trop particulier pour marcotter et s'implanter profondément et durablement. Le western comme révélateur des limites du modèle, en quelque sorte...

Corollaire à ce premier paradoxe : le western occupe une position ambiguë dans la culture médiatique française non seulement en s'y conjuguant immédiatement à l'irréel du passé, mais aussi en y représentant de manière tout à fait excentrée la contradiction entre modernisme et passéisme. Le XXe siècle aura clairement été celui de la montée en puissance de ce modèle universaliste, américain, qui, notamment dans le domaine de la culture de grande diffusion, sera venu menacer sur son propre terrain un autre modèle universaliste avec qui il était en compétition, le français. Or, à la perte de la particularité, culturelle, régionale, nationale, la culture médiatique est censée offrir des consolations ; la nostalgie du prémoderne elle-même a trouvé, second paradoxe, une forme pour se dire dans la culture médiatique américaine, essence de la modernité : le western, récit d'une conquête de l'Ouest fondée sur un court-circuit et sa schématisation idéologique, la pointe avancée de la civilisation en contact avec des cultures fossiles. Mais cette consolation sous forme de produit d'importation redouble le paradoxe en France. Jusqu'à la défaite du pétainisme, la culture lettrée avait occupé une position médiane et hégémonique entre la culture populaire orale et la culture médiatique, entre la valorisation des racines et des traditions rurales et la valorisation d'un nouveau sens commun urbain. Cet antagonisme triangulaire avait acquis une certaine stabilité dans la première moitié du siècle ; le régionalisme pouvait s'exprimer dans la culture lettrée, mais de façon minoritaire, ainsi que l'a démontré Anne-Marie Thiesse (1991) en étudiant la tradition romanesque régionaliste ; la culture médiatique en était soigneusement tenue à distance.

La position de la culture lettrée n'est plus aussi assurée depuis la régulière et irrésistible montée en puissance de la culture médiatique reprise après la Seconde Guerre mondiale ; et le changement d'emplacement pour le régionalisme dans la cartographie idéologique a été brusque, de son purgatoire pendant les années 50 et 60 à la reviviscence politique des régions et la revalorisation baba-cool de la campagne dans les années 70. J'évoquais un paradoxe. Qu'on se souvienne de l'une des formes qu'il devait prendre dans la chanson : avec le transit par le *protest song* et le folk américain[40] (et son bref cousinage folk-rock à la fin des années 60, additionné d'instruments électriques), découvert par la jeunesse et l'industrie du disque, directement ou le plus souvent par l'adaptation ou la métabolisation de cette esthétique, de Hugues Aufray à Francis Cabrel, qui aura servi un temps de locomotive à un retour musical aux terroirs — encourageant même des mouvements de musiques traditionnelles et routinières, provoquant de curieuses relations tutélaires : le festival de Saint-Chartier est certes issu de la tradition (les sonneurs de vielles à roue) et de sa diffraction romantique (la bonne madame Sand), mais plus immédiatement de la reviviscence *folk*, c'est-à-dire de Malicorne et... Bob Dylan.

Le plus souvent véhicule d'une idéologie antimoderne, le régionalisme a toutefois réussi à se tailler une place dans la culture médiatique, exiguë quoique notable. Dans la paralittérature, non seulement s'est-il modestement implanté dans un genre héritant directement de traditions narratives plutôt rurales comme le fantastique[41], mais il a aussi pris pied dans des genres globalement urbains comme le roman policier, y compris dans son volet polar — d'abord, le plus souvent la campagne y relevant du décor[42], puis les mœurs paysannes s'y inscrivant avec plus de fermeté[43] ; — parfois, comme dans les romans de Haute-Provence de Pierre Magnan[44] où, même observées sans complaisance, ces mœurs servent de panoplie antimoderne. En fait, c'est au même titre que les autres genres paralittéraires mentionnés que la région, en l'occurrence la Camargue, s'immisce dans cette américanisation de l'aventure par excellence que constituait le western — inspiration marginale dans un genre lui-même marginal, elle n'avait même plus l'interprétant mélancolique et occitan qu'y avait vu Baroncelli-Javon. En outre, tout comme l'inspiration régionale reste très minoritaire dans un genre abondant comme le roman policier, l'inspiration camarguaise dans un genre bien plus ténu comme le western est minuscule.

Mais elle n'est pas négligeable pour autant. Il y eut de lointains descendants des westerns des origines[45] et de l'entre-deux-guerres ; après la Grande Guerre, cette veine reprend vie[46]. Une se-

---

[40] Mais peu par les autres genres de la musique country.

[41] Qu'on pense au fantastique à la Seignolles, ou à la Agapit.

[42] Depuis *Le Crime d'Orcival* (1866) de Gaboriau ou *Maximilien Heller* (1886) de Cauvain...

[43] De *Goupi Mains-rouges* (1937) de Véry au régionalisme de Magnan dans les années 80, en passant par *Jusqu'à plus soif* (1962) d'Amila, *La Nuit des grands chiens malades* (1975) d'A.D.G. ou *Canicule* (1982) de Jean Vautrin.

[44] Au sujet de Magnan et de la contradiction entre postmodernisme et antimodernisme dans le roman policier des années 80, voir Pierre Verdaguer (1998).

[45] Comme *Le Gardian de Camargue* (1910) de Léonce Perret, *La Reine de Camargue* (1912), *Un drame en Camargue* (1912), et *L'Héritière de la manade* (1917) de Stacia Napierkowska, *En Camargue* (1911) de Jean Durand.

[46] Dans un quasi-western de Julien Duvivier se déroulant en Corrèze : *Haceldama* (1919) ; puis *La Fille de la Camargue* (1921) de Henri Etiévant, *Le Gardian* (1921) de Joë Hamman et Gaston Jacquet, *Roi de Camargue* (1934) de Jacques de Baroncelli et Henri Decoin.

conde fois, le fil se renoue dès 1945[47] ; mais c'est le succès d'un film destiné à la jeunesse, poétisant le cheval, *Crin-blanc* (1952) d'Albert Lamorisse, qui devait le plus largement rappeler les insolites paysages d'eau et de roseaux, de cavaliers et de troupeaux du delta du Rhône. A la même époque d'ailleurs, à partir de 1950, Robert Rigot (avec R. Labois, puis Guy Hempay) devait commencer à dessiner pour *Cœurs-vaillants* une intéressante transposition BD du western à la Camargue avec *Frédéri le guardian* — qui partagera plus tard les honneurs du titre avec son Sancho comique : *Frédéri et Ulysse*. Déjà, *Chien de pique* (1960) d'Yves Allégret, puis *Où vas-tu Johnny ?* (1963) de N. Howard relevaient plus des histoires de truands. Fil ténu, comme on le voit, à quoi on pourrait toutefois relier quelques livres non fictionnels, comme un titre pour la jeunesse sur la culture manadière, *Cow boys et guardians* (1983) de David H. Murdoch ou le livre auto-édité de Danielle Jolivet, *La Camargue au cœur : guardians et manadiers de taureaux à la veille du IIIe millénaire* (1991).

La situation incite à poser une question plus générale : quel genre la culture médiatique, à base urbaine[48], a-t-elle trouvé pour dire la dévitalisation, voire la désertification de la campagne, ce mouvement de fond de la société française pendant tout le XXe siècle ? Visiblement, pas le western, le retour antimoderne aux valeurs de la campagne ne pouvant évidemment pas se faire par l'Ouest, incarnation de la *pop culture* américaine — malgré les accents nostalgiques des thuriféraires du western hollywoodien quant à ses valeurs communautaristes. La campagne française, à l'aune des grands espaces sauvages, paraît bien médiocre, bien petite, bien policée, bien dépourvue d'aventure, peut-être trop informée par les valeurs de la littérature régionaliste.

Pour poursuivre brièvement sur cette voie de la représentation, je dirai que la pertinence fonctionnelle du western s'avère tout aussi partielle au moment de mettre en scène d'autres problématiques sociétales auxquelles ses lecteurs auraient pu chercher des voies de solution dans ses lectures d'évasion. En effet, on pourrait dresser une longue liste d'occasions (plus ou moins) manquées pour cette période qui a précédé la dernière crise du western, à commencer par la désertification des campagnes, mais aussi le bétonnage des banlieues ou les débuts de la prise de conscience écologique... Le cliché métaphorique de « cow-boy » en français pour référer à un individualisme négligent, désinvolte, dangereux, voire violent, joue le rôle de symptôme. Question cardinale du genre américain, la violence autorisée, fondée sur l'individualisme armé de l'époque où le lien social était encore rudimentaire, ou sur la contre-violence de la loi ou de l'honneur, ne peut guère s'aligner sur ce modèle américain dans la culture française[49]. Occasion manquée aussi quant au modèle américain en matière d'images de la virilité[50] : côté américain, la conquête de l'Ouest, c'était à la fois la représentation de la femme et de la civilisation comme agents de répression de liberté sexuelle associée à la Sauvagerie, liberté donnée au Sauvage et au bandit dont profitait métonymiquement le héros, à l'appel de la femme brune, sombre ou indienne... ; côté fran-

---

[47] Justement avec une troisième adaptation d'un roman d'Aicard, *Le Gardian* (1949) de Jean de Marguenat, *Vendetta en Camargue* de Jean Devaivre, *La Caraque blonde* (1952) de Jacqueline Audry.

[48] Sur le caractère urbain, et fédérateur, de la culture médiatique, on consultera Dominque Kalifa (1995) et Jean-Yves Mollier (1997).

[49] Ce que, malgré les simplifications et les imprécisions liées à sa thèse (c'est d'ailleurs le décalage de son regard français sur la violence américaine qui est, en l'occurrence, pour le présent essai, le plus pertinent), Denis Duclos (1994) expose en rapportant la fascination pour la violence dans la culture américaine à son sol mythique : le dualisme radical d'une mythologie nordique faite de *berzerk* et de crépuscule des dieux.

[50] Sur l'influence de ce modèle au moment du décollage de la société de consommation en France, voir Kristin Ross ([1995] 1997).

çais, tout en incitant le spectateur à se projeter dans cette misogynie, le western n'ajoutait pas grand-chose à l'arsenal narratif misogyne autochtone. En France, un peu rustaud, le cow-boy ne s'est avéré un signe adéquat pour représenter une virilité distanciée dans la culture médiatique qu'avec Eddy Mitchell, alors que, dès les années 60, le cinéma de Godard jouait de cette manière des signes de la virilité urbaine américaine hérités du film noir hollywoodien (dans un registre beaucoup moins populaire que le country distancié, *camp*, d'Eddy Mitchell, il est vrai). Enfin, autre occasion manquée, ni dans l'esprit des lecteurs ni dans celui des quelques critiques, le rapprochement ne semble s'être formulé : en 1964 naissaient les trois grandes collections de guerre paralittéraires, « Baroud », « Feu » et « Gerfaut » ; 1965, « Western pocket » et « Galop », juste avant « Le Masque Western », en 1966. N'aurait-il pas été tentant d'y lire la transposition, la projection sur l'histoire américaine de l'Empire impossible, l'image en creux de la décolonisation — alors qu'en 1962 s'était achevée la Guerre d'Algérie ? D'avoir des interprétants maghrébins ou vietnamiens pour lire les histoires d'Indiens des collections western ? Tel n'a pas été le cas non plus.

« Irréel du passé », disais-je pour souligner le paradoxe initial du western dans la culture française. Mais il aurait pu avoir fonction de sas. La mélancolie pour un état de société plus simple, fondé sur une relation nouvelle à la Nature et la possibilité de se réaliser soi-même à l'aide de sa seule énergie, aurait pu se représenter avec pertinence dans un ailleurs, dans une autre histoire, justement dans cette Amérique exotique ou légendaire, tout simplement parce que la géographie et l'histoire nationales étaient trop pleines, trop complexes, trop usées, ne laissant pas au rêve l'espoir de quelque réalisation ? Ne dit-on pas « littérature d'évasion » ? Mais évasion pour quelle utopie ? Pour quelle conquête de l'Ouest ?

Des Peaux-rouges aux premières nations, de la *pop culture* aux sciences sociales...

C'est bien sûr à une crise américaine, lors de la Guerre du Viêt-nam, qu'est dû le déclin du western, accompagné d'une mutation radicale de la représentation des Amérindiens — passage des Peaux-Rouges aux premières nations, de la *pop culture* aux sciences sociales[51]... A cette crise du référent, interne donc, s'en superposait une seconde, ouverte par le western-spaghetti dont on a vu les effets sur le marché international du film western et l'esthétique hollywoodienne, mais aussi sur le roman western britannique ou la BD française. La conjonction des radicales remises en cause produites par la contre-culture (annoncée par les *beatniks* des années 50), des profondes dissensions politiques suscitées par l'engagement militaire américain et de la prise de conscience identitaire des nations amérindiennes allaient entraîner une révision déchirante du rôle historique de l'Indien — et de ses trois grands modes de réception, à travers le mythe de l'Ouest, à travers l'Histoire de sa conquête et à travers sa transmédiatisation.

D'ambigu ou contradictoire qu'il avait été aux XVIIe et XVIIIe siècles, l'Indien du XIXe était devenu monologique ; d'incarnation du Mal ou de Bon Sauvage, le voilà qui,

---

[51] Une abondante littérature a été consacrée à la représentation de l'Indien dans le discours social américain. On consultera notamment Robert F. Berkhofer jr. (1978), Nancy B. Black et Bette S. Weidman (1976), Franz Boas (1928), Gaile McGregor (1988), Roy Harvey Pearce (1965), Priscilla Sears (1982), Raymond William Stedman (1982), Sherry Sullivan (1987), etc.

pour les besoins de la colonisation du continent, avait été rabattu au rang de fossile culturel. Politiquement, face à cet avatar ne convenaient que l'assimilation ou l'extermination ; et, pour la consommation culturelle de grande diffusion, sa transformation en signe.

On peut suivre le processus de transformation en signe dans le traitement des Amérindiens (directement ou) photographiquement exhibés lors des grandes expositions de la seconde moitié du XIXe siècle : Exposition internationale du Crystal Palace (Londres, 1851) ; Exposition du centenaire (Philadelphie, 1876, année de Little Big Horn), alimentée par des expéditions documentaires, dont les photos de William Henry Jackson et de John K. Hiller ; Exposition universelle (Paris, 1889) avec les photos d'Indiens très dignes, voire grandioses, prises par Roland Bonaparte[52] ; Exposition internationale de Chicago (1893) ; Exposition Trans-Mississippi (Omaha 1898), avec les photos de Frank A. Rinehart et Adolph F. Muhr, 545 Indiens de 36 tribus, mais aussi la mise en scène de fausses batailles par le capitaine W.A. Mercer, organisateur et agent officiel pour les tribus Omaha et Winnebago ; Exposition internationale de Saint-Louis (1904) pour le centenaire de l'achat de la Louisiane, avec les photos de deux femmes, professionnelles, Mamie et Emma Gerard[53]...

C'est en effet par l'image photographique que s'est mis en place et consolidé l'idéologème du « Vanishing American », surtout bien sûr à partir de l'œuvre monumentale d'Edward S. Curtis, *Scènes de la vie indienne en Amérique du Nord* ([1903] 1977), où la photo était à la fois un outil ethnographique d'enregistrement, de conservation de cultures en voie de disparition, mais aussi un appareil interprétatif entièrement informé par cet argument que les Indiens disparaissaient[54]. Elément clé, avec la « *Manifest Destiny* », du Grand Récit de l'édification de l'Amérique (dans les deux sens du mot), puisque spectateurs et lecteurs allaient pouvoir ensuite puiser dans cette encyclopédie, pendant leur acte d'interprétation, l'idéologème permettant de faire tenir ensemble des morceaux de récit (ou d'argument...). Les clichés sont de nature anthropologique, le sujet séparé de son contexte par une toile neutre, réduit à un face-à-face avec l'objectif, c'est-à-dire à la fois avec la technologie d'enregistrement, avec l'idéologème interprétant cette distance entre lui et le photographe — la notion de *Vanishing American* — et avec l'objectivisation opérée (chaque Indien devient un *cas*, servant à illustrer, à typifier une « race », chaque photographe devient un classificateur).

L'image photographique s'éloigne de deux autres représentations de l'Indien : personnage(s) et contexte sont entièrement subordonnés à l'action en train de se dérouler, pris en instantané (comme souvent dans les peintures de Remington, ou dans les illustrations), et paysage en vedette dans lequel l'Indien se perd en quelque sorte dans cette majestueuse Nature (comme chez Cole).

La sympathie de Curtis pour les Indiens, sans doute réelle, ne l'empêchait pas d'avoir pour admirateurs Theodor Roosevelt et E.H. Harriman (qui avait fait fortune dans la construction du chemin de fer et dont la veuve devait financer le Eugenics Record Office[55]).

Sans faire le rappel historique qui s'imposerait, soulignons qu'à Hollywood les *Indian stories*, qui avaient pu prétendre constituer un sous-genre à part[56], s'étaient fondues depuis longtemps dans le western, et que l'indianité était plutôt devenue un réservoir de personnages ou de types, le plus souvent subalternes, dans lequel le genre puisait. Et encore... Un spécialiste du western comme Frank Gruber, dans une entrevue avec Jean-Louis Rieupeyrout[57] (*Cinéma 61* n°53), en faisant une liste des sept

---

[52] Son livre de photos de Peaux-Rouges, prises en Europe et aux Etats-Unis, datait de 1884.

[53] Au sujet de cet aspect de l'histoire de la représentation photographique des Amérindiens, voir Paula Richardson Fleming et Judith Lynn Luskey (1995).

[54] Sur Curtis, on pourra consulter Florence Curtis Graybill et Victor Bœsen (1991).

[55] Voir Martin Baker et Roger Sabin (1996 : 233).

[56] Ainsi, dans *War Arrow* (1953) de George Sherman, même si le héros est un soldat de cavalerie, c'est en fait l'antagonisme interindien qui constitue le fond de la situation, Séminoles contre Kiowas menaçants.

[57] *Cinéma 61*, n°53.

thèmes possibles du genre (l'Union Pacific Railroad, le ranch, les barons de la Prairie, les histoires de vengeance, le dernier combat de Custer, les hors-la-loi, les shérifs), ne se référait que de manière indirecte et secondaire aux Indiens — par Custer interposé.

Cela dit, une veine minoritaire, moins uniment anti-indienne, s'était fait jour assez tôt, les studios ne reculant pas devant les possibles avantages d'une originalité.

A défaut de donner vraiment raison aux Indiens, les scénaristes pouvaient, par exemple, faire comprendre les raisons d'un soulèvement indien, comme dans *Apache Trail* (1943) de Richard Thorpe où les Indiens se vengent après que leur terre sacrée eut été profanée, ou dans *Winterhawk* (1975) de Charles B. Pierce où un chef indien maltraité alors qu'il venait demander un vaccin antivariolique à des Blancs, enlève une femme blanche et son petit frère. Les scénaristes pouvaient aller plus loin. Ainsi, avec *The Vanishing American* (1926), George B. Seitz devait réaliser un classique du muet ; de retour d'une guerre américaine où il a combattu héroïquement, le guerrier indien retrouve les siens chassés de leurs terres par des bureaucrates corrompus. En 1950, Anthony Mann reprenait le thème ; *Devil's Doorway* racontait l'histoire de ce Shoshone qui s'était héroïquement battu pour le Nord et qui, de retour chez lui, doit sauver les terres de son peuple. Toutefois, le film pro-indien qui allait le plus marquer l'histoire du genre reste *Broken Arrow* (1950) de Delmer Daves, dans lequel un agent des Affaires indiennes, marié à une Indienne, tente de faire la paix entre le gouvernement et les Apaches Chiricahuas de Cochise. Avec une inspiration tragique, Robert Aldrich devait réaliser *Apache* (1954), puis le plus pessimiste *Ulzana's Raid* (1972).

Souvent le scénariste se contentait d'un renversement du manichéisme, plus fréquemment dans la période du western révisionniste. Dans *Chato's Land* (1972) de Michael Winner, les Blancs sont racistes, médiocres, et piètres guerriers, ce que découvre le *posse* à la poursuite d'un Indien, qui d'abord avait été contraint de tuer un marshal, puis avait vu sa famille massacrer en représailles ; même mouvement dans la série *Billy Jack* (comme *The Trial of Billy Jack* (1974) de Frank Laughlin).

Ou alors il se contentait d'adapter une formule. Avec *The Legend of Walks Far Woman* (1982) — une Blackfoot enlevée par les Sioux vit jusqu'à 102 ans pour se raconter, — Mel Damski offre un pendant *politically correct* de *Little Big Man,* réalisé pour la télévision.

Des tentatives remarquables comme celles de John Maple ou Keith Merrill sont restées sans suite, et les *majors* n'ont guère produit de films réalisés par des Amérindiens ou, comme dans ces deux cas, plus centrés sur leur expériences : au-delà de la couleur locale fournie par le saupoudrage de quelques phrases en langue autochtone (comme dans *Danse avec les loups*, par exemple), tous les dialogues de *The Windwalker* de Merrill sont en cheyenne et en crow ; quant au plus ancien et semi-documentaire *Before the White Man Came* (1921), son réalisateur, Maple, avait été adopté par les Crows avant le tournage, et toute la distribution était crow.

De la même façon, en dehors des clichés bienveillants ou des hostiles caricatures, dans le roman western, l'Indien n'est qu'occasionnellement un héros.

Un seul exemple : le recueil de nouvelles de Zane Grey, *L'Esclave rouge* (1979), dans le « Masque Special Western », propose une histoire purement indienne sur les sept sélectionnées. Déjà plus diversifiées géographiquement et historiquement que le laisse entendre l'illustration de la couverture (« attaque de diligence »), les nouvelles exploitent plutôt un thème unique : elles évoquent toutes un moment critique, moment où son courage amène un homme au passé parfois lourd à franchir un nouveau seuil dans sa vie. Quête simple comme la mouvementée et bouleversante capture d'un étalon sauvage dans « Lightning ». Mélo de la petite orpheline qui retrouve son vrai père dans « Le Cambrioleur fantôme » ; ou du récolteur de caoutchouc meurtrier, écœuré par lui-même et les siens, qui retourne dans la forêt comme protecteur de deux orphelins indiens dont il a tué le père cannibale dans « Les Aventuriers de la rivière ». Mais surtout constitution dramatique d'un nouveau couple : un couple d'amants poursuivi par le jaguar du mari jaloux dans « La Revanche de Bernardo » ; une « Course contre le feu » qui permettra au cow-boy de gagner le respect du rancher hostile dont il courtise la fille ; le timide rancher qui, parasitant une mystificatrice correspondance de ses hommes avec « La P'tite Instite du Missouri », finit par conquérir le cœur de cette dernière.

La nouvelle éponyme s'insère bien dans cette dernière inspiration combinant sentiment et aventure, réaffirmant sans effets de manches l'universalité de l'épreuve, du courage, donnant une même dignité au héros crow qu'aux habituels cow-boys anglo-saxons et aux moins fréquents *seringuero* et *vaquero*. Sa générosité désintéressée a valu à Siena, chef de sa tribu, de recevoir en cadeau un fusil qui lui permet de nourrir les siens ; capturé avec eux par les Crees, sa force d'âme les aide tous à supporter la captivité et les vexations, et le fait aimer d'Emihiyah la fille du chef cree tourmenteur ; finalement, leur liberté sera gagnée par ses prouesses de pourvoyeur, sa ruse et l'amour d'Emihiyah. Histoire exclusivement indienne donc, écrite par un Blanc, sans doute à partir d'un conte indien retenu pour son romanesque mais traité sans condescendance[58] ; autrement dit, une inspiration minoritaire.

Sans doute la littérature américaine était-elle plus riche — qu'on pense au roman historique de Will Henry, *From Where the Sun Now Stands* (1960), — mais cette révision ne devait pas fortement s'imprimer dans le western disponible au lectorat français.

Dans le contexte d'une déchirure de son homogénéité idéologique occasionnée par la résistance à l'engagement militaire américain au Viêt-nam, la culture américaine redécouvrait une nouvelle histoire des relations entre Blancs et Indiens, la réécriture de l'Histoire par les vaincus, à travers des travaux académiques comme celui de Wilcomb E. Washburn, *The Indian and the White Man* (1964) ou le succès de récits non fictionnels comme le *best-seller* de Dee Brown, *Bury My Heart at Wounded Knee : An Indian History of the American West* (1970)... C'est au début des années 70 que l'Europe prit conscience de l'activisme politique amérindien.

Fondation de l'*American Indian Movement,* en 1968, par les Chippewas Dennis Banks, George Mitchell, Clyde Bellecourt et le Sioux Russell Mean ; occupation d'Alcatraz en 1969-1971 ; occupation par l'AIM et 200 Oglalas, pendant plus de deux mois en 1973, du site du massacre de Wounded Knee : deux morts...

Réévaluation historique non seulement du rôle des Amérindiens dans l'histoire américaine (ce qui donnera une impulsion à une historiographie amérindienne. Le très intéressant *Lakota Noon* (1997) de Gregory F. Michno en serait un modèle : l'emblématique bataille de Little Big Horn à travers 26 témoignages d'Amérindiens). Mais aussi réévaluation critique de leur représentation dans la culture médiatique ; par ses agents mêmes — en 1973 Marlon Brando refuse un Oscar pour protester contre la façon dont Hollywood dépeignait les Indiens ; puis par le discours savant — pour se contenter d'un seul exemple récent, qu'on pense au travail historique de Lester G. Moses (1996) sur les Amérindiens transformés en signes par les Wild West Shows, de 1883 à 1933...

Remarquons que cette révision du rôle historique de l'Indien n'était pas l'affaire des westerns-spaghetti.

Un inévitable et très convenu Buffalo Bill de John W. Fordson (pseudonyme de Mario Costa) dans *Buffalo Bill, l'Eroe del Far West* (1965) : Main Jaune le Sioux est fort révolté, mais sans doute récupérable si le héros s'en mêle et peut neutraliser le raciste colonel. Des histoires d'amour métisses, comme *L'Uomo della Valle Maledette* (1964) d'Omar Hopkins, ou ce Roméo et Juliette entre la jolie Blanche et le fier Cherokee : *Il piombo e il carne* (1965) de Fred Wilson (Mariono Girolami) ; ou le *soft-porn* de *Una donna chiamata apache* (1976) de George McRoots, avec sa belle Indienne secourue par le naïf soldat des griffes de trafiquants d'armes...

D'ailleurs, nombre d'histoires d'Indiens dans les westerns européens sont le fait de réalisateurs

---

[58] Crows du Nord et Crees du Sud dit la nouvelle ; pourtant, les premiers, qui parlent une langue de la famille sioux, résidaient dans les grandes plaines au Montana, au Wyoming, alors que les seconds, qui parlent une langue algonquine, vivaient dans les zones subarctiques des plaines canadiennes !?

qui proviennent de pays autres que l'Italie : américains pour *The Tall Women* (1966) de Sidney Pink, ou *Bruciatelo vivo* (1969) de Nathan Juran ; espagnols pour *Fuertes perdido* (1963) de J. Douglas (pseudonyme de José Maria Elorrieta), repris sous le titre *El hombre de la diligencia* (1966) de Joe Lacy (le même Elorrieta), *Segreto di ringo* (1965) d'Arturo Ruiz Castillo, le plus intéressant, sur le thème des Indiens contre la cavalerie, ou *Hora de morir* (1968) de Paul Marchenti (pseudonyme de Joaquin Romero Marchent) ; britanniques pour *Captain Apache* (1971) d'Alexander Singer ou *Eagle's Wing* (1980) d'Anthony Harvey ; allemands, avec des conventions encore plus simplettes et archaïques — Winnetou, noble sauvage, *alter ego* du héros germain, et ses démarquages (comme *Die schwärzen Ädler von Santa Fe* (1984) de Ernst Hofbauer) — ou plus sentimentales (*Tschetan der Indian Junge* (1972) de Mark Bohm), ou, longtemps après le tarissement du genre, plus outrancièrement violent (*Sie kämpft wie ein Mann* (1987) de Werner Knox)...

De même, l'Indien n'occupait qu'une place secondaire dans la production de BD franco-belges.

Parmi les fascicules, c'était par exemple *Indians* (chez Impéria, dont chaque livraison était composée d'une histoire brève, d'une page d'encyclopédie sur les Indiens, d'une aventure à suivre, comme « Strongbow le Mohawk » caractérisée par un mélange d'univers rappelant les *Tarzan*...). Des BD de *Coq-Hardi*, seul le « Sitting Bull » de Dut (Duteurtre) et Marijac (1948-1952) devait avoir les honneurs de la réédition en album (1978-1979). Quant à Derib, outre sa série *best-seller* pour enfants *Yakari*, il a aussi composé une trilogie, *Celui qui est né deux fois* (1983-1984) non seulement pour adultes et « réaliste », mais aussi non fictionnelle.

Du bon Sauvage au sachem emplumé, d'une ancienne tradition discursive aux productions de la fiction médiatique, la figure de l'Indien a connu bien des avatars, bien des mutations. Surprenante expérience de la rencontre, construction discursive des découvreurs[59] ou motif ethno-philosophique[60] (de Rousseau à Mauss, en passant par Engels), l'Indien avait en effet connu de multiples réinvestissements argumentatifs, toujours marqués au sceau de l'ambivalence.

L'abbé Joseph Bournichon, dans son *Sitting Bull* (1879), prenait la défense des Indiens dans la guerre indienne de 1876, pour des motifs antiprotestants. Dans le *Journal des voyages,* L. Desplaces (1892), avec une belle assurance ethnocentrique, par un titre en forme d'oxymoron bien propre à faire saisir à son lecteur tout le paradoxe de son information — « Un sauvage de génie », la doxa dans le premier terme, sa perturbation dans le second, racontait qu'un Iroquois avait pu réinventer l'écriture pour sa propre langue. Le baron Edmond de Mandat-Grancey oscillait entre franc racisme et mauvaise conscience latente, entre l'idéologème du *Vanishing American* et le vague souvenir d'une Amérique française[61] dans son ouvrage *Dans les Montagnes rocheuses* (1884).

---

[59] Dont le collectif *L'Indien, instance discursive* (Gomez-Moriana et Trottier, 1993) dresse le portrait, complexe et varié.

[60] Ainsi, c'est entre le « Second discours, sur les progrès successifs de l'esprit humain » de Turgot (de 1750) et l'*Esquisse d'un tableau historique des progrès de l'esprit humain* de Condorcet (de 1795) que Pierre Berthiaume (1993) étudie la déliquescence philosophique du « Bon sauvage », son remplacement par l'« Américain ».

[61] En quelques mots, voici le récit de son premier contact, plus fortement informé par ses préjugés que par ce qu'il voit : « C'est là que nous voyons des Indiens pour la première fois. Il y en a deux drapés dans leurs grandes couvertures rouges, les bras croisés, ils regardent sans bouger les hommes affairés qui les entourent [l'on doit en effet réparer la voie ferrée pour que le train où le baron voyageur a pris place puisse continuer son périple]. Un de nos compagnons de voyage me dit : « Regardez ces damnés fainéants ! Ils n'auraient qu'à se baisser pour gagner honnêtement deux ou trois dollars. Ils aiment mieux mendier ou voler ! » Il me semble que cette réflexion explique l'antipathie instinctive qui sépare les deux races. Ces hommes grands et forts ne veulent pas travailler. Ils sont d'une laideur repoussante et sinistre. Certains animaux, le rhinocéros ou l'hippopotame, par exemple, semblent appartenir à une création antérieure à la nôtre ; ces hommes avec leurs grands traits durs et immobiles paraissent manquer de je ne sais quelle touche finale et donnent la même impression d'inachèvement. On se figure ainsi l'homme préhistorique [...] Quel sera l'ave-

Il faudra attendre le travail pionnier de René Thévenin et Paul Coze, *Mœurs et histoire des Indiens Peaux-Rouges* (1928), pour que se fasse jour l'exigence de ne plus se satisfaire de la médiation de l'idéologie ou des clichés de la fiction populaire, pour qu'émerge la pertinence ethnologique d'un accès plus direct et plus respectueux aux cultures amérindiennes.

La crise ouverte par la réévaluation du rôle de l'Indien dans l'histoire américaine au cours des années 70 allait avoir deux types d'effet : un profond remaniement du discours non fictionnel prenant l'Indien pour objet et un déplacement de l'Indien en tant que personnage vers d'autres genres paralittéraires.

Ce sont d'abord des rééditions de témoignages, comme les classiques *Scènes de la vie indienne en Amérique du Nord* d'Edward S. Curtis avec des textes de A.D. Colleman et T.C. McLuhan — l'entreprise esthétique et documentaire, commencée en 1900, avait pour la première fois été publiée aux Etats-Unis en 1903), ou *Le Peuple du premier homme, Carnet de route de l'exploration du Prince Maximilien de Wied-Newied sur le Missouri 1833/1834*, avec des aquarelles de Charles Bodmer (1977) ; ou comme la traduction de l'autobiographie de John Tanner, *Trente ans de captivité chez les indiens Ojibwa* ([1830] 1983), écrit alors que l'auteur tentait désespérément de réintégrer sa communauté blanche d'origine : enlevé à ses parents dans son enfance, il avait passé la plus grande partie de sa vie chez les Indiens.

Cette crise dans la représentation de l'Indien devait surtout générer de nouvelles figures discursives rétorquant à l'idéologème de l'« Indien mort » (le seul bon à l'époque d'un génocide qui ne disait pas son nom), figures correspondant à trois grands *topoï* de ce discours non fictionnel prenant l'Indien pour objet : la diversité indienne, l'« Indien victime » et l'« Indien sage ».

La diversité, c'est la première résistance à la généralisation abusive, au « tous les mêmes » du racisme ordinaire, c'est la reconnaissance des singularités comme réponse au singulier simplificateur. Déjà présente chez Thévenin et Coze (1928), cette idée de la diversité des Amérindiens se retrouve par exemple dans *Ishi : testament du dernier indien sauvage de l'Amérique du nord*[62] (1986) de Theodora Kroeber qui rappelait que les tribus de Californie ne regroupaient pas moins de vingt et une nations, ou dans *Terre sacrée : l'univers sacré des Indiens d'Amérique du Nord* ([1974] 1991) de Serge Bramly qui distinguait cinq grands types culturels amérindiens[63].

Second *topos* : les Indiens sont des victimes pas simplement psychologiques, mais des victimes objectives d'exactions, de non-respect de traité, de malversations diverses. Krœber retrace la vie du dernier survivant des Yahis de Californie qui devait émerger de ses forêts en 1911,

---

nir de cette race à laquelle nous autres Français avons le devoir de nous intéresser tout particulièrement, car elle a été pendant plus d'un siècle notre fidèle alliée, dans la bonne comme dans la mauvaise fortune ? » (1884 : 19). Et de suggérer qu'ils remplacent, avantageusement, les cow-boys dans l'industrie en plein développement du *ranching* dans ce Far-West « appelé à devenir la manufacture de viande où viendra se fournir une bonne partie du monde civilisé » (p. 32).

[62] En 1978, NBC en avait produit un téléfilm sur un scénario de Dalton Trumbo.

[63] Prenant à rebrousse-poil une tradition simplificatrice allant d'Antonio de Ulloa à la mythologie hollywoodienne, (« celui qui a vu un Indien, de n'importe quelle tribu, les a tous vus, tant ils se ressemblent tous par la couleur et par la forme »), il s'empresse d'en montrer les limites : « Elle prit l'Indien des Plaines comme archétype, et présenta à un public complaisant un être au nez busqué, belliqueux, s'exprimant de préférence par gestes, et poursuivant avec une égale ardeur scalps et bisons. Cet être hybride, reflet déformé d'une culture qui vit le jour au début du XIXe siècle sous la pression blanche, n'est en aucun cas représentatif des Indiens en général. L'Amérique du Nord d'avant les Blancs était peuplée d'une multitude de groupes dont l'aspect physique, l'habillement, l'habitat, la langue, l'économie, les mœurs, variaient considérablement. L'Amérindien est, il est vrai, une des populations les plus homogènes du monde. Il n'y a sans doute eu que deux grandes migrations ; les Eskimos, les Aléoutiens et les Athapascans qui arrivèrent en dernier (Arctique et Ouest du Canada) ; et les ancêtres de tous les autres peuples. Mais l'édifice des cultures indiennes est sans cesse enrichi et diversifié, donnant naissance à de nombreux types culturels distincts » (Bramly, 1991 : 24).

vingt-cinq ans après l'extermination de son peuple ; à partir d'un cas particulier, elle en rappelle l'extermination entre 1850 et 1872. Plus général, Bramly souligne les exactions de la colonisation

> Des traités succédaient invariablement aux massacres, les Indiens acceptaient la reddition, parlementaient, obtenaient le droit de survivre sur des terres de plus en plus exiguës. Quelques mois plus tard, les Blancs oubliaient leurs promesses, brisaient les traités ; les guerres se répétaient et de nouveaux accords étaient signés. La soif de nouvelles terres, les spéculations foncières sont à la base de toutes les guerres. Selon le mot du général Crook, spécialiste des guerres indiennes : « La cupidité et l'avarice des Blancs — en d'autres mots, le dollar tout-puissant — sont à l'origine des neuf dixièmes de nos problèmes avec les Indiens. Les tueurs de bisons, les vendeurs d'alcool, les trafiquants de toutes sortes sont responsables du dernier dixième. (1991 : 26)

Les Amériques indiennes : le retour à l'histoire (1985) de Christian Rudel rappelle les mécanismes de l'appropriation des terres par les Blancs ; appropriation économique passant par l'achat de terres ou l'endettement des Indiens ainsi acculés à vendre leurs terres à vil prix ; ou appropriation par la force avec déportation de populations. L'appropriation va prendre ultérieurement une forme légale et miner progressivement les assises territoriales des tribus[64]. Deux matrices intertextuelles sont à l'œuvre derrière ce *topos* de l'« Indien victime », le renversement axiologique initial (le passage du couple Indien cruel/Blanc civilisateur à celui de mauvais Blanc/Indien victime) et la Shoah, qui nous a rendus sensibles au génocide, parfois explicitement convoquée[65].

Les Indiens ont été victimes sans doute, mais des victimes résistantes. Et pas seulement dans quelque rêverie vengeresse et romantique. *Résistances indiennes en Amérique* de Jean-François Lecaillon, une discussion passionnante sur l'assimilation, l'acculturation matérielle et la reculturation ou acculturation autogérée, souligne dans la résistance le trait le plus caractéristique des Indiens de l'Amérique du Nord, montre les stratégies s'opposant à la force de domination de la culture blanche (fuite, guerre, alliance, indifférence, repli intégriste). Résistance largement due à la colonisation anglo-saxonne qui ne laissait nulle place au métissage, contrairement à la colonisation espagnole du sud :

---

[64] D'abord en 1830, sous l'influence du président Jackson, les tribus se voyant qualifier de « nations domestiques dépendantes » (1985 : 95), perdent leur qualité de sujet de droit international. Ensuite, lors du mouvement de création des réserves, de 1850 à 1887, qui se fait à coup de viols des traités. Les tribus indiennes vont finir par être considérées comme des groupes d'individus, la réserve ne constituant plus un « espace indien » mais une simple juxtaposition de parcelles de propriétés privées (p. 98). Cela grâce à la « loi du lotissement général » qui, à partir de 1887, permet au gouvernement de privatiser les terres. Actions que Rudel qualifie de « pillage » et de « dépeçage » (p. 98), puisqu'elles devaient permettre aux grandes compagnies (chemin de fer, téléphone, électricité, pétrole, gaz) d'avoir désormais libre accès aux terres. Ce démantèlement se poursuit au xxe siècle, en 1934, avec l'Indian Reorganisation Act par lequel le gouvernement fédéral impose, à l'intérieur des réserves, l'implantation du système juridique blanc ; ce qui eut pour effet de diviser les tribus, en leur imposant la création de conseils tribaux élus qui allaient nécessairement entrer en conflit avec les autorités ancestrales.

[65] Rudel parle de la « solution finale » juridique de 1953 — il n'y a plus de problème indien, puisque les Indiens devenus citoyens américains comme les autres ont à la fois privés des avantages acquis par les traités et privés du recours au fédéral en cas de conflit avec les Etats ; il compare les réserves à des camps de concentration (p. 95). Fernand Schwarz (1982) parle de génocide ; René Coulet du Gard met ces mots dans la bouche de Yellow Bear avec qui l'auteur a fait connaissance pendant la Seconde Guerre mondiale : « Car quel choix mes parents ont-ils eu ? Mon père est né dans une réserve d'Indiens, moi, je suis né sur la périphérie d'un monde détruit, ne vivant déjà hélas, que de souvenirs et d'un passé terni par l'injustice et la malhonnêteté des Blancs de ce pays démocratique qui, après avoir secoué l'Angleterre, s'est acharné à nier les droits humains les plus élémentaires à une race qui les avait précédé sur ce continent. J'ai été « civilisé » par ceux qui nous ont volé nos terres et qui ont immolé nos chefs [...]. Tout ici respire la culture américaine et la culture autochtone a été reclassée, étiquetée, compilée, recyclée dans des endroits déterminés, soigneusement choisis par les politiciens, non par les Cheyennes, les Sioux, les Arapahos, les Navajos, et autres nations indiennes. Il a souvent fallu le jeu d'une minorité politique pour arriver à émanciper partiellement les survivants de ce génocide, contre lequel nulle nation européenne ne s'est dressée... Qu'a fait le monde entier contre le génocide juif ? Une partie du monde libre a lutté contre le nazisme à la victoire. Qu'a-t-on fait, je le répète, contre le génocide indien ? Rien ! De cette race forte et saine qui vivait librement dans les grandes plaines, dans les vallées verdoyantes, dans les montagnes aux aires majestueuses, que reste-t-il ? Une poignée de « peaux-cuivrées », abâtardie par la misère, les maladies et l'alcool, jouissant d'une aumône gouvernementale pour ceux qui ont préféré mourir lentement sans lutter. » (1989 : 13-14)

Au nord, les attitudes les plus fréquentes ont été la fuite (sous la forme de migrations collectives), la guerre ou la mobilisation de type messianique. Aujourd'hui, cet activisme a fait place au recours juridique. Autrement dit, dans cette zone, le comportement est plutôt de forme active ; la résistance est franche, elle ne fait aucun doute [...]

Si en Amérique du Nord, c'est l'activisme qui prime, c'est sans doute parce que nous avons affaire à des nomades-guerriers. C'est aussi parce que les Anglo-Saxons furent des conquérants exclusifs (pour reprendre le mot d'Octavio Paz) et hostiles au métissage (attitude liée au puritanisme protestant). Pour eux, un bon indien était un indien mort[66] (1989 : 61).

Si l'Indien est victime, il est loin d'avoir disparu. C'est ce que disent les études historiques mais aussi la sociologie de l'indianité contemporaine, « Indien vivant » contre « Indien mort », approches savantes ou polémiques. Qu'on pense à *Nations indiennes, nations souveraines* (1977) de Jean-François Graugnard, Edith Patrouilleau et S. Eimo A Raa (1977), *Les Peaux-Rouges aujourd'hui* (1978) de Jean Raspail, *La Résistance indienne aux Etats-Unis, XVIe au XXe siècle* (1980) d'Elise Marienstras, etc. La résistance n'a pas cessé — il n'y a pas de réveil indien, car les Indiens ne sont jamais endormis ; il n'y a qu'un réveil blanc dû à la maturité à laquelle est parvenue la culture occidentale (Lecaillon, 1989 : 93). Elle a abouti à une forme culturelle hybride originale :

L'expérience historique des peuples indigènes d'Amérique a donné naissance à une néoculture dite indienne. Celle-ci est faite de modernité matérielle, de coutumes plus ou moins anciennes et acculturées, d'une spiritualité distincte, d'un enracinement foncier, d'une psychologie collective particulière et d'un mode de pensée original. L'indianité est un univers qui a ses spécificités et qui s'est découvert une mission, des solidarités et des moyens nouveaux d'expression. (p. 195)

Et cette résistance force à reconsidérer l'histoire des guerres indiennes. Au-delà de la perspective classiquement événementielle de *Guerres indiennes. Du « Mayflower » à Wounded Knee* (1992) de Robert Marshall Utley et Wilcomb E. Washburn, *L'Epopée des Peaux-Rouges* ([1988] 1994) de Jean Pictet offre une remarquable étude polémologique des 165 grandes batailles qui ont opposé les Blancs aux Indiens, depuis la victoire en 1521 des Timucuas contre les Espagnols de Ponce de Leon en Floride, jusqu'au massacre des Sioux Hunkpapas de Big Foot par les mitrailleuses du major Whiteside de la cavalerie américaine à Wounded Knee en 1890. Cette résistance force aussi à reconsidérer l'histoire de l'hybridation culturelle[67]...

Troisième *topos* : les Indiens ont une sagesse spécifique, fondée sur leur rapport à la Nature, les ouvrant sur une transcendance et informant leur organisation sociale. Bramly s'intéresse à la dimension sacrée des cultures indiennes et reprend les deux versants de l'apport de Thévenin et Coze, soulignant que la vie est pour les Indiens un acte sacré prenant corps, et de façon quotidienne, par la recherche de contacts magiques avec la Nature dont tous les éléments (arbres, plantes, animaux, etc.) sont dotés de Mana, « pouvoir impersonnel, imprévisible et omniprésent » ([1974] 1991 : 49) ; et, de façon ponctuelle, par la quête de vision par laquelle les Indiens tentent de se mettre en relation avec les esprits tutélaires qui habitent la Nature.

Dureté du monde — très sensible dans l'autobiographie de John Tanner ([1830] 1983) où il n'est question que de maladie, de faim de froid et de chasse, c'est-à-dire de survivance — à quoi, selon Felix Reichlen (1987), cette dimension religieuse offre une réaction :

Pour survivre dans un univers souvent rebelle, à la merci des climats et de l'existence du gibier et des plantes, les Indiens éprouvent le besoin de disposer d'un secours surnaturel et le trouvent auprès d'un grand nombre d'esprits qui hantent le monde. Ceux-ci s'identifient à des animaux, des phénomènes de la nature, « habitent » le soleil et la terre, les rivières et les forêts [...] Il convient donc d'attirer leurs bienfaits et de réaffirmer l'ordre et l'harmonie du monde par des rites religieux. (p. 75)

---

[66] Quant aux Indiens du Sud, il conclut que l'indifférence qui leur est souvent prêtée est en fait une forme de résistance passive qui n'est précisément pas assimilable à de l'indifférence (p. 100). Voir aussi *Amers Indiens* de Christophe Kuhn et Maurice Lemoine (1993), où les brefs textes du second, journaliste, remettent les photographies se défiant de tout exotisme du premier dans la perspective historique des Indiens d'Amérique latine — perspective de survivants.

[67] Voir pour les seuls Indiens d'Amérique latine *La Colonisation de l'imaginaire ou l'imaginaire du conquistador* (1988) de Serge Grazinzki et *Les Amours indiennes* (1992) de Pierre Ragon avec sa minutieuse reconstruction des quatre représentations de la sexualité indienne selon les Espagnols : l'Indien sodomite, l'Amazone, l'Indien lubrique et l'Indien flegmatique...

De même, Pictet fonde les valeurs indiennes sur une qualité nodale, exigée par l'âpreté de la vie proche de la Nature et complémentée par un sens métaphysique :

> Sur le plan moral, on s'accorde à reconnaître la force d'âme de l'Indien nord-américain, sa maîtrise de soi et ce courage à toute épreuve qui est l'apanage des peuples libres. Dur envers lui-même, il l'était envers l'ennemi, jusqu'à la cruauté, mais sa loyauté et sa générosité sont proverbiales. Il possède un sens inné de la beauté, une vision cosmique du monde, dans laquelle l'homme est à sa place, au milieu des autres créatures. C'est aussi un rêveur, un être demeuré près de la nature, vivant en étroite harmonie avec elle, un initié, qui trouve en toutes choses des résonances profondes, une signification mystique. ([1988] 1994 : 16)

Avec *Ce que nous devons aux Indiens d'Amérique et ce qu'ils ont apporté au monde* de Jack Weatherford, la sagesse amérindienne n'est plus métaphysique mais pratique, technologique ; l'« Indien sage » se fait pédagogue, passeur culturel. Outre le rappel des traits qui avaient constitué l'idéologème du bon sauvage, érudit, cet ouvrage retrace tout ce que le Blanc doit aux Indiens, tant pour les matières premières (mines d'argent ou plantations d'Amérique du Sud), que pour les pratiques et les savoir-faire (alimentaires, pharmaceutiques et autres). « A chaque étape du processus d'industrialisation qui commença par la fourniture du coton et de teintures, les Amériques jouèrent un rôle significatif et important » (1993 : 58). Par exemple, outre la qualité du coton et des teintures, il y eut l'utilisation du caoutchouc, du goudron et de l'asphalte :

> De la Pennsylvanie actuelle à la Californie, les Indiens d'Amérique du Nord asphaltaient les paniers ou les vêtements pour les rendre étanches comme les Indiens du Sud le faisaient avec le caoutchouc [...]. L'Amérique ne fournit pas seulement les matières premières qui donnèrent son impulsion à la révolution technologique. Elle apporta aussi la plupart des nouvelles technologies. (p. 61)

Sur le plan industriel, les plantations de canne à sucre d'Amérique du Sud, synthèse entre l'agriculture et l'usine, auraient servi de modèles à la manufacture européenne beaucoup plus que les structures artisanales européennes antérieures. L'auteur envisage les différents apports des connaissances indiennes en médecine (les Indiens savaient notamment guérir le scorbut), en architecture et en géographie (avec le tracé de sentiers à travers toute l'Amérique du Nord), en philosophie politique aussi (l'anarchisme de l'auteur s'invente des ancêtres amérindiens bien antérieurs aux théoriciens européens de la liberté individuelle, Proudhon et son mutuellisme, Bakounine et son collectivisme anarchique, Kropotkine, etc.[68]).

Le succès des ouvrages de Carlos Castañeda, les témoignages *new age* et la récupération par l'ésotérisme constituent un autre aspect de cette figure de l'« Indien sage ». Des *Gardiens de la terre,* de Rachel et Jean-Pierre Cartier, couple belge contemporain « en cheminement », sourd un discours idéaliste, prônant amour et fraternité entre tous les peuples de la Terre, inspiration que les auteurs disent avoir trouvée au contact des Indiens : « Nous avons besoin d'enseignements spirituels pour être tous frères et ne plus avoir de guerres. Tous les êtres, sur toute la Terre, sont mes frères et mes sœurs, les Blancs, les Noirs, les Jaunes mais aussi les animaux » (1994 : 16) ; « Tout le reste peut vous tromper mais le cœur ne vous trompe jamais » (p. 172). Ici les Indiens servent de support à l'idéalisation dans leur rapport à la nature et au sacré — version moderne du bon sauvage. Pendant un bref séjour dans un groupe de rencontre au Vermont

> nous avons eu le sentiment de pénétrer dans un monde magique dont nous n'avions jusqu'ici aucune idée, racontent les auteurs. Le monde de l'intuition pure débarrassé de toutes les idées toutes faites qui n'arrêtent pas de nous encombrer l'esprit. Une vieille sagesse venue du fond des âges, un lien essentiel avec la Grande Nature, avec les plantes, les oiseaux, les ruisseaux, les fleurs. (p. 11)

Effet d'une sensibilité *new age* ? Peut-être, mais pas seulement — quoiqu'elle force le trait. En effet, beaucoup des ouvrages amérindianistes lus en France dans ce dernier quart de siècle tendent à l'idéalisation et à l'emphase[69]. Moins affaire de témoignage que de confirmation circu-

---

[68] On retrouve ce thème de l'influence amérindienne sur la culture blanche notamment dans *Le Chamanisme indien dans la littérature américaine* (1974) d'Elemire Zolla ou *L'Amérique indienne et l'Occident* (1979) de Fausta Renaga, etc.

[69] Selon Reichlen, « [l]a naissance d'une vive conscience populaire indienne favorise un nouveau comportement et s'exprime par le soutien de tentatives autonomistes. Les signes sont là [...]. La longue patience de ces peuples — trait si merveilleux du caractère indien — n'est pas uniquement symptôme de résignation, mais d'espoir » (1987 : 359). Quant à Pictect, il explique à propos de l'Indien (en ces cas d'ailleurs, on n'hésite pas devant la généralisation, appréciative certes, mais aussi simplificatrice que celle, dépréciative, de la

laire, l'optique résolument ésotérique des *Traditions de l'Amérique ancienne* de Fernand Schwarz se reconnaît dans les religions indiennes, le sacré des Indiens est pris au pied de la lettre : il y aurait bien une structure invisible derrière les choses de la Nature auquel l'Indien (mais tout homme s'il le désire) accède par les symboles, trait d'union entre l'ordre souterrain et l'ordre cosmique — allant jusqu'à l'autosacrifice pour « libérer les énergies nécessaires à l'entretien du monde » (1982 : 19).

Le retournement axiologique dans le discours non fictionnel d'où procédaient largement les figures de l'Indien victime et de l'Indien sage semble bien rudimentaire, mais il n'en eut pas moins des effets jusque sur la réception de la fiction. Avec le cœur gros de l'enfant qui s'est vu enlever son jouet, l'amateur de western ne peut guère que s'attrister, pas résister : où sont les Indiens de mon enfance, nobles et cruels sauvages, ceux des innocents westerns d'autrefois ? Piégés par ce discours qui englue l'imagination, qui empêche l'évasion — l'infecte politique, — telle était la complainte nouvelle, comme elle était chantée, par exemple, dans la chronique « Go West » d'Alain Paucard, dans le n°25 de *Polar,* en octobre 1982 :

> *Retour en flèches*, excellemment traduit par S. Hilling, sacrifie à la mode actuelle, coupable d'avoir détruit le genre au cinéma, et qui nous présente les Indiens comme des victimes. Certes, certes, il y a du vrai là-dedans, mais franchement, vous ne pensez pas que les mythes sont bien plus dignes d'intérêt que la vérité historique ? Le courage de l'auteur, c'est de nous montrer John Castor, jeune indien évadé de l'école avec des idées de vengeance plein la tête, se demandant si son type d'existence n'est pas historiquement dépassé. Western marxiste ?

Mais plus encore que par le renversement de la polarité du Bien et du Mal, c'est par la conquête d'une nouvelle complexité affectant aussi bien le contenu des témoignages et des réflexions que leurs configurations narrative et communicationnelle que l'Indien discursif devait quitter le registre épique et être désenchanté.

Complexité due à un modèle ethnologique plus raffiné, comme chez Lecaillon (1989), ou à un témoignage plus riche comme chez Tanner ([1830] 1983) ou Eaton (1992). Paradoxalement, mais en apparence seulement, Jean-François Lecaillon voit cette résistance des Amérindiens à l'œuvre dans leur acculturation. Il remarque que l'acculturation matérielle (technique : agriculture, élevage, etc.) ne signifie nullement l'assimilation :

> Le cas Cherokee est éloquent : voilà un peuple qui, pour mieux s'adapter à son nouvel environnement, s'est engagé dans un processus d'acculturation volontaire, changeant ses institutions, se créant un système syllabique d'écriture et investissant dans une économie de type moderne. Aujourd'hui c'est une des communautés les mieux intégrées et les mieux préservées à la fois[70]. (Lecaillon, 1989 : 115)

Répondant à l'idéalisation de l'Indien sage, le témoignage d'Evelyn Eaton rend compte d'une profonde ambivalence qui a marqué son expérience. C'est le récit d'une quête de la sagesse menée par une Blanche que son état de santé a conduit à fréquenter une *sweat-lodge* à l'invitation d'une amie amérindienne, puis à participer à des nuits de sermons, à apprendre la pipe jusqu'à devenir gardienne de la pipe, « objet de culte le plus sacré » symbolisant la Terre (1992 : 53).

---

doxa à quoi elle s'oppose) : « C'est pourquoi il méprise les biens matériels, cette civilisation artificielle qu'on prétend lui imposer et la vaine agitation du monde moderne. Son allure, ses manières sont empreintes d'une dignité qui confine à l'orgueil et d'une gravité, en société, qui n'exclut nullement la gaieté intime, ni le sens de l'humour, au contraire. Tous ces traits en font un être étonnamment original et attachant » ([1988] 1994 : 16). Il y a aussi la *captatio benevolentiæ* de Coulet du Gard dans le registre envolée lyrique : « Je décidais d'écrire un livre qui ferait connaître au monde l'espoir, si mince soit-il, des Indiens de l'Amérique du Nord de reprendre leur vie libre dans les grands plaines de l'Ouest, dans leurs montagnes nimbées de sérénité ; je me promis de faire des reportages, des enquêtes, des recherches ; je parlerais à ceux qui se souvenaient de leur vraie vie, au cœur de leur civilisation ; je parlerais aux enfants, petits-enfants qui avaient hérité d'une histoire riche devenue légende... J'essaierais de jeter un peu de lumière sur la question amérindienne, en toute impartialité... sans restriction ni contrainte » (1989 : 14).

[70] Puis il montre que même l'acculturation formelle ne signifie pas l'assimilation mais conduit à une « reculturation » ou « acculturation autogérée » (p. 122).

Comme le *topos* le réclame, elle met l'accent sur l'importance du rapport à la Nature chez les Indiens, Nature conçue comme Terre Mère et rapport sur quoi se fonde leur sagesse. Cette sagesse ne se donne nullement comme un savoir constitué, mais bien plutôt comme la résultante d'une quête, d'un mouvement de l'être, au cours desquels le sujet est incessamment renvoyé à lui-même sans qu'on lui donne jamais de réponse toute faite, prédéterminée. On comprend que la sagesse équivaut ici à une maturation personnelle qui repose sur la quête de visions et le contact avec les esprits tutélaires qu'Eaton nomme les « grands-pères ». Le rapport à la Nature est donc très présent, au cœur de la démarche spirituelle qui conduit à être initié à la pipe, à être « gardien de la Terre ». Eaton n'est pourtant pas dupe de ce rapport à la Nature qui ne rend pas compte de tout ce que sont les Indiens, ce que symbolise ce moment de désidéalisation qu'elle a traversé : sortant d'une *sweat-lodge*, elle note :

> Mais ces gloussements nerveux, ces bavardages stupides et vides comme celui des publicités TV, ce genre de vibrations me parut déplacé de la part de gens venant d'être purifiés et d'avoir fumé la Pipe. Je m'attendais à des commentaires avisés et sympathiques sur l'expérience que nous venions de vivre [...] mais certes pas à ces échanges terre à terre si éloignés des esprits planétaires (1992 : 77).

Plus encore, on sent la difficulté de la relation entre Blancs et Indiens ; tout au long du texte, il n'y a jamais de rapport tout à fait serein. La difficulté des relations devient très explicite à la fin du récit (p. 209) quand Eagle Man, chef de tribu, influencé par quelques Indiens qui, selon Eaton, ont peu participé à la formation de la *sweat-lodge*, décide d'exclure les Blancs de celle-ci :

> Les jeunes Blancs au contraire constituaient depuis le début un groupe harmonieux, qui était venu se joindre aux Indiens adeptes d'Eagle Man. La loge était devenue pour eux une partie de leur vie et ils la servaient loyalement. Ils avaient beaucoup donné à la communauté, peut-être trop. Maintenant, ils étaient bannis par leur homme-médecine, par la sweat-lodge et par leurs amis, uniquement en raison de la couleur de leur peau (p. 210).

Elle fait alors état de la « froideur grandissante », ce qu'elle va interpréter dans l'après-coup comme une réaction à la suffisance des Blancs : « Je répondis que parallèlement à la leçon évidente qui s'en dégageait sur la fraternité et la tolérance raciale, on nous renvoyait à notre propre suffisance, qui nous avait fait prendre comme un dû les bénédictions de la sweat-lodge » (p. 212).

Elle n'en qualifie pas moins la loge de « raciste » et exprime la « douleur violente » et la profonde « tristesse » qu'elle éprouva lors de sa dernière rencontre avec Eagle Man (p. 215), durant laquelle ce dernier se conduisit avec « haine et mépris » et lui reprocha d'avoir fait un mauvais usage de sa Pipe. Elle explique l'attitude de Eagle Man par le fait que, étant Piaute, il s'inspirait de la vision de Wowoka voulant qu'un jour viendrait où la race blanche n'aurait plus de place sur Terre, et de la danse des fantômes qui implique « la destruction totale de la race blanche » (p. 192). Croyance qui n'était pas partagée par nombre de grands hommes-médecine indiens, tel que Black Elk et Rolling Thunder qui croyaient, eux, en une fraternité et un « partage spirituel véritable » entre Indiens et non-Indiens (p. 188). Elle affirme que cette attitude était un « test », une épreuve ultime avant la « consécration » (p. 219) par Eagle Man de sa capacité à cheminer désormais seule, mais un doute persiste dans son esprit. Elle écrit en effet dans l'épilogue, à propos de la visite qu'elle refit plusieurs années plus tard à Eagle Man :

> Quelques membres de notre groupe sont également revenus. Eagle Man a affirmé un jour que c'était comme auparavant mais, alors même qu'il disait cela, nous savions que ce n'était pas le cas. Des portes s'étaient fermées entre nous, d'autres avaient été ouvertes. Néanmoins nous étions à nouveau là, assis en cercle, et nous reviendrions en visiteurs. (p. 221)

C'est une même ambivalence qui organise l'autobiographie de John Tanner (bien que parue en 1983, elle avait été rédigée au début du XIXe siècle par Indien blanc, enlevé par les Indiens avec qui il vécut, « adopté », pendant trente ans, et originalement publiée en 1830 — antérieurement aux mouvements massifs de ruée vers l'or, d'extermination des troupeaux, de mise en réserve, à l'extermination des Indiens...). Relations personnelles, au jour le jour, avec les Indiens, au cours de la vie qu'ils mènent tous dans les bois, autant de passages témoignant de l'amitié que des Indiens lui portent, que de passages où il est question de leur inimitié. Quelques heures après son rapt, alors qu'il est enfant, un Indien veut le tuer tandis qu'un autre le défend auprès du vieux chef en le présentant comme son « petit frère » ([1830] 1983 : 26). Il évoquera la « sympathie » de sa mère d'adoption (p. 31) et la « dureté » de son père. A propos de sa deuxième famille d'adoption, il décrira l'« indulgence » de son père et affirmera qu'il est traité comme un « fils, se disant « le plus souvent heureux » dans cette famille (p. 105). Il craint pourtant à plusieurs reprises de se faire tuer par des Indiens d'autres tribus en raison de vendettas entre tribus, par exemple lorsque son frère a abandonné son épouse (p. 90), ou en raison d'un vieux conflit tribal entre Cris et Ojibwa (p. 90). A la fin de son existence, tandis qu'il vit seul dans les bois, Tanner apprend que des parents de sa femme ont perdu plusieurs enfants, et qu'un Indien qui pratique la divination a

> fait croire au père de [s]a femme que [lui, Tanner, a] le pouvoir de vie ou de mort sur les siens ; le malheureux est persuadé, comme tous les Indiens d'ailleurs, que [s]es maléfices ont fait mourir ses enfants. [Tanner peut] être convaincu que si on [l'] appelle, c'est uniquement dans le but de [le] supprimer. (p. 187)

Retour du refoulé, avec projection dans le réel de ce qui n'a pas été psychologiquement élaboré concernant son propre rapt, ni par les Indiens, ni par lui-même : on lui prête des vœux de mort vis-à-vis des enfants de sa famille indienne tandis qu'on en a proféré et réalisé vis-à-vis de lui. Elément d'autant plus significatif qu'on apprend quelques pages plus loin (p. 195) que son fils est à son tour enlevé et que lui-même est obligé de se battre (il tue de fureur le cheval de l'Indien responsable) et de faire des menaces de mort pour décourager quiconque de recommencer. Ce qui a un effet qui n'est pas moindre : « [...] je pris la décision de quitter les Indiens : en effet, je me rendais compte que leur animosité à mon égard, sentiment encouragé et orchestré par Yiskawbawis, avait pris des proportions inquiétantes » (p. 196).

Outre la complexité due à l'ambivalence interraciale, le contenu des témoignages et des réflexions introduit une seconde complexité : celle de la vie réelle, actuelle, des Amérindiens. Un seul exemple : malgré le bain de bénignité *new age* des auteurs des *Gardiens de la Terre*, les témoignages de plusieurs des Indiens rencontrés — d'après leur parcours de vie, ils doivent avoir atteint la cinquantaine — frappent ; ils se définissent en effet non par rapport à la génération de leurs parents, mais par rapport à celle de leurs grands-parents à qui les parents les avaient confiés et vers qui, après avoir été retirés de la famille par les services sociaux pour échapper à des problèmes de violence, d'alcoolisme, ils se sont retournés pour renouer avec la partie bienveillante de la famille, ou auprès de qui ils espèrent trouver leurs racines culturelles.

Complexité du contenu — relations rapportées entre Indiens et Blancs, relations entrevues entre Indiens, — redoublée par une prise de conscience de la complexité rendue inéluctable par la parole amérindienne. On peut bien la lisser, la médiatiser, même avec de la bonne volonté[71], cette substitution à l'énonciateur indien trouvera inévitablement son critique. Le *Journal Peau-rouge* de Jean Raspail par exemple (1973) dit le mépris pour les larmes de crocodile des redécouvreurs tardifs des cultures amérindiennes ; derrière la sympathie des Blancs venant se mettre à l'école des Indiens, Raspail pense que les Indiens voient une forme plus subtile de dépossession, de vol : celui de leur âme. Ce qui conduira à laisser la parole aux Indiens — par la réédition de grands classiques comme *Elan noir* (1977) de John G. Neidhardt, poète du Nebraska, qui avait enregistré Elan noir, cousin de Crazy Horse ; jeune, ce dernier s'était battu à Little Big Horn et avait fait les tournées du Buffalo Bill's Wild West et, pour lui, la tragédie des Sioux, c'était d'avoir abandonné la vie harmonieuse avec la Nature[72]. Quitte à décrire et penser le statut documentaire et narratif du genre autobiographique lui-même plus tard, comme dans *Les Autobiographies d'Indiens d'Amérique* (1993) de H. David Brumble.

H. David Brumble montre la complexité et les relais du processus documentaire : collation auprès du narrateur, rôle de l'interviewer parfois ethnologue et rôle du *nègre* ; place des théories explicites des Indiens, théories traditionnelles ou empruntées, sur leur propre vie, sur l'histoire de leur peuple et sur la société ; imperfection de la superposition de l'oral et de l'écrit. L'essai distingue six types différents d'autobiographies :

---

[71] Comme dans R.H. Rieder ou dans André Chesneau (1979), etc.

[72] Qu'on pense aussi à Hehaka Sapa, *Les Rites secrets des indiens Sioux* (1975), au recueil de discours indiens de T.C. McLuhan *Pieds nus sur la terre sacrée* (1976), ou aux *Paroles du Chef Seatle* (1989)...

- les récits de coups : par ces coups, l'Indien montre sa bravoure et établit sa position dans le groupe social, la narration du coup en est un complément obligé ;
- les récits d'examen de conscience : il faut expliquer les difficultés de la tribu par l'oubli d'un rituel ou le fait qu'il n'ait pas été respecté ;
- les récits d'autojustification : il faut rejeter sur quelqu'un d'autre la responsabilité de quelque chose ;
- les récits de quête de vision : obtenir des pouvoirs ;
- les récits à finalité éducative ;
- les récits autobiographiques pour le plaisir de l'auditoire.

Non seulement l'Indien avait-il commencé à incarner une limite interne, critique à l'idée de modèle américain, mais sa représentation non fictionnelle en conquérant de telles complexités l'avait peut-être rendu incompatible avec l'idée de modèle même. La culture médiatique n'a pas trouvé dans la réévaluation historique du rôle de l'Indien un souffle aussi puissant que celui qui l'avait porté pour inventer une Histoire mystificatrice. C'est sans doute parce que le western était justement trop grevé de cette mystification ; mais aussi parce que dans la culture populaire américaine, l'Indien n'a guère été une alternative réelle à la civilisation — si alternative il y eut, ce devait plutôt être dans l'idéologie de retour à la Nature à la Thoreau[73], l'Indien lui offrant sa coloration dans le mélange proposé, de manière marginale et assez passagère, par le mouvement hippy.

Certes, le succès français des romans policiers de Tony Hillerman, ethnopolars en ce que son Indien n'y est pas seulement objet d'un discours de savoir ethnologique, mais qu'il y devient aussi sujet (de la détection, de la compréhension des cultures amérindiennes et de la mécompréhension de la culture blanche à l'endroit des précédentes), indique que la culture médiatique n'est pas totalement allergique à une image complexifiée de l'Indien. Toutefois, celle-ci n'aura pas réussi à redonner souffle à un genre médiatique en décadence, ni à fonder un code fort, incarné dans la pratique culturelle d'un groupe social suffisamment significatif pour se comparer à ce qui se passait en Allemagne.

En somme, le western pourtant si intrinsèquement américain ne s'est pas avéré un très bon véhicule de l'idée de modèle américain. Trop étranger pour être fonctionnellement utile, pour permettre entre autres d'entendre des voix ou des arguments dans quelques-uns des grands débats français de l'après-guerre où, subrepticement, il aurait pu immiscer ses valeurs (résistance au modernisme, colonisation ou décolonisation...) ; trop contorsionné dans sa paradoxale position de passé du futur avec sa tension rétrospective, de mythe plus fixateur que dynamisant, contrairement à d'autres genres à l'intersection du mystère et de l'aventure (SF, espionnage, polar...) ; trop mystificateur lorsque la réévaluation du rôle de l'Amérindien dans l'histoire américaine vient en démasquer les mensonges historiques...

L'Ouest, symptome

S'il n'a pas réussi à devenir un code culturel, le western doit-il pour autant être renvoyé au seul agenda des industries culturelles ? Clairement, l'hypothèse est tentante pour certains des états du système du genre romanesque. En effet, à l'époque Eichler, c'est l'industrie paralittéraire qui était devenue déterminante. Y restaient indéniable-

---

[73] Sur les origines littéraires de cette tradition de retour à la Nature version américaine, voir Laren C. Owens (1997).

ment des traces de l'aventure américaine de la phase précédente (ainsi, comme chez Gabriel Ferry ou Gustave Aimard, « Rouges et blancs » était bien une histoire à héros français). Mais le public avait éprouvé la double secousse de l'Ouest-sans-médiation — pas sans médiatisation par contre : le cirque de Buffalo Bill avec ses vrais Indiens et les fascicules racontant « en direct » les aventures des grandes figures de l'Ouest (dont justement ces Buffalo Bill et Sitting Bull vus au cirque). Et dans les années du « Masque Western », l'appareil paralittéraire prenait le relais du cinéma hollywoodien, havre de classicisme au moment de l'invasion du western-spaghetti, avec sans doute des motivations plus commerciales que culturelles — Pigasse, regrettant mais un peu tard, de s'être coupé du *hard-boiled*, renouait avec une Amérique se substituant à celle de la violence urbaine : l'Amérique de la conquête de l'Ouest. Dans les deux cas, Eichler et « Le Masque », il s'agissait avant tout d'affaires faciles à conclure avec des éditeurs américains spécialisés dans le tout-venant narratif.

« Certains des états du système du genre romanesque » — voici justement indirectement exprimé l'un des éléments les plus frappants de l'histoire du roman western en France : qu'elle soit plus marquée par des à-coups, des solutions de continuité, que les autres genres paralittéraires. Disparitions et résurgences distinguent ces états systémiques : la période Aimard, la période Eichler, la période de l'Ouest de pacotille et la période du « Masque Western »[74]. A cette histoire à éclipses, le western romanesque français ajoute un second trait : il n'est que faiblement institutionnalisé, sans doute trop abondamment alimenté par des importations. Puis, troisième trait, en contraste avec les effets de synergie des industries culturelles américaines, il n'a pas pu contribuer à la constitution d'un genre cinématographique qui, en retour, aurait incité des écrivains à viser l'adaptation ou à vivre de scénarios de westerns ; en fait, à l'époque de l'invention française du genre cinématographique avec Joë Hamman, c'était même le caractère purement dynamique, cinétique, de l'action qui lui donnait son attrait (genre alors aux antipodes de la littérature) ; plus tard, c'est la BD qui allait offrir des débouchés aux scénaristes western, sans toutefois parvenir à créer les forts effets d'entraînement synergiques auxquels les industries culturelles américaines étaient parvenues en exploitant un même genre.

A ces traits défectifs répondent pourtant d'autres traits, plus positifs, qui aideraient mieux à comprendre la fonction de cet imaginaire de la conquête de l'Ouest dans la culture populaire française. Plus que par les seules déterminations de l'industrie paralittéraire, le premier état systémique du roman western était commandé par la pertinence historique du genre pour son lectorat, et pas par la logique importatrice de l'industrie, ni par la posture épigonale de la culture. Coup sur coup, l'expédition malheureuse du Mexique et l'ouverture de la Californie (et la découverte de l'or) avaient excité la curiosité populaire — l'Amérique « civilisée » n'était en fait guère compréhensible, si l'on en croit ce que rapportaient les journaux de la Guerre de Sécession, par exemple[75]. « Ailleurs » pour les révolutionnaires de 1848, pour les vaincus libéraux du coup d'Etat de Napoléon III, mais aussi pour les bouchers de Cavaignac décidément trop compromettants, « ailleurs » ce pouvait être cette Californie de l'or, utopique, flottant sur les bords extérieurs du continent, sur les bords extérieurs de tout appareil d'Etat, sur les bords extérieurs de la civilisation. L'expédition du Mexique réamorçait la rêverie militaire des populistes nostalgiques, napoléoniens. A

---

[74] Chaque période nommée par un trait ou un nom saillant ne s'y réduit pas, bien sûr.

[75] Sur le débat idéologique plein d'ambiguïtés entre Impérialistes sympathisant avec la Confédération et Libéraux avec l'Union pendant la Guerre de Sécession, voir W.R. West (1924).

ce moment-là, l'aventure américaine n'était pas enfantine, mais mixait information et rêverie ; elle avait une pertinence immédiate pour le lectorat français, s'appuyait sur le besoin social de représentation de connaissances et de suscitation d'images. Seconde caractéristique : de toutes les stratégies d'adaptation de la culture de l'univers de référence du genre à la culture de son lectorat français passées en revue au chapitre précédent, distance ignorée, distance déniée, affirmation de compétence de l'auteur, recodification, jeu de la construction de sens et invention du regard français du héros, ce dernier est le plus coûteux narrativement — il contraint en fait à passer dans ce genre un peu différent qu'est le roman d'aventures américaines ; pourtant, minoritaire sans doute, cette formule narrativement coûteuse accompagne depuis les origines le roman western, dans le domaine français. Faut-il faire grand cas pour autant d'une formule narrative aussi minoritaire ? Bien sûr, car elle exprime dans le récit l'inversion symétrique de l'idéologème de modèle américain, de l'Amérique comme avenir de la culture française : celui de l'Amérique française. L'expression a une portée dépassant de beaucoup la seule paralittérature au Québec ; aussi y ferons-nous un dernier détour pour comprendre la place, mal assurée ? composite ?, du western dans le système des genres de la paralittérature française.

La fiction de l'Amérique française, de la conquête du territoire par l'aventure, y avait pris la forme légère, frivole, du roman d'aventures historiques — incarné par Georges Boucher de Boucherville (1814-1894). Auteur d'une fiction d'aventures publiée entre 1849 et 1851, *Une de perdue, deux de trouvées*, l'un des rares romans québécois romançant les troubles de 1837-1838 (la révolte des Patriotes[76]), il devait en 1889, à la fin de sa carrière, commencer la publication d'un roman historique *Nicolas Perrot ou les Coureurs des bois sous la domination française* — paru, incomplètement, en feuilleton dans un périodique qui, tentant de faire un pont entre le milieu de la culture et celui des affaires, ne sera pas allé au-delà du huitième numéro : *La Revue de Québec*. Roman historique par son décor et son héros.

Nicolas Perrot, né en France en 1644, est venu au Canada vers 1660, comme domestique ; puis entre 1667 et 1698, il fut coureur des bois, faisant de la traite avec les Indiens, surtout de Green Bay, et du Wisconsin, et vécut toutes les tribulations que comporte une telle carrière : ruiné par un incendie en 1687 alors qu'il s'est joint à une expédition contre la nation iroquoise des Tsonnontouans, puis par la suppression des « congés de traite »[77] en 1696, il se retire sur sa propriété à Bécancourt, poursuivi par des créanciers ; capitaine de milice à partir de 1708, auteur d'un *Mémoire sur les mœurs, coustumes et relligion des sauvages de l'Amérique septentrionale*, seulement destiné à informer l'intendant Michel Bégon sur les peuples amérindiens dont il avait une connaissance directe (Hurons, Outaouais, Potéoutamis, Folles-Avoines, Renards, Miamis, Mascoutens, Sioux, etc.) — mémoire qui a dû attendre 1867 pour être publié par le père Jules Tailhan[78].

Toutefois, la part due à Boucher est plus importante que celle due au mémoire de Perrot[79] — depuis l'intrigue (la récupération des peaux volées par les Iroquois agniers) jusqu'à certains détails faisant office de signature de l'auteur (Colas devient amoureux de Mlle Raclos, justement le nom de l'épouse de Boucher). Sans que l'on puisse les attribuer plus à l'un qu'à l'autre, trois savoureuses inventions ponctuent l'aventure : une, de navigation, qui consiste à transformer le classique canot d'écorce pour recevoir rames et voilure ; une seconde, d'artillerie, qui consiste à uti-

---

[76] Lui-même avocat, sympathisant de la cause des Fils de la liberté, aura dû mettre la frontière américaine entre lui et les autorités britanniques, de 1839 à 1846. Gagne-pain obligé ? Toujours est-il que devenu secrétaire du lieutenant-gouverneur, puis greffier du Conseil législatif, la fin de sa vie aura été plus indécise sur le plan politique. Parmi les quelques autres fictionnalisations de la révolte des Patriotes, je retiens *Le Rebelle, histoire canadienne* (1842) de Régis de Trobriand.

[77] C'est-à-dire les autorisations officielles.

[78] Et encore, à Paris et Leipzig, chez A. Franck.

[79] Pour tout ceci, je suis la présentation du roman et les excellentes notes de la réédition de Rémi Ferland (voir Boucher de Boucherville, [1889] 1996).

liser des balles ramées (projectiles reliés par des chaînettes) tirées par des fusils à la ligne de flottaison pour couler les canots iroquois ; une troisième, d'illusionnisme, qui consiste à faire parler la statuette (par ventriloquie[80]).

La culture médiatique québécoise mobilise régulièrement un même principe et un même univers (coureurs des bois ou soldats, aventures, intrigue sentimentale) pour de nouvelles variations. On en trouve aussi bien dans la courte série fasciculaire de Jacques Dumaine : *Les Amours de Radisson* dans les années 50[81] que, plus près de nous, dans la trilogie de Chrystine Brouillet : *Marie Laflamme* (1990), ou tout au long de l'histoire des séries télévisées — *Le Courrier du Roy* (1958-1961)[82], *Ti-Jean Caribou* (1963-1966)[83], *D'Iberville* (1966-1967)[84]...

Illustrant pourtant toujours l'idée d'Amérique française, deux inspirations différentes devaient tourner le dos à cette tradition narrative : les fascicules western québécois des années 50 et, plus diffuse, hors de la paralittérature, une veine postmoderne. Durant la Seconde Guerre mondiale, le lectorat populaire québécois avait servi de marché à l'émergence d'une paralittérature coupée de son approvisionnement français, distincte, culturellement alignée sur le modèle américain, sur sa modernité paralittéraire, éditorialement incarnée dans quatre formats (romans de poche, magazines, *slicks* et *pulps* — surtout consacrés à des récits importés, — et fascicules, presque exclusivement consacrés à la production locale).

Comparé aux grands genres de la paralittérature américaine d'alors, le western s'y trouvait sous-représenté dans les formats d'importation — ainsi, en 1941, *Mon magazine d'aventures* ne proposait-il que quelques nouvelles de Harold Channing Wire, Albert Bonneau et Marcel Idiers[85]. Par contre, il était surreprésenté dans le format fasciculaire ; certes, avec des titres isolés (de Maurice Bailly : *A la pointe du revolver* (« Grand roman de cow-boy et d'espionnage »), *La Tuerie de Casa-Loma*, *Le Gangster dans le confessionnal*, *Les Tueurs à cheval* ; de Charlotte Bélanger : *Les Bandits des Rocheuses* ; de Charles Gamelin : *Du sang sur la rivière rouge*, *La Cruauté du rancher*, *Le Cambrioleur*, *Le Hold-up de « l'Imperial limited »*, *Les Faux monnayeurs de la frontière*, *Les Lumières du ranch*, *Les Plaisanteries de Polydore*, *Les Trois Mousquetaires des prairies*, *Un meurtre dans l'Alberta*, *Victime d'un sinistre complot* ; de Sandra Nitto : *Le Corps expédié par express* ; de Jacques Régent : *Le Fantôme de la mine d'or*, *Le Trou de l'ouest* ; de Claude Toupin : *L'Homme qui faillit tuer* ; de Hercule Valjean : *Le Chapeau de dix gallons* ; de

---

[80] Double plaisir de tromper le trompeur, de manipuler le chef huron Kondiaronk qui voudrait entraîner les Canadiens dans une vengeance dont lui seul tirerait profit. Je ne résiste pas au plaisir de citer : « Alors Bibi, levant lentement sa canne bariolée, la passa deux à trois fois autour et au-dessus du casque, il l'y maintint quelques instants immobile, prononçant des mots que personne ne pouvait comprendre, si ce n'est : « Oki ! Oki ! Hun ! Hun ! », se tête ayant pris la forme d'incantation. Puis levant la canne à la hauteur de sa tête, il lui fit décrire lentement, en la tenant à la longueur de son bras, environ un quart de cercle, jusqu'à ce qu'elle pointât dans la direction du lac Huron. Au même instant, un petit filet de voix flûtée se fit entendre comme venant de dessous le casque de renard. La Grande Médecine écouta en penchant l'oreille, puis souleva doucement et avec précaution l'un des bords du casque. A mesure qu'il soulevait de plus en plus le casque, la voix changeait d'intonation et se faisait de plus en plus grosse et gutturale, tellement qu'au moment d'enlever le casque, la voix était devenue si formidable que Bibi rebaissa vivement le casque, ramenant aussi vivement la voix à son premier diapason de crécelle. Tout le monde, sans en excepter les Canadiens, qui n'y comprenaient rien, à l'exception de Colas, était dans l'ébahissement. La Grande Médecine releva une seconde fois lentement et graduellement le casque jusqu'à ce que la voix, qui grossissait en même proportion que le relèvement du casque, eût atteint une ampleur suffisante » ([1889] 1996 : 83).

[81] Parue sous forme de fascicules bien plus épais que le format habituel chez l'éditeur, Police-Journal (96 au lieu de 32 pages). Pierre Gauvreau devait réaliser un feuilleton télévisé de 39 épisodes, *Radisson* (1956-1957), pour Radio-Canada, avec Jacques Godin dans le rôle-titre. Sur Radisson, voir Daniel Vaillancourt (1986 et 1997).

[82] Réalisée par Pierre Desroches, à Radio-Canada, en 124 épisodes.

[83] Réalisée par Charles Dumas et Maurice Falardeau, à Radio-Canada, en 68 épisodes, avec François Tassé.

[84] Réalisées par Pierre Gauvreau et Rolland Guay, à Radio-Canada/ORTF/RTB/SSR, avec Albert Millaire, en 39 épisodes.

[85] Respectivement « L'Or brûlant » (*Mon magazine d'aventures*, vol. 1, n° 1, 1er janvier 1941, p. 35-41), « L'Ecumeur de l'Arizona » (*Mon magazine d'aventures*, vol. 1, n° 2, 1er février 1941, p. 14-44) et « Les Pillards mexicains » (*Mon magazine policier & d'aventures*, vol. 1, n° 9, 1er juin 1941, p. 98-130).

Paul Verchère : *Le Piège mortel*, *Les Tueurs à cheval*, etc.[86]), ou des séries plus ou moins rapidement avortées (*Histoire de l'ouest canadien* d'Henry Chevalier, *Les Aventures de Pit Laframboise* d'André de Courville, *Grand récit des exploits du cow-boy Jos. Martin* de Jules Dupré, voire *Jean Larocque de la Gendarmerie Royale*, *Les exploits de la Police Montée* de Jean d'Armes [!] et J.-Paul Deguise, etc.) ; mais surtout avec *Les Aventures de cow-boys : les exploits de J.B. (Pit) Verchères le roi de l'Ouest canadien* des Editions Police Journal : ses 726 titres parus entre 1948 et 1968[87] lui assurait presque le même succès et la même longévité que les séries fasciculaires d'espionnage — celles qui, en dehors du roman sentimental, eurent le plus de succès. La piètre qualité d'écriture de la série n'empêchait pas le genre de s'inventer une pertinence idéologique tout à fait remarquable. Le héros avait beau sembler quintessenciellement populaire et québécois — par l'hypocoristique, le diminutif affecteux (Pit), par le prénom (Jean-Baptiste) et par le projet (« établir solidement un centre canadien-français, à l'ouest de Winnipeg, afin d'assurer la survie de notre race non seulement dans le Québec mais dans le Canada tout entier », n°45, p. 28), — la violence débridée informant toutes ses strates thématiques entraînait le récit aux antipodes de la territorialisation nationaliste du duplessisme[88], retournant le symbolisme du saint Jean-Baptiste d'acceptation mis en place par le clergé après l'insurrection des Patriotes — ainsi que le formulait Heinz Weinmann (1987) :

> Que le Canadien se réjouisse ! Il a perdu l'empire réel sur l'Amérique, sur son pays : c'est précisément ce qu'il faut pour mériter l'autre royaume, essentiel... dans l'au-delà. Il faut bien sûr aussi que le Canadien français renonce à toute velléité de conquête ou de reconquête de son ancien empire [...]. Certes, le Canadien a déjà été un guerrier farouche, mais, à suivre l'exemple de Jean-Baptiste, mieux vaut l'oublier. (1987 : 433)

Sorte d'envers sombre de ce que l'époque avait nommé « la revanche des berceaux », la francité toponymique de cette Amérique fasciculaire était singulièrement mortifère (Squeletteville, Coltcité, Killbourg, Crânebourg, Osville, Cadavrebourg, Bloodcité, Guerrecité, Val-Scorpion, Poingville, Mortcité...). Même paralittéraire, l'aventure n'était plus si légère à travers le prisme de cette maniaque thanatographie. Improbables, ces « exploits de J.B. (Pit) Verchères le roi de l'Ouest canadien », qui étaient l'effet de la même émulation du modèle paralittéraire américain que l'Ouest de pacotille français de la même époque, s'avéraient pourtant en prise plus directe. Ils avaient acquis une place caractéristique dans le système des genres paralittéraires québécois, une place transgressive — on a évoqué la seule violence sans parler de la remise en cause du couple et de la famille, peut-être plus profondément scandaleuse alors. En prise directe sur une modernité soudain venue et sur le dispositif de mutation de la société et des esprits qui ultérieurement devaient se trouver une expression institutionnelle avec la « Révolution tranquille ». Improbables peut-être, ces « exploits de J.B. (Pit) Verchères le roi de l'Ouest canadien » n'en devaient pas moins à leur fondement, nommément leur implantation dans l'Amérique française, une pertinence fonctionnelle pour le lectorat populaire québécois que l'Ouest de pacotille français de la même époque n'a jamais eue[89].

Pour comprendre la seconde inspiration, postmoderne, et son jeu avec les textes et les codes de la tradition littéraire québécoise, un bref rappel s'impose. Dans les belles-lettres du Québec,

---

[86] Surtout aux éditions du Bavard, généralement sans mention de date (sauf le dernier titre, marqué 1943).

[87] Signés Paul Verchères (pseudonyme de Pierre Daignault), puis Marcel Rolland, enfin Guy Robichaud. Sur cette série fasciculaire, voir Richard Saint-Germain (1997).

[88] Déterritorialisation plus singulière encore, celle de Will James (1892-1942), auteur de classiques du roman western américain pour la jeunesse, dont trois romans devaient beaucoup être adaptés par Hollywood : *Smoky the Cowhorse* (1926) — devenu *Smoky* d'Eugene Forde (1933), dans lequel Will James apparaît, — refait sous le même titre, deux fois d'ailleurs, par Louis King pour la 20th Century-Fox en 1946 et en 1966 ; *Sand* (1929), histoire de cheval pour enfant aussi adapté par Louis King (1949) ; et *Lone Cowboy* (1930), histoire de la rédemption par l'Ouest d'un petit voyou de Chicago devenu *Lone Cowboy* (1934) de Paul Sloane, puis *Shoot Out* (1971) de Henry Hathaway. Toutefois, ce Québécois — il se nommait en fait Joseph Ernest Nephtali Dufaux — haïssant ses origines et, les dissimulant, ne devait pas contribuer à la paralittérature québécoise. Sur Will James, voir Don Frazier et A.P. Hays (1998).

[89] La télévision n'allait pas hériter de cette veine ; les rares séries western étaient destinées à la jeunesse — comme *O.K. Shérif* de Gilles Derome (13 épisodes, 1979) ou *Pépé le cowboy* de Claude Caron avec les marionnettes d'Edmundo Chiodini (26 épisodes, 1958-1959).

nombreux avaient été les rappels déférents et nostalgiques des grandes figures historiques de l'Amérique française — depuis *Découverte du Mississipi* de Louis Fréchette (1873), *Douleurs et joies* d'Adolphe Gagnon (1876), *Le Chevalier de Tonty ou Main-de-fer* de Régis Roy (1899) ; un Maurice Constantin-Weyer y était allé d'un *Cavelier de La Salle* (1927).

Telle est bien l'Amérique française que les belles-lettres québécoises peuvent partager avec les belles-lettres françaises : rétrospective et circonscrite. Telles sont bien par exemple les caractéristiques de la narration d'un épisode sans pertinence historique pour le Québec : l'expédition du Mexique, rétrospective et circonscrite.

Pour sortir d'une période d'anarchie largement entretenue par l'Eglise et l'Armée, institutions héritées de l'ancien empire espagnol, période d'anarchie qui ne semblait pas vouloir finir depuis l'Indépendance, aggravée par la désastreuse défaite contre les Etats-Unis (décidée par le président James K. Polk qui redoutait que les Anglais n'achetassent la Californie : le traité de Guadalupe Hidalgo en 1848 reconnaissait aux vainqueurs non seulement la souveraineté sur le Texas et la Californie, mais aussi sur toutes les terres entre les deux), par la guerre de la Réforme gagnée par les libéraux (1857-1860), un royaliste illuminé ex-député du Yucatan exilé en Europe, Gutiérez de Estrada, un séduisant diplomate, José Manuel Hidalgo, un général mal récompensé de ses intrigues, Almonte, un évêque, Labastida, avaient convaincu Eugénie et Napoléon III d'intervenir dans les affaires mexicaines. La guerre civile au nord du Rio Grande devait favoriser l'intervention, permettre d'éliminer les libéraux anticléricaux de Benito Juarez et instaurer un monarchisme catholique, sympathique aux capitaux européens (le duc Charles de Morny, président du Corps législatif et demi-frère de l'empereur, avait lui-même des intérêts de cet ordre à défendre). Affaire de dupes. Napoléon III avait réussi dans un premier temps à embrigader Espagnols et Britanniques qui, se sentant manipulés, devaient rapidement se retirer. Contrairement à son attente, le clergé mexicain ne devait pas récupérer ses biens expropriés, trop de Français en ayant achetés. Pour convaincre Maximilien, sollicité, on avait truqué un plébiscite censé représenter l'opinion du peuple mexicain. Napoléon III lui-même se rendit compte tardivement qu'il avait été manipulé par Morny, Estrada, Hidalgo et consorts... Dès la fin de la guerre civile américaine, les pressions se firent fortes pour qu'il retire son corps expéditionnaire, ce qu'il dut faire : Maximilien finit devant un peloton d'exécution et Charlotte, l'impératrice déchue, en devint folle.

Rétrospectif et circonscrit, cet épisode l'a été non seulement dans l'historiographie[90] mais aussi dans le roman populaire[91].

Dans la période ancienne, ce sont quelques titres à la suite de *La Guerrilla fantôme*[92] de Gustave Aimard, comme le curieux *Capitaine Vif-Argent (Episode de la Guerre du Mexique, 1862-1867)*[93] de Louis Boussenard, variante de l'intrigue des frères ennemis, puisque l'adversaire du capitaine de corps franc Vif-Argent, la Hija Alferez qui commande un groupe de volontaires mexicains, s'avérera après moult péripéties sa sœur entre temps longtemps perdue ! Ou comme *Maximilien, l'Empereur martyr* (1933) de Pierre Maidieres...

En fait, excepté le souvenir de Camerone à la Légion étrangère ou le fameux tableau de Jean-Paul Laurens, l'un des derniers peintres d'histoire, *L'empereur Maximilien avant son exécution* (1882), la culture française, a-t-on le sentiment, a moins fait de cas de cette malencontreuse affaire que le cinéma hollywoodien ou le western-spaghetti[94] — lesquels se servent d'elle pour

---

[90] Avec des textes comme celui d'E. de La Bédollière (1863-1868) — un des traducteurs de Fenimore Cooper, — des ouvrages plus militaires d'inspiration comme ceux d'Emile de Kératry (1867), A. de Schrynmakers (1882) ou P. Laurent (1867), ou des études savantes ou vulgarisatrices comme celle du comte Egon Corti (1927) ou d'André Castelot (1972), etc.

[91] Sur Maximilien au Mexique, on consultera Daniel Meyran (1992) et Nancy Nichols Barker (1979). A quoi on pourra comparer une étude sur l'expérience « états-unienne » au Mexique comme celle de Robert Walter Johannsen (1985).

[92] Rédigé après 1870 ; je ne connais pas la date originale, mais je sais qu'il a été réédité aux Editions de Crémille, à Genève, en 1972.

[93] Paru en feuilleton dans le *Journal des Voyages*, en 1911.

[94] *Juarez* (1939) de William Dieterle ; *The Eagle and the Hawk* (1950) de Lewis R. Foster (deux agents

éclairer sans bienveillance, à la lumière de la doctrine Monroe pour les uns ou d'un sentiment anti-impérialiste pour les autres, le caractère injuste ou ridicule de l'Amérique française.

Or, comme une reconquête de la légèreté sur la pesanteur de la déférence, comme une réinscription plus complexe du regard rétrospectif, comme une libération de l'ancienne circonscription de l'Amérique française de papier, une version déterritorialisée, postmoderne, de l'Amérique française se fait jour dans un roman comme *Volkswagen Blues* (1984) de Jacques Poulin, au-delà de la déférence nostalgique, de la rétrospection circonscrite ou de la rêverie sur l'empire évanoui (comme chez Félix-Antoine Savard)[95].

Comme je déborde doublement le corpus, je ne pointerai que la seule strate des noms propres de *Volkswagen Blues*. En matière de toponymie, le régime du double y remplace celui de la quasi-anomie *berzerk* des « Aventures de cow-boys » ; ainsi, la carte historique liminaire inscrivant l'Amérique française coexiste aussitôt avec celle de l'Amérique amérindienne, cartes pourtant inégales (celle de l'émotion, celle du savoir, parlant évidemment de manière inverse au Québécois et à l'Indienne qui, comme lui, contemple le passé des siens) :

> Ils regardèrent en particulier une très grande et très belle carte géographique de l'Amérique du Nord où l'on pouvait voir l'immense territoire qui appartenait à la France au milieu du 18ᵉ siècle, un territoire qui s'étendait des régions arctiques au golfe du Mexique et qui, vers l'ouest, atteignait même les montagnes Rocheuses : c'était incroyable et très émouvant à regarder. Mais il y avait aussi une autre carte géographique, tout aussi impressionnante, qui montrait une Amérique du Nord avant l'arrivée des Blancs ; la carte était jalonnée de noms de tribus indiennes, des noms que l'homme connaissait : les Cris, les Montagnais, les Iroquois, les Sioux, les Cheyennes, les Comanches, les Apaches, mais également une grande quantité de noms dont il n'avait jamais entendu parler de toute sa vie : les Chastacostas, les Shumans, les Miluks, les Wacos, les Karankawans, les Timucuas, les Potanos, les Yuchis, les Coahutlecans, les Pascagoulas, les Tillamooks, les Maidus, les Possepatucks, les Alseas, les Chawashas, les Susquehannas, les Calusas (Poulin, 1984 : 20).

Et lorsque le récit a dépassé la simple juxtaposition des deux personnages, la fixation identitaire par le nom est dépassée aussi, le mot peut devenir magique :

> — Michillimakinac ! répéta-t-elle.
> Elle le prononçait en faisant sonner toutes les voyelles et en faisant claquer la dernière syllabe comme un coup d'aviron à plat dans l'eau. L'homme avait une passion démesurée pour les mots et il n'était pas éloi-

---

sont dépêchés au Mexique pour tenter d'empêcher Maximilien de devenir empereur) ; le fameux *Vera Cruz* (1954) de Robert Aldrich (Ancien officier sudiste, Trane (Gary Cooper) s'associe avec un tueur qui avait tenté de lui voler son cheval, Erin (Burt Lancaster). Prisonniers des Français, ils acceptent la proposition du marquis de Labordere de travailler pour Maximilien. Lors d'une réception, ils rencontrent la comtesse Marie Duvarre qu'ils seront chargés d'accompagner à Vera Cruz. Trane remarque en route les traces profondes laissées par le chariot de la comtesse ; lui et Erin comprennent qu'il convoient de l'or pour lever une armée en Europe. Trane et Erin complotent pour y mettre la main dessus ; puis Erin et la comtesse ; mais Trane se laisse convaincre par la jeune Nina de le donner aux juaristes. Attaque rebelle, Erin s'enfuit avec le magot, Trane le rattrape, duel, mort d'Erin. L'or est remis aux Mexicains) ; *El Condor* (1970) de John Guillermin (nième tentative de vol de l'or de Maximilien, deux aventuriers, le fort d'El Condor...). Et plusieurs westerns-spaghetti : *L'Assaut du Fort Texan* (1964) de Herbert Martin (le 7ᵉ de Cavalerie empêche un régiment confédéré d'aller chercher du renfort chez Maximilien, allié de Lee) ; *Per un dollaro di gloria* (1966) de Fernando Cerchio (accidentellement perdue au Texas en 1864, une troupe française se joint à des Confédérés qui se préparent à défendre Fort Sharp contre une attaque indienne... qui ne vient pas. Le colonel sudiste serait-il fou ?) ; *Adios Sabata* (1970) de Gianfranco Parolini (avec un commandant autrichien et sadique à qui Sabata — Yul Brynner — doit subtiliser une réserve d'or) ; *Testa t'ammazzo, croce sei morto... Mi chiamano Alleluia !* (1971) d'Anthony Ascott (une histoire de tromperies redoublées impliquant un professionnel, un général révolutionnaire qui veut une mitrailleuse, un marchand d'armes sans scrupule, un coffre de bijoux qui s'avèrent faux puis vrais, une fausse nonne qui s'avère une vraie espionne et un cosaque !) Dans la « Série Noire », on lira l'insolite *Un foutu métier* (1969) de Clifton Adams, avec l'ex-officier sudiste, le chasseur de primes et le déserteur de la Légion étrangère.

[95] Sur la fictionnalisation québécoise de l'Amérique française, on consultera Iolande Cadrin-Rossignol (1987), Yves Cazaux (1984), Jean-Yves Croteau (1993), Dennis Duffy (1986), Maurice Lemire (1970), Jean Morency (1994), ainsi que Guildo Rousseau et Jean Laprise (1984).

gné de croire que cette fille, en prononçant un mot magique était capable de faire apparaître devant leurs yeux un convoi de grands canots qui allaient se faufiler entre les îles et se fondre dans la nuit [...] (p. 56).

A fortiori, dans cette *road story*, cette histoire de dérive, de déterritorialisation, les noms des protagonistes ne sauraient les enfermer dans une identité trop inentamable ; soit le nom est adéquat au corps (« Moi les gens m'appellent la Grande Sauterelle. Il paraît que c'est à cause de mes jambes qui sont trop longues. Elle releva sa robe jusqu'aux cuisses pour lui montrer », p. 42), mais il vient en double, c'est-à-dire avec son équivalent montagnais (Pitsémine) ; soit il est adéquat à la fonction, mais obliquement, par le jeu de mots, le réinvestissement d'une expression figée (Jack Waterman : « C'est comme ça que mon frère m'appelait. Quand on était petits, on se donnait des noms anglais et on trouvait que ça faisait beaucoup mieux ! », p. 14) ; « Il avait un jour demandé à son frère de lui suggérer un nom de plume et Théo avait dit qu'il ne voyait rien de mieux que Waterman », p. 42). La déterritorialisation y dévisse la déférence, réinscrit le passé par résonance dans l'immédiateté du présent, entend « aventure » comme une radicale négation de « conquête » (à la fin, Théo, ce Godot que Jack n'attend pas mais qu'il va chercher, objectif de sa quête, s'avère mutique et paralysé, écarté de la parole et du mouvement, les deux constituants du récit d'aventures)[96].

Eventuellement américanophile, le roman français ne pourrait sûrement pas à la fois incarner de manière si organique l'Amérique française et jouer si librement de ses codes culturels. Le roman d'aventures américaines peut bien mettre en récit la question de la conquête, ce composite d'aventure et de pouvoir, avec nostalgie parfois, le plus souvent avec un détachement plutôt esthétisant (ce n'est pas un hasard si la BD s'avère la plus productive en matière d'aventures américaines : l'effet esthétique de l'aventure en costumes y est immédiat, spectaculaire, et bien moins coûteux qu'au cinéma ou dans les séries télévisées), il reste détaché de l'expérience de l'Amérique française, de l'Amérique française comme expérience. Le deuil, le deuil liminaire : tel serait le fondement de l'Amérique française comme expérience, remarquablement dite par Poulin[97] — expérience de deuil que l'Amérique française du récit paralittéraire français ignore.

C'est que si l'expérience québécoise se déroule entre la perte de l'Amérique française comme empire[98] et la survie d'une culture américaine de langue française, si l'Amérique française comme passé et comme avenir, comme deuil et signe de vitalité est interne à sa culture, pour la culture française, la relation entre France et Amérique implique une logique de frontière antinomique à celle de la *Frontier*, la logique d'une frontière traçant un intérieur et un extérieur, quelle que soit la complexité des mécanismes d'appropriation de l'Amérique mis en œuvre ici et là. Dans le roman d'aventures américaines, le récit thématise généralement les deux aires, française et américaine, et leur traversée par la trajectoire du héros. En dehors du genre, l'Amérique peut être réduite à un truc narratif — lieu où l'on disparaît, où l'on s'enrichit, où l'on obtient sa rédemption dans le roman populaire[99] ; ou se voir développée,

---

[96] Si la culture amérindienne a occasionnellement été réfractée en un exotisme amérindien tout extérieur par la télévision québécoise (qu'on pense par exemple à *Kanawio* d'Aimé Forget, en 34 épisodes pour Radio-Canada, en 1961-1962), ses contes et légendes ont trouvé un véhicule insolite et respectueux dans les 13 émissions de Daniel Bertolino (« Légendes indiennes du Canada », 1981-1986).

[97] Et encore n'est-il pas le seul dans la littérature québécoise contemporaine à jouer des conventions de l'Amérique française, à s'en servir comme code, comme matériau ; qu'on pense notamment à l'œuvre de Réjean Ducharme.

[98] Perte redoublée puisque, abandonné une première fois par la France vaincue de la bataille des plaines d'Abraham (1759 ; le traité de Paris date de 1763), le Canada (français) se sent rejeté de nouveau par sa patrie adoptive, l'Angleterre, après la répression de la révolte de Patriotes de 1837-1838.

[99] Comme dans *Mortes et vivantes* de Pierre Decourcelles, *La Porteuse de pain*, *Roger-la-honte*, *Chassée le soir de ses noces*, etc., qui, bien entendu, ne relèvent pas du genre.

comme dans *La Chaîne infernale* (1926) de Paul Zahori où, si l'enjeu est bien français (rendre son honneur à un Labracheyre calomnié, récupérer l'argent pour sa veuve et son identité pour son fils, dépouillés par un imposteur), la plus grande partie de l'épreuve est américaine (déjouer le complot implique la traversée de l'aire américaine, New York, Montréal, la ville secrète et criminelle doublant souterrainement San Francisco...) et sa conclusion correspond à un retour en France.

Dans le genre, Gustave Aimard avait essayé plusieurs cas de figure. Dans *Le Trouveur de sentiers* (1881), le classique départ du jeune Ludovic pour l'Amérique afin de se forger une personnalité est narrativement modeste, alors que l'action de cette histoire de deux (demi-) frères ennemis, le méchant Armand voulant perdre son aîné Ludovic de réputation auprès de leur père et de Louise sa fiancée, se déroule largement à Paris ; mais le protecteur de Ludovic, Maurice, qui paie par cette sollicitude une dette contractée par son père vis-à-vis de celui de son protégé, avait vécu et trouvé de l'or dans l'Ouest sauvage, où lui et ses deux acolytes avaient gagné des noms indiens : le *Trouveur de sentiers*, *l'Ours-Gris* et *Chasseur de Tigres*.

A l'opposé, dans les *Bisons blanc*s, le retour en France est traité en une seule page *in fine*, Aimard préférant l'aventure, le preux chevalier chouan sauvant la donzelle en détresse, ici enlevée par de féroces Apaches.

Toutefois, la taille du développement narratif de chacune des deux aires, américaine et française, est moins déterminante que la résolution du héros, son choix entre l'Amérique comme étape et le départ sans espoir de retour. C'est par exemple une complexification de l'aire américaine que proposent *Angélique et le Nouveau Monde* et *La Tentation d'Angélique* d'Anne et Serge Golon, le face-à-face classique du roman d'aventures entre civilisation et vie sauvage, se doublant d'un conflit plus radical quoique importé : la régénération rationaliste que Joffrey de Peyrac et Angélique cherchaient dans le Nouveau Monde, au Canada, se heurte à l'obscurantisme religieux et la misogynie exacerbée, des Jésuites entre autres — l'aire américaine n'est que le lieu décalé d'un conflit né ailleurs. A l'opposé, entre la fugace apparition du comte de La Chaussée Jancourt, bachelier ès lettres et ès sciences avec sa « mine de détrousseur de grand chemin », ses habits de peaux et ses deux *squaws* sioux dans les « Confessions » d'Auzias-Turenne à Bourget et le statut de héros du médecin ex-communard, Sioux blond et binoclard de la série BD *L'Indien français* de Durand et Ramaioli, l'aventure américaine explore la fascinante figure de l'américanisation extrême, le Français amérindien[100] : affaiblissement ultime du pouvoir d'attraction du centre, victoire définitive de la périphérie.

Ecartés du pouvoir réel en Amérique, les Français ne peuvent plus s'y représenter que dans des interstices — notamment par l'utopie, l'uchronie, le symptôme Raousset-Boulbon, voire le narrable pas encore romanesque. S'il y avait déjà une longue tradition d'utopistes visant à réaliser concrètement leur idéal en Amérique (sectes dissidentes, Mennonites du Delaware, Labadistes du Maryland au XVIIe siècle, réductions jésuites des Guaranis paraguayens), l'Ouest allait sembler une terre vierge appropriée à toutes les expérimentations sociales surtout après 1848[101]. Raymond Trousson (1980) note que de 34 communautés utopiques répertoriées entre 1663 et 1817, on allait passer à plus d'une centaine entre 1825 et 1858. Ainsi, envers raté du nostalgisme impérial de l'Amérique française, la tentative d'Etienne Cabet et des 69 membres de la Société icarienne dans le nord du Texas près de Denton échoue (son *Voyage en Icarie*

---

[100] Cette américanisation extrême a d'ailleurs fait l'objet d'une étude historique de Philippe Jacquin ([1987] 1996) sur les Indiens blancs.

[101] Quoique l'échec du patron textile écossais Robert Owen datât de 1827.

date de 1848) ; cette même année, la pluie détruit la récolte de blé, beaucoup meurent de maladie et de faim. A défaut d'incarner son utopie, Cabet, replié à Nauvoo en Illinois, l'écrit[102] ; les icaristes auront tenté d'essaimer à Cheltenham (Missouri), Corning (Iowa), Icaria Speranza (Californie) avant de disparaître en 1898 — le seul icariste restant, Louis Gouhenis, devait devenir photographe à Dallas[103].

As-tu vu Montezuma ? uchronie de Balthazars, publiée en feuilleton dans *Le Monde,* de juin à septembre 1980, raconte l'enquête menée par le chevalier Larose jeune, secrétaire général de Louisiane, sur la mort mystérieuse de son prédécesseur, dans une situation politique très volatile entre les intérêts de la puissante Compagnie des Huiles à Moteur et l'agitation des Montézumites, des révolutionnaires clandestins. Affaire d'autant plus déroutante qu'elle se déroule sous le règne du roi de France François VI en 1970, longtemps donc après que George IV eut été décapité par une révolution en Angleterre et que la France, venue à la rescousse, en eut tiré le bénéfice d'une solide implantation en Amérique[104] !

Dernière variation sur le thème de l'Amérique française, le curieux accès délirant d'un Gustave Aimard — variation sur la « causalité unique et cachée ». En effet, dans *La Grande Flibuste* (1860), lui qui devait quelques années plus tard publier sous le titre général *Les Rois de l'Océan* une version romanesque de l'histoire de la flibuste française dans les Antilles[105], proposait un intrigant trait d'union à ces deux genres, la flibuste et l'aventure américaine, expliquant du coup le titre métaphorique de son roman. Au début, du roman, alors que le comte de Lhorailles régale une dernière fois ses amis au *Café anglais* avant de partir pour l'aventure américaine, l'un de ses convives, le baron de Spurtzheim, lui donne en guise de viatique cette leçon de philosophie de l'Histoire, école paranoïde :

> Les Frères de la Côte n'étaient pas anéantis, ils s'étaient transformés, se pliant avec une adresse inouïe aux exigences du progrès qui menaçait de les dépasser ; ils avaient changé de peau : de tigres, ils s'étaient faits renards. Les Frères de la Côte étaient devenus les Dauph'yeers ; au lieu d'aller hardiment, comme jadis, sauter, la dague et la hache au poing, à l'abordage des navires ennemis, ils se firent petits et creusèrent des mines souterraines ; aujourd'hui les Dauph'yeers sont les maîtres et les rois du Nouveau-Monde ; ils ne sont nulle part et sont partout ; ils règnent ; leur influence se fait sentir dans tous les rangs de la société ; à tous les degrés de l'échelle on les trouve sans les voir jamais. Ce sont eux qui ont détaché les Etats-Unis de l'Angleterre, le Pérou, le Chili et le Mexique de l'Espagne. Leur pouvoir est immense, d'autant plus immense qu'il est occulte, ignoré et presque nié, ce qui montre leur force.

Du point de vue cognitif, aussi bien de l'auteur que de ses lecteurs de l'époque, ce jeu consistant à comprendre l'histoire contemporaine à travers le schéma d'une socialité prédatrice datant du XVIIe siècle était commandé sans doute par la vérité éthique et la pertinence poétique de la métaphore[106] ; toutefois, même dans la suite romanesque, la réalité allait s'avérer moins cryptique. Illusion d'un pouvoir souterrain qui ne pourra rien pour le personnage du comte de Crancé, héros malheureux de *La Grande Flibuste,* de *La Fièvre d'or* et de *Curumilla*[107].

---

[102] *Réalisation de la communauté d'Icarie : nouvelles de Nauvoo* (1849-1850), *Colonie icarienne : situation dans l'Iowa* (1853), *Colonie icarienne aux Etats-Unis d'Amérique : sa constitution, ses lois, sa situation matérielle et morale après le premier semestre 1855* (1856).

[103] Un sort comparable devait advenir à « La Réunion », le projet fourriériste de Victor Considérant et Julien Reverchon.

[104] Que de retournements permis par ce paradoxe temporel, comme cette projection de *Règlement de comptes à Yermenonville* dans un cinéroute !

[105] Huit volumes inspirés par Œxmelin, chez Amyot, puis Dentu, à partir de 1863.

[106] Sur le rôle des sociétés « secrètes » dans l'histoire américaine, on consultera Lauric Guillaud (1997).

[107] Je rappelle que, en 1849, Aimard était parti pour San Francisco, attiré par les gisements d'or califor-

Visiblement, le panache et sa fin tragique auront fait la fortune romanesque de l'aventure de Raousset-Boulbon. L'insistance commence dès l'hommage indirect au succès d'Aimard et à son type nouveau, hommage rendu par Paul Duplessis qui devait lui aussi y aller d'un roman, *Le Batteur d'estrade* (1856). Puis, le roman de Robert Gaillard, *Le Grand Mirage* (1946)[108] noue une intrigue d'amour et d'aventures lors des journées de février et de juin de la révolution de 1848, dans le premier tome, intrigue qui se poursuit par une traversée du désert américain pour parvenir à l'or de Californie, à la désillusion et à la participation aux expéditions malheureuses du marquis Charles de Pindray d'Ambelle et du comte Gaston Raousset-Boulbon dans le second tome. Ce tardif rappel paralittéraire de la participation de Français à l'histoire troublée des débuts de la Californie américaine n'a pas suffi à faire un nouveau *best-seller,* ni à consolider le roman d'aventures américaines ; il faut dire que le narrateur un peu faible, héros de cette petite éducation sentimentale, distancie beaucoup la personnalité forte de Max Brohan. Clin d'œil à Aimard, ce narrateur se nomme Guillois — Armand sans doute, pas Valentin, mais l'allusion est là[109] !

Le succès devait finalement advenir à cette histoire avec le récent roman de Michel Le Bris, *Les Flibustiers de la Sonora* (1998) ; succès sans doute mérité mais qui a définitivement relégué dans l'ombre un autre bon roman d'aventures américaines passé inaperçu, *La Loterie des lingots d'or* (1989) d'André Barilari. Variation à la française sur la figure de l'aventurier-qui-s'approprie, plutôt la gloire que l'argent ; ici les héros changent de noms, usurpent des noms, voire, dans le cas de Forast, le héros, de l'identité de l'homme qu'il a remplacé auprès de son épouse. Mieux que le caractère non systématique du complot des Dauph'yeers d'Aimard, Barilari offre une perspective « histoire secrète », espionnage, bien dans le goût moderne, sur le grand dessein secret de Napoléon III en Californie. Raousset y devient agent bonapartiste ; toute cette strate du récit tourne autour d'un secret, la fonction politique du tirage des lingots d'or : faux tirage qui permit à la fois d'éloigner des indésirables, révoltés de 1848 et bouchers de Cavaignac, et de détourner de l'argent pour préparer le coup d'État du 2 décembre. Postmoderne, le roman a le clin d'œil littéraire facile ; ainsi, outre une brève mention du texte de Marx sur le coup d'État de Louis-Napoléon Bonaparte, l'un des personnages, Jacques Cousin, lui fut le capitaine des gardes mobiles auxquels avait appartenu André Forast, mourra accidentellement mais de la baïonnette de son protégé lors de la semaine sanglante qui mit fin à la Commune, cette fois-ci du côté des communards et sous le nom de Commandant Vingtras. Il a aussi une construction temporelle complexe qui alterne, dans la vie d'André Forast, les deux révolutions, celle de 1848 vue par ce jeune « boucher » de Cavaignac et la Commune de 1871 pendant laquelle il se retrouve du côté des insurgés — ce qui encadre l'aventure américaine des « lingots », cas typique mais idéologiquement réinvesti de la jonction des deux aires géographiques par une boucle narrative : pour le péché de 1848[110], la rédemption par l'Ouest s'avère impossible, la régénération ne pouvant s'effectuer qu'à gauche, du côté du peuple une nouvelle fois révolté, régénération non pas par l'énergie mais par le sacrifice.

Dernière représentation intersticielle, tout à fait sur les marges de ces usages de l'idéologème d'Amérique française, les histoires à la fois parfaitement romanesques, appartenant donc au narrable, mais qui n'ont pas encore trouvé de roman pour leur rendre justice. Abondante réserve d'anecdotes de l'Histoire américaine, impliquant des Français — comme l'histoire du jésuite Sébastien Rale, inspirateur guerrier des

---

niens récemment découverts ; qu'en 1852, il faisait partie de l'expédition de Raousset-Boulbon pour établir un état indépendant en Sonora, qu'on supposait riche en mines ; qu'en 1854, il s'était joint à une seconde expédition moins heureuse qui allait se terminer par la capture et l'exécution de Raousset-Boulbon par les réguliers mexicains.

[108] Réédité dans la collection « Grands romans » du Fleuve Noir, en deux tomes, en 1961 (t. 1 : *Le Sang brûlant*, t. 2 : *L'Ouest sauvage*).

[109] Aventurier parisien au caractère noble et à la carrière récurrente dans les romans du sud-ouest américain d'Aimard. Adopté par les Comanches, dans *Valentin Guillois* (Amyot, 1860), il s'attache à un autre Parisien qu'il aide à retrouver sa bien-aimée, tombe amoureux d'elle à son tour mais, fier et le cœur brisé, cède gracieusement la place.

[110] Sa *furor* de combattant lui a fait étriper une femme enceinte lors de la répression de juin.

Norridgewocks de la rivière Kennebec, dans le Maine, en 1721-1724[111], ou le fiasco de l'établissement de colons français à Gallipolis, en Ohio, en 1790, etc.

Vous dites *Ouesterne* ?

Fin de la piste.
Revient encore une fois me hanter la question fréquemment posée par ceux à qui j'ai évoqué en cours de route cette enquête sur le western dans l'imaginaire français : « Pourquoi diable réfléchir là-dessus ? » « Voici un objet vraiment sans distinction, simplet, négligeable... Tout le monde le croit, sauf les enfants peut-être — et d'ailleurs cela leur a passé avec le temps[112]. » A quoi, buté, je ne pouvais que rétorquer : « Mais alors, comment peut-il y avoir tant eu de westerns ? pendant si longtemps ? sous de si diverses formes ?... Et cela ne compterait pas, cela n'aurait pas d'importance, voire de sens, culturellement ? »

Je suis resté sourd à l'implicite condamnation esthétique ; mieux valait comprendre la distorsion, tout d'abord liée à deux attitudes évaluatives, contradictoires et complémentaires, fondées sur l'expérience d'im-médiateté. Pourtant affaire de médiation, la Culture se rend désirable comme rêve d'immédiateté : jouissance dans la délicatesse ou la passion de l'expérience d'une communication directe, d'âme à âme entre l'auteur et son lecteur, par exemple. La cause est dès lors entendue : le western manquerait de qualité, cette immédiateté y serait impossible, puisque s'interpose ce que la Culture sait depuis toujours, qu'il est trop paralittéraire, trop infantile, trop américain. Les *aficionados* du western, eux, bien indifférents aux froncements de sourcils de la Culture, n'en recherchent pas moins à éprouver aussi une expérience, enchantée, d'immédiateté. Aux origines du genre, on devait assister au brusque passage d'une forme conventionnelle d'immédiateté « littéraire » — l'expérience de lecture par le truchement d'auteurs-témoins (du roman d'aventures américaines à la Gabriel Ferry, à la Gustave Aimard, à la Thomas Mayne Reid) — à des formes mettant en spectacle la confusion de la médiation, voire sa disparition pure et simple. Ainsi, les fascicules Eichler faisaient de Buffalo Bill un composite, aventurier-auteur ; un cran plus loin, le Buffalo Bill's Wild West allait mettre directement sous les yeux le spectacle de la conquête de l'Ouest ; le western cinématographique muet était pur cinétisme, à l'abri des mots, à l'abri de la Culture... On sent le paradoxe : l'immédiat par les médias. Pour les heureux *aficionados*[113] des origines donc, cette expérience était celle d'une qualité pure. De ce rêve d'immédiateté aujourd'hui on peut encore avoir l'idée, avec la musique country où, spontanément, la mesure de la valeur du chanteur reste son « authenticité » ; et, rétrospectivement, sur les franges de la culture médiatique, avec l'application ludique des enfants qui jouaient aux cow-boys et aux indiens, avec celle des Cheyennes de la Forêt-Noire, avec l'intensité de l'investissement des Baroncelli, Blanc-Dumont, etc.

C'est sur ce rêve d'immédiateté que se fonde la suffisance de ces deux cultures antagonistes. Longtemps majusculée, la Culture s'estimait la seule légitime avant de devenir « culture littéraire », noble certes, mais aussi régionale que la culture techno-

---

[111] Voir l'étude de Robert Marshall Utley et Wilcomb E. Washburn (1992). On trouve néanmoins une diffraction de son histoire dans les romans cités d'Anne et Serge Golon.

[112] Sans parler des générations plus récentes qui n'ont pas encore eu le temps de devenir adultes, plutôt branchées *playstation* que cow-boys et indiens, *heroic fantasy* que western, vidéos que cinés de quartier.

[113] Heureux... et mythiques, sans doute. Méfiance à l'endroit de la reconstruction rétrospective oblige !

scientifique, la culture médiatique ou la plus récente cyberculture ; tenant le haut du pavé économique, la culture médiatique à son tour s'estime la seule pertinente : l'une et l'autre voudraient paraître comme un milieu écologique, une transparence, l'air que l'on respire.

Or, ce que l'enquête historique, désenchanteresse révèle, c'est que le western a longtemps été au cœur des industries culturelles américaines, de l'histoire de massmédias qui ont servi de modèles au développement de la culture médiatique occidentale au XXe siècle, peut-être parce qu'il symbolisait le mouvement même de la culture médiatique américaine : repousser les frontières (des autres cultures nationales, réduites au simple rôle de marchés ou d'épigones), conquérir, déterritorialiser. Sans dénier l'expérience d'immédiateté, toute cette étude l'a réinscrite dans une réalité médiate : d'abord, dans un genre avec ses lois ; puis, dans des lois de genre et des codes culturels qu'éventuellement les agents prennent au second degré ; enfin, dans une culture n'enfouissant pas très profondément ses déterminations économiques, la culture médiatique[114]. L'Ouest fait signe : on aura donc entendu l'Ouest comme signe.

Adopter une perspective française sur le western revenait aussi à explorer un second sens de la médiation : un genre qui à la fois conjoint et s'interpose entre une première culture nationale (l'américaine, laquelle tend à l'universalité par le marché : le western, de la conquête de l'Ouest et de sa mythologisation jusqu'à la superculture) et une seconde (la française, laquelle tend à caser le western parmi les ailleurs imaginaires qui, ambigument, s'opposent à l'ici, le définissent en creux, mais aussi le traversent, le modèlent).

Curieux que le mot lui-même, revenu si plein d'affirmation virile de son séjour dans l'idéologie américaine, soit en français porteur d'une question, d'une incertitude locative : où est l'ouest ?! Pour le présent projet, la complexité était donnée dès le départ. L'étude du genre ne pouvait se réduire à celle de ses lois, l'aventure comme conquête et comme déterritorialisation, ni à celle de ses formes et de ses fonctions dans sa culture fondatrice, la culture médiatique américaine, qui réinscrit la conquête de l'Ouest dans le western et propose ses trois modes interprétatifs (la conquête de l'Ouest comme mythe fondateur universalisable, le western comme roman historique et la confirmation de la conquête de l'Ouest par sa fortune dans les médias). Accommode-t-on le regard si facilement sur l'Ouest à partir du belvédère de la culture populaire française ? Incarnation du modèle américain mais incarnation bancale ; représentation de valeurs nationales mais à prétentions universelles — sans parvenir à pleinement convaincre la culture française qui, depuis 1789, avait elle-même beaucoup utilisé le même truc argumentatif ; marché où les réussites françaises vont du modeste (au cinéma) à l'honorable (BD) — sans parvenir à constituer une industrie pérenne ou étonnante, comme le roman en Allemagne ou le film en Italie ; occasion de pratiques culturelles mais qui n'auront qu'à peine survécu au déclin du western dans les industries culturelles — sans parvenir en France à cristalliser sous forme de code culturel comme dans la musique country québécoise ou les *Vereine* germano-cheyennes. Au mieux, le western fait signe, est le symptôme d'une relation ambiguë corrigeant la réputation d'américanophilie de la culture populaire française.

Affaire de frontière, la position paradoxale de ce genre par rapport à la culture médiatique française aurait donc un nom : ni externe, ni interne, mais *ouesterne*.

---

[114] Il a beau venir sous forme de livres, le roman western ne doit pas nous leurrer, il a plus en commun avec les autres formes médiatiques du western (films, téléfilms, BD, voire chansons, etc.) qu'avec le modèle du Livre des belles-lettres et de l'institution littéraire.

ANNEXES

Listes, séries et collections

LES SEPT MERCENAIRES

Les romans d'aventures américaines de Gustave AIMARD[1]

Les Trappeurs de l'Arkansas, 1858
Le Chercheur de Pistes, 1858
Les Pirates des Prairies, 1858
Le Grand Chef des Aucas, 1858
La Loi de Lynch, 1859
L'Eclaireur, 1859
La Grande Flibuste, 1860
La Fièvre d'or, 1860
Curumilla, 1860
Valentin Guillois, 1860
Les Rôdeurs de frontières, 1861
Les Francs-tireurs, 1861
Balle-Franche, 1861
La Main-ferme, 1862
L'Araucan, 1864
Les Fils de la tortue. Scènes de la vie indienne au Chili, 1864
Le Cœur de Pierre, 1864
Le Guaranis, 1864
Le Montonero, 1864
Zeno Cabral, 1864
Le Lion du désert, 1864
Les Nuits mexicaines, 1864
Les Chasseurs d'abeilles, 1865
Le Scalpeur des Ottawas, 1866
L'Esprit blanc 1866
Les Gambucinos, 1866
Le Batteur de sentiers. Sacramenta, 1866
Une vendetta mexicaine, 1866
Le Mangeur de poudre, 1866
Les Pieds-Fourchus, 1866
Rayon-de-Soleil, 1866
Les Forestiers du Michigan, 1867
Jim l'Indien, 1867
Œil-de-Feu, 1867
La Caravane des sombreros, 1867
La Mas-Horca, 1867
Rosas, 1867
Les Terres d'or, 1867
Le Cœur-Loyal, 1867
L'Eau-qui-court, 1867
Les Vaudoux, 1867
Les Chasseurs mexicains. Scènes de la vie mexicaine, 1867
Les Outlaws du Missouri, 1868
Le Forestier, 1869
Le Roi des Placers d'or (Le Commandant de la campagne. Scènes de la vie des pampas), 1869
La Forêt vierge, vol. 1 : *Fany Dayton*, vol. 2 : *Le Désert*, vol. 3 : *Le Vautour Fauve*, 1870
Les Scalpeurs blancs, vol. 1 : *L'Enigme*, vol. 2 : *Le Sacripant*, 1872-1873
Les Bois-Brûlés, vol. 1 : *Le Voladero*, vol. 2 : *Le Capitaine Kild*, vol. 3 : *Le Saut de l'Elan*, 1873
La Belle-Rivière, vol. 1 : *Le Fort Duquesne*, vol. 2 : *Le Serpent de Satin*, 1874
Le Souriquet, vol. 1 : *René de Vitré*, vol. 2 : *Michel Belhumeur*, [1882]
Cardenio. Scènes et récits du Nouveau Monde : « Cardenio », « Un profil de bandit mexicain », « Frédérique Milher », « Un concert excentrique », « Carmen », « Un Angelito », 1874
La Guerilla fantôme, 1874
Les Bisons-Blancs, 1874
Le Chasseur de rats, vol. 1 : *L'Œil-Gris*, vol. 2 : *Le Commandant Delgrès*, 1876
L'Aigle noir des Dacotahs, 1878
Un duel au désert, 1878
Les Révoltés, 1878
Une goutte de sang noir, épisode de la guerre civile aux Etats-Unis, 1878
L'Ami des Blancs, 1879

---

[1] Pour les 18 titres cosignés avec Jules-Berlioz d'Auriac, voir. chapitre 2, note 85.

L'Œuvre infernale, 1879
L'Héroïne du désert, 1879
Le Fils du soleil, 1879
Une passion indienne, 1879
Cœur-de-Panthère, 1879
Les Coupeurs de routes, vol. 1 : *El Platero de Urès*, vol. 2 : *Une Vengeance de Peau-Rouge*, 1879
Le Rapt, 1879
Le Rastreador, vol. 1 : *Le Trouveur de sentier*, vol. 2 : *Le Doigt de Dieu*, 1881
Cornelio d'Armor. Légende mexicaine, vol. 1 : *L'Etudiant en Théologie*, vol. 2 : *L'Homme-Tigre*, août 1881 à Maisons-Alfort
Les Bandits de l'Arizona, scènes de la vie sauvage, 1882
Mariami l'Indienne, 1884
Mon dernier voyage. Le Brésil nouveau [1er juillet 1882] 1886
Le Rancho du Pont-de-Lianes suivi de Les Chasseurs de minuit et Roserita la pampera, 1888
Les Pirates de l'Arizona, scènes de la vie sauvage, 1891
L'Oiseau noir, histoire américaine, 1893

Les romans d'aventures américaines de Thomas Mayne REID

Le Corps franc des Rifles [*The Rifle Rangers (Adventures of an Officer in Mexico)*, 1850]
Aventures d'une famille perdue dans le désert [*The Desert Home (Adventures of a Family in the Wilderness)*, 1852]
A la recherche du buffalo blanc et *Les Chasseurs de la baie d'Hudson* [*The Boy Hunters (Adventures in Search of a White Buffalo)*, 1853, et *The Young Voyageurs (The Boy Hunters in the North)*, 1854]
Carlos le cibolero [*The White Chief (Legend of Northern Mexico)*, 1855]
Autour du bivouac [*The Hunter's Feast (Conversation around the Camp Fire)*, 1855]
La Belle Quarteronne [*The Quadroon (A Lover's Adventures in Louisiana)*, 1856]
La Chasseresse sauvage [*The Wild Huntress (or Love in the Wilderness)*, 1860]
Le Cavalier sans tête [*The Headless Horseman (A Strange Tale of Texas)*, 1865]
Les Pirates du Mississippi [*The Planter Pirate (A Souvenir of the Mississippi)*, 1867]
La Corde fatale [*The Fatal Cord (A Tale of Backwood Retribution)*, 1867]
[*The Yellow Chief (A Romance of the Rocky Mountains)*, 1869]
Uraga le forban [*The Lone Ranch (A Tale of the Staked Plain)*, 1869]
La Reine des lacs [*The Queen of the Lakes (A Romance of the Mexican Valley)*, 1879]
Les Partisans [*The Free Lances (A Romance of the Mexican Valley)*, 1879]
La Montagne perdue [*The Lost Mountain (A Tale of Sonora)*, 1926]
Avec Frederick Whittaker
Le Noir mustanger [*The Wild-Horse Hunters*, 1877]

Les westerns d'Albert BONNEAU chez Tallandier :
Les aventures de Catamount

La Jeunesse de Catamount, 1947
La Vengeance de Catamount, 1947
Le Défi de Catamount, 1947
L'Arrestation de Catamount, 1947
La Rédemption de Catamount, 1947
Catamount et les Cagoules noires, 1948
Sur la piste de Catamount, 1948
Catamount reparaît, 1948
Le Chevalier Catamount 1948
Nouvelles aventures de Catamount, 1948
Catamount shérif de nulle part, 1948
La Justice de Catamount, 1948
Catamount à la rescousse, 1948
Catamount chez les Rebelles, 1948
Catamount détective, 1948
L'Enquête de Catamount, 1949
La Revanche de Catamount, 1949
Catamount seul contre tous, 1949
Catamount et la digue infernale, 1949
La Mission de Catamount, 1949
Catamount contre Catamount, 1949
Catamount et les Vengeurs des ténèbres, 1949
Le Protégé de Catamount, 1950
Catamount en danger, 1950
Les Noces de Catamount, 1950
Catamount et le Ranch du mystère, 1950
L'Héritage de Catamount, 1950
Les Vacances de Catamount, 1950
La Trahison de Catamount, 1950
L'Intervention de Catamount, 1950
La Victoire de Catamount, 1950
La Dernière Piste de Catamount, 1950
Nouvelles aventures de Catamount
Le Retour de Catamount, 1952
Catamount et les pilleurs de banque, 1952
L'Evasion de Catamount, 1952
Catamount contre la Police montée, 1953
Le Limier de Catamount, 1953
Catamount sur le sentier de la guerre, 1953
Le Carnaval de Catamount, 1953
Catamount chez Buffalo Bill, 1953
Le Pendu de Catamount, 1953
Catamount et l'enfant volé, 1953
Le Sosie de Catamount, 1953
Catamount au relais de la mort, 1954
L'Assassinat de Catamount, 1954
Catamount au quartier chinois, 1954
Le Serment de Catamount, 1954
Catamount au pays de la haine, 1954

La Tournée de Catamount, 1955
La Riposte de Catamount, 1955
Catamount chez les Gauchos, 1955
Le Prisonnier de Catamount, 1955
Catamount dans la tourmente, 1955
Aventures du Far-West
Les Dompteurs de broncos, 1951
Kid le ranger, 1951
Le Ranch maudit, 1951
Le Démon des mauvaises terres, 1952
Le Totem aux yeux verts, 1952
Les Vautours de la frontière, 1952
Le Bandit de Palo-Verde, 1952
L'Héritage du désert, 1953
Les Orphelins de la prairie, 1953
La Chaussée des séquoïas, 1954
Tom Cyclone cow-boy, 1954
Le Vagabond du Far-West, 1954
La Mission du dernier espoir, 1954
Le Désert aux cent mirages, 1955
Les Eclaireurs de la nuit, 1955
Le Tambour de guerre des Apaches, 1955
Les Jumelles de York Town, 1955
La Chance de Dick Maitland, 1955
Sam le boxeur, 1956

Les westerns de Pierre PELOT : Les quatorze premières aventures de Dylan Stark

Quatre hommes pour l'enfer

Juillet 1864-avril 1865. Géorgie, Caroline du Nord, Tennessee. La guerre.

Pour avoir refusé d'obéir à un ordre stupide, Dylan Stark, sous-officier dans l'armée sudiste, est mis aux arrêts. On lui « propose » une mission-suicide sous l'uniforme nordiste, avec d'autres fortes têtes, mission qui échoue. Mais la guerre achève.

La Couleur de Dieu

Eté 1865. Jaspero (Kansas), ville natale de Dylan. L'exclusion raciste, la vengeance.

De retour dans son village natal, Dylan Stark apprend que ses parents ont été massacrés par la bande d'*outlaws* d'El Paso. Poussé par sa conscience, Dylan Stark essaie d'aider une famille noire à envoyer son fils à l'école locale. Comme la population ne l'accepte pas, la famille noire devra quitter le village pour le Nord. Le héros se lance à la poursuite d'El Paso.

La Horde aux abois

Septembre 1865. Unspeakable Town, toujours dans les Monts Ozarks, extrême nord-ouest de l'Arkansas. Le refus de la défaite du Sud, affrontement des bandes nordistes et sudistes.

Dylan Stark s'est réfugié chez le « vieux de la montagne » qui vit en reclus avec son fils (à qui il a caché la défaite des Confédérés) et une bande d'hommes de mains. En état de légitime défense, le héros est obligé de tuer le vieux et, en outre, d'annoncer la triste nouvelle de la défaite du Sud à Caerog, le fils du vieux. Il en apprend davantage sur El Paso ; il quitte la ville avec Caerog.

Les Loups dans la ville

Automne 1865. Siloam (Arkansas). La ville prise en otages par une bande de hors-la-loi.

Même si, comme d'habitude, Dylan Stark ne veut pas s'impliquer, sa conscience veille. Malgré la passivité des habitants et après quelques fusillades, le héros et le jeune nouveau shérif viendront à bout des méchants.

Les Loups sur la piste

Octobre 1865. Siloam, puis la piste vers Little Rock (Arkansas). Les Blancs voleurs de squaws, le retour de guerre d'une jeune tête brûlée, l'hostilité qui se transforme en amitié.

Apparition pour la première fois d'Indiens (Cherokees) venus chercher leurs squaws enlevées par des Blancs (qui, eux, prétendent les avoir achetées). Dylan Stark joue les médiateurs ; toujours hésitant, il sera poussé par sa conscience à escorter le convoi de hors-la-loi prisonniers (voir épisode précédent) jusqu'à Little Rock. En route, attaque par une bande d'Indiens « renégats » ; grâce à Dylan Stark, le convoi reprend sa route.

Les Irréductibles

Novembre 1865. Le camp de prisonniers de Mountain Grove. La prison où l'on enferme les « durs », l'évasion.

Dylan Stark réussit à se faire enfermer dans le camp nordiste pour enfin mettre la main sur El Paso. Ils partagent la même cellule. Avec la complicité d'un gardien vénal, les détenus peuvent creuser un tunnel jusqu'à la rivière qui entoure le camp. Froid, neige. Quatre hommes parviennent jusqu'à la rivière, le groupe se sépare : Feersham part vers le nord (on le retrouvera dans *Le Tombeau de Satan*), Dylan Stark, El Paso et Alwoy — le froussard devenu courageux — vers le sud. El Paso se noie.

Fin du cycle de la vengeance ; après s'être évadé avec El Paso du camp de concentration nordiste, Dylan Stark ne se décide pas à tuer le meurtrier de ses parents, il va même tenter de le sauver de la noyade. C'est El Paso, lui-même, qui va choisir la mort, en lâchant le tronc auquel il s'agrippe.

Le Hibou sur la porte

Janvier 1866. Sonoydah Ranch, ville de Butler (Missouri). La vie du ranch, les cow-boys, les chevaux.

Le fils un peu veule du propriétaire du ranch s'est endetté au poker auprès d'une bande de méchants. Tout rentre dans l'ordre à la fin ; les méchants sont éliminés, et le fils se rachète en sauvant l'étalon qui s'était enfui.

La Marche des bannis

Mars 1866. Sur la Red River, quelque part à la frontière entre l'Oklahoma et le Texas. La déportation des Indiens et leur révolte.

Déplacés, spoliés, exploités — le Blanc exploitant le comptoir de la réserve profite des Indiens et leur vend du peyotl. Opposition entre les Indiens conciliants (les vieux) et les Indiens rebelles (les jeunes). Courte mais intense tentation amoureuse. C'est l'histoire la plus tragique : l'Armée utilise femmes et enfants comme boucliers humains, scènes de massacre. Dylan Stark pleure à deux reprises : devant le sort de ses « frères » et sur l'amour impossible pour la jeune cherokee Wahika. La « marche des larmes » mènera les Indiens vers leur nouvelle réserve. Dylan Stark qui a essayé de les aider, devra fuir pour échapper à la justice des Blancs.

Moment de crise, à la fois dans l'inspiration de Pelot et dans la vie du héros ; moment de réorientation de la série. Après la vengeance, voici l'amour impossible, la rencontre avec Wahika, fille de Bill-Eau-Debout, jeune, belle, amoureuse de Dylan. Mais lorsque le début de la déportation est atteint, le solitaire devra l'abandonner. Tempête sous un crâne : lui proposer de l'emmener avec lui ? Lui dire « je reviendrai » ?... Abnégation, masochisme, incapacité à communiquer ses sentiments... : Dylan Stark repartira seul. « En vérité, cette galopade raide qui résonne sous les étoiles est moins une fuite qu'un moyen d'arriver le plus rapidement possible à couvert, sous les pins, pour libérer enfin cette oppression qui niche au creux de sa poitrine. Pour être seul, délivré de toute pudeur, dans l'ombre complice des pins... Car ainsi pleurent les hommes ».

La Peau du nègre et L'Homme-qui-marche

Première nouvelle : à une époque non précisée. Ville de Saccashaw (Alabama). Racisme.

Un Noir est faussement accusé d'un meurtre qui, en fait, se révélera être un accident. Evocation du *Deep South* des plantations de coton. Un *posse* se lancera à la recherche du Noir, mais Dylan Stark et son nouveau comparse Hilkija (Kija) Britton le sauveront du lynchage. La rencontre entre Dylan et Kija s'est faite dans une histoire qui sera publiée ultérieurement : *Deux hommes sont venus*.

Seconde nouvelle : Dylan Stark et Kija se trouvent témoins plus qu'acteurs d'une vendetta entre deux vieux Indiens très dignes.

Deux hommes sont venus et 7 h 20 pour Opelousas

Première nouvelle : avril 1866. Sanwoteen (Louisiane). La vengeance ; pauvres Blancs contre méchant propriétaire spoliateur et profiteur de guerre.

Lors de la rencontre de Dylan Stark et de Kija, la méfiance initiale fait rapidement place à une amitié virile. L'ancien patron de Kija (avant la guerre) a été dépossédé de son troupeau par le méchant Mavos Hickelberry. Le manoir du méchant sera brûlé, et son domaine et sa personne piétinés par le troupeau qu'il avait volé.

Seconde nouvelle : courte histoire de vente de bétail (qui doit être embarqué sur le train de 7h20 pour Opelousas). Un méchant essayait de faire croire à l'acheteur que les bêtes vendues par Dylan Stark et Kija étaient des bêtes volées. La vérité sera rétablie à 7h19 !

Quand gronde la rivière

Juin 1866. La rivière Tombigbee (affluent du Mississippi), la ville de Yealaw. Ville pourrie et habitants sordides ; la drave ; le jeune voleur de bois sympathique qui vole les grands convoyeurs de bois malhonnêtes pour s'acheter une ferme.

Dylan Stark et Kija doivent traverser la rivière Tombigbee pour continuer leur route vers la Floride. Ils se joignent à un groupe de *rivermen* qui leur proposent de les faire passer sur leurs radeaux. Ces sympathiques voleurs de bois et leur chef Rigo la Rivière sont poursuivis par des tueurs engagés par une grande compagnie de flottage. Malgré la menace, Dylan Stark et Kija restent avec le groupe. S'ensuit une aventure sur la rivière, rapides, fusillade... Dylan Stark et Kija se retrouvent de l'autre côté de la rivière et continuent leur route vers Mobile. Les *rivermen* seront tous tués dans une embuscade un peu plus bas sur la rivière.

Un jour un ouragan

Juillet 1866. La Nouvelle-Orléans (Louisiane). Le problème du vote des Noirs.

Seule histoire qui se passe entièrement dans un milieu urbain. Dylan Stark et Kija doivent prendre un bateau pour la Floride, mais ils sont coincés au milieu des émeutes opposant manifestants noirs et police (barricades, drapeau rouge... auteur et lecteurs sont en 1968 !). Dylan Stark et Kija seront séparés par l'émeute. Ils se retrouveront sur les docks à temps pour prendre le bateau pour la Floride. Roman tout ce qu'il y a de plus historique, avec un prologue expliquant le contexte, une dizaine de longs *inserts* (témoignages et proclamations d'époque), notes bibliographiques.

Le Tombeau de Satan

Eté 1866. Ville de Sannactochee (Floride), Wahoo Swamp. Aventure exotique de quête d'un trésor.

Après s'être difficilement trouvé un guide, un vieux Séminole à moitié fou, Dylan Stark et Kija — qui a rencontré l'amour en la personne de la belle Maria, fille du propriétaire de la *bodega* — s'enfoncent dans les marais floridiens (moustiques, alligators, serpents d'eau et Séminoles hostiles). Mais ils ne sont pas seuls à chercher le trésor d'El Paso, le méchant Feershman le cherche aussi. Le trésor est au fond d'un lac. Dylan Stark et Kija renoncent ; obsédé par l'or d'El Paso, convaincu qu'il réussira à le récupérer, Feershman reste.

La Loi des fauves

Même année. Mêmes lieux. Le sanctuaire indien que les Blancs viennent violer ; perdus dans la jungle.

Dylan Stark et Kija tournent en rond, retombent sur Feershman devenu complètement fou, Dylan Stark renonce à le tuer (même en légitime défense). Les Séminoles s'en chargeront : vengeance de Kinickta, Grand manitou des Indiens du lieu. Dylan Stark arrivera à sortir de l'enfer vert en portant sur ses épaules Kija à demi-mort, grelottant de fièvre. De retour à Sannactochee, Kija rétabli, file le parfait amour avec Maria. Quant à Dylan, il repartira seul vers une destination inconnue.

Fin du « cycle » de la recherche du trésor, lequel restera au fond d'un lac floridien, sous des mètres de vase. A défaut d'amours heureuses, enfin une amitié virile stable ; Dylan forme avec Hilkija Britton, rouquin flamboyant et expansif, un duo complémentaire, fréquent cliché du western, l'introverti et l'extraverti, le réfléchi et l'impulsif, le froid et le chaleureux. Amertume personnelle, désenchantement historique, violence explicite mais tempérée, absence de sexualité... : la série avait trouvé une nouvelle configuration thématique qui, visiblement, se mit en phase avec le lectorat adolescent visé.

Chez Marabout (Editions Gérard)

Dans « Marabout Junior »

Marabout Junior 319. *La Piste du Dakota,* 1966

Marabout Junior 323. *Black Panache,* Editions Gérard & Co, 1966. Réédition en version abrégée et corrigée sous le titre *Black Panache, le hors-la-loi,* Bayard-Presse, « Je bouquine » n° 5, 1984. Editions Hachette, Livre de Poche Jeunesse « Je bouquine », n° 302, 1987. De *Black Panache,* sous le titre *Black Lightning,* par Michel Blanc-Dumont, dans la revue *I Love English,* n° 10-11, chez Bayard-Presse, 1988

Marabout Junior 329. *Comme se meurt un soleil,* 1966

Marabout Junior 333. *La Longue Chasse,* 1966

Marabout Junior 341. *La Tourmente,* 1966

Marabout Junior 347. *Les Croix de feu,* 1966. Réédition sous le titre *Les Croix en feu,* Editions Flammarion, « Castor Poche Senior », n° 357, 1992

Marabout Junior 349. *La Nuit du diable,* 1967

Marabout Géant 276. *De Soleil et de sang,* 1967

« Dylan Stark » chez Marabout

Pocket Marabout 2. *Quatre hommes pour l'enfer* (Histoire de DS 1), 1967. Réédition : Editions Casterman, « L'Ami de Poche », n° 3, 1980

Pocket Marabout 7. *La Couleur de Dieu* (Histoire de DS 2), 1967 (Prix des Treize 1967). Réédition : Editions Casterman, « L'Ami de Poche », n° 10, 1980

Pocket Marabout 11. *La Horde aux abois* (Histoire de DS 3), 1967. Réédition : Editions Casterman, « L'Ami de Poche », n° 14, 1980

Pocket Marabout 20. *Les Loups dans la ville* (Histoire de DS 4), 1967. Réédition : Editions Casterman, « L'Ami de Poche », n° 16, 1981

Pocket Marabout 21. *Les Loups sur la piste* (Histoire de DS 5), 1967. Réédition : Editions Casterman, « L'Ami de Poche », n° 20, 1981

Pocket Marabout 26. *Les Irréductibles* (Histoire de DS 6), 1967. Réédition : Editions Casterman, « L'Ami de Poche », n° 26, 1981

Pocket Marabout 34. *Le Hibou sur la porte* (Histoire de DS 7), 1967. Réédition : Editions de l'Amitié, « Bibliothèque de l'Amitié », n° 102, 1974. Editions Casterman, « L'Ami de Poche », n° 32, 1981

Pocket Marabout 41. *La Marche des bannis* (Histoire de DS 8), 1968. Réédition : Editions Casterman, « L'Ami de Poche », n° 41, 1982

Pocket Marabout 47. *La Peau de Nègre* suivi de *L'Homme-qui-marche* (Histoire de DS 9), 1968. Réédition : *La Peau du nègre,* Editions Casterman, « L'Ami de Poche », n° 44, 1982

Pocket Marabout 52. *Deux hommes sont venus* suivi de *7h20 pour Opelousas,* 1968. *Deux hommes sont venus* (Histoire de DS 10), prépublication dans l'hebdomadaire *Tintin,* n° 1010-1022 du 29/02/68 au 23/05/68. Réédition : *Deux hommes sont venus* : Editions Casterman, « L'Ami de Poche », n° 54, 1983

Pocket Marabout 58. *Quand gronde la rivière* (Histoire de DS 11), 1968. Réédition : Editions de l'Amitié, « Bibliothèque de l'Amitié », n° 109, 1975

Pocket Marabout 63, *Un jour, un ouragan* (Histoire de DS 12), 1968

Pocket Marabout 68. *Le Tombeau de Satan* (Histoire de DS 13), 1969

Pocket Marabout 77. *La Loi des fauves* (Histoire de DS 14), 1969

« Dylan Stark » ailleurs

L'Homme des monts déchirés (Histoire de DS 15) dans l'hebdomadaire *Tintin,* n°s 1095-1107, du 23/10/69 au 15/01/70

L'Erreur (Histoire de DS 16) dans l'hebdomadaire *Tintin,* n°s 1173-1179, du 22/04/71 au 03/06/71

Sierra brûlante (Histoire de DS 17), Editions Robert Laffont, « Plein Vent », n°76, 1971. Réédition : Editions Gallimard, « Folio Junior », n° 110, 1980

La Guerre de castor, Editions G.P., « Spirale », n° 171, 1971

La Révolte du Sonora, Editions G.P., « Olympic », 1972

Les Epaules du diable, Editions G.P., « Olympic », n° 49, 1972. Réédition : Editions G.P., G.S., 1980. Editions Flammarion, « Castor Poche », n°398, 1993, Sélection 1 000 jeunes lecteurs, Sélection Jeunes Lecture Promotion
Le Vent de la colère (Histoire de DS 18), Editions de l'Amitié, « Bibliothèque de l'Amitié », n° 92, 1973
Le Train ne sifflera pas trois, Editions G.P., « Spirale », n° 212, 1974. Réédition : Editions Hachette, « Livre de Poche Jeunesse », n° 99, 1983. CNELBLA, 1989 (éditions en braille et en gros caractères)
La Poussière de la piste, Editions G.P., « Spirale », n° 230, 1975
Pour un cheval qui savait rire (Histoire de DS 19), Editions de l'Amitié, « Les Maîtres de l'Aventure », 1982

Les traductions françaises de Louis L'Amour[2]

Terres à dompter, Dupuis, 1966
Le Diable et son colt, Dupuis, 1966
Lande, Dupuis, 1967
Fallon, Dupuis, 1967
Kilronne, Dupuis, 1967
La Cabane perdue, Masque (+Edito-Service, Genève), 1974
Le Ranch de Clive Chantry, Masque (+Edito-Service), 1976
Sackett et son mustang, Masque (+Edito-Service), 1976
Un cow-boy ne plaisante pas, Masque (+Edito-Service), 1977
Rock Bannon, Masque (+Edito-Service), 1980
Le Train du Kansas, Masque (+Edito-Service), 1980
La Longue Chasse, Masque (+Edito-Service), 1981
Dans le canon d'un colt (Edito-Service), 1982
Les Cavaliers du désert, Masque (+Edito-Service), 1982
Catlow, Edito-Service, 1983
Les Cow-boys du B-Bar, Edito-Service, 1983
Cyclone sur Matagorda, Edito-Service, 1983
Les Desperados, Edito-Service, 1983
Les Implacables, Edito-Service, 1983
Le Repaire du vengeur, Edito-Service, 1983
La Route du Colorado, Edito-Service, 1983
Shalako, Edito-Service, 1983
La Vallée verte, Edito-Service, 1983
La Vengeance de Kate Lundy, Edito-Service, 1983
Fortune de feu, Presses de la Cité (+France-Loisirs), 1985
L'Envol de l'aigle, Presses de la Cité (+France-Loisirs, +J'ai lu), 1987

Le Canyon hanté, Presses de la Cité (+France-Loisirs, +Pocket), 1989
Hondo, l'homme du désert, Ed. du Rocher, 1993

Les westerns d'Angus Wells

Sous la signature de J.B. Dancer (série « Lawmen »)

Kansas, Bloody Kansas, 1977
Vengeance Trail, 1978
One Way to Die, 1980

Sous la signature de Charles R. Pike (série « Jubal Cade »)

Killer Silver, 1975
Vengeance Hunt, 1976
The Burning Man, 1976
The Golden Dead, 1976
Death Wears Grey, 1976
Days of Blood, 1977
The Killing Ground, 1977
Brand of Vengeance, 1978
Bounty Road, 1978
Ashes and Blood, 1979
The Death Pit, 1980
Angel of Death, 1980
Mourning is Red, 1981
Bloody Christmas, 1981
Times of the Damned, 1982
The Waiting Game, 1982
Spoils of War, 1982
The Violent Land, 1983
Gallows Bait, 1983

Sous la signature de James A. Muir (série « Breed »)

The Lonely Hunt, 1976
The Silent Kill, 1977
Cry for Vengeance, 1977
Death Stage, 1977
The Gallows Tree, 1978
The Judas Goat, 1978
Time of the Wolf, 1978
Blood Debt, 1979
Blood Stock, 1979
Outlaw Road, 1979
The Dying and the Damned, 1980
Killer's Moon, 1980
Bounty Hunter, 1980
Spanish Gold, 1981
Slaughter Time, 1981
Bad Habits, 1981
The Day of the Gun, 1982
The Colour of Death, 1982
Blood Valley, 1983

---

[2] Après un premier départ dans la collection « Galop » de Dupuis, tôt avortée, retour dans « Masque Western ». Les résidus sont écoulés chez Edito-Service, enfin par le groupe Garancière.

Gundown, 1983
Blood Hunt, 1984
Apache Blood, 1985

**Sous la signature de J.D. Sandon
(série « Gringos »)**

Guns across the River, 1979
Fire in the Wind, 1979
Easy Money, 1980
One Too Many Mornings, 1981
Survivors, 1982

**Sous la signature de Charles C. Garrett
(série « Gunslinger »)**

Golden Gun, 1978
Fifty Calibre Kill, 1978
Rebel Vengeance, 1979
The Russian Lode, 1980
Peacemaker, 1980

**Sous la signature de William S. Brady
(série « Hawk »)**

The Sudden Guns, 1979
Death's Bounty, 1979
Fool's Gold, 1980
The Gates of Death, 1980
The Widowmaker, 1981
Killer's Breed, 1982
Border War, 1983

**Sous la signature de William S. Brady
(série « Peacemaker »)**

Comanche !, 1981
Outlaws, 1981
Lynch Law, 1981
Blood Run, 1982
$1,000 Death, 1984
The Lost, 1984
Shootout !, 1984

**Sous la signature de Matthew Kirk
(série « Claw »)**

Day of Fury, 1983
Vengeance Road, 1983
Yellow Stripe, 1983
The Wild Hunt, 1983
Blood for Blood, 1983
Death in Red, 1984

**« Morgan Kane, Texas Ranger »
de Louis MASTERSON**

Sans pitié, 1979
Dans les griffes du dragon, 1979
Le Colt et l'étoile, 1979
Ku-Klux-Klan, 1979
Pour l'honneur d'un copain, 1979
Le Convoi infernal, 1979

La Piste des Kiowas, 1979
Le Monstre de Yuma, 1979
Le Marshal du diable, 1979
L'Ombre de la mort, 1979
Tempête sur la Sonora, 1979
Terreur dans la jungle, 1980
Pas de larmes pour Morgan Kane, 1980

2 — ROUND-UP

« Arizona » des Editions Laffont

MULFORD, Clarence E. *Hopalong Cassidy entre en jeu*
MULFORD, Clarence E. *Hopalong Cassidy et la couvée de l'aigle*
MULFORD, Clarence E. *Hopalong Cassidy trouve un double*
MULFORD, Clarence E. *Hopalong Cassidy prend les cartes en main*
HENDRYX, James B. *La Poursuite blanche*
MULFORD, Clarence E. *Hopalong Cassidy — Les Hors-la-loi de West Fork*
HOPKINS, Tom J. *Pistes dans la nuit*
MULFORD, Clarence E. *Hopalong Cassidy — Les Compagnons du ranch 20*
MULFORD, Clarence E. *Le Shérif de Twin River*
MASS, R. *Les Forbans du silence*, 1952
MULFORD, Clarence E. *La Piste des sept pins*
HOPKINS, T. *Les Cavaliers du diable*, 1952
HECKELMANN, C. *Le Maître du « Double Y »*, 1952
MULFORD, Clarence E. *Hopalong Cassidy — Panique à Tascotal*
MACDONALD, William Colt. *Fouet contre colt*
MULFORD, Clarence E. *Hopalong Cassidy — L'Inquiétant Tireur*, 1953

« Western » du Fleuve Noir

1. SOPPER, Johny. *Johny prend son colt*, 1952
2. SOPPER, Johny. *Johny et le démon blanc*, 1952
3. SOPPER, Johny. *Johny dans l'Arizona*, 1952
4. SOPPER, Johny. *Johny chasse l'homme*, 1952
5. SOPPER, Johny. *Johny règle un compte*, 1953
6. SOPPER, Johny. *Johny et les pirates noirs*, 1953
7. SOPPER, Johny. *Johny a disparu*, 1953
8. SOPPER, Johny. *Johny et le lit de l'enfer*, 1953
9. SOPPER, Johny. *Johny et les esclaves blanches*, 1953
10. SOPPER, Johny. *Johny et le tueur sans visage*, 1953
11. SOPPER, Johny. *Johny joue avec la mort*, 1953
12. SOPPER, Johny. *Johny et le garçon sauvage*, 1953
13. SOPPER, Johny. *Johny casse le calumet*, 1953
14. SOPPER, Johny. *Les Sioux voient dans la nuit*, 1953
15. SOPPER, Johny. *L'Agonie du Fort Anaconda*, 1953
16. SOPPER, Johny. *Piste de la tragédie*, 1953
17. LARAMÉE, Cole. *Frontière de la mort*, 1954
18. RIVER, J.-S. *La Diligence des maudits*, 1954
19. SOPPER, Johny. *Les Pendus du Nevada*, 1954
20. SOPPER, Johny. *Le Poteau de torture*, 1954
21. SOPPER, Johny. *L'Indienne captive*, 1954

22. Sopper, Johny. *Massacre des pionniers*, 1954
23. Sopper, Johny. *Le Fusil de l'homme mort*, 1954

Les westerns de la « Série Noire » (et Super Noire)

Série Noire

447. Gordon, Arthur. *Le Sang crie*, 1958
529. Adams, Clifton. *Le Desperado*, 1959
561. Schirreffs, Gordon. *Une salve pour le shérif*, 1960
591. Naughton, Edmund. *La belle Main*, 1960
964. Ballard, Willis Todhunter. *Ne mourez jamais*, 1965
974. Ballard, W. T. *Les Sept Sœurs*, 1965
1066. Schirreffs, Gordon. *Le Mal de l'or*, 1966
1098. Adams, Clifton. *La Loi du flingue*, 1966
1188. Adams, Clifton. *La Parole est au colt*, 1968
1200. Clinton, Jeff. *Le Texan*, 1968
1237. Patten, Lewis B. *Rouge était la prairie*, 1968
1243. Everett, Wade. *Le Tueur à badge*, 1968
1267. Adams, Clifton. *Un foutu métier*, 1969
1279. Ballard, W.T. *Le Ranch du diable*, 1969
1291. Reese, John. *Alias tire au but*, 1969
1318. Friend, Ed [Richard Wormser]. *Les Chasseurs de scalps*, 1970
1330. Adams, Clifton. *Du rif pour le shérif*, 1970
1354. Patten, L.B. *Terreur dans l'Arkansas*, 1970
1378. Patten, L.B. *L'Etoile et le calibre*, 1970
1402. Reese, John. *Qui dit mieux ?*, 1971
1412. Patten, L.B. *Le Fleuve écarlate*, 1971
1424. Adams, Clifton. *Les Derniers Jours du loup*, 1971
1436. Naughton, Edmund. *Oh ! Collègue !*, 1971
1448. Patten, L.B. *Le Cheyenne à l'étal*, 1971
1480. Schirreffs, Gordon. *Le Convoi des fantômes*, 1972
1488. Patten, L.B. *Le Dernier Roméo*, 1972
1502. Adams, Clifton. *L'Insigne noir*, 1972
1512. Benteen, John. *Une giclée d'or*, 1973
1520. Benteen, John. *Un nommé Fargo*, 1973
1529. Lewis, James. *Il était une fois... la révolution*, 1972
1554. Patten, L.B. *Sans appel*, 1973
1595. Adams, Clifton. *Les Rails sont rouges*, 1973
1610. Overholser, W.D. *La Corde est au bout*, 1973
1618. Clinton, Jeff. *La Piste du Chat-Tigre*, 1973
1644. Patten, L.B. *La Gâchette fatiguée*, 1974
1651. Adams, Clifton. *Le Temps des charlatans*, 1974
1667. Clinton, Jeff. *Les Colères du Chat-Tigre*, 1973
1673. Garfield, Brian (en collaboration avec Donald Westlake). *Place au gang*, 1973
1677. Garfield, Brian. *Les Lingots sont pipés*, 1974
1706. Clinton, Jeff. *Gare au Chat-Tigre*, 1975
1722. Patten, L.B. *La Nuit des coyotes*, 1978
1857. Steelman, Robert J. *Les Pendus en balade*, 1982
1876. Steelman, Robert J. *Retour en flèches*, 1982
1878. Naughton, Edmund *Les Cow-boys dehors*, 1982

Super Noire

12. Reese, John. *On ne tue pas les lâches*, 1975
56. Reese, John. *Un shérif pour tout le monde*, 1976
90. Barrett, Bob. *L'Ingénu chez les cow-boys*, 1978
107. Steelman, Robert J. *La Belle Dame chez les Sioux*, 1978
119. Barrett, Bob. *Prends garde aux cactus*, 1978

« Galop » de Dupuis

Farrell, Cliff. *La Fourrure du diable*, 1965
Chamberlain, William. *Marche forcée pour Loon Creek*, 1965
Hogan, Ray. *Terreur à Borneo Crossing*, 1965
Lehman, Paul Evan. *Entre la corde et les tueurs*, 1965
Hopson, William. *Le Grand Convoi*, 1965
Lehman, Paul Evan. *Pas de place pour les requins*, 1965
Mac Donald, William Colt. *Le Cavalier fantôme*, 1966
L'Amour, Louis. *Terres à dompter*, 1966
Hogan, Ray. *Un tueur nommé Shotgun*, 1966
Barrett, Michael. *Un inconnu dans Galah*, 1966
L'Amour, Louis. *Le Diable et son colt*, 1966
Lehman, Paul Evan. *La Rivière maudite*, 1966
Hogan, Ray. *Cavaliers rebelles*, 1967
Ballard, Todhunter. *L'Année de la grande mort*, 1967
Keene, James. *Que Justice soit faite !*, 1967
Lehman, Paul Evan. *La Piste perdue*, 1967
Echols, Allan K. *La Loi du Wildhorse*, 1967
Hamilton, D.H. *L'Indésirable*, 1967
Cook, Will. *Le Marché des damnés*, 1967
Echols, Allan K. *Cet Homme doit mourir*, 1967
Farrell, Cliff. *Passage pour l'enfer*, 1967
L'Amour, Louis. *Lande*, 1967
Adams, Clifton. *La Légende de Lonnie Hall*, 1967
Cook, Will. *Terreur des Apaches*, 1967
L'Amour, Louis. *Fallon*, 1967
Ballard, Todhunter. *Les Cavaliers de la nuit*, 1967
L'Amour, Louis. *Kilronne*, 1967

« Le Masque Western » de la Librairie des Champs-Elysées

1. Patten, Lewis B. *L'Etoile ternie*
2. Hogan, Ray. *Tempête sur l'Arizona*
3. Shirreffs, Gordon D. *Le Fanion du poste frontière*
4. Patten, Lewis Byford. *Une ville en colère*
5. Krepps, Robert W. *La Diligence vers l'Ouest*
6. Shirreffs, Gordon D. *La Fille de l'Ouest*
7. Cook, Will. *Le Shérif hors-la-loi*
8. Shirreffs, Gordon D. *Requiem pour deux trompettes*
9. Leonard, Elmore. *Hombre*
10. L'Amour, Louis. *Le Repaire du vengeur*
11. West, Tom (Fred East). *Le Justicier du Rio Grande*
12. Patten, Lewis B. *La Dernière Chevauchée*
13. Lehman, Paul Evan. *Bataille pour un ranch*

14. ADAMS, Clifton. *La Loi, c'est moi*
15. HOGAN, Ray. *Terreur dans la vallée*
16. KREPPS, Robert W. *Sept Secondes en enfer*
17. PATTEN, Lewis B. *Pour l'amour de Kate*
18. BONNER, Michael. *Les Rescapés de Brasada*
19. SHIRREFFS, Gordon D. *La Piste sans retour*
20. L'AMOUR, Louis. *Shalako*
21. SHIRREFFS, Gordon D. *L'Homme du Sud*
22. COOK, Will. *Pickering*
23. L'AMOUR, Louis. *La Route du Colorado*
24. WEST, Tom. *Terre sans loi*
25. SHIRREFFS, Gordon D. *Trop durs pour mourir*
26. FISHER, Clay (Henry Wilson Allen). *La Route de Santa Fé*
27. FARRELL, Cliff. *L'Indien du Rancho Verde*
28. SHIRREFFS, Gordon D. *Rio Bravo*
29. L'AMOUR, Louis. *Cyclone sur Matagorda*
30. WEST, Kingsley. *L'Enfer de Taos*
31. KEENE, James (Will Cook). *Inutile randonnée*
32. HOPSON, William. *L'Arbre du pendu*
33. SHIRREFFS, Gordon D. *Le Vent gémit dans la prairie*
34. FISHER, CLAY. *Le Retour du Texan*
35. PATTEN, Lewis B. *La Dernière Etape*
36. MURRAY, H. S. *Le Canyon des aigles*
37. SHIRREFFS, Gordon D. *Sans foi, ni loi*
38. COLE, Jackson. *Premier train pour le Texas*
39. LEHMAN, Paul Evan. *La Vallée des vautours*
40. FISHER, Clay. *La Patrouille maudite*
41. SHIRREFFS, Gordon D. *Colt 45*
42. WEST, Tom. *La Fille du ranchero*
43. L'AMOUR, Louis. *Les Desperados*
44. ADAMS, Clifton. *Le Fils du hors-la-loi*
45. PATTEN, Lewis B. *La Bataille des rangers*
46. L'AMOUR, Louis. *Les Cow-boys du B-Bar*
47. PEIL, Paul Leslie. *Vous plaisantez, shérif*
48. L'AMOUR, Louis. *Le Canyon de la folle*
49. WEST, Tom. *Ne tirez pas sur le shérif*
50. ADAMS, Clifton. *Tall Cameron*
51. PATTEN, Lewis B. *Terre sans pardon*
52. SHIRREFFS, Gordon D. *Le Chasseur d'hommes*
53. SELTZER, Charles. *La Vallée des étoiles*
54. COX, William R. *Une fille venue de l'Est*
55. PATTEN, Lewis B. *Le Désert qui tue*
56. RANDALL, Clay (Clifton Adams). *Alerte au Texas*
57. L'AMOUR, Louis. *Les Implacables*
58. LEHMAN, Paul Evan. *Les Vautours font la loi*
59. MASON, Chuck (Donald Sydney Rowland). *Le Cavalier de l'enfer*
60. HOGAN, Ray. *Le Saloon de Las Vegas*
61. LEIGHTON, Lee (Wayne D. Overholser). *La Métisse blanche*
62. SHIRREFFS, Gordon D. *La Vallée maudite*
63. PATTEN, Lewis B. *La Révolte des rancheros*
64. L'AMOUR, Louis. *Catlow*
65. SHIRREFFS, Gordon D. *La Loi du sang*
66. HOPSON, William. *Traquenard en Arizona*
67. COX, William R. *Le Raid de la pleine lune*
68. PATTEN, Lewis B. *Le Bastion des vallées perdues*
69. FISHER, Clay. *Le Renard rouge*
70. HOGAN, Ray. *Alerte aux hors-la-loi*
71. SHIRREFFS, Gordon D. *Le Fort suicide*
72. FISHER, Clay. *Le Mustang bleu*
73. HOGAN, Ray. *Le Mont Comanche*
74. PATTEN, Lewis B. *La Ville des parjures*
75. WEST, Tom. *Le Loup dans la vallée*
76. LEHMAN, Paul Evan. *Le Filon d'or*
77. SHIRREFFS, Gordon D. *Sur la route d'El Paso*
78. PATTEN, Lewis B. *Quand la pluie viendra*
79. WEST, Tom. *Le Bâtard de Lynx Valley*
80. HOGAN, Ray. *Le Cerbère de la prairie*
81. L'AMOUR, Louis. *Dans le canon du colt*
82. PATTEN, Lewis B. *L'Etranger du Colorado*
83. WEST, Tom. *De l'or pour de l'eau*
84. SHIRREFFS, Gordon D. *Rio Desperado*
85. HOPSON, William. *Le Mulet à l'oreille coupée*
86. FISHER, Clay. *La Fille aux cheveux de feu*
87. L'AMOUR, Louis. *Les Loups hurlent à la lune*
88. PATTEN, Lewis B. *La Route de l'Est*
89. WEST, Tom. *L'Homme de Mexico*
90. SHIRREFFS, Gordon D. *La Vengeance du rancher*
91. PATTEN, Lewis B. *L'Orage gronde au Wyoming*
92. L'AMOUR, Louis. *Une fille sur la piste*
93. SMITH, James Woodruf. *Le Dernier des colts*
94. BALLARD, Willis. Todhunter. *La Chevauchée dans le désert*
95. WEST, Tom. *Le Box du Rio Grande*
96. OLSEN, T[heodor] V[ictor]. *Yuma le Métis*
97. HOGAN, Ray. *Maria la Mexicaine*
98. PATTEN, Lewis B. *La Belle du Saloon*
99. L'AMOUR, Louis. *La Vallée verte*
100. EHRLICH, Jack [John Gunther Ehrlich]. *Un révérend chez les cow-boys*
101. GRUBER, Frank. *La Bande du Missouri*
102. SHIRREFFS, Gordon D. *Le Ranch de Tolleson*
103. SCOTT, Leslie. *Un saloon pour l'étranger*
104. GAULDEN, Ray. *Poursuite au Colorado*
105. LUTZ, Giles A. *Le Ranch de Millie Vaughan*
106. MC CURTIN, Peter. *L'Enfer des indiens*
107. HOGAN, Ray. *L'Or de Wells Fargo*
108. WEST, Tom. *Un ranch maudit*
109. PATTEN, Lewis B. *Le Chasseur de primes*
110. FRAZEE, Steve. *La Piste des Cherokees*
111. HOGAN, Ray. *Les Fusils de la liberté*
112. BONNER, Parker (Willis Todhunter Ballard). *Le Canyon de la mort*
113. HAYCOX, Ernst. *Des cavaliers dans la nuit*
114. LEHMAN, Paul Evan. *Dakota*
115. HOGAN, Ray. *Le Vengeur*
116. L'AMOUR, Louis. *La Cabane perdue*
117. MARSHALL, Mel. *Les Chasseurs de bisons*
118. WEST, Tom. *Une entraîneuse de saloon*
119. PATTEN, Lewis B. *Des indiens charitables*
120. BENNETT, Dwight. *Traqué par les Indiens*
121. CLINTON, Jeff (Jack Bickham). *Le Clochard de Redrock Texas*

122. ADAMS, Clifton. *La Chasse aux loups*
123. BONNER, Parker. *Pour une mine d'or*
124. FOREMAN, L.L. *Aigle jaune*
125. WEST, Tom. *Un shérif impassible*
126. GAULDEN, Ray. *Bagarres sur un ranch*
127. EVARTS, Hal G. Jr. *L'Indien ramène le major*
128. OLSEN, T.V. *Sierra sauvage*
129. BICKHAM, Jack M. *La Vallée de la vache morte*
130. MARSHALL, Mel. *La Longue Piste*
131. FARRELL, Cliff. *Le Texan cabochard*
132. LUTZ, Giles A. *Kate, je reviendrai*
133. SHIRREFFS, Gordon D. *Le Moulin de Rio Dulces*
134. MEADE, Richard (Benjamin Leopold Haas, *alias* John Benteen). *Le Texan joue et gagne*
135. PATTEN, Lewis B. *Mon ami l'Indien*
136. WEST, Tom. *Un homme seul*
137. COOK, Will. *Les Pistoleros*
138. SHIRREFFS, Gordon D. *Le Kid de Las Vegas*
139. PATTEN, Lewis B. *500 dollars mort ou vif*
140. PATTEN, Lewis B. *Révolte d'Indiens*
141. ALBERT, Marvin H. *Le Marshall et le rs-la-loi*
142. GAULDEN, Ray. *Libby Blue du Colorado*
143. HOGAN, Ray. *Le Marshall de Wolf's Crossing*
144. OLSEN, D.B. (Julia Clara Catherine Maria Dolorès Norton Birke Robbins). *La Folle Nuit de Sherde Valley*
145. NYE, Nelson. *Le Maître de Blind Mule*
146. LEHMAN, Paul Evan. *Le Butin du hors-la-loi*
147. L'AMOUR, Louis. *Sackett et son mustang*
148. CONSTINER, Merle. *Le Bar du Régina*
149. LUTZ, Giles A. *Le Canyon des squelettes*
150. RANDALL, Clay. *Pour l'amour d'une Métisse*
151. WEST, Tom. *L'Héritage de Buck Bryant*
152. PATTEN, Lewis B. *Embuscade à Grizzly Creek*
153. OLSEN, T.V. *L'Homme venu du Nord*
154. HOGAN, Ray. *La Ville maudite*
155. RANDALL, Clay. *Le Mort de Billy Jowett*
156. PATTEN, Lewis B. *Le Serment du shérif*
157. SHIRREFFS, Gordon D. *Une nuit en Arizona*
158. WEST, Tom. *Le Trésor de Sentinel Wells*
159. FLOREN, Lee. *L'Homme de Silver City*
160. HOGAN, Ray. *La Bande des vautours*
161. STEELMAN, Robert J. *Le Fugitif de Red River*
162. FISHER, Clay. *Les Implacables*
163. HOGAN, Ray. *Les Forcenés*
164. L'AMOUR, Louis. *Le Ranch de Clive Chantry*
165. WEST, Tom. *L'Or du Circle C*
166. LUTZ, Giles A. *Les Mormons du Missouri*
167. FLOREN, Lee. *Le Banquier maraudeur*
168. LAWRENCE, Steven C. (Lawrence Augustus Murphy). *Lynchage à Beaver Hole*
169. HOPSON, William. *La Femme du shérif*
170. BOUMA, J. L. *Regan le Texan*
171. GAST, Kelly P. *La Piste de l'Irlandais*
172. PATTEN, Lewis B. *Le Massacre de Rialto Creek*
173. HOGAN, Ray. *L'Homme de l'Ohio*
174. L'AMOUR, Louis. *Un cow-boy ne plaisante pas*
175. ADAMS, Clifton. *Le Justicier fantôme*
176. WEST, Tom. *Une fille indomptable*
177. BECHKO, P. A. *Le Chariot à voiles*
178. FLOREN, Lee. *Le Saloon de la dernière chance*
179. PATTEN, Lewis B. *La Potence de Graneros*
180. LUTZ, Giles A. *Le Filon de l'homme mort*
181. AIMARD, Gustave. *Les Trappeurs de l'Arkansas*
182. THOMPSON, Gene (Giles A. Lutz). *Le Déserteur de Santa Fé*
183. FLOREN, Lee. *Les Muletières*
184. MORALES, Sebastian (Giles A. Lutz). *Le Troisième Cheval*
185. SHIRREFFS, Gordon D. *Le Chasseur d'Apaches*
186. WEST, Tom. *Le Magot du vieux Sam*
187. MACLEOD, Robert. *La Vengeance des Aztèques*
188. CARTER, Forrest. *La Haine de Josey Wales*
189. HOGAN, Ray. *Le Chasseur de mustangs*
190. GAST, Kelly P. *La Piste du Nord*
191. BOUMA, J. L. *Le Fermier de Cloverville*
192. CARSON, Linwood. *La Justice des mormons*
193. PATTEN, Lewis B. *Le Shérif de Placita*
194. AIMARD, Gustave. *Les Outlaws du Missouri*
195. GARFIELD, Brian. *La Vallée des ombres*
196. FOX, Gardner F. *Les Insurgents*
197. FISHER, Clay. *Les Vigiles du Montana*
198. SHIRREFFS, Gordon D. *Les Maraudeurs*
199. PATTEN, Lewis B. *Sur la piste des Apaches*
200. LORD, Walter. *Alamo*
201. SHIRREFFS, Gordon D. *Barranca*
202. AIMARD, Gustave. *Balle-Franche*
203. HOGAN, Ray. *La Battue infernale*
204. BICKHAM, Jack M. *Jilly et son ranch*
205. FISHER, Clay. *Le Rénégat de Fort Bliss*
206. HENRY, Will (Henry Wilson Allen). *Rendez-vous à Shiloh*
207. EVERETT, Wade. *Ne tirez pas sur le toubib*
208. PATTEN, Lewis B. *La Route des Rocheuses*
209. AIMARD, Gustave. *Les Rôdeurs des frontières*
210. SELTZER, Charles. *L'Idole indienne*
211. MACKIENZIE, Homer. *La Lanterne rouge d'Abilène*
212. SHIRREFFS, Gordon D. *Le Tricheur de Silver Rock*
213. GREY, Zane. *L'Esclave rouge*
214. FARRELL, Cliff. *Le Train du Far West*
215. L'AMOUR, Louis. *La Vengeance de Kate Lundy*
216. PATTEN, Lewis B. *Une fille dans la tourmente*
217. DANA, Mitchell. *Un sourire et du plomb*
218. SHIRREFFS, Gordon D. *Queho le Métis*
219. WOLK, George. *Jeremiah Painter*
220. PATTEN, Lewis B. *La Mine du Hollandais*
221. HOPSON, William. *Prisonnière des Apaches*
222. AIMARD, Gustave. *Les Francs-tireurs*
223. OVERHOLSER, Wayne D. *La Poursuite inutile*
224. EVANS, Tabor. *Longarm*
225. PATTEN, Lewis B. *La Ballade de Jesse Hand*
226. HENRY, Will. *L'Indien blanc*
227. PATTEN, Lewis B. *Le Convoi du Rio Grande*
228. THORP, Raymond W. (en collaboration avec Robert BUNKER). *Le Tueur d'Indiens*
229. L'AMOUR, Louis. *Rock Bannon*

230. PATTEN, Lewis B. *Le Tueur de Squaws*
231. GAST, Kelly P. *La Diligence d'Opal*
232. CAMERON, Lou. *Le Monstre de l'Orégon*
233. L'AMOUR, Louis. *Le Train du Kansas*
234. PATTEN, Lewis B. *Le Cheval de la mort*
235. GREY, Zane. *La Dernière Horde*
236. GARFIELD, Brian. *Du sang et des larmes*
237. L'AMOUR, Louis. *La Longue Chasse*
238. KING, David. *Un violon et un colt*
239. HARDIN, J.D. *De L'or et des filles*
240. VANCE, William E. *Les Damnés d'Armijo*
241. FARRELL, Cliff. *Le Prix du sang*
242. PATTEN, Lewis B. *La Dernière Balle*
243. ADAMS, Clifton. *Mise à prix*
244. STEELMAN, Robert J. *Les Fugitifs*
245. FOX, Norman A. *La Nuit de la dernière chance*
246. PATTEN, Lewis B. *Les Derniers Rois de la prairie*
247. L'AMOUR, Louis. *Les Cavaliers du désert*

POUR QUELQUES SPUR AWARDS DE PLUS...

En évoquant le Spur Award (au singulier) de l'association des Western Writers of America, on ne mentionnait que les lauréats du prix pour le « meilleur roman western ». Or, l'histoire de cette institution est justement celle d'une augmentation continue des catégories primées, reflétant l'organisation du marché sur lequel les écrivains sont en compétition.

En 1953, les Spur Awards englobent cinq catégories : roman, roman historique (renommé « novel of the West » en 1988), roman jeunesse, nouvelle et articles. L'années suivante sont ajoutés « non-fiction », puis en 1965 « juvenile non-fiction » ; en 1969, « premier roman western » (rebaptisé « Medicine Pipe Bearer Award » en 1981) et « script pour la télévision » ; en 1971, « script pour le cinéma » (appelé « scénario » à partir de 1984) ; en 1979, un prix hors catégorie, le Special Award, récompensant toute une carrière ; en 1981, « illustration de couverture « ; en 1989, « original en livre de poche » ; en 1990, « film » et « épisode télévisé » ; en 1992, retour du « script pour le cinéma » et « script pour la télévision », agrémenté du « script pour le documentaire télévisé » ; en 1993, « historical non-fiction » subdivisé en deux périodes, l'Ouest avant 1900 et l'Ouest d'après 1900 ; en 1994, « biographie » ; en 1995, « Storyteller Award » et « Western drama script »... De telle sorte que, en 1996, c'est un total de 12 prix qui était accordé.

Tout cela sans rien dire des hésitations lexicales comme « short story » qui, en 1965, cède la place à une catégorie plus englobante, « short material » puis, en 1969, à « short subject », avant la division à partir de 1982 en « short subject » (fiction) et « short story » (non-fiction).

Quelques lauréats dans la catégorie « Meilleur roman western »

1953 : *Lawman*, Lee Leighton (Ballantine Books)
1954 : *The Violent*, Wayne D. Overholser (Macmillan)
1955 : *Somewhere They Die*, L.P. Holmes (Little, Brown)
1956 : *High Gun*, Leslie Ernenwein (Gold Medal Books)
1957 : *Buffalo Wagons*, Elmer Kelton (Ballantine)
1958 : *Short Cut to Red River*, Noel Loomis (Macmillan)
1959 : *Long Run*, Nelson Nye (Macmillan)
1960 : *The Nameless Breed*, Will C. Brown (Macmillan)
1961 : *The Honyocker*, Giles A. Lutz (Doubleday)
1962 : *Comanche Captives*, Fred Grove (Ballantine)
1963 : *Follow the Free Wind*, Leigh Brackett (Doubleday)
1964 : *The Trail to Ogallala*, Benjamin Capps (Duell, Sloan and Pearce)
1965 : *Sam Chance*, Benjamin Capps (Duell, Sloan and Pearce)
1966 : *My Brother John*, Herbert R. Purdum (Doubleday)
1967 : *The Valdez Horses*, Lee Hoffman (Doubleday)
1968 : *Down the Long Hills*, Louis L'Amour (Bantam)
1969 : *Tragg's Choice*, Clifton Adams (Doubleday)
1970 : *The Last Days of Wolf Garnett*, Clifton Adams (Doubleday)
1971 : *The Day the Cowboys Quit*, Elmer Kelton (Doubleday)
1972 : *A Killing in Kiowa*, Lewis B. Patten (New American Library)
1973 : *The Time It Never Rained*, Elmer Kelton (Doubleday)
1974 : *A Hanging in Sweetwater*, Stephen Overholser (Doubleday)
1975 : *The Shootist*, Glendon Swarthout (Doubleday)
1976 : *The Spirit Horses*, Lou Cameron (Ballantine)
The Court Martial of George Armstrong Custer, Douglas C. Jones (Scribner's)
1977 : *The Great Horse Race*, Fred Grove (Doubleday)
1978 : *Riders to Cibola*, Norma Zollinger (Museum of New Mexico Press)
1979 : *The Holdouts*, William Decker (Little, Brown)
1980 : *The Valiant Women*, Jeanne Williams (Pocket Books)
1981 : *Eye of the Hawk*, Elmer Kelton (Doubleday)
Horizon, Lee Head (Putnam's)
1982 : *Match Race*, Fred Grove (Doubleday)
1983 : *Leaving Kansas*, Frank Roderus (Doubleday)
1984 : aucun
1985 : *Lonesome Dove*, Larry McMurtry (Simon and Schuster)
1986 : *The Blind Corral*, Ralph Robert Beer (Viking)
1987 : *Skinwalker*, Tony Hillerman (Harper and Row)
1988 : *Mattie*, Judy Alter (Doubleday)

1989 : *Fool's Coach*, Richard Wheeler (M. Evans)
1990 : *Sanctuary*, Gary Svee, Thorndike Press
1991 : *Journal of the Gun Years*, Richard Matheson (M. Evans)
1992 : *Nickajack*, Robert J. Conley (Doubleday)
1993 : *Friends*, Charles Hackenberry (M. Evans and Co.)
1994 : *St. Agnes' Stand*, Tom Edison (Berkley)
1995 : *The Dark Island*, Robert Conley (Bantam)
1996 : *Blood of Texas*, Will Camp (Preston Lewis) (Harper Paperbacks)

Quelques lauréats dans la catégorie « meilleur roman historique »

1953 : *The Wheel and the Hearth*, Lucia Moore (Ballantine Books)
1954 : *Journey by the River*, John Prescott (Random House)
1956 : *Generations of Men*, John Clinton Hunt (Little, Brown)
1957 : *Silver Mountain*, Dan Cushman (Appleton-Century-Crofts)
1958 : *The Fancher Train*, Amelia Bean (Doubleday)
1959 : *The Buffalo Soldiers*, John Prebble (Harcourt Brace)
1960 : *From Where the Sun Now Stands*, Will Henry (Random House)
1961 : *The Winter War*, Willliam Wister Haines (Little, Brown)
1962 : *Moon Trap*, Don Berry (Viking)
1963 : *Gates of the Mountains*, Will Henry (Random House)
1964 : *Indian Fighter*, E.E. Halloran (Ballantine)
1965 : *Gold in California*, Todhunter Ballard (Doubleday)
Mountain Man, Vardis Fisher (Morrow)
1966 : *Hellfire Jackson*, Garland Roark et Charles Thomas (Doubleday)
1967 : *The Wolf Is My Brother*, by Chad Oliver (New American Library)
1968 : *The Red Sabbath*, Lewis Patten (Doubleday)
1969 : *The White Man's Road*, Benjamin Capps (Harper and Row)
1972 : *Chiricahua*, Will Henry (Lippincott)
1976 : *The Kincaids*, Matt Braun (Putnam's)
1977 : *Swimming Man Burning*, Terrence Kilpatrick (Doubleday)
1981 : *Aces and Eights*, Loren D. Estleman (Doubleday)
1982 : *Ride the Wind*, Lucia St. Clair Robson (Ballantine)
1983 : *Sam Bass*, Bryan Woolley (Corona)
1984 : *Gone the Dreams* et *Dancing*, Douglas C. Jones (Holt, Rinehart and Winston)

1985 : *The Snowblind Moon*, John Byrne Cook (Simon and Schuster)
1986 : *Roman*, Douglas C. Jones (Doubleday)
1987 : *Wanderer Spring*, Robert Flynn (TCU Press)
1988 : *The Homesman*, Glendon Swarthout (Weidenfeld and Nicholson)
1989[3] : *Panther in the Sky*, James Alexander Thom (Ballantine)
1990 : *Home Mountain*, Jeanne Williams (St. Martin's)
1991 : *The Medicine Horn*, Jory Sherman (Tor Books)
1992 : *Slaughter*, Elmer Kelton (Doubleday)
1993 : *Empire of Bones*, Jeff Long (William Morrow and Co.)
1995 : *Stone Song : A Novel of the Life of Crazy Horse*, Win Blevins (Forge Books)

Quelques lauréats dans la catégorie « meilleure *non-fiction* »

1954 : *Bent's Fort*, David Lavender (Doubleday)
1955 : *Shoot-Up Country*, Paul F. Sharp (University of Minnesota Press)
1956 : *Men to Match My Mountains*, Irving Stone (Doubleday)
1957 : *This Is the West*, Robert West Howard (New American Library)
1958 : *Cripple Creek Days*, Mabel Barbee Lee (Doubleday)
1959 : *Hold Back the Hunter*, Dale White (Viking, Juvenile Nonfiction)
Day of San Jacinto, Frank Tolbert (McGraw-Hill)
1960 : *South Pass 1868*, Lola M. Homsher (University of Nebraska Press)
1961 : *Lives and Legends of Buffalo Bill*, Don Russell (University of Oklahoma Press)
1962 : *Great Surveys of the American West*, R.A. Bartlett (University of Oklahoma Press)
1963 : *The Bonanza West*, William S. Greever (University of Oklahoma Press)
1964 : *Field Notes of Capt. William Clark*, E.S. Osgood (Yale University Press)
1965 : *The Nez Perce Indians and the Opening of the Northwest*, Alvin M. Josephy (Yale University Press)
1966 : *America's Frontier Heritage*, Ray Billington (Holt Rinehart and Winston)
Valley of the Smallest, Aileen Fisher (Crowell, Juvenile Nonfiction)
1967 : *America's Western Frontiers*, John Hawgood (Knopf)
To the Pacific with Lewis and Clark, Ralph Andrist (American Heritage Junior Books, Juvenile Nonfiction)
1968 : *Gold Rushes and Mining Camps of the Early American West*, Vardis Fisher et Opal Laurel Holmes (Caxton)

---

[3] A partir de 1989, la catégorie porte l'appellation de « Novel of the West ».

Rifles and Warbonnets, Marion T. Place (Ives Washburn, Juvenile Nonfiction)
1969 : *Boss Cowman*, Nellie Snyder Yost (University of Nebraska Press)
Conquistadores and Pueblos, Olga Hall-Quest (Dutton, Juvenile Nonfiction)
1970 : *The Buffalo*, Francis Haines (Crowell)
Retreat to Bear Paw, Marion T. Place (Four Winds Press, Juvenile Nonfiction)
Search for the Seven Cities, John Upton Terrell (Harcourt Brace Jovanovich, Juvenile Nonfiction)
1971 : *Western Life and Adventures*, Elliott Barker (Calvin Horn)
Lords of the Earth, Jules Loh (Crowell-Collier, Juvenile Nonfiction)
1972 : *The Time of the Buffalo*, Tom McHugh (Knopf)
The Tiguas, Stan Steiner (Crowell-Collier, Juvenile Nonfiction)
1973 : *Burnt Out Fires*, Richard Dillon (Prentice-Hall)
Red Power on the Rio Grande, Franklin Folsom (Follett, Juvenile Nonfiction)
1974 : *Colonel Green and the Copper Skyrocket*, C.L. Sonnichsen (University of Arizona Press)
1975 : *Lamy of Santa Fe*, Paul Horgan (Farrar Straus and Giroux)
Ride 'Em Cowgirl, Lynn Haney (Putnam's, Juvenile Nonfiction)
1976 : *The Vanishing Whiteman*, Stan Steiner (Harper and Row)
1978 : *Pueblo, Hardscrabble, Greenhorn*, Janet Lecompte (University of Oklahoma Press)
1979 : *The Apache Eagles of the Southwest*, Don Worcester (University of Oklahoma Press)
1980 : *The Peace Chiefs of the Cheyennes*, Stan Hoig (University of Oklahoma Press)
1981 : *Cowboy Culture*, David Dary (Knopf)
« Buffalo Bill and the Enduring West », Alice J. Hall (*National Geographic Magazine*, Short Story Nonfiction)
1982 : *Albuquerque : A Narrative History,* Marc Simmons (University of New Mexico Press)
« The Anasazi », Thomas Y. Canby (*National Geographic Magazine*, Short Story Nonfiction)
1983 : *Quarterdeck and Saddlehorn*, Carl Briggs et Clyde Trudell (Arthur H. Clarke)
« Super Bull », Max Evans (*The Seven Horseman Magazine*, Short Story Nonfiction) « The Grey Fox », John Hunter (Movie Script)
1984 : *Hashknife Cowboy : Recollections of Mack Hughes*, Stella Hughes (University of Arizona Press)
« Arbuckle's : The Coffee That Won the West », Francis L. Fugate (The American West, Short Story Nonfiction)
1985 : *Phil Sheridan and His Army*, Paul Andrew Hutton (University of Nebraska Press)
« The National Game Out West », Nellie Snyder Yost (*Frontier Times*, Short Nonfiction)
1986 : *Paper Medicine Man : John Gregory Bourke and His American West*, Joseph C. Porter (University of Oklahoma Press, Nonfiction)
« Let 'Er Buck ! », Robin Cody (*The Oregonian*, Short Nonfiction)
1987 : *Jessie Benton Fremont*, Pamela Herr (Franklin Watts)
« A High-Toned Woman », Joyce Gibson Roach (Texas Folklore Society, Short Nonfiction)
1988 : *Hoover Dam : An American Adventure*, Joseph Stevens (University of Oklahoma Press, Nonfiction)
« The Boys of '98 », Dale L. Walker (*True West*, Short Nonfiction)
1989 : *The Great Plains*, Ian Frazier (Farrar Straus Giroux, Nonfiction)
« Helen Hunt Jackson and the Ponca Controversy », Valerie S. Mathes (Short Nonfiction).
1990 : *Helen Hunt Jackson*, Valerie S. Mathes (Nonfiction)
Woodsong, Gary Paulson (Juvenile Nonfiction)
The Ginger Jar, Shelly Ritthaler (Short Nonfiction).
1991 : *Custer's Last Campaign*, John S. Gray (University of Nebraska Press, Nonfiction)
« Marching with the Army of the West », James A. Crutchfield (*Blackpowder Annual*, Short Nonfiction)
1992 : *Let Me Be Free*, David Lavender (HarperCollins Publishers, Nonfiction)
Children of the Dust Bowl, Jerry Stanley (Crown Publishers, Juvenile Nonfiction)
« Bluster's Last Stand : The Battle of Yellow Canyon », Preston Lewis, (*True West*, Western Publications, Short Nonfiction)
Buffalo Bill and His Wild West, Robert Kirk, et *Last Stand at Little Bighorn*, Paul Stekler et James Welch (ex-æquo — Television Documentary Script)
1993 : *The Lance and the Shield*, Robert Utley (Henry Holt & Co., Western Nonfiction Historical to 1900)
Rivers in the Desert, Margaret Leslie Davis (Harper Collins, Western Nonfiction Contemporary 1900 to Present)
Cowboys, Indians, and Gunfighters, Albert Marrin (Atheneum Books for Children, Westen Juvenile Nonfiction)
Nellie Cashman, Suzann Ledbetter (Texas Western Press, Western Short Nonfiction)
« The Hunt for Pancho Villa », Paul Espinosa (Galan Productions, PBS, *The American Experience* ; Western TV Script Documentary).
1994 : *Precious Dust*, Paula Mitchell Marks (William Morrow, Western Nonfiction Historical to 1900)
Raven's Exile : A Season on the Green River, Ellen Meloy (Henry Holt, Western Nonfiction Contemporary 1900 to Present)
Hero of Beecher Island : Life & Military Career of George A. Forsyth, David Dixon (University of Nebraska Press, Western Nonfiction Biography)
Incredible Elfego Baca, Howard Bryan (Clear Light, Western Short Nonfiction)
One Hundred Years of Hollywood Westerns, Jack Haley

Jr. et Phil Savenik (Jack Haley Jr. Productions, Western Documentary Script)
1995 : *Seeking Pleasure in the Old West*, David Dary (Alfred Knopf, Western Nonfiction Historical)
We Are a People in This World, Conger Beasley Jr. (University of Arkansas Press, Western Nonfiction Contemporary)
General M.G. Vallejo and the Advent of the Americans : A Biography, Alan Rosenus (University of New Mexico Press, Western Nonfiction Biography)
Camels for Uncle Sam, Diane Yancey (Hendrick-Long, Western Juvenile Nonfiction)
« Captain Marsh : Master of the Missouri », Nancy M. Peterson (*Wild West Magazine*, Western Short Nonfiction)
The Avenging Angel, Dennis Nemec (Turner Pictures, Western Documentary Script)
1996 : *Undaunted Courage,* Stephen Ambrose (Simon and Schuster, Western Nonfiction Historical)
Westers : The West in Contemporary American Culture, Michael L. Johnson (University Press of Kansas)
John Wesley Hardin : Dark Angel of Texas, Leon C. Metz (Mangan Books, Western Nonfiction Biography)
The Life and Death of Crazy Horse, Russell Freedman (Holiday House, Western Juvenile Nonfiction)
Letters From the Field : John Sylvanus Loud and the Pine Ridge Campaign of 1890-1891, Fred Erisman et Patricia L. Erisman (Western Short Nonfiction)

L'OUEST DE L'ALLEMAGNE
Karl MAY et ses émules[4]

Depuis 1913, date de la fondation du Karl May Verlag (situé d'abord à Dresdes, puis ensuite à Bamberg), on a publié 80 millions d'exemplaires des œuvres de May. Le plus vendu de tous les titres (3,75 millions d'exemplaires), c'est le premier volume des aventures de Winnetou.
Annuellement, il se publie 78 titres différents de Karl May, avec un tirage moyen de 3 200 exemplaires, soit un total de près de 250 000 volumes.
155 ans après sa naissance, Karl May reste le plus lu de tous les écrivains allemands avec plus de 200 millions de ses œuvres vendues dans le monde entier, dont 100 millions en Allemagne seulement.

Selon Heiner Plaul, un auteur de l'ex-République démocratique allemande, on n'a pas publié de western populaire en Allemagne de l'Est jusqu'en 1982, date à laquelle commencent à paraître les aventures de Winnetou et la série western de Karl May.
Il y a une Société savante Karl May à Hambourg (Karl May Gesellschaft) qui compte plus de deux mille membres à travers le monde, et qui publie un bulletin trimestriel et un *Jahrbuch* de 400 pages sur la recherche mayenne.
Source : Lothar Schmid, directeur du Karl May Verlag, dans la revue *Börsenblatt,* en février 1997.

Voyages et aventures en Orient :

Franz KANDOLFF (1886-1949) — Edmund THEIL (né en 1913) — Ernst KRENDER (1903-1972) — Hans REIMAN (1889-1969).

Récits de voyages : sur les pistes de l'Ouest :

Peter GROMA, qui publie un récit de voyage intitulé *Sur les traces de Winnetou,* en 1965.
Randolph BRAUMANN, qui fait de même en 1976.
Klara MAY, qui publie *Mit Karl May durch Amerika*, en 1931.

Westerns :

Léopold GHERI (1866-1952), qui connaissait May.
Otfried von HANSTEIN (1869-1959).
Frank CORNEL, alias Rudolf BEISSEL (1894-1986).
Alexander TUMAS (sic !).
Karl RICHARD (alias Richard Blasius).
Peter DANDO (alias, Ernst Friedrich Löhndorff).

Biographies romancées ou romans mettant Karl May en vedette :

Sa vie mouvementée a inspiré plusieurs fictions qui se présentent parfois comme des biographies, alors qu'en réalité ce sont des romans qui prennent de grandes libertés avec les faits. Par exemple, bien avant qu'il ne mette les pieds en Amérique, May avait affirmé que ses récits de l'Ouest avaient comme sources ses propres voyages... Dans ses biographies romancées, le rêve devient réalité et Old Shatterhand/Karl May s'y fait plus vrai que nature !

---

[4] Ces fiches sur les romanciers western allemands sont l'œuvre de Norbert Spehner.
Aux Etats-Unis, il est difficile de trouver les livres de Karl May... Les Américains boycottent l'Ouest de pacotille tout droit sorti de son imagination galopante, ses hérésies historiques et ethnologiques, sa « teutonisation » de l'Amérique (Old Shatterhand est Allemand ; en bon Aryen, il est grand, blond, avec des yeux bleus). En 1977, Seabury Press, une maison de New York, a diffusé en traduction une dizaine de romans de Karl May. Ces romans sont aujourd'hui introuvables aux Etats-Unis, mais ils sont encore distribués par le... Karl May Verlag ! On ne soulignera jamais assez l'influence considérable de l'œuvre (et de la vie) de Karl May sur des générations d'écrivains qui ont rêvé (ou envié) d'égaler son succès. Voici une liste (non exhaustive) d'écrivains qui se sont lancés sur ses traces littéraires. La plupart sont tombés dans l'oubli, et aucun d'entre eux n'a été traduit en français.

Albrecht Peter KANN, *Karl May : So war sein Leben* (1979).
Werner RADDATZ, *Das Abenteuerliche Leben Karl Mays* (1965).
Fritz BARTHEL, *Letzte Abenteur um Karl May* (1955) [présenté comme *fiction* par le catalogue de la Library of Congress].
Franz Josef WEISZT, *Karl May, der Roman seines Lebens* (1940).
Karl-Heinz DWORCZAK, *Das Leben Old Shatterhands* (1935).

Œuvre parodique :

Eugen OKERS (1919) a écrit des aventures de Winnetou... en Bavière.

Un cinéma critique :

Hans Jurgen SYBERBERG, *Karl May* (1974) ; avec les « portraits » de Wagner et de Louis de Bavière, celui de Karl May visait à exorciser l'Allemagne de ses mythes mortifères.

Quelques populaires séries de *Groschenhefte*

Buffalo Bill (1905-1914)

Chaque fascicule propose un récit complet (c'est du moins ce qui est affirmé sur la couverture). Dans les faits, il arrive fréquemment qu'un épisode soit clos par la mention : « Lire la suite dans le prochain numéro ». La série Buffalo Bill présente (en Allemagne comme dans le reste de l'Europe) la couverture originale de l'édition américaine (avec le titre en anglais). Le titre allemand (ou français...) apparaît sous le titre Buffalo Bill, dans un encadré rouge. Chaque fascicule porte la mention suivante : « Seule édition originale autorisée par le colonel W.F. Cody, dit Buffalo Bill ».

Berühmte Indianerhäuptlingen (1906-1909)

Cette série est consacrée aux grands chefs. Le premier récit est intitulé « Sitting Bull, der letzte Häuptling der Sioux-Indianer » [« Sitting Bull, le dernier chef de la nation sioux »]). Cette série propose une combinaison savante d'aventures fictives et de faits historiques célébrant le courage, la noblesse et le destin tragique des Peaux-Rouges.

Autres séries :

« Texas Jack, der berühmteste Indianerkämpfer » (1906-1910)

« Wild-West Bibliothek » (1906-1907)

« Black Horse, der Pahni-Häuptling » (1909)

« Der Neue Lederstrump » (1912-1925), longue série très populaire, mettant en vedette un nouveau Bas-de-cuir, inspiré en apparence du personnage de Fenimore Cooper mais qui ressemble plus à Old Shatterhand (Karl May) qu'à Natty Bumpo, et dont les valeurs sont plus teutonnes qu'américaines

« Wildtöter. Neue Erzählungen aus dem Wilden Westen » (1915-1923), ou les aventures d'un chasseur de gros gibier dans les territoires indiens

« Winoga, der letzte Mohikaner » (1921-1924), série inspirée à la fois par Cooper et par May.

Romanhefte et conquête de l'Ouest

A partir de 1949, les séries de fascicules vont se multiplier de manière exponentielle pendant six ans, avant de se stabiliser et, dès 1954, baisser progressivement en nombre. A partir de 1949, la production hebdomaire de fascicules, tous genres confondus, s'élevait à environ 250 mille exemplaires.

En 1953, on dénombrait 162 séries dont 83 proposaient des romans sentimentaux (romans d'amour ou de patrie, de destins, etc. Ce nombre baissera à 27 en 1958). Les 79 autres séries comportaient des westerns, des récits policiers ou des récits d'aventures ; leur nombre passera à 49 en 1958.

En 1954, la production se stabilise, puis commence à décliner, beaucoup de petites maisons d'éditions (dont certaines fonctionnaient dans le garage familial ou dans la grange...) disparaissent ou sont rachetées par les gros canons de l'industrie.

De 1954 à 1971, le nombre de séries a diminué de 50%. Dans les années soixante, six éditeurs se partageaient tout le marché des fascicules : Moewig, Pabel, Marken, Bastei, Kelter et Zauberkreisverlag.

La fusion, en 1970, de Moewig et de Pabel, rétrécit encore le marché des fascicules. Ce groupe s'attribue 35% du marché, alors que le plus puissant, Bastei, en occupe 45%, ne laissant que des miettes pour les survivants.

En 1967, 37% de la population adulte (âgée de plus de 16 ans) lisait des fascicules. Ce pourcentage a chuté à 27% en 1975.

Le roman western en Allemagne[5]

Qui sont ces écrivains populaires allemands qui ont écrit des milliers de récits western sans jamais mettre les pieds au Far West ou même aux Etats-Unis ? Qui se cache derrière les pseudonymes aussi folkloriques qu'improbables Kent Tucky, Riv Colorado ou Hondo Latimer ? Pour la plupart d'entre eux, il est pratiquement impossible de répondre à cette question, car l'emploi systématique d'un ou de plusieurs pseudonymes (différents écrivains utilisant parfois le même) ou de

---

[5] Les fiches de cette partie sur l'aventure américaine et le western en Allemagne sont l'œuvre de Norbert Spehner.

noms maison rend la tâche bien ardue. Quelques constats toutefois : la grande majorité des westerns germaniques sont écrits sous pseudonymes, anglo-saxons ; la plupart des auteurs, surtout mais non exclusivement des hommes, contribuent à plusieurs séries et pratiquent plusieurs genres (westerns, romans policiers, romans sentimentaux, science-fiction, etc). Nombre de textes parus en fascicules après la Seconde Guerre mondiale étaient des rééditions qui ne disaient pas leur nom.

BARTHEL-WINKLER, Lisa (1893-1966)

Avec son mari Fritz Barthel, elle a écrit près de 271 récits westerns en fascicules, entre 1937 et 1941, sous le pseudonyme conjoint de F.L. Barwin. Les récits se retrouvent dans trois séries éponymes : « Bob Hunter auf Indianerpfaden » (65 titres, à partir du n°46, à la relève d'un certain Mark Elling), « Alaska-Jim, Ein Held der Kanadischen Polizei » (124 récits, à partir du n°103, à la suite d'un écrivain qui signait Big Ben, alias Willi Richard Sachse), et « Sturmvögel » (82 récits d'une série qui est une suite de la précédente). Une version reliée, sous forme de livre (rassemblant plusieurs récits des deux dernières séries) a été publiée en 1956-1957.

BERNDT, Karl-Heinz (né en 1923)

Ecrivain polyvalent, il a surtout contribué à la série « Billy Jenkins » (la version moderne ressuscitée dans les années cinquante).

BLASIUS, Richard (1885-1968)

A surtout écrit des livres, mais il a contribué aux fascicules, notamment à la première série « Billy Jenkins », en 1939, sous le pseudonyme de Karl Richard. A écrit de nombreux romans d'aventures dans la veine de ceux de Karl May dont l'action se passe dans l'Ouest américain.

BREUCKER, Oscar Herbet (né en 1908)

Auteur polyvalent, avec plus d'une douzaine de pseudonymes (Tom Hunter, Captain Old Chitterwick, Harry Webster, Burt Yester, etc.), il a largement contribué au succès de la série « Billy Jenkins » dans les années trente, puis il a publié de nombreux westerns en fascicules et en livres de poche après la guerre, dans des séries mettant en vedette Kennedy Kent, Arizona Tiger et autres spécialistes de la gachette. Il a écrit aussi de nombreux romans policiers.

BURMESTER, Albert Karl (né en 1908)

Un des auteurs western les plus connus et les plus lus sous son pseudonyme d'Axel Berger (parfois il signait aussi Geo Barring). D'abord spécialisé dans la science-fiction, il s'est converti au western : jusqu'en 1939, il a publié des dizaines de westerns dans différentes séries. Dans les années cinquante, on a réédité ces romans en fascicules, et il en a écrit des dizaines d'autres. Il fut l'auteur vedette de *Silber-Wildwestreihe* et de *Rodeo-Western* entre autres. De l'avis de tous les spécialistes, c'est un des auteurs qui a le plus contribué à la popularité du genre.

CARSJENS, Gerhard (né en 1906)

A fait un séjour aux Etats-Unis en 1930-1931. A participé activement à la rédaction des séries « Billy Jenkins » (fascicules) et « Kansas-Jack » (livres), sans compter ses nombreux récits policiers. Après la guerre, sous le pseudonyme de C. Presto, il a repris sa collaboration à la série « Billy Jenkins », avant de créer la sienne, intitulée « Caramba » (1953).

DREYSE, Nikolaus von (1899-1938)

Ce spécialiste des récits de cirque (31 récits dans une série intitulée « Salto Mortale ») a contribué à la fin des années trente aux séries « Tex Bulwer — Abenteuer in dem Wilden West » et « Billy Jenkins ».

ERTTMANN, Paul Oskar (né en 1899)

A employé trois pseudonymes : Kalus Temborn, Hans Munin et, surtout, Paul Pitt. Polyvalent, fournissant diverses séries dans divers genres, il a publié pas moins de 322 récits jusqu'en 1941, dont plusieurs dans la série « Billy Jenkins ». Ces récits seront réédités après la guerre quand on reprendra les aventures de « Billy Jenkins », qui deviendra Billy Perkins, puis Billy Rocky.

FALK, Herman (1901-1982)

Un des grands de la paralittérature allemande qui a sévi dans plusieurs genres sous des dizaines de pseudonymes dont William O. Cassy, Erik Allan Bird, Elisabeth Falk (pour les romans d'amour), Orge Eyll (sic !). C'est après la guerre qu'il participa activement aux séries « Billy Jenkins » et « Tom Prox » (où transparaissent ses talents d'auteur d'innombrables récits policiers) parmi d'autres.

GEISLER, Hans (né en 1910)

Auteur polyvalent qui a laissé sa marque dans le western en participant à la série « Billy Jenkins » (11 textes en 1949-1950), et en créant le personnage de Tom Prox qui devint la figure centrale d'une nouvelle série.

HEYMAN, Robert (1879-1963)

Auteur polyvalent à l'œuvre considérable. Sous le pseudonyme de Fred Roberts, il a créé ses propres séries western dès les années trente, dont « Fred Roberts-Wildwest-Romane » (en livres), série très populaire, disponible dans toutes les bibliothèques de prêts. Un grand nombre de ces récits western ont été réédités après la guerre sous forme de fascicules. Un des auteurs les plus prolifiques de la première moitié du XXe siècle, un des rares à figurer dans les encyclopédies.

KABEL, Walther (1878-1935)

Un autre écrivain très prolifique de la première moitié du siècle, Kabel a écrit des centaines de récits en tous genres, sous pas moins de 32 pseudonymes connus. Sa production western comprend, entre autres, la série « Old Ironhand, der Trapper und Indianerkämpfer », 20 récits publiés entre 1914-1915 (inspirés de ceux de Cooper et de May), et la série « Felzenherz, der Trapper », une histoire de coureur des bois en 32 épisodes, publiés en 1922-1923.

KAPPLER, Hans Walter (né en 1906)

Comme les autres il a usé et abusé de pseudonymes « américains » (par exemple, Ken Hayward et Allan Scott). Entre 1934 et 1939, il a contribué, sous le nom de plume de Hannes Kempp aux séries « Kansas-Jack » et « Billy Jenkins ». Après la guerre, différentes maisons d'édition ont recyclé et réédité ses récits de la série « Billy Jenkins » sous l'appellation de « Bill Benk » ou « Nevada-Gill » (Rappen Verlag, « Tim Rex » (Netsch Verlag), « Jim Cross » (Buchunion) et « Texas Kid » (Lion-Verlag).

MALY, Anton Johann (1884-1959)

Un des rares écrivains à écrire sous son propre nom. A partir de 1935, il a écrit d'innombrables westerns qui paraissent en livres ou en cahiers. Il collabore aux séries « Rolf Torring » et « Tex Bulwer » et, de 1937 à 1939, il publie 23 titres dans une nouvelle série de son cru, « Kid Gurney », ainsi que 12 volumes des aventures de Tom Webbs. Après la guerre, on réédite nombre de ces récits, notamment dans la série « Erdball-Romane », et il contribue à sept épisodes de la nouvelle version de « Billy Jenkins ».

MUELLER, Hans Curt (né en 1895)

C'est l'homme qui écrit plus vite que son ombre. Il prenait en moyenne quatorze jours pour écrire l'une des innombrables aventures de ses trois personnages de série, dont celle de « William Tex » (vers 1934-1935) qui introduit une note parodique dans la littérature western. Contrairement aux costauds du western traditionnel, Tex est un gringalet sur un énorme canasson. Ses récits furent abondamment réédités après la guerre, sous formes de fascicules, notamment chez Kelter Verlag.

REINHARD, Hans (né en 1894)

Sous le pseudonyme de Helmut Hardt, cet auteur prolifique et polyvalent a publié 21 westerns (Burmester Verlag, Bremen) et a contribué, sous le pseudonyme de Hans Warren, à 44 épisodes de la série « Rolf Torring ».

REINHARD, Wilhelm Peter (1888-1948)

Le frère du précédent. De 1930 à 1939, Reinhard était l'auteur vedette d'une maison d'édition de Berlin (Verlagshauses für Volksliteratur) et a publié pas moins de 600 récits dont plusieurs westerns dans les séries « Rolf Torring » et « Tex Bulwer » avec, entre autres, le pseudonyme Hans Warren employé par les auteurs maison.

RENNAU, Joachim (né en 1919)

Jusqu'en 1940, il a contribué aux séries « Billy Jenkins » et « Kansas-Jack » (entre autres). Auteur prolifique, il a publié plus de 220 récits en tous genres entre 1949 et 1960, avant de prendre ses distances par rapport aux auteurs de littérature populaire. Il a contribué à de nombreuses séries dont « Caramba », « Tom Prox », « Billy Jenkins » (version moderne).

SACHSE, Willi Richard (né en 1896)

Spécialiste de la littérature d'aventures, auteur prolifique et polyvalent, il a laissé sa marque dans le western en écrivant, de 1935 à 1937, 102 épisodes d'« Alaska-Jim — Ein Held der Kanadischen Polizei » qui combine le *northern*, le western et le récit policier.

STAMMEL, Heinz Josef (né en 1926)

A écrit sous son vrai nom, surtout, sous pseudonyme à l'occasion, notamment celui de Robert Ullman. A publié de nombreux récits mettant en scène des personnages réels de l'Ouest américain comme Billy the Kid, Sam Bass, la bande à Doolin, etc. Il documentait toujours soigneusement ses récits afin de leur donner la touche d'authenticité qui était sa marque de commerce. Il a publié plusieurs ouvrages documentaires sur l'Ouest américain dont plusieurs ont été traduits en français (parmi lesquels *La Grande Aventure des cowboys*, Fayard, 1974).

STROBEL, Edgar (1899-1973)

Un auteur majeur qui a beaucoup écrit sous son nom, ou sous le pseudonyme de Jan Boysen, mais qui s'est surtout fait connaître sous le nom de Nils Krüger comme auteur de fascicules. De 1935 à 1941, il a écrit des aventures pour les séries « Billy Jenkins » et « Kansas-Jack », plus un certain nombre de romans hors série. Après la guerre, il a participé activement à la série « Johnny Weston » (un personnage de la série « Caramba » qui devint le héros de sa propre série). Il a contribué aussi à 22 nouvelles aventures de Billy Jenkins dans les années cinquante.

UNGER, Gert Hans Fritz (né en 1921)

Le plus prolifique de tous, il écrivit sous pseudonyme, mais surtout sous son vrai nom : G.F. Unger. Dans les années 1950-1952, il a écrit de nombreuses aventures de « Billy Jenkins » en fascicules ou en livres. On lui attribue plus de 450 westerns parus en fascicules ou en livres de poche, dont certains ont été réédités plusieurs fois dans diverses séries.

WILKEN, Uwe Hans (né en 1937)

Un spécialiste du western qui a écrit de nombreux romans, mais qui a aussi créé deux séries : « Zurdo — Der Schwarze Geisterreiter » (32 épisodes, de 1975 à 1977, récits d'aventures inspirés par celles de Zorro) et « Dan Oakland-Story Ein Kämpfer zwischen Weiss und Rot » (89 épisodes, de 1975 à 1977, aventures d'un Métis déchiré entre deux mondes).

WITTEK, Erhard (né en 1898)

Plus connu sous son nom de plume, Fritz Steuben, un auteur dont on sait peu de chose, sinon qu'il fut encensé par les Nazis qui encouragèrent la lecture de ses œuvres. Il a écrit de nombreux romans indianistes dans les années trente, dont le cycle de Tecumseh, entre 1930 et 1939, puis d'autres romans à caractère historique dans les années cinquante et soixante. Ses westerns sont inspirés de l'histoire, solidement documentés et fréquemment réédités. Il est un des traducteurs de James Fenimore Cooper et, contrairement à bien d'autres, ses livres sont disponibles aujourd'hui.

LES TROIS TYPES D'INTRIGUES DU WESTERN-SPAGHETTI[6]

« Le serviteur de deux maîtres » (1964-1967)

Le héros arrive en ville (sud-ouest, frontière : pas très historiquement caractérisée).
Il n'est pas latino. Le plus souvent, il est chasseur de primes.
Une compétence le distingue.
Plusieurs clans sont des antagonistes (moins par leurs valeurs que par leurs intérêts) — souvent un Mexicain et l'autre un gringo ; affaire d'armes, d'or, d'exploitation des ouvriers...
Le héros vend ses services à l'un des clans.
Outre les clans rivaux, une société mal liée (*péons*, prêtres, putes, aubergiste...)
Ambiguïté de la famille : à la fois facteur de division de la société et facteur de moralisation (si le héros a un passé, la famille est divisée ou il s'agit de vengeance pour une famille tuée).
Les clans sont les principales (seules) forces.
Les chefs de clan ont du respect pour les prouesses techniques du héros et veulent acheter sa loyauté.
Le héros joue un clan contre l'autre.
On menace un ami du héros.
Le héros regarde les clans s'entre-déchirer. Il intervient contre le plus fort. Il est sauvagement battu par les membres du clan le plus fort.
Il gagne dans un combat fortement ritualisé.
La société n'est pas plus sûre mais le héros s'en va (il n'y a plus personne à exploiter).
Il ne dépense pas (ce qu'il a gagné est un trésor).

L'intrigue intermédiaire (1966-1968)

Un des clans est mexicain et, après s'être approprié un trésor, hésite entre l'intérêt et la valeur, le garder ou l'utiliser au service d'une Cause.
Un fond historique s'inscrit plus explicitement (Guerre de Sécession, par exemple).

Le Zapata spaghetti

Deux héros (un Américain, *cool*, spécialiste, mercenaire ou trafiquant d'armes, et un Mexicain, flamboyant, paysan, bandit).
Le premier propose au second de l'aider, avec l'arrière-pensée d'un bénéfice personnel.
La société est constituée d'officiers brutaux ou d'officiels corrompus et de *péons* exploités.

Le héros mexicain devient révolutionnaire, tenu pour un héros par les opprimés, ce qui l'oblige.
Le héros américain continue à l'aider avec les mêmes arrière-pensées.
Le héros mexicain tente de le convertir, sans y parvenir, mais le gringo se rapproche du Mexicain.
Les héros attaquent un super méchant qui veut profiter de la confusion ; ils le vainquent.
Les révolutionnaires remportent un raid contre les autorités.
Les contre-révolutionnaires vont se faire plus menaçants ou :
— les deux héros se séparent bons amis.
— le gringo cynique doit être tué par le Mexicain.
— le gringo se joint à lui pour l'attaque contre les contre-révolutionnaires.

UNE FOULE DE *POOR LONESOME COWBOYS*, MAIS AUSSI D'INDIENS, DE SOLDATS, DE GUARDIANS...

Lucky Luke a transformé le cliché de la solitude inéluctable du cow-boy en clin d'œil, en signature de série. Sous le patronage de sa ritournelle, voici un rappel de quelques-unes des œuvres et des séries que les bédéistes ont consacrées aux cow-boys solitaires et à leurs aventures américaines.

Bill Jourdan

AQUAVIVA (sc.) et Loys PÉTILLOT (ill.). « Les aventures de Bill Jourdan » :
Les Aventures de Bill Jourdan, Editions du Triomphe, 1998.
Le Carnet noir, Editions du Triomphe, 1998.

Blueberry

CHARLIER, Jean-Michel (sc.) et Jean GIRAUD (ill.). « Blueberry » :
Fort Navajo, Dargaud, 1963.
L'Homme à l'étoile d'argent, Dargaud, 1969.
Le Cheval de fer, Dargaud, 1970.
La Piste des Sioux, Dargaud, 1971.
Général Tête-Jaune, Dargaud, 1971.
La Mine de l'Allemand perdu, Dargaud, 1971.
Le Spectre aux balles d'or, Dargaud, 1972.
Chihuahua Pearl, Dargaud, 1973.
L'Homme qui valait 500 000 $, Dargaud, 1973.
Le Hors la loi, Dargaud, 1974.
Angel Face, Fleurus, 1975.
Nez Cassé, Fleurus, 1980.
La Longue Marche, Fleurus, 1980.
La Tribu fantôme, Hachette, 1982.
La Dernière Carte, Dupuis, 1992.
Les Démons du Missouri, Dupuis, 1994.
Mister Blueberry, Dargaud, 1995.
Ombres sur Tombstone, Dargaud, 1997.

---

[6] Selon Frayling, 1981.

CHARLIER, Jean-Michel (sc.) et Jean GIRAUD (ill.), puis François CORTEGGIANI (sc.) et Colin WILSON (ill.), « La jeunesse de Blueberry » :
La Jeunesse de Blueberry, Dargaud, 1975.
Un Yankee nommé Blueberry, Dargaud, 1979.
Cavalier bleu, Dargaud, 1979.
Le Raid infernal, Novedi, 1991.
Terreur sur le Kansas, Dupuis, 1992.
La Poursuite impitoyable, Dupuis, 1998.

Bonanza

FUSCO, Fernando. « Bonanza » :
1. *La Guerre du rail*, 2. *20 000 dollars pour June Carter*, 3. *L'Incendie du saloon de Madea*, Sagédition, « TV », 1976. 4. *Linda Ford, fille de milliardaire*, 5. *L'Envoyé spécial*, 6. *La Fin de Sanchez El Tigre*, Sagédition, « TV », 1976. 7. *La Diligence de Virginia City*, 8. *Guet-apens à la frontière*, 9. *Mais Morgan parlait trop fort*, 10. *Le Fils du Sachem*, Sagédition, « TV », 1976. 11. *Jim Castels, le pied-tendre*, 12. *Le Docteur Faust*, 13. *L'Homme à l'affût*, Sagédition, « TV », 1979.

Buddy Longway

DERIB. « Buddy Longway » :
Buddy Longway, Editions du Lombard, 1974.
L'Ennemi, Editions du Lombard, 1975.
Trois Hommes sont passés, Ed. du Lombard, 1976.
Seul, Editions du Lombard, 1977.
Le Secret, Editions du Lombard, 1977.
L'Orignal, Editions du Lombard, 1978.
L'Hiver des chevaux, Editions du Lombard, 1978.
L'Eau de feu, Editions du Lombard, 1979.
Premières chasses, Editions du Lombard, 1980
Le Démon blanc, Editions du Lombard, 1981.
La Vengeance, Editions du Lombard, 1982.
Capitaine Ryan, Editions du Lombard, 1983.
Le Vent sauvage, Editions du Lombard, 1984.
La Robe noire, Editions du Lombard, 1985.

Casey Ruggles

TUFT, Warren. « Casey Ruggles », dans *Curiosity Magazine,* publié par Michel Deligne, 1979, 8 vol.

Celui qui est né deux fois

DERIB. « Celui qui est né deux fois » :
Celui qui est né deux fois, Editions du Lombard, 1983.
Pluie d'orage, Editions du Lombard, 1983.
La Danse du soleil, Editions du Lombard, 1984.
L'Arbre de vie, Editions du Lombard, 1985.

Le Chariot de Thespis

ROSSI, Christian. « Le Chariot de Thespis » :
Le Chariot de Thespis, Grenoble, Glénat, 1982.
L'Indien noir, Grenoble, Glénat, 1984.
Kathleen, Grenoble, Glénat, 1986.
La Petite Sirène, Grenoble, Glénat, 1987.

Chick Bill

TIBET (ill.) et GREG, DUCHATEAU (sc.). « Les aventures de Chick Bill » :
La Route d'acier, Bruxelles/Paris, Ed. du Lombard, 1984.
Le Trésor du Gros Magot, Dargaud, 1962.
L'Arme à gauche, Dargaud, 1964.
L'Enigmatique Tibet, Dargaud, 1968.
L'Arme secrète de Kid Ordinn, Dargaud, 1968.
Le Filon fêlé du filou félon, Dargaud, 1968.
Le Troc truqué de Dog Bull, Dargaud, 1968.
Le Captif d'Eclosh, Dargaud, 1968.
Le Roi d'Eclosh, Dargaud, 1968.
L'Innocent du village, Dargaud, 1968.
L'Ennemi aux cent visages, Dargaud, 1964.
L'Etoile d'A. Rainier, Dargaud, 1975.
Le Réveil du Patratomac, Dargaud, 1975.
Territoire 22, Dargaud, 1964.
36 étoiles, Dargaud, 1964.
Le Dur de dur des durs de durs, Dargaud, 1974.
Casanova Kid, Dargaud, 1975.
Ces merveilleux fous volant l'argent d'autrui bien que la police veillât, Dargaud, 1976.
Le Chaud Fauve et le faux chauve, Dargaud, 1977.
Montana Kid, Dargaud, 1977.
Le Témoin du Rio Grande, Dargaud, 1978.
Panique à K.O. Corral, Dargaud, 1978.
Le Sixième desperado, Dargaud, 1979.
La Voyante qui voyait double, Dargaud, 1979.
La Maison du plus fort, Dargaud, 1980.
Shérif à vendre, Dargaud, 1980.
Les Carottes sont cuites, Ed. du Lombard, 1983.
La Peur bleue, Ed. du Lombard, 1982.
Le Dynamiteur, Ed. du Lombard, 1982.
Mort au rat, Ed. du Lombard, 1983.
Les Aventures de Chick Bill en Arizona, Lombard, 1983.
Chick Bill contre l'Invisible, Ed. du Lombard, 1983.
Les Déserteurs, Ed. du Lombard, 1984.
Le Rapace de Wood-City, Ed. du Lombard, 1985.
L'Aidant de l'amer, Ed. du Lombard, 1989.

Cisco Kid

REED, Rod (sc.) et José Luis SALINAS. *Cisco Kid*, Slatkine, 1982.

Cœur-brûlé

COTHIAS, Patrick (d'abord avec DETHOREY puis avec MÉRAL). « Cœur-brûlé » :
Cœur brûlé, Grenoble, Glénat, 1991.
Le Chemin-qui-marche, Grenoble, Glénat, 1991.
La Petite Guerre, Grenoble, Glénat, 1992.
Saignements, Grenoble, Glénat, 1996.

Comanche

GREG (sc.) et HERMANN, puis Michel ROUGE (ill.). « Comanche » :
Comanche, Editions du Lombard, 1972.
Les Loups du Wyoming, Editions du Lombard, 1974.

Le Ciel est rouge sur Laramie, Ed. du Lombard, 1974.
Le Désert sans lumière, Editions du Lombard, 1976.
Furie rebelle, Editions du Lombard, 1976.
Le Doigt du diable, Editions du Lombard, 1977.
Les Sheriffs, Editions du Lombard, 1980.
Le Corps d'Algernon Brown, Ed. du Lombard, 1983.
Les Fauves, Dargaud, 1990.
Le Carnaval sauvage, Dargaud, 1995.
Les Cavaliers du rio perdu, Dargaud, 1997.
Le Prisonnier, SOFIE, « Ligne d'ombre », 1998.

L'étoile du désert

DESBERG, Stephen (sc.) et MARINI (ill.). *L'Etoile du désert*, Paris/Barcelone/ Bruxelles, Dargaud Suisse, 1996, 2 vol.

Frédéri le guardian

RIGOT, Robert (ill.) avec Raymond LABOIS. « Frédéri le guardian » :
Les Aventures de Frédéri le gardian, Editions du Triomphe, 1997.
A la poursuite de l'étoile noire, Ed. du Triomphe, 1997.

Les Guérilleros

Jesús BLASCO, Miguel CUSSÓ, José LARRAZ (sc.) et Jesús BLASCO (ill.). *Les Guérilleros*, Saint-Maur, P. Charles, « de l'Espadon », [1968] 1980.

Histoire du Far-West

FRANCE, Michel de (dir.), avec la collaboration d'André Chesneau et Jacques Soppelsa. *Histoire du Far-West*, Larousse, 1981-1982 :
Davy Crockett, Jean Ollivier (sc.) et Carlo Marcello (ill.). *Sitting Bull. Crazy Horse*, Jean Ollivier (sc) et Paolo Eleuteri-Serpieri (ill.). *Geronimo*, Raymond Maric (sc.) et Pierre Frisano (ill.). *Les Cheyennes*, Mino Milani (sc.) et Carlo Marcello (ill.). *Daniel Boone, l'homme du Kentucky*, Frank Giroud (sc.) et José de Huescar (ill.). *Tecumseh face aux Visages pâles*, Mino Milani (sc.) et Paolo Eleuteri-Serpieri (ill.). *Chef Joseph, des Nez-Percés*, Jean Ollivier (sc.) et Carlo Marcello (ill.). *Les Navajos*, Jacques Bastian (sc.) et Guido Buzzelli (ill.). *Cochise, l'Apache*, Raymond Maric (sc.) et Paolo Ongaro (ill.). *Fort Alamo*, Frank Giroud (sc.) et José Bielsa (ill.). *Les Comanches*, Frank Giroud (sc.) et Pierre Frisano (ill.). *Billy le Kid*, Raymond Maric (sc.) et Paolo Ongaro (ill.). *La Piste de l'Orégon*, Mino Milani (sc.) et José Bielsa (ill.). *L'Epopée des mormons*, Frank Giroud (sc.) et Paolo Eleuteri-Serpieri (ill.). *La Guerre de Sécession (1)*, Mino Hilani (sc.) et Carolo Marcello (ill.). *La Guerre de Sécession (2)*, scénario de Carlo Marcello (sc.) et Mino Milani (ill.). *Belle Star et le juge Parker*, Jean Ollivier (sc.) et Paolo Ongaro (ill.). *Drake, pionnier de l'or noir*, Nikita Procofieff (sc.) et Ferdinando Tacconi (ill.). *Rockfeller et la Standard oil*, Nikita Procofieff (sc.) et Carlo Marcello (ill.). *Vanderbilt le Commodore*, André Berelowitch (sc.) et Paolo Ongaro (ill.) *Le Transcontinental*, Raymond Maric (sc.) et Pierre Frisano (ill.). *Little Big Horn*, Paolo Eleuteri-Serpieri (sc. et ill.). *Les Indiens du Pacifique*, André Berelowitch (sc.) et Gino d'Antonio (ill.). *L'Or de l'Alaska*, Jean Ollivier (sc.) et Carlo Marcello (ill.).

L'indien français

DURAND, René (sc.) et Georges RAMAIOLI (ill.). « L'Indien français » :
L'Indien français, Grenoble, Glénat, 1978.
La Lune enterrée, Grenoble, Glénat, 1980.
Le Scalp et la peau, Grenoble, Glénat, 1982.
Traqués, Grenoble, Glénat, 1983.
Le Chasseur des solitudes, Grenoble, Glénat, 1985.
Bois brûlé, Grenoble, Glénat, 1987.
Grondements, Grenoble, Glénat, 1988.
Hurlements, Toulon, Soleil, 1992.

Jerry Spring

JIJÉ [Joseph Gillain], Jean GIRAUD (ill.) et Maurice ROSY, PHILIP, Jacques LOB, Jean ACQUAVIVA (sc.). « Jerry Spring » :
Jerry Spring, Marcinelle/Paris/Montréal, Dupuis, 1974.
Le Duel [titre original : *Golden Creek, le secret de la mine abandonnée*], Marcinelle/Paris/Montréal, Dupuis, 1974.
L'Or de personne [titre original : *Trafic d'armes*], Marcinelle/Paris/Montréal, Dupuis, 1975.
Jerry contre KKK [titre original : *La Passe des Indiens*], Dupuis, 1975.
Le Ranch de la malchance, Dupuis, 1985.
Les 3 Barbus de Sonoyta, Dupuis, 1984.
Fort Redstone, Dupuis, 1983.
Le Maître de la Sierra, Dupuis, 1983.
La Route de Coronado, Dupuis, 1982.
El Zopilote, Dupuis, 1982.
Pancho hors-la-loi, Dupuis, 1981.
Les Broncos du Montana, Dupuis, 1980.
Le Loup solitaire et *Mon ami Red*, Dupuis, 1979.
La Fille du canyon, Dupuis, 1977.
Le Grand Calumet, Dupuis, 1978.
Golden Creek : le secret de la mine abandonnée, Dupuis, 1987.
Yucca ranch, Dupuis, 1988.
Lune d'argent, Dupuis, 1987.

Jim l'astucieux

CHÉRY, Pierre. *Les Aventures de Jim l'astucieux*, t. 1 : *La Ville sans chevaux* ; t. 2 : *Outlaws en péril* ; t. 3 : *Jim contre Little Pig*, Editions Fleurus, 1961.

Jonathan Cartland

HARLÉ, Laurence (sc.) et Michel BLANC-DUMONT (ill.). « Jonathan Cartland » :
1. *Jonathan Cartland* ; 2. *Dernier Convoi pour l'Orégon* ; 3. *Le Fantôme de Wah-Kee* ; 4. *Le Trésor de la*

femme araignée, Paris/Barcelone/Lausanne, Dargaud, 1984

Lucky Luke

MORRIS [Maurice de Bévère] (ill.) et René GOSCINNY, GREG, René-Paul DUCHATEAU, Claude GUYLOUÏS, Xavier FAUCHE, Jean LÉTURGIE (sc.). « Lucky Luke » :
La Mine d'or de Dick Digger. Rodeo. Arizona. Sous le ciel de l'Ouest. Lucky Luke contre Pat Poker, Dargaud, 1984.
Hors-la-loi. L'Elixir du docteur Doxey. Lucky Luke et Phil Defer. Des Rails sur la prairie. Alerte aux Pieds-Bleus, Dargaud, 1982.
Lucky Luke contre Joss Jamon. Les Cousins Dalton. Le Juge. Ruée sur l'Oklahoma. L'Evasion des Dalton, Dargaud, 1982.
En remontant le Mississipi. Sur la piste des Dalton. A l'ombre des derricks. Les Rivaux de Painful Gulch. Billy the Kid, Dargaud, 1982.
Les Collines noires. Les Dalton dans le blizzard. Les Dalton courent toujours. La Caravane. La Ville fantôme, Dargaud, 1982.
La Ville fantôme. Les Dalton se rachètent. Le 20ᵉ de cavalerie, Dupuis, 1993.
L'Escorte. Des barbelés sur la prairie. Calamity Jane. Tortillas pour les Dalton. Dupuis, 1978.
Sarah Bernhardt, Dargaud, 1982.
Le Daily Star, Dargaud, 1984.
Le Ranch maudit. La Bonne Aventure. La Statue. Le Flume, Dargaud, 1986.
Le Pony Express, Dargaud, 1988.

LÉTURGIE, Jean et Xavier FAUCHE (sc.), MORRIS, Michel JANVIER (ill.). *Gags de Rantanplan*, t. 1 et t. 2, Presses pocket, 1993.

Mac Coy

GOURMELEN, Jean-Pierre (sc.) et Antonio HERNANDES PALACIOS (ill.). « Mac Coy » :
Alexis Mac Coy, Dargaud, 1974.
La Légende d'Alexis Mac Coy, Dargaud, 1974.
Un nommé Mac Coy, Dargaud, 1975.
Pièges pour Mac Coy, Dargaud, 1975.
Le Triomphe de Mac Coy, Dargaud, 1976.
Wanted Mac Coy, Dargaud, 1977.
La Mort blanche, Dargaud, 1977.
Trafiquants de scalps, Dargaud, 1978.
Little Big Horn, Dargaud, 1980.
Le Canyon du diable, Dargaud, 1981.
Rio Pecos, Dargaud, 1981.
Fiesta à Durango, Dargaud, 1982.
Camerone, Dargaud, 1983.
L'Outlaw, Dargaud, 1984.
Les Collines de la peur, Dargaud, 1987.
Le Désert des fous, Dargaud, 1988.
Mescaleros Station, Dargaud, 1989.
Le Fantôme de l'Espagnol, Dargaud, 1990.
Terreur apache, Dargaud, 1991.
La Malle aux sortilèges, Dargaud, 1993.
La Lettre de Hualco, Dargaud, 1995.
Sur la piste de miss Kate, Dargaud, 1999.

Manos Kelly

HERNANDES PALACIOS, Antonio. « La Légende de Manos Kelly » :
La Légende de Manos Kelly, Humanoïdes associés, 1980.
Le Drame de Fort Alamo, Humanoïdes associés, 1980.
L'Or des caballeros, Humanoïdes associés, 1980.
La Montagne d'or, Humanoïdes associés, 1982.

Moky et Poupy

BUSSEMEY, Roger. *Moky et Poupy*, Editions Fleurus, 1961.

Oumpah-Pah

GOSCINNY, René et Albert UDERZO. « Oumpah-Pah » :
Oumpah-Pah, Editions du Lombard, 1986.
Le Peau-Rouge, Editions du Lombard, 1986.
Sur le sentier de la guerre, Editions du Lombard, 1986.
Oumpah-Pah et la mission secrète et *Oumpah-Pah contre Foie Malade*, Ed. Albert René, 1997.
Oumpah-Pah et les pirates, Dargaud, 1962.

Les Peaux-Rouges

KRESSE, Hans G. « Les Peaux-Rouges » :
Les Peaux-Rouges, Casterman, 1974.
Les Maîtres du tonnerre, Casterman, 1974.
Les Héritiers du vent, Casterman, 1974.
Les Compagnons du mal, Casterman, 1974.
L'Appel des coyotes, Casterman, 1975.
Les Flèches de la vengeance, Casterman, 1976.
L'Or des montagnes, Casterman, 1977.
Les Chasseurs de vautours, Casterman, 1978.
Le Prix de la liberté, Casterman, 1979.
L'Honneur du guerrier, Casterman, 1982.

Petit-Renard

PASCALE, Régine (sc) et Nadine BRASS (ill.). *Petit-Renard*, Bayard presse, « B.D. Astrapi », [1983] 1984.

Les pionniers du Nouveau Monde

CHARLES, Jean-François. « Les Pionniers du Nouveau Monde » :
Les Pionniers du Nouveau Monde, Grenoble, Glénat, 1986.
Le Pilori, Grenoble, Glénat, 1986.
Le Champ d'en-haut, Grenoble, Glénat, 1998.
Le Grand Dérangement, Grenoble, Glénat, 1990.
La Croix de Saint-Louis, Grenoble, Glénat, 1988.
Du sang dans la boue, Grenoble, Glénat, 1989.
La Mort du loup, Grenoble, Glénat, 1991.
La Rivière en flammes, Grenoble, Glénat, 1996.

Plume aux vents

COTHIAS, Patrick (sc.) et André JUILLARD (ill.).
« Plume aux vents » :
Plume aux vents, Dargaud, 1995.
La Folle et l'assassin, Dargaud, 1995.
L'Oiseau-tonnerre, Dargaud, 1996.

Poncho Libertas

MARIJAC (sc.) et Etienne LE RALLIC (ill.). *Poncho Libertas*, Grenoble, J. Glénat, 1977.
MARIJAC (sc.) et Etienne LE RALLIC (ill.). *Les Rôdeurs de frontières*, Grenoble, J. Glénat, 1977.

Red Canyon

FOREZ, Guy (sc.) et André GOSSELIN (ill.). « Red Canyon », 71 numéros entre mars 1954 et avril 1960, Tourcoing, Artima.

Red Ryder

HARMAN, Fred. *Red Ryder, 1. Un tueur aux abois* ; 2. *Le Monstre de Mystery Mesa* ; 3. *Denver Donnelly* ; 4. *Le Champion du monde* ; 5. *Traquenard à Pine Gulch* ; 6, *Aux mains des Navajos,* Futuropolis, « Copyright », 1982.

Sunday

MORA, Victor (sc.) et Victor de la FUENTE (ill.).
« Sunday » :
Mon nom est Sunday, Hachette, 1975.
Les Juges maudits, Hachette, 1975.

Timon des blés

BARDET, Daniel (sc.) et Erik ARNOUX, Elie KLIMOS (ill.). « Timon des Blés » :
Timon des Blés, Grenoble, Glénat, 1986.
Le Rêve d'Amérique, Grenoble, Glénat, 1986.
Les Insurgents, Grenoble, Glénat, 1988.
Les Manteaux noirs, Grenoble, Glénat, 1991.
La Mouette, Grenoble, Glénat, 1992.

Les Tuniques bleues

CAUVIN, Raoul (sc.) et Louis SALVERIUS puis Willy LAMBIL (ill.). « Les Tuniques bleues » :
Les Tuniques bleues, Dupuis, 1974.
Du Nord au Sud, Dupuis, 1984.
Et pour quinze cents dollars en plus, Dupuis, 1984.
Outlaw, Dupuis, 1984.
Les Bleus de la marine, Dupuis, 1975.
La Prison de Robertsonville, Dupuis, 1975.
Les Déserteurs, Dupuis, 1974.
Les Cavaliers du ciel, Dupuis, 1976.
La Grande Patrouille, Dupuis, 1984.
Des Bleus et des tuniques, Dupuis, 1976.
Baby blue, Dupuis, « Kid comics », 1998.
Les Bleus tournent cosaques, Dupuis, 1977.
Les Bleus dans la gadoue, Dupuis, 1978.
Le Blanc-bec, Dupuis, 1979.
Rumberley, Dupuis, 1979.
Bronco Benny, Dupuis, 1980.
El Padre, Dupuis, 1981
Blue retro, Dupuis, 1981.
Le David, Dupuis, 1982.
Black Face, Dupuis, 1983.
Les Cinq Salopards, Dupuis, 1984.
Des Bleus et des dentelles, Dupuis, 1985.
Les Cousins d'en face, Dupuis, 1985.
Des Bleus en noir et blanc, J'ai lu, « J'ai lu BD », 1990.
Des bleus et des bosses, , Dupuis, 1986.
L'Or du Québec, Dupuis, 1987.
Bull Run, Dupuis, 1987.
Les Bleus de la balle, Dupuis, 1988.
En avant l'amnésique !, Dupuis, 1989.
La Rose de Bantry, Dupuis, 1989.
Drummer Boy, Dupuis, 1990.
Les Bleus en folie, Dupuis, 1991.
Grumbler et fils, Dupuis, 1999.
Vertes années, Dupuis, 1992.
Captain Nepel, Dupuis, 1993.
Quantrill, Dupuis, 1994.
Duel dans la Manche, Dupuis, 1995.
Les Planqués, Dupuis, 1996.
Puppet blues, Dupuis, 1997.
Les Hommes de paille, Dupuis, 1998.
Les Bleus en cavale, Dupuis, 1998.
Qui veut la peau du général ? Dupuis, 1999.

Yakari

DERIB (ill.) et André JOBIN (sc.). « Yakari » :
Yakari, Casterman, 1973.
Yakari et le bison blanc, Casterman, 1977.
Yakari chez les castors, Casterman, 1977.
Yakari et Nanabozo, Casterman, 1978.
Yakari et Grand Aigle, Casterman, 1979.
Yakari et le grizzly, Casterman, 1979.
Le Secret de Petit Tonnerre, Casterman, 1981.
Yakari et l'étranger, Casterman, 1982.
Yakari au pays des loups, Casterman, 1983.
Les Prisonniers de l'île, Casterman, 1983.
Le Grand Terrier, Casterman, 1984.
Yakari et la Toison blanche, Casterman, 1985.
Yakari et le coyote, Casterman, 1986.
Les Seigneurs des plaines, Casterman, 1987.
Le Vol des corbeaux, Casterman, 1988.
La Rivière de l'oubli, Casterman, 1989.
Le Premier Galop, Casterman, 1990.
Le Monstre du lac, Casterman, 1991.
L'Oiseau de neige, Casterman, 1992.
La Barrière de feu, Casterman, 1993.
Le Diable des bois, Casterman, 1994.
Le Souffleur de nuages, Casterman, 1995.
La Fureur du ciel, Casterman, 1996.
Yakari et les cornes fourchues, Casterman, 1997.

Et quelques autres...

GIFFEY, René. *Une aventure de Buffalo Bill,* Futuropolis, 1979.

GIRE, E. *Jim Ouragan,* Lyon, (s. é.), « Les Aventures fantastiques », 1947.
GOURMELEN, Jean-Pierre (sc.) et Guido BUZZELLI (ill.). *Nevada Hill,* Dargaud, 1974.
HERGÉ [Georges Rémy]. *Tintin en Amérique,* Tournai/Paris Castermann, [1938] 1983.
HOGARTH, Burne. *Drago,* Ivry, Editions SERG, 1971.
OESTERHELD, Hector (sc.) et Hugo PRATT (ill.). « Sergent Kirk », Humanoïdes Associés, [1953] 1983 et 1987.
SEELE, Herr (sc.) et KAMAGURKA [Luc Zeebroek] (ill.). « Maurice le cow-boy », Albin Michel, « L'Echo des savanes », 1986.
VIDAL, Guy et Florenci CLAVÉ. *Les Innocents del Oro — Une Aventure de Law Breaker*, Dargaud, 1977.

LES SÉRIES TÉLÉVISÉES WESTERN DANS LES ANNÉES 70 AUX ETATS-UNIS

Les années 70, aux Etats-Unis, furent une période relativement creuse qui n'en a pas moins produit quelques séries. Puisque ces séries ont été très brièvement évoquées, elles sont appuyées ici par quelques informations complémentaires.

McCloud

44 épisodes, 1970-1972, NBC/Universal, avec Dennis Weaver.

Un *deputy marshall* de Taos au Nouveau-Mexique est censé se former aux techniques policières de pointe à New York — le cow-boy à Manhattan, le cavalier au milieu du trafic... Son style d'enquête et d'intervention, mélange de naïveté, de muscle et de roublardise, fait merveille contre celui des criminels de la grande ville.

Cade's County

1971-1972, CBS, avec Glenn Ford.

Un western moderne dans le sud-ouest décrit la routine et les aventures du shérif du Madrid County et de son équipe.

Kung Fu

72 épisodes, 1972-1975, ABC/Herman Miller, avec David Carradine.

Pacifique, ce *drifter*, mi-blanc mi-chinois, s'avère toutefois un redoutable combattant, surtout lorsqu'il doit faire face au racisme ; il faut dire qu'il avait étudié les arts martiaux au monastère de Shaolin.

The Cowboys

1974, ABC, avec Jim Davis.

Le succès du film de John Wayne de 1972 avait inspiré ce dérivé. Grâce au *marshall*, sept enfants vagabonds trouvent un nouveau sens à leur vie, en travaillant à la ferme d'une veuve énergique sous la supervision d'un cuisinier Noir.

Quatre des jeunes acteurs du film retrouvaient un rôle dans cette série.

Barbary Coast

1975-1976, ABC, avec William Shatner et Jeff Cable.

Dans le milieu du *Golden Gate Casino* de San Francisco, de son propriétaire, de son videur et de sa faune, deux agents travaillent en secret (et en studio !) pour le gouverneur de Californie.

The Oregon Trail

1977, NBC/Universal, avec Rod Taylor.

En 1842, un veuf, père de trois enfants, s'impose par son autorité naturelle comme chef d'un convoi de chariots.

La série ne devait pas aller au-delà de six épisodes.

Grizzly adams

1977-1978, NBC, avec Dan Haggerty.

La série fait de suaves variations sur la sagesse d'un trappeur californien et solitaire, historique mais légendaire, dont Richard H. Dillon (1966) avait retracé la vie.

Young Maverick

1979-1980, CBS/Warner.

Selon la formule éprouvée et pourtant souvent décevante du *spin-off*, voici le dérivé d'une série western antérieure, *Maverick* (avec James Garner et Jack Kelly), humoristique, voire parodique. Alors que la première avait été produite pendant cinq ans, celle-ci n'allait durer que quelques mois.

Héritier de l'aversion de la famille pour la violence, le jeune cousin est doublement étranger à l'Ouest et à ses mœurs, lui qui vient de terminer des études à Harvard.

Bibliographie

ESSAIS, ÉTUDES ET DOCUMENTS

AAKER, Everett. *Television Western Players of the Fifties. A Bibliographical Encyclopedia of All Regular Cast Members in Western Series, 1949-1959,* Jefferson (NC), McFarland, 1997.

AGEL, Henri. *La Romance américaine*, Editions du Cerf, 1963.

ANDERSON, Benedict. *L'Imaginaire national. Réflexion sur l'origine et l'essor du nationalisme*, La Découverte, [1983] 1996.

ANG, Ien. « Culture et communication. Pour une critique ethnographique de la consommation des médias dans le système médiatique transnational », *Hermès*, n°11-12, 1993.

ANGENOT, Marc. *1889. Un état du discours social*, Longueuil, Le Préambule, 1989.

AQUILA, Richard. *Wanted Dead or Alive : The American West in Popular Culture*, Urbana and Chicago, University of Illinois Press, 1996.

ARNOLD, Hans Ludwig (dir.). « Karl May », numéro spécial de *Text + Kritik*, 1987.

ASHLIMAN, Dee L. « The American West in Twentieth-Century Germany », *Journal of Popular Culture*, vol. 2, n°1, été 1968.

ASHLIMAN, Dee L. « The American Indian in German Travel Narratives and Literature », *Journal of Popular Culture*, vol. 10, n°4, 1977.

ASTRE, Georges-Albert et Albert-Patrick HOARAU. *Univers du western*, Seghers, 1973.

AUGUSTIN, Siegfried et Axel MITTELSTÆDT. *Vom Lederstrumpf zum Winnetou*, München, Ronacher Verlag, 1981.

BACH, Steven. *Final Cut : Dreams and Disasters in the Making of* Heaven's Gate*, the Movie That Sank United Artists*, New York, Newmarket Press, 1999.

BAKER, Martin et Roger SABIN, *The Lasting of the Mohicans (History of an American Myth)*, Jackson, University of Mississippi Press, 1996.

BAKHTINE, Mikhaïl. « Du discours romanesque », *Esthétique et théorie du roman*, Gallimard, « Tel », 1978.

BARABAS, Suzanne et Gabor BARABAS. *Gunsmoke : A Complete History and Analysis of the Legendary Broadcast Series with a Comprehensive Episode-by-Episode Guide to Both the Radio and Television Programs*, Jefferson NC, McFarland, 1990.

BARANGER, René. *Gardian, j'étais aussi cowboy,* Clichy, auto-édition, 1975.

BARBA, Preston A. « Friedrich Armand Strubberg », *German-American Annals*, vol. 11-13, 1913-1914.

BARBA, Preston A. « The American Indian in German Fiction », *German-American Annals*, vol. 11, 1913-1914.

BARBA, Preston A. « Cooper in Germany », *Indiana University Studies,* n°21, 1914.

BARBA, Preston A. « Balduin Möllhausen, the German Cooper », *Americana-Germanica Monograph Series*, vol. 17, 1974.

BARKER, Nancy Nichols. *The French Experience in Mexico, 1821-1861 : A History of Constant Misunderstanding*, Chapel Hill, University of North Carolina Press, 1979.

BARTHES, Roland. *S/Z*, Seuil, « Tel Quel », 1970.

BARTOS, Burghard. *Old Shatterhand, das bin ich*, Hamburg, Carlsen Verlag, 1991.

BASTAIRE, Jean. « Gustave Aimard », *Le Monde Dimanche*, 18 septembre 1983.

BAUDOU, Jacques et Jean-Jacques SCHLERET. *Métamorphoses de la Chouette*, Futuropolis, 1984.

BAUDOU, Jacques et Jean-Jacques SCHLERET. *Le Vrai Visage du Masque,* Futuropolis, 1984, vol. 2.

BEARD, James. « Cooper and his Artistic Contemporaries », *New York History*, n°35, 1954.

BEISSEL, Rudolf. *Von Atala bis Winnetou : die Väter des Western-Romans*, Bamberg, KarlMay Verlag, 1978.

BELLOUR, Raymond et Patrick BRION. *Le Western*, UGE, 10/18, 1966.

BERKHOFER, Robert F. Jr. *The White's Man Indian. Images of the American Indian from Columbus to the Present*, New York, Alfred A. Knopf, 1978.

BERTHIAUME, Pierre. « Déliquescence du Sauvage », dans Antonio Gomez-Moriana et Danièle Trottier (dir.), *L'Indien, instance discursive*, Candiac, Balzac, « L'Univers des discours », 1993.

BIGSBY, C.W.E. « Europe, America, and the Cultural Debate », dans C.W.E. Bigsby (dir.) *Superculture : American Popular Culture and Europe*, Bowling Green

(OH), Bowling Green State University Popular Press, 1975.

BILLINGTON, Ray Allen. « The Image of the Southwest in Early European Westerns », dans *The American Southwest : Image and Reality*, Berkeley, University of California Press, [1979] 1980. [Reprise de « The Wild, Wild West Through European Eyes », *American History Illustrated*, vol. 14.]

BILLINGTON, Ray Allen. « The Wild West in Norway, 1877 », *Western Historical Quarterly* 7, July 1976.

BILLINGTON, Ray Allen. *Land of Savagery, Land of Promise : The European Image of the American Frontier*, New York, W.W. Norton, 1981.

BILLINGTON, Ray Allen. « The Image of the Southwest in Early European Westerns », in *The American Southwest : Image and Reality*, University of California Press, 1980 (reprise de « The Wild, Wild West Through European Eyes » *American History Illustrated*, vol. 14, 1979).

BLACK, Nancy B. et Bette S. WEIDMAN (dir.). *White on Red. Images of the American Indian*, Port Washington (NY), Kennikat Press, 1976.

BLANC-DUMONT, Dominique. « Equitation américaine : le bilan », *Round-Up*, n°9, automne 1997.

BLETON, Charles. *De la poésie dans l'histoire et de quelques problèmes sociaux*, 1877.

BLETON, Charles. *Des origines du progrès moderne et de la révolution américaine*, 1878.

BLETON, Charles. *La Presse libérale*, 1878.

BLETON, Charles. *Une prophétie de M. Renan*, 1881.

BLETON, Paul. *Les Anges de Machiavel. Essai sur le roman d'espionnage*, Québec, Nuit blanche éditeur, 1994.

BLETON, Paul. « Si d'aventure... La collection « L'Aventurier », ses séries et la lecture sérielle », dans Paul Bleton (dir.), *Armes, larmes, charme.... Sérialité et paralittérature*, Québec, Nuit blanche éditeur, « Etudes paralittéraires », 1995.

BLETON, Paul. *Ça se lit comme un roman policier... Comprendre la lecture sérielle*, Québec, Nota bene, « Etudes culturelles », 1999.

BLETON, Paul. « La Fortune transmédiatique de l'imaginaire western aux Etats-unis », dans Jacques Migozzi (dir.), *De l'écrit à l'écran. Littératures populaires : mutations génériques, mutations médiatiques*, Limoges, PULIM, « Littératures en marge », 2000.

BLETON, Paul et Robert BONACCORSI (dir.), « Gustave Aimard », *Les Cahiers pour la littérature populaire*, n°7, 1986.

BLETON, Paul et Richard SAINT-GERMAIN. *Les Hauts et les bas de l'imaginaire western*, Montréal, Triptyque, 1997.

BOAS, Franz. *Primitive Art*, Irvington-on-Hudson (NY), Capital Pub. C°, [1928] 1951.

BODE, Volkhard. « Kommt Winnetou... in die Jahre ? », *Börsenblatt*, 16-25 février 1997.

BOLD, Christine. *Selling The Wild West. Popular Western Fiction, 1860 to 1960*, Bloomington et Indianapolis, Indiana University Press, 1987.

BONACCORSI, Robert. « Ebauche d'une bibliographie », *Cahiers pour la littérature populaire*, n°16, hiver 1996.

BORNE, Lawrence R. *Dude Ranching : A Complete History*, Albuquerque, New Mexico, 1983.

BOSSET, Georgette. *Fenimore Cooper et le roman d'aventures en France vers 1830*, Paris, Librairie Vrin, 1928.

BOUJUT, Michel (dir.). *Europe-Hollywood et retour. Cinémas sous influence*, Autrement, « Mutations-Poche », 1992. [Reprend la matière du n°79 d'*Autrement*, paru en 1986.]

BOYER, Alain-Michel. « Questions de paralittérature. La paralittérature face à la tradition orale et à l'ancienne rhétorique », *Poétique*, avril 1994.

BRADLEY, Wendy. « Redneck — and Proud of It », entrevue avec J.T. Edson, *Million*, November-December 1991.

BRAMLY, Serge. *Terre sacrée : l'univers sacré des Indiens d'Amérique du Nord*, A. Michel, [1974] 1991.

BRAUER, Ralph et Donna BRAUER. *The Horse, the Gun and the Piece of Property : Changing Images of the TV Western*, Bowling Green State University Popular Press, 1975.

BRETON, Jacques. *Les Collections policières en France au tournant des années 1990*, Ed. du Cercle de la Librairie, 1992.

BRION, Patrick. *Le Western : classiques, chefs-d'œuvre et découvertes*, Editions de la Martinière, 1992.

BRITSCH, Ralph A. *Bierstadt and Ludlow : Painter and Writer in the West*, Provo (Utah), Brigham Young University, 1980.

BROWN, Dee. *The American West*, New York, Charles Scribner's Sons, 1994.

BROYLES GONZALES, Yolanda. « Cheyennes in the Black Forest : A Social Drama », dans Roger Rollin (dir.) *The Americanization of the Global Village*, Bowling Green, Ohio, Bowling Green State University Popular Press, 1989.

BRUMBLE, H. David. *Les Autobiographies d'Indiens d'Amérique*, Presses universitaires de France, 1993.

Buffalo Bill and the Wild West, catalogue, Pittsburg (Pa), University of Pittsburg Press, Brooklyn Museum/NY Carnegie Museum of Arts/Pittsburgh Buffalo Bill Historical Ctr., 1981.

CABET, Etienne. *Réalisation de la communauté d'Icarie : nouvelles de Nauvoo,* Au bureau du *Populaire,* 1849-1850.

CABET, Etienne. *Colonie icarienne : situation dans l'Iowa*, chez l'auteur, 1853.

CABET, Etienne. *Colonie icarienne aux Etats-Unis d'Amérique : sa constitution, ses lois, sa situation matérielle et morale après le premier semestre 1855,* chez l'auteur, 1856.

CADRIN-ROSSIGNOL, Iolande. *Félix-Antoine Savard. Le continent imaginaire,* Montréal, Fides, 1987.

Les Cahiers de l'imaginaire, « Pelot », n°15/16.

Les Cahiers de l'imaginaire, « Pelot », n°17.

CAMPO, Salustiano del et Enrique GIL-CALVO. « A Parallel Case : Mixed Reactions to American Influence on Spanish Popular Culture », *The Tocqueville Review/La Revue Tocqueville,* vol. XV, n°2, 1994.

CARLIER, Auguste (publié par Claudio Jannet). *La République américaine. Etats-Unis, institutions de l'Union, institutions d'Etat, régime municipal, système judiciaire, condition sociale des Indiens,* Guillaumin, 1890, 4 vol.

CARSON, William G.B. *The Theatre on the Frontier : The Early Years of the St. Louis Stage,* Chicago, The University of Chicago Press, 1932.

CARTIER, Rachel et Jean-Pierre. *Gardiens de la terre,* La Table ronde, 1994.

CASTA-HUSSON, Isabelle. « Romans et remous : la paralittérature au miroir », dans Jacques Migozzi (dir.), *Le Roman)* es, Presses de l'Université de Limoges, « Littératures en marge », 1997.

CASTELOT, André. *Maximilien et Charlotte du Mexique : la tragédie de l'ambition,* Perrin, 1972.

CAWELTI, John G. *The Six-Gun Mystique,* Bowling Green (OH), Bowling Green State University Popular Press, 1984.

CAWELTI, John G. « (Post) Modern Westerns », *Para•doxa,* vol. 4 n°9, 1998.

CAZAUX, Yves. *Le Rêve américain. De Champlain à Cavelier de Lasalle,* Albin Michel, 1984.

CHABERT, Raymond. « Quelques éléments biographiques », *Cahiers pour la littérature populaire,* n°16, hiver 1996.

CHAPELIER, Jean-Bernard. « Le Syndrome des Dalton », *Adolescence,* vol. 11, n°2, automne 1993.

CHASTAGNER, Claude. *La Loi du rock,* Castelnau-le-Lez, Climats, 1998.

CHESNEAU, André. *La Vie d'un indien d'Amérique : les Crows vers 1850,* Flammarion, 1979.

CHEVRIER, Thierry. « Fil d'Ariane bibliographique », *Les Cahiers de l'imaginaire,* n°31/32, 1992.

CHEVRIER, Thierry. « Profil et influence d'une œuvre méconnue », *Les Cahiers de l'imaginaire,* n°31/32, 1992.

CHEVRIER, Thierry (dir.). « Louis Boussenard », *Cahier pour la littérature populaire,* hors-série, n°3, 1997.

CHEVRIER, Thierry (dir.). « Mayne Reid », *Les Cahiers de l'imaginaire,* n°31/32, mars 1992.

CHINARD, Gilbert. *L'Amérique et le rêve exotique dans la littérature française,* Genève, Slatkine, [1913] 1970.

CHOULEUR, Jacques. « Le Far West de Gustave Aimard », dans *Les Américains et les autres. Actes du GRENA 1981,* Marseille, Jean Lafitte, 1982.

CLAUDÉ, Yves. « Le Country-western au Québec : structures sociales et symboliques », dans Paul Bleton et Richard Saint-Germain (dir.), *Les Hauts et les bas de l'imaginaire western,* Montréal, Triptyque, 1997.

CODY, William Frederick. *Ma vie,* J.-C. Godefroy, 1984.

CODY, William Frederick. *Sur les pistes du Far West,* J.-C. Godefroy, 1994.

COOK, Michael L. *Dime Novel ; Roundup : Annotated Index, 1931-1981,* Bowling Green (OH), Bowling Green State University Popular Press, 1983.

CORTI, comte Egon Cæsar, *Maximilien et Charlotte du Mexique. 1865-1867 d'après les archives secrètes de l'empereur et autres sources inédites,* Plon, 1927. 2 vol.

COUÉGNAS, Daniel. *Introduction à la paralittérature,* Seuil, « Poétique », 1992.

COULET DU GARD, René. *Vie et mort des Indiens d'Amérique du Nord,* France-Empire, 1989.

COYNE, Michael. *The Crowded Prairie : The Hollywood Western and American National Identity,* London, I. B. Tauris and Co. Ltd, 1996.

CRACROFT, Richard H. « The American West of Karl May », *American Quarterly,* vol. 19, summer 1967.

CRACROFT, Richard H. « World Westerns : The European Writer and the American West », *Western American Literature,* vol. XX, n°2, August 1985.

CROTEAU, Jean-Yves, sous la direction de Pierre Véronneau. *Répertoire des séries, feuilletons et téléromans québécois, de 1952 à 1992,* Québec, Les Publications du Québec, 1993.

CSIDA, Joseph et June Bundy CSIDA. *American Entertainment : A Unique History of Popular Show Business,* New York, Watson-Guptill Publication, 1978.

CULHANE, John. *The American Circus. An Illustrated History,* New York, Henry Holt and C°, 1990.

CURTIS, Edward S. *Scènes de la vie indienne en Amérique du Nord,* Albin Michel, [1903] 1977.

CURTIS, Sandra R. *Zorro Unmasked : The Official History,* New York, Hyperion Press, 1999.

CURTIS GRAYBILL, Florence et Victor BŒSEN. *L'Amérique indienne de Edward S. Curtis,* A. Michel, « Terre indienne », 1991.

DAVIDS, Jens-Ulrich. *Das Wildwest-Romaheft in der Bundesrepulik,* Tübingen, Tübinger Vereiniger Verlag, [1969] 1975.

DAVIS, Robert Murray. *Playing Cowboys : Low Culture and High Art in the Western,* Norman (OK), University of Oklahoma Press, 1992.

DEKKER, George. *James Fenimore Cooper : The American Scott*, New York, Barnes and Noble, 1967.

DELEUZE, Gilles. *L'Image-mouvement*, Editions de Minuit, « Critique », 1983.

DEPUIS, J.-J. *Le Western*, J'ai lu, 1990.

DEWERPE, Alain. *Espion. Une anthropologie historique du secret d'Etat contemporain*, Gallimard, 1994.

D'HUBERT, René. *Le Dernier des grands éclaireurs : la vie, l'histoire et les aventures du Colonel W. F. Cody*, Paris, Partington Advertising Company, 1905[1].

DICKASON, Olive P. *Le Mythe du sauvage*, Sillery, Editions du Septentrion, [1984] 1993.

DINAN, John. *The Pulp Western. A Popular History of the Western Fiction Magazines in America*, San Bernardino, The Borgo Press, 1983.

DOIRON, Normand. « Genèse de l'éloquence sauvage. La renaissance française de Tacite », dans Claude Duchet et Stéphane Vachon (dir.), *La Recherche littéraire. Objets et méthodes,* Montréal/Saint-Denis, XYZ/ Presses universitaires de Vincennes, « Documents », [1993] 1998.

DUCLOS, Denis. *Le Complexe du loup-garou. La fascination de la violence dans la culture américaine*, La Découverte, 1994.

DUFFY, Dennis, *Sounding the Iceberg : An Essay on Canadian Historical Novels*, Toronto, ECW Press, 1986.

DUFOURNET, G. « Les Eichler », *Bulletin des Amis du roman populaire*, n°3, octobre 1985.

DUHAMEL, Georges. *Scènes de la vie future*, Mercure de France, 1931.

DUNNING, John. *Tune in Yesterday : The Ultimate Encyclopedia of Old-Time Radio*, Englewood Cliffs (NJ), Prentice-Hall, 1976.

EASTON, Robert. *Max Brand : The Big « Westerner »,* Norman, University of Oklahoma Press, 1970.

EATON, Evelyn. *Avec cette pipe sacrée, vous marcherez sur la terre*, Aix-en-Provence, Ed. le Mail, 1992.

ECO, Umberto, *Lector in fabula ou la Coopération interprétative dans les textes narratifs,* Grasset, « Figures », 1985.

ETULAIN, Richard W. *Writing Western History : Essays on Major Western Historians*, Albuquerque, University of New Mexico Press, 1991.

FARIN, Klaus. *Karl May. Ein Popstar in Sachsen*, München, Tilsner Verlag, 1992.

FAUCONNIER, Gilles. *Espaces mentaux. Aspects de la construction du sens dans les langues naturelles*, Editions de Minuit, « Propositions », 1984.

FEIED, Frederic. *No Pie in the Sky. The Hobo as American Cultural Hero in the Works of Jack London, John Dos Passos and Jack Kerouac*, New York, Citadel Press, 1964.

FENSTER, Mark. « Buck Owens, Country Music and the Struggle for Discursive Control », *Popular Music*, vol. 9, n°3, 1990.

FILIPPINI, Henri. *Les Années cinquante*, Grenoble, Editions Jacques Glénat, « Bdocuments », 1977.

FILIPPINI, Henri. *Dictionnaire de la bande dessinée*, Bordas, 1989.

FILIPPINI, Henri, Jacques GLÉNAT, Numa SADOUL et Yves VARENDE. *Histoire de la bande dessinée en France et en Belgique des origines à nos jours*, Grenoble, Glénat, 1979.

FISCHER, Ludwig. « Die wiederholte Verwandlung des Bürger in den natürlichen Menschen und umgekehrt. Thesen zur ideologischen Funktion des Western-Romans », dans Annamaria Rucktäschel et Hans Dieter Zimmermann (dir.), *Trivialliteratur*, München, Wilhelm Fink Verlag, 1976.

FISKE, John. *Understanding Popular Culture*, Boston, Unwin Hyman, 1989.

FOLSOM, James K. « English Westerns », *Western American Literature*, n°2, Spring 1967.

FORD, Charles. *Histoire du western*, Albin Michel, 1976.

FOX, Aaron A. « The Jukebox of History : Narratives of Loss and Desire in the Discourse of Country Music », *Popular Music*, vol. 11, n°1, 1992.

FRAYLING, Christopher. *Spaghetti Western (Cowboys and Europeans from Karl May to Sergio Leone)*, London/Boston, Routledge and Kegan Paul, « Cinema and Society », 1981.

FRAZIER, Don et A.P. HAYS (dir.) *The Will James Books : A Descriptive Bibliography for Enthousiasts and Collectors*, Mountain Press, Dark Horse Associates, 1998.

FREDRIKSSON, Kristine. *American Rodeo : From Buffalo Bill to Big Business*, College Station, Texas, 1985.

GAGNON, François-Marc. « L'Anthropologie sans tête. Fondement d'une iconographie de l'indien », *Recherches amérindiennes au Québec*, vol. XI, n°4, 1981.

GAGNON, François-Marc. *Ces hommes dits sauvages. L'histoire fascinante d'un préjugé qui remonte aux premiers découvreurs du Canada*, Montréal, Libre Expression, 1984.

GALLI MASTRODONATO, Paola. « L'Imaginaire du Nouveau Monde dans la bande dessinée italienne : le cas de Blek Macigno », dans Jacques Migozzi (dir.), *De l'écrit à l'écran. Littératures populaires : mutations géné-

---

[1] Cité dans Thierry Le François (dir.), *Les Indiens de Buffalo Bill et la Camargue*, Paris/La Rochelle, Editions de La Martinière/Musée du Nouveau Monde, 1994, p. 50.

riques, mutations médiatiques, Limoges, PULIM, « Littératures en marge », 2000.

GALLOUX-FOURNIER, Bernadette. « Un regard sur l'Amérique : voyageurs français aux Etats-Unis (1919-1939) », *Revue d'histoire moderne et contemporaine*, n°37, avril-juin1990, p. 308-323.

GASCA, Luis. *Los comics en España*, Barcelona, Editorial Lumen, 1969.

GAULLIEUR, Henri. *Etudes américaines. Race blanche, race noire, race rouge*, E. Plon, Nourrit et Cie, 1891.

GERHOLD, Hans, *Medientransfer : Kurzgeschichten in Kurzfilmen (der Civil War und seine künstlerischen Verarbeitunr dargestellt an den Short Stories von Ambrose Bierce und ihen filmischen Adaptation von Robert Enrico)*, Münster, Lit, 1983.

GERVAIS, Bertrand. *Récits et actions. Pour une théorie de la lecture*, Montréal, Balzac, « L'univers des discours », 1990.

GIBB, Margaret Murray. *Le Roman de Bas-de-cuir. Etude sur Fenimore Cooper et son influence en France*, H. Campion, 1927.

GIET, Sylvette. *Nous Deux 1947-1997, apprendre la langue du coeur*, Liège-Paris, Peeters-Vrin, 1998.

GILBERT, Douglas. *American Vaudeville*, New York, Dover Publications Inc., 1963.

GILLAIN, J. *Jijé, vous avez dit BD*, Dupuis, 1983.

GILLIBERT, Jean. *L'Œdipe maniaque*, Payot, « Sciences de l'homme », 1978.

GOMERY, Douglas. *Hollywood. L'âge d'or des studios*, Cahiers du cinéma, [1986] 1987.

GOMEZ-MORIANA, Antonio et Danièle TROTTIER (dir.), *L'Indien, instance discursive*, Candiac, Balzac, « L'Univers des discours », 1993.

GONNARD, René. *La Légende du Bon sauvage. Contribution à l'étude des origines du socialisme*, Librairie Médicis, 1946.

GOODSTONE, Tony (dir.). *The Pulps. Fifty Years of American Pop Culture*, New York, Chelsea House, 1970.

GOUANVIC, Jean-Marc. « Enquête sur l'irruption de la science-fiction américaine en Europe dans les années 50 », *Imagine*, vol. 1, 1979.

GRAHAM, Philip. *Showboats : The History of an American Institution*, Austin, University of Texas Press, 1951.

GRAUGNARD, Jean-François, Edith PATROUILLEAU et S. Eimo A RAA. *Nations indiennes, nations souveraines*, Maspero, 1977.

GRAZINZKI, Serge. *La Colonisation de l'imaginaire. Sociétés indiennes et occidentalisation*, Gallimard, 1988.

GREEN, Martin. *Seven Types of Adventure Tale. An Etiology of a Major Genre*, University Park (PA), The Pennsylvania State University Press, 1991.

GRIMSTED, David. *Melodrama Unveiled : American Theatre and Culture 1800-1850*, Chicago, University of Chicago Press, 1968.

GRISET, Pascal. « Fondation et empire : l'hégémonie américaine dans les communications internationales 1919-1980 », *Réseaux*, n°49, septembre-octobre 1991.

GROENSTEEN, Thierry. « Drôles de genres », *Les Cahiers de la bande dessinée*, n°61, 1985.

GRUBER, Frank. *The Pulp Jungle*, Los Angeles, Sherburne Press, 1967. En France : *Pulp Jungle* (trad. : Stéphane Bourgoin). Amiens, Encrage, 1989.

GRUBER, Frank. *Zane Grey : A Biography*, New York, New American Library, 1971.

GUILLAUD, Lauric. *Histoire secrète des Etats-Unis*, Philippe Lebaud, 1997.

GUISE, René. « Roman et aventure, propositions pour une histoire du roman d'aventures », dans Roger Bellet (dir.), *L'Aventure dans la littérature populaire au XIXe siècle*, Lyon, Presses universitaires de Lyon, « Littérature et idéologie », 1985.

HAMMAN, Joë. *Sur les pistes du Far-West*, Les Editeurs français réunis, 1961.

HAMMAN, Joë. *Du Far West à Montmartre. Un demi-siècle d'aventures*, Les Editeurs français réunis, 1962.

HANNERS, John. *It Was Play or Starve : Actors in the Nineteenth-Century Popular Theatre*, Bowling Green (OH), Bowling Green State University Popular Press, 1993.

HEHAKA SAPA, *Les Rites secrets des indiens Sioux*, Payot, 1975.

HELLER, Otto, and Leon H. THEODORE. *Charles Sealsfield : Bibliography of His Writings*. St. Louis : Washington University Press, 1939.

HERMAN, Paul. *Epopée et mythes du western dans la bande dessinée*, Grenoble, Glénat, 1982.

HEWETT-THAYER, Harvey W. *American Literature as Viewed in Germany, 1818-1861*, Chapel Hill, University of North Carolina Press, 1958.

HITT, Jim. *The American West from Fiction (1823-1976) into Film (1909-1986)*, Jefferson (NC)/London, McFarland, 1990.

HOLLAND, Dave. *From the Past : A Pictorial History of the Lone Ranger*, Grenade House (CA), Holland House, 1988.

HOLTMAN, Henry. *Freak Show Man*, Los Angeles, Halloway House, 1968.

HOLTZ, Serge. « Quelques souvenirs de Serge Holtz ou le Nouveau Monde au pays du Grand vent », dans Thierry Lefrançois (dir.), *Les Indiens de Buffalo Bill et la Camargue*, Paris/La Rochelle, Editions de la Martinière/Musée du Nouveau Monde, 1994.

HOPPENSTAND, Gary. *In Search of the Paper Tiger. A Sociological Perspective of Myth, Formula and the Mystery Genre in the Entertainment Print Mass Medium*, Bowling Green (OH), Bowling Green State University Popular Press, 1987.

HORN, Maurice. *The World Encyclopedia of Comics*, New York, Chelsea House, 1976.

HORN, Maurice. *Comics of the American West*, New York, Winchester Press, 1977.

JACKSON, John B. « Ich bin ein Cow-Boy aus Texas », *Southwest Review*, n°38, spring 1953.

JACQUIN, Philippe. *Les Indiens blancs : Français et Indiens en Amérique du Nord,* Montréal, Libre expression, [1987] 1996.

JANKÉLÉVITCH, Vladimir. *L'Aventure, l'ennui, le sérieux*, Aubier, 1963.

JEUNE, Simon. *Les Types américains dans le roman et le théâtre français (1861-1917)*, Didier, 1963.

JOHANNSEN, Albert. *The House of Beadle and Adams and its Dime and Nickel Novels. The Story of a Vanished Literature*, Norman, University of Oklahoma Press, 1950, 2 t.

JOHANNSEN, Robert Walter. *To The Halls of the Montezumas : The Mexican War in The American Imagination*, New York, Oxford University Press, 1985.

JOHNSON, Michael J. *New Westerns : The Western in Contemporary Culture*, Lawrence, Kansas University Press, 1996.

JOLIVET, Danielle. *La Camargue au cœur : guardians et manadiers de taureaux à la veille du IIIe millénaire*, [s.l.], [s.é.], 1991.

JONES, Daryl. *The Dime Novel Western*, Bowling Green (OH), Bowling Green State University Popular Press, 1978.

JONES, V. J. « Gustave Aimard », *Southern Review*, vol. 15, 1930.

JOUIN, Pierre. *Une liberté toute neuve... Culture de masse et esthétique nouvelle dans la France des années 50*, Klincksieck, 1995.

JURICEK, John T. « American Usages of the Word « Frontier » from Colonial Times to Frederick Jackson Turner «, *Proceedings of the American Philosophical Society*, n°110, 1966.

KALIFA, Dominique, *L'Encre et le sang*, Fayard, 1995.

KASTNER, Jörg. *Das Grosse Karl-May-Buch. Sein Leben, seine Bücher, die Filme*, Cologne, Bastei Lübbe Paperback, 1992.

KIMMEL, Michael. *Manhood in America. A Cultural History*, New York, The Free Press, 1996.

KNOWLES, Tom (dir.). *Wild West Show*, New York, Random House/Wing Books, 1994.

KNOWLES, Thomas W. et Joe R. LANSDALE (dir.). *Wild West Show !* New York Avenel (NJ), Wings Books, 1994.

KROEBER, Theodora. *Ishi : testament du dernier indien sauvage de l'Amérique du nord*, France-loisirs, 1986.

KUHN, Christophe et Maurice LEMOINE. *Amers Indiens,* Paris/Lausanne, Syros/Fondation pour le progrès de l'homme, 1993.

LA BÉDOLLIÈRE, Emile de. *Histoire de la guerre du Mexique*, G. Barba, 1863-1868, 2 vol.

LACASSIN, Francis. *Pour une contre-histoire du cinéma*, Institut Lumière/Actes Sud, 1994.

LACKMAN, Ron. *Women of the Western Frontier in Fact, Fiction and Film*, Jefferson, McFarland, 1997.

LA MOTHE, Jacques. « Typologie de l'ethnopolar », *Les Cahiers des paralittératures*, n°3, 1992.

LANDY, Marcia. *British Genres. Cinema and Society, 1930-1960*, Princeton (NJ), Princeton University Press, 1991.

LAURENT, Paul. *La Guerre du Mexique de 1862-1866. Journal de marche du 3e Chasseurs d'Afrique*, Amyot, 1867.

LAURENTIE, François. « La Littérature sanguinaire », *Romans-Revue*, n°6, 15 juin 1910.

LAWRENCE, Elizabeth Atwood. *Rodeo : An Anthropologist Looks at the Wild and the Tame*, Knoxville, Tennessee, 1982.

LEBEAU, Hélène. « N'aille pas au bois qui a peur des feuilles. *Le Souriquet 1756-1760, légende de la perte du Canada* de G. Aimard », *Cahiers pour la littérature populaire*, n°7, automne/hiver 1986.

LEBRUN, Michel et Jean-Paul SCHWEIGHAEUSER. *Le Guide du polar. Histoire du roman policier français*, Syros, 1987.

LECAILLON, Jean-François. *Résistances indiennes en Amérique*, L'Harmattan, 1989.

LECIGNE, Bruno. « Le Règne des classiques ». *Les Cahiers de la bande dessinée,* hors-série : *L'Année de la bande dessinée 1984-1985*, n°2, 1984.

LEE, L.L. et Merill LEWIS (dir.) *Women, Women Writers, and the West*, Troy (NY), Whitston Pub Co., 1979.

LE FRANÇOIS, Thierry (dir.). *Les Indiens de Buffalo Bill et la Camargue*, Paris/La Rochelle, Editions de La Martinière/Musée du Nouveau Monde, 1994.

Le Frontiere di carta. Piccola storia del western a fumetti, Milano, Sergio Bonelli editore, 1998.

LEGUÈBE, Eric. *Histoire universelle du western*, Editions France-Empire, 1989.

LEMIRE, Maurice. *Les Grands Thèmes nationalistes du roman historique canadien-français*, Québec, Les Presses de l'Université Laval, 1970.

LENTZ III, Harris M. *Western and Frontier Film and Television Credits : 1903-1995*, Jefferson (NC), McFarland, 1996.

LESPART, Michel. « Le Modèle *1860 Navy* et le *Peacemaker* », *Western Revue,* n°9, juin 1973.

LEUTRAT, Jean-Louis. *Le Western*, Armand Colin, 1973.

LEUTRAT, Jean-Louis. *L'Alliance brisée*, Lyon, Presses universitaires de Lyon, 1986.

LEUTRAT, Jean-Louis. *Le Western. Archéologie d'un genre*. Lyon, Presses universitaires de Lyon, 1987.

LEWIS, Merill et L.L. LEE. *The Westering Experience in American Literature. Bicentennial Essays*, Bellingham (Wash.), Bureau of Faculty Research, Western Washington University, 1977.

LEWIS, R.W.B. *The American Adam : Innocence, Tragedy and Tradition in the Nineteenth Century*, Chicago, University of Chicago Press, 1955.

LHASSA, Gian (avec Michel Lequeux). *Seul au monde dans le western italien*, vol. 1 : *Une poignée de thèmes*, 1983 ; vol. 2 : *Des hommes seuls*, 1987 ; vol. 3 : *dictionnaire du western italien*, 1983, Marienbourg (Belgique), Grand Angle.

LIPSITZ, George et Richard LEPPERT. « Everybody's Lonesome for Somebody : Age, the Body and Experience in the Music of Hank Williams », *Popular Music*, vol. 9, n°3, 1990.

LYOTARD, Jean-François, *Le Différend,* Editions de Minuit, 1983.

MACDONALD, J. Fred. *Who Shot the Sheriff ? The Rise and Fall of the Television Western,* New York, Praeger, 1987.

MCGREGOR, Gaile. *The Noble Savage in the New World Garden : Notes towards a Syntactics of Place*, Bowling Green (OH), Bowling Green State University Popular Press, 1988.

MCLUHAN, T.C. *Pieds nus sur la terre sacrée*, avec des photos d'Edward S. Curtiss, Denoël-Gonthier, « Médiations », 1976.

MCLUHAN, T.C. *Dream Tracks : The Railroad and the American Indian, 1890-1930*, New York, Abrams, 1985.

MCNAMARA, Brooks. *Step Right Up*, New York, Doubleday and C°, 1976.

MAC ORLAN (Pierre Dumarchey). *Petit Manuel du parfait aventurier*, La Sirène, 1920.

MALONE, Bill C. *Country Music, USA,* Austin, University of Texas Press, [1968] 1985.

MALONE, Michael P. et Richard W. ETULAIN. *The American West, A Twentieth Century History*, Lincoln and London, University of Nebraska Press, 1989.

MARIENSTRAS, Elise. *La Résistance indienne aux Etats-Unis : XVIe- XXe siècle*, Maspero, 1980.

MARTIN, Charles-Noël. « Traduttore : traditore », *Les Cahiers de l'imaginaire*, n°31/32, mars 1992.

MARTIN, Yves-Olivier. « Théodore Gaillardet », *Europe,* n°4, octobre 1985.

MATHÉ, Roger. « L'Image de l'Indien emplumé et du trappeur dans la littérature populaire au 19e siècle », dans Marc Bertrand (dir.), *Popular Traditions and Learned Culture in France from the Sixteenth to the Twentieth Century*, Saratoga (CA), Anma Libri, 1985.

MELLOT, Philippe. *Les Maîtres de l'aventure sur terre, sur mer et dans les airs 1907-1959*, Mantes-la-Jolie, Ed. Michèle Trinckvel, 1997.

MÉLONIO, Françoise. *Tocqueville et les Français*, Aubier, « Histoires », 1993.

MESPLÈDE, Claude et Jean-Jacques SCHLERET. *Voyage au bout de la Noire*, Futuropolis, 1982.

MESPLÈDE, Claude et Jean-Jacques SCHLERET. *Voyage au bout de la Noire. Additif 1982-1985*, Futuropolis, 1985.

MESSAC, Régis, *Le* « *Detective novel* » *et l'influence de la pensée scientifique*, H. Champion, 1929.

MEYER, Roy W. « The Western American Fiction of Mayne Reid », *Western American Literature*, n°3, summer 1968.

MEYRAN, Daniel. *Maximilien et le Mexique : 1864-1867. Histoire et littérature : de l'Empire aux « Nouvelles de l'Empire »*, Perpignan, Presses de l'Université de Perpignan, 1992.

MICHNO, Gregory F. *Lakota Noon. The Indian Narrative and Analysis of Custer's Defeat on the Little Bighorn*, Missoula, Montana, Mountain Press Publ. Co, 1997.

MILLER, Lee O. *The Great Cowboys Stars of Movies and Television*, Westport (Conn.) Arlington House Publishers, 1979.

MILLIARD, Sylvie. « L'Image du roman populaire dans les dictionnaires et les manuels scolaires », dans Jacques Migozzi (dir.), *Le Roman populaire en question(s)*, Limoges, Presses de l'Université de Limoges, « Littératures en marge », 1997.

MITCHELL, Lee Clark. *Westerns : Making the Man in Fiction and Film*, Chicago, University of Chicago Press, 1996.

MIZON, Luis. *L'Indien : témoignage d'une fascination*, La Différence, 1992.

MOLITERNI, Claude et Philippe MELLOT. *Chronologie de la bande dessinée*, Flammarion, 1996.

MOLLIER, Jean-Yves. *L'Argent et les lettres. Histoire du capitalisme d'édition 1880-1920*, Fayard, 1988.

MOLLIER, Jean-Yves. « La Naissance de la culture médiatique à la Belle-Epoque : mise en place des structures de diffusion de masse », dans *Etudes littéraires*, « Etudes paralittéraires et culture médiatique », vol. 30, n°1, automne 1997.

MONAGHAN, F. « French Travellers in the United States 1765-1931. A Bibliographical List », *Bulletin of the New York Public Library*, vol. 36, janvier-décembre 1932.

MONAHAN, Jay. *The Great Rascal : The Life and Adventures of Ned Buntline*, New York, Bantam Books, 1953.

MORENCY, Jean. *Le Mythe américain dans les fictions d'Amérique : de Washington Irving à Jacques Poulin*, Québec, Nuit blanche, 1994.

MOSES, Lester G. *Wild West Shows and the Images of American Indians, 1883-1933*, Albuquerque, University of New Mexico Press, 1996.

MOTT, Frank Luther. *A History of American Magazines*, Cambridge, Harvard University Press, 1938.

MURDOCH, David H. *Cow boys et guardians*, Gallimard, 1983.

MURRAY, C.S. *Shots From the Hip*, London, Penguin, 1991.

MUSSER, Charles. « Filmer Buffalo Bill et les Indiens. Commentaires sur deux films Edison pour le kinétoscope, réalisés le 24 septembre 1894 », *1895*, « Exotica. L'attraction des lointains », numéro hors-série, 1996.

NASH, Gerald D. *Creating the West : Historical Interpretations, 1890-1990*, Albuquerque, University of New Mexico Press, 1991.

NASH, Roderick. *Wilderness and the American Mind*, New Haven Conn., Yale University Press, 1973.

NEIDHARDT, John G. *Elan noir*, Stock, 1977.

NEVEU, Erik. *L'Idéologie dans le roman d'espionnage*, Presses de la Fondation nationale des sciences politiques, 1985.

NEVINS, Francis N., Jr. *Bar-20 : The Life of Clarence E. Mulford, Creator of Hopalong Cassidy, with Seven Original Stories Reprinted*, Jefferson (NC)/London, McFarland, 1993.

NEWMAN, Kim. *Wild West Movies : How The West Was Found, Won, Lost, Lied about, Filmed and Forgotten*, London, Bloomsbury, 1990.

NEWTON, George Allyn. *Images of the American Indian in French and German Novels of the Nineteenth Century*, Ph. D. Dissertation, Yale University, 1979.

NOËL, Octave. *Le Péril américain*, De Soye et fils, 1899.

NOGUEIRA, Rui. « Rio Bravo de Howard Hawks », *Western Revue*, n°1, octobre 1972.

NUSSER, Peter. « Zur Rezeption von Heftromanen », dans Annamaria Rucktäschel et Hans Dieter Zimmermann (dir.), *Trivialliteratur*, München, Wilhelm Fink Verlag, 1976.

NUSSER, Peter. *Romane für die Unterschicht : Groschenhefte und ihre Leser*, Stuttgart, Metzler, 1981.

NUSSER, Peter. *Trivialliteratur*, Stuttgart, J.B. Metzlersche Verlags-buchhandlung, 1991.

ORTOLI, Philippe. *Sergio Leone : une Amérique de légende*, L'Harmattan, 1994.

ORY, Pascal. « De Baudelaire à Duhamel : l'improbable rejet », dans Denis Lacorne, Jacques Rupnik et Marie-France Toinet (dir.), *L'Amérique dans les têtes. Un siècle de fascinations et d'aversions*, Hachette, 1986.

OWENS, Laren C. *Quest for Walden : A Study of « The Country Book » in American Popular Literature with an Annotated Bibliography 1863-1995*, Jefferson (NC), McFarland, 1997.

PAGEAUX, D.-H. « L'Univers romanesque de Gustave Aimard. Repères et perspectives cavalières », dans René Guise et Hans-Jörg Neuschäfer (dir.), *Richesses du roman populaire (Actes du colloque international de Port-à-Mousson, octobre 1983)*, Paris, Centre de recherches sur le roman populaire, 1986.

PAGEAUX, Daniel-Henri, « Un best-seller populaire du XIXe siècle : *Costal l'Indien* (1852) de Gabriel Ferry », dans *Proceedings of the IXth Congress of ICLA*, Innsbruck, AMŒ, 1982, t. IV.

PALEWSKA, Marie. « Le *Journal des Voyages* », *Le Rocambole. Bulletin des Amis du roman populaire*, n°5, automne 1998.

PARKS, R. *The Western Hero in Film and Television : Mass Media Mythology*, Michigan, UMI Research Press, 1974.

PARKES, Henry Bamford. *Histoire du Mexique*, Payot, 1939.

PEARCE, Roy Harvey. *The Savages of America : A Study of the Indians and the Idea of Civilization*, Baltimore, Johns Hopkins University Press, 1965.

PECK, Daniel (dir.). *New Essays on the Mohicans*, Cambridge, Cambridge University Press, 1992.

PÉTILLON, Pierre-Yves. *La Grand-route. Espace et écriture en Amérique*, Seuil, 1979.

PETIT, Alain. *20 ans de western européen*, Editions de la Méduse, 1980.

PFORTE, Dietger. « Bedingungen und Formen der materiellen und immateriellen Produktion von Heftromanen », dans Annamaria Rucktäschel et Hans Dieter Zimmermann (dir.), *Trivialliteratur*, München, Wilhelm Fink Verlag, 1976.

PHILLIPS, Robert W. *Roy Rogers : A Biography, Radio History, Television Career Chronicle, Discography, Comicography, Merchandising and Advertising History, Collectibles Description, Bibliography and Index*, Jefferson (NC)/London, McFarland, 1995.

PICTET, Jean. *L'Epopée des Peaux-Rouges*, [Monaco, Editions du Rocher, [1988] 1994.]

PIERSON, George Wilson. *Tocqueville in America*, Baltimore and London, The Johns Hopkins University Press, [1938] 1996.

PILKINGTON, William T. (dir.). *Critical Essays on the Western American Novel*, Boston, G.K. Hall, 1980.

PINGUET, A. « Gustave Aimard et les flibustiers de la Sonora », *Le Chercheur de publications d'autrefois*, n°14, 1975

PIWITT, Herman Peter. « Atavismus und Utopie des « ganzen » Menschen », dans Gerhard Schmidt-Henkel, Horts Enders, Friedrich Knilli et Wolgang Maier (dir.), *Zum Wildwestroman. Trivialliteratur (Aufsätzte)*, Berlin, Literarisches Colloquium, 1964.

PLANCHE, F. et al. « Les Dalton : des psychopathes célèbres », *Synapse*, n°47, 1988.

PLAUL, Hainer. *Illustrierte Geschichte der Trivialliteratur*, Hildesheim, Olms Presse, 1983.

PONS, Christian-Marie. « Buffalo Bill sur la piste des signes », dans Paul Bleton (dir.), *Armes, larmes, charmes. Sérialité et paralittérature*, Québec, Nuit blanche éditeur, « Etudes paralittéraires », 1995.

PONS, Christian-Marie. « Le Western ou la conquête des médias », dans Paul Bleton et Richard Saint-Germain (dir.), *Les Hauts et les bas de l'imaginaire western*, Montréal, Triptyque, 1997.

PONS, Christian-Marie. « La Divine et le cow-boy », dans Jacques Migozzi (dir.), *De l'écrit à l'écran. Littératures populaires : mutations génériques, mutations médiatiques*, Limoges, PULIM, « Littératures en marge », 2000.

PONS, Christian-Marie. « La Chevauchée médiatique de Buffalo Bill », *Cahiers pour la littérature populaire*, à paraître.

PORTES, Jacques. *Une fascination réticente. Les Etats-Unis et l'opinion française, 1870-1914*, Nancy, Presses universitaires de Nancy, 1990.

QUEFFÉLEC, Lise. « L'Exotisme dans le roman d'aventures au XIXème siècle », *Cahiers CRCH-CIRAOI* « L'exotisme ») (actes du colloque « L'exotisme », Université de la Réunion, Didier, 1988.

RAABE, Juliette. « Impossibles rêves d'amour », *Le Roman sentimental*, Limoges, Trames, 1990.

RADKOV, Veseling. *Die Deutschsprachige Trivialliteratur von den Anfängen bis zur Gegenwart*, Sofia, Universitäts Verlag, St Kliment, 1994.

RAGON, Pierre. *Les Amours indiennes ou l'imaginaire du conquistador*, A. Colin, 1992.

RAILTON, Stephen. *Fenimore Cooper : A Study of His Life and Imagination*, Princeton (NJ), Princeton University Press, 1978.

RASPAIL, Jean. *Le Journal Peau-Rouge*, Laffont, 1973.

RASPAIL, Jean. *Les Peaux-Rouges aujourd'hui*, Flammarion, 1978.

RATTÉ, Michel. « Musique country : l'air et la chanson. Tradition et apparence esthétique », dans Paul Bleton et Richard Saint-Germain (dir.), *Les Hauts et les bas de l'imaginaire western*, Montréal, Triptyque, 1997.

The Reader's Encyclopedia of the American West, New York, Harper and Row, 1977.

RECLUS, Elisée. *Nouvelle Géographie universelle, la terre et les hommes*, Hachette, 1892, 20 vol.

REED, David. *The Rise of the Popular Magazine in Britain and in the United States, 1860-1960*, Toronto, Toronto University Press, 1997.

REICHLEN, Felix. *Les Amérindiens et leur extermination délibérée*, Lausanne/Paris, P.-M. Favre, « Grande et petite histoire », 1987.

RENAGA, Fausta. *L'Amérique indienne et l'Occident*, Vaulx-en-Velin, Editions CIM, 1979.

RENNERT, Jack, *Cent Affiches de* Buffalo Bill's Wild West, Veyrier « L'art de l'affiche », 1976.

RICHARDSON FLEMING, Paula et Judith Lynn LUSKEY. *The Shadow Catchers : Images of the American Indian*, London, Lawrence King Publishing, 1993.

RIEDER, R.H. *Le Folklore des peaux-rouges*, Payot, 1976.

RIEUPEYROUT, Jean-Louis et André BAZIN. *Le Western ou le cinéma américain par excellence*, Editions du Cerf, « 7e art », 1953.

RIEUPEYROUT, Jean-Louis. *La Grande Aventure du western*, Editions du Cerf, 1964.

RIVIÈRE, Jacques. « Le Roman d'aventures », *Nouvelles Etudes*, Gallimard, [1913] 1947.

ROBERTSON, M.S. *Rodeo : Standard Guide to the Cowboy Sport*, Berkeley, Howell-North, 1961.

ROGER, Philippe. « La Guerre de cent ans (aux sources de l'antiaméricanisme français) », dans Christine Faure et Tom Bishop (dir.), *L'Amérique des Français*, Editions François Bourin, 1992.

ROGERS, Everett. M. et D.M. KINCAID. *Communication Networks Toward a New Paradigm for Research*, New York, The Free Press, 1981.

ROLLAND, Michel. « Docteur Claude et Monsieur Eddy Mitchell », actes du colloque de « Culture médiatique et récit paralittéraire » de l'Université de Cergy, 1996. A paraître.

ROLLIN, Roger (dir.) *The Americanization of the Global Village : Essays in Comparative Popular Culture*, Bowling Green (OH), Bowling Green State University Popular Press, 1989.

ROSS, Kristin. *Aller plus vite, laver plus blanc. La Culture française au tournant des années soixante*, Paris, Abbeville, [1995] 1997.

ROSSI, Paul A. et David C. HUNT. *The Art of the Old West*, New York, Knopf, 1971.

ROUSSEAU, Guildo et Jean LAPRISE. « La Langue des bois. Le toponyme amérindien dans le roman québécois », *Voix et images*, vol. X, n°1, automne 1984.

RUDEL, Christian. *Les Amériques indiennes : le retour à l'histoire*, Karthala, « Gens du Sud », 1985.

RUSSELL, Don. *The Wild West or, A History of the Wild West Shows*, Fort Worth (Texas), Amon Carter Museum of Western Art, 1970.

SADOUL, Jacques. *Histoire de la science-fiction moderne*, t. 2 : *Domaine français*, Albin Michel, « J'ai lu », 1973.

SAINT-GERMAIN, Richard. « Le Cow-boy canadien-français. Le cas de Verchères », dans Paul Bleton et Richard Saint-Germain (dir.), *Les Hauts et les bas de l'imaginaire western*, Montréal, Triptyque, 1997.

SAINT-JACQUES, Denis (dir.). *Ces livres que vous avez aimés*, Québec, Nuit blanche éditeur, [1994] 1997.

SANDS, Kathleen M. *Charreria Mexicana : An Equestrian Folk Tradition*, Tucson, Arizona, 1993.

SARTI, Vittorio. *Bibliografia salgariana*, Milano, Libreria Malavasi, 1990.

SARTI, Vittorio. *Nuova bibliografia salgariana,* Torino, S. Pignatone editore, 1994.

SAVAGE, William W. *Comic Books and America. 1945-1954*, Norman (OK), University of Oklahoma Press, 1990.

SAVAGE, William W. *The Cowboy Hero : His Image in American History and Culture*, Norman (OK), University of Oklahoma Press, 1979.

SCHMIDKTE, Werner G. « Spuren : Kurzbiographien von 40 Autoren des deutschen Unterhaltungsroman », dans Siegfried Augustin et Walter Henle (dir.), *Von Robinson zum Harald Harst (Ein Abenteuer-Almanach)*, München, Ronacher-Verlag, 1984.

SCHMIEDT, Helmut. *Ringo in Weimar (Begegnungen zwischen Hochliteratur und Popularkultur)*, Würzburg, Königshausen et Neumann, 1996.

SCHWARZ, Fernand. *Les Traditions de l'Amérique ancienne : mythes et symboles : Olmèques, Chavin, Mayas, Aztèques, Incas*, St. Jean de Braye, Dangles, 1982.

SEARS, Priscilla. *A Pillar of Fire to Follow : American Indian Dramas, 1808-1859*, Bowling Green (OH), Bowling Green State University Popular Press, 1982.

SEATLE, chef. *Paroles du Chef Seatle*, Bats, Utovie, 1989.

SÉE, Paul. *Le Péril américain*, Lille, L. Danel, 1903.

SEGRAVE, Kerry. *American Films Abroad. Hollywood's Domination of the World's Movie Screens from the 1890s to the Present*, Jefferson (NC), McFarland, 1997.

SHAW, Mathilde. « Chez les Indiens de l'Oklahoma », *Nouvelle revue*, juillet/août et septembre/octobre 1893.

SHAW, Mathilde. « Au pays des Moquis pueblos », *Nouvelle revue*, mars/avril 1894.

SHAW, Mathilde. « Avec mes amis Iroquois », *Nouvelle revue*, septembre/octobre 1894.

SIMONSON, Harold Peter. *Beyond the Frontier : Writers, Western Regionalism and a Sense of Place*, Fort Worth, Texas Christian University Press, 1989.

Singing Cowboys and the Musical Mountaineers. Southern Music and the Roots of Country Music, Athens and London, University of Georgia Press, 1993.

SLOTKIN, Richard. *Regeneration Through Violence : The Mythology of the American Frontier, 1600-1860*, Middletown (Conn.), Wesleyan University Press, 1973.

SLOUT, William L. *Theatre in a Tent*, Bowling Green (OH), Bowling Green State University Popular Press, 1972.

SMITH, Henry Nash. *Virgin Land : The American West as Symbol and Myth*, Cambridge, Harvard University Press, 1950.

SOHET, Philippe. « Imagerie western et stratégies publicitaires : métaphore de la réalité et réalité de la métaphore », dans Paul Bleton et Richard Saint-Germain (dir.), *Les Hauts et les bas de l'imaginaire western*, Montréal, Triptyque, 1997.

SONNICHSEN, Charles L. *From Hopalong Cassidy to Hud : Thoughts on Western Fiction*, College Station, Texas A and M University Press, 1978.

SORIANO, Marc. *Guide de littérature pour la jeunesse*, Flammarion, 1975.

The South Atlantic Quaterly, « Reading Country Music », vol. 94, n°1, winter 1995.

SPEHNER, Norbert. « Le Masque Western, anatomie d'une collection », dans Paul Bleton (dir.), *Amours, aventures et mystères ou Les romans qu'on ne peut pas lâcher*, Québec, Nota bene, 1998.

SPEHNER, Norbert. « Wanted ! A Selective Roundup of Secondary Sources about the Western — Novels and Films », *Para•doxa*, vol. 4, n°9, 1998.

STAIG, Laurence et Tony WILLIAMS. *Le Western italien*, Editions Marc Minoustchine, 1977.

STAIG, Laurence. *Le Western italien*, M. Minoustchine, 1977.

STARER, Jacqueline. *Les Ecrivains beats et le voyage*, Didier, 1977.

STECKMESSER, Kent L. « Paris and the Wild West », *Southwest Review*, n°54, Spring 1969.

STEDMAN, Raymond William. *Shadows of the Indian. Stereotypes in American Culture,* Norman, University of Oklahoma Press, 1982.

STEELE, Joan D. *The Image of America in the Novels of Mayne Reid : A Study of a Romantic Expatriate*, Ph. D. thesis, Los Angeles, University of California, 1970. [Ann Arbor (Michigan), Univ. Microfilms, 1971.]

STIERLE, Karlheinz. « Réception et fiction », *Poétique*, n°39, 1979.

STRELKA, Joseph P., *Zwischen Louisiana und Solothurn : Zum Werk des Österreich-Amerikaners Charles Seasfield*, New York & Bern, Peter Lang, « New Yorker Beiträge zur österreichischen Literaturgeschichte », 1997.

STRINGER, Lew. « A History of British Comics », *Comics Journal*, n°122, June 1988.

SULLIVAN, Sherry. « A Redder Shade of Pale : The Indianization of Heroes and Heroines in the Nineteenth-Century American Fiction », *Journal of the Midwest Modern Language Association*, vol. 20, n°1, spring 1987.

SULLIVAN, Tom R. *Cowboys and Caudillos : Frontier Ideology of the Americas*, Bowling Green (OH), Bowling Green State University Popular Press, 1990.

TADIÉ, Jean-Yves. *Le Roman d'aventures*, Presses universitaires de France, « Ecriture », 1982.

TAFT, Robert. *Artists and Illustrators of the Old West, 1850-1900*, New York, Scribner, 1953.

THIBAUDET, Albert. « Le Roman d'aventure », *Nouvelle Revue française*, juillet 1919.

THIESSE, Anne-Marie. *Ecrire la France. Le mouvement littéraire régionaliste de langue française entre la Belle Epoque et la Libération*, Presses universitaires de France, « Ethnologies », 1991.

THOMASSIAN, Gérard. *Encyclopédie des bandes dessinées de petit format*, Thomassian, t. 1 : *Impéria*, 1994 ; t. 2 : *Lug*, 1995.

TODOROV, Tzvetan. *La Conquête de l'Amérique : la question de l'autre*, Seuil, 1982.

TOLL, Robert. *Blacking Up : The Minstrel Show in Nineteenth-Century America*, New York, Oxford University Press, 1974.

TOMPKINS, Jane. *West of Everything : The Inner Life of Westerns*, NY, Oxford University Press, 1992.

TROUSSON, Raymond. « Le Mirage américain dans les utopies et les voyages imaginaires depuis la Renaissance », *Cahiers roumains d'études littéraires*, fasc. 4, 1980.

TRUETTNER, William H. (dir.) *The West as America : Reinterpreting Images of the Frontier*, Washington (DC), Smithsonian Institution Press, 1991.

TUNSTALL, Jeremy. *The Media Are American*, London, Constable, 1977.

TURNER, Frederick Jackson. *The Significance of the Frontier in American History*, New York, Frederick Ungar, [1893] 1963.

TURNER, Frederick Jackson. *Rereading Frederick Jackson Turner :* « *The Significance of the Frontier in American History* »*, and other essays*, avec les commentaires de John Mack Faragher, New York, Henry Holt, 1994.

TURNER, Victor. *Dramas, Fields, and Metaphors*, Ithaca and London, Cornell University Press, 1974.

TUSKA, Jon, Vicki PIECKARSKI et Paul J. BLANDING. *The Frontier Experience : A Reader's Guide to the Life and Literature of the American West*, Jefferson, McFarland, 1984.

TUSKA, Jon. *The American West in Film (Critical Approaches to the Western)*, Lincoln, University of Nebraska Press, 1988.

UHLENDORF, Bernard A. *Charles Seasfield : Ethnic Elements and Problems in his Works*, Chicago, University of Chicago Press, 1922.

UTLEY, Robert Marshall et Wilcomb E. WASHBURN. *Guerres indiennes. Du « Mayflower » à Wounded Knee*, A. Michel, 1992.

VAILLANCOURT, Daniel. « Radisson ou une figure de l'altérité », *Bulletin du groupe de recherche* L'Indien imaginaire 2, automne 1986.

VAILLANCOURT, Daniel. « Figures de Radisson : de la cour aux bois », *Recherches amérindiennes au Québec*, vol. XVII, n°3, 1987.

VANDERLAAN, D. J. *Country Music as Communication. A Comparative Content Analysis of the Lyrics of Traditional Country Music and Progressive Country*, Denton, North Texas State University, University Microfilms International England/USA, 1980.

VAN HERP, Jacques. *Panorama de la science-fiction*, Vervier, Gérard, 1973.

VENTURE, Rémi. « La Défense d'une identité, fondement de l'amitié baroncello-amérindienne » dans Thierry Le François (dir.), *Les Indiens de Buffalo Bill et la Camargue*, Paris/La Rochelle, Editions de La Martinière/Musée du Nouveau Monde, La Rochelle, 1994.

VERDAGUER, Pierre. *La Séduction policière. Signes de croissance d'un genre réputé mineur : Pierre Magnan, Daniel Pennac et quelques autres*, Birmingham (AL), Summa Publications, 1998.

VERSINS, Pierre. *Encyclopédie de l'Utopie, des Voyages extraordinaires et de la Science-fiction*, Lausanne, L'Age d'homme, 1972.

WALDMAN, Carl. *Atlas of the North American Indian*, New York, Facts on File, 1985.

WALKER, Don D. « The Mountain Man as Literary Hero », *Western American Literature*, n°I, spring 1966.

WASHBURN, Wilcomb E. *The Indian and the White Man*, New York, Doubleday, 1964.

WEATHERFORD, Jack. *Ce que nous devons aux Indiens d'Amérique et ce qu'ils ont apporté au monde*, Albin Michel, 1993.

WEINMANN, Heinz. *Du Canada au Québec. Généalogie d'une histoire*, Montréal, l'Hexagone, 1987.

WEISSER, Thomas. *Spaghetti Westerns — The Good, the Bad and the Violent : A Comprehensive, Illustrated Filmography of 558 Eurowesterns and Their Personnel, 1961-1977*, Jefferson (NC), McFarland, 1992.

WELLS, Angus. « Punslingers », *Million*, May-June 1991.

WERNSING, Armin Volkmar et Wolf WUCHERPFENNING. *Die « Groschen-hefte » : Individualität als Ware*, Wiesbaden, Athenaion Akedemische Verlagsgeschellschaft, 1976.

WERTHAM, Fredric. *Seduction of the Innocent*, New York, Rinehart, 1954.

WEST, Richard. *Television Westerns : Major and Minor Series, 1946-1978*, Jefferson, McFarland, 1987.

WEST, W. Reed. *Contemporary French Opinion on the American Civil War*, Baltimore, the Johns Hopkins Press, « Johns Hopkins University studies in historical and political sciences », series XLII, n°1, 1924.

WESTBROOK, Max. « The Themes of Western Fiction », dans W.T. Pilkington (dir.), *Critical Essays on the Western American Novel*, Boston, G. K. Hall and Co, 1980.

WESTERN LITERATURE ASSOCIATION. *Updating the Literary West*, Forth Worth (TX), Texas Christian University Press, 1997.

WHITE, Richard. *It's your Misfortune and None of my Own : A New History of the American West*, University of Oklahoma Press, 1994.

WHITE, Richard, Patricia Nelson LIMERICK et James R. GROSSMAN (dir.), *The Frontier in American Culture*, Berkeley/Los Angeles, University of California Press, 1994.

The Whole Pop Catalogue, New York, Avon Books, 1991.

WOLF, Bobi. « Westerns in Eastern Europe », *The Pacific Historian*, n°21, Spring 1977.

WOLFF, Mark. « A World of *flâneurs* and *coureurs des bois* : Ethnography and the Picturesque in the Works of Gabriel Ferry », *French Literature Series*, vol. XXIII, 1996.

WOLFF, Mark. *At the Margins of Literary History : Gabriel Ferry and the Literary Field in Nineteenth-Century France*, Ph. D. Thesis, Chicago, University of Chicago, 1998.

WRIGHT, Will. *Sixguns and Society. A Structural Study of the Western*, Berkeley/Los Angeles/London, University of California Press, 1975.

YATES, Norris W. *Gender and Genre : An Introduction to Women Writers of Formula Westerns*, Albuquerque, University of New Mexico Press, 1995.

YOGGY, Gary A. *Riding the Video Range : The Rise and Fall of the Western on Television*, Jefferson, McFarland, 1995.

YONNET, Paul. *Jeux, modes et masses. La Société française et le moderne 1945-1985*, Gallimard, 1985.

ZOLLA, Elemire. *Le Chamanisme indien dans la littérature américaine*, Gallimard, 1974.

ROMANS, PIÈCES DE THÉÂTRE ET RÉCITS

ADAMS, Andy. *Cattle Brands, a Collection of Western Camp-Fire Stories*, Boston, New York, Houghton, Mifflin and Co, 1906.

—. *The Log of a Cowboy*, Boston, Houghton Mifflin, 1903.

—. *The Outlet*, Boston, New York, Houghton, Mifflin and Co, 1905.

ADAMS, Clifton. *Du Rif pour le shérif*, SN1330, 1970.

—. *La Chasse aux loups*, Librairie des Champs-Elysées, Le Masque Western, n°122[2], 1975.

—. *Le Justicier fantôme*, MW175, 1977.

—. *Le Temps des charlatans*, SN1651, 1974.

—. *Les Derniers Jours du loup*, SN1424, 1971.

—. *Un foutu métier*, Gallimard, SN1267[3], 1969.

A.D.G. *La Nuit des grands chiens malades*, Paris, Gallimard, 1974.

AIMARD, Gustave. *Le Grand Chef des Aucas*, Amyot, 1858.

—. *Pirates de la Prairie*, Amyot, 1858.

—. *Les Trappeurs de l'Arkansas*, Amyot, 1858.

—. *Curumilla,* Amyot, 1860.

—. *La Fièvre d'or*, Amyot, 1860.

—. *La Grande flibuste*, Amyot, 1860.

—. *Valentin Guillois,* Amyot, 1860.

—. *Balle-franche*, Amyot, 1861.

—. *Les Francs-Tireurs*, Amyot, 1861.

—. *Les Rôdeurs de frontières*, Amyot, 1861.

—. *Le Guaranis*, Amyot, 1864.

—. *Le Tambó de Guadalupe* dans *Les Bois-brûlés*, t. 3. *Le Saut de l'élan*, E. Dentu, 1884.

—. *Les Gambucinos*, Amyot, 1866.

—. *Sacramenta* Amyot, 1866.

—. *Les Outlaws du Missouri*, Amyot, 1868.

—. *La Forêt vierge*, vol. 1 : *Fany Dayton*, vol. 2 : *Le Désert* et vol. 3 : *Le Vautour fauve*, Dentu, 1870-1872.

—. *Aventures de Michel Hartman*, vol. 1 : *Les Marquards* et vol. 2 : *Le Chien noir*, Dentu, 1873.

—. *Les Bisons-Blancs,* Dentu, 1874.

—. *La Guerrilla fantôme*, Genève, Editions de Crémille, pour F. Beauval, [1874] 1972.

—. *La Belle-Rivière*, vol. 1 : *Le Fort Duquesne* et vol. 2 : *Le Serpent de Satin*, Dentu, 1874.

—. *Souriquet, 1756-1760. Légende de la perte du Canada,* vol. 1 : *René de Vitré* et vol. 2 : *Michel Belhumeur*, Dentu, 1874.

—. *Le Chasseur de rats*, t. 1 : *L'Œil gris* ; t. 2 : *Le Commandant Delgrès*, E. Dentu, 1876.

—. *Une goutte de sang noir. Episode de la guerre civile aux Etats-Unis*, Dentu, 1878.

—. *Les Vauriens du Pont-Neuf*, vol. 1 : *Le Capitaine d'Aventure*, vol. 2 : *La Vie d'Estoc et de Taille*, vol. 3 : *Diane de Saint-Hyrem*, Dentu, 1878.

—. *Les Coupeurs de routes,* vol. 1 : *El platero de Urès* et vol. 2 : *Une vengeance de Peau-Rouge,* Dentu, 1879.

—. *Les Peaux-rouges de Paris*, Dentu, 1888, 3 vol.

---

[2] Désormais MW suivi du numéro.
[3] Désormais SN suivi du numéro.

—. *Par mer et par terre*, vol. 1 : *Le Corsaire*, vol. 2 : *Le Bâtard*, Ollendorf, 1879.

—. *Le Trouveur de sentiers*, Dentu, 1881. [Premier rome du *Rastreador*.]

AIMARD, Gustave et Jules BERLIOZ D'AURIAC. *L'Esprit blanc*, P. Brunet, 1866.

—. *Le Mangeur de poudre*, P. Brunet, 1866.

—. *Les Pieds-fourchus*, P. Brunet, 1866.

—. *Rayon-de-Soleil*, P. Brunet, 1866.

—. *Le Scalpeur des Ottawas*, P. Brunet, 1866.

—. *La Caravane des sombreros*, P. Brunet, 1867.

—. *Les Forestiers du Michigan*, P. Brunet, 1867.

—. *Jim l'Indien*, P. Brunet, 1867.

—. *Œil-de-feu*, P. Brunet, 1867.

—. *Les Terres d'or*, 1867.

—. *L'Aigle noir des Dacotahs*, A. Degorce-Cadot, 1878.

—. *Un duel au désert*, A. Degarce-Cadot, 1878.

—. *L'Ami des blancs*, Saint-Germain, D. Bardin, 1879.

—. *Cœur-de-panthère*, A. Degorce-Cadot, 1879.

—. *L'Héroïne du désert*, Saint-Germain, D. Bardin, 1879.

—. *L'Œuvre infernale*, A. Degorce-Cadot, 1879.

—. *Une passion indienne*, Abbeville, 1879.

—. *Mariami l'Indienne*, A. Degorce-Cadot, 1884.

AIMARD, Gustave et Henry CRISAFULLI. *Les Invisibles de Paris*, vol. 1 : *Les Compagnons de la Lune*, vol. 2 : *Passe-Partout*, vol. 3 : *Le Comte de Warrens*, vol. 4 : *La Cigale*, vol. 5 : *Hermosa*, Amyot, 1867.

ALENCAR, José de. *Le Fils du soleil. Les Aventuriers ou Le Guarani*, Tallandier, 1902.

AMILA, Jean. *Jusqu'à plus soif*, Gallimard, « Série Noire », 1962.

ANGHIERA, Pietro Martire d'. *De Orbe novo. Les huit décades traduites du latin*, P. Leroux, [1532] 1907.

ANONYME [Written by One Who Dare Not Now Disclose His Identity] *Jesse James : The Life and Daring Adventures of This Bold Highwayman and Bank Robber and His No Less Celebrated Brother, Frank James : Together with the Thrilling Exploits of the Younger Boys*, Cliffside Park (NJ), W. F. Kelleher, [1896] 1951.

ANONYME. *Les Chevaux du pays de Marlboro*, Lausanne, Caracole, 1987.

APULÉE [Lucius Apuleius], *L'Ane d'or*, Dargaud, 1982.

ARMAND [Friedrich Armand Strubberg]. *Mes aventures en Amérique et chez les Peaux-Rouges*, Firmin-Didot, 1880.

ARMAND. *Mes chasses à la frontière des Indiens...*, Paris, [s.n.é.], 1902.

ASSOLANT, Alfred. *Scènes de la vie aux Etats-Unis*, Hachette, 1859.

AUZIAS-TURENNE, Raymond. *Cow-boy*, Calmann-Lévy, 1896.

—. *Le Roi du Klondike*, Calmann-Lévy, 1901.

BAILLEUL, Louis. *Mocandah ou le jeune chef indien*, Librairie de Théodore Lefèvre et Emile Guérin, [1886].

BALDUIN Möllhausen. *Das Mormonenmädchen* 1864.

—. *Der Halbindianer* 1861.

BALLARD, Todhunter *Le Ranch du diable*, SN1279, 1969.

BALZAC, Honoré de. *Le Dernier Chouan, ou la Bretagne en 1799*, Librairie de Werdet, 1836.

—. *La Rabouilleuse*, LGF, « Classique de poche », 1999.

BARANGER, René. *Gardian ! j'étais aussi cow-boy : souvenirs, anecdotes*, Clichy, R. Baranger, collection « Les Plus beaux livres de Camargue », 1975.

BARILARI, André. *La Loterie des lingots d'or*, Plon, 1989.

BARRETT, Bob. *L'Ingénu chez les cow-boys*, SN Super Noire 90, 1978.

BARRETT, Bob. *Prends garde aux cactus !*, SN119, 1978.

BARRILLON, G. *Un drame en Amérique*, vol. 1 : *Les Peaux-Rouges*, vol. 2 : *La Nouvelle-Orélans*, C. Lévy, 1879.

BEAN, Ellis Peter (trad. et présentation Jean Delalande). *Les Aventures au Mexique et au Texas du colonel Ellis Peter Bean, 1783-1846, ses mémoires*, H. Champion, 1952.

BEAUMONT, Gustave-Auguste de La Bonninière de. *Marie ou de l'esclavage en Amérique*, C. Gosselin, 1835, 2 vol.

BEAUVOIR, Roger de. *L'Ecolier de Cluny*, G. Havard, 1860.

BECHKO, P. A. *Le Chariot à voile*, MW177, 1977.

BELLAH, James Warner. *The Apache*, New York, Fawcett, 1951.

—. « The Command » [1946], « Big Hunt » [1947], « Massacre » [1947], « Mission with No Record », [1948], Reveille, New York Fawcet, 1962.

—. « The White Invaders », *Saturday Evening Post*, 1954.

—. *Ordeal at Blood River*, New York, Ballantine, 1960.

—. *Sergeant Rutledge*, New York, Bantam, 1960.

—. *A Thunder of Drums*, New York, Bantam, 1961.

—. *The Man Who Shot Liberty Wallace*, New York, Pocket Books.

BENNETT, Dwight. *Traqué par les Indiens*, MW120, 1974.

BERELOWITCH, André (ill. J. Marcellin). *Davy Crockett*, Nathan, 1977.

BERGER, Thomas. *Mémoires d'un visage pâle*, Le Livre de poche, [1965] 1974.

BERGER, Thomas. *Little Big Man*, Genève, Edito-Service, 1974.

BERGER, Yves. *Le fou d'Amérique*, Grasset, 1976.

BERLIOZ D'AURIAC, Jules. *La Guerre noire : souvenirs de Saint-Domingue*, Delhomme et Briguet, 1886.

—. *Aux Etats-Unis et dans l'Ontario, par un étudiant en médecine*, Montréal, A. T. Lépine and Co, 1892.

BERTHET, Elie. *Les Emigrants. La Colonie du Kansas*, L. de Potter, 1860, 5 vol.

BERTHIER, Pierre-Valentin. *Sitting Bull*, Givors, A. Martel, 1953.

BIART, Lucien. *A travers l'Amérique, nouvelles et récits*, Bibliothèque du « Magasin des demoiselles », 1876.

—. *La Terre chaude, scènes de mœurs mexicaines*, J. Hetzel, 1862.

—. *Les Aztèques, histoire, mœurs, coutumes*, A. Hennuyer, « Bibliothèque ethnologique », 1885.

—. *Entre deux océans*, A. Hennuyer, 1863.

—. *Le Fleuve d'or*, A. Hennuyer, 1863.

—. *Le Roi des Prairies*, A. Hennuyer, 1863.

—. *Le Mexique d'hier et le Mexique d'aujourd'hui*, E. Dentu, 1865.

—. *Benito Vasquez : étude de mœurs mexicaines*, J. Hetzel, [1869].

—. *A travers l'Amérique, nouvelles et récits*, Bibliothèque du *Magasin des demoiselles*, 1876.

—. *La Terre chaude : scènes de mœurs mexicaines*, Bibliothèque Charpentier, 1879.

—. *La Capitana*, Bibliothèque Charpentier, 1880.

—. *La Frontière indienne*, J. Hetzel, « Les voyages involontaires », 1880.

—. *Le Secret de José*, J. Hetzel, « Les voyages involontaires », 1881.

—. *Voyages et aventures de deux enfants dans un parc*, J. Hetzel, 1885.

—. *Le Bizco*, Bibliothèque Charpentier, 1890.

—. *Mes promenades à travers l'Exposition : souvenir de 1889*, A. Hennuyer, 1890.

—. *La Conquête d'une patrie. Le Pensativo*, A. Hennuyer, 1895.

—. *Les Aztèques, histoire, mœurs, coutumes*, Hennuyer, « Bibliothèque ethnologique », 1885.

BLAKE, Michael. *Danse avec les loups*, J'ai lu, 1991.

BLOND, George. *Le Jour se lève à l'Ouest*, Julliard, 1980.

BONNEAU, Albert. *Le Démon des Mauvaises terres*, Jules Tallandier, « Le Livre national. Aventures et Voyages », 1927.

—. *Les Centaures du Grand Chaco*, Tallandier, « Bibliothèque des Grandes Aventures, voyages excentriques », 1928.

—. *La Pampa tragique*, Tallandier, « Bibliothèque des Grandes Aventures, voyages excentriques », 1929.

—. *Tom Cyclone, cow-boy*, Tallandier, « Bibliothèque des Grandes Aventures, voyages excentriques » 1929.

—. *Le Totem aux yeux verts*, Tallandier, « Bibliothèque des Grandes Aventures, voyages excentriques » 1930.

—. *L'Egorgeur du Colorado*, Tallandier, « Bibliothèque des Grandes Aventures, voyages excentriques », 1931.

—. *La Piste argentée*, Tallandier, « Bibliothèque des Grandes Aventures, voyages excentriques » 1931.

—. *Le Shérif de nulle part*, Tallandier, « Bibliothèque des Grandes Aventures, voyages excentriques », 1932.

—. *Le Traqueur des neiges*, Jules Tallandier, « Grandes Aventures et Voyages excentriques », 1933.

—. *Le Rebelle de la Sonora*, Tallandier, « Bibliothèque des Grandes Aventures, voyages excentriques » 1934.

—. *La Femme au lasso*, Tallandier, « Bibliothèque des Grandes Aventures, voyages excentriques », 1936.

—. *Le Mystère du ranch 33*, Tallandier, « Bibliothèque des Grandes Aventures, voyages excentriques » 1936.

—. *La Bande des cougars*, Tallandier, « Bibliothèque des Grandes Aventures, voyages excentriques », 1937.

—. *Catamount contre Catamount*, Tallandier, « Bibliothèque des Grandes Aventures, voyages excentriques », 1941.

—. *La Revanche de Catamount*, Tallandier, « Bibliothèque des Grandes Aventures, voyages excentriques », 1941.

—. *L'Arrestation de Catamount*, Tallandier, 1947.

—. *Catamount à la rescousse*, Tallandier, 1948.

—. *Catamount et la digue infernale*, Tallandier, 1949.

—. *Le Ranch maudit*, Tallandier, 1951.

—. *L'Ermite de la Vallée blanche*, Tallandier, « Aventures du Far-West », [1928] 1952.

—. *Le Carnaval de Catamount*, Tallandier, 1953.

—. *L'Outlaw du cañon perdu*, Tallandier, 1953.

—. *Le Prisonnier de Catamount*, Tallandier, 1955.

—. *Catamount et Myra la joueuse*, Tallandier, 1958.

—. *Le Sacrifice de Catamount*, Tallandier, 1958.

—. *Catamount chez les mormons*, Tallandier, 1959.

—. *Le Vol de la Fédéral Bank*, Tallandier, « Les chevaliers de l'aventure », [s. d.].

BOREL, François. *La Garde meurt à French Creek*, Stock, 1973.

BOUCHER DE BOUCHERVILLE, Georges. « Une de perdue, deux de trouvées », *L'Album littéraire et musical de* la Minerve, janvier 1849-juin 1851.

—. *Nicolas Perrot ou les Coureurs des bois sous la domination française*, Sainte-Foy, Les Editions de la Huit, [1889] 1996.

BOUMA, J[ohanas] L. *Regan le Texan*, MW170, 1977.

—. *Le Fermier de Cloverville*, MW191, 1978.

BOURGET, Paul. *Outre-Mer. Notes sur l'Amérique*, Plon, 1885, 2 t.

BOURNICHON, Joseph. *Sitting Bull, le héros du désert. Scènes de la guerre indienne aux Etats-Unis*, Tours, Cattier, 1879.

BOUSSENARD, Louis. *Aventures d'un gamin de Paris au pays des bisons*, Librairie illustrée, 1886.

—. « Le Défilé d'enfer », *Journal des voyages*, 1891.

—. *Sans le sou*, Flammarion, 1896.

—. *L'Enfer de glace*, Flammarion, 1900.

—. *Juana, la fiancée mexicaine*, Combet, 1903.

—. *Juana, fiancée mexicaine*, Combet, 1905.

—. *Capitaine Vif-Argent (Episode de la Guerre du Mexique, 1862-1867)*, Tallandier, Le livre national, « Bibliothèque des grandes aventures », 1926.

BOWER, Bertha M. *Chip of the Flying-U*, Lincoln (NE), University of Nebraska Press, [1906] 1995.

BRAND, Max [Frederick Schiller Faust]. *The Untamed*, New York/London, G.P. Putnam's Sons, 1919.

—. *Destry Rides Again*, New York, Dodd, Mead and Co, 1930.

BRÉHAT, Alfred de. [Alfred Guézenec]. *Aventures d'un petit parisien*, J. Hetzel, 1862.

—. *Aventures de Charlot*, J. Hetzel, 1880.

—. *Bras-d'Acier*, Calmann Lévy, 1890[4].

BROUILLET, Chrystine. *Marie Laflamme*, t. 1 : *Marie Laflamme* ; t. 2 : *Nouvelle France* ; t. 3 : *La renarde*, J'ai lu, 1990.

BROWN, Dee. *Bury My Heart at Wounded Knee : An Indian History of the American West*, New York, Holt, Rinehart & Winston, 1970.

—. *Creek Mary la magnifique*, Stock, 1981.

BROWN, E. *L'Homme à abattre*, Editions Bel-Air, « Western pocket », 1965.

BRULLS, Christian [Georges Simenon]. *Les Pirates du Texas*, Presses de la Cité, « Les Introuvables de Georges Simenon », 10, 1980.

BUNTLINE, Ned. *The King of the Border Men. The Wildest and Truest Story I Ever Wrote*, Street & Smith New York Weekly, 1869-1870.

BURNS TEX [Louis L'Amour]. *Hopalong Cassidy and the riders of High Rock*, Leyden (Mass.), Aeonian Press, [1951] 1973.

—. *Hopalong Cassidy and the Rustlers of West Fork*, Leyden (Mass.), Aeonian Press, [1951] 1976.

—. *Hopalong Cassidy and the Trail to Seven Pines*, Mattituck (NY), Aeonian Press, [1951] 1978.

BURNS Tex. *Hopalong Cassidy, trouble shooter*, Mattituck (NY), Aeonian Press, [1951] 1980.

CAMUS, William. *Lorsque vinrent les Visages pâles*, GP, 1969.

—. *Mes ancêtres les Peaux-Rouges*, La Farandole, 1973.

CARLIER, Auguste. *La République américaine*, Guillaumin, 1890.

CARSON, Linwood. *La Justice des mormons*, MW192, 1978.

CARTER, Forrest. *Petit Arbre*, Stock, [1976] 1979.

—. *Pleure Geronimo*, Stock, [1978] 1980.

—. *Les Hors-la-loi du Texas*, Stock, [1976] 1981.

CARTIER, Jacques. *Voyages au Canada. Avec les relations des voyages en Amérique de Gonneville, Verrazano et Roberval*, Editions La Découverte, 1992.

CASE, David. *Le Filon fantôme*, Gallimard, SN53, 1976.

CASHYAN, L. *Une balle pour Billy Réo*, Editions Bel-Air, « Western pocket », 1965.

CENDRARS, Blaise [Frédéric Sausser]. *L'Or. La Merveilleuse histoire du général Johann August Suter*, Denoël, 1926.

CHAMBON, Jacques [Albert Bonneau]. *Le Sachem rouge (Sitting Bull)*, Tallandier, « A travers l'univers », 1933.

—. *L'Hacienda sans nom*, Tallandier, « Les chevaliers de l'aventure », 1934.

CHASLES, Philarète. « L'œil sans paupière », dans *Contes bruns par une tête à l'envers*, [Philarète Chasles, Honoré de Balzac, Charles-Félix-Henri Rabou]. Editions des autres, [1832] 1979.

—. *Etudes sur la littérature et les mœurs des Anglo-Américains au XIXe siècle*, Amyot, 1851.

—. *Mœurs et voyages, ou Récits du monde nouveau*, Didier, 1855.

CHÂTEAUBRIAND, François-René vicomte de. *Les Natchez*, Lefevre & Ladvocat, 1826.

—. *Atala ou Les Amours de deux sauvages dans le désert*, dans *Œuvres romanesques*, Gallimard, Bibliothèque de la Pléiade, 1969.

CHEVALIER, Henri-Emile. *L'Héroïne de Châteauguay, épisode de la guerre de 1813* suivi de *L'Iroquoise de Caughnawaga*, Montréal, J. Lowell, 1858.

—. (traduit et adapté de J.H. Robinson). *Les Pieds noirs*, A. Bourdilliat, « Drames de l'Amérique du Nord », 1861.

—. *La Huronne, scènes de la vie canadienne*, Poulet-Malassis, « Drames de l'Amérique du Nord », [1854] 1862.

—. *L'Ile de sable, Episode de la colonisation du Ca-

---

[4] Une curiosité : l'édition originale avait été publiée en français à New York (C. Lassalle, 1858).

nada, Calmann-Lévy, « Drames de l'Amérique du Nord », 1862.

—. *Les Nez-percés*, Poulet-Malassis, « Drames de l'Amérique du Nord », 1862.

—. *Le Pirate du Saint-Laurent*, E. Dentu, « Drames de l'Amérique du Nord », 1862.

—. *La Tête plate*, Poulet-Malassis, « Drames de l'Amérique du Nord », 1862.

—. *39 Hommes pour une femme, épisode de la colonisation du Canada*, E. Dentu, 1862.

—. *Les Derniers Iroquois*, Chevalier et Toubon, « Drames de l'Amérique du Nord », 1863.

—. *Poignet d'acier, ou les Chippiouais*, Chevalier et Toubon, « Drames de l'Amérique du Nord », 1863.

—. *Peaux rouges et peaux blanches, ou Les Douze Apôtres et leurs femmes*, Toubon, « Drames de l'Amérique du Nord », 1864.

—. *La Fille des Indiens rouges*, Michel Lévy, « Drames de l'Amérique du Nord », 1866.

—. *Le Chasseur noir*, C. Lévy, « Drames de l'Amérique du Nord », 1877.

—. *Le Gibet*, C. Lévy, « Drames de l'Amérique du Nord », 1879.

CHEVALIER, Henri-Emile et Florian PHARAON. *Le Nord et le Sud. L'Espion noir, épisode de la guerre servile*, E. Dentu, 1863.

—. *Un drame esclavagiste, prologue de la Sécession américaine, suivi de notes sur John Brown, son procès et ses derniers moments*, Charlieu et Huillery, 1864.

CHEVALIER, Henri-Emile et. H. ROBINSON. *Les Pieds-Noirs*, A. Bourdilliat, 1861.

CHEVALIER, Michel. *Histoire et description des voies de communication aux Etats-Unis, et des travaux d'art qui en dépendent*, C. Gosselin, 1840-1841, 2 vol.

—. *Lettres sur l'Amérique du Nord*, C. Gosselin, 1836, 2 vol.

CLARETIE, Léo. *La Vallée fumante, roman du Far-West américain*, Toiure, Maine, 1900.

—. *Le Héros de Yellowstone*, Editions du *Monde illustré*, 1908.

CLAVEL, Bernard. *Compagnons du Nouveau-Monde*, Robert Laffont, 1981.

COLDSMITH, Don. *Trail of the Spanish Bit*, Garden City, New York, Doubleday, 1980.

—. *Buffalo Medicine*, Garden City, New York, Doubleday, 1981.

—. *The Elk-dog Heritage*, Garden City, N.Y., Doubleday, 1982.

—. *Follow the Wind* Garden City, N.Y. Doubleday, 1983.

—. *Man of the Shadows*, Garden City, N.Y., Doubleday, 1983.

—. *Daughter of the Eagle*, Garden City, N.Y., Doubleday, 1984.

—. *Moon of Thunder City*, Garden City, N.Y., Doubleday, 1985.

—. *The Sacred Hills*, Garden City, N.Y., Doubleday, 1985.

—. *Pale Star*, Garden City, N.Y., Doubleday, 1986.

—. *River of Swans*, Garden City, N.Y., Doubleday, 1986.

—. *Return to the River*, Garden City, N.Y., Doubleday, 1987.

—. *The Flower in the Mountains* N.Y., Doubleday, 1988.

—. *Medicine Knife*, Garden City, N.Y., Doubleday, 1988.

—. *Song of the Rock*, Garden City, N.Y., Doubleday, 1989.

—. *Trail from Taos*, Garden City, N.Y., Doubleday, 1989.

—. *Fort de Chastaigne*, Garden City, N.Y., Doubleday, 1990.

—. *Quest for the White Bull*, Garden City, N.Y., Doubleday, 1990.

—. *Bride of the Morning Star*, Garden City, N.Y., Doubleday, 1991.

—. *Return of the Spanish*, Garden City, N.Y., Doubleday, 1991.

—. *Walks in the Sun*, New York, Bantam Books, 1992.

—. *Thunderstick*, Garden City, N.Y., Doubleday, 1993.

—. *Track of the Bear*, Garden City, N.Y., Doubleday, 1994.

—. *Bearer of the Pipe*, Garden City, N.Y., Doubleday, 1995.

—. *Child of the Dead*, Garden City, N.Y., Doubleday, 1995.

—. *Runestone*, New York, Bantam Books, 1995.

—. *Medicine Hat : a novel*, Norman, University of Oklahoma Press, 1997.

—. *Tallgrass : A Novel of the Great Plains*, New York, Bantam Books, 1997.

—. *South Wind*, New York, Bantam Books, 1998.

—. *The Lost Band : A Novel*, Norman, University of Oklahoma Press, 2000.

CONDON, Richard. *Sacré Far-West*, Plon, 1967.

CONNEL, Evans S. *Son of the Morning Star,* San Francisco, North Point Press, 1984.

CONSTANTIN-WEYER, Maurice. *Vers l'Ouest*, La Renaissance du livre, 1921.

—. *Manitoba*, F. Rieder, 1924.

—. *La Bourrasque*, F. Rieder, 1925.

—. *Cavelier de La Salle*, J. Ferenczi, 1927.

—. *Un homme se penche sur son passé*, Editions Rieder, 1928.
—. *Telle qu'elle était de son vivant*, Librairie des Champs-Elysées, 1936.
CONTE, Arthur.... *Et les Coyotes hurleront,* Julliard, 1974.
COOK, James Henry. *Fifty Years on the Old Frontier*, New Haven, Yale University Press, 1923.
COOPER, Fenimore, *Le Dernier des Mohicans*, Barba, 1823.
—, *Les Pionniers*, Barba, 1823.
—, *La Prairie*, Barba, 1827.
—, *Le Lac Ontario*, Barba, 1840.
—, *Le Tueur de daims,* Barba, 1841.
—. *Le Roman de Bas-de-Cuir* [*Le Tueur de daims*, *Le Dernier des Mohicans*, *Le Lac Ontario*, *Les Pionniers* et *La Prairie*], Presses de la Cité, « Omnibus », 1989.
COOPER, J.-L. *Etrange pluie*, Fleuve Noir, « Grands romans », 1966.
COOPER, Jamie Lee. *Etrange pluie*, Editions Fleuve noir, 1966.
CORTAMBERT, Louis Richard et F. DE TRANALTOS. *Etats-Unis d'Amérique. Histoire de la guerre civile américaine (1860-1865)*, Amyot, 1867, 2 vol.
COX, William R. *Le Raid de la pleine lune*, Librairie des Champs-Elysées, Le Masque, 1966.
—. *Une fille venue de l'Est*, MW54, 1971.
COZE, Paul. *Wakanda*, Rédier, 1929. COZE, Paul. *Cinq scouts chez les Peaux-Rouges*, Champs-Elysées, 1932.
—. *Les Rodéos de cow-boys et les jeux du lasso*, Société de librairie et d'éditions, 1934.
—. « Quatre feux », *Revue Camping*, 1935.
CUMMIN, Jim. *The Jim Cummins's Book — By Himself*, Denver (Col.), The Reed Publishing Company, 1903.
CURWOOD, James Oliver. *Melissa*, Hachette, 1912.
—. *Le Grizzly*, Hachette, 1922.
—. *Le Piège d'or*, Crès, 1924.
—. *L'Aventure du capitaine Plum*, Crès, 1925.
—. *Bari, chien-loup*, Crès, 1925.
—. *Kazan*, Crès, 1925.
—. *Nomades du Nord*, Crès, 1925.
—. *Le Bout du fleuve*, Crès, 1926.
—. *Les Chasseurs d'or*, Crès, 1926.
—. *Les Cœurs les plus farouches*, Crès, 1926.
—. *Au cœur de la nature*, Crès, 1927.
—. *La Vallée du silence*, Crès, 1928.
—. *Un gentleman courageux*, Hachette, 1931.
—. *Philippe Steele de la Police montée*, Hachette, 1932.
—. *L'Homme de l'Alaska*, Hachette, 1933.
—. *Rapide-Eclair*, Hachette, 1934.

—. *La Fugitive*, Hachette, 1935.
—. *Carla*, Hachette, 1936.
—. *Fleur du Nord*, Hachette, 1936.
—. *La Forêt en flammes*, Hachette, 1936.
—. *La Piste du bonheur*, Hachette, 1937.
—. *La Vieille Route de Québec*, Hachette, 1938.
DARCY, P. *Les Démons de la prairie*, Editions Rouff, « Romans pour la jeunesse », 1950.
DELISLE DE DREVETIÈRE, Louis-François. *L'Arlequin sauvage*, Charles-Estienne Hochereau. 1721.
DELLYS, Lucien. *Le Bracelet d'onyx*, Fayard, « Le livre populaire », 1914.
—. *Fleur Blonde*, Fayard, « Le livre populaire », 1914.
—. *Fumée-sanglante*, Fayard, « Le livre populaire », 1914.
—. *Le Maître des Peaux-rouges*, Fayard, « Le livre populaire », 1914.
—. *Le Serpent emplumé*. Fayard, « Le livre populaire », 1914.
DELPIT, Albert. *La Famille Cavalié*, I. : *Le Commodore noir* ; II. : *Les Temps difficiles*, Dentu, 1878.
DENANCÉ, L.V. *Les Deux Chasseurs noirs dans les forêts de l'Amérique*, Limoges, M. Ardant, 1865.
—. *La Famille de Martel le planteur, épisode de la révolution de Saint-Domingue*, Limoges, M. Ardant, 1865.
—. *Aventures d'une famille allemande émigrée en Amérique*, Limoges, M. Ardant, 1866.
—. *Voyage et aventures de trois jeunes Français en Californie*, Limoges, P. Aidant, 1879.
DERET, Jean-Claude. *Winnetou : le Mescalero* (roman télévisé du célèbre héros de Karl May), Flammarion, 1980.
DESPLACES, L. « Un sauvage de génie ». *Le Journal des voyages*, n°789, 1892.
DESROSIERS, Léo-Paul. *Les Engagés du grand portage*, Gallimard, 1938.
DIDEROT, Denis, *Le Neveu de Rameau*, Hachette, 1998.
DIDIER, Edouard. *La Bague d'opale*, C. Lévy, 1878.
DILLON, Richard M. *The Legend of Grizzly Adams, California's Greatest Moutain Man,* Reno, University of Nevada Press, [1966] 1993.
DIXON, R. *Pocomoto, apprenti cow-boy*, Nelson, 1955.
DOCTOROW, E.L. *Welcome to Hard Times*, New York, Simon and Schuster, 1960.
DUBOIS, Daniel. *Les Cheyennes*, Nathan, 1976.
DUFOUR, Hortense et Marc DANIAU (ill.). *La Cinquième Saison, la vie du grand chef sioux Sitting Bull*, Seuil jeunesse, 1996
DUPLESSIS, Paul. *La Sonora*, A. Cadot, 1855 ; 4 vol.
—. *Le Batteur d'estrade*, New York, C. Lassalle, 1856.
—. *Les Mormons*, Cadot, 1859 ; 8 vol.

—. *Aventures mexicaines*, A. Cadot, 1860.

—. *Les Peaux-Rouges*, Degorce-Dachet, 1864.

—. *Le Roi de la Sierra*, Librairie générale de vulgarisation, 1884.

—. *Les Dernières Aventures de Bois-Rosé*, Hachette, 1899.

EHRLICH, Max. *Un révérend chez les cow-boys*, MW100, [1972] 1974.

ELLIS, Edward S. *L'Ange des frontières*, Dentu, 1865

—. *La Captive des Mohawks*, Dentu, 1865.

—. *L'Espion indien*, Dentu, 1865.

—. *Bill Biddon, le trappeur du Kansas*, A. Faure, 1866.

—. *Nathan Todd, ou Le Prisonnier des Sioux*, A. Faure, 1866.

ELLIS, Edward Sylvester. *Seth Jones : or, The Captives of the Frontier*, New York, Garland Pub., [1860] 1978.

ELLIS, Edward S. et Metta Victoria FULLER. *La Famille du batelier*, Dentu, 1865.

ENNERY, Adolphe d'[A. Philippe]. *Les deux orphelines*, J. Rouff, 1895 [2 tomes].

ENNERYE, Raoul d'. *Les Deux Orphelines* et *Seule ! ou Le Secret de l'indien*, Tours, Alfred Mame & fils, [1911].

ESTOURNELLES DE CONSTANT, baron Paul-Henri Benjamin. *Les Etats-Unis d'Amérique*, Colin, 1913.

EVARTS, Hal Georges Jr. *L'Indien ramène le major*, MW127, 1975.

EVERETT, Wade. *Ne tirez pas sur le toubib*, MW207, 1979.

EXBRAYAT, Charles. *La Route est longue, Jessica*, Albin Michel, 1968.

EYMA, Xavier [Adolphe Ricard]. *Peaux-rouges, scènes de la vie des Indiens*, D. Giraud, 1854.

—. *Les Peaux noires, scènes de la vie des esclaves*, Michel Lévy, 1857.

—. *Excentricités américaines*, M. Lévy, 1860.

—. *Scènes de mœurs et de voyages dans le Nouveau-Monde*, Poulet-Malassis, 1862.

—. *Les Trente-Quatre Etoiles de l'Union américaine. Histoire des Etats et des Territoires*, Michel Lévy frères, 1862, 2 vol.

—. *La Chasse à l'esclave*, P. Brunet, 1866.

—. *La Vie aux Etats-Unis, notes de voyage*, E. Plon, 1876.

FARRELL, Cliff. *Les Fourrures du diable*, Dupuis, « Galop », 1965.

FAUCON, Emma. *Le Robinson américain*, F. F. Ardant, 1860.

FERBER, Edna. *Cimarron,* Boston (Mass.), G.K. Hall, [1930] 1981.

FERGUSSON, Harvey. *Wolf Song*, Boston, Mass., Gregg Press, [1927] 1978.

FERRY, Gabriel [Louis de Bellemare]. *Le Coureur des bois ou Les Aventuriers du Val d'or*, A. Cadot, 1853.

FÉVAL, Paul-Henri-Corentin. *Les Amours de Paris*, Comptoirs des Imprimeurs réunis, 1845, 6 vol.

—. *Les Couteaux d'or*, A. Cadot, 1857.

FEYROL, Jacques [Fernand Hue]. *Les Français en Amérique : Canada, Acadie, Louisiane*, H. Lecène et H. Oudin, 1886.

FILSON, John. *Voyage au Kentoukey, et sur les bords du Genesée, précédé de conseils aux libéraux, et à tous ceux qui se proposent de passer aux Etats-Unis*. M. Sollier, [1784] 1821.

FISCHER, Marie-Louise. *Laura chez les cow-boys*, Hachette, « Bibliothèque rose », 1973.

—. *Laura et le fils du grand chef*, Hachette, « Bibliothèque rose », 1972.

—. *Laura l'Indienne blanche*, Hachette, « Bibliothèque rose », 1971.

FISHER, Clay [Henry W. Allen]. *The Tall Men*, Boston, Houghton Mifflin, 1954.

—. *Le Renard rouge*, MW69, 1972.

—. *Le Renégat de Fort Bliss*, MW205, 1978.

FISHER, Vardis. *Mountain Man : A Novel of Male and Female in the Early American West*, New York, Morrow, 1965.

FLEISCHMAN, Sid. *Django, le Gitan du Texas*, Hachette, « Bibliothèque verte », 1975.

—. *Jack chercheur d'or*, Hachette, « Bibliothèque verte », 1975.

FLEISCHMAN, Sid. *Le Grand Coquin du Missouri*, « Bibliothèque verte », [1975] 1996.

FLINCH, Timothy. *Francis Bervain*, 1826.

—. *Shoshonee Valley*, 1830.

FLOREN, Lee. *L'Homme de Silver City*, MW159, 1976.

—. *Le Banquier maraudeur*, MW167, 1977.

—. *Les Muletières*, MW183, 1977.

—. *Le Saloon de la dernière chance*, MW178, 1977.

FLYNN, Robert. *North of Yesterday,* New York, Knopf, 1967.

FOE, Daniel de. *Robinson Crusoë*, London, W. Taylor, 1719.

FOIGNY, Gabriel de. *La Terre australe connue*, Société des textes français modernes, [1676] 1990.

FORBES, Esther. *Paradise*, L'Inter, 1956.

FOREMAN, Leonard London. *Aigle jaune*, MW124, [1942] 1975.

FOX, Gardner F. *Insurgents*, MW196, 1978.

FOX, Norman A. *La Nuit de la dernière chance*, Verviers, Gérard, Marabout, 1957 [et MW245, 1981].

FRANK, A. *Shandys-City, petite histoire du Grand-Ouest*, Oris, 1944.

FRÉCHETTE, Louis. *La Découverte du Mississipi*.

Poème. Récité par l'auteur à l'Université Laval de Québec, le 17 juin 1873, à l'occasion du deux-centième anniversaire de la découverte du Mississipi par Louis Jolliet, s. l. n. é., 1873. [Aussi *Le Journal de l'Instruction publique,* juillet-août 1873.]

FRIEND, Ed [Richard Wormser], *Les Chasseurs de scalps*, SN1318, 1970.

FRONVAL, George. *Alerte au Pacific Railway*, Compagnie Parisienne d'Edition, « Westerners », 1953.

—. *Jerry Morton du « Pony Express »*, Compagnie Parisienne d'Edition, « Westerners », 1953.

—. *Le Match imprévu*, Compagnie Parisienne d'Edition, « Westerners », 1953.

—. *La Révolte de Sitting Bull*, Compagnie Parisienne d'Edition, « Westerners », 1953.

—. *Le Shérif de Dodge City*, Compagnie Parisienne d'Edition, « Westerners », 1953.

—. *Le Troupeau déchaîné*, Compagnie Parisienne d'Edition, « Westerners », 1953.

—. *Les Prospecteurs de la Sonora*, Compagnie Parisienne d'Edition, « Westerners », 1954.

—. *Kit Carson, l'ami des indiens*, Nathan, 1970.

—. *Crazy Horse, héros de la Prairie*, Nathan, 1972.

—. *La véritable histoire des Peaux-rouges*, Nathan, 1973.

—. *Jim Bridger, le roi des mountain men*, Nathan, 1974.

—. *Buffalo Bill le roi des éclaireurs*, Nathan, « Poche Nathan Aventure », 1984.

—. *Cochise l'Apache au cœur fidèle*, Nathan, « Poche Nathan Aventure », 1984.

—. *Géromino, l'Apache indomptable*, Nathan, « Poche Nathan Aventure » 1984.

—. *Sitting Bull*, Nathan, « Poche Nathan Aventure », 1984.

—. *Wild Bill Hickok, le shérif de l'Ouest*, Nathan, « Poche Nathan Aventure », 1984.

FRONVAL, George et Daniel DUBOIS. *Les Signes mystérieux des indiens peaux-rouges,* Nathan, 1976.

GAGNON, Adolphe. *Douleurs et joies*, 1876.

GAILHARD, Gustave. *Lluya. La Fille des lacs*, Arthème Fayard « Le Livre populaire », 1926.

—. *Le Secret de l'or noir*, Saint-Etienne, Dumas, 1945.

—. *Le Grand Mirage*, St. Etienne, Dumas, 1946.

—. *L'Homme aux mains de cuir*, Fleuve Noir, « Grands romans », 1963.

GAILLARDET, Frédéric. *Sketches of Early Texas and Louisiana*, Austin & London, University of Texas Press, 1966.

GARFIELD, Brian. *Les Vautours*, A. Michel, 1968.

—. *Les Lingots sont pipés*, SN1677, 1974.

GARLAND, Hamlin. *Prairie Folks*, New York-London, Macmillan and Co., ltd., 1891.

—. *The Book of the American Indian*, Harper Brothers, 1923.

GARRETT, Pat Floyd. *The Authentic Life of Billy, the Kid,* Santa Fe, New Mexican Print. and Pub. Co., 1882.

GAST, Kelly P. [José Maria G.O. Edmonson, alias Edmonson G.C.]. *La Piste de l'Irlandais*, MW171, 1977.

GAULLIEUR, Henri. *Etudes américaines*, Plon, 1891.

GERSTÄCKER, Friedrich. *Steif-und Jagdzüge durch die Vereinigten Staaten Nord Amerikas*, 1844.

—. *Die Moderatoren*, 1848.

—. *Die Regulatoren in Arkansas*, 1848.

—. *Aventures d'une colonie d'émigrants en Amérique*, Hachette, 1855.

—. *Les Deux convicts,* Hachette, 1858.

—. *Les Pirates du Mississippi*, L. Hachette, 1858.

—. *Scènes de la vie californienne*, Genève, J. G. Fick, 1859.

—. « Une nuit dans une maison de jeu de la Californie » dans *Histoires allemandes et scandinaves* par Xavier Marmier, Michel-Lévy frères, 1860.

—. *Les Brigands des prairies*, Michel Lévy, 1874.

—. *Le Peau-rouge*, Michel Lévy, 1874.

—. *Les Pionniers du Far-West*, Michel Lévy, 1874.

—. *Les Voleurs de chevaux*, Michel Lévy, 1874.

—. *La Maison mystérieuse*, Michel Lévy, 1875.

—. *Une Charmante habitation !* Michel Lévy, 1875.

—. *Les deux convicts*, Hachette, 1880.

—. *Les Pirates du Mississipi*, F. Nathan, « Aventures et actions », [1848] 1946.

GILL, Richard C. *La Flèche des Incas*, Grenoble, Arthaud, 1947.

GIRARD, Just [Just-Jean-Etienne Roy]. *Les Aventures d'un capitaine français, planteur au Texas, ancien réfugié au Champs d'asile*, Tours, Mame, 1862.

GOLON, Anne et Serge. *Angélique et le Nouveau Monde,* Paris, Editions de Trévise, 1967.

—. *La tentation d'Angélique*, Opera mundi, 1967.

GORDON, Arthur. *Le Sang crie*, SN447, 1958.

GOULAINE DE LAUDONNIÈRE, René de, Jean RIBAUT et Dominique DE GOURGUES. *L'Histoire notable de la Floride*, La Garenne-Colombes, Ed. de l'Espace européen, [1586] 1990.

GRAFFIGNY, Françoise d'Issembourg d'Happoncourt, Mme de. *Lettres d'une Péruvienne*, dans *Lettres portugaises. Lettres d'une Péruvienne et Autres Romans d'amour par lettres* (textes établis, présentés et annotés par Bernard Bray et Isabelle Landry-Mouillon), Flammarion, [1747] 1983.

GRAY, John Stephens. *Custer's Last Campaign : Mitch*

Boyer and the Little Bighorn Reconstructed, Lincoln, University of Nebraska Press, 1991.

GREY, Zane. *Riders of the Purple Sage*, New York/London, Harper and bros, 1912.

—. *The Lone Star Ranger : Romance of the Border*, New York/London, Harper and bros., 1915.

—. *The Border Legion*, New York/London, Harper and Brothers, 1916.

—. *The Vanishing American*, New York/London, Harper and Brothers, 1925.

—. *L'Alezan sauvage*, Plon, « Aventures », 1931.

—. *Nevada*, Plon, « Aventures », 1932.

—. *Twin Sombreros*, New York/London, Harper and bros., 1940.

—. *Stairs of Sand*, New York/London, Harper and bros, [1929] 1943.

—. *Cœurs d'Amérique*, Tallandier, 1947.

—. *Berger de Guadaloupe*, « Véritable bibliothèque idéale de la famille », 1949-1950.

—. *L'Alezan sauvage*, Tallandier, « Le Damier », 1950.

—. *L'Héritage du désert*, Tallandier, 1950.

—. *Nevada,* Tallandier, « Le Damier », 1950.

—. *L'Esclave rouge*, Le Masque Spécial Western 213, 1979.

—. *Stairs of Sand,* Thorndike (Me), Thorndike press, [1928] 1983.

—. *The Border Legion*, New York/London, Harper and Brothers, [1916] 1986.

—. *The Last of the Duanes,* South Yarmouth (MA), J. Curley, 1983.

GUERRAND, R.-H. *Indiens et coureurs des bois*, Editions du Temps, 1960.

GUERRAND, R.-H. *Peaux-Rouges et pionniers du Nouveau Monde*, Editions du Temps, 1960.

—. *Indiens et pionniers*, Editions du Temps, 1961.

GUILD, Thelma S. et Harvey L. CARTER. *Kit Carson : l'idéal du héros*, Monaco, Ed. du Rocher, « La légende de l'Ouest », 1996.

GUTHRIE, Alfred B. *La Captive aux yeux clairs*, Denoël, 1947.

—. *The Way West*, New York, Sloane, 1949.

—. *These Thousand Hills*, Boston, Houghton Mifflin, 1956.

—. *Arfive Hills*, Boston, Houghton Mifflin, 1971.

—. *The Last Valley*, Boston, Houghton Mifflin, 1975.

GUYON, Charles. *A travers le Far-West*, Larousse, 1924.

HAMILTON, David. *Buffalo Bill contre Nuage Rouge*, Hachette, « Bibliothèque verte », 1976.

—. *Mille dollars pour Buffalo Bill*, Hachette, « Bibliothèque verte », 1976.

—. *Buffalo Bill à Dodge City*, Hachette, « Bibliothèque verte », 1977.

—. *Buffalo Bill contre les hors-la-loi*, Hachette, « Bibliothèque verte », 1977.

—. *Buffalo Bill sur la piste du Montana*, Hachette, « Bibliothèque verte », 1978.

—. *Un colt pour Buffalo Bill*, Hachette, « Bibliothèque verte », 1978.

HANNEDOUCHE, Alfred et Ch. SIMOND. *Plume d'aigle*, Lecène, Oudin et Cie, 1895.

HARDING, John Wesley. *The Life of John Wesley Harding — By Himself*, 1893.

HARTE, Francis Bret. *Scènes de la vie californienne*, C. Reinwald, 1873.

HASSRICK, Royal B. *Histoire véridique de la conquête de l'Ouest*, Deux coqs d'or, « Grand livre d'or », 1977.

HAYCOX, Ernst. *Bugles in the Afternoon*, Boston, Little Brown, 1944.

—. *Canyon Passage*, Boston, Little Brown, 1945.

—. « Stage to Lordsburg », dans Harry E. Maule (dir.), *Great Tales of the American West,* New York, The Modern Library, 1945.

—. *Rough Justice*, Boston, Little Brown, 1950.

—. *The Earth Breakers*, Boston, Little Brown, 1952.

—. *Rawhide Range*, New York, Popular Library, 1952.

—. « On the Prod », New York, Popular Library, 1957.

—. *Des Cavaliers dans la nuit,* MW113, [1927] 1974.

HÉLIODORE D'ÉMÈSE. *Les Ethiopiques* (Théagène et Chariclée), [livres VIII-X], Les Belles lettres, 1991.

HENRY, O. *Heart of the West*, New York, The McClure Company, 1907.

HENRY, Will [Henry Wilson Allen]. *Where the Sun Now Stands*, New York, Random House, 1960.

—. *I, Tom Horn*, Lincoln, University of Nebraska Press, [1975] 1996.

—. *Traqués par les Indiens,* MW120, 1978.

—. *Rendez-vous à Shiloh,* MW206, 1979.

—. *L'Indien blanc*, MW226, 1980.

—. *The Tall Men*, Thorndike, Me., G.K. Hall, [1954] 1998.

HERDT, Denis L. d'. *L'Equitation américaine ou Western Riding,*

HÈVE, Jean de la. *Le Fantôme de Terre-Neuve*, Librairie Guénégand, [1903] 1983.

HILL, Tom. *Davy Crockett, cow Boy*, Hachette, « Bibliothèque verte », 1979.

HOGAN, Ray. *Alerte aux hors-la-loi*, MW70, 1972.

—. *L'Homme de l'Ohio*, MW173, 1977.

HOLT GILES, Janice. *La Diligence de l'Ouest*, La Table ronde, 1973.

—. *Le Long Voyage vers Santa-Fe,* Fleuve Noir, « Grands romans », 1965.

HORGAN, Paul. *A Distant Trumpet*, New York, Farrar, Strauss and Cuhady, 1960.

HORNUNG. *Une idylle dans le ranch*, La Renaissance du livre, « Disque rouge », [1916] 1929.

HOUGH, Emerson. *La Caravane de l'Ouest*, Laffont, 1960.

—. *North of '36*, New York/London, D. Appleton and Co, 1905.

HUE, Fernand. *Les Voleurs de locomotives, épisode de la Guerre de Sécession d'Amérique*, C. Dillet, 1886.

—. *Les Coureurs des frontières*, H. Lecène et H. Oudin, 1889.

INGALLS WILDER, Laura. *La Petite Maison dans la prairie*, Flammarion, « Castor poche », [1935] 1985.

—. *La Petite Maison dans les Grands Bois*, Nathan, Poche Nathan. Arc en poche, [1932] 1988.

JAKES, John. *The Kent Family Chronicles Encyclopedia : With Condensations of the John Jakes Novels and Essays about America from 1770 to 1877*, New York, Bantam Books, 1979.

JAMES, Will [Joseph Ernest Nephtali Dufaux]. *Smoky the Cowhorse*, New York, C. Scribner's sons, 1926.

—. *Lone Cowboy, My Life Story*, Lincoln University of Nebraska Press, [1930] 1985.

—. *Sand*, Missona, Montana, Mountain Press, [1929] 1996.

JANIN, Jules. « Antoine Pinchon, conte américain », *Le Salmigondis*, t. 1, 1832.

JANNET, Claudio. *Les Etats-Unis contemporains, ou les Mœurs, les institutions et les idées depuis la Guerre de Sécession*, E. Plon, 1876.

JAUBERT, Jacques. *Le Baron sauvage*, Sylvie Messinger, 1987.

JERNANDER, Jean-Pierre. *La Vengeance de Black-Bird*, Verviers, Gérard, Marabout, 1965.

JOHNSON, Dorothy M. *Contrée indienne*, J.-C. Lattès, 1986.

—. *La Colline des potences*, Terrain vague/Losfeld, 1989.

JONES, R. *Le Vengeur*, Editions Bel-Air, « Western pocket », 1965.

KEENE, James. *Inutile randonnée*, Librairie des Champs-Elysées, MW31, [s.d.].

KÉRATRY, Emile, comte de. *L'Elévation et la chute de l'empereur Maximilien. L'intervention française au Mexique, 1861-1867*, A. Lacroix, Verboeckhoven et Cie, 1867.

—. *La Contre-guérilla française au Mexique, souvenirs des terres chaudes*, Librairie internationale, 1868.

KING, David. *Un violon et un colt*, MW238, 1981.

KINGSTON, Norman [Albert Bonneau]. *Aventures périlleuses chez les Peaux-Rouges*, Tallandier, « Bibliothèque des grandes aventures », 1926.

—. *Un Blanc chez les Peaux-Rouges*, Dreyfous, [s.d.].

KRAFT, Robert. *Atalanta la femme énigmatique*, A. Eichler, 1912-1913.

KREPPS, Robert W. *La Diligence vers l'Ouest*, MW5, 1966.

—. *Sept secondes en enfer*, MW7, 1966.

KRUH, Reine. *Western : les plus belles nouvelles du Far-West*, Laffont, 1968.

KYNE, Peter Bernard, *Three Godfathers*, New York, George H. Doran Co, 1913.

LABOURIEU, Th. et SAINT-VRIN. *Les Exploits du capitaine Roland, ou l'Amour d'une créole*, Paris, 43 rue du Four-Saint-Germain, [1879].

LAFITAU, père Joseph-François sj. *Mœurs des sauvages américains comparées aux mœurs des premiers temps*, La Découverte, [1724] 1982, 2 vol.

LAHONTAN, Louis-Armand de Lom d'Arce, baron de. *Voyages de M. le baron de Lahontan dans l'Amérique septentrionale*, La Haye, les frères L'Honoré, 1703.

—. *Dialogues curieux entre l'auteur et un sauvage de bon sens*, Desjonquières, [1703-1705] 1992.

LAKE, Stuart N. [Wyatt Earp] *Le Héros du Far-West*, Gallimard, 1937.

—. *Wyatt Earp, Frontier Marshal*, New York, Pocket Books, [1934] 1994.

LA MASSANE, Harry de. *Les Ecumeurs des placers*, Férenczi, « Le livre d'aventures », 1929.

LAMBERT, E. *La Capitale de l'or*, Fleuve Noir, « Grands romans », 1966.

LAMOTHE, A. de [Pierre-Alexandre Bessot]. « La Fiancée du vautour blanc », *Les Veillées de chaumières*, à partir de novembre 1884.

L'AMOUR, Louis. *La Conquête de l'Ouest*, Verviers, Gérard, Marabout, 1963.

—. *La Route du Colorado*, Genève, Edito-Service, 1968.

—. *Shalako*, MW20, 1968.

—. *Les Implacables*, Genève, Edito-Service, 1971.

—. *The Daybreakers*, Boston, Mass., G.K. Hall, [1960] 1975.

—. *Le Ranch de Clive Chantry*, MW164, 1976.

—. *Sackett et son mustang*, MW147, 1976.

—. *Le Cowboy ne plaisante pas*, MW, 1977.

—. *La Vengeance de Kate Lundy*, MW215, 1979.

—. *Les Cavaliers du désert*, MW247, 1981.

LAS CASAS, Bartholomé de. *Très brève relation de la destruction des Indes*, La Découverte, [1542] 1996.

LA VERNIÈRE, Guy de. *Le Pirate de la prairie, nouvelle cinégraphique d'aventures*, Les Editions modernes, « Les fils dramatiques et d'aventures », [s. d.].

LAWRENCE, Steven C. [Lawrence Augustus Murphy]. *Lynchage à Beaver Hole*, MW168, 1977.

LE BLANC DE GUILLET [Antoine Blanc]. *Manco-Capac premier ynca du Pérou*, Belin, 1763.

LE BRIS, Michel. *Les Flibustiers de la Sonora*, Flammarion, 1998.

LECLERCQ, Jules. *Un été en Amérique (de l'Atlantique aux Montagnes rocheuses)*, Plon, 1877.

LEE WALDO, Anna. *Sacajewa et La Dernière Piste de Sacajewa*, Editions Pygmalion, 1981.

LEFÈVRE, René. *Le Train du Far-West*, Calmann-Lévy, « Labiche », 1954.

LEHMAN, Paul Evan. *Dakota*, MW114, 1974.

—. *La Vallée des vautours*, MW39, [1940] 1970.

LEIGHTON, Lee. *La Métisse blanche*, MW61, 1972.

LE JEUNE, Raoul. *La Révolte au pays de l'or*, J. Ferenczi, « Les Romans d'aventures », 1926.

—. *Le Trésor des Chibchas*, J. Tallandier, « Grandes aventures et voyages excentriques », 1931.

—. *Mantela l'Indienne*, J. Tallandier, « Grandes aventures et voyages excentriques », 1938.

LE MAY, Alan. *Thunder in the Dust*, New York, Farrar and Rinehart Inc., 1934.

—. *Useless Cowboy*, New York/Toronto, Farrar and Rinehart, 1943.

—. *La Prisonnière du désert*, France-Empire, [1954] 1957.

—. *The Unforgiven*, New York, Harper, 1957.

—. *La prisonnière du désert*, Monaco, Ed. du Rocher, « La légende de l'ouest », 1996.

LEONARD, Elmore. *Hombre*, MW9, 1967.

—. *Valdez est arrivé !*, Gallimard, « Super noire », 1979.

LE ROUGE, Gustave. *La Conspiration des milliardaires*, Laffont, « Bouquins », [1899-1900] 1993.

LÉRY, Jean de. *Histoire d'un voyage*, Genève, A. Chuppin, 1578.

LETURQUE, Henry. *L'Indien blanc. Aventures extraordinaires d'un marin français aux pampa*, F. Juven, 1908.

—. *Au Pays des gauchos*, Tallandier, 1920.

LEWIS, James. *Il était une fois... la révolution*, SN1529, 1972.

LONDON, Jack. *L'Appel de la forêt et autres contes*, F. Juven, 1908.

—. *Croc-Blanc*, G. Crès, 1923.

—. *Le Fils du loup* [et autres contes : « Histoires du pays de l'or », « L'Amour de la vie », « Souvenirs et aventures du pays de l'or », « En pays lointain », « Belliou la fumée », « Les Enfants du froid », « La Face perdue »], G. Crès, 1926.

—. *Radieuse aurore*, la Renaissance du livre, [1932].

—. *Fille des neiges*, Hachette, 1933.

—. *La Fièvre de l'or*, Hachette, « Bibliothèque verte », 1976.

LONG, John. *John Long, trafiquant et interprète de langues indiennes. Voyages chez les différentes nations sauvages de l'Amérique septentrionale (1768-1787)*, A.-M. Métaillé, 1980.

—. *Voyages chez différentes nations sauvages de l'Amérique septentrionale, 1768-1787*, A.M. Métailié, 1980.

LONG LANCE. *Long Lance ou l'éducation d'un jeune indien*, la Librairie des Champs-Elysées, 1977.

LONGUS. *Daphnis et Chloé*, Flammarion, 1995.

LOOMIS, Noel M. *Rim of the Caprock*, New York, Macmillan, 1952.

—. *The Twilighters, Riffles on the River*, New York, Macmillan, 1955.

LORD, Walter. *Alamo*, MW200, 1978.

—. *Embuscade à Grizzly Creek*, MW152, 1978.

LUTZ, Giles A. *Le Ranch de Millie Vaughan*, MW105, 1974.

—. *Kate, je reviendrai*, MW132, 1975.

—. *Les Mormons du Missouri*, MW166, 1976.

—. *Le Filon de l'homme mort*, MW180, 1977.

MCCARTHY, Cormac. *Méridien de sang ou Le rougeoiement du soir dans l'Ouest*, Gallimard, « La noire », 1992.

—. *De si jolis chevaux*, Ed. du Seuil, [1992] 1998.

MCCOY, Joseph. *The Frontier Maid, or a Tale of Wyoming : A Poem in Five Cantos*, Wilkesbarre (Pa.), Printed by Stenben Butler & Samuel Maffet, 1819.

MCCULLEY, Johnson. « The Curse of Capistrano », *All Story Weekly*, 1919.

MACKIENZIE, Homer. *La Lanterne rouge d'Abilène*, MW211, 1979.

MAC LEOD RAINE, William. *La Piste de la vengeance*, Editions Bel-Air, « Western pocket », 1965.

MACLEOD, Robert. *La Vengeance des Aztèques*, MW187, 1978.

MCMURTRY, Larry. *Buffalo Girls*, New York, Simon and Schuster, 1990.

—. *Horseman, Pass By*, College Station (TX), Texas A and M University Press, [1961] 1985.

—. *Anything for Billy*, New York, Simon and Schuster, 1988.

—. *Lonesome Dove*, First, [1985] 1990, 2 vol.

—. *Pour Billy*, First, [1988] 1990.

MAËL, Pierre. *Les Derniers des hommes rouges*, Firmin Didot, 1895.

MAIDIERES, Pierre. *Maximilien, l'Empereur martyr*, Tallandier, « A travers l'Univers », 1933.

MANDAT-GRANCEY, baron Edmond de. *Dans les Montagnes Rocheuses*, Plon, 1884.

—. *La Brèche aux Buffles*, E. Plon, Nourrit et Cie, 1889.

—. *Un ranch français dans le Dakota*,

MARMONTEL, Jean-François. *Bélisaire*, Merlin, 1767.

—. *Eléments de littérature*, Firmin Didot, 1867-1879, 3 vol.

—. *Le Huron, comédie en 2 actes et en vers, mêlée d'ariettes*, Parme, Impr. royale, [1787] (s. d.).

—. *Les Incas ou la destruction de l'empire du Pérou*, Lacombe, 1777.

—. *Mémoires d'un père*, E. Ledoux, 1827.

—. *Trois contes moraux*, Le Promeneur, [1770] 1993.

MARTIN, Douglas D. (dir.) *The Tombstone Epitaph*, Norman, University of Oklahoma Press, 1997.

MARVIN, H. Albert. *La Glace à quatre faces*, SN1060, 1966.

MASON, Chuck. *Le Cavalier de l'enfer*, MW59, 1971.

MAY, Karl. *La Vengeance du farmer, souvenirs d'Amérique*, Tours, A. Mame, 1884.

—. *Les Vautours de la savane*, Tours, Mame, 1933.

—. *La Main qui frappe*, Flammarion, 1936.

—. *La Main qui Frappe et Winnetou*, Flammarion, 1962.

—. *Winnetou, l'homme de la prairie*, Flammarion 1962.

—. *Le Trésor du lac d'argent*, Flammarion, 1963.

—. *Main-sûre l'infaillible*, Flammarion, 1964.

—. *Le Secret de Old Surehand*, Flammarion, 1965.

—. *La Main qui Frappe et Winnetou*, Flammarion, 1983.

—. *Winnetou, l'homme de la Prairie*, t. 1 ; *Le Trésor des montagnes Rocheuses*, t. 2 ; *La Trahison des Comanches*, t. 3 ; *Dans la Forteresse des trappeurs*, t. 4 ; Flammarion, Bibliothèque du chat perché, [1893] 1980.

MAYNE REID, Thomas. *Le Corps franc des Rifles*, Cadot, [1850].

—. *Les Chasseurs de chevelures*, Hetzel, [1851] 1854.

—. *Vers l'Alaska en canoë*, Tallandier, « Les chevaliers de l'aventure », [1854].

—. *Autour du bivouac* [1855].

—. *Océola le grand chef des Séminoles,* Blériot et Gautier, [1858] 1881.

—. *The Headless Horseman*, New York, G. W. Dillingham, [1865] 1892.

—. *Les Pirates du Mississipi* [1867].

—. *La Vengeance des Séminoles*, Tallandier, 1868.

—. *Les Partisans*, Hachette, [1879] 1888.

—. *La Quarteronne,* Hachette, [1856] 1879.

—. *A la recherche du buffalo blanc*, Bureau du « Siècle », 1857.

—. *Aventures d'une famille perdue dans le désert*, Hachette, 1859.

—. *Le Bison du désert,* Limoges, C. Barbou, « Bibliothèque morale », 1882.

—. *Chasse à l'obusier*, Limoges, C. Barbou, « Bibliothèque morale », 1882.

—. *Les Voyageurs à travers l'Amérique,* Limoges, C. Barbou, 1882.

—. *Le Roi des Séminoles*, Hachette, [1859] 1887.

—. *Pour un buffalo blanc*, suivi de *Perdu* et de *L'Homme des bois*, H. Gauthier, [1853] 1891.

—. *Une famille perdue dans le désert*, Tours, Mame, [1852] 1891.

—. *Les Veillées de chasse*, Hachette, 1899.

—. *La Montagne perdue,* J. Tallandier, « Aventures et voyages », 1926.

—. *Sur la piste des Tovas*, Magnard, « Le livre des jeunes », [1852] 1958.

—. *Les Deux Filles du squatter,* GP, « Spirale », [1860] 1977.

—. *Les Francs-tireurs*, GP, « Spirale », 1980.

—. *L'Ouest retrouvé* [*Le corps-franc des rifles* ; *Les chasseurs de chevelures* ; *Les Robinsons de terre ferme* ; *Le chef blanc* ; *Océola, le roi des Séminoles*], Presses DE la Cité, « Omnibus », 1993.

MEADE, Richard [Benjamin Leopold Haas alias John Benteen]. *Le Texan joue et gagne,* MW134, 1975.

MELVILLE, Herman. *Moby Dick*, Le Cercle du bibliophile, [1851] 1970.

MÖLLHAUSEN, Balduin. *Das Mormonenmädchen*, 1864.

—. *Der Halbindianer*, 1861.

MONTAIGNE, Michel de. *Essais*, 1562.

MONTESQUIEU, Charles-Louis Secondat, baron de. *Lettres persanes*, Livre Club Diderot, [1721] 1969.

MORALES, Sebastian (Giles A. Lutz). *Le Troisième Cheval*, MW184, 1977.

MOULINS, Maurice de. *Le Ranch maudit*, Tallandier, « Bibliothèque des Grandes Aventures, voyages excentriques », 1928.

—. *Slim le défricheur*, Tallandier, « Bibliothèque des Grandes Aventures, voyages excentriques », 1928.

—. *Le Spectre des prairies tremblantes*, Tallandier, « Bibliothèque des Grandes Aventures, voyages excentriques », 1929.

—. *Les Condors de l'Equateur*, Tallandier, « Bibliothèque des Grandes Aventures, voyages excentriques », 1930.

—. *Kid le ranger*, Tallandier, « Bibliothèque des Grandes Aventures, voyages excentriques » 1930.

—. *Le Tambour de guerre des Apaches*, Tallandier, « Bibliothèque des Grandes Aventures, voyages excentriques », 1930.

—. *Le Squatter de la forêt morte*, Tallandier, « Bibliothèque des Grandes Aventures, voyages excentriques » 1933.

—. *Maisie et son cow-boy*, Tallandier, « Bibliothèque des Grandes Aventures, voyages excentriques », 1934.

—. *Le Pendu du ranch 27*, Tallandier, « Les chevaliers de l'aventure », 1934.

—. *Les Dompteurs de broncos*, Tallandier, « Bibliothèque des Grandes Aventures, voyages excentriques » 1935.

—. *La Femme au lasso*, Tallandier, « Bibliothèque des Grandes Aventures, voyages excentriques » 1938.

—. *Les Vautours de la frontière*, Tallandier, « Bibliothèque des Grandes Aventures, voyages excentriques », 1941.

—. *L'Etreinte du passé*, Bonne Presse, « La Frégate », 1952.

MULLER, Marcia et Bill PRONZINI. *Mais où sont les trésors d'antan ?*, SN2113, 1987.

MURAT, prince Achille. *Lettres sur les Etats-Unis à un de ses amis d'Europe*, H. Bossange, 1830.

NAUGHTON, Edmund. *Les Cow-boys dehors*, SN1878, 1982.

NOIR, Louis Salmon. *Les Millions du trappeur*, Claverie, 1876.

NOIR, Louis. *Les Mystères de la savane*, Cadot, 1879.

NOIR, Louis. [lieutenant-colonel Louis Salmon]. *Une guerre de géants*, Cadot, 1879.

NOIR, Louis Salmon. *Le Massacre de l'expédition du Marquis de Morès*, Fayard, « Bibliothèque de la vie populaire », 1896.

NOIR, Louis et Pierre FERRAGUT, *Le Secret du trappeur*, M. et P.-E. Charaire, 1874.

NORMAND, Jean. *Les Ravageurs des placers*, Le Petit roman d'aventures, 1937.

NYE, Nelson. *Le Maître de Blind Mule*, MW145, 1976.

O'DELL, Scott. *Carlotta, l'héroïne de Californie*, Hachette, « Bibliothèque verte », 1979.

OLASSO, P. *Le Roi du colt*, Editions Férenczi, « Mon roman d'aventures », 1953.

OLLIVIER, Jean. *La Longue Marche des Nez Percés*, Nathan, 1978.

OLSEN, D.B. [Julia Clara Catherine Maria Dolorès Norton Birke Robbins]. *La Folle Nuit de Sherde Valley*, MW144, 1975.

OLSEN, Theodor V. *L'Homme venu du nord*, MW153, 1976.

OUDARD, Georges. *Bienville, le père de la Louisiane*, Toulouse, Didier, 1942.

—. *Vieille Amérique : La Louisiane au temps des Français*, Plon, 1931.

OURS DEBOUT, Luther. *Luther Ours Debout, chef héréditaire du peuple sioux (tribu Oglala). Souvenirs d'un chef sioux*, Payot, 1931.

OVERHOLSER, Wayne D. *La Corde est au bout*, SN1610, 1973

OVERHOLSER, Wayne D. *La Poursuite inutile*, MW223, 1979.

PAGE, Jake. *La Case de l'oncle Tomahawk*, SN1804, 1980.

PARÈS, Eugène [Eugène de Kerzollo]. *Voyage et aventures de trois jeunes Français en Californie*, Lille, J. Lefort, 1879.

—. *Voyage à travers l'Amérique du Nord*, Limoges, E. Ardant, 1882.

—. *Au pays du pétrole. Aventures de deux Français dans l'Amérique du Nord*, Limoges, E. Ardant, 1903.

PARIS, Philippe [Louis-Philippe-Alber d'Orléans, comte de]. *Histoire de la guerre civile en Amérique*, vol. I : *L'Armée américaine. La Sécession, La Première Lutte* ; vol. II : *Le Premier automne. Le Premier hiver* ; vol. III : *Richmond. La Guerre navale. Le Maryland* ; vol. IV : *Le Kentucky. Le Tennessee. La Virginie. La Politique* ; vol. V : *La Guerre sur le Rapidon. Le Mississipi* ; vol. VI : *La Pennsylvanie. Le Troisième Hiver* ; vol. VII : *Le Haut Tennessee. Le Siège de Chattenooga. Le Quatrième Hiver*, Lévy, 1874-1896.

PATTEN, Lewis B. *L'Etoile ternie*, MW1, 1967.

—. *Rouge était la prairie*, SN1237, 1968.

—. *L'Etoile et le calibre*, SN1378, 1970.

—. *Terreur dans l'Arkansas*, SN1354, 1970.

—. *Le Cheyenne à l'étal*, SN1448, 1971.

—. *Le Fleuve écarlate*, SN1412, 1971.

—. *La Belle du saloon*, MW98, 1973.

—. *L'Etranger du Colorado*, MW82, 1973.

—. *500 dollars mort ou vif*, MW139, 1975.

—. *Révolte d'Indiens*, MW140, 1975.

—. *Embuscade à Grizzly Creek*, MW152, 1976.

—. *Le Massacre de Rialto Creek*, MW172, 1977.

—. *La Potence de Graneros*, MW179, 1977.

—. *Le Convoi du Rio Grande*, MW227, 1980.

—. *Le Tueur de Squaws*, MW230, 1980.

—. *Pour l'amour de Kate*, Librairie des Champs-Elysées, MW17, [s.d. ?]

PAUW, Cornelius de. *Recherches philosophiques sur les Américains*, J.-M. Place, [1768] 1991, 2 vol.

PEIL, Paul Leslie. *Vous plaisantez, shérif*, MW47, [s.d.].

PELOT, Pierre. *Black Panache*, Gérard, Marabout Junior, n°323[5], 1966.

—. *Comme se meurt un soleil*, MJ329, 1966.

—. *Les Croix de feu*, MJ347, 1966.

---

[5] Désormais MJ suivi du numéro.

—. *La Longue Chasse*, MJ333, 1966.

—. *La Piste du Dakota*, Verviers, MJ319, 1966.

—. *La Tourmente*, MJ341, 1966.

—. *La Couleur de Dieu*, Verviers, Gérard, Pocket Marabout n°7[6], 1967.

—. *De soleil et de sang*, Verviers, Gérard, Marabout Géant, n°276, 1967.

—. *Le Hibou sur la porte,* Verviers, Gérard, PM34, 1967.

—. *Les Irréductibles,* PM26, 1967.

—. *Les Loups dans la ville,* Verviers, Gérard, PM20, 1967.

—. *La Nuit du diable*, MJ349, 1967.

—. *Deux Hommes sont venus* suivi de *Sept Heures vingt pour Opelousas*, PM52, 1968.

—. *La Marche des bannis*, PM41, 1968.

—. *La Peau du nègre* suivi de *L'Homme-qui-marche*, PM47, 1968.

—. *Un jour, un ouragan,* PM63, 1968.

—. *La Loi des fauves*, Verviers, Gérard, PM77, 1969.

—. *Le Tombeau de Satan*, Verviers, Gérard, PM68, 1969.

—. *Les Epaules du diable*, Editions G.P., « Olympic » n°49, 1972.

PERLOT, Jean-Nicolas. *Chercheur d'or. Vie et aventures d'un enfant de l'Ardenne*, Duculot, [1897] 1977.

PÉTRONE [Caïus Petronius Arbiter]. *Le Satiricon*, Arléa, 1995.

PIQUEMAL, Michel. *Moi, Sitting Bull*, A. Michel, 1995.

PITTENGER, William Rev. *Capturing a Locomotive : A History of Secret Service in the Late War*, Washington, The National Tribune, 1885.

POIRIER, R. et J. *Soixante récits du Nouveau Monde*, Gründ, « Trésor des jeunes », 1962.

POLIGNAC, Camille-Armand-Jules-Marie, Prince de. *L'Union américaine après la guerre*, Dentu, 1866.

—. *Mes souvenirs sur le marquis de Morès*, chez l'auteur, 1896.

PORTER, Donald Clayton. *Colonization of America Series, The White Indian Series*, Boston (Mass.), G.K. Hall, 1983-1984.

POULIN, Jacques. *Volkswagen Blues,* Montréal, Québec/Amérique, 1984.

PRACHE, Léonce. *Les Emigrants de la Pampa*, F. Rouff, « Romans pour la jeunesse », 1933.

—. *Le Roi des vaqueros*, Editions Rouff, « Romans pour la jeunesse », 1935.

—. *Enlevé par les Indiens*, F. Rouff, « Romans pour la jeunesse », 1950.

PRÉVOST, Antoine-François abbé. *Le Philosophe anglois ou Histoire de monsieur Cleveland, fils naturel de Cromwell*, Utrecht, chez Etienne Neaulme, 1731-1739, 8 vol.

PRIOLLET, Marcel. *Une femme chez les cow-boys*, SEPIA, « La belle aventure », [s. d.].

PRONZINI, Bill et Martin H. GREENBERG (dir.). *The Harbor House Treasury of Great Western Stories,* New York, Arbour House, 1982.

—. *The Western Hall of Fame (An Anthology of Classic Western Stories Selected by The Western Writers of America)*, New York, William Morrow, 1984.

RAMEAU, Jean-Philippe (musique) et Louis Fuzelier (paroles). *Les Indes galantes*, ballet héroïque, Jean-Baptiste, Christophe Ballard, 1735.

RAMIREZ, Pablo. *Les Hommes du Far-West,* Deux coqs d'or « Grand livre d'or », 1977.

RANDALL, Clay. *Alerte au Texas*, MW56, 1971.

RASPAIL, Jean. *Moi, Antoine de Tounens, roi de Patagonie*, Albin Michel, 1981.

REBOUL, Antoine. *Burk Murdig, le trappeur*, Hachette, « Bibliothèque verte », 1979.

RECLUS, Elisée. *Nouvelle géographie universelle : la terre et les hommes*, Hachette, 1892.

REESE, John. *On ne tue pas les lâches*, SN12, 1975.

—. *Un shérif pour tout le monde*, SN56, 1976.

REID, Mayne (dossier établi par Thierry Chevrier). *L'Ouest retrouvé* [*Le corps-franc des rifles* ; *Les chasseurs de chevelures* ; *Les Robinsons de terre ferme* ; *Le chef blanc* ; *Océola, le roi des Séminoles*], Presses de la Cité, Collection Omnibus, 1993.

RÉVOIL, Bénédict-Henry. *Chasses dans l'Amérique du Nord*, L. Hachette, « Bibliothèque des chemins de fer », 1861.

—. *L'Ange des prairies*, P. Brunet, « Les drames du Nouveau-Monde », 1864.

—. *Le Bivouac des trappeurs*, P. Brunet, 1864.

—. *La Sirène de l'enfer*, P. Brunet, « Les drames du Nouveau-Monde », 1864.

—. *Les Fils de l'Oncle Tom*, P. Brunet, « Les drames du Nouveau-Monde », 1865.

—. *Les Parias du Mexique*, P. Brunet, « Les drames du Nouveau-Monde », 1865.

—. *La Tribu du faucon noir*, P. Brunet, « Les drames du Nouveau-Monde », 1865.

—. *La Fille des Comanches, Otami-Ah*, P. Brunet, « Les drames du Nouveau-Monde », 1867.

—. *La Tribu du faucon noir*, P. Brunet, « Les drames du Nouveau-Monde », 1868.

—. *Excursions d'un chasseur en Amérique*, A. Rigaud, 1872.

---

[6] Désormais PM suivi du numéro.

—. *A travers les prairies. Les Peaux-rouges de l'Amérique du Nord. Excursions, chasses, etc.* Limoges, F. Ardant, 1876.

—. *Les Peaux-rouges del'Amérique du Nord*, Limoges, E. Ardant, 1876.

—. *Scènes américaines. Au milieu des bois*, Limoges, E. Ardant, 1876.

— (adapté de l'anglais par). *La Panthère noire. Aventures au milieu des Peaux-Rouges du Far-West*, Tours, Mame, 1878.

—. *A travers le Nouveau Monde*, Limoges, C. Barbou, 1882.

—. *Coups de fusil, souvenirs d'un chercheur d'aventures aux Etats-Unis*, Tours, Mame, 1882.

—. *Les Drames de l'Amérique*, Limoges, C. Barbou, 1882.

—. *Le Pont maudit du Nicaragua*, Limoges, C. Barbou, 1882.

—. *Scènes de la vie américaine*, Limoges, C. Barbou, « Bibliothèque morale », 1882.

—. *Une caravane d'émigrants*, Limoges, C. Barbou, 1882.

—. *Mœurs des Etats-Unis d'Amérique*, Limoges, M. Barbou, 1884.

—. *Les Bergers du Colorado. Egaré à cent mètres sous terre. Les Maçons sur l'échelle*, Limoges, E. Ardant, 1886.

—. *Chez les Peaux-Rouges, récits de chasse*, Tours, A. Mame, 1890.

RICE BURROUGHS, Edgar. *Démon apache*, NéO « SF/fantastique/Aventure », 1986.

RIEUPEYROUT, J.-L. *L'Oiseau Tonnerre*, Gallimard, « 1000 Soleils », 1972.

—. *Shérifs et hors-la-loi*, Gallimard, « 1000 Soleils », 1973.

ROBERT, Kenneth. *Northwest Passage*, Garden City, New York, Doubleday, Doran and Co, 1937.

ROBERT, Yves, Albert VIDALIE, et Louis SAPIN, *Terror of Oklahoma,* Paris, Librairie théâtrale, 1954. [Représenté au Club de la Rose rouge en janvier 1949.]

ROOSEVELT, Theodore. *The Winning of the West*, Michigan, Scholarly Press, 1976-1977 [1889-1896].

ROUSSEAU, Jean-Jacques. *Discours sur l'origine et les fondements de l'inégalité parmi les hommes ; précédé du Discours sur les sciences et les arts,* Librairie générale française, [1755, 1750], 1996.

ROWLANDSON, Mary White. *Captive des Indiens, récit d'une puritaine de Nouvelle-Angleterre enlevée en 1675*, Editions de Paris, « Ethnologie », 1995.

ROY, Régis. *Le Chevalier de Tonty ou Main-de-fer*, 1899.

RUPPIUS, Otto. *Der Prärieteufel*, 1861.

RUSH, William R. *Kean l'éclaireur du Yellowstone*, Grenoble, Arthaud, 1947.

RUSSELL, Osborne. *Journal of a Trapper : Or Nine Years in the Rocky Mountains*, New York, MJF Books, [1834-1843] 1997.

RUTGERS VAN DER LOEFF, Ann. *L'Orégon était au bout de la piste*, Hachette, « Bibliothèque verte », 1975.

SAINT-ANDRÉ DE LIGNEREUX, Ambroise. *L'Amérique au XXe siècle*, Tallandier, 1909.

SALGARI, Emilio. *Le Trésor du Président du Paraguay*, J. Tallandier, « Le Livre national. Grandes aventures et voyages excentriques », 1929.

—. *Au milieu des Peaux-Rouges*, J. Tallandier, « Le Livre national. Grandes aventures et voyages excentriques », [1900] 1930.

—. *Aux frontières du Far-West*, J. Tallandier, « Le Livre national Grandes aventures et voyages excentriques », 1930.

—. *Vers l'Alaska... pays de l'or*, J. Tallandier, « Le Livre national Grandes aventures et voyages excentriques », 1930.

—. *La Cité de l'or*, J. Tallandier, « Le Livre national. Grandes aventures et voyages excentriques », 1931.

—. *L'Etoile de la Patagonie*, « Le Livre national. Grandes aventures et voyages excentriques », J. Tallandier, 1935.

SAMMONS, Jeffrey L., *Ideology, Mimesis, Fantasy : Charles Seasfield, Friedrich Gerstäcker, Karl May and Others German Novelists of America*, Chapell Hill, University of North Carolina Press, « University of North Carolina Studies in the Germanic Language and Literature », 1998.

SANDOZ, Mari. *Automne cheyenne*, Monaco, Ed. du Rocher, « Nuage rouge », 1996.

SAT OKH. *Les Fils du Grand Aigle*, La Farandole, 1967.

SAZIE, Léon. *Dick-le-Diable, la Terreur de l'Arizona*, Paris : J. Ferenczi et fils, coll. « Le Livre de l'aventure », 1930.

SCHAEFER, Jack. *Company of Cowards*, Boston, Houghton Mifflin, 1957.

—. *L'Homme des vallées perdues,* Hachette, « Bibliothèque verte », 1954

SCHRYNMAKERS, A. de. *Le Mexique. Histoire de l'établissement et de la chute de l'empire du Mexique*, Bruxelles, Decq et Duhent, 1882.

SCOTT, Bradford. *Le Mystérieux Chariot*, Verviers, Gérard, Marabout, 1958.

—. *La Mort en selle*, Verviers, Gérard, Marabout, 1966.

—. *Le Troupeau fantôme*, Verviers, Gérard, Marabout, 1966.

SCOTT, Leslie. *Un Saloon pour l'étranger*, MW103, 1974.

SEASFIELD, Charles [Karl Post]. *Tokea ; oder, die Weisse Rose,* 1829.

SEASFIELD, Charles. *Das Kajutenbuch,* 1841.

SELTZER, C.A. *La Vallée des étoiles,* MW53, 1971.

SERGE. *Panache l'indien,* Monaco, Heracleia, 1946.

SERGUINE, Jacques. *Je suis de la nation du loup,* Balland, 1985.

SHIRREFFS, Gordon D. *La Loi du sang,* MW65, 1966.

—. *Une salve pour le shérif,* SN561, 1960.

—. *Le Chasseur d'hommes,* MW52, 1971.

—. *Fort Suicide,* MW71, 1972.

—. *Queho le métis,* MW218, 1979.

SHORT, Luke [Frederick Dilley Glidden]. *Ambush,* Thorndike (Me.), Thorndike Press, [1950] 1988.

SMET, Antoine de. *Voyageurs belges aux Etats-Unis au 17ᵉ siècle à 1900,* Bruxelles, Patrimoine de la Bibliothèque royale de Belgique, 1959.

SMET, père Jean de, s. j. *Voyage aux Montagnes Rocheuses, et une année de séjour chez les tribus indiennes du vaste territoire de l'Oregon dépendant des Etats-Unis d'Amérique,* Malines, P. J. Hanicq, 1844.

SMITH, C.E. *Alors cow-boy, on se marie ?* Roubaix, Editions Le Condor, 1956.

SOUBLIN, Jean. *Le Champ d'asile,* Seuil, 1985.

SPENS, Willy de. *Red Boy,* La Table Ronde, 1982.

STANSBURY, Howard. *Exploration and Survey of the Valley of the Great Salt Lake of Utah, Including a Reconnoissance of a New Route through the Rocky Mountains,* Washington (D.C.), Smithsonian Institution Press, [1852] 1988.

STEELE, W.O. *Le Fils du Kansas,* Marguerat, 1947.

STEELMAN, Robert J. *La Belle Dame chez les Sioux,* SN107, 1978.

—. *Retour en flèches,* SN1876, 1982.

STEPHENS, Ann Sophia. *Malaeska : The Indian Wife of the White Hunter,* New York, B. Blom, 1971 [1860].

STIRLING, G. *Malheur au shérif,* Editions Bel-Air, « Western pocket », 1966.

STOCCO, G. *Les Aventuriers de la pampa,* Férenczi, « Les romans d'aventures », 1926.

STRUBBERG, Friedrich Armand. *Mes aventures en Amérique et chez les Peaux-Rouges. A la frontière indienne,* Firmin-Didot, [1858] 1880, 2 vol.

—. *Mes aventures en Amérique et chez les Peaux-Rouges. Episodes de la guerre du Mexique, 1846-1848. Mes trois gouvernantes,* 1881, 2 vol.

SULITZER, Jean-Loup. *Tête de diable,* Stock, 1995.

SULLIVAN, Sgt W. John L. *Twelve Years in the Saddle for Law and Order on the Frontiers of Texas,* New York, Buffalo-Head Press, [1909] 1966.

SWARTHOUT, Glendon. *Une gâchette,* Gallimard, 1976.

TANNER, John. *Trente ans de captivité chez les indiens Ojibwa,* Payot, [1830] 1983.

THÉVENIN, René et Paul COZE, *Mœurs et histoire des Indiens Peaux-Rouges,* Payot, 1928.

—. *Mœurs et histoire des Indiens d'Amérique du Nord,* Payot, « Petite bibliothèque Payot : documents » [1928] 1992.

THEVET, André. *Les Singularités de la France Antarctique,* Chandeigne, « Collection magellane », [1557] 1997.

THILL-LORRAIN. *Nélida. Episodes des guerres canadiennes, 1812-1814,* Castermann, [s. d.].

THOMAS MORE (saint). *L'Utopie ou le Traité de la meilleure forme de gouvernement,* Flammarion, « GF », 1987.

THOMPSON, Gene (Giles A. Lutz). *Le Déserteur de Santa Fé,* MW182, 1977.

THOREAU, Henry David. *Walden ou La Vie dans les bois,* Gallimard, [1854] 1990.

THORP, Raymond W. *Le Tueur d'Indiens,* MW228, [1958] 1980.

THORP, Raymond W. et Robert BUNKER. *Crow Killer,* Bloomington, Indiana University Press, 1958.

TOCQUEVILLE, Alexis-Charles-Henri Clérel de. *De la Démocratie en Amérique,* J. Vrin, [1835-1840] 1990.

TOUTAIN, Paul. *Un Français en Amérique, Yankees, Indiens, Mormons,* Plon, 1876.

TROBRIAND, Régis comte de. *Le Rebelle, histoire canadienne,* Québec, N. Aubin et W. H. Rowen, 1842.

—. *Quatre ans de campagne à l'Armée du Potomac,* Librairie internationale, A. Lacroix, Verboeckhoven et cie, 2 vol., 1867-1868.

TYSSOT DE PATOT, Simon. *Voyages et aventures de Jacques Massé,* Genève, Slatkine, « Bibliothèque des voyages aux pays de nulle part », [1710] 1979.

ULYATT, Kenneth. *La Vie d'un cow-boy dans l'Ouest américain vers 1870,* Flammarion, « L'Histoire vécue », 1977.

UNGER, G.F. *Justice sera faite,* Editions Bel-Air, « Western pocket », 1966.

VALLIÈRES, Jean des. *Le Chevalier de la Camargue : Falco de Baroncelli, marquis de Javon,* André Bobbe, 1956.

VANCE, William E. *Les Damnés d'Armijo,* Librairie des Champs-Elysées, MW240, 1981.

VAN TILBURG CLARK, Walter. *The Ox-Bow Incident,* New York, Random House, 1940.

VAUTRIN, Jean. *Canicule,* Paris, Mazarine, 1982.

VEGA, Garcilaso de la. *Commentaires royaux sur le Pérou des Incas,* Maspero, [1609] 1982.

VEIRAS, Denis. *Histoire des Sévarambes,* édition préparée par Michel Rolland, Amiens, Encrage, « Utopie », [1677] 1994.

VERBRUGGHE, Louis et Georges. *Promenades et chasses dans l'Amérique du Nord*, Calmann-Lévy, 1879.

VERNE, Jules. *Un drame au Mexique, les Premiers navires de la marine mexicaine*, dans *Le Grand Jules Verne illustré*, t. IV, *Michel Strogoff. Un drame au Mexique*, Lidis, 1960.

VERVIERS, Gérard et cie, *Les Loups dans la ville*, Verviers, Gérard et cie, PM

VÉRY, Pierre. *Goupi Mains-rouges*, Gallimard, 1937.

VESPUCCI, Amerigo. *Sensuyt le nouveau monde et navigations faictes par Emeric Vespuce Florentin. Des pays et isles nouvellement trouvez auparavant a nous inconneuz tant en l'Ethiope que Arrabie, Calichut et aultres plusieurs reggions estranges. Translaté de italien en langue françoise par Mathurin du Redouer, licencie es loix*, Princeton University Press/London, Humphrey Milford/Oxford, University Press, [1515] 1916.

VESTAL, Stanley, *Sitting Bull, chef des Sioux hunkpapas*, Monaco, Editions du Rocher, 1992.

VILLARD, Marc. *13 cow-boys dramatiques*, NéO, « Miroir obscur », 1987.

VOISINS, comte Auguste Gilbert de. *Le Bar de la Fourche*, Fayard, 1909.

VOLTAIRE. *Le Huron ou l'Ingénu, comédie en deux actes et en vers, mêlées d'arriettes*, Merlin, 1768.

WALLIS EASBURNE, Révérend James et Robert SANDS. *Yamoyden, A Tale of the Wars of King Philip : In Six Cantos*, New York, published by James Eastburne, Clayton & Kingsland Printers, 1820.

WALSH, Raoul. *La Colère des justes*, Belfond, 1972.

WALTER, Georges. *La Ballade de Sacramento Slim*, B. Grasset, 1971.

—. *Captain Smith*, J.-C. Lattès, 1980.

WATERS, Frank. *L'Homme qui a tué le cerf*, Albin Michel, 1964.

WEBBER, Samuel. *Logan, an Indian Tale*, Cambridge, Hilliard & Metcalf, 1821.

WERNIC, Wieslaw. *Prez Gory Montany*, Cand T Editions, Torun, 1995.

WEST, Jessamyn. *Le Massacre de Fall Creek*, [1975] 1976.

WEST, Tom. *Le Justicier du Rio Grande*, MW11, 1967.

—. *Ne tirez pas sur le shérif,* MW49, 1971.

—. *Le Loup dans la vallée*, MW75, 1972.

—. *Un homme seul*, MW136, 1975.

—. *Le Magot du vieux Sam*, MW186, 1977.

—. *Une Fille indomptable*, MW176, 1977.

WHITING, Henry. *Ontywa, Son of the Forest. A Poem*, New York, Wiley and Halsted, 1822.

WHITLEY, Bernie. *Le Gang de Chickstead*, Roubaix, Editions Le Condor, 1952.

—. *L'Espionne du Texas*, Roubaix, éditions Le Condor, 1953.

—. *L'Inconnu du saloon*, Roubaix, Editions Le Condor, 1953.

WIED-NEWIED, Maximilien, prince. *Le Peuple du premier homme, Carnet de route de l'exploration du Prince Maximilien de Wied-Newied sur le Missouri 1833/1834*, Flammarion, 1977.

WINN, P. *Le Vagabond ensorcelé*, Fleuve Noir, « Grands romans », 1967.

WISTER, Owen. *Le Cavalier de Virginie*, Verviers, Gérard, Marabout, [1902] 1953.

WŒLMONT, Arnold de. *Ma Vie nomade aux Montagnes Rocheuses*, Limoges, E. Ardant, 1876.

WOGAN, baron de. *Aventuriers et pirates ou Les drames de l'océan Indien*, vol. 1 : *Aventuriers et pirates*, vol. 2 : *Six mois dans le Far West*, vol. 3 : *Dolorita, ou une tombe dans les forêts vierges*, vol. 4 : *Du Far West à Bornéo*, vol. 5 : *Le Pirate malais*, Lambert, 1878.

WOLK, George. *Jeremiah Painter*, MW219, 1979.

WOODS, Daniel. *Sixteen Months at the Gold Diggings*, New York, Harper & Bros, 1851.

YOUNGER, Cole. *The Story of Cole Younger — By Himself*, Chicago, Press of the Henneberry Company, 1903.

ZAHORI, Paul [Eugène Thébault]. *La chaîne infernale*, Fayard, « Le livre populaire », 1926.

Filmographie

Across the Great Divide de Stewart Raffill (1977, Pacific International).

Adios Sabata de Gianfranco Parolini (1970).

Advance to the Rear de George Marshall (1964, MGM, avec Glenn Ford).

Adventures in Silverado[1] de Phil Carlson (1948, Columbia).

Adventures of Red Ryder de William Witney (1940, Republic, avec Don « Red » Barry et Wallace Grissell).

The Alamo (*Alamo*) de John Wayne (1960, United Artists).

Albuquerque (*La Descente infernale*)[2] de Ray Enright (1948, avec Randolph Scott).

Alias John Law de Robert N. Bradbury (1935, Supreme, avec Bob Steele).

Al Jennings of Oklahoma (*La Loi du colt*) de Ray Nazarro (1950, Columbia, avec Dan Durya).

Allegheny Uprising de William A. Seiter (1939, RKO, avec John Wayne et Claire Trevor).

All'ouest di Sacramento (*La Loi à l'Ouest du Pecos*) de Richard Owens [Federico Chentrens] (1972, avec Robert Hossein, Pierre Perret).

Along Came Jones de Stuart Heisler (1945, RKO, avec Gary Cooper et Loretta Young).

Along the Oregon Trail de R. G. Sprinsteen (1947, Republic, avec Monte Hale).

A Man Called Horse (*Un homme nommé cheval*) d'Elliott Silverstein (1970, National General, avec Richard Harris).

A Man Called Noon (*Colts au soleil*) de Peter Collinson (1974, National General).

Ambush (*Embuscade*) de Sam Wood (1949, MGM, avec Robert Taylor).

American Empire de William McGann (1942, United Artists, avec Richard Dix et Preston Foster).

Ammazzali titti e torna solo (*Tuez-les tous et revenez seul*) d'Enzo Castellari (1968).

Anche nel west c'era una volta Dio (*Un colt et le diable*) de Dario Silvestri (1968).

Animale Chiamato Uomo de Roberto Mauri (1973).

Annie Get Your Gun (*Annie, la reine du cirque*) de George Sidney (1951, MGM).

Annie Oakley (*La Gloire du Cirque*) de George Stevens (1935, RKO, avec Moroni Olsen).

Apache (*Bronco Apache*)[3] de Robert Aldrich (1954, Associated Artists, avec Burt Lancaster, Charles Bronson).

Apache Fury d'Antonio Roman (1965, Castilla).

Apache Trail de Richard Thorpe (1943, MGM).

Apache Warrior d'Elmo Williams (1957, 20th Century Fox).

Arizona Gunfighter de Sam Newfield (1937, Republic, avec Bob Steele).

Arizona Kid de Luciano Carlos (1974).

Arizona Mahoney de James Hogan (1936, Paramount).

L'Assaut du Fort Texan de Herbert Martin (1964).

A Thunder of Drums (*Tonnerre Apache*) de Joseph M. Newman (1961, MGM).

Aventure de Billy le Kid de Luc Moullet (1970).

Les Aventuriers du Val d'or (1910, Pathé frères).

Backlash de John Sturges (1956, Universal-International).

Bad Company de Robert Benton (1972, Paramount, avec Jeff Bridges et Barry Brown).

Bad Girls de Jonathan Kaplan (1994).

The Badlanders de Delmer Daves (1958, MGM, avec Alan Ladd et Ernest Borgnine).

Badman's Country de Fred F. Sears (1958, Warner, avec Malcolm Atterbury).

The Ballad of Cable Hogue (*Un nommé Cable Hogue*) de Sam Peckinpah (1969, Warner, avec Jason Robarts).

The Bargain de Reginald Barker (1914, Paramount).

The Baron of Arizona de Samuel Fuller (1950, Lippert, avec Vincent Price et Ellen Drew).

---

[1] A partir d'une nouvelle de Louis Stevenson.
[2] D'après un roman de Luke Short.
[3] D'après un roman de Paul Wellman.

Barquero de Gordon Douglas (1970, United Artists, avec Lee Van Cleef).

La Bataille de San Sebastian de Henri Verneuil (1967).

Battling with Buffalo Bill de Ray Taylor (1931, Universal, avec Tom Tyler).

Beauty and the Bandit de William Nigh (1946, Monogram).

Before the White Man Came de John Maple (1921, FC).

Il bello, il brutto e il cretino de Gianni Grimaldi (1967).

Il bianco, il giallo, il nero (Le Blanc, le jaune et le noir) de Sergio Corbucci (1974).

Bienvenudo Mr. Marshall de Garcia Berlanga (1952).

The Big Sky (La Captive aux yeux clairs) de Howard Hawks (1952, RKO).

The Big Trail de Raoul Walsh (1930, United Artists, avec John Wayne).

Billy the Kid de King Vidor (1930, MGM).

Billy the Kid (Le Réfractaire) de David Miller (1941, MGM).

Billy the Kid Outlawed de Peter Stewart/Sherman Scott/Sam Newfield (1940, PRC).

Billy the Kid's Fighting Pals de Peter Stewart/Sherman Scott/Sam Newfield (1941, PRC).

Billy the Kid's Gun Justice de Peter Stewart/Sherman Scott/Sam Newfield (1940, PRC).

Billy the Kid's Range War de Peter Stewart/Sherman Scott/Sam Newfield (1941, PRC).

Billy the Kid's Roundup de Peter Stewart/Sherman Scott/Sam Newfield (1941, PRC).

Billy the Kid's Smoking Guns de Peter Stewart/Sherman Scott/Sam Newfield (1942, PRC).

Billy the Kid Trapped de Peter Stewart/Sherman Scott/Sam Newfield (1942, PRC).

Billy the Kid vs Dracula de William Beaudine (1966, Embassy).

Billy the Kid Wanted de Peter Stewart/Sherman Scott/Sam Newfield (1941, PRC).

Billy Two Hats de Ted Kotcheff (1974, United Artists, avec Gregory Peck).

The Birth of a Nation (Naissance d'une nation) de David W. Griffith (1914, Biograph).

Bitter Creek de Thomas Carr (1954, Allied Artists).

Black Jack (Black Joe) de Gianfranco Baldanello (1968).

Black Patch (L'Homme au bandeau noir) d'Allen H. Miner (1956, Warner, avec George Montgomery).

Blood on the Moon de Robert Wise (1948, RKO).

Blue (El gringo) de Silvio Narizzano (1968, avec Terence Stamp).

The Bold Caballero de Wells Root (1936, Republic).

The Border Legion de Otto Brower et Edwin F. Knoff (1930, Paramount).

The Border Terror de Harry Harvey (1919, Universal).

Les Branquignols de Robert Dhéry (1949, avec Robert Dhéry, Pauline Cortian, Raymond Souplex).

The Bravados (Bravados) de Henry King (1958, 20th Century Fox, avec Gregory Peck).

Brigham Young, Frontiersman de Henry Hathaway (1940, 20th Century Fox, avec Tyrone Power et Dean Dagger).

Broken Arrow (La Flèche brisée) de Delmer Daves (1950, 20th Century-Fox, avec James Stewart et Jeff Chandler).

Broncho Billy and the Baby (1908, avec Broncho Billy Anderson).

Brothers in the Saddle de Lesley Selander (1949, RKO).

Bruciatelo vivo de Nathan Juran (1969).

Buckaroo, il winchester che non perdona (Buckaroo ne pardonne pas) d'Adelchi Bianchi (1968).

Buffalo Bill de William A. Wellman (1944, 20th Century Fox, avec Joel Mac Crea).

Buffalo Bill and the Indians (Buffalo Bill et les Indiens) de Robert Altman (1975, United Artists, avec Paul Newman).

Buffalo Bill in the Tomahawk Territory de Bernard B. Ray (1952, United Artists, avec Clayton Moore).

Buffalo Bill, l'Eroe del Far West (L'Attaque de Fort Adams) de John W. Fordson (Mario Costa, 1965).

Buffalo Bill Rides Again (Le Retour de Buffalo Bill) de Bernard B. Ray (1947, Screen Guild, avec Richard Arlen).

Bugles in the Afternoon (Les Clairons sonnent la charge) de Ray Rowlands (1952, Warner).

Il buono, il brutto, il cattivo (Le Bon, la brute et le truand) de Sergio Leone (1966, avec Clint Eastwood, Lee Van Cleef, Eli Wallach).

Butch Cassidy and the Sundance Kid (Butch Cassidy et le Kid) de George Roy (1969, 20th Century-Fox, avec Paul Newman et Robert Redford)

The Caballero's Way (1914, Société française).

The California Trail de Lambert Hillyer (1933, Columbia, avec Buck Jones).

The Call of the Klondike d'Oscar Apfel (1926, Rayart).

Camino del Sur de Joaquin L. Romero Marchent (1964).

Campbell's Kingdom (La Vallée de l'or noir) de Ralph Thomas (1957, Lopert).

Cannons for Cordoba (Les Canons de Cordoba) de Paul Wendkos (1970, United Artists).

Canyon Crossroads d'Alfred Werker (1955, United Artists).

Canyon Passage de Jacques Tourneur (1946, Universal).

Captain Apache (*Capitaine Apache*) d'Alexander Singer (1971, Scotia International).

La Caraque blonde de Jacqueline Audry (1952, avec Robert Armontel, Orane Demazis, Roland Armontel, Didier d'Yd, Antonin Berval, France Degaud, Gérard Landry, Rogert Pigeant).

Carry On Cowboy de Gerald Thomas (1966, Anglo-Amalgamated/Kingsway).

Cat Ballou d'Elliott Silverstein (1965, Columbia, avec Lee Marvin et Jane Fonda).

Catlow de Sam Wanamaker (1971, MGM, avec Yul Brynner).

Cavalry de Robert N. Bradbury (1936, Republic, avec Bob Steele).

C'era una volta il West (*Il était une fois dans l'Ouest*) de Sergio Leone (1968, avec Claudia Cardinale, Henry Fonda, Jason Robarts, Charles Bronson).

Charley-One-Eye (*Charley le borgne*) de Don Chaffey (1973, Paramount).

Charro ! de Charles Marquis Warren (1969, National General, avec Elvis Presley).

Chato's Land (*Les Collines de la terreur*) de Michael Winner (1972, United Artists).

Cheyenne de Raoul Walsh (1947, Warner).

Cheyenne Autumn (*Cheyenne*) de John Ford (1964, Warner, avec Richard Widmark, Carroll Baker, James Stewart, George O'Brien, Mike Mazurski...).

La chiamavano California de Michele Lupo (1976).

Chien de pique d'Yves Allégret (1960, avec Eddy Constantine).

China 9, Liberty 37 de Monte Hellman (1978).

Chisum d'Andrew V. MacLaglen (1970, Warner, avec John Wayne).

Cimarron de Wesley Ruggles (1931, pour RKO avec Richard Dix et Irene Dunne).

Cimarron (*La Ruée vers l'Ouest*) d'Anthony Mann (1960, MGM, avec Glenn Ford et Maria Schell).

The Cisco Kid d'Irving Cummings (1931, Fox).

The Cisco Kid and the Lady de Herbert I. Leeds (1939, 20th Century Fox).

The Cisco Kid Returns de John P. McCarthy (1945, Monogram).

Cody of the Pony Express de Spencer Gordon Bennet (1951, Columbia, avec Dickie Moore).

Collina negli stivali (*La Colline des bottes*) de Giuseppe Colizzi (1970).

Colorado Territory de Raoul Walsh (1949, Warner, avec Joel McCrea et Virginia Mayo).

The Command (*La Poursuite dura 7 jours*)[4] de David Butler (1955, Warner).

Condenados a vivir de Joaquin Romero Marchent (1973, avec Alberto Dalbes, Antonio Iranzo, Emma Cohen, Manuel Tejada).

El Condor de John Guillermin (1970, National General, avec Jim Brown et Lee Van Cleef).

Coroner Creek de Ray Enright (1948, Columbia, avec Randolph Scott, Columbia).

Courageous Avenger de Robert North Bradbury (1935, Supreme, avec Johnny Mack Brown).

The Covered Wagon de James Cruze (1923, Paramount, avec J. Warren Kerrigan).

Cowboy de Delmer Daves (1958, Columbia, avec Glenn Ford et Jack Lemon).

The Cowboys de Mark Rydell (1972, Warner, avec John Wayne).

Crin-blanc d'Albert Lamorisse (1952, avec Alain Emery, Pascal Lamorisse, Laurent Rodec).

Crossed Trails de Lambert Hillyer (1948, avec Johnny Mack Brown et Raymond Hatton).

Custer of the West (*Custer, homme de l'Ouest*) de Robert Siodmak (1967, Cinerama, avec Robert Shaw).

Custer's Last Fight (*Le Dernier Combat du lieutenant*) de Thomas H. Ince (1912, Ince, avec Francis Ford).

Custer's Last Stand (*Les Vengeurs de Buffalo Bill*) d'Elmer Clifton (1936, Stage and Screen, avec Ted Adams).

Cyclone Prairie Rustlers de Benjamin Kilne (1944, Columbia, avec Charles Starrett).

Dai nemici mi guardo io (*Mes ennemis, je m'en garde*) d'Irving Jacobs (Mario Amedola, 1968).

Dances with the Wolves (*Danse avec les loups*) de Kevin Costner (1990, Panavision).

Daniel Boone de David Howard (1936, RKO, avec George O'Brien et John Carradine).

Daniel Boone, Trail Blazer d'Albert C. Gannaway (1956, Republic, avec Bruce Bennett et Lon Chaney).

Dans la poussière du soleil de Richard Balducci (1971 avec Bob Cunningham, Maria Sohell).

The Daring Caballero de Wallace Fox (1949, Monogram).

A Day of Fury (*Vingt-quatre Heures de terreur*) de Harmond Jones (1956, Universal).

Day of the Landgrabber (*L'Ouest en feu*) de Nathan Juran (1969).

Deadlock de Roland Klick (1970, Cinerama).

Deadwood Pass de J.P. McGowan (1933, Monarch/Freuler, avec Tom Tyler).

Death Rides the Range de Sam Newfield (1940, Colony, avec Ken Maynard).

Death Valley de Lew Landers (1946, Screen Guild).

---

[4] Le scénario est partiellement attribué à Samuel Fuller.

Death Valley Manhunt de John English (1943, Republic, avec Bill Elliott).

The Deerslayer de Lew Landers (1943, Republic).

The Deerslayer de Kurt Neumann (1957, 20th Century Fox).

Deguejo de J. Warren (1966).

Le Dernier des Mohicans de Maurice Tourneur (1922, Associated Producers).

Deserter (*Les Dynamiteros*) de Niska Fulgozzi et Burt Kennedy (1970).

Destry (*Le Nettoyeur*) de George Marshall (1955, Universal).

Destry Rides Again (*Femme ou démon*) de Ben Stoloff (1932, Universal).

Destry Rides Again de George Marshall (1939, Universal, avec James Stewart et Marlene Dietrich).

Devil's Doorway (*La Porte du diable*) d'Anthony Mann (1950, MGM, avec Robert Taylor).

The Devil's Mistress, d'Orville Wanzer (1968, Emerson).

A Distant Trumpet de Raoul Walsh (1964, Warner).

Django de Sergio Corbucci (1966, avec Franco Nero).

Django il bastardo de Sergio Garrone (1969, BRC/Tecisa).

Don Daredevil Rides Again (*Zorro le diable noir*) de Fred C. Brannon (1951, Republic).

El Dorado de Howard Hawks (1967, Paramount, avec John Wayne, Robert Mitchum et James Caan).

Drums Along the Mohawk (*Sur la piste des Mohawks*) de John Ford (1939, 20th Century-Fox).

The Dude Goes West (*Le Bourgeois téméraire*) de Kurt Neumann (1948, Allied Artists).

Due croci a Danger Pass (*Deux croix pour un implacable* de Rafael Romero (1969).

Due volte giuda (*Deux fois traître*) de Nando Cicero (1968, avec Antonio Sebuto, Emma Baron, Klaus Kinsky).

Dynamite Canyon de Robert E. Tansey (1941, Monogram, avec Tom Keene).

Dynamite Jack de Jean Bastia (1960, avec Fernandel).

Dynamite Jim d'Alfonso Balcazar (1966, avec Rosalba Neri).

The Eagle and the Hawk de Lewis R. Foster (1950, Paramount, avec John Payne).

Eagle's Wing d'Anthony Harvey (1980, avec Martin Sheen, Sam Waterston, Harvey Keitel, Stéphanie Audran).

E Dio disse a Caino (*Et le vent apporta la violence*) de Giovanni Antoni (1969).

Ehi amico... c'e Sabata, Hai chuiso ! (*Sabata*) de Frank Kramer (Gianfranco Parolini, 1969).

En Camargue de Jean Durand (1911, Gaumont, avec Joë Hamman, Gaston Modot).

Escort West (*Escorte pour l'Orégon*) de Francis D. Lyon (1958, United Artists).

Eureka Stockade (*La Dernière Barricade*) de Harry Watt (1949, British Pathé).

E vennero in quattro per occidere Sartana (*Quatre pour Sartana*) de Miles Deem (Demofilo Fidani, 1969).

Execution (*Django, prépare ton exécution*) de Domenico Paolella (1969).

The Fabulous Texan d'Edward Ludwig (1947, Republic).

The Far Country (*Je suis un aventurier*) d'Anthony Mann (1954 Universal).

The Fastest Gun Alive de Russell Rouse (1956, MGM, avec Glenn Ford et Jeanne Crain).

Fernand cow-boy de Guy Lefranc et Jean Redon (1956, avec Fernand Raynaud, Dora Doll, Pierre Dudau, Noël Roquevert).

The Fiend Who Walked the West de Gordon Douglas (1958, 20th Century Fox, avec Ken Maynard).

Fighting Caravans (*La Grande Caravane*) d'Otto Brower et David Burton (1931, Paramount, avec Gary Cooper).

The Fighting Kentuckian (*Le Bagarreur du Kentucky*) de George Waggner (1949, Republic, avec John Wayne).

The Fighting Redhead de Lewis D. Collins (Eagle Lion, 1949, avec Jim Bannon).

Fighting with Buffalo Bill de Ray Taylor (1926, avec Wallace Mac Donald).

La Fille de la Camargue de Henri Etiévant (1921, avec Stacia Napierskowska, Charles Vanel).

Finger on the Trigger de Sidney Pink (1966, Allied Artists, avec Rory Calhoun).

The First Texan (*Attaque à l'aube*) de Byron Haskin (1956, Allied Artists, avec Joel McCrea).

The Flame of New Orleans (*La Belle ensorcelleuse*) de René Clair (1941, Universal, avec Marlene Dietrich).

Flaming Star de Don Siegel (1960, 20th Century-Fox, avec Elvis Presley).

Fort Apache (*Le Massacre de Fort Apache*) de John Ford (1948, Republic, avec John Wayne).

Fort-Dolorès de Jean Le Hénaff (1938, avec Pierre Larquey, Roger Karl, Gina Manès, Alina da Silva).

Fort Ti de William Castle (1953, Columbia, avec George Montgomery).

Four for Texas (*Quatre du Texas*) de Robert Aldrich (1963, Warner).

Frenchie de Louis King (1951, Universal, avec Joel McCrea).

From Noon till Three (*C'est arrivé entre midi et trois*

heures) de Frank D. Gilroy (1976, United Artists, avec Charles Bronson).

Frontier Gal (*La Taverne du cheval rouge*) de Charles Lamont (1945, Universal, avec Yvonne de Carlo et Rod Cameron).

Frontier Marshal de Lewis Seiler (1934, Fox, avec George O'Brien).

Frontier Marshal d'Allan Dwan (1939, 20th Century-Fox, avec Randolph Scott).

Frontier Rangers (*Frontière sauvage*) de Jacques Tourneur (1959, MGM).

Fuerte perdido de J. Douglas (José Maria Elorrieta, 1963).

Fury River de Jacques Tourneur (*Frontières sauvages*) (1962, MGM, avec Keith Larsen, Buddy Ebsen, Don Burnett et Angie Dickinson[5]).

The Gambler Wore a Gun d'Edward L. Cahn (1961, United Artists avec Jim Davis).

Le Gardian[6] de Joë Hamman et Gaston Jacquet (1921, avec Hélène Darly, Lucie Berny, Gaston Jacquet, Joë Hamman).

Le Gardian de Jean de Marguenat (1949, avec Tino Rossi).

Le Gardian de Camargue de Léonce Perret (1910, Gaumont, avec Joë Hamman).

The Gay Cavalier de William Nigh (1946, Monogram, avec Gilbert Roland).

General Custer at Little Big Horn de Harry Fraser (1926, Sunset, avec Roy Stewart).

Ghost of the Hidden Valley de Sam Newfield (1946, PRC, avec Buster Crabbe).

The Ghost of Zorro (*Le Fantôme de Zorro*) de Fred C. Brannon (1944, Republic).

Ghost Valley Raiders de George Sherman (1940, Republic, avec Don Red Barry).

The Girl from San Lorenzo de Derwin Abrahams (1950, United Artists).

The Girl of the Golden West de Cecil B. de Mille (1915).

The Girl of the Golden West (1923, Associated 1st National).

The Girl of the Golden West de John Francis Dillon (1930, Associated 1st National).

The Girl of the Golden West de Robert Z. Leonard (1938, MGM, avec Jeanette MacDonald).

Glory Guys (*Les Compagnons de la gloire*)[7] d'Arnold Laven (1965, United Artists).

God's Gun de Frank Kramer de Gianfranco Parolini (1977, Cannon Film, avec Jack Palance).

Gold of the Seven Saints de Gordon Douglas (1961, Warner, avec Roger Moore).

Die Goldsucher von Arkansas de Franz J. Gottlieb (1964, Rapid Film).

The Good Guys and the Bad Guys (*Un homme fait la loi*) de Burt Kennedy (1969, Warner, avec Robert Mitchum et George Kennedy).

Le Goût de la violence de Robert Hossein (1961, avec Robert Hossein, Giovanne Ralli, Madeleine Robinson).

Le Grand Silence de Sergio Corbucci (1968, avec Jean-Louis Trintignant et Klaus Kinski)

Great Bank Robbery (*Le Plus grand des hold-up*) de Hy Averback (1968, Warner/7 Arts).

Great Day in the Morning (*Un jeu risqué*) de Jacques Tourneur (1956, RKO, avec Virginia Mayo et Robert Stack).

The Great Sioux Massacre (*Le Massacre des Sioux*) de Sidney Salkow (1965, Columbia, avec Joseph Cotten).

The Great Train Express Robbery (*Le Vol du rapide*) d'Edwin S. Porter (1903, The Edison Co).

Gringo de Riccardo Blasco (1963, Screen Gems, avec Richard Harrison).

Gringo preparati la fossa (*Prie et creuse ta tombe*) d'Edward G. Muller (Eduardo Mulargia, 1969).

Gunfight at the O.K. Corral (*Règlement de compte à O.K. Corral*) de John Sturges (1957, Paramount, avec Kirk Douglas et Burt Lancaster).

The Gunfighter (*La Cible humaine*) de Henry King (1950, 20th Century-Fox, avec Gregory Peck).

The Gunfighters (*La Vallée maudite*)[8] de George Waggner (1947, Columbia, avec Randolph Scott).

Gunman's Chance de Robert Wise (1941).

Gunpoint d'Earl Bellamy (1966, Universal, avec Audie Murphy).

Gunsmoke in Tucson (*Fusillade à Tucson*) de Thomas Carr (1960, United Artists, avec Mark Stevens et Forrest Tucker).

Guns of Diablo (*Le Californien*) de Boris Sagal (1964, MGM, avec Charles Bronson)

The Guns of Fort Petticoat (*Le Fort de la dernière chance*) de George Marshall (1957, Columbia).

Gun Packer de Robert Emmett Tansey (1938, Monogram, avec Jack Randall).

Haceldama ou le prix du sang de Julien Duvivier (1919).

La Haine des desperados d'Irving Allen (1968).

---

[5] D'abord tourné pour la télévision, NBC, 1958-1959.
[6] D'après un roman de Jean Aicard.
[7] Sur un scénario de Sam Peckinpah.
[8] D'après une nouvelle de Zane Grey.

The Hanging Tree (*La Colline des potences*) de Delmer Daves (1959, Warner, avec Gary Cooper).

The Hangman (*Le Bourreau du Nevada*) de Michel Curtiz (1959, Paramount, avec Robert Taylor).

Hangman's Knot (*Le Relais de l'or maudit*) de Roy Huggins (1952, Columbia, avec Randolph Scott).

Hannie Caulder (*Un colt pour 3 salopards*) de Burt Kennedy (1972, Paramount, avec Raquel Welch).

Heart of the West de Howard Bretherton (1936, Paramount, avec William Boyd).

Heaven's Gate (*La Porte du paradis*) de Michael Cimino (1980, United Artists, avec Kris Kristoferson et Isabelle Huppert).

Heaven with a Gun de Lee H. Katzin (1969, MGM, avec Glenn Ford).

Hell Bent for Leather (*Le Diable dans la peau*) de George Sherman (1960, Universal, avec Audie Murphy).

Hell's Heroes de William Wyler (1930, Universal avec Charles Bickford, Raymond Hatton et Fred Kohler).

L'Héritière de la manade de Stacia Napierkowska (1917, Films SN).

High Lonesome, d'Alan Le May (1950, Eagle Lion, avec John Barrymore).

High Noon (*Le Train sifflera trois fois*) de Fred Zinneman (1952, United Artists, avec Gary Cooper).

High Plains Drifter (*L'Homme des hautes plaines*) de Clint Eastwood (1973, Universal, avec Clint Eastwood, Marianne Hill, Mitch Ryan).

Hill Up of Wyoming (*La Vengeance du Cow-Boy*) de Nat Watt (1937, Paramount).

Hollywood Cowboy d'Ewing Scott (1937, RKO).

A Holy Terror d'Irving Cummings (1931, Fox, avec George O'Brien).

Hombre de Martin Ritt (1967, 20th Century-Fox, avec Paul Newman).

El hombre de la diligencia (*La Furie des Apaches*) de Joe Lacy (José Maria Elorrieta, 1966).

El hombre que mato a Billy el Niño (*L'Homme qui a tué Billy le Kid*) de Julio Buchs (Julio Garcia, 1967).

Homesteader of Paradise Valley de R.G. Springsteen (1947, Republic, avec Allan « Rocky » Lane).

Hondo (*Hondo l'homme du désert*) de John Farrow (1953, Warner, avec John Wayne).

Hopalong Cassidy de Howard Bretherton (1935, Paramount).

Hopalong Cassidy Returns de Nat Watt (1936, Paramount).

Hoppy's Holiday de George Archainbaud (1947, United Artists).

Hora de morir de Paul Marchenti (Joaquin Romero Marchent, 1968).

Hot Spur (*L'Eperon brûlant*) de Robert L. Frost (1969, Olympic International/Republic Entertainment).

Hour of the Gun de John Sturges (1967, United Artists, avec James Garner et Jason Robarts Jr).

In Old Arizona de Raoul Walsh et Irving Cummings (1929, avec Warner Baxter).

In Old New Mexico de Phil Rosen (1945, Monogram).

L'invicible cavaliere mascherato d'Umberto Lenzi (1963, Romana Film).

The Iron Horse (*Le Cheval de Fer*) de John Ford (1924, Fox, avec George Waggner).

The Iroquois Trail (*Sur la piste des Iroquois*) de Phil Karlson (1950, United Artists, avec George Montgomery).

Ishi : The Last of His Tribe[9] de Robert Ellis Miller (1978, NBC, avec Dennis Weaver).

I Will Fight No More Forever de Richard T. Heffron (1975, ABC).

Jack McCall desperado de Sidney Salkow (1953, Columbia, avec George Montgomery).

The Jayhawkers (*Violence au Kansas*) de Melvin Frank (1959, Paramount, avec Jeff Chandler).

Jennie Lee ha una nueva pistola de Tullio Demichelli (1964).

Jeremiah Johnson de Sidney Pollack (1972, Warner, avec Robert Redford).

Joe ! Cercati un posto per morire (*Ringo, cherche une place pour mourir*) d'Anthony Ascot (Giuliano Carmineo, 1968).

Joe Kidd de John Sturges (1972, Universal, avec Clint Eastwood et Robert Duvall).

John il bastardo d'Armando Crispino (1967).

Johnny Concho de Don McGuire (1956, United Artists, avec Frank Sinatra).

Juarez (*Juarez et Maximilien*) de William Dieterle (1939, Warner, avec Bette Davis).

Kangaroo (*La Loi du fouet*) de Lewis Milestone (1951, 20th Century-Fox).

The Kid from Santa-Fé de Peter Stewart, Sherman Scott et Sam Newfield (1941, PRC).

Kid Vengeance de Joe Manduke (1977, avec Lee Van Cleef).

The King and Four Queens (*Un roi et 4 reines*) de Raoul Walsh (1956, United Artists, avec Clark Gable).

King of the Royal Mounted de Howard Bretherton (1936, 20th Century-Fox).

King of the Wild Horses de Fred Jackman (1924, Pathé).

---

[9] Sur un scénario de Dalton et Christopher Trumbo.

Kung Fu nel Pazzo West de Yeo Ban Yee (1973).

Là dove non batte il sole d'Anthony Dawson (Antonio Margheriti, 1975).

The Lady from Texas de Joseph Pevney (1951, Universal, avec Howard Duff).

Laramie de Ray Nazarro (1949, Columbia).

The Last Frontier (*La Dernière Frontière*) de George B. Seitz (1926, avec Jack Hoxie).

The Last Hunt[10] de Richard Brooks (1956, MGM, avec Robert Taylor et Stewart Granger).

The Last of the Duanes d'Alfred Werker (1930, Fox).

The Last of the Mohicans de James L. Conway (1977, NBC, avec Steve Forrest).

The Last Posse d'Alfred Werker (1953, Columbia, avec Broderick Crawford).

The Last Warrior (*L'Indien*) de Carol Reed (1970, Warner, avec Anthony Quinn).

The Lawless Breed de Raoul Walsh (1952, Universal, avec Rock Hudson).

The Lawless Nineties de Joseph Kane (1936, Republic, avec John Wayne).

The Law of the Land de Virgil Vogel (1976, NBC, avec Jim Davis).

The Law of the Range d'Al Christie (1911).

Law of the West de Robert N. Bradbury (1932, World Wide, avec Bob Steele).

The Lawman (*L'Homme de la loi*) de Michael Winner (1971, United Artists, avec Burt Lancaster, Robert Ryan et Lee J. Cobb).

The Leather Burners (*Terreur dans la Vallée*) de Harry Sherman (1943, United Artists).

Lederstrumpf, d'Arthur Wellin (1923, Luna Film).

The Left-Handed Gun d'Arthur Penn (1958, Warner, avec Paul Newman).

The Legend of Nigger Charley de Martin Goldman (1972, Paramount).

The Legend of the Lone Ranger de William A. Fraker (1981, Universal).

The Legend of Walks Far Woman de Mel Damski (1982, NBC, avec Raquel Welch).

Lemonade Joe d'Oldrich Lipsky (1967, Allied Artists, avec Carl Fiala).

The Life of Buffalo Bill de Joseph A. Golden (1910, General Film Co, avec Paul Panzer).

The Light of the Western Stars, d'Otto Brower et Edwin H. Knopf (1930, Paramount, avec Richard Arlen et Mary Brian).

Little Big Horn de Charles Marquis Warren (1951, Lippert, avec Lloyd Bridges).

Little Big Man, d'Arthur Penn (1969, National General, avec Dustin Hoffman).

The Littlest Outlaw de Roberto Galvadon (1955, Buena Vista).

La Loi du Nord[11] de Jacques Feyder [J. Frederix] (1942, avec Michèle Morgan, Pierre-Richard Willen, Charles Vanel).

Lola Colt de Siro Marcellini (1969, avec Lola Falena).

Lone Cowboy de Paul Sloane (1934, Paramount).

The Lone Ranger and the Lost City of Gold (*Le Justicier masqué*) de Lesley Selander (1958, United Artists).

The Lone Ranger de William Witney et John English (1938, Republic).

The Lone Ranger de Stuart Heisler (1956, Warner).

The Lone Ranger Rides Again de William Witney et John English (1939, Republic).

Lone Star (*L'Etoile du destin*) de Vincent Sherman (1952, MGM, avec Clark Gable et Ava Gardner)

Lone Texas Ranger de Spencer Gordon Bennet (1945, Republic, avec Bill Elliott).

Lonely Are the Braves de David Miller (1962, Universal).

The Lonely Trail de Joseph Kane (1936, Republic, avec John Wayne et Cy Randall).

Lopez le bandit de Jean Daumery (1930, avec Gaston Glass, Jeanne Helbling, Suzy Vernon, Guymond Vital[12]).

Love Me Tender de Robert D. Webb (1956, 20th Century-Fox, avec Elvis Presley).

Lo voglio morto (*Clayton l'implacable*) de Paolo Bianchi (1968).

Lucky Cisco Kid de H. Bruce Humberstone (1940, 20th Century Fox)

I Lunghi giorni dell'odio (*Ringo ne devait pas mourir*) de Gianfranco Baldanello (1968).

Macho Callahan de Bernard L. Kowalski (1970, Avco-Embassy, avec David Janssen et Jean Seberg).

Los machos de Giovanni Fago (1969).

Madron de Jerry Hopper (1971, 4 Star/Excelsior, avec Richard Boone)

The Magnificent Seven (*Les Sept Mercenaires*) de John Sturges (1960, United Artists, avec Yul Brynner)

Major Dundee de Sam Peckinpah (1965, Columbia, avec Charlton Heston et Richard Harris).

The Man behind the Gun (*La Taverne des révoltés*) de Felix Feist (1952, Warner, avec Randolph Scott).

---

[10] D'après un roman de Milton Loft.
[11] D'après un roman de Maurice Constantin-Weyer.
[12] A noter que ce film a été tourné en français à Hollywood !

The Man Called Gannon (*Un colt nommé Gannon*) de James Goldstone (1969, Universal).

The Man from Colorado (*La Peine du talion*) de Henry Levin (1949, Columbia, avec Glenn Ford).

Man from Del Rio de Harry Horner (1956, United Artists).

The Man from Snowy River de George Miller (1982, 20th Century-Fox, avec Kirk Douglas).

Man in the Wilderness (*Le Convoi sauvage*) de Richard D. Sarafian (1971, Warner, avec Richard Harris).

Mannaja de Sergio Martino (1977).

Man of Conquest de George Nichols (1939, Republic, avec Richard Dix).

The Man Trailer de Lambert Hillyer (1934, Columbia, avec Buck Jones).

Man Without a Star de King Vidor (1955, Universal, avec Kirk Douglas).

The Man with the Steel Whip (*Le Triomphe de Zorro*) de Franklin Adreon (1954, Republic).

The Man Who Shot Liberty Valance (*L'Homme qui tua Liberty Valence*) de John Ford (1962, Paramount, avec John Wayne, James Stewart et Lee Marvin).

The Mark of Zorro (*Le Signe de Zorro*) de Rouben Mamoulian (1940, 20th Century-Fox, avec Tyrone Power).

Marshal of Laredo de R. G. Springsteen (1945, Republic, avec Bill Elliott).

Marshal of Reno de Wallace Grissell (1944, Republic, avec Bill Elliott).

The Mask of Zorro (*Le Masque de Zorro*) de Martin Campbell (1998, Columbia Tristar, avec Carlos Banderra).

Massacre d'Alan Grosland (1934, First National, avec Richard Barthelmess).

Il mercenario (*El mercenario*) de Sergio Corbucci (1968).

Mille dollari sul nero (*Les Colts de la violence*) d'Albert Cardiff (Alberto Cardone, 1967).

Il mio nome è Nessuno (*Mon nom est Personne*) de Sergio Leone (1973).

Il mio nome è Shangai Joe de Mario Caiano (1973).

Misfits[13] de John Huston (1961, United Artists, avec Clark Gable, Marilyn Monroe et Montgomery Cliff).

The Mississippi Gambler (*Le Gentilhomme de la Louisiane*) de Rudolph Mate (1953, Universal, avec Tyrone Power).

Monte Walsh de William Fraker (1970, National General, avec Lee Marvin, Jack Palance et Jeanne Moreau).

Montezuma's Lost Gold de John Burrud et Miles Hinshaw (1978, Bill Burrud Productions).

More Dead than Alive (*Plus mort que vif*) de Robert Spaar (1969, United Artists).

My Darling Clementine (*La Poursuite infernale*) de John Ford (1946, 20th Century-Fox, avec Henry Fonda)

My Outlaw Brother d'Elliott Nugent (1951, Eagle Lion, avec Mickey Rooney).

The Naked Spur d'Anthony Mann (1953, MGM, avec James Stewart).

Nashville de Robert Altman (1975).

Naughty Marietta (*La Fugue de Mariette*) de W. S. Van Dyke (1935, MGM, avec Jeanette MacDonald et Nelson Eddy).

Nevada Smith de Henry Hathaway (1966, Paramount, avec Steve McQueen).

New Moon (*L'Ile des amours*) de Robert Z. Leonard (1940, MGM).

North to Alaska (*Le Grand Sam*) de Henry Hathaway (1960, 20th Century Fox, avec John Wayne et Stewart Granger)

Northwest Mounted Police (*Les Tuniques écarlates*) de Cecil B. DeMille (1940, Paramount, avec Gary Cooper).

The Northwest Passage (*Le Grand Passage*) de King Vidor (1940, MGM, avec Spencer Tracy).

Odia, il prosimo tuo (*Le Salaire de la haine*) de Ferdinando Baldi (1968).

Old Shatterhand de Hugo Fregonese (1964, avec Lex Barker et Pierre Brice).

Old Surehand 1. Teil d'Alfred Vohrer (1965).

Der Ölprinz de Harald Philipp (1965).

One Eyed Jacks de Marlon Brando (1963, Paramount).

One Foot in Hell (*Les Hors-la-loi*) de James B. Clark (1960, 20th-Century Fox, avec Alan Ladd).

Oregon Passage (*Le Repaire de l'Aigle Noir*) de Paul Landres (1958, Allied Artists).

Oregon Trail Scouts de R. G. Springsteen (1947, Republic, avec Allan « Rocky » Lane).

The Outlaw (*Le Banni*) de Howard Hughes/Howard Hawks/Otho Lovering (1943, United Artists[14]).

Outlaws of Santa Fe de Howard Bretherton (1944, Republic, avec Don « Red » Barry).

Outlaws of the Desert (*Cavalier Mystère*) de Howard Bretherton (1941, Paramount).

The Outrage (*L'Outrage*) de Martin Ritt (1964, MGM, avec Paul Newman).

The Outriders (*Le Convoi maudit*) de Roy Rowland (1950, MGM).

Où vas-tu Johnny ? de N. Howard (1963, avec Johnny Halliday).

---

[13] Sur un scénario d'Arthur Miller
[14] Puis RKO, propriété de Hughes.

The Overlanders (*La Route est ouverte*) de Harry Watt (1946, Universal/J. Arthur Rank/Associated British Pathé, avec Chips Rafferty).

The Ox-Bow Incident (*L'Etrange incident*)[15] de William A. Wellman (1943, 20th Century-Fox, avec Henry Fonda).

Paint Your Wagon (*La Kermesse de l'Ouest*) de Joshua Logan (1969, Paramount).

Pale Rider (*Pale Rider, le cavalier solitaire*) de Clint Eastwood (1985, Warner).

Pancho Villa d'Eugenio Martin (1972).

Pat Garret and Billy le Kid de Sam Peckinpah (1973, MGM, avec James Coburn, Kris Kristofferson et la musique de Bob Dylan).

Per qualche dollaro in più (*Pour quelques dollars de plus*) de Sergio Leone (1965).

Per un dollaro di gloria de Fernando Cerchio (1966).

Per un pugno di dollari (*Pour une poignée de dollars*) de Sergio Leone [Bob Robertson] (1963).

Les Pétroleuses de Christian-Jacque et Guy Casaril (1973).

Il piombo e il carne de Fred Wilson (Mariono Girolami, 1965).

Pirates on Horseback (*Pirates à cheval*) de Lesley Selander (1941, Paramount).

Los pistoleros de Casa Grande (*Les Hors-la-loi de de Casa Grande*) de Roy Rowland (1965).

La piu grande rapina de west (*Trois Salopards, une poignée d'or*) de Mauricio Lucidi (1969).

The Plainsman (*Une aventure de Buffalo Bill*) de Cecil B. DeMille (1935, Paramount, avec Gary Cooper).

The Plainsman (*Les Fusils du Far West*) de David Lowell Rich (1968, Universal, avec Guy Stockwell).

The Plunderers of Painted Flats (*Les Pillards de la Prairie*) d'Albert C. Gannaway (1959, Republic).

Pony Express (*Le Triomphe de Buffalo Bill*) de Jerry Hopper (1953, avec Charlton Heston).

Posse de Mario Van Peebles (1993).

Powder River de Louis King (1953, 20th Century Fox).

The Professionals (*Les Professionnels*) de Richard Brooks (1966, Columbia, avec Burt Lancaster, Lee Marvin, Robert Ryan, Jack Palance, Claudia Cardinale).

Quanto costa morire (*Les Colts brillent au soleil*) de Sergio Merolle (1970).

Quei disperati che puzzano di sudore e di morte[16] de Julio Buchs (1969, Leoen/Daiano/Atlantida, avec George Hilton et Ernest Borgnine).

Quella sporca nel West (*Django porte sa croix*) d'Enzo Castellari (1968).

Quien sabe ? (*El Chuncho*) de Damiano Damiani (1966).

The Raiders (*Les Téméraires*) de Herschel Daugherty (1964, Universal, avec James McMullan).

Ramrod (*Femme de feu*) d'Andre de Thot (1947, United Artists, avec Joel McCrea et Veronica Lake).

Range War (*Bataille rangée*) de Lesley Selander (1939, Paramount).

Rebel in Town d'Alfred Werker (1956, United Artists).

Red River (*La Rivière rouge*) de Howard Hawks (1948, United Artists, avec John Wayne et Montgomery Clift).

La Reine de Camargue (1912, Eclair).

Requiescant de Carlo Lizzani (1967).

La resa dei conti (*Colorado*) de Sergio Sollima (1966, avec Lee Van Cleef).

The Return of Cisco Kid d'Irving Cummings (1933).

The Reward (*La Récompense*) de Serge Bourguignon (1965, 20th Century fox, avec Max von Sidow et Yvette Mimieux).

The Ride Back (*La Chevauchée du retour*) d'Allen H. Miller (1957, United Artists, avec Anthony Quinn).

Ride beyond Vengeance (*Marqué au fer rouge*) de Bernard McEveety (1965, Columbia, avec Chuck Connors).

Riders of the Timberline (*Au cœur de l'Arizona*) de Lesley Selander (1941, Paramount).

Ride the High Country (*Coups de feu dans la sierra*) de Sam Peckinpah (1962, MGM, avec Randolph Scott et Joel McCrea).

Ride the Man Down (*Capturez cet homme*) de Joseph Kane (1939, Republic, avec Brian Donlevy).

Riding the California Trail de William Nigh (1947, Monogram).

Riding High de George Marshall (1944, Paramount).

Riding the Wind d'Edward Killy (1942, RKO, avec Tim Holt).

Riding with Buffalo Bill de Spencer Gordon Bennet (1954, Columbia, avec Marshall Reed).

Ridin'the Cherokee Trail de Spencer Gordon (1941, Monogram, avec Tex Ritter).

Rio Bravo de Howard Hawks (1959, Warner, avec John Wayne et Dean Martin).

Rio Grande de John Ford (1950, Republic, avec John Wayne et Maureen O'Hara).

Rio Rita de Sylvan Simon (1942, MGM).

La Rivière du hibou de Robert Enrico et Robert Hossein (1962).

---

[15] D'après un roman de Walter Van Tilburg Clark.
[16] Sur un scénario de José Mallorqui (Mario Caiano).

Road to Utopia de Hal Walker (1945, Paramount).
Robberry under Arms[17] de Jack Lee (1958, Lopert).
Robin Hood of Monterey de W. Christy Cabanne (1947, Monogram).
Rodeo de William Beaudine (1952, Monogram).
Roi de Camargue[18] de Jacques de Baroncelli et Henri Decoin (1934).
Rustler's Hideout de Sam Newfield (1944, PRC, avec Buster Crabbe).
El sabor de la venganza de Joaquin L. Romero Marchent (1965).
The Saddle Buster de Fred Allen (1932, RKO, avec Tom Keene).
Saddle Tramp de Hugo Fregonese (1950, Universal, avec Joel McCrae).
Sand de Louis King (1949, Fox).
Santee de Gary Nelson (1973, Crown International, avec Glenn Ford).
The Savage (*Le Fils de Géromino*)[19] de George Marshall (1952, Paramount, avec Charlton Heston).
The Savage Guns (*La Chevauchée des outlaws*) de Michael Carreras (1961, MGM, avec Richard Bashart).
The Scalphunters (*Les Chasseurs de scalps*) de Sydney Pollack (1968, United Artists, avec Burt Lancaster et Telly Savalas).
The Scarlet West de John G. Adolfi (1925, avec Robert Frazer).
Scavengers (*Les Charognards*) de Robert L. Frost (1970, Olympic International/Republic Entertainment).
Der Schatz im Silbersee de Harald Reinl (1962).
Die schwärzen Ädler von Santa Fe de Ernst Hofbauer (1964).
The Searchers (*La Prisonnière du désert*) de John Ford (1956, Warner, avec John Wayne).
Segreto di ringo d'Arturo Ruiz Castillo (1965).
Sept Samouraïs de Akira Kurosawa (1954).
Sérénade au Texas de Jean Ferry et Richard Pottier (1958).
Sergeant Rutledge (*Le Sergent noir*) de John Ford (1960, Warner, avec Jeffrey Hunter).
Se sei vivo spara de Giulio Questi (1967).
Seven Angry Man de Charles M. Warren (1958, Allied Artists, avec Raymond Massey).
Seven Ways from Sundown (*Les Sept Chemins du couchant*) de Harry Keller (1960, Universal, avec Audie Murphy).
Shalako d'Edward Dmytryk (1968, Cinerama, avec Sean Connery et Brigitte Bardot).

Shane (*L'Homme des vallées perdues*) de George Stevens (1953, Paramount, avec Alan Ladd, Van Heflin et Jack Palance).
Sheriff of Cimarron de Yakima Canutt (1945, Republic).
She Wore a Yellow Ribbon (*La charge héroïque*) de John Ford (1948, RKO, avec John Wayne).
The Shootist (*Le Dernier des géants*) de Don Siegel (1976, Paramount, avec John Wayne, Lauren Bacall et James Stewart).
Shoot Out de Henry Hathaway (1971, Universal, avec Gregory Peck).
Sie kampf wie ein Mann de Werner Knox (1987).
Silverado de Lawrence Kasdan (1985, Columbia, avec Kevin Kline, Scott Glenn et Kevin Costner).
Silver Canyon de John English (1951, Republic, avec Gene Autry et Jim Davis).
Silver City (*La Ville d'argent*) de Byron Haskin (1951, Paramount).
Silver River de Raoul Walsh (1948, Warner/1st National).
The Singer not the Song (*Le Cavalier noir*) de Roy Ward Baker (1961, Rank/Warner).
Skin Game de Paul Bogart (1971, Warner, avec James Garner).
Smoky d'Eugene Forde (1933, Fox).
Smoky de Louis King (1946, 20th Century-Fox).
Smoky de Louis King (1966, 20th Century-Fox).
Soldier Blue (*Le Soldat bleu*) de Ralph Nelson (1971, Avco-Embassy, avec Candice Bergen).
Soleil rouge de Terence Young (1971).
South of Monterey de William Nigh (1946, Monogram).
South of St. Louis (*Les Chevaliers du Texas*) de Ray Enright (1949, Warner).
South of the Rio Grande de Lambert Hillyer (1945, Columbia).
Gli specialisti (*Le Spécialiste*) de Sergio Corbucci (1970, avec Johnny Halliday et Françoise Fabian).
Spur des Falken de Gottfried Kölditz (1968).
Stacked Cards d'Alfred Werker (1926, Circle).
Stagecoach (*La Chevauchée fantastique*) de John Ford (1939, United Artists).
Stagecoach de Gordon Douglas (1966, 20th Century-Fox).
Stars in My Crown de Jacques Tourneur (1950, MGM).
Station West (*La Cité de la peur*) de Sydney Lanfield (1948, RKO).

---

[17] D'après un roman de Boldre-Wood.
[18] D'après un autre roman de Jean Aicard.
[19] Sur un scénario de Sydney Boehm.

Stay Away, Joe de Peter Tewkesbury (1968, MGM, avec Elvis Presley).
Stranger on Horseback de Jacques Tourneur (1955, United Artists).
The Sundowners de George Templeton (1950, Eagle Lion).
Sunset Pass de Henry Hathaway (1933, Paramount, avec Randolph Scott).
Support Your Local Sheriff de Burt Kennedy (1969, United Artists, avec James Garner).
Sutter's Gold (*L'Or maudit*) de James Cruze (1936, Universal).
The Tall Men de Raoul Walsh (1955, 20th Century Fox, avec Clark Gable et Jane Russell).
Tall T (*L'Homme de l'Arizona*) de Budd Boetticher (1957, Columbia, avec Randolph Scott).
The Tall Women de Sidney Pink (1966, United Artists, avec Anne Baxter et Maria Perschy).
Tell Them Willie Boy Is Here (*Willie Boy*) d'Abraham Polonski (1969, Universal, avec Robert Redford).
Il tempo degli arvoltoi (*Quand les vautours attaquent*) de Nando Cicero (1967).
Tennessee Johnson de William Dieterle (1942, MGM, avec Van Heflin).
Ten Wanted Men de H. Bruce Humberstone (1955, Columbia, avec Randolph Scott).
La Terrore de Oklahoma de Mario Amendola (1961).
Terror of the Black Mask d'Umberto Lenzi (1967, Embassy).
Testa t'ammazzo, croce sei morto... Mi chiamano Alleluia ! d'Anthony Ascott (Giuliano Carmineo, 1971).
The Texans de James Hogan (1938, Paramount, avec Randolph Scott).
Texas de Tonino Valerii (1970).
Texas across the River (*Texas, nous voilà*) de Michael Gordon (1966, Universal, avec Dean Martin et Alain Delon).
The Texas Rangers (*La Légion des damnés*) de King Vidor (1936, Paramount, avec Fred MacMurray).
There was a Crooked Man (*Le Reptile*) de Joseph L. Mankiewicz (1970, Warner/7 Arts, avec Kirk Douglas et Henry Fonda).
They Died with Their Boots On (*La Charge fantastique*) de Raoul Walsh (1941, Warner, avec Errol Flynn).
Thirteen Fighting Men de Harry Gerstad (1960, 20th Century Fox).
The Three Godfathers de Edward J. LeSaint (1916, Universal, avec Harry Carey).
The Three Godfathers de Richard Boleslawski (1936, MGM, avec Chester Morris).
The Three Godfathers (*Le Fils du désert*) de John Ford (1948, MGM, avec John Wayne, Pedro Armendariz et Harry Carey Jr.).

Three Hours to Kill (*Trois Heures pour tuer*) d'Alfred Werker (1954, Columbia, avec Dana Andrews).
Three Men from Texas (*Trois Hommes du Texas*) de Lesley Selander (1940, Paramount).
Thunder in the Sun (*La Caravane vers le soleil*) de Russell Rouse (1959, Paramount).
Thunder over the Plains (*La Trahison du capitaine Porter*) d'Andre de Thot (1953, Warner, avec Randolph Scott).
Tickle Me de Norma Taurog (1965, Allied Artists, avec Elvis Presley).
Tierra Brutal de Michael Carreras (1961).
Tombstone, The Town Too Tough to Die de William McCann (1942, Paramount).
El Topo d'Alexandro Jodorowsky (1971, avec Alesandro Sodorowsky, Brontis Sodorowsky).
The Torch d'Emilio Fernandez (1950, Eagle Lion, avec Paulette Godard).
Touche pas la femme blanche de Marco Ferreri (1974, avec Marcello Mastroianni, Catherine Deneuve, Michel Piccoli, Philippe Noiret, Ugo Tognazzi, Alain Cerny, Serge Reggiani).
Las tres espadas del Zorro de Riccardo Blasco (1963, avec Guy Stocwell).
The Trial of Billy Jack de Frank Laughlin (1974, Warner).
True Grit (*Cent dollars pour un shérif*) de Henry Hathaway (1969, Paramount, avec John Wayne).
Tschetan der Indian Junge de Mark Bohm (1972).
Two Flags West de Robert Wise (1950, 20th Century Fox, avec Joseph Cotten et Jeff Chandler).
Two Guns and a Badge de Lewis D. Collins (1954, Monogram).
Two Mules for Sister Sarah (*Sierra torride*) de Don Siegel (1969, Universal, avec Shirley MacLaine et Clint Eastwood).
Uccidi o muori (*Ringo contre Jerry Colt*) d'Amerigo Anton (Tanio Boccia, 1968).
Ulzana's Raid de Robert Aldrich (*Fureur Apache*) (1972, Universal, avec Burt Lancaster).
Una donna chiamata apache de George McRoots (Pier Luigi Conti, 1976).
Un autre homme, une autre chance de Claude Lelouch (1977, avec James Caan, Geneviève Bujold, Francis Huster).
Unconquered (*Les Conquérants d'un nouveau monde*) de Cecil B. DeMille (1947, Paramount, avec Gary Cooper et Paulette Godard).
The Undefeated (*Les Géants de l'Ouest*) d'Andrew V. Mc Laglen (1969, avec John Wayne et Rock Hudson).
Un dollar recompensa de Joaquin L. Romero Marchent (1973).
Un drame en Camargue (1912, Gaumont).

Une corde, un colt de Robert Hossein (1968, avec Robert Hossein et Michèle Mercier).

Un esercito di cinque uomini (*Cinq hommes armés*) de Don Taylor (1969).

The Unforgiven (*Le Vent de la plaine*) de John Huston (1960, United Artists, avec Burt Lancaster et Audrey Hepburn).

Unforgiven de Clint Eastwood (1991, Panavision).

Un homme, un colt de Tullio Demichelli (1969).

Union Pacific (*Pacific Express*) de Cecil B. DeMille (1938, Paramount, avec Barbara Stanwyck et Joel McCrea).

Un uomo, un cavallo, una pistola (*Un homme, un cheval, un pistolet*) de Vance Lewis (Luigi Vanzi, 1967).

Un pistolero per Cento Bare (*La Malle de San-Antonio*) d'Umberto Lenzi (1968).

Unter Geiern d'Alfred Vohrer (1964).

L'Uomo della Valle Maledette d'Omar Hopkins (1964).

L'Uomo, l'orgoglio, la vendetta de Luigi Bazzoni (1967).

Valdez is Coming (*Valdez*) d'Edwin Sherin (1971, United Artists, avec Burt Lancaster).

Valley of the Hunted Man de John English (1942, Republic).

Vamos a matar, companeros ! de Sergio Corbucci (1970).

The Vanishing American de George B. Seitz (1926, Paramount).

Vendetta en Camargue[20] de Jean Devaivre (1949, avec Rosy Varte, Jacques Dufilho, Mady Berry, Jean Tissier).

The Vengeance of Pancho Villa de José Elorrieta (1966).

Vengeance Valley (*La Vallée de la vengeance*) de Richard Thorpe (1951, MGM, avec Burt Lancaster).

Vent d'Est de Jean-Luc Godard (1969[21], avec Gian Maria Volonte, Anne Wiezemsky, Daniel Cohn-Bendit, Marco Ferreri, Glauber Rocha).

Vera Cruz de Robert Aldrich (1954, United Artists, avec Gary Cooper et Burt Lancaster).

The Vigilantes Are Coming de Mack V. Wright et Ray Taylor (1936, Republic).

Villa Rides ! (*Pancho Villa*) de Buzz Kulik (1968, Paramount, avec Yul Brynner et Robert Mitchum).

Viva Cisco Kid de Norman Foster (1940, 20th Century fox).

Viva Maria ! de Louis Malle et Jean-Claude Carrière (1965).

Voorujen i ochen'opasen (*Vremia i gueroi Frensissa Bret Harta*) (*Armé et très dangereux (Le temps et les héros de Francis Bret Harte)* de Vladimir Vajnchtok (1978).

Wagonmaster (*Le Convoi des braves*) de John Ford (1950, RKO Radio).

Wagon Wheels de Charles Barton (1934, Paramount, avec Randolph Scott).

Walker d'Alex Cox (1988).

The Walking Hills (*Les Aventuriers du désert*) de John Sturges (1949, Columbia, avec Randolph Scott).

Wall Street Cowboy de Joseph Kane (1939, Republic, avec Roy Rogers).

Wanderer of the Wasteland d'Otho Lovering (1935, Paramount).

War Arrow de George Sherman (1953, Universal).

War Drums de Reginald LeBorg (1957, United Artists, avec Lex Barker).

Warlock (*L'Homme aux colts d'or*) d'Edward Dmyrtyk (1958, 20th Century-Fox, avec Richard Widmark, Henry Fonda, Anthony Quinn).

The Way of a Gaucho de Jacques Tourneur (1952, 20th Century-Fox).

Way Out West de James W. Horne (1936, MGM).

Welcome to Hard Times de Burt Kennedy (1967, MGM, avec Henry Fonda).

Westbound de Budd Boetticher (1959, Warner, avec Randolph Scott).

The Westerner (*Le Cavalier du désert*)[22] de William Wyler (1940, United Artists, avec Gary Cooper et Walter Brennan).

Western Frontier d'Al Herman (1935, Columbia, avec Ken Maynard).

Western Luck de Georges-André Béranger (1924, avec Buck Jones).

Westward Bound de Robert Emmett Tansey (1944, Monogram, avec Ken Maynard, Hoot Gibson, Bob Steele).

Westward Ho ! de Robert N. Bradbury (1935, Republic, avec John Wayne).

When a Man Rides Alone de J.P. MacGowan (1933, Monarch).

When a Man's a Man d'Edward F. Kline (1935, Monogram diffusé par Fox, avec George O'Brien).

When the Daltons Rode de George Marshall (1940, Universal, avec Randolph Scott).

When the Redskins Rode de Lew Landers (1951, Columbia).

Wichita de Jacques Tourneur (1955, Allied Artists, avec Joel McCrea).

---

[20] Il a d'abord été titré *Miss Cow-boy*.
[21] Jean-Pierre Gorin a participé à la réalisation, Daniel Cohn-Bendit à l'écriture.
[22] Tiré d'un roman de Stuart N. Lake.

The Wild Bunch (*La Horde sauvage*) de Sam Peckinpah (1969, Warner, avec William Holden).

The Wild Dakotas de Sam Newfield (1956, Associated Film).

Wild Horse Mesa de Henry Hathaway (Paramount, 1933, avec Randolph Scott).

Will Penny (*Will Penny le solitaire*) de Tom Gries (1968, Paramount avec Charlton Heston et Joan Hackett).

Winchester 73 d'Anthony Mann (1950, Universal).

The Windwalker de Keith Merrill (1980, Pacific International).

Winterhawk de Charles B. Pierce (1975, Howco).

Winnetou 1. Teil (*La Révolte des Indiens apaches*) de Harald Reinl (1963, avec Lex Barker, Pierre Brice, Nerse Versini).

Winnetou 2 (*Le Trésor des Montagnes bleues*) de Harald Reinl (1964, avec Lex Barker, Pierre Brice, Klaus Kinsky).

Winnetou 3 de Harald Reinl (1965, avec Lex Barker, Pierre Brice, Rita Battaglia).

Winnetou und Das Halblut Apanatschi *(L'Appât de l'or noir)* de Harald Philipp (1966).

Winnetou und sein Freund Old Firehand d'Alfred Vohrer (1967, avec Rod Cameron, Pierre Brice, Marie Versini).

Winnetou und Shatterhand im Tal der Toten de Harald Reinl (1968, avec Lex Barker, Pierre Brice, Karin Dor).

Wolf Song de Victor Fleming (1929, Paramount, avec Gary Cooper).

The Wonderful Country[23] de Robert Parrish (1959, United Artists, avec Robert Mitchum).

Young Billy Young (*La Vengeance du shérif*) de Burt Kennedy (1968, United Artists, avec Robert Mitchum et Angie Dickinson).

Young Buffalo Bill de Joseph Kane (1940, Republic, avec Roy Rogers).

Young Mr. Lincoln (*Vers sa destinée*) de John Ford (1939, 20th Century-Fox).

Zorro a la corte d'Inghilterra (*Zorro au service de la reine*) de Francesco Montemurro (1969).

Zorro Rides Again (*Le Retour de Zorro*) de William Witney et John English (1937, Republic).

Zorro's Black Whip (*Zorro le vengeur masqué*) de Gordon Bennet et Wallace Grissell (1944, Republic, avec Linda Sterling en Zorro).

Zorro's Fighting Legion (*Zorro et ses légionnaires*) de William Witney et John English (1939).

Zorro, the Gay Blade (*La Grande Zorro*) de Peter Medak (1981, avec George Hamilton).

100 000 Dollars por Lassiter de Joaquin L. Romero Marchent (1966, pea/Centauro).

$ 50 000 Reward de Clifford S. Elfelt (1926, Davis Distributing, avec Ken Maynard).

---

[23] D'après un roman de Tom Lea.

Index des noms

ABBOTT J. : 107, 117
ABRAHAMS D. : 126, 303
ACUFF R. : 90, 98
ADAMS A. : 101, 282
ADAMS C. : 12, 21, 77-79, 178, 181, 241, 255-258, 282
ADAMS J.G. : 94, 287
ADAMS J.Q. : 92
ADOLFI J.G. : 155, 308
ADREON F. : 121, 306
AGEL H. : 31, 271
AGUTTER J. : 157
AIKEN A.W. : 101
AIMARD G. : 9-10, 12-13, 15-16, 22-23, 28, 31, 41, 43, 46-52, 54-55, 59-66, 69, 78-79, 152, 164-165, 177, 184, 186, 188-189, 193, 196, 199-201, 217, 236, 240, 243-246, 257, 271-273, 276, 278, 283
ALBERS H. : 144
ALBERT M.H. : 79, 120, 257, 293
ALBERTARELLI R. : 146, 161
ALDRICH R. : 90, 153-154, 167, 225, 241, 299, 302, 309-310
ALENCAR J. de : 20, 283
ALLÉGRET Y. : 150, 222, 301
ALLEN F. : 126, 308
ALLEN H.W. : 106, 120, 257, 288, 290
ALLEN I. : 150, 303
ALLEN R. : 108, 112
ALLISON : 179
ALMENDROS N. : 155
ALMONTE : 240
ALTMAN R. : 99, 122, 300, 306
ALVARADO P. : 108, 122
AMILA J. : 218, 221, 283
AMY R. d' : 146
ANDERSON B. : 15, 271
ANDERSON G.M. : 110
ANDRIOT L. : 155
ANG I. : 135, 271
ANGENOT M. : 215, 271
ANGUISSOLA G. : 146
ANHALT E. : 120
ANNUNZIO G. d' : 148
ANTONI G. : 150, 302
ANTONIO G. d' : 146, 267
APFEL O. : 155, 300
AQUAVIVA J. : 161, 265

AQUILA R. : 117, 271
ARCHAINBAUD G. : 123, 155, 304
ARMES J. d' : 239
ARNAUD E. : 156
ARNESEN F. : 138
ARNOLD E. : 114
ARNOLD J. : 160
ARNOUX E. : 203, 269
ASCOTT A. : 241, 309
ASSOLANT A. : 47, 283
ASTRE G.-A. : 31, 207, 271
ATHERTON G. : 120
ATKINS C. : 99
AUDRY J. : 222, 301
AUFRAY H. : 208, 221
AURIAC J.-B. d' : 59, 248, 283-284
AUTANT-LARA C. : 68
AUTRY G. : 99, 107, 108, 111, 113, 155, 308
AUZIAS-TURENNE R. : 57, 58, 243, 283
AVERBACK H. : 133, 303
AYERS D. : 108, 109
BACH S. : 113, 271
BADGER J.E. : 101
BADHAM J. : 119
BAEZ J. : 208
BAILEY B. : 126
BAILEY J.A. : 95
BAILEY R. : 107
BAILLEUL L. : 61, 283
BAILLY M. : 238
BAKER J. : 95
BAKER M. : 122, 224, 271
BAKER R.W. : 138, 308
BAKOUNINE : 39, 231
BALCAZAR A. : 137, 302
BALDANELLO G. : 150, 300, 305
BALDI F. : 150, 306
BALDUCCI R. : 156, 301
BALLARD W.T. : 77, 255, 256, 259, 283
BALTHAZARS : 244
BALZAC H. de : 42, 43, 45, 271, 275, 283, 285
BAN YEE Y. : 157, 305
BANKS D. : 226
BANVARD J. : 96
BARABAS G. : 130, 271
BARABAS S. : 271
BARDET D. : 203, 269
BARILARI A. : 245, 283

BARKER N. : 240, 271
BARKER S.O. : 120
BARONCELLI J. de : 221, 308
BARONCELLI-JAVON F. de : 209, 211-212, 214, 221
BARRETT B. : 22, 77, 177, 190, 255, 283
BARRY D.R. : 112, 155, 299, 303, 306
BARTHES R. : 216, 271
BARTON C. : 119, 310
BASS S. : 102, 259, 264
BASTAIRE J. : 48, 49, 59, 271
BASTIA J. : 156, 202, 302
BATEMEN K. : 96
BATES C. : 129
BATET C. : 7, 160
BATTAGLIA D. : 146
BAUDELAIRE C. : 215
BAUR H. : 156
BAZIN A. : 31, 279
BAZZONI L. : 173, 310
BEACH R. : 120
BEAUDINE W. : 85, 126, 300, 308
BEAUMONT G. de : 44, 283
BEAUVOIR R. de : 45, 283
BEC C. : 204
BECHKO P.A. : 12, 79, 257, 283
BECK J. : 126
BECKER B. : 71
BEECHER STOWE H. : 96
BEEMER B. : 129
BÉLANGER C. : 238
BELANYI F. : 139
BELASCO D. : 97, 145
BELETTE TACHETÉE : 210
BELL R. : 112
BELLAH J.W. : 119, 283
BELLAMY E. : 170, 303
BELLAMY F. : 160
BELLECOURT C. : 226
BELLOUR R. : 31, 271
BENJAMIN W. : 165
BENNET S.G. : 122, 301, 305, 307
BENNETT D. : 79, 194, 256, 283
BENTEEN J. : 77, 121, 255, 257, 293
BENTON R. : 170, 299
BÉRANGER G.-A. : 155, 310
BERARDI G. : 147

BERELOWITCH A. : 12, 81, 203, 267, 283
BERGER T. : 14, 125, 284
BERGER Y. : 20, 284
BERGERAC J. : 154
BERLANGA G. : 136, 300
BERLIN I. : 94, 99
BERNHARDT S. : 21, 57, 96, 155, 268
BERTHAUT L. : 62
BERTHET E. : 52, 284
BERTOLINO D. : 242
BERTRAND A. : 56
BESSOT P.-A. : 62, 291
BIANCHI A. : 150, 300
BIANCHI P. : 151, 305
BIART L. : 20, 61, 284
BIERCE A. : 52, 81, 156
BIERSTADT A. : 139, 158, 272
BILLINGTON R.A. : 48, 138-139, 152, 200, 259, 272
BILLY THE KID : 43, 85-86, 89, 111, 117, 122, 160, 264, 268, 300
BINGAO N. : 20
BISHOP H. : 160
BLACK ELK : 233
BLAKE M. : 82, 144, 284
BLANC-DUMONT M. : 27-28, 80, 162, 171, 208, 212, 246, 252, 267
BLASCO J. : 160, 267
BLASCO R. : 136, 303, 309
BLASSETTI : 147
BLOND G. : 82, 284
BLUMENSTEIN E. : 158
BLUMMER J.L. : 129
BOCCIA T. : 150, 309
BODMER C. : 228
BODMER K. : 158
BOETTICHER O.B. : 120, 133, 170, 309-310
BOGARDE D. : 138
BOGARDUS A.H. : 94
BOGART P. : 152, 308
BOHM M. : 227, 309
BOISSET Y. : 203
BOLD C. : 99
BOLESLAWSKI R. : 119, 309
BONAPARTE R. : 63, 224
BONELLI G. : 146
BONNEAU A. : 9-10, 22, 26-27, 69-72, 74-76, 184, 190-192, 194, 201, 238, 249, 284-285, 291

INDEX DES NOMS 313

BONNER M. : 79, 256
BOONE D. : 84, 85, 88, 267
BOOTH E. : 96
BOREL F. : 20, 201, 284
BOSCARATO C. : 146, 174
BOSETTI R. : 156
BOUCHER DE BOUCHERVILLE G. : 237, 284
BOUJUT L. : 155, 272
BOURGEOIS A. : 64
BOURGET P. : 20, 57, 58, 67, 243, 285
BOURGUIGNON S. : 155, 307
BOURNICHON J. : 57, 227, 285
BOURVIL : 156
BOUSSENARD L. : 9, 25, 59-61, 182, 193, 201, 217, 240, 273, 285
BOUVERT R. : 108
BOWER B.M. : 101-102, 120-121, 155
BOWIE J. : 102
BOYD W. : 71, 96, 123, 126, 155, 304
BRADBURY R. : 167, 169, 170, 177, 182, 299, 301, 305, 310
BRADLEY W. : 137, 272
BRAMLY S. : 228, 230, 272
BRAND M. : 79, 100, 104, 116, 118, 120, 125, 144, 147, 175, 274, 285
BRANDO M. : 113, 226, 306
BRANNON F.C. : 121, 302-303
BRAUN Matt : 79, 259
BRAUN Matthew : 121
BRÉHAT A. de : 60, 201, 285
BRETHERTON H. : 117, 123, 165, 168, 304, 306
BRICE : 136, 145, 306, 311
BRION P. : 31, 110, 271, 272
BRITSCH R.A. : 139, 272
BRONSON C. : 155, 157, 299, 301, 303
BROOKS G. : 99
BROOKS R. : 151, 168, 171, 305, 307
BROONZY B.B. : 99
BROUILLET C. : 238, 285
BROWER O. : 118-119, 155, 166, 300, 302, 305
BROWN J. : 89, 188, 286
BROWN J.M. : 112, 301
BROWNING C. : 69
BROYLES GONZALES Y. : 211, 272
BRUCE J. : 200
BRULLS C. : 69, 285
BRUMBLE H.D. : 234, 272
BRUNELLE P. : 213
BUCHS J. : 151, 184, 304, 307

BUFFALO BILL : 7, 9, 21, 26, 30-31, 43, 57, 64-67, 69, 83, 92, 94-97, 101, 103, 107, 109-110, 116, 122, 124, 132, 136-137, 141-143, 145-146, 160-161, 168, 173-174, 188, 191, 196, 207, 209-211, 226, 236, 246, 249, 262, 269, 272, 274-276, 278-279, 281, 289-290, 300-301, 305, 307, 311
BUFFOLENTE L. : 146
BUNKER M. : 146
BUNKER R. : 118, 257, 297
BUNTLINE N. : 21, 97, 101, 277, 285
BUNYAN P. : 102
BURKE J.M. : 97
BURNETT L. : 134, 218
BURNS T. : 123, 285
BURROUGHS E.R. : 82, 296
BURTON D. : 119, 155, 302
BUSCEMA J. : 108, 122
BUTLER D. : 119, 301
BUTLER F. : 94
BUZZELLI G. : 162, 267, 270
CABANNE W.C. : 126, 308
CABET E. : 48, 243, 272, 273
CABEZA DE VACA A. : 56
CABREL F. : 221
CADE J. : 151, 253
CAHN E.L. : 169, 303
CAIANO M. : 157, 306, 307
CALEGARI R. : 146
CALVET C. : 155
CAMPBELL B. : 101
CAMUS W. : 29, 81, 285
CANALE A. : 146
CARDONE A. : 150, 306
CARLE G. : 213
CARLIER A. : 56, 273, 285
CARLOS L. : 157, 299
CARLSON P. : 117, 299
CARLSON R. : 108, 123
CARMINEO G. : 150, 304, 309
CARON C. : 239
CARR J.D. : 147
CARR T. : 133, 183, 300, 303
CARRE B. : 155
CARRERAS M. : 138, 148, 308, 309
CARRIÈRE J.-C. : 71, 202, 310
CARRILLO L. : 126
CARROLL J. : 121
CARSON B. : 168, 169
CARSON K. : 11, 26-27, 43, 85, 146, 161, 174, 289, 290
CARSON L. : 184, 257
CARSON S. : 112
CARTER E. : 97
CARTER F : 79, 82-83, 257, 285
CARTIER J. : 36, 285
CARTIER J.P. : 231, 273
CARVER W.F. : 94, 141
CARYL S. : 69
CASARIL G. : 203, 307
CASE D. : 167, 285
CASH J. : 99

CASHYAN L. : 77, 285
CASSIDY B. : 91, 110, 133, 300
CASTAÑEDA C. : 231
CASTEL L. : 148
CASTELLARI E. : 150, 173, 299, 307
CASTELOT A. : 240, 273
CASTILLO A. del : 147, 174, 227, 308
CASTLE W. : 204, 302
CATLIN G. : 158
CAUVAIN H. : 221
CAUVIN R. : 28, 162, 188, 269 273
CAWELTI J.G. : 93, 100, 129, 273
CENDRARS B. : 20, 67, 68, 169, 285
CERCHIO F. : 241, 307
CHAFFEY D. : 138, 301
CHAMBON J. : 69, 285
CHANNING WIRE H. : 238
CHAPMAN W. : 96
CHARLES J.-F. : 203
CHARLIER J.-M. : 27, 152, 162, 265
CHASLES J.-F. : 45, 47, 285
CHASTAGNER C. : 214, 273
CHATEAUBRIAND F.-R. de : 37, 40, 41, 43, 139
CHAUTARD E. : 155
CHÉRY P. : 29, 162, 192, 267
CHESNEAU A. : 203, 234, 273
CHEVALIER H.E. : 47, 68, 188, 285, 286
CHEVALIER M. : 44
CHILTON C. : 160
CHIODINI E. : 239
CHISHOLM C. : 137, 138
CHRISTIAN F.H. : 121
CHRISTIAN-JACQUE : 203, 307
CHRISTIE A. : 110, 305
CICERO N. : 150, 302, 309
CIMINO M. : 113, 156, 304
CLAIR R. : 155, 302
CLARETIE J. : 61, 286
CLARK J.B. : 133, 306
CLARK W. : 259
CLARK W.T. : 120, 125, 297, 307
CLAVÉ F. : 176, 270
CLAVEL B. : 202, 286
CLIFTON E. : 122, 301
CLINTON E. : 77, 121, 255-256, 259
COBOS D. : 136
COBURN J. : 148, 307
COBURN W. : 103, 147
CODY A. : 121
CODY W.F. : 66, 86, 94, 95, 97, 122, 124, 141, 142, 262, 273, 274, 301
COELHO E. : 161
COLBERT C. : 155
COLDSMITH D. : 16, 286
COLE J. : 79, 256
COLE R.K. : 107
COLE T. : 46, 158
COLEMAN C.C. : 119
COLIZZI G. : 151, 301

COLLEMAN A.D. : 228
COLLINS L.D. : 112, 123, 302, 309
COLLINSON P. : 118, 138, 299
CONDON R. : 82, 286
CONDORCET : 227
CONNELL E.S. : 124
CONRAD J. : 24
CONSIDÉRANT V. : 244
CONSTANTIN-WEYER M. : 20, 68, 240, 286, 305
CONSTINER M. : 79, 257
CONTE A. : 82, 287
CONVERSE F.S. : 97
CONWAY F.H. : 167
CONWAY J.L. : 12, 42, 305
COOK J.H. : 102, 287
COOK W.W. : 21, 78, 79, 106, 255, 256, 257
COOPER F. : 9, 15, 28, 30, 42-43, 46, 54, 57, 60, 66, 70, 82, 87, 91, 100-101, 139-140, 144, 158, 175, 193-194, 240, 262-264, 271-272, 274-275, 279, 287
COOPER J.-L. : 82, 122, 154, 207, 241, 287, 299, 302, 304, 306-307, 309-311
CORBUCCI S. : 148, 150-151, 156-157, 300, 302-303, 306, 308, 310
CORDOBA H. de : 36
CORTAMBERT L. : 188, 287
CORTEGGIANI F. : 162, 265
CORTÈS H. : 35, 56
CORTI E. : 240, 273
COSSIO C. : 66, 146
COSTA M. : 226, 300
COSTNER K. : 113, 117, 127, 301, 308
COTHIAS P. : 203, 266, 269
COTTEAU E. : 59
COUÉGNAS D. : 23, 190, 273
COULET DU GARD R. : 229, 232, 273
COURTEAUX W. : 77
COURVILLE A. de : 239
COX A. : 78, 120, 138, 172, 181, 256, 287, 310
COZE P. : 67, 71, 228, 230, 287, 297
CRABTREE L. : 96
CRANE S. : 82, 120
CRAWFORD Cap. : 74, 94
CRISAFULLI H. : 52, 283
CRISPINO A. : 173, 304
CROCKETT D. : 12, 26, 43, 81, 85, 100, 107, 109, 161, 174, 267, 283, 290
CROSSLAND A. : 111
CRUZE J. : 111, 155, 301, 309
CUMMIN J. : 89, 287
CUMMINGS I. : 118, 126, 301, 304, 307
CURTIS E.S. : 224, 228, 273, 277
CURTIS S. : 121, 273
CURTIZ M. : 133, 304

CURWOOD J.O. : 26, 29, 68, 118, 147, 287
CUVELIER P. : 161, 162, 203
DAIGNAULT P. : 239
DAMIANI D. : 148, 307
DAMSKI M. : 225, 305
DAN B. : 28, 161
DARAÎCHE J. : 213
DARCY P. : 76, 217, 287
DASSIN J. : 214
DAUGHERTY H. : 122, 168, 307
DAUMERY J. : 155, 305
DAVES D. : 112, 154, 166, 177, 193, 225, 299-301, 304
DAVIS H.L. : 82
DEAN A. : 28, 107, 117
DECOIN H. : 221, 308
DECOURCELLES P. : 242
DEEDS J. : 129
DEFOE D. : 25
DEGRAFF R. : 104
DEGUISE J.-P. : 239
DELACORTE G.T. : 103
DELALANDE J. : 56, 283
DELEUZE G. : 153, 172, 184, 274
DELISLE DE DREVETIÈRE L.-F. : 38, 287
DELLYS L. : 64, 201, 287
DELPIT A. : 188, 287
DEMICHELLI T. : 151, 154, 304, 310
DEMILLE C.B. : 111, 122, 173, 306, 307, 309, 310
DEMONGEOT M. : 138
DENTU E. : 49, 51, 194, 244, 282, 284, 286, 288, 295
DERIB : 27, 29, 162, 227, 266, 269
DEROME G. : 239
DESBERG S. : 126, 184, 267
DESROCHES P. : 238
DESROSIERS L.-P. : 166, 287
DEUNEBOURG G. : 155
DEVAL J. : 155
DEVI : 162
DHÉRY R. : 156, 300
DICKASON O.P. : 36-37, 193, 274
DIDEROT D. : 13, 287, 293
DIDIER E. : 188, 287
DIETERLE W. : 89, 240, 304, 309
DIRK R. : 107
DITKO S. : 109
DIXON R. : 71, 287
DIXON T. : 110
DMYRTYK E. : 112, 310
DOBIE J.F. : 102
DOCTOROW E.L. : 125, 287
DORNAY J. : 42
DOUAY M. : 162
DOUGLAS G. : 120, 133, 167, 171, 300, 302-303, 308
DOYLE A.C. : 147, 217
DRAGO H.S. : 106
DRUILLET P. : 162

DUBOIS D. : 31, 81, 208, 287, 289
DUBOIS G. : 130
DUBOS J.-B. : 31
DUCHATEAU A.-P. : 28, 162, 203, 266, 268
DUCLOS D. : 222, 274
DUFOURNET G. : 65, 274
DUGUÉ F. : 64
DUHAMEL G. : 216, 274, 278
DULL KNIFE : 81
DUMAINE C. : 155
DUMAINE J. : 238
DUMAS A. : 15, 24, 25, 42, 44, 49, 52, 76, 96, 105, 219
DUMAS C. : 238
DUNN B. : 98
DUPLESSIS P. : 47, 64, 245, 287
DUPRÉ J. : 239
DURAND A. : 158
DURAND DE VILLEGAIGNON N. : 36
DURAND J. : 156, 210, 221, 302
DURAND R. : 203, 267
DUT : 161, 227
DUVIVIER J. : 221, 303
DWAN A. : 122, 303
DYLAN B. : 99, 208, 221
EARP W. : 21, 29, 120, 122, 160, 174, 291
EASBURNE J.W. : 100, 298
EASTMAN S. : 158
EASTWOOD C. : 113-114, 117, 148, 151-152, 154, 209, 300, 304, 307, 309-310
EATON E. : 232, 233, 274
ECO U. : 165, 173, 274
EDISON T. : 86, 110
EDSON J.T. : 138, 272
EDSON N. : 108, 122
EHRLICH J. : 22, 256
EICHLER A. : 22, 25-26, 30, 65-66, 69, 95, 132, 136, 141, 145, 159, 188, 191, 196, 201, 217, 235-236, 246, 274, 291
EINSENSTEIN S.M. : 155
EINSTEIN A. : 142
ELFELT C.S. : 168, 311
ELLIOT W. : 171
ELLIS E.S. : 85, 101, 194, 288
ELLISON J. : 122
ELORRIETA J.M. : 136, 137, 227, 303, 304, 310
EMMETT R. : 167
ENGELS F. : 227
ENGLISH J. : 121, 170, 189, 302, 305, 310, 311
ENNERYE R d' : 62, 192, 201, 288
ENRICO R. : 156, 275, 307
ENRIGHT R. : 124-125, 170, 299, 301, 308
ERICHSEN U. : 144
ERSEL : 203

ESTEFANÍA M. : 7, 137, 151, 160
ESTLEMAN L.D. : 121, 259
ESTOURNELLES DE CONSTANT P.-H.-B. : 56, 288
ETIÉVANT H. : 221, 302
ETULAIN R.W. : 86, 93, 274, 277
EVANS T. : 79, 165, 257
EVARTS H.G. : 79, 179, 257, 288
EVERETT W. : 21, 77, 79, 255, 257, 288
EXBRAYAT C. : 20, 288
EYMA X. : 47, 288
FAGO G. : 151, 305
FAIRBANK D. : 121
FALARDEAU M. : 238
FARNUM D. : 119
FARNUM W. : 118
FARRELL C. : 22, 78-79, 82, 166, 255-258, 288
FARROW J. : 118, 169, 304
FAUCHE X. : 28, 29, 268
FAUCON E. : 60, 288
FAUCONNIER G. : 191, 198, 274
FAUST F. : 104, 285
FAYARD A. : 51, 63-64, 69, 199, 264, 276-277, 287, 289, 294, 298
FEIST F. : 89, 305
FERBER E. : 117, 288
FÉRENCZI : 66, 69, 76, 291, 294, 297
FERGUSON H. : 85
FERNANDEL : 156, 202, 302
FERNANDEZ E. : 7, 119, 309
FERNEZ A. : 80
FERRERI M. : 152, 309, 310
FERRY G. : 9, 16, 28, 45-47, 49, 54, 61, 67, 69, 165, 236, 246, 278, 282, 288
FERRY J. : 156, 308
FEUILLADE L. : 91
FÉVAL P. : 47, 288
FEYDER J. : 68, 305
FIDANI D. : 148, 150, 302
FILIPPINI H. : 146, 160-161, 274
FILSON J. : 84, 88, 288
FINGER B. : 109
FISCHER M.L. : 29, 288
FISHER C. : 22, 79, 106, 120, 180, 184, 256, 257, 288
FISHER V. : 118, 125, 259, 288
FISKE J. : 217, 274
FLANDERS C. : 107, 117, 129
FLEISCHMANN S. : 26
FLEMING V. : 85, 311
FLETCHER F. : 159
FLETCHER H. : 109
FLINCH T. : 100, 288
FLOREN L. : 12, 179, 182, 186, 257, 288
FLYNN R. : 106, 259, 288
FOIGNY G. de : 38, 288

FONDA H. : 89, 112, 122, 153, 301, 306-307, 309-310
FONTANEDA H. de : 36
FORBES E. : 71, 288
FORD C. : 31, 207, 274
FORD J. : 27, 71, 89, 91, 105, 111-112, 119-120, 122, 124, 133, 142, 155, 157-158, 172, 184, 301-302, 304, 306-311
FORD R. : 97
FORDE E. : 239, 308
FOREMAN L. : 79, 118, 121, 123, 138, 181, 257, 288
FOREST J.-C. : 162
FOREZ G. : 161, 269
FORGET A. : 242
FORREST E. : 20
FORSTER W.B. : 21
FORTON G. : 161
FOSTER L.R. : 240, 302
FOSTER N. : 126, 310
FOURNIER M. : 64
FOX G. : 109, 180, 257, 288
FOX N. : 79, 80, 106, 182, 258, 288
FOX W. : 126
FRAKER W.A. : 129, 155, 305-306
FRANK A. : 71, 288
FRANK M. : 133, 154, 304
FRANKLIN B. : 88
FRANZ : 27, 162, 204
FRASER H. : 123, 303
FRAYLING C. : 10, 127, 147, 149, 265, 274
FRAZEE S. : 79, 120, 256
FRAZETTA F. : 109
FRAZIER D. : 239, 274
FRÉCHETTE L. : 240, 288
FREGONESE H. : 111, 145, 306, 308
FREIXAS C. : 160
FRÉMONT J.C. : 85
FRENCH C.K. : 110
FRIEND E. : 30, 77, 255, 289
FRONVAL G. : 12, 26, 31, 66, 72, 76, 81, 158, 196, 200, 289
FROST R.L. : 134, 304, 308
FULGOZZI N. : 157, 302
FULLER S. : 169, 299, 301
FUNCKEN F. : 161
FUNÈS L. de : 126
FUSCO F. : 28, 266
GABIN J. : 126
GABLE C. : 167, 304-306, 309
GAGNON A. : 240, 289
GAILHARD G. : 69, 198, 289
GAILLARD R. : 76, 82, 245
GAILLARDET T.-F. : 44-45, 277, 289
GAINSBOURG S. : 214
GALVADON R. : 173, 305
GAMBA P. : 146
GAMELIN C. : 238
GANNAWAY A.C. : 85, 155, 301, 307
GANTA : 146

INDEX DES NOMS

GARCIA F. : 29
GARCIA J. : 151, 304
GARCIA LOPEZ J.L. : 110
GARFIELD B. : 16, 77, 82, 120, 255, 257-258, 289
GARLAND H. : 101-102, 289
GARNER : 109, 114, 270, 304, 308
GARRETT P.F. : 85, 289
GARRONE S. : 152, 302
GARY J. : 107, 117
GAST K.P. : 12, 78, 79, 257, 289
GAULDEN R. : 79, 256-257
GAULLIEUR H. : 56, 93, 275, 289
GAUVREAU P. : 238
GEMMA G. : 148
GERARD E. : 224
GÉRARD F. : 45
GÉRONIMO : 102, 180
GERSTÄCKER F. : 28, 52-53, 59, 140-141, 289, 296
GERSTAD H. : 170, 309
GERVAIS B. : 24, 275
GIFFEY R. : 66, 269
GIL-CALVO E. : 136, 273
GILL T. : 71, 289
GILLAIN J. : 27, 159, 162, 267, 275
GILLIBERT J. : 211, 275
GILMAN G. : 121
GILROY F.D. : 91, 303
GIMÉNEZ C. : 160
GIRARD J. : 200, 289
GIRARDOT E. : 155
GIRAUD J. : 27, 152, 156, 162, 214, 265, 267
GIRE E. : 28, 161, 270
GIROLAMI M. : 226, 307
GIROTTI M. : 145
GLOESNER N. : 161
GODARD J.-L. : 152, 223, 310
GOLDBECK W. : 119
GOLDEN J.A. : 110, 122, 305
GOLDMAN M. : 119, 173, 305
GOLDSTONE J. : 152, 306
GOLON A. ET S. : 202, 243, 246, 289
GOMES C. : 20
GOMEZ-MORIANA A. : 227, 271, 275
GOOD T. : 148
GORDON A. : 76, 77, 255
GORDON M. : 155
GORDON S. : 122
GOSCINNY R. : 28, 162, 198, 203, 268
GOSSELIN A. : 28, 161, 269
GOTLIB : 13
GOTTLIEB F.J. : 141, 303
GOUDAL J. : 155
GOUHENIS L. : 244
GOURMELEN J.-P. : 27-28, 160, 162-163, 171, 174, 193, 268, 270
GRAFFIGNY Mme de : 38, 289
GRANT U.S. : 55, 138
GRASER E.W. : 129

GRAUGNARD J.-F. : 230, 275
GRAY H. : 107
GRAY J.S. : 124, 260, 289
GRAYSON D. : 107
GRAZINZKI S. : 230, 275
GRECCHI L. : 146
GREEN L. : 114
GREEN M. : 14
GREENBERG M.H. : 120, 295
GREG : 27, 28, 162, 266, 268
GREGORY J. : 101, 102
GREY Z. : 28, 70, 76, 79, 82, 100, 104, 107, 116-120, 136, 138, 142-144, 147, 166, 172, 191, 225, 257-258, 275, 290, 303
GRIES T. : 152, 311
GRIFFITH D.W. : 110, 155, 300
GRIMALDI G. : 148, 300
GROS J. : 59
GROSLAND A. : 170, 306
GRUBER F. : 100, 188, 256, 275
GUAY R. : 238
GUERRAND R.-H. : 29, 81, 290
GUILBERT Y. : 96
GUILLAUME Ier : 55
GUILLERMIN J. : 133, 241, 301
GULICK B. : 82, 138
GUTHRIE A.B. : 79, 85, 99, 120, 154, 290
GUTHRIE W. : 99
GUTIÉREZ DE ESTRADA : 240
GUY-BLACHE A. : 155
HAAS B. : 77, 139, 257, 293
HAGGARD M. : 90
HALE M. : 112, 299
HALL T.T. : 99
HALLIDAY M. : 156, 306, 308
HAMID G. : 96
HAMILTON D. : 26, 255, 290
HAMMAN J. : 156, 161, 208-211, 214, 221, 236, 275, 302-303
HAMMERSTEIN O. : 97
HANNEDOUCHE A. : 61, 290
HANSON W.F. : 97
HARDIN J.D. : 79, 258, 261
HARDING J.W. : 89, 290
HARLÉ L. : 27, 28, 162, 171, 267
HARMAN F. : 28, 107, 108, 122, 159, 269
HARRIMAN E.H. : 224
HARRIS E. : 99
HARRIS R. : 97
HARRISON B. : 142
HART W.S. : 130
HARTE F.B. : 82, 101, 120, 137, 139, 290, 310
HARVEY A. : 138, 227, 302
HARVEY H. : 126, 300
HASKIN B. : 89, 125, 302, 308
HASSRICK : 12, 81, 290
HATHAWAY H. : 119, 133, 154, 172, 184, 239, 300, 306, 308-309, 311

HAWKS H. : 85, 111, 112, 154, 177, 278, 300, 302, 306, 307
HAYCOX E. : 79, 82, 104, 120, 124, 169, 256, 290
HAYS A.P. : 239, 274
HAYS W.S. : 98
HAYWARD S. : 154
HEATH G. : 160
HEATH R. : 129
HECK D. : 109
HEISLER S. : 105, 129, 299, 305
HELBLING J. : 155
HELLMAN M. : 157, 301
HEMPAY G. : 29, 161, 222
HENCKEL C. : 107
HENNUYER A. : 61, 284
HENRY O. : 82, 101, 107, 120, 125, 290
HENRY W. : 22, 79, 106, 120, 179, 226, 257, 259, 290
HERDT D.-L. d' : 208, 290
HERGÉ : 80, 161, 270
HERMAN A. : 182, 310
HERMANN : 27, 162, 266
HERNANDES PALACIOS A. : 27, 160, 268
HERRON E. : 109
HERRON F.E. : 107
HESSELVIUS G. : 157
HÈVE J. de la : 62, 290
HICKOCK W.B. : 21, 101, 109, 114, 168, 173
HIDALGO J.M. : 240
HILL G.R. : 133
HILL Terence : 153
HILL Tom : 26, 290
HILLER J.K. : 224
HILLERMAN T. : 186, 235, 258
HILLYER L. : 126, 155, 166, 169, 300, 301, 306, 308
HINMATON-YALAKIT : 56
HITLER A. : 142
HOARAU A.-P. : 31, 207, 271
HOFBAUER E. : 227, 308
HOGAN J. : 118, 168, 299, 309
HOGAN R. : 12, 78, 106, 181, 182, 255, 256, 257
HOGARTH B. : 159, 270
HOLLIDAY D. : 111, 120
HOLMES A. : 30, 120
HOLT J. : 119
HOLT GILES J. : 82, 290
HOMANS P. : 172
HOOVER J.E. : 109
HOPE P. : 161
HOPKINS O. : 226, 310
HOPPENSTAND G. : 115, 275
HOPPER J. : 122, 136, 305, 307
HOPSON W. : 78, 255-257
HORGAN P. : 125, 260, 291
HORNE J.W. : 189, 310
HORNER H. : 165, 306
HORNUNG E.W. : 70, 291
HOUGH E. : 82, 111, 120, 168, 291

HOUSTON C. : 99
HOUSTON S. : 45, 89
HOWARD D. : 85, 301
HOWARD N. : 222, 306
HUBERT R. d' : 66, 155, 274
HUE F. : 61, 188, 288, 291
HUGGINS R. : 170, 304
HUMBERSTONE H.B. : 126, 174, 305, 309
HUMPHRIES B. : 160
HUNTER E. : 120
HURET J. : 59
HUSTON J. : 27, 105, 133, 306, 310
IDIERS M. : 238
INCE T.H. : 96, 110, 124, 301
INCREASE : 87
INGRAHAM P. : 21, 97, 101, 116
IRVING W. : 20, 96
ITURBIDE A. : 100
JACCARD J. : 155
JACKSON A. : 44, 89, 91, 97, 177, 229
JACKSON F. : 125
JACKSON W.H. : 90, 224
JACOB YEUX BLANCS : 210, 211
JACOBS E.P. : 161
JACOPETTI : 147
JACOVITTI B. : 146
JACQUET G. : 221, 303
JAKES J. : 16, 120, 291
JAMES F. : 89, 95, 116
JAMES J. : 89, 97, 283
JAMES W. : 239
JAMES W.M. : 121
JANIN J. : 45, 291
JANKÉLÉVITCH V. : 13, 276
JANNET C. : 56, 273, 291
JANVIER M. : 29, 268
JARBY : 204
JASSET V. : 156, 210
JAUBERT J. : 202, 291
JENKINS A. : 123
JENNEY B. : 126
JENNINGS A. : 117, 299
JEREZ F. de : 56
JERNANDER J.-P. : 80, 200, 291
JEUNE S. : 42, 45, 61, 62, 64, 199, 215, 276
JIJÉ : 27, 162, 174, 204, 267, 275
JOBIN A. : 27, 29, 269
JODOROWSKY A. : 152, 309
JOHANNSEN R.W. : 240, 276
JOHNSON A. : 89
JOHNSON D.M. : 79, 82, 120, 291
JOHNSTON A.S. : 194
JOHNSTON J. : 118
JOHNSTON W.R. : 112
JOLIVET D. : 222, 276
JONES F.Q. : 169
JONES H. : 171, 301
JOSEPH Chef : 56, 93, 115, 267
JOUIN P. : 214, 276
JOURDHUI G. : 214

JUAREZ B. : 240
JURAN N. : 133, 227, 300-301
KAMAGURKA : 29, 270
KANE J. : 122, 124, 166, 170, 171, 305, 307, 310-311
KAPLAN J. : 127, 299
KARLSON P. : 85, 304
KASDAN L. : 113, 308
KASTNER J. : 139, 144, 276
KATZIN L.H. : 168, 304
KEARNY S.W. : 85
KEENE J. : 78, 79, 181, 255, 256, 291
KEFAUVER E. : 108, 109
KELLER H. : 133, 308
KELTON E. : 79, 106, 138, 162, 258
KENNEDY B. : 91, 115, 125, 133, 151, 157, 184, 302-304, 309-311
KÉRATRY E. : 240, 291
KESERBER R. : 156
KILNE B. : 189, 301
KINCAID M. : 147
KING C.B. : 158
KING D. : 79, 177, 291
KING H. : 112, 183, 300, 303
KING L. : 118, 155, 239, 302, 307, 308
KINGSTON N. : 70, 193, 201, 291
KIRBY J. : 108, 109
KLEINE G. : 210
KLEIST H. von : 96
KLICK R. : 157, 301
KLINE : 161
KLINE E.F. : 112, 310
KNIGHT P. : 94
KNOPF E.H. : 118, 166
KNOTT W.C. : 121
KNOW-NOTHING : 21
KNOX W. : 227, 308
KÖLDITZ G. : 139, 308
KOTCHEFF T. : 136, 306
KOWALSKI B.L. : 152, 305
KRAFT R. : 65, 291
KREPPS R.W. : 119-120, 255-256, 291
KRESSE H.G. : 197, 268
KRESSY E. : 107, 129
KROEBER T. : 228, 276
KROPOTKINE P. : 231
KRUH R. : 82, 291
KULIK B. : 151, 310
KUROSAWA : 120, 149, 308
KURTZ : 179
KYNE P.B. : 119, 291
LABASTIDA : 240
LA BÉDOLLIÈRE E. : 240, 276
LABOIS R. : 222, 267
LABOURIEU T. : 62, 291
LACASSIN F. : 65, 91, 131, 210, 276
LACOUR J.-A. : 71
LAFITAU J.-F. : 37, 41, 291
LAFITTE J. et P. : 200
LAHONTAN L. : 37-38, 41, 291
LAI F. : 156
LAKE S.N. : 29, 122, 291

LALLEMAND C. : 200
LAMBIL : 28, 162, 269
LAMONT C. : 154, 303
LAMOTHE A. DE : 62, 291
LAMOTHE W. : 151, 213
LAMOUR D. : 99
L'AMOUR L. : 10, 12, 16, 21, 31, 43, 78-80, 105-106, 118, 120, 123, 137, 142-144, 147, 155, 179-181, 184, 253, 255-258, 285, 291
LANCE L. : 12, 25, 292
LANDERS L. : 85, 154, 167, 301, 302, 310
LANDON J. : 120
LANDON M. : 114
LANDRES P. : 133, 306
LANE A. : 112
LANE W.H. : 96
LAPOWINSA Chef : 157
LAS CASAS B. de : 39-40, 56, 291
LAUDER E. : 116
LAUGHLIN F. : 225, 309
LAURE C. : 213
LAUREN R. : 117
LAURENS J.-P. : 240
LAURENT P. : 240, 276
LAUZIER G. : 162
LAVEN A. : 151, 303
LAVEN F. : 65
LAVEZZOLO A. : 146
LAWRENCE S.C. : 12, 257, 291
LAWSON W.B. : 101
LE BLANC DE GUILLET : 38, 292
LEBORG R. : 170, 310
LE BRIS M. : 245, 292
LEBRUN R. : 213
LECAILLON J.-F. : 229-230, 232, 276
LECLERCQ J. : 57, 292
LEE J. : 138, 187, 308
LEE S. : 108
LEE W.C. : 138
LEEDS : 126, 301
LEFÈVRE R. : 201, 292
LEFFINGWELL E. : 107
LEFRANC G. : 156, 202, 302
LEGRAY J. : 80
LEGUÈBE R. : 155, 210, 276
LE HÉNAFF J. : 155, 302
LEHMAN E. : 78-79, 147, 169, 181, 255-257, 292
LEIGHTON L. : 22, 256, 258, 292
LEIVAS J. : 93
LE JEUNE R. : 69, 292
LELOUCH C. : 12, 203, 309
LE MAY A. : 71, 82, 105, 292, 304
LE MOYNE DE MORGUES J. : 36
LENZI U. : 150, 304, 309-310
LEONARD E. : 22, 91, 106, 120, 152, 181, 255, 292
LEONARD R.Z. : 145, 154, 303, 306

LEONE S. : 30, 77, 147, 148, 151, 153, 156, 274, 278, 300, 301, 306, 307
LE RALLIC E. : 28, 161, 269
LERNOULD C. : 179
LE ROUGE G. : 215, 217, 292
LÉRY J. de : 36-38, 292
LÉTURGIE J. : 28, 29, 268
LETURQUE H. : 59, 64, 201, 292
LEUTRAT J.-L. : 110, 200, 276-277
LEVIN H. : 171, 306
LÉVI-STRAUSS C. : 38
LEWIS J. : 30, 77, 255, 292
LEWIS J.W. : 21
LEWIS Meriwether : 158
LEWIS R.W.B. : 128, 277
LIEBER F. : 108
LIGNEREUX A. : 56, 296
LILLIE B. : 94
LILLIE G.W. : 95
LILLY B. : 102
LIMAT M. : 66
LINCOLN A. : 89, 188, 215
LINDSEY J. : 94
LIPSKY O. : 139, 305
LITTLE WOLF : 81
LIVINGSTONE R. : 16, 121, 129
LIZZANI C. : 150, 307
LOB : 27, 162, 267
LOEW M. : 132
LOGAN J. : 185, 307
LOLLSAAT R. : 160
LOM D'ARCE L.-A. : 37, 291
LONDON J. : 26, 29, 68, 93, 120, 147, 292
LONG S.H. : 158
LONGTREE W.T. : 121
LOOMIS N.M. : 106, 258, 292
LOPEZ D.A. : 160
LOPEZ DE SANTA ANNA A. : 49, 55
LORD W. : 79, 179, 181, 257, 292
LORN H. : 145
LOVERING O. : 111, 119, 306, 310
LUCIDI M. : 151, 307
LUDLOW M.N. : 97, 139, 272
LUDWIG E. : 171, 302
LUPO M. : 148, 301
LUTHER OURS DEBOUT : 67, 294
LUTZ G.A. : 12, 31, 179, 181, 184-185, 256-258, 292-293, 297
LYNDE S. : 107
LYON F.D. : 133, 302
MACGOWAN J.P. : 166, 310
MACKIENZIE H. : 79, 154, 180, 257, 292
MAC LEOD B. : 107, 123
MACLEOD R. : 147, 177, 257, 292
MACREADY W. : 20
MAËL P. : 59, 61, 69, 292
MAGNAN P. : 221, 281
MAHAN L. : 94

MAIDIERES P. : 240, 292
MALLE L. : 202, 310
MALLORQUI J. : 160, 307
MALONE B.C. : 98, 277
MAMOULIAN R. : 121, 306
MANARA M. : 147
MANCA DE VALLOMBROSA A. : 54
MANDAT-GRANCEY E. : 57, 167-168, 227, 292
MANDUKE J. : 12, 136, 304
MANKIEWICZ J.L. : 134, 309
MANN A. : 112, 117, 133, 149, 155, 170, 225, 301, 302, 306, 311
MANN D. : 42, 115
MAPLE J. : 225, 300
MARCELLIN J. : 12, 31, 81, 283
MARCELLINI S. : 150, 305
MARCELLO C. : 203, 267
MARCHENT J.L.R. : 137, 149, 227, 300-301, 304, 308-309, 311
MARGHERITI A. : 157, 305
MARIJAC : 161, 227, 269
MARIN C. : 161
MARINI : 126, 184, 267
MARLBORO : 117, 134-135, 181, 187, 207, 209
MARMONTEL J.-F. : 38, 39, 40, 201, 293
MARSH J. : 108, 109
MARSHALL G. : 99, 106, 111, 118, 125, 190, 299, 302, 303, 307, 308, 310
MARSHALL L. : 94
MARTEL M. : 213
MARTIN D.D. : 120, 293
MARTIN E. : 138, 307
MARTIN H. : 241, 299
MARTINA G. : 146
MARTYR D'ANGHIERA P. : 37
MARVIN L. : 122, 155, 301, 306, 307
MARX K. : 39, 245
MASON C. : 79, 138, 256, 293
MASTERSON L. : 10, 79, 139, 254
MATASSI E. : 148
MATE R. : 154, 306
MATHER C. : 87
MAUPASSANT G. de : 58, 120, 124
MAURI R. : 154, 299
MAUROVIC A. : 160
MAUSS M. : 227
MAX J.-P. : 80
MAY K. : 10, 42, 52, 66, 70, 71, 76, 140-142, 144, 152, 200, 212, 261-263, 273-274, 276, 287, 293, 296
MAYNARD K. : 112
MAYO V. : 207, 301, 303
MAYS F. de : 59
MCCANN W. : 122, 309
MCCARTHY C. : 82, 106, 292
MCCARTHY G. : 121
MCCARTHY J.P. : 126, 301

McCoy J. : 100, 292
McCoy M. : 121
McCoy T. : 112, 160
McCrea : 112, 301, 302, 307, 310, 311
McCulley J. : 121, 292
McCurtin P. : 121
McDonald H. : 97
McEveety B. : 133, 307
McGann W. : 170, 299
McGowan J.P. : 186, 301
McGuire D. : 177, 304
McIntire R. : 99
McKenney T. : 158
McKimson A. : 108, 122
McKinley W. : 92
McLaglen A.V. : 133, 154, 309
McLaine S. : 154
McLuhan T.C. : 134, 228, 234, 277
McLure J. : 94
McManus G. : 107
McMurtry L. : 82, 115, 144, 258, 292
McRoots G. : 226, 309
Meade R. : 77, 179, 257, 293
Mean R. : 226
Medak P. : 121, 311
Méliès G. : 155
Mellies R. : 28, 161
Mélonio F. : 44, 277
Melville H. : 20, 87, 293
Menken A.I. : 96
Mercer W.A. : 224
Mercier L. : 155
Merolle S. : 151, 307
Merrill K. : 193, 225, 311
Messac R. : 43, 219, 277
Metzel L. : 85
Meyran D. : 240, 277
Michel G. : 12, 31
Michno G.F. : 226, 277
Mifuné T. : 157
Milazzo I. : 147
Milestone L. : 186, 304
Milian T. : 157
Miller A.H. : 133, 307
Miller D. : 27, 85, 300, 305
Miller G. : 186, 306
Milles N.A. : 141
Mills J. : 138
Miner A.H. : 133, 300
Miruelo D. : 36
Mistrust J.W. : 66
Mitchell E. : 7, 11, 151, 214, 223
Mitchell G. : 226
Mitchum H. : 121
Mitchum R. : 118, 302, 303, 310, 311
Mitton J.Y. : 153
Mix T. : 96, 102, 108, 110, 111, 118, 125-126, 132, 146, 161, 205
Mizon L. : 56, 277
Modjeska Mme : 96
Mœbius : 162

Molino W. : 146
Moliterni G. : 109
Möllhausen B. : 141, 271, 283, 293
Mollier J.-Y. : 51, 66, 222, 277
Monico A. del : 146
Monroe B. : 99
Montaigne M. de : 38, 293
Montalban R. : 157
Montemurro F. : 151, 311
Montépin X. de : 42
Morales S. : 12, 257, 293
Moran T. : 90
More T. : 37, 297
Moreau A. : 49
Moreau E. : 59
Moreau J. : 155, 202, 306
Morny C. de : 240
Moroni-Celsi G. : 146
Morricone E. : 136
Morris : 28, 126, 162, 198, 268
Morrison J. : 116
Morton R. : 96
Moulins M. de : 69, 70, 74, 201, 293
Moullet L. : 156, 299
Muhr A.F. : 224
Mulford C.E. : 71, 120, 123, 159, 254, 278
Muller M. : 120, 189, 294
Murat A. : 44, 294
Murdoch D.H. : 222, 278
Murphy A. : 125, 303, 304, 308
Murphy H. : 94
Murray G. : 42
Muskey F. : 103
Myers H. : 125
Myrtil O. : 154
Nabokov N. : 97
Narizzano S. : 152, 300
Nash G.D. : 86, 278
Naughton E. : 76, 77, 154, 255, 294
Navarro M. : 153
Nazarro R. : 117, 173, 299, 305
Neidhardt J.G. : 234, 278
Neilson J. : 80
Nelson G. : 177, 308
Nelson R. : 152, 308
Nelson W. : 99
Neumann K. : 85, 155, 302
Newfield S. : 85, 168-169, 183, 189, 299, 300, 303-304, 308, 311
Newman J.M. : 119, 299
Newman P.S. : 129
Newton D.B. : 106, 121, 138
Nichols D. : 120
Nichols S. : 89, 306
Nigh W. : 126, 300, 303, 307, 308
Nitto S. : 238
Nizzi C. : 146, 174
Noël O. : 215, 278

Noir L. : 54, 63, 65, 188, 294
Noir V. : 63
Norma : 162
Normand J. : 76, 294
North F. : 94
Nortier L. : 161
Nouwelm : 203
Nuage-rouge : 210
Nugent E. : 118, 306
Nye N.C. : 31, 79, 106, 257, 258, 294
Oakley A. : 94-96, 114, 122, 136, 299
Oates W. : 157
O'Dell S. : 26, 294
Oesterheld H. : 28, 147, 174, 270
Okh S. : 29, 81, 139, 296
Olasso P. : 76, 294
Ollivier J. : 81, 161, 267, 294
Olsen D.B. : 79, 177, 257, 294
Olsen T.V. : 182, 256, 257, 294
O'Neil H. : 107
Osborne B. : 102
O'Sullivan J.L. : 117
Oudard G. : 67, 294
Oulié A. : 161
Overholser S. : 120, 258
Overholser W.D. : 21, 77, 106, 120, 174, 177, 255, 256, 257, 258, 294
Owen R. : 243
Page J. : 172, 189, 294
Panaligan N. : 109
Paolella D. : 150, 302
Paparella R. : 146
Parès E. : 61, 294
Parkhurst H. : 123
Parolini G. : 13, 150, 241, 299, 302-303
Parrish R. : 173, 311
Parrot R. : 160
Patrouilleau E. : 230, 275
Patten L.B. : 12, 21, 31, 77, 78, 106, 120, 138, 147, 175, 179, 181-182, 255-259, 294
Paucard A. : 232
Paulding J.K. : 97
Paulmier de Gonneville : 36
Pawnee Bill : 95
Pawnie G.W. : 94
Peale T. : 158
Peckinpah S. : 27, 85, 112-113, 133, 152, 154, 157, 299, 303, 305, 307, 311
Pecqueur D. : 204
Pedrocchi F. : 146
Peellaert G. : 162
Peeples S. : 106
Peil P.L. : 179, 256, 294
Pellos : 158, 161, 196

Pelot P. : 7, 9-10, 22, 26-27, 80-81, 172, 197, 219, 250-251, 273, 294
Penn A. : 14, 113, 125, 305
Perret L. : 221, 303
Perrot N. : 237, 284
Pétillot L. : 161, 265
Petithuguenin J. : 65-66
Petrie D. : 117
Pevney J. : 169, 305
Pharaon F. : 188, 286
Philipp H. : 145, 306, 311
Philips B. : 158, 214
Phillips R.W. : 122, 278
Pickett B. : 94, 95
Pictet J. : 230, 231, 278
Pierce C.B. : 225, 311
Pierce K. : 126
Pierlot F. : 155
Piffario P. : 146
Pigasse A. : 78, 201, 236
Pignatelli V. : 147
Pindray d'Ambelle C. de : 245
Pink S., : 137, 227
Poe E.A. : 45, 52, 68, 199
Poirier J. : 82, 295
Polese R. : 146
Polignac L. de : 54, 56, 295
Polk J.K. : 240
Pollack S. : 30, 77, 85, 118, 152, 304, 308
Polonski A. : 91, 309
Ponce de León J. : 36
Porter D.C. : 16, 295
Porter E.S. : 110, 303
Portes J. : 55, 279
Poste K. : 140
Pottier R. : 156, 308
Poulin J. : 241-242, 277, 295
Powell B. : 107
Powell J.W. : 90
Powell L. : 129
Powers R. : 112
Pratt H. : 28, 270
Pratt W.W. : 96
Presley E. : 99, 301-302, 305, 309
Prévost Abbé : 38, 295
Price L. : 107
Priollet M. : 201, 295
Pronzini B. : 120, 189, 294, 295
Proudhon P.J. : 231
Puccini G. : 145
Purcell G. : 125
Questi G. : 149, 308
Quidor J. : 158
Raa S.E.A. : 230, 275
Radenen M. : 29
Radisson P.E. : 63, 238, 281
Raffill S. : 169, 299
Ragon P. : 230, 279
Raine W.M.L. : 77, 120, 137, 147, 292
Rale S. : 245
Ramaioli G. : 203, 243, 267
Ramirez P. : 12, 81, 295

RANDALL C. : 79, 192, 256, 257, 295
RANDALL R. : 109
RAOUX G. : 54
RASPAIL J. : 55, 230, 234, 279, 295
RATHBORNE H.S. : 21
RAY B.B. : 122, 300
RAYNAUD F. : 202, 302
REBOUL A. : 26, 295
REBOUL P. : 40
RECLUS E. : 56, 279, 295
RED CLOUD : 64
REDON J. : 156, 202, 302
REDOUER M. du : 35-36, 298
REED C. : 138, 305
REED D. : 150
REED R. : 28, 107, 266
REENEY R. : 126
REESE J. : 77, 255, 295
RÉGENT J. : 238
REICHLEN F. : 230, 231, 279
REID T.M. : 9-10, 12, 30, 46, 48, 52, 54, 59-60, 66, 71, 82, 93, 137, 139, 152, 187, 192, 246, 249, 273, 277, 280, 293, 295
REINL H. : 42, 145, 152, 308, 311
REMINGTON F. : 92-93, 103, 158
RENAGA F. : 231, 279
RENALDO D. : 126
REVERCHON J. : 244
RÉVOIL B.-H. : 52, 59, 175, 295
REY F. : 157
REYNOLDS B. : 99
RHODES E. : 101, 102, 120
RHODHAN P. : 217
RIBEIRA J. : 75, 203
RICH D.L. : 122, 307
RICHMOND F.P. : 136
RICHTER C. : 82
RIEDER R.H. : 234, 279
RIEL L. : 59, 60, 68
RIEUPEYROUT J.-L. : 29, 31, 81, 186, 224, 279, 296
RIGAUD A. : 200, 295
RIGGS L. : 97
RIGOT R. : 222, 267
RINEHART F.A. : 224
RITT M. : 91, 120, 304, 306
ROBERT J. : 59
ROBERT K. : 204
ROBERTS P. : 114
ROBESON K. : 80
ROBICHAUD G. : 239
ROCCA S. : 204
RODGERS J.C. : 98
RODGERS R. : 97
ROGERS Major : 204
ROGERS R. : 99, 108, 109, 111, 114, 122, 278, 310, 311
ROGERS W. : 96
ROLLAND A. : 64
ROLLAND M. : 239
ROLLING THUNDER : 233
ROLOFF A. : 66

ROMAN A. : 101
ROMERO C. : 126
ROMERO R. : 150, 302
ROOSEVELT T. : 55, 92, 93, 101, 102, 158, 224, 296
ROSAS J.M. de : 49
ROSEN P. : 126, 304
ROSSI C. : 22, 162, 266
ROSY M. : 27, 162, 267
ROUDÈS G. : 210
ROUGE M. : 27, 162, 266
ROUSE R. : 154, 176, 302, 309
ROUSSEAU J.-J. : 38, 227, 296
ROWLAND R. : 136, 170, 306-307
ROWLANDS R. : 124, 300
ROWLANDSON M. : 82, 296
ROY G. : 91, 300
ROY R. : 240, 296
RUDEL C. : 229, 279
RUGGLES W. : 117, 301
RUPPIUS O. : 141, 296
RUSH W.R. : 71, 296
RUSSEL R. : 21
RUSSELL R. : 89, 296
RUTGERS VAN DER LOEFF A. : 26, 296
RYDELL M. : 177, 301
RYE N. : 116
SABATINI R. : 147
SABIN R. : 122, 224, 271
SACAJEWA : 82, 154, 292
SAGAL B. : 133, 303
SAINT-GILLES P. : 69
SAINT-VRIN : 62, 291
SALGARI E. : 145, 296
SALIGNY A. de : 45
SALINAS J.L. : 28, 107, 126, 159, 266
SALKOW S. : 123, 174, 303, 304
SALSBURY N. : 94, 95, 142
SALVERIUS L. : 28, 162, 269
SANDOZ M. : 82, 296
SANDS R. : 100, 298
SARAFIAN R.D. : 165, 306
SARDOU V. : 215
SARTI V. : 145, 280
SAVAGE W.V. : 107, 117, 280
SAVARD F.-A. : 241, 273
SCHAEFER J. : 28, 79, 105, 120, 296
SCHENDEL S. : 108
SCHILLER M. : 96
SCHOOLCRAFT H. : 158
SCHRYNMAKERS A. de : 240, 296
SCHWARZ F. : 229, 232, 280
SCOTT B. : 80, 147, 296
SCOTT E. : 189, 304
SCOTT L. : 79, 172, 256, 296
SCOTT S. : 85, 300, 304
SEARS F.F. : 122, 299
SEASFIELD C. : 140, 280, 281, 296, 297
SEATON G. : 129
SÉE P. : 215, 280
SEEGER P. : 99, 208

SEELE H. : 29, 270
SEILER L. : 122, 303
SEITER W.A. : 85, 299
SEITZ G.B. : 42, 122, 225, 305, 310
SELANDER L. : 120, 123, 129, 133, 182, 300, 305, 307, 309
SELMER D. : 119
SELPIN H. : 144
SELTZER C. : 79, 256, 257
SERGUINE J. : 20, 297
SERMONETTA Prince : 145
SERPIERI P.E. : 147, 267
SEVERIN J. : 109
SEYMOUR S. : 158
SHAKESPEARE W. : 38, 96
SHEPARD III J.L. : 45
SHEPHERD A. : 97
SHERIN E. : 152, 310
SHERMAN G. : 133, 186, 224, 303, 304, 310
SHERMAN H. : 123, 305
SHERMAN V. : 89, 305
SHIRREFFS G. : 30, 77-78, 106, 147, 179-181, 255-257
SHORT L. : 79, 120, 124, 297, 299
SHOULDERS J. : 94
SIDNEY G. : 99, 122, 299
SIEGEL D. : 99, 113, 125, 133, 154, 176, 302, 308-309
SIEGMEISTER E. : 97
SILVERHEEL J. : 129
SILVERSTEIN E. : 91, 113, 133, 299, 301
SILVESTRI D. : 151, 299
SIMENON G. : 69, 217, 285
SIMÉON R. : 56
SIMON M. : 126
SIMOND C. : 61, 290
SIMONIN L. : 59
SINGER A. : 138, 227, 301
SIODMAK R. : 123, 152, 301
SITTING BULL : 26, 57-58, 64, 66, 69, 72, 76, 83, 118, 141, 145, 227, 236, 262, 267, 284-285, 287, 289, 295, 298
SKILTON C.S. : 97
SLOANE P. : 155, 239, 305
SLOTKIN R. : 84, 86, 87, 88, 280
SMET A. de : 157, 297
SMET J. de : 44, 297
SMITH C.E. : 72, 297
SMITH H.N. : 128, 280
SMITH J. : 97
SMITH J.W. : 79, 256
SOLLIMA S. : 148, 307
SOMMER E. : 145
SONNICHSEN C.L. : 107, 260, 280
SOPPELSA J. : 203, 267
SORIANO M. : 29, 280
SOUBLIN J. : 200, 297
SPAAR R. : 133, 306
SPEER A. : 142
SPENS W. de : 20, 297

SPIEGLE D. : 107-109, 123, 159
SPILSBURY K. : 129
SPRINGSTEEN R.G. : 123, 304, 306
STAHL P.-J. : 61
STAIG L. : 13, 147, 280
STANLEY J.M. : 158
STANSBURY H. : 184, 297
STAUB R. : 102
STEELE B. : 112, 122, 299, 301, 305, 310
STEELE W.O. : 71, 297
STEELMAN R.J. : 76-77, 255, 257-258, 297
STEIGER R. : 148
STEINBECK J. : 82
STEKLER P. : 124, 260
STEPHENS A.S. : 100-101, 297
STEVENS G. : 105, 112, 122, 299, 308
STEVENS J. : 102
STEVENSON R.L. : 24, 52, 117, 299
STEWART P. : 85, 300, 304
STEWART W.D. : 158
STIRLING J. : 77, 297
STOCCO G. : 69, 297
STOLOFF B. : 118, 125, 302
STRIKER F. : 107, 129, 130
STRUBBERG F.A. : 140, 271, 283, 297
STURGES J. : 112, 120, 133, 149, 152, 167, 299, 303-305, 310
SUE E. : 43
SULITZER P.-L. : 202, 297
SULLIVAN Sgt W. : 89, 297
SULLIVAN T.R. : 137, 280
SUNDANCE KID : 91, 110, 133, 300
SURAGNE P. : 80
SUSO : 160
SWARTHOUT G. : 125, 258-259, 297
SWINNERTON J. : 107
SWOLFS Y. : 163, 174
SYSON M. : 138
TADIÉ J.-Y. : 23-25, 281
TAILHAN Père J. : 237
TANNER J. : 228, 230, 232-234, 297
TANSEY R.E. : 171, 186, 302-303, 310
TARQUINIO S. : 146
TAUROG N. : 99, 309
TAYLOR B. : 94
TAYLOR D. : 150, 310
TAYLOR R. : 122, 302, 310
TEMPLETON G. : 105, 309
TESTI F. : 157
TEWKESBURY P. : 99, 309
TEXAS JACK : 65, 66, 97, 159, 174, 262
THÉVENIN R. : 67, 71, 217, 228, 230, 297
THEVET A. : 36, 297
THILL-LORRAIN A. : 68, 297
THOMAS G. : 138, 301

INDEX DES NOMS

THOMAS R. : 138, 300
THOMPSON G. : 12, 186, 257, 297
THOMPSON T. : 107, 120, 138
THOREAU H.D. : 87, 235, 297
THORP R.W. : 79, 118, 257, 297
THORPE R. : 125, 225, 299, 310
THOT A. de : 124, 171, 307, 309
TIBET : 28, 162, 203, 266
TIEPOLO G. : 157
TOCQUEVILLE A. de : 44, 215, 273, 277-278, 297
TOLMER J. : 47
TORCHIO A. : 146
TORELLI T. : 146
TORRES A. : 109
TORTUO A. : 146
TOTTEN R. : 118
TOUNENS A. de : 55, 295
TOUPIN C. : 238
TOURNEUR J. : 122, 133, 204, 300, 303, 308, 309, 311
TOURNEUR M. : 42, 155, 156, 302
TOUSEY F. : 102
TOUTAIN P. : 57, 297
TRANALTOS F. de : 188, 287
TRANCHAND P. : 162
TRAVIS M. : 214
TRENDLE G.W. : 114, 129
TROBRIAND R. de : 188, 237, 297
TROTTIER D. : 227, 271, 275
TRUMBO D. : 228
TUFT W. : 28, 107, 266
TUIS S. : 146
TURGOT A.R. : 227
TURNER F.J. : 86, 92, 93, 116, 128, 175, 276, 281
TURNER V. : 212, 281
TWAIN M. : 120
TYLER T. : 122, 300-301
TYSSOT DE PATOT S. : 38, 297
UDERZO A. : 28, 203, 268

UGGERI M. : 146
ULLOA A. de : 228
ULYATT K. : 81, 297
UNGER G.F. : 77, 264, 297
UTLEY R.M. : 230, 246, 281
VAJNCHTOK V. : 139, 310
VALENTINO R. : 121
VALERII T. : 151, 153, 309
VALJEAN H. : 238
VALLÈS F. : 203
VALLIÈRES J. des : 211, 297
VAN DYKE W.S. : 154, 306
VAN PEEBLES M. : 127, 307
VANCE W. : 162
VANCE W.E. : 167, 258, 297
VANZI L. : 150, 167, 310
VEGA G. de la : 38, 56, 297
VEIRAS D. : 38, 297
VERBRUGGHE G. ET L. : 57, 298
VERCHÈRE P. : 239
VERNE J. : 24, 47, 52, 68, 139, 217, 298
VERNES H. : 80
VERNEUIL H. : 155, 300
VERNON S. : 155, 305
VERRAZANO G. da : 36, 285
VÉRY P. : 217, 221, 298
VESPUCCI A. : 35, 298
VICTOR P.-E. : 68
VIDAL G. : 176, 270
VIDOR K. : 85, 109, 111, 152, 204, 300, 306, 309
VILLARD M. : 82, 298
VITAL G. : 155
VIVIER J.-P. : 80
VOGEL V. : 171, 305
VOHRER A. : 145, 306, 310, 311
VOIGHT C.A. : 126
VOISINS A.G. de : 20, 298
VOLTAIRE : 37-39, 88, 298
WAGONER P. : 99
WAKELY J. : 112
WALDO A.L. : 82, 292
WALEFFE M. de : 59
WALKER H. : 111, 308

WALKER W. : 138
WALLACE L. : 96
WALSH R. : 105, 111, 123, 125-126, 155, 167, 173, 298, 300-302, 304-305, 308-309
WALTER G. : 20, 298
WANZER O. : 184, 302
WARREN C.M. : 89, 99, 123, 133, 152, 301, 305, 308
WARREN J. : 137, 302
WASHBURN W.E. : 226, 230, 246, 281
WASHINGTON G. : 92, 154
WATERS F. : 82, 298
WATERSTON S. : 138, 302
WATKINS D.D. : 160
WATT H. : 186, 187, 302, 307
WATT N. : 123, 304
WEARE T. : 160
WEATHERFORD J. : 39, 231, 281
WEBB R.D. : 99, 305
WEBBER S. : 100, 298
WEINMANN H. : 239, 281
WEISSER T. : 147, 281
WELCH J. : 124, 260
WELLIN A. : 144, 305
WELLMAN W.A. : 112, 122, 125, 177, 300, 307
WELLS A. : 10, 137, 138, 152, 253, 281
WELLS G. : 69
WENDERS W. : 145
WENDKOS P. : 152, 300
WERKER A. : 104, 170, 172, 189, 300, 305, 307-309
WERNIC W. : 139, 298
WERTHAM F. : 109, 127, 281
WEST J. : 82
WEST T. : 12, 78, 181, 182
WHEELER E.L. : 101, 116
WHITE S.E. : 120
WHITING H. : 100, 298
WHITLEY B. : 72, 298
WIED M. de : 158, 228, 298
WILDER L.I. : 102, 291

WILLIAMS E. : 182, 299
WILLIAMS H. : 90, 99, 277
WILLIAMS J.R. : 107
WILLIAMSON A. : 109
WILLIS E.S. : 100
WILMOT R.S. : 82
WILSON B. : 130
WILSON C. : 162, 265
WILSON J.H. : 21
WILSON M. : 97
WILSON P. : 44
WIMAR C. : 139
WINN P. : 82, 298
WINNER M. : 152, 225, 301, 305
WISE R. : 119, 124, 300, 303, 309
WISTER O. : 71, 92, 101, 120, 298
WITNEY W. : 121, 123, 299, 305, 311
WOELMONT A. de : 60
WOGAN Baron de : 60, 298
WOK G. : 179
WOLFE C. : 144
WOOD A.H. : 110
WOOD S. : 125, 299
WOODS D. : 89, 298
WRIGHT W. : 127-128, 188, 282, 310
WYLER W. : 111, 304, 310
XAU F. : 64
YANÈS Général : 55
YELLOW BEAR : 229
YOAKAM D. : 99
YOUNG B. : 185, 300
YOUNG T. : 157, 308
YOUNGER C. : 89, 95, 298
ZAHORI P. : 243, 298
ZANUCK R. : 113
ZINNEMAN F. : 112, 304
ZOLLA E. : 231, 282
ZUFFI D. : 146
ZUNIGA T. de : 109

Ce volume, le quarante-deuxième
de la collection « Travaux »,
publié par Encrage
aux Editions Les Belles Lettres
a été achevé d'imprimer
en mai 2002
dans les ateliers
de Normandie-Roto Impression S.A.S
61250 Lonrai

N° d'éditeur : 4040
N° d'imprimeur : 021138

Dépôt légal : juin 2002

Imprimé en France